STAATLICHE MUSEEN ZU BERLIN
ÄGYPTISCHES MUSEUM
UND PAPYRUSSAMMLUNG

VERLAG PHILIPP VON ZABERN

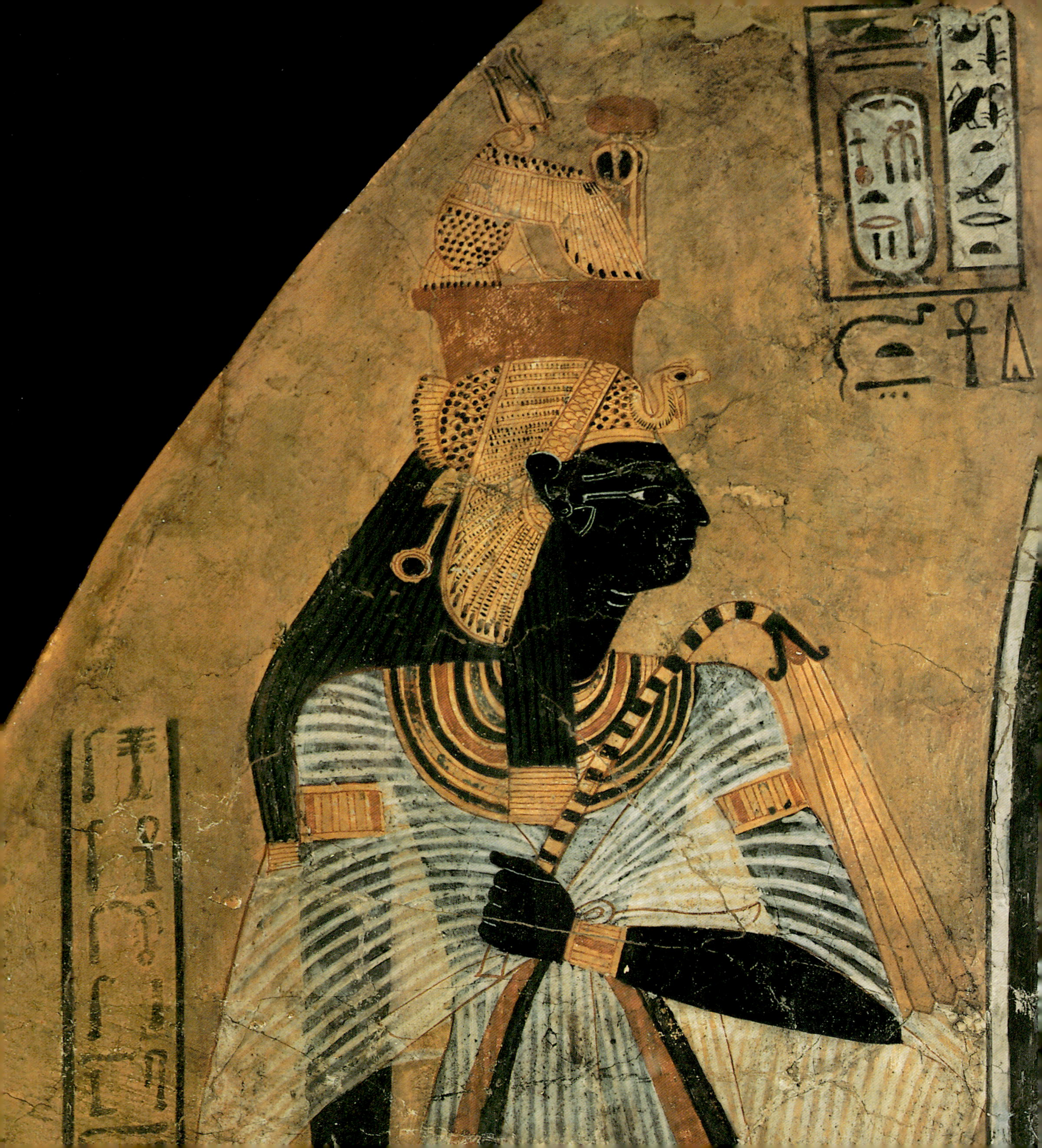

MUSEUMSINSEL BERLIN

ÄGYPTISCHES MUSEUM

STAATLICHE MUSEEN ZU BERLIN
STIFTUNG PREUSSISCHER KULTURBESITZ

XII, 287 Seiten mit 205 Farb- und 2 Schwarzweißabbildungen

Herausgeber:
Karl-Heinz Priese

Autoren:
Caris-Beatrice Arnst (C.-B. A.)
Klaus Finneiser (K. F.)
Ingeborg Müller (I. M.)
Hannelore Kischkewitz (H. K.)
Karl-Heinz Priese (K.-H. P.)
Günter Poethke (G. P.)

Photos: Jürgen Liepe

Vorsatz: Blick in das Königlich-Preußische Antikenkabinett mit den vermutlich ersten pharaonisch-ägyptischen Objekten in Berlin (auf dem Tisch im Vordergrund). Siehe Ägyptisches Museum Berlin-Charlottenburg, Kat.-Nr. 62

Frontispiz: Detail aus Nr. 89

CIP-Titelaufnahme der Deutschen Bibliothek

Ägyptisches Museum ⟨Berlin, 1962 gegründet⟩:
Ägyptisches Museum / Staatliche Museen zu Berlin, Stiftung Preußischer Kulturbesitz ; [Staatliche Museen Berlin, Ägyptisches Museum und Papyrussammlung. Hrsg.: Karl-Heinz Priese. Autoren : Caris-Beatrice Arnst . . .]. - Mainz am Rhein : von Zabern, 1991
(Museumsinsel Berlin)
ISBN 3-8053-1184-2 Gb.
ISBN 3-8053-1230-X
NE: Priese, Karl-Heinz [Hrsg.]

ISBN 3-8053-1184-2
ISBN 3-8053-1230-X (Museumsausgabe)
Satz: Typo-Service Mainz
Lithos: SWS Repro GmbH, Wiesbaden
Papier: Papierfabrik Scheufelen, Lenningen
Gesamtherstellung: Zaberndruck, Mainz am Rhein
Printed in Germany / Imprimé en Allemagne
Printed on fade resistant and archival quality paper (PH 7 neutral)

Herrn Bundespräsidenten
Richard von Weizsäcker,
dem Freunde der Berliner Museen
und Ehrenbürger von Berlin

Inhaltsverzeichnis

Vorwort

Vielen kunstinteressierten Besuchern Berlins, selbst vielen Berlinern und sogar manchem Fachmann ist bis heute nicht recht bewußt, daß er mit dem »Ägyptischen Museum der Staatlichen Museen Preußischer Kulturbesitz« und dem »Ägyptischen Museum der Staatlichen Museen zu Berlin« die durch den Zweiten Weltkrieg willkürlich getrennten Teile einer Sammlung vor sich hat, die einst zu den bedeutendsten europäischen Museen ihrer Art gehörte und nach ihrer Wiedervereinigung trotz mancher schmerzlichen Kriegsverluste wieder gehören wird. Die bisherigen Bezeichnungen der beiden jetzigen Sammlungsteile werden bald nur noch historische Erinnerung sein, die tatsächliche Wiedervereinigung wird aus räumlichen Gründen erst in einigen Jahren Wirklichkeit werden können. Bis dahin müssen sich die beiden Teile noch mit je einer Ausstellung in einem Stüler-Bau gegenüber dem Schloß Charlottenburg und Ausstellungsräumen im Bode-Museum, dem einstigen Kaiser-Friedrich-Museum, auf der Museumsinsel im Herzen Berlins begnügen. Mit den Schätzen, die zur Zeit auf der Museumsinsel zu finden sind, soll dieser Bildkatalog bekannt machen. Er ist die Erfüllung eines langgehegten Wunsches, aber daß er ausgerechnet zu einem Zeitpunkt erscheinen kann, zu dem er zwar noch auf Jahre eine eigenständige Ausstellung repräsentieren wird, aber in gewissem Sinne einen eigentlich bereits jetzt überwundenen Zustand beschreibt, sollte gerade deshalb auch als bleibende Erinnerung an einen der bedeutsamsten Einschnitte in der Geschichte des deutschen Volkes betrachtet werden.

Die Geschichte der Berliner Ägyptischen Sammlung beginnt wie überall in Europa mit dem Erwachen des lebhaften Interesses an der Kultur und Geschichte des Nillandes durch die Expedition Napoleons und die Bemühungen um die Entzifferung der Hieroglyphen, die bekanntlich mit der genialen Aufdeckung des Schriftsystems durch Champollion 1822 zum Ziel gelangte. Die ersten zwölf Aegyptiaca waren freilich schon 1698 als Bestandteil der Sammlung des römischen Antiquars G. P. Bellori in die »Antiquitäten-Cammer« der brandenburgischen Kurfürsten gelangt, und im ersten Jahrzehnt des 19. Jahrhunderts waren noch einige Stücke als Ankäufe und Schenkungen dazugekommen. Die Einrichtung einer eigenen ägyptischen Sammlung wurde durch zwei bedeutende Ankäufe notwendig. Im Jahre 1820-1821 hatte der preußische Generalleutnant H. C. Menu von Minutoli (1772-1846) eine auch wissenschaftsgeschichtlich bedeutsame Reise in die Cyrenaica, zur Oase Siwa und nach Ägypten unternommen. Seine Sammlung wurde 1823 angekauft. Allerdings kam nur der kleinere Teil nach Berlin. Die Hauptmasse, auf dem Seewege von Triest nach Hamburg versandt, ist in der Nacht vom 11. zum 12. März 1822 vor der Elbmündung einem Orkan zum Opfer gefallen. Bereits 1826 wurde König Friedrich Wilhelm III. ein zweites Angebot gemacht. Der einige Zeit in Ägypten tätige Händler G. Passalacqua aus Triest (1797-1865) hatte 1823 begonnen, Ausgrabungen zu machen und bot seine Schätze in Paris zum Verkauf an. Der preußische König war durch Übersenden des Katalogs persönlich interessiert worden. Erst als bereits die öffentliche Versteigerung anberaumt war, wurde unter direkter Beteiligung Alexanders von Humboldt 1827 der Kaufvertrag mit Preußen abgeschlossen. Passalacqua stellte die Bedingung, die Objekte »auf Staatskosten« selbst nach Berlin bringen und aufstellen zu können. Als Standort für alle bereits in Berlin vorhandenen etwa 3000 Objekte fand sich ein Seitenflügel des Schlosses Monbijou in unmittelbarer Nähe des »Alten Museums«, das 1830 als erster Berliner Museumsbau fertiggestellt und eröffnet wurde.

Passalacqua wurde 1828 zum »Aufseher« der Sammlung ernannt und hat dieses Amt als erster Direktor des Ägyptischen Museums bis zu seinem Tode 1865 innegehabt. 1840 hatte er fast 5000 Objekte zu betreuen, nachdem die Erwerbung weiterer bedeutsamer Altertümer gelungen war.

Passalacqua war ebensowenig wie eigentlich alle Sammler und Ausgräber jener Zeit akademisch vorgebildeter Fachwissenschaftler. Aber der Katalog der von ihm zusammengestellten Sammlung ist eine bemerkenswert sachkundige Leistung. Bericht und Aquarelle zu dem von ihm entdeckten Grab des Mentuhotep bieten eine für ihre Zeit außerordentlich gute Dokumentation. Unvergessen sollte auch die Förderung sein, die er dem Schüler H. Brugsch bei dessen demotischen Studien erwiesen hat.

Eine sehr viel bedeutendere Forscherpersönlichkeit war indessen C. R. Lepsius (1810-1884). Von K. J. v. Bunsen und A. v. Humboldt für das Studium des alten Ägypten gewonnen, hatte er 1838 die Aufklärung des hieroglyphischen Schriftsystems zum Abschluß gebracht. Bereits 1839 war er mit der Erwerbung von Papyri der Sammlung d'Anastasi beauftragt worden (der Ankauf mißlang freilich), und als ihm 1842 die Leitung der berühmten Preußischen Expedition in das Niltal anvertraut wurde, stand für die Erwerbung von Denkmälern für das Berliner Museum, die zu

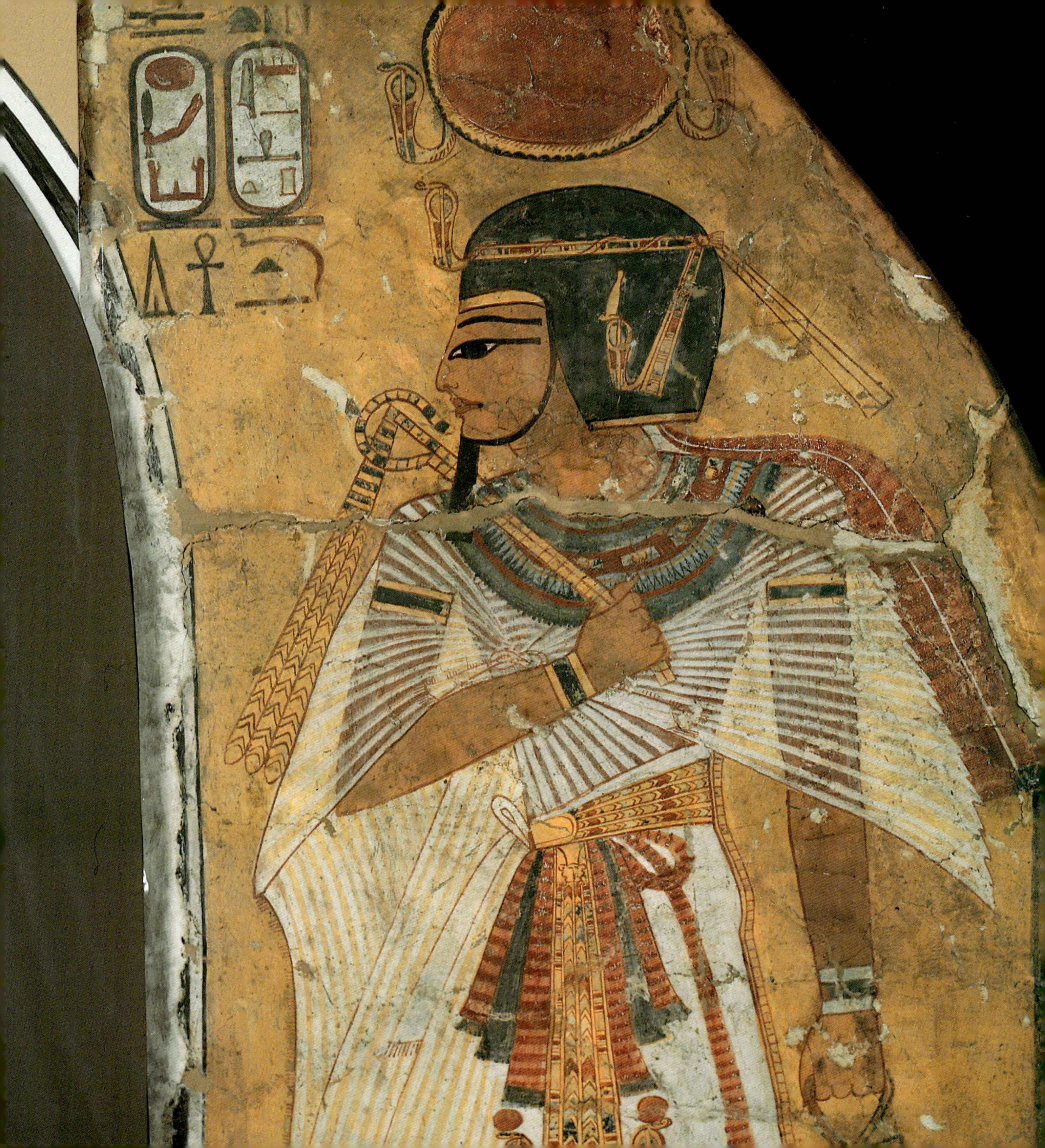

den Aufgaben der Expedition gehören sollte, der sachkundigste Wissenschaftler zur Verfügung, der für eine solche Aufgabe zu finden war. Lepsius war durch einen Ferman des Vizekönigs von Ägypten, Mehemet Ali, völlig freie Hand bei der Auswahl der Denkmäler gelassen worden, die als Geschenk an Friedrich Wilhelm IV. nach Berlin mitgenommen werden durften, und der Expeditionsleiter hat von diesem Freibrief einen im großen und ganzen angemessenen Gebrauch gemacht. Durch die Tätigkeit der Expedition war insbesondere die Fülle der für die Kulturgeschichte des Alten Reiches so wichtigen Reliefs in den Privatgräbern erstmalig in ihrer Bedeutung erkannt worden, und so wurden nicht weniger als drei vollständige Opferkammern aus solchen Gräbern ausgewählt. Einen weiteren Schwerpunkt bildeten Denkmäler der meroitischen Kultur des Nordsudan, und auch sonst waren es vorwiegend historische und kulturhistorische Denkmäler, die seinerzeit nach Berlin kamen. Für die Bedeutung der ägyptischen Kunst, wie wir sie heute sehen, ist damals der Blick noch verschlossen gewesen.

1840 war der Bau eines zweiten Museums, des »Neuen Museums«, beschlossen worden, hier sollte auch die Ägyptische Sammlung eine neue Heimstatt finden. Drei Ausstellungssäle und die Nachbildung eines ägyptischen Tempelhofes und weiterer ägyptischer Tempelräume waren für sie vorgesehen. 1848 wurde Schloß Monbijou verlassen, 1850 konnten die neuen Räume für das Publikum geöffnet werden.

Die neuen Räume waren nicht nur in Anlehnung an altägyptische Architekturformen errichtet worden. Lepsius hatte auch vorgeschlagen, die Wände und Säulen mit Kopien ägyptischer Reliefs und Malereien auszustatten, die in ihrer originalen oder rekonstruierten Farbigkeit dem Besucher einen zusammenhängenden Eindruck, einen »Überblick der Geschichte, der Mythologie und des Privatlebens der alten Ägypter in Wandgemälden dem Auge« vorführen sollten, »in größeren Dimensionen und reicherer Auswahl, als sie irgend eine Sammlung von Originalen darbieten kann«. Es war nicht das museale Anliegen, das Bedenken erregen mußte, es war die Realisierung, die nicht das einzelne originale Objekt erläuterte und in einen größeren Zusammenhang stellte, sondern eine Kulisse von so großem Eigengewicht schuf, daß die Originaldenkmäler neben »der glänzenden Zusammenstellung frischer und lebhafter Farben« der Gemälde nicht bestehen konnten, wie Passalacqua schon 1842 vorausgesehen hatte. Auch inhaltlich und didaktisch war das Dekorationskonzept bald überholt. Erschwerend kam hinzu, daß die von Lepsius angestrebte historische Aufstellung der Denkmäler von Anfang an aus Raummangel nicht angemessen durchzuführen war. Seit 1855 war Lepsius Mitdirektor und von 1865-1884 Direktor der Sammlung, die durch Schenkungen und Ankäufe ständig vermehrt werden konnte. Aber erst A. Erman (1854-1937), nach dem Tode von Lepsius dessen Nachfolger, hat die schon länger notwendige Neuordnung und vor allem die wissenschaftliche Aufarbeitung der Sammlungsbestände in Angriff genommen. Wie Lepsius gleichzeitig Mitglied der Akademie der Wissenschaften und Inhaber des Lehrstuhles für Ägyptologie der Berliner Universität, hat er es verstanden, seine Schüler für die Museumsarbeit heranzuziehen und auch dem 1897 begonnenen Unternehmen des »Ägyptischen Wörterbuches« in seinem Museum Platz zu bieten. Für Jahrzehnte wurde das Ägyptische Museum Zentrum der Forschung von anerkanntem internationalem Rang. Für die Ausstellung war am Ende des 19. Jahrhunderts fast das gesamte Erdgeschoß des Neuen Museums gewonnen, zumal 1885-1899 auch die vorderasiatischen Altertümer zur Sammlung gehörten. Wie notwendig das Nachdenken über angemessene Ausstellungsräume blieb, sollte sich alsbald erweisen, als nicht nur durch die geschickte Erwerbungspolitik Ermans die Bestände unaufhörlich anwuchsen, sondern 1898 auch die Grabungen in Ägypten unter der wissenschaftlichen Leitung oder Beteiligung des Museums begannen. 1898-1901 wurde das Sonnenheiligtum des Niuserre bei Abu Gurob ausgegraben. 1901-1908 folgte die Freilegung von drei Pyramidenanlagen der 5. Dynastie bei Abusir. 1905-1906 wurde das frühgeschichtliche Gräberfeld von Abusir el Meleq freigelegt. 1911-1913 arbeitete eine Expedition auf der Westseite von Theben. Die Grabungen auf Anregung der Papyruskommission in zahlreichen Ruinenstätten Ägyptens brachten nicht nur eine ungeahnte Fülle von bis heute nicht ausgeschöpften Schriftdokumenten ein, sondern auch viele sonstige Funde. 1911-1914 machten schließlich die Grabungen in Tell el Amarna, der Residenz von Echnaton und Nofretete, das Berliner Museum zum Besitzer der weltbesten Sammlung an Kunstwerken der Amarnazeit.

1909 lagen Pläne für einen Erweiterungsbau für das Ägyptische Museum vor, 1912 folgte ein veränderter Plan in Zusammenhang mit der Bauplanung für das Pergamonmuseum. Der Erste Weltkrieg hat allen Vorhaben ein Ende gesetzt. Selbst die Amarnafunde mußten nach einer Sonderausstellung wieder magaziniert werden. Erst 1920 konnte für sie Raum geschaffen und auch sonst den dringendsten Bedürfnissen Rechnung getragen werden. Damals machte J. Simon, als Geldgeber für die Grabungen in Amarna durch die Fundteilung Eigentümer, die nach Berlin gebrachten Kunstwerke und alle übrigen gefundenen Objekte dem Museum zum Geschenk.

Eine letzte Umordnung der Ausstellung ist dann noch einmal kurz vor dem Ausbruch des Zweiten Weltkrieges zu-

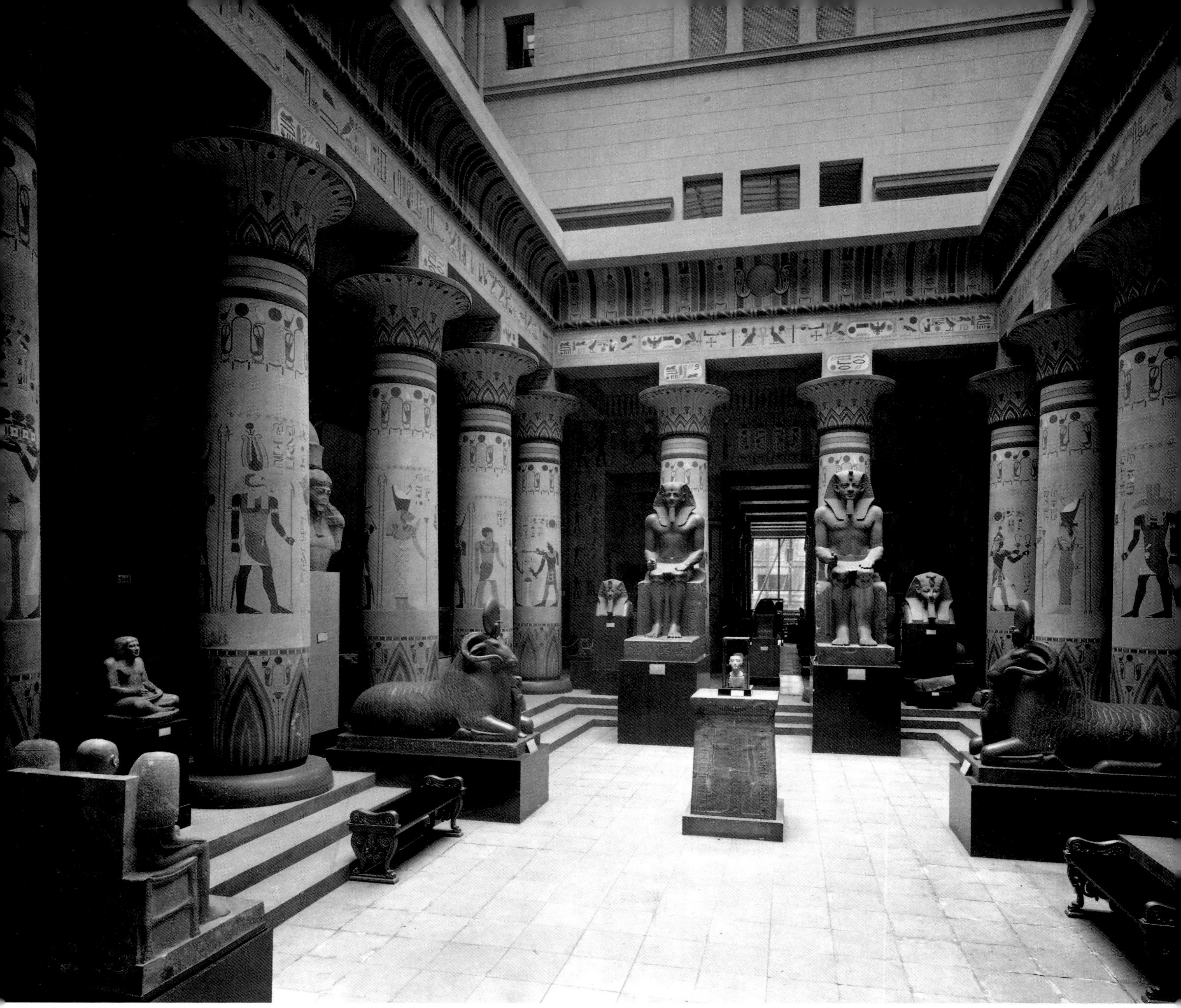

Der ägyptische Tempelhof im Neuen Museum

stande gekommen. Aber schon 1939 wurden die Ausstellungen geschlossen und im Laufe des Krieges dann der überwiegende Teil der Sammlungsbestände verpackt und ausgelagert. Nur übergroße Objekte blieben im Neuen Museum. Im Frühjahr 1945 wurden besonders wertvolle Stücke nach Grasleben (bei Helmstedt) und Kaiseroda (in Thüringen) verbracht. Schon vorher war in einem mecklenburgischen Schloß in Sophienhof ein Depot eingerichtet worden.

Mit Kriegsende lag das Neue Museum in Trümmern. Noch 1970 wurden bei der Beseitigung von Schuttmassen verloren geglaubte Statuen aufgefunden. Schloß Sophienhof war durch Kriegshandlungen niedergebrannt, die Depots im Flackbunker im Friedrichshain in Berlin fielen im Mai Brandanschlägen fanatisierter Faschisten zum Opfer. 1945 bis 1946 wurde, was in anderen Berliner Auslagerungsorten den Krieg ohne größere Schäden überdauert hatte, von den sowjetischen Besatzungsbehörden nach Moskau und Leningrad verbracht. Die Bestände in Grasleben und Kaiseroda sind von den amerikanischen und englischen Behörden sichergestellt worden. Dies ist der Teil der Sammlung, der seit 1962 den Bestand des Ägyptischen Museums der Stiftung Preußischer Kulturbesitz bildet.

Der Neuanfang auf der Museumsinsel war nicht leicht. Die wertvollsten Objekte, deren Überleben feststand, waren für eine ungewisse Zeit, vielleicht, wie man glaubte, auf immer der Sammlung entzogen. Was blieb, waren übergroße Stücke und Magazinbestände, die sich zumeist für den Neuaufbau einer ständigen Ausstellung nicht eigneten. Die Liste des Kriegszerstörten war lang und enthielt vieles Wertvolle und Einmalige, wie etwa die Blöcke einer Grabkammer des Mittleren Reiches, eine Reihe von Reliefs aus dem Sonnenheiligtum des Niuserre und die schönsten Holzsärge. In den Trümmern von Sophienhof geborgene Stelen- und Statuenfragmente konnten mitunter bis heute nicht identifiziert werden. Indessen war bereits 1953 in einer ersten Ausstellung im Bodemuseum ein Zeichen des Überlebens gegeben worden. Die Rückgabe der in die Sowjetunion verbrachten Stücke ermöglichte dann 1959 die Eröffnung einer ständigen Ausstellung in fast schon dem jetzigen Umfang. Das Ägyptische Museum und die Papyrussammlung konnten sich fortan wieder als Heimstatt bedeutender und einmaliger Zeugen altägyptischer Kunst und Kultur betrachten, wenn man hinzurechnet, was aus räumlichen Gründen wohl noch auf einige Zeit in den Depots verbleiben muß, wie die drei Opferkammern des Alten Reiches und die Sammlung von prachtvollen Steinsarkophagen. Alsbald war auch trotz aller administrativen Erschwernisse und politischen Vorbehalte der DDR-Regierung die Beteiligung an international bedeutsamen Ausstellungen möglich.

Es ist angebracht, auch an dieser Stelle allen ehemaligen und jetzigen Mitarbeitern zu danken, die unter der Leitung von R. Anthes, S. Morenz und W. Müller nach 1945 das Ägyptische Museum und die Papyrussammlung zu neuem Leben erweckten, ihnen wieder zu dem Ruf verhalfen, den sie in der internationalen Fachwelt, vor allem aber bei allen Kennern und Liebhabern der ägyptischen Denkmälerwelt in den 45 Jahren seit Kriegsende erringen konnten, und damit auch für ihren Teil die Voraussetzungen für die künftige Arbeit geschaffen haben.

K.-H. Priese
2. 10. 1990

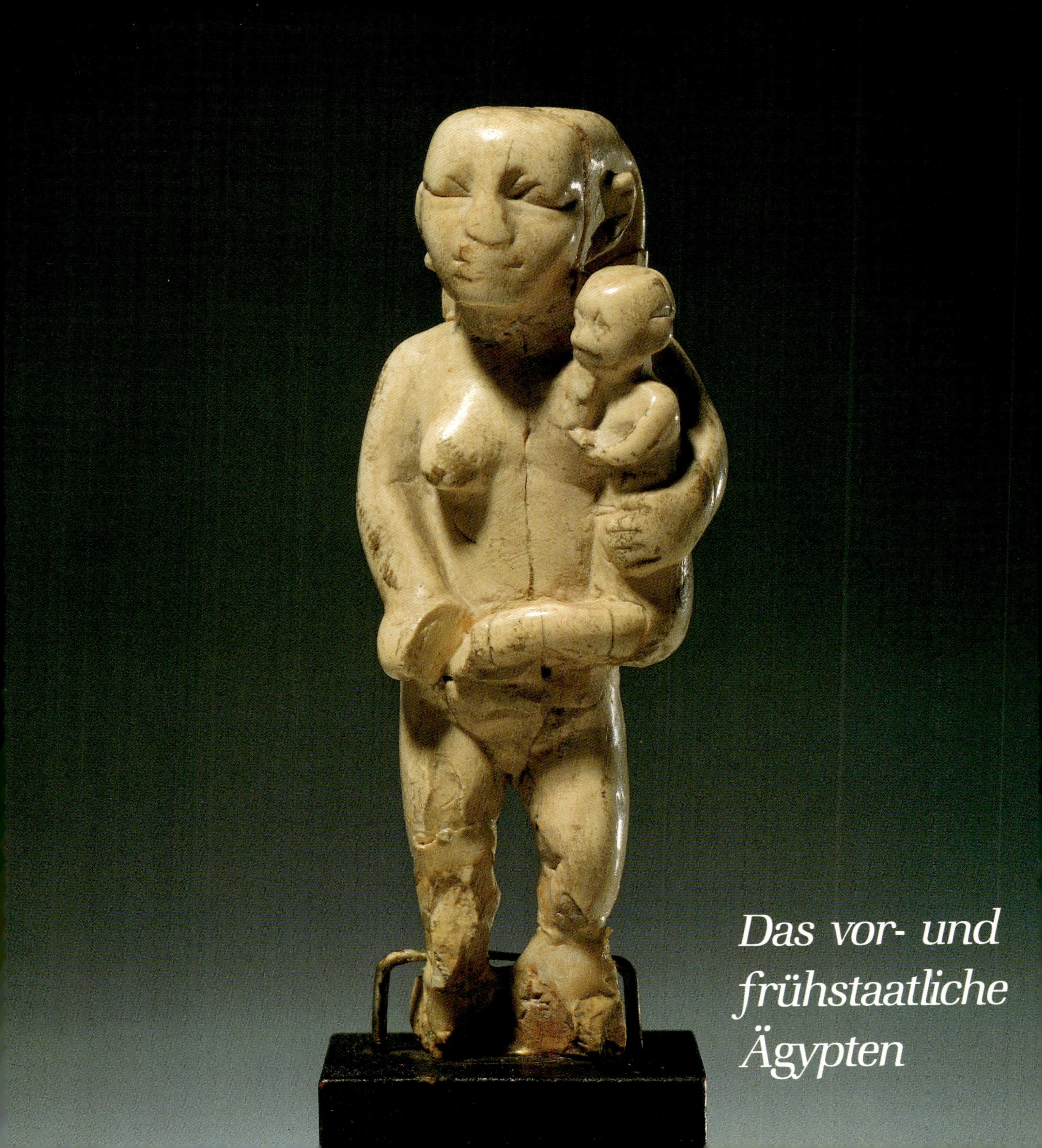

Das vor- und frühstaatliche Ägypten

Das vor- und frühstaatliche Ägypten

Das Niltal unterhalb des I. Kataraktes ist erst durch den Zwang zur Seßhaftwerdung mit dem Übergang zum Ackerbau ständiges Wohngebiet geworden. Den Jägern und Sammlern und den ersten Viehzüchtern boten noch bis ins 5. Jt. v. Chr. die heute zur Vollwüste gewordenen nordostafrikanischen Savannen und Steppen diesseits des nördlichen Wendekreises durch ergiebige Regenfälle ausreichenden Lebensraum. Ebenso wie im Gebiet des oberen Nil finden sich am Ufer des Sees der Faijum-Oase frühneolithische Siedlungsspuren von Fischern und Jägern, die nur zeitweise auch Getreidebau betrieben. Am Westrand des Deltas sind dagegen bereits im 6. Jt. v. Chr. fest ansässige neolithische Ackerbauern und Viehzüchter bezeugt, die ihre Toten innerhalb der Siedlungen bestatteten (Kultur von Merimde). Jüngere Stufen dieses unterägyptischen Kulturkomplexes, der enge Beziehungen zu den gleichzeitigen neolithischen Kulturen Palästinas aufweist, haben sich im Raum von Kairo gefunden (Kulturen von Omari und Maadi).

Erst im 4. Jt. v. Chr. erscheinen dann Ackerbauern und Viehzüchter in Mittelägypten (Kulturen von Tasa und Badari) mit deutlichen Bezügen zu einem nubisch-sudanesischen Kulturhorizont. Wenig später entsteht im nördlichen Oberägypten (Bereich von Negade-Abydos) die Negadekultur, die am Ende ihrer ersten Phase (Negade I) bis zum I. Katarakt und in den Raum von Tasa/Badari vordringt. In der zweiten Hälfte des 4. Jahrtausends breitet sich die Negade-II-Kultur sogar bis nach Unternubien aus und erscheint schließlich auch im Nordostdelta; gleichzeitig sind enge Handelsbeziehungen zu Palästina zu beobachten. Im Niltal greift sie bis in den Grenzbereich zu den unterägyptischen Kulturen aus. Die jüngste Phase, die Negade-III-Kultur, rückt dann schrittweise in den Raum von Memphis vor. Der Verbreitungsprozeß der Negade-Kultur ist sicherlich ursächlich mit der Entstehung von Fürstentümern, eines oberägyptischen Königtums und dem Prozeß der Entstehung eines gesamtägyptischen Staates verbunden, der etwa um 3000 v. Chr. abgeschlossen war.

Für den alten Ägypter ist sein Herrscher der »König von Ober- und Unterägypten«, der »Herr der beiden (Tal)länder«, die bei jedem neuen Regierungsantritt »vereint« wurden. Die historische Erinnerung kannte einen König Menes, der Memphis gegründet haben soll. Er eröffnete die lange Reihe der Herrscher, von denen irgendwelche Ereignisse ihrer Regierung überliefert waren und die ein ägyptischer Priester Manetho am Anfang des 3. Jh. v. Chr. in seiner für Ptolemaios II. in griechischer Sprache geschriebenen Geschichte Ägyptens auf dreißig Dynastien verteilt hat. Vor Menes wurden spätestens seit dem Neuen Reich Dynastien von Göttern und göttlichen Mächten gesetzt. Genauer ist eine auf das Alte Reich zurückgehende Überlieferung: Vor

6.-4. Jt. v. Chr.	**Kulturen von**	
	Faijum B Merimde Faijum A el Omari Maadi	in Unterägypten
	Tasa Badari Negade I Negade II	in Mittel- und und Oberägypten
um 3200-3000 v. Chr.	am Ende einer Reihe von (gesamt[?]-)ägyptischen Herrschern **(»Dynastie 0«)** Ka »Skorpion« Narmer	
um 3000-2800 v. Chr.	**1. Dynastie** Acha (Menes?) Atotis Djer Djet Den Adjib Semerchet Qa	
um 2800-2700 v. Chr.	**2. Dynastie** Hetepsechemui Ninetjer Peribsen Chasechem(ui) u. a.	

die Könige, für die Jahr für Jahr Ereignisse berichtet werden konnten, setzt sie wenigstens noch die Namen weiterer Herrscher über ganz Ägypten und von Königen von Unter- bzw. wahrscheinlich auch von Oberägypten.
Von einem oder mehreren Reichen Unterägyptens, die mit den Deltastädten Buto und Sais verknüpft wurden, haben sich keine zeitgenössischen Zeugnisse erhalten. Es ist aber wohl sicher, daß sich in dem für die archäologische Forschung weitgehend unzugänglichen Nildelta eine Oberägypten analoge kulturelle und gesellschaftliche Entwicklung vollzog. Die ägyptische Hochkultur enthält so viele dem anderen Landesteil gleichrangige unterägyptische Kulturelemente von Anbeginn an, daß dieser Schluß unausweichlich ist.
Im Bereich der Negade-Kultur lassen sich bereits seit der Mitte des 4. Jt. v. Chr. Bestattungen aussondern, die fürstlichen Personen zugesprochen werden können. Zu ihnen gehört ein Grab auf dem Friedhof von Hierakonpolis, dessen Kammerwände aus Lehmziegeln vollständig auf Putz bemalt wurden, bei Negade ist ein fürstlicher Friedhof auszumachen. Auf dem Friedhof von Umm el Qa^{c}ab bei Abydos endlich fanden sich nicht nur die Gräber derjenigen Könige, die der 1. Dynastie zugeordnet werden konnten, sondern auch mindestens acht ältere von Königen, die bereits über ganz Ägypten geboten haben dürften (»Dynastie O«). Zwei von ihnen, »Skorpion« und Narmer, haben in den bis auf diese Zeit zurückgehenden Tempel von Hierakonpolis Weihgeschenke gestiftet, die von Auseinandersetzungen in Unterägypten berichten: Die berühmte Schminkpalette des Narmer zeigt in prachtvollen Reliefs den König mit der oberägyptischen Krone, einen Feind zertretend, seinen unterägyptischen Gegner Wasch, und, mit der unterägyptischen Krone, enthauptete Feinde betrachtend. Mit seinem Nachfolger Acha (»der Kämpfer«), hinter dem sich möglicherweise die Gestalt des Menes verbirgt, scheint tatsächlich der Raum von Memphis Zentrum des Reiches geworden zu sein. In seine Zeit läßt sich das älteste Grab auf dem Friedhof von Saqqara datieren, das erste einer Reihe von großen Anlagen, von denen bis heute nicht sicher entschieden ist, ob sie für hohe Beamte errichtet wurden oder für die Könige selbst, so daß ihre Grabanlagen in Abydos nur noch traditionelle »Scheingräber« waren.
Schon vor der Zeit der 1. Dynastie (um 2950-2750 v. Chr.) hatten sich die entscheidenden Züge des Königtums herausgebildet. Der König ist Inkarnation des Himmelsgottes Horus in Gestalt eines Falken, sein Titel Nebti, »die beiden Herrinnen«, identifiziert ihn mit den Personifizierungen der beiden Landeskronen, den Göttinnen des unterägyptischen Buto als Schlange und des oberägyptischen Elkab (gegenüber von Hierakonpolis) als Geier. Er ist der »Herr der Ordnung des Kosmos« (Maat), Besieger der Feinde, die er mit der Keule erschlägt, als Löwe unter seine Füße tritt, als Stier ihre Festungen mit den Hörnern umstößt. Alle zwei Jahre fährt er im Schiff durch das Land, um die Abgaben zu erheben. Der Bau von Tempeln und die Herstellung von Götterbildern gehören zu seinen Aufgaben. Der König ist der alleinige Partner der Götter, denen er im Kult gegenübertritt und mit deren Hilfe er »die beiden Länder ernährt«. An seinem Hofe entwickeln sich die Ansätze zu einer geordneten Verwaltung, mit der er seine Söhne und andere Personen seiner nächsten Umgebung betraut und die für ihre Bedürfnisse die altägyptische Schrift entwickelt, wahrscheinlich unter mesopotamischem Einfluß. An den Bedürfnissen des Hofes bilden sich Kunst und Kunsthandwerk aus und schaffen die Normen von Motivrepertoire, Darstellungsweise und Stil. Die Grabanlagen für den König und den Hofstaat sind Zeugnisse einer hochentwickelten Ziegelarchitektur, ihre Grabräume waren für die Aufnahme eines umfangreichen Bestattungsinventars eingerichtet.
Über historische Ereignisse während der 1. Dynastie sind wir kaum unterrichtet. Belegt sind Auseinandersetzungen mit den »Libyern« der westlichen Steppengebiete oder am westlichen Deltarand und ein Ausgreifen in den unternubischen Raum bis zum II. Katarakt. Sicher sind auch Handelsbeziehungen zu Vorderasien. Der Übergang zur 2. Dynastie (um 2750-2650 v. Chr.) scheint eine Zeit innerer Wirren und sogar eines Zerfalls der Reichseinheit gewesen zu sein.

1

Gefäß mit figürlicher Bemalung

4. Jahrtausend v. Chr.
Fundort unbekannt, erworben 1930
Ton. Höhe 27,8 cm
Inv.-Nr. 23222

Gefäß mit auf den Rand gesetzten Elefantenfiguren

el Chozam (?), 4. Jahrtausend v. Chr.
erworben 1924
Ton. Höhe 20,5 cm
Inv.-Nr. 22388

Figur eines Rindes

Negade (?), 4. Jahrtausend v. Chr.
erworben 1897
Ton. Höhe 8 cm, Länge 11,5 cm
Inv.-Nr. 13805

Weiße Malereien auf rotem polierten Gefäßuntergrund sind kennzeichnend für die Negade-I-Kultur, benannt nach der oberägyptischen Siedlung gleichen Namens, die in dieser Zeit anscheinend wichtiges Machtzentrum war. Zu den kulturellen' Besonderheiten gehört das Modellieren von Figuren in Ton und die singuläre Verbindung von Kleinplastik und Gefäß. Die hier vorgestellten Grabbeigaben gehören zu den kultisch wichtigsten und künstlerisch interessantesten Vertretern ihrer Gattung.
Gefäß mit Nilpferden und Eidechsen: Über den Gefäßhals hin zieht sich ein Band aus Dreiecksmustern oder Doppeläxten. Darunter befinden sich, übereinander angeordnet, drei Nilpferde. Die Leiber der Tiere sind nicht ausgemalt, sondern mit dicken Strichen plastisch gestaltet. Erstaunlich gut wiedergegeben sind die wesentlichen Merkmale der Tiere: plumpe Körper, kurze Schwänze, dicker Kopf mit ösenartigen Ohren. Das obere Tier schreitet nach links, die beiden anderen nach rechts, das mittlere scheint durch ein Jagdgerät am Kopf getroffen. Die Tiere sind in Seitenansicht dargestellt. Auf der Gegenseite des Gefäßes sind zwei Eidechsen in Draufsicht abgebildet, die Schwanzspitze und ein Bein der einen sind noch zu sehen.
Gefäß mit frei modellierten Elefanten: Unterhalb der Gefäßlippe läuft ein Band in Zick-Zack-Muster. Die Elefanten, ursprünglich drei Tiere, sind sehr stark stilisiert, wie aus Scheiben ausgeschnitten und ohne jede Andeutung der Ohren.
Figur eines Rindes, aus Ton modelliert: Der Körper wurde walzenförmig gerollt und endet in einem schmalen Kopfstück, Hörner und Schwanz sind separat angesetzt und die Beinpaare zu je einer Säule zusammengefaßt. Die Plastik zeigt bei aller Beschränkung auf Wesentliches alle arttypischen Formen eines Rindes. H. K.

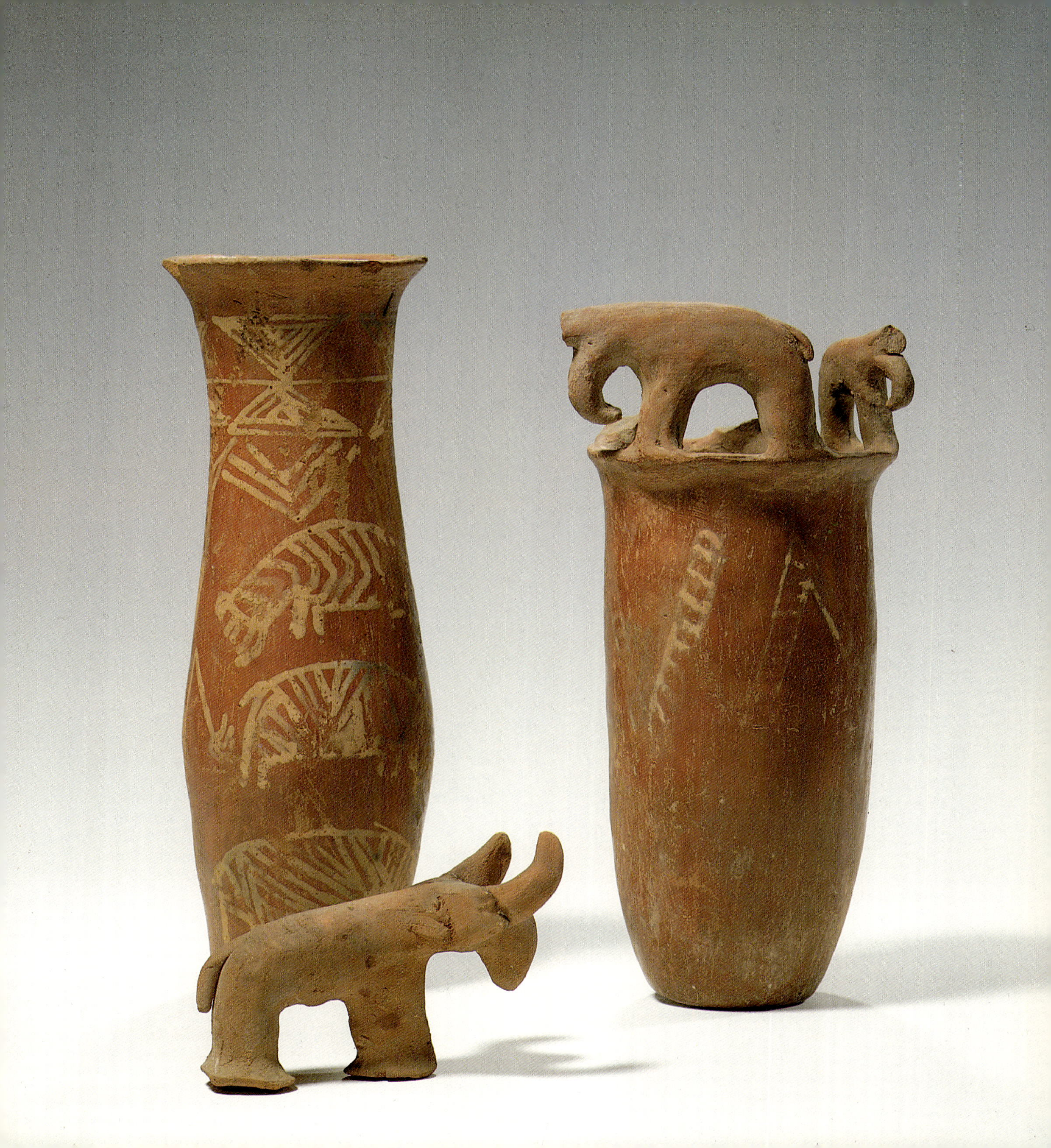

2
Gefäß mit figürlicher Bemalung

um 3500-3000 v. Chr.
Fundort unbekannt, erworben 1910
Ton. Höhe 24 cm
Inv.-Nr. 20304

Charakteristisch für die Kulturstufe Negade-II, die der Einigung des Reiches und der Entstehung des pharaonischen Staates vorausgeht, ist die Keramik mit roter Bemalung auf hellem Grund. Der Kanon der überlieferten Dekoration umfaßt Motive wie Schiffe, Menschen, Tiere, Pflanzen, geometrische Ornamente (vgl. Kat. Nr. 3). Hauptgegenstand künstlerischen Bemühens ist die Wiedergabe von Schiffen, die von der älteren Forschung als Pfahlbauten gedeutet wurden. Das Motiv der Schiffsdarstellung beherrscht auch die Malereien eines zeitgleichen »Fürstengrabes« in Hierakonpolis.

Die Schiffe haben stets das gleiche Aussehen: Sie sind mit vielen Ruderern bemannt, Palmwedel schmücken den Bug. Zwei Kajüten, wovon die jeweils rechte eine Standarte trägt, befinden sich im Mittelteil. Die Standarte symbolisiert die Macht, die dem Bewohner der Kajüte - einem Gottwesen oder Häuptling - innewohnt. Blickpunkt der Szene im Schiff ist eine Frau in der Gebärde kultischen Tanzes. Sie ist von Tieren umgeben; links ein gezähmter (?) Flamingo, rechts drei Steinböcke, die zu fliehen scheinen, aber doch durch die magischen Handlungen der Frau gebunden sind. Der weibliche Körper ist in abstrakter Stilisierung von vorn dargestellt, die Tiere dagegen im Profil. Ein weiteres Schiff (ohne Tänzerin) sowie 11 aneinandergereihte Flamingos bilden das Dekor der Rückseite. Dreiecksornamente und Wellenliniendekor umgeben Schulter und Halsansatz des Gefäßes, dessen äußere Form leichte Unregelmäßigkeiten aufweist. Ein feiner glasurartiger Überzug entstand während des Brennprozesses. H. K.

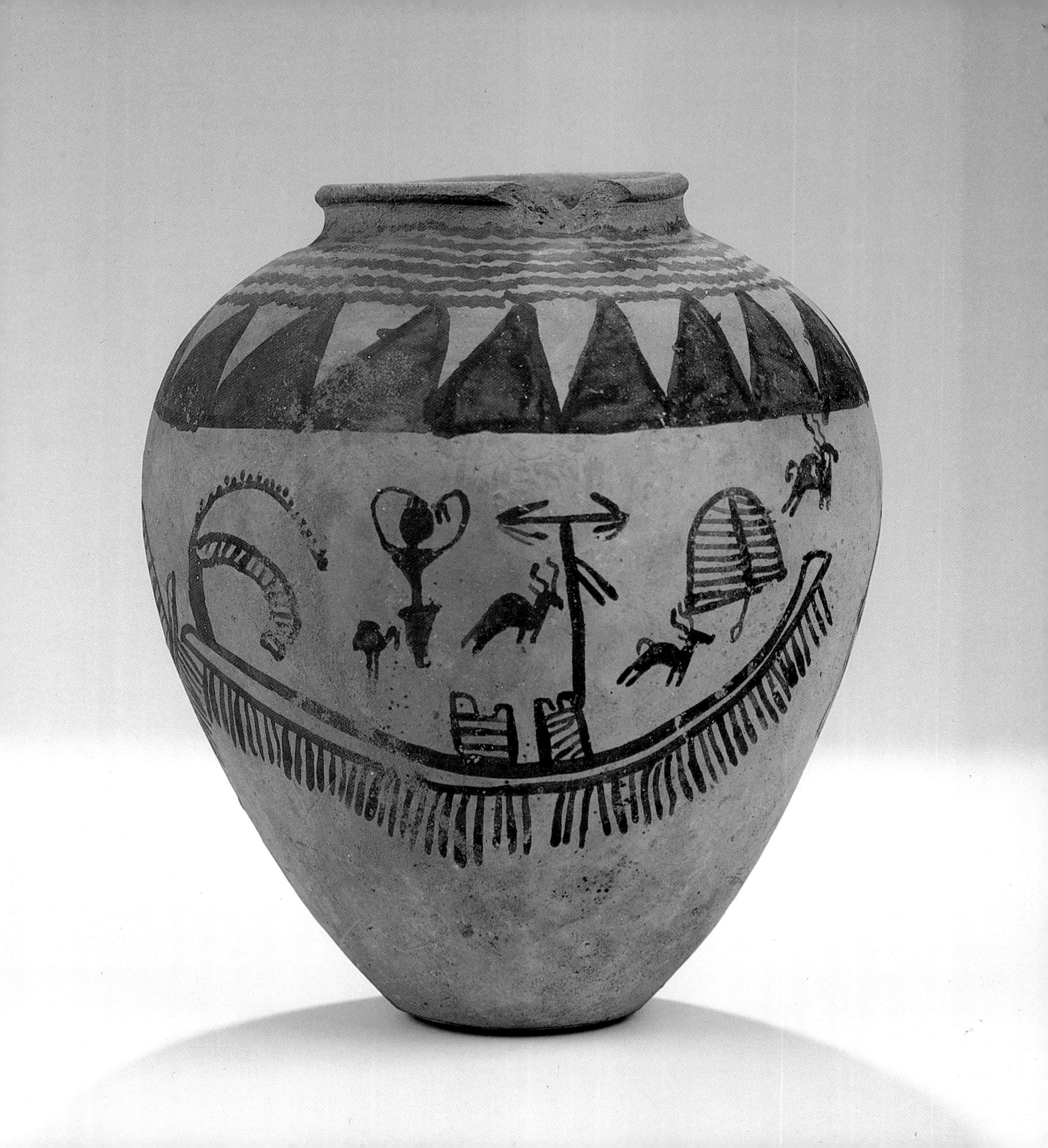

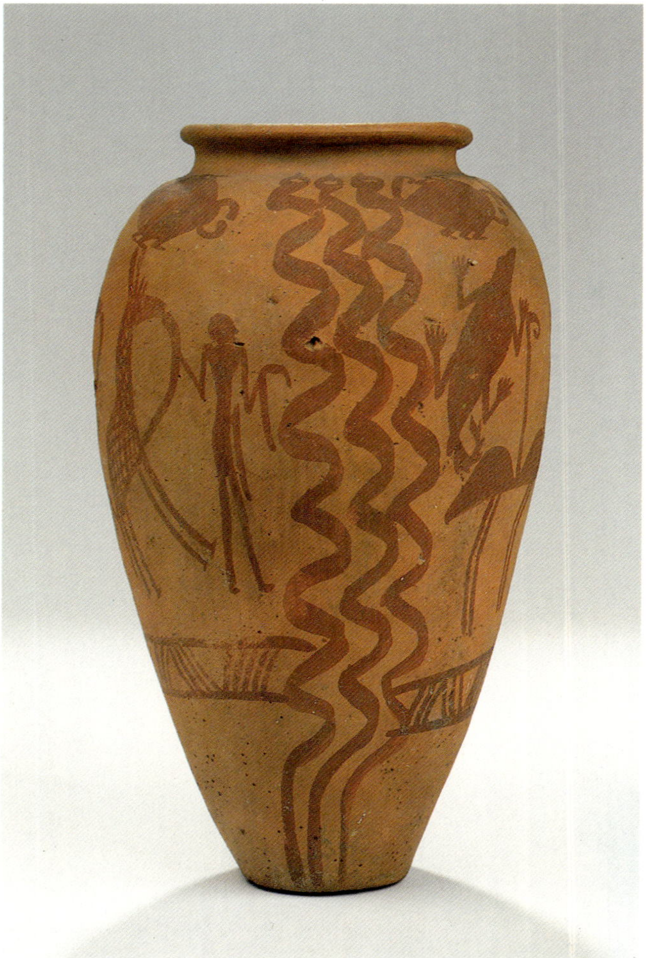

3
Gefäß mit figürlicher Bemalung

Gebelen (?), um 3500-3000 v. Chr.
erworben 1900
Ton. Höhe 28,5 cm
Inv.-Nr. 15129

Form, Farbe und Motive sind bei diesem Gefäß ungewöhnlich. Es ist schlank angelegt, nur im Oberteil gebaucht, an der Schulter eingezogen, mit kurzem Hals und gerundeter Lippe. Das übliche Schiffsmotiv wurde hier abgelöst durch eine Darstellung von Menschen, Tieren und Pflanzen. Die Bildfläche ist durch zwei Streifen von je drei senkrecht kriechenden Schlangen in zwei Malbereiche getrennt. Auf der einen Fläche ist ein Mann zu sehen, der vier Giraffen am Halfter (?) führt. Der Mann und die Tiere sind nach rechts gewendet. Er hat anscheinend einen Stab in der Hand und trägt eine Phallustasche als Bekleidung. Auf den Körpern der Giraffen ist die Fellmusterung durch eine Kreuzschraffur angegeben. Die Giraffen haben z. T. Schwänze mit Quasten (die letzten beiden Tiere) und eine gekräuselte Mähne (das letzte Tier). Giraffen werden in pharaonischer Zeit kaum dargestellt. Über der Szene schweben zwei Skorpione mit erhobenem Schwanzstachel. Skorpione bilden auch den oberen Abschluß des zweiten Bildes. Unter diesen Tieren sieht man vier Flamingos, dazu eine Eidechse. Das ordnende Prinzip einer Standlinie ist noch nicht zu sehen. Die Tiere stehen gleichsam im luftleeren Raum. Den unteren Bildabschluß bildet eine Borte aus Zickzack-Linien.

Ungeklärt ist von der Forschung auch hier der Inhalt der Darstellung. Möglich wäre eine rituell-magische Bedeutung. Gefäßmalereien wie diese sind der Versuch, die sichtbaren alltäglichen Dinge der Welt wie auch die im Tier verkörperten irrationalen göttlichen Mächte einander zuzuordnen. Solche Gefäße waren kostbarer Kultgegenstand oder Grabbeigabe für eine aus der Stammesgemeinschaft herausgehobene Persönlichkeit. H. K.

4
Gefäß in Gestalt eines Ibis

um 3000 v. Chr.
Fundort unbekannt, erworben 1953
Breccie. Höhe 13 cm
Inv.-Nr. 24100

Gefäß in Gestalt eines Fisches

um 3000 v. Chr.
Fundort unbekannt, erworben 1903
Breccie. Höhe 10 cm
Inv.-Nr. 16025

Gefäß in Gestalt einer Schildkröte

um 3000 v. Chr.
Fundort unbekannt, erworben 1910
Grauwacke. Höhe 2 cm, Länge 9,2 cm
Inv.-Nr. 19738

Das handwerklich-künstlerische Schaffen der Zeit der Staatsbildung ist gekennzeichnet von dem Bestreben nach Stilfindung und Formgebung in Flachbild, Relief und Keramik. Dieser Prozeß ist auch ablesbar an der Vielfalt der Ausdrucksmöglichkeiten bei der Herstellung von Steingefäßen. Das Suchen nach ungewöhnlichen Formen scheint die bildnerische Phantasie angeregt zu haben, den Gefäßen oft die Gestalt von Tieren zu geben, wie hier die von Ibis, Schildkröte und Fisch. Eindrucksvoll ist die technische Perfektion und die Sorgfalt, mit der härteste Gesteine, wie hier Breccie und Grauwacke, bearbeitet wurden. Anscheinend hat sich die Technologie in Jahrtausenden nur wenig verändert. Aus den Darstellungen auf Grabreliefs des Alten Reiches und späterer Zeiten erfahren wir, daß zunächst die äußere Form aus dem Steinquader herausgemeißelt wurde. Durch die Anwendung des Drillbohrers konnte das Innere oft bis auf Millimeterstärke ausgehöhlt werden. Das Polieren mit Sand und Kieselsteinen gab einem Gefäß »den letzten Schliff«. Die Steingefäße wurden wahrscheinlich als Opfergefäße im Kult bzw. als Behältnis für kostbare Salböle zum Kultvollzug an König und Göttern benutzt. Insbesondere aber waren sie in großen Mengen Teil der Grabausstattungen. H. K.

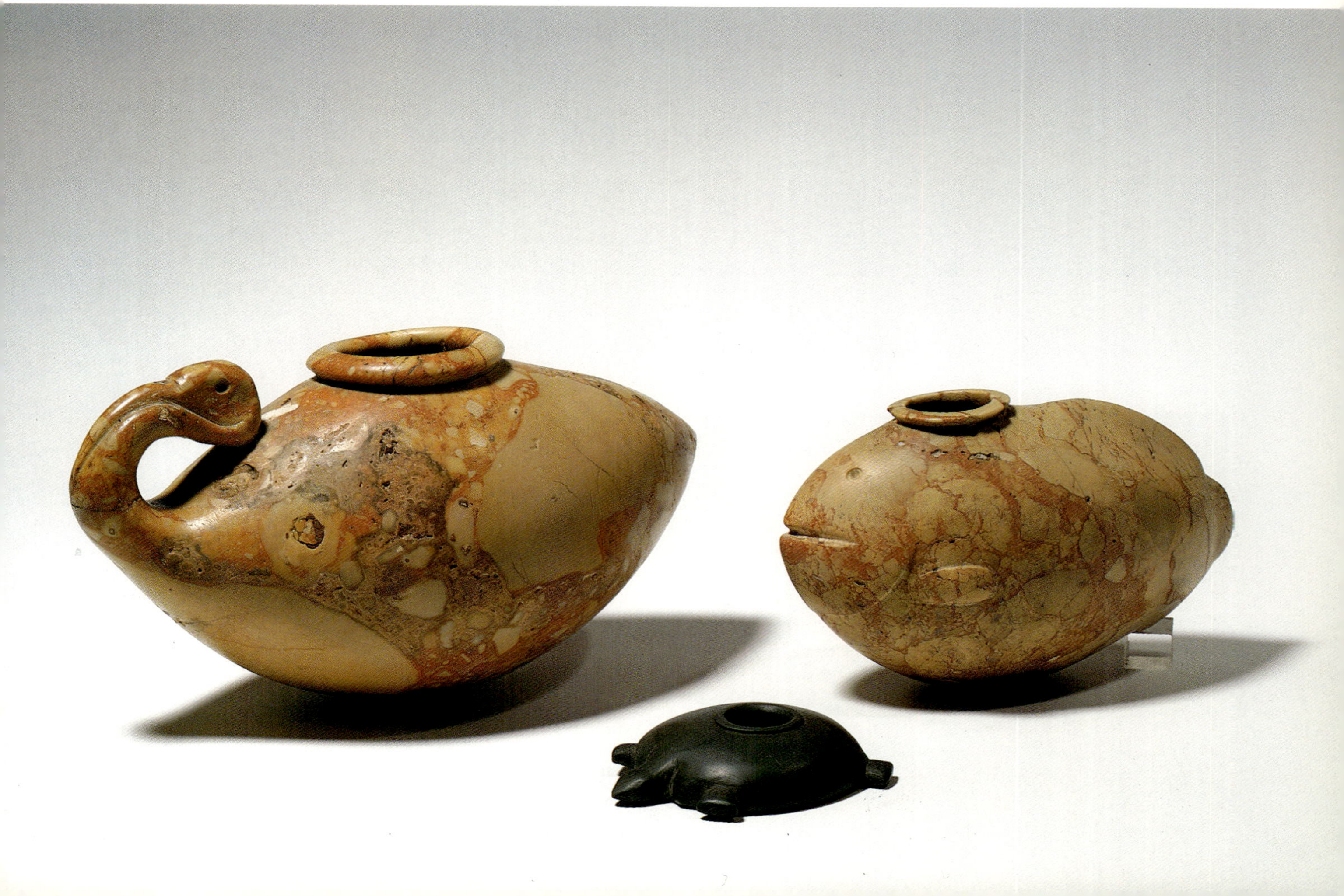

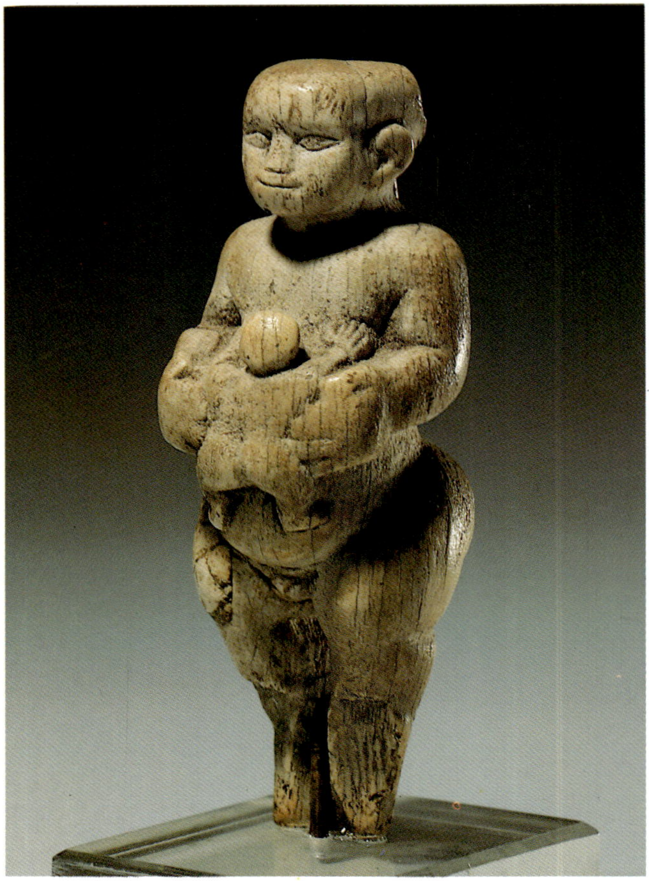

5

Figur einer Frau mit Kind

um 3000 v. Chr. (?)
Fundort unbekannt, erworben 1906
Elfenbein. Höhe 6,5 cm
Inv.-Nr. 17600

Figur einer Frau mit Kind

(Abb. S. 1)

um 3000 v. Chr.
Fundort unbekannt, erworben 1900
Elfenbein. Höhe 7,5 cm
Inv.-Nr. 14441

In den Gräbern der oberägyptischen vorstaatlichen Kulturen fanden sich stark stilisierte Frauenfiguren, die wir, stilistisch anders gestaltet, als Beigaben der Gräber des Mittleren Reiches wiederfinden (Kat. Nr. 42). Neben ihnen enthalten die Gräber bereits aber auch Figuren von Frauen mit Kindern. Bei dem besonders schönen Stück aus Elfenbein hält die Mutter das zappelnde, nach den Brüsten greifende Kind vor sich auf dem Leib. Der Körper der Frau ist treffsicher modelliert mit starkem Gesäß, üppigen Hüften und Schenkeln, einem etwas hängenden Bauch und kräftigen Armen mit großen Händen. Der Kopf ist oben abgeflacht, am Hinterkopf ist ein Loch eingetieft, vielleicht um aus anderem Material einen Zopf zu befestigen.

Die zweite Figur (Abb. S. 1) wirkt unbeholfener und kraftloser gearbeitet. Das Kind reitet auf der linken Hälfte der Mutter und hebt ihre linke Brust zum Munde. Der Schädel der Mutter ist bis über die Ohren kahl, vom Hinterkopf hängen fünf Zöpfe bis über die Schultern. K.-H. P.

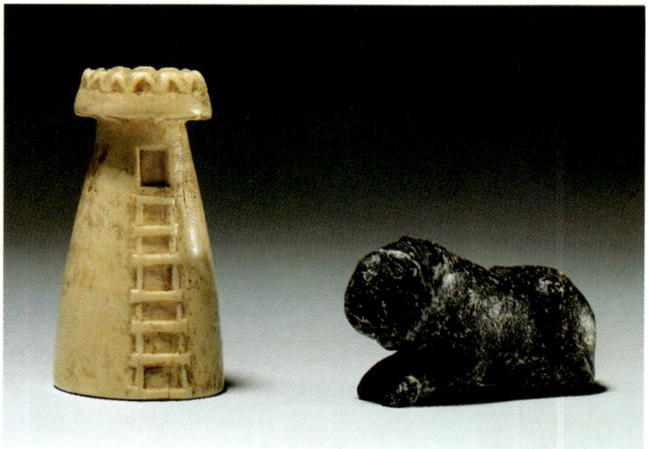

6

Figur eines Löwen als Spielstein

um 3000 v. Chr.
Fundort unbekannt, erworben 1900
Granit. Höhe 2,5 cm, Länge 4,2 cm
Inv.-Nr. 15400

Figur eines Turmes als Spielstein

Abydos/Umm el Qa^cab, um 3000 v. Chr.
erworben 1907
Elfenbein. Höhe 4,9 cm
Inv.-Nr. 18031

»Sich mit seinem Freunde beim Spiel vergnügen vom Frühstück bis zu der Stunde, da er im Bierhaus trinkt«, wünschte sich der Inhaber eines Grabes aus der frühen Ptolemäerzeit (um 330 v. Chr.), der sich beim Brettspiel darstellen ließ. Als unterhaltsamer Zeitvertreib war es bei den Ägyptern so beliebt, daß sie auch im Jenseits nicht darauf verzichten wollten.
Bereits in den Gräbern von Abydos, in denen die Könige der 1. Dynastie bestattet sind, fanden sich zahlreiche Spielsteine. Hauptsächlich waren es Figürchen von Löwen und Löwinnen sowie kleine, verschiedenfarbige Kugeln. Sie gehören zu dem Schlangenspiel - so benannt, weil das runde Spielbrett mit einer eingerollten Schlange dekoriert ist, auf deren Körper die Spielfelder markiert sind. Leider sind die Spielregeln nicht überliefert. Vermutlich ging es darum, mit den löwenförmigen Spielsteinen schnellstmöglich den Schlangenkopf in der Mitte zu erreichen; das Vorrücken schien von der Position oder Anzahl der geworfenen Kugeln abzuhängen.
Die aus den Königsgräbern stammenden Spielsteine bestehen aus Elfenbein. Das Löwenfigürchen aus Granit könnte, wenn es kein Spielstein war, eine Votivgabe gewesen sein. Es wäre dann ein Abbild einer löwengestaltigen Gottheit, die man wegen ihrer Gefährlichkeit beschwichtigen wollte. Die Deutung des Türmchens als Spielstein ist ebenfalls unsicher, da es weder Darstellungen noch Funde eines Brettspieles gibt, das mit Turm-Steinen gespielt wurde.

C.-B. A.

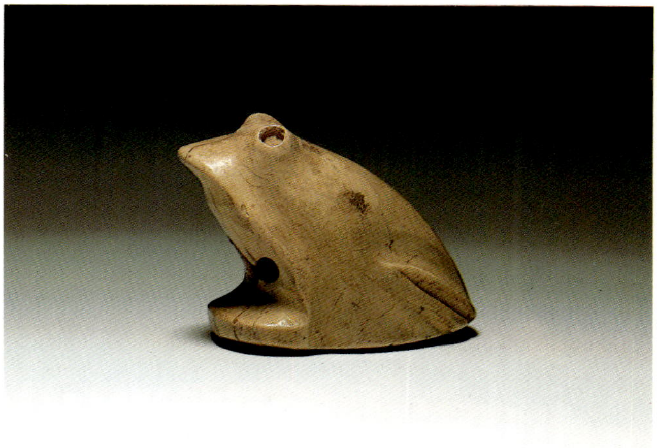

7

Figur eines Frosches

Negade, 1. Dynastie, um 3000-2800 v. Chr.
erworben 1905
Elfenbein. Höhe 2,7 cm
Inv.-Nr. 17569

Ägyptische Tierdarstellungen lassen genaue Naturbeobachtung erkennen und zeichnen sich durch Erfassen des Arttypischen sowie eine meisterhafte Beschränkung auf das Wesentliche aus.
So zeigt die kleine Figur den Frosch in charakteristischer Haltung hockend, mit erhobenem Kopf, voller Anspannung und zum Sprung bereit. Die Körperformen sind straff zusammengefaßt, glatt und mit fließenden Übergängen modelliert. Körper und Standfläche gehen ineinander über, so daß sich eine gerundete, harmonische Gesamtform ergibt. Die Augen waren ursprünglich aus Schmucksteinen eingesetzt.
Die in großer Zahl im Papyrusdickicht des Nil lebenden Frösche galten als Urwesen, die auf geheimnisvolle Weise im Schlamm entstanden und sich immer wieder erneuern. Diese Froschfigur mag dem Toten als Amulett mitgegeben worden sein, um seine Wiedergeburt zu erleichtern und feindliche Mächte zu bannen. Die längs geführte Bohrung läßt vermuten, daß es dem Verstorbenen an einer Schnur umgehängt worden war.

C.-B. A.

8
Statue eines Pavians

Zeit des Narmer, um 3000 v. Chr.
Fundort unbekannt, erworben 1927
Kalzit (Alabaster). Höhe 52 cm
Inv.-Nr. 22607

Die Statue eines hockenden Mantelpavians ist die früheste bekannte monumentale Tierplastik des Alten Ägypten. Durch den Namen des Königs Narmer an der Vorderseite des Sockels ist sie in die Zeit der Entstehung eines gesamtägyptischen Staates datiert.
Proportionen und Körperauffassung sind typisch für den frühzeitlichen, archaischen Stil: Der übermäßig große Kopf sitzt auf einem schweren, gedrungenen Körper mit blockhaften, großflächigen Formen und nur angedeuteten plastischen Details. Mit der frontalen Ausrichtung, dem streng symmetrischen Aufbau, der die Vorstellung eines kubisch begrenzten Raumes voraussetzt, weist die Statue bereits Gestaltungsprinzipien auf, die für die ägyptische Plastik insgesamt charakteristisch sind.

Bei dieser prächtigen Statue aus rotbraun geädertem Kalzit, deren Augen ursprünglich aus Schmucksteinen eingelegt waren, handelt es sich um eine Kultstatue. Dargestellt ist der in Oberägypten verehrte »Große Weiße«, der als königliches Ahnentier galt.
Die Vielzahl kleiner Pavianfiguren aus grüner Fayence, die in Tempeldepots aus der 1. Dynastie in Abydos und Hierakonpolis gefunden wurden, macht deutlich, daß damals eine paviangestaltige Gottheit große Bedeutung hatte. Ob die serienmäßig produzierten Figürchen Votivgaben an den Ahnengott sind, durch die die Spender ihre Verbundenheit mit dem Königtum - als Repräsentanz der Gesellschaft und der Götter auf Erden - zum Ausdruck brachten, ist ungeklärt. Sicherlich verbanden sie mit der Spende die Hoffnung, den Paviangott gnädig zu stimmen und sich seiner Hilfe und seines Schutzes zu versichern.
Seit Beginn des Alten Reiches wurde der Pavian nicht mehr als selbständige Gottheit verehrt. Sein würdiges, Weisheit assoziierendes Aussehen ließ ihn zum heiligen Tier des für Wissenschaften und Schreibkunst zuständigen Gottes Thot werden (vgl. Kat. Nr. 107). C.-B. A.

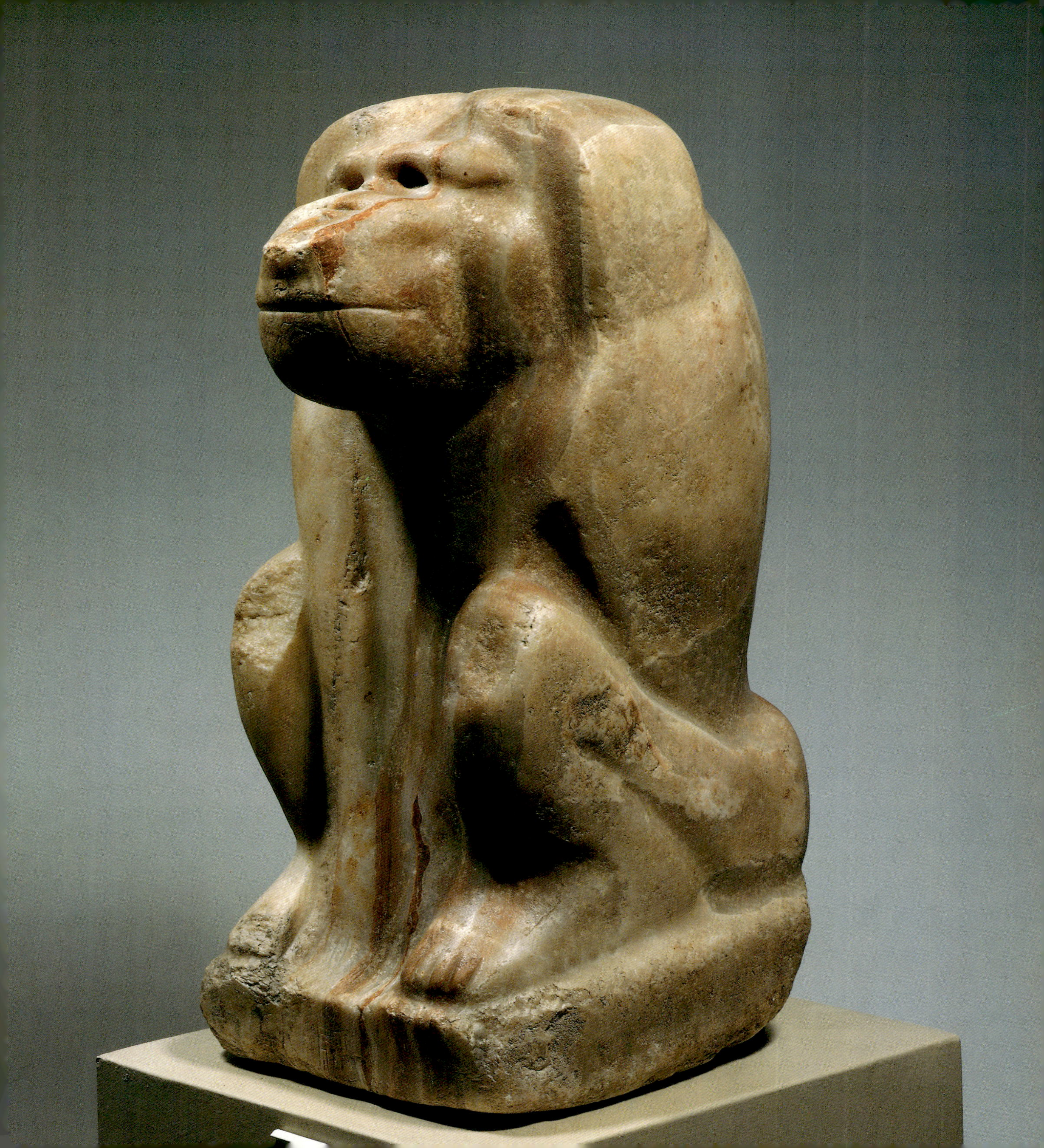

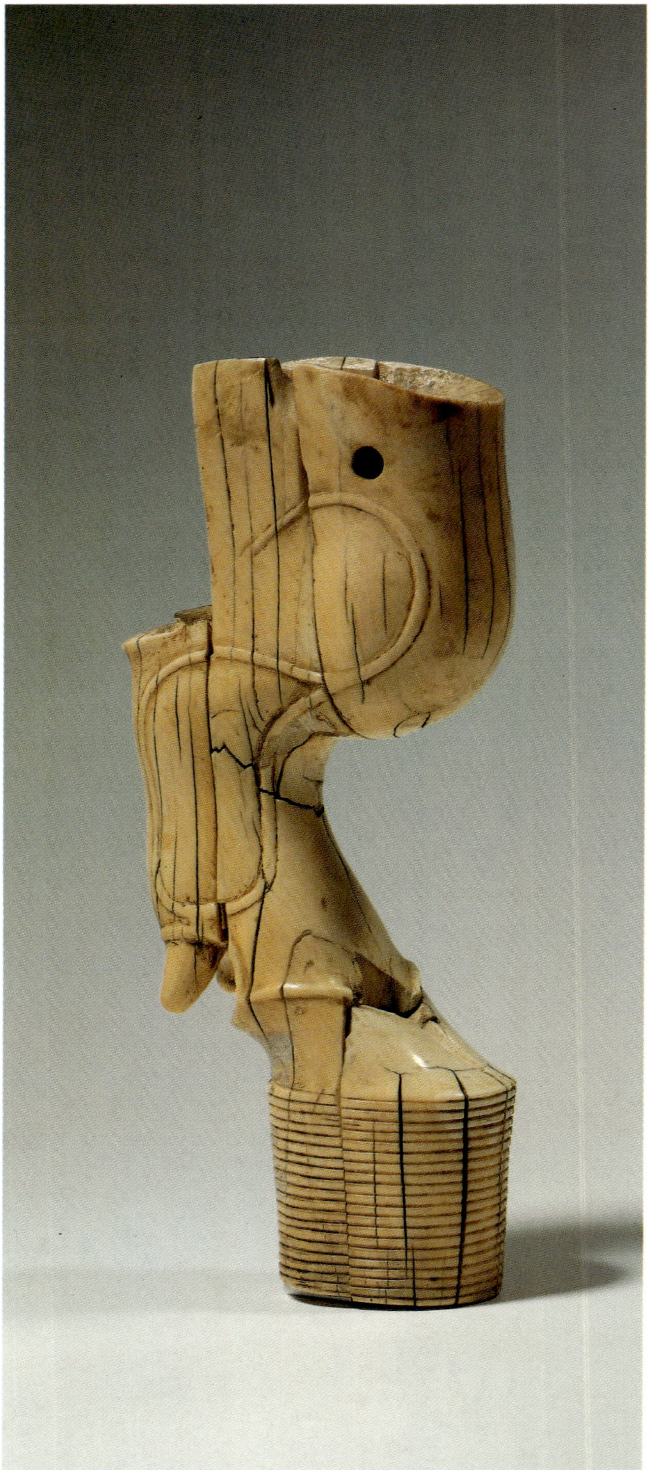

9

Bettfuß in Gestalt eines Rinderbeines

Abydos/Umm el Qa^{c}ab, 1. Dynastie, um 3000-2800 v. Chr.
erworben 1907
Elfenbein. Höhe 22,5 cm
Inv.-Nr. 18010

Die Könige der ersten beiden Dynastien waren bis zum Ende des vorigen Jahrhunderts nur durch sehr viel jüngere Bezeugungen bekannt. Erst 1897 wurde von E. Amelineau das Gräberfeld entdeckt, auf dem die ersten Herrscher Ägyptens bestattet lagen, die in späterer Zeit wenigstens noch dem Namen nach bekannt waren, und auch sogar einige ihrer Vorgänger, wie König Narmer (Kat. Nr. 8), von denen überhaupt keine Kunde mehr geblieben war. Die ersten Ausgrabungen sind leider nicht sehr systematisch durchgeführt worden, so daß zum Beispiel die Form der oberirdischen Bauteile nicht mehr sicher zu rekonstruieren ist. Die schon in den ersten Jahrhunderten nach der Bestattung geplünderten Grufträume enthielten Überreste der umfangreichen Grabausstattungen, zu denen Betten mit Füßen in Gestalt von Rinderbeinen gehörten. Sie bezeugen einen erstaunlich hohen Stand des Kunsthandwerkes, das bereits die typischen Merkmale ägyptischer Formgestaltung herausgebildet hatte: Ausgehend von genauer Erfassung der Formmerkmale des Naturvorbildes, werden überzeugende Umsetzungen in eine klar gliedernde Gestaltung erreicht, werden bereits in sehr früher Zeit »richtige« Abbilder der Wirklichkeit geschaffen, wie sie für die ägyptische Kunst so charakteristisch geblieben sind.
Der Bettfuß ist aus vier Einzelteilen zusammengesetzt. An ein Mittelstück sind hinten eine Scheibe mit den beiden Klauen und vorn je ein Stück mit dem Vorderteil der Hufe und des hohen Untersatzes bzw. mit dem Kniegelenk durch Nut und Feder zusammengefügt und mit Lederriemen festgehalten, die durch entsprechende, meist von außen nicht sichtbare Bohrungen geführt waren. Mit Riemen sind die Füße auch an den Bettrahmen befestigt gewesen, deren seitliche Längsstangen auf den ausgekehlten Oberseiten der Füße ruhten. K.-H. P.

10
Figur eines Löwen

um 3200-3000 v. Chr.
Fundort unbekannt, erworben 1925
Granit. Höhe 19 cm, Länge 31,5 cm
Inv.-Nr. 22440

Zu den wenigen erhaltenen Rundbildwerken der ägyptischen Frühzeit zählt die Löwenfigur, die ein genaues Gegenstück zu dem kleinen Brettspielstein ist (Kat. Nr. 6). Mit der etwa gleichzeitigen Paviansfigur (Kat. Nr. 8) teilt das Bild die flächige, andeutende Bildung der Gliedmaßen. Während bei jenem Werk aber bereits die Formprinzipien ägyptischen Rundbildschaffens deutlich sind, wirkt der Löwe auf den ersten Blick unägyptisch. Der naheliegende Gedanke an vorderasiatische Einflüsse ist aber wohl abzulehnen. Wir haben ein zur klassischen Bildlösung (vgl. Kat. Nr. 26) im Gegensatz stehendes, offenbar bereits in der 1. Dynastie aufgegebenes Löwenbild vor uns mit geöffnetem, die Zähne weisenden Maul und einer dadurch verursachten charakteristischen Faltenbildung über Nase und Oberlippe, die als hart hervortretender Doppelgrat herausgearbeitet ist, wie er sich auf Flachbilddarstellungen von Löwen auf den spätvordynastischen Prunkpaletten findet, dort auch noch die Mundwinkel umfahrend. Ähnlich ist auch die Gestaltung der Ohren mit der bis zum Außenrand laufenden »Schraffur«. Auffällig unägyptisch ist das Fehlen einer Basis und ganz ungewöhnlich, daß auf der Unterseite nicht nur die vier Beine herausgearbeitet, sondern ebenso die Furchen zwischen den Knöcheln und den Tatzen eingetieft sind. K.-H. P.

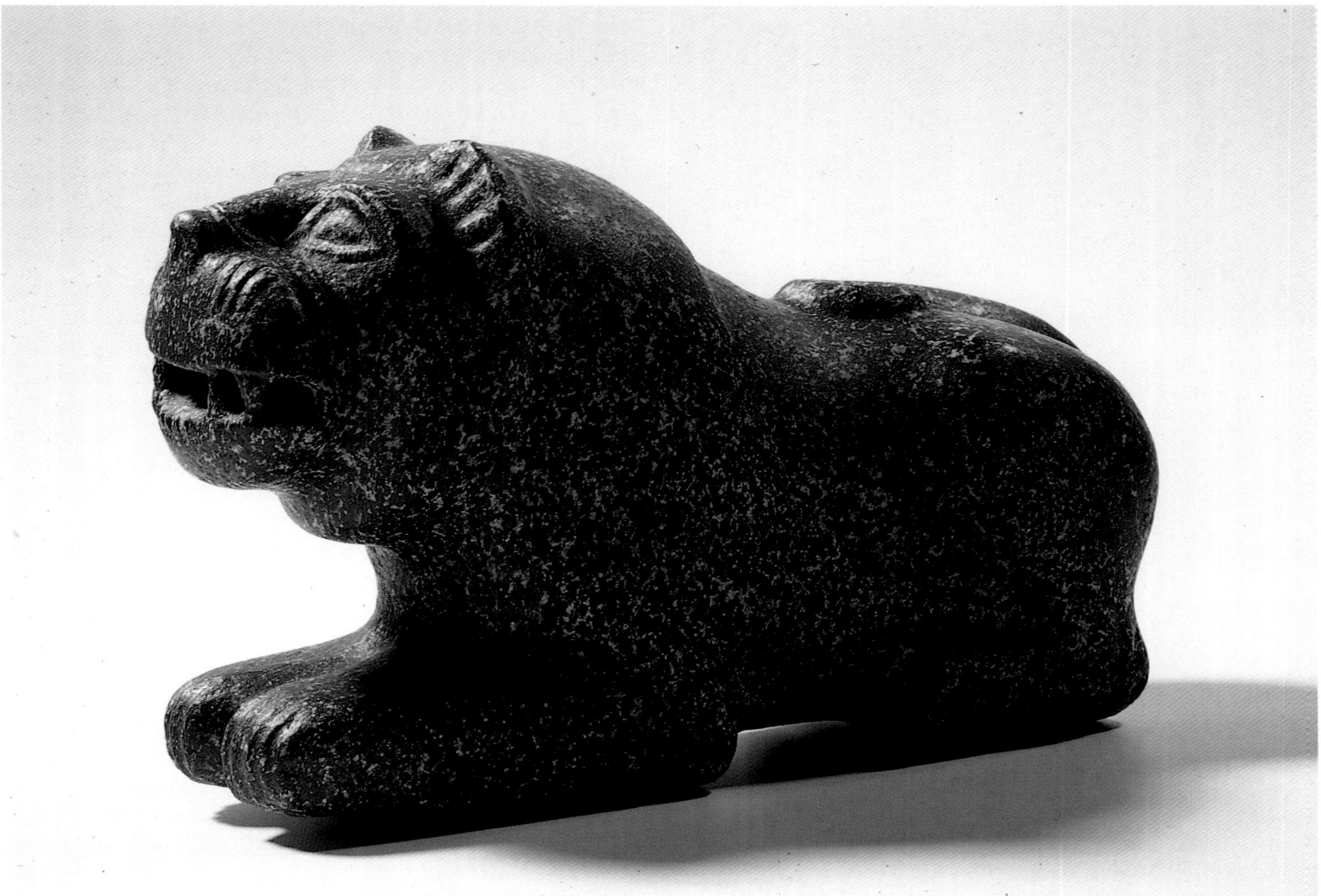

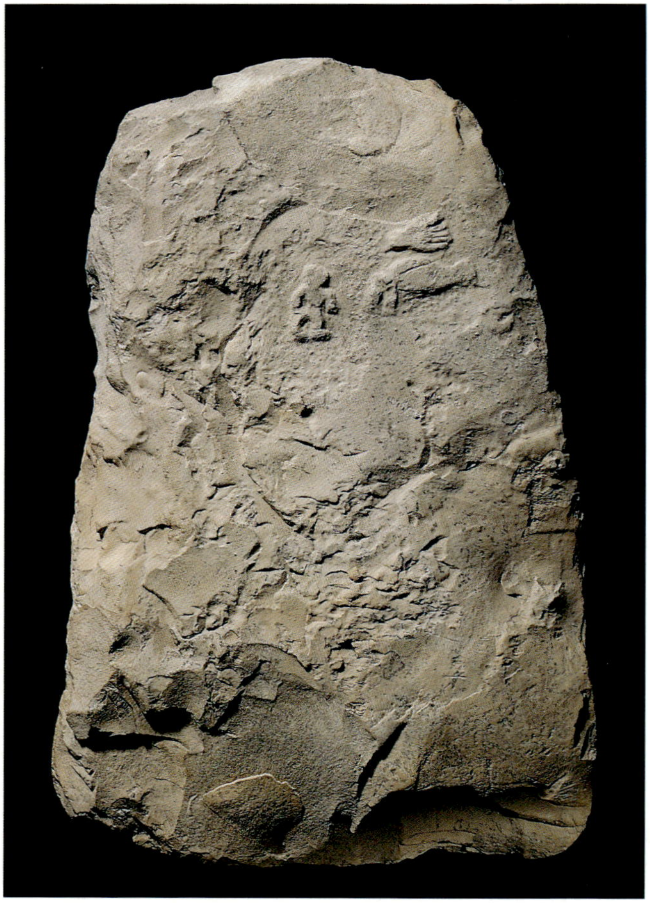

11
Grabstele für einen Zwerg

Abydos/Umm el Qa^{c}ab, 1. Dynastie, um 2950-2800 v. Chr.
erworben 1907
Kalkstein. Höhe 36 cm, Breite 23 cm
Inv.-Nr. 18136

Fast alle abydenischen Grabanlagen der Könige der 1. Dynastie sind von langen Zeilen aus Ziegeln errichteter Grabkammern umgeben, in denen Angehörige des Hofstaates, aber auch Hunde beigesetzt waren. Bei den beiden letzten Gräbern der Dynastie sind diese Nebenbestattungen mit dem Herrschergrab zu einem Baukörper zusammengeschlossen. Wie im Alten und Mittleren Reich war also schon von Anfang an die Umgebung des Königsgrabes der bevorzugte Ort für die Bestattung der Angehörigen und Bediensteten. Umstritten ist, ob für die 1. Dynastie angenommen werden darf, daß die Inhaber der bis zu über 300 zu einem Königsgrab gehörenden Nebengräber ihrem Herrn in den Tod gefolgt sind, wie es für Sumer im 3. Jt., das nubische Reich von Kerma des 2. Jt. und afrikanische Reiche bis in die Neuzeit bezeugt ist.

Den Gräbern waren kleine Stelen beigegeben (zur Kennzeichnung der Opferstelle oder in der Funktion der späteren Scheintür?), auf denen häufig die Titel, in jedem Fall aber der Name, meist in erhabenen Hieroglyphen, verzeichnet waren. Zusammen mit den Aufschriften auf Rollsiegeln, Etikettentafeln und Gefäßen gehören sie zu den ältesten Schriftdenkmälern Ägyptens. Hinter den Namen stehen auch schon Hieroglyphen als klassifizierende Abbilder der Namensinhaber. Häufig sind sitzende Frauen für Haremsdamen, ein Mann mit dem Bogen in der Hand bezeichnet den Krieger, und 17mal kennzeichnet das Bild wie auf der Berliner Stele einen Zwerg. Anthropologisch sind 11 Zwerge in den Gräbern nachgewiesen worden.

Auch im Alten Reich waren Zwerge am Hofe hochgeschätzt und konnten in höhere Stellungen gelangen. Sie sind als Leibdiener, Tierwärter und Handwerker, insbesondere für die Schmuckherstellung, tätig, aber auch als Tänzer beliebt, das »Herz des Gottes (d. h. des Königs) vor seinem großen Thron zu erfreuen«. Begehrt waren hierfür Angehörige von Pygmäenstämmen, in deren Besitz der Hof durch die Expeditionen in das obernubische Niltal gelangen konnte. Als einer der Expeditionsleiter der 6. Dynastie König Pepi II. (um 2220-2160 v. Chr.) meldet, er bringe einen solchen Zwerg von der Fahrt mit, erteilt ihm der König in einem Brief genaue Anweisungen: »Komm sofort zur Residenz! Eile und bringe den Zwerg mit dir . . . Wenn er mit dir das Schiff besteigt, stelle eine Wache von trefflichen Leuten auf, die bei ihm an Deck sind, damit er nicht ins Wasser falle. Wenn er in der Nacht schläft, laß treffliche Leute bei ihm in der Kajüte die Nacht verbringen. Kontrolliere zehnmal des Nachts!« K.-H. P.

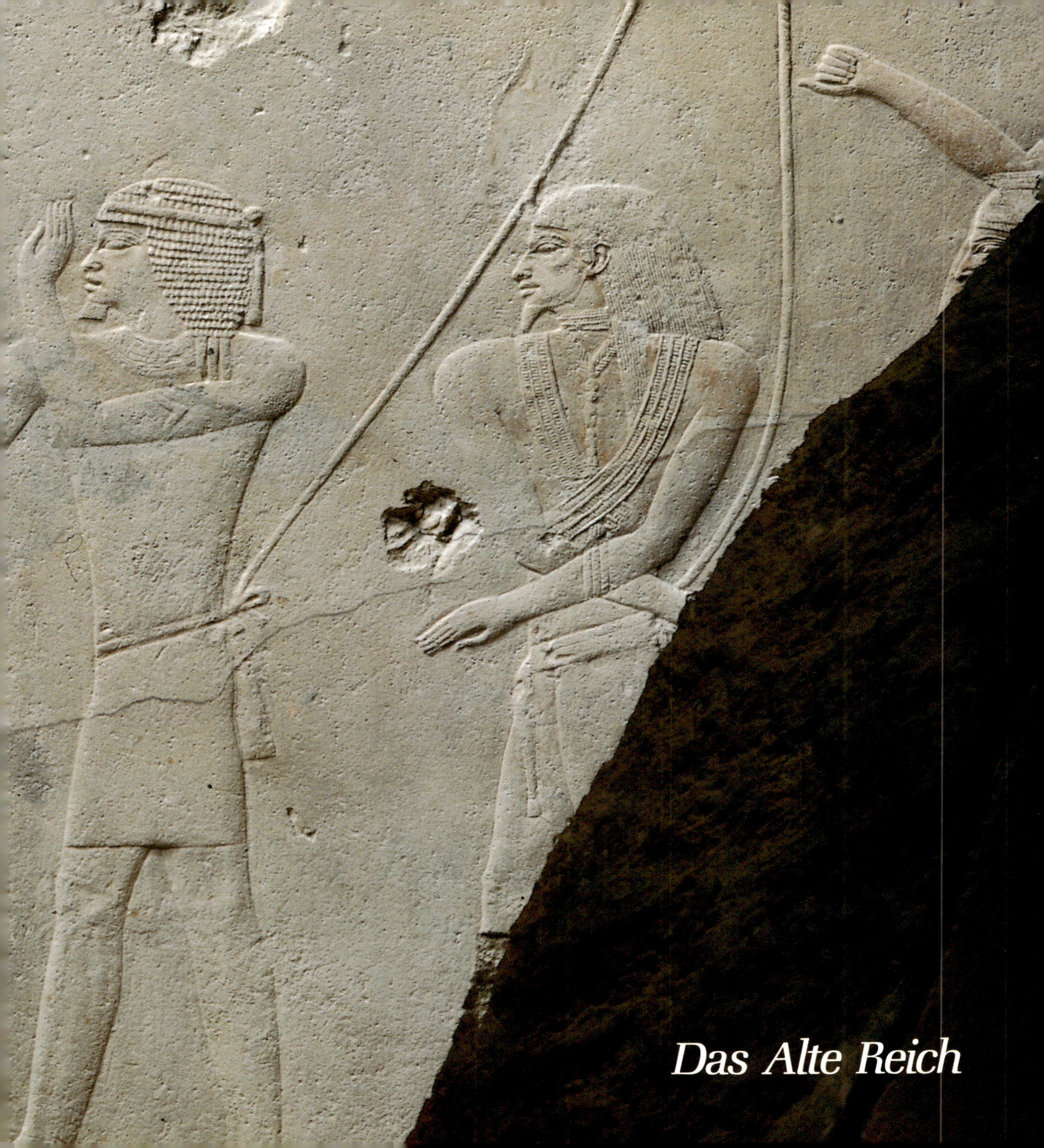

Das Alte Reich

Das Alte Reich

um 2700–2600 v. Chr. **3. Dynastie**
Sanacht
Djoser
Sechemchet
Chaba
Huni u. a.

um 2600–2450 v. Chr. **4. Dynastie**
Snofru
Cheops
Djedefre
Chefren
Bicheris
Mykerinos
Schepseskaf
Thamphthis

um 2450–2300 v. Chr. **5. Dynastie**
Userkaf
Sahure
Neferirkare
Schepseskare
Neferefre
Niuserre
Menkauhor
Asosi
Unas

um 2300–2150 v. Chr. **6. Dynastie**
Teti
Userkare
Pepi I.
Merenre
Pepi II.
Antiemsaf
Königin Nitokris

um 2150–2135 v. Chr. **7./8. Dynastie**

Die knapp 500 Jahre des »Alten Reiches« sind die Zeit, in der die altägyptische Gesellschaft die bleibenden Grundsätze ihres Selbstverständnisses in einem folgerichtigen Entwicklungsprozeß voll entwickelt, eine Zeit, die zwar mit dem Zusammenbruch des festgefügten zentral gelenkten Staates endet, aber gleichzeitig ein reiches Erbe an geistiger und künstlerischer Erfahrung an die folgenden Generationen weitergeben kann, einen Erfahrungsschatz, der tatsächlich nicht weniger als zweieinhalb Jahrtausende fortgewirkt und das Gesicht des alten Ägypten geprägt hat.
Ausgangspunkt und treibende Kraft der Entwicklung ist zweifelsohne die Ausrichtung des gesamten gesellschaftlichen Lebens auf den König gewesen. Wir wissen nicht, welche Triebkräfte dies in sehr kurzer Zeit in Gang gesetzt und zu einer nie wieder erreichten Vollendung getrieben haben. Wir sehen nur das Ergebnis: die großen Pyramiden der 3. und 4. Dynastie, Königsgräber von ungeheuren Ausmaßen, die nur mit äußerster Inanspruchnahme aller menschlichen und ökonomischen Ressourcen zu errichten waren und die nur aus einem weitgehend gesamtgesellschaftlichen Einverständnis mit der Rolle des Herrschers als des göttlichen Garanten der Weltordnung zu verstehen sind, im Diesseits wie im Jenseits. Die Fürsorge für den toten König entsprang sicherlich der uns heute nur noch schwer verständlichen Konsequenz des altägyptischen Totenglaubens, die Diodor zu der Feststellung veranlaßte, der Ägypter bemühe sich mehr um die Gräber als den »Häusern der Ewigkeit« als um seine irdische Wohnstätte. Es ist eine sehr ansprechende Vermutung, daß die Monumentalisierung des Königsgrabes damit zusammenhängen müsse, daß der tote Herrscher (als Osiris) zum Herrscher und Erhalter aller Verstorbenen geworden ist. Den sinnfälligsten Ausdruck findet dies in der ersten Grabanlage dieser Art, dem ältesten monumentalen Steinbau der Weltgeschichte, der Anlage für König Djoser: Seine Stufenpyramide, die Übersteigerung des abydenischen Grabhügels, steht inmitten einer steinernen Nachbildung seiner irdischen Residenz mit einer Umfassungsmauer, die ein Areal von 150 000 Quadratmetern umschließt. Der Erbauer, Wesir Imhotep, ist den Ägyptern zum Weisen und Heilgott geworden. Die Pyramiden der Könige Snofru – er erbaute drei, zwei mußten aus bautechnischen Gründen aufgegeben werden –, Cheops und Chephren markieren den Höhepunkt der Entwicklung, die nicht ohne Rückschläge verlief. Eine Reihe von Anlagen der 3. und ersten Hälfte der 4. Dynastie sind niemals fertiggestellt worden.
Die der Gesellschaft gestellte Aufgabe konnte allein durch gewichtige Änderungen in der Wirtschafts- und Verwaltungsstruktur geleistet werden. An die Stelle der mit Abgaben belasteten Dorfgemeinde trat die Staatsdomäne, das

gesamte Produktionsaufkommen unterlag zentraler Vergabe, an die Stelle einer patriarchalischen Organisation trat eine weitverzweigte zentrale und lokale Beamtenschaft, die mit Amtsdomänen ausgestattet wurde, sich aber bereits zur Zeit des Snofru mit Zustimmung des Herrschers daraus vererbbaren Besitz aussondern konnte. Ein erheblicher Teil der Bevölkerung wurde ständig oder für Transportaufgaben oder Expeditionen im Dienste des Pharao von eigenständiger Versorgung gelöst und auf die Leistungen der Zentrale angewiesen.

Gabe des Herrschers waren auch die Grabanlagen der Angehörigen des Hofes und der hohen Beamten. Wie für die Totenversorgung der Könige waren für sie Domänen reserviert, die sich als dauernder Besitz der toten Hand zu wirtschaftlichen Einheiten entwickelten, die sich dem Zugriff des Staates entzogen.

Bereits während der 4. Dynastie machen sich gegenläufige Tendenzen bemerkbar. Djedefre, der Vorgänger des Chephren, trägt als erster den Titel »Sohn des (Sonnengottes) Re«. Mit der 5. Dynastie wird die führende Rolle des Gottes von Heliopolis offenkundig: Jeder Herrscher dieser Dynastie erbaut Re einen Tempel, dessen Zentrum ein gewaltiger Obelisk ist. Reliefs der Anlage des Niuserre schildern das Leben von Tier und Mensch als der Schöpfung des Sonnengottes. Die Pyramiden der Könige werden vergleichsweise bescheidene Bauten, gemessen an denen der 4. Dynastie, besonderer Wert wird aber auf die Gestaltung der Pyramidentempel gelegt, deren Reliefs die »historische Rolle« der Herrscher verewigen. Ihnen zur Seite treten die Grabbauten des »Privat«-grabes, deren Opferräume immer mehr der Platz werden, an dem die Totenversorgung in umfangreichen Reliefzyklen verewigt wird. Noch das Grab des Djoser hatte in unterirdischen Galerien den Aufbewahrungsort für unvorstellbare Mengen an Beigaben geboten. Mit der 4. Dynastie verschwinden sie. Der Ersatz war die Darstellung der Ausstattung, ihrer Lieferung, ihrer Herstellung, schließlich des »Lebens«, besser der sozialen Funktion des Grabherrn, eine Entwicklung, die schließlich auch den königlichen Bereich ergreift. Das Abbild war die Gewähr der ewigen Realität für den Toten. Ihn selbst vertrat die Statue des Königs im Pyramidentempel und die Grabstatue des »Privatmannes«. Gleiches vermochte die Inschrift. Aus den Titelreihen der Grabinhaber wird die idealbiographische Inschrift, endlich der Bericht über die dienstliche Laufbahn mit ihren tatsächlichen Ereignissen. Am Ende der 5. Dynastie erscheinen in der Pyramide des Unas die Ritualtexte, die den Aufstieg des toten Herrschers zu den Göttern und seine ewige Herrschaft sicherstellen.

Man muß dies auf dem Hintergrund der gesellschaftlichen Realität verstehen: Die tatsächliche Versorgung mußte zunehmend zum Problem werden, auch dem Königtum entschwand unaufhörlich die Selbstverständlichkeit seiner Existenzgrundlagen, die mehr und mehr in die Hände von mächtigen Provinzchefs gerieten. Am Ende der 6. Dynastie dürfte das zentrale Versorgungssystem zusammengebrochen sein. Im Grunde genommen hatte schon lange zuvor die Einsicht, die nach dem Ende des Alten Reiches in einem berühmten Literaturwerk formuliert wurde, all den Reichtum an Informationen und Kunstwerken geschaffen, der für uns heute die Welt des Alten Reiches ausmacht: »Die da in Granit bauten und Hallen in feinen Gräbern in ausgezeichneter Arbeit errichteten: wenn die Erbauer zu Göttern geworden sind, sind ihre Opfersteine leer und sie sind wie die Toten, die am Uferdamm starben«.

12
Scheintür der Opferkammer im Grab des Manofer

Memphis/Saqqara, 5. Dynastie, um 2325 v. Chr.
erworben 1845 (Preuß. Expedition)
Kalkstein. Höhe 315 cm, Breite 159 cm
Inv.-Nr. 1108

Opferplatte aus dem Grab des Iru-ka-Ptah

Memphis/Saqqara, 5. Dynastie, um 2450-2300 v. Chr.
erworben 1845 (Preuß. Expedition)
Kalkstein, Kalzit (Alabaster). Breite 71 cm, Tiefe 71 cm
Inv.-Nr. 1139

Opferständer aus dem Grab des Iru-ka-Ptah

Memphis/Saqqara, 5. Dynastie, um 2450-2300 v. Chr.
erworben 1845 (Preuß. Expedition)
Kalkstein, Granit. Höhe 149 und 112 cm
Inv.-Nr. 1111, 1112, 1193, 1194

Bewegungsfreiheit und ausreichende Versorgung waren wesentliche Jenseitshoffnungen des Ägypters, ihre Erfüllung vollzog sich auf magische Weise an der Kultstelle des Grabes, wie sie hier nachgebildet ist. Die Westwand der Opferkammer ist als Scheintür gestaltet, sie stellte eine imaginäre Verbindung zwischen dem westlich gedachten Jenseits und dem Diesseits her: Durch sie »kam« der Verstorbene, um die Opfergaben in Empfang zu nehmen.
Die Tür gliedert sich in eine Nische mit seitlichen Pfosten und einem Rundbalken, der zuweilen als aufgerollter Mattenvorhang gedeutet wird. Oberhalb des Rundbalkens zwischen unterem und oberem Türsturz bildet eine rechteckige Platte mit seitlichen Schlitzen ein Oberlichtfenster nach. Die äußeren Türpfosten werden durch Rundstäbe eingefaßt, ein Gesims in Form einer Hohlkehle bekrönt die Tür.
Manofer war am Hof des Königs Asosi für den Kopfschmuck und für die Perücken des Herrschers verantwortlich. Sein Reliefbild, stehend mit langem Würdenstab oder sitzend vor dem Opfertisch, ist den hieroglyphischen Texten harmonisch eingefügt. In diesen Inschriften bittet Manofer die Totengötter Osiris und Anubis um Opfergaben, die auf Opferplatten dargebracht werden sollten. Sie waren vor der Scheintür in den Boden eingelassen; die hier gezeigten stammen aus dem Grab des Iru-ka-Ptah, eines Beamten der Scheunenverwaltung.
Die Opferplatte aus Kalzit ist mit Mörtel in einen rechteckigen Kalksteinblock eingefügt. Alles, was auf ihr niedergelegt werden sollte, enthalten lange im Grab aufgeschriebene Listen: Gänse, Rinderkeulen, Brote, Feigen und vieles mehr wünscht sich der Tote stets mit der Mengenangabe »tausend« für seinen Speisetisch, dazu Wein, Bier und duftende Öle, gefüllt in die acht kleinen Näpfe dieser Opferplatte, denn ein richtiges Totenmahl bestand aus mehreren Gängen, aus einer Vorspeise, fünf Hauptgerichten, Kuchen, Obst und Käse als Dessert. Das rechteckige Waschbecken erfüllte den Wunsch »rein« zu sein; oberhalb des Beckens ist ein Wasserkrug plastisch dargestellt.
Unentbehrlich bei allen Opferhandlungen war die Räucherung, in den kleinen Granitschalen der vier Opferständer wurde Weihrauch verbrannt. Der lange Schaft aus Kalkstein, mit Titel und Namen des Iru-ka-Ptah beschriftet, steht in einer runden Basis, die in den Boden eingelassen war.
Die erforderliche materielle Ausstattung für diesen Totenkult erbrachten Güter, die einem verdienstvollen Beamten zusammen mit einem Grab vom König zugewiesen oder auch aus dem eigenen Vermögen im Testament festgelegt wurden. Die Totenstiftungen entwickelten sich jedoch bald zu einer Versorgungseinrichtung der angestellten Priester und der Opferdienst zum sogenannten »Umlaufopfer«: Die Stiftungen wurden im »Umlauf« an den Kultstellen verschiedener Gräber dargebracht und am Ende von den Totenpriestern verzehrt. I. Mü.

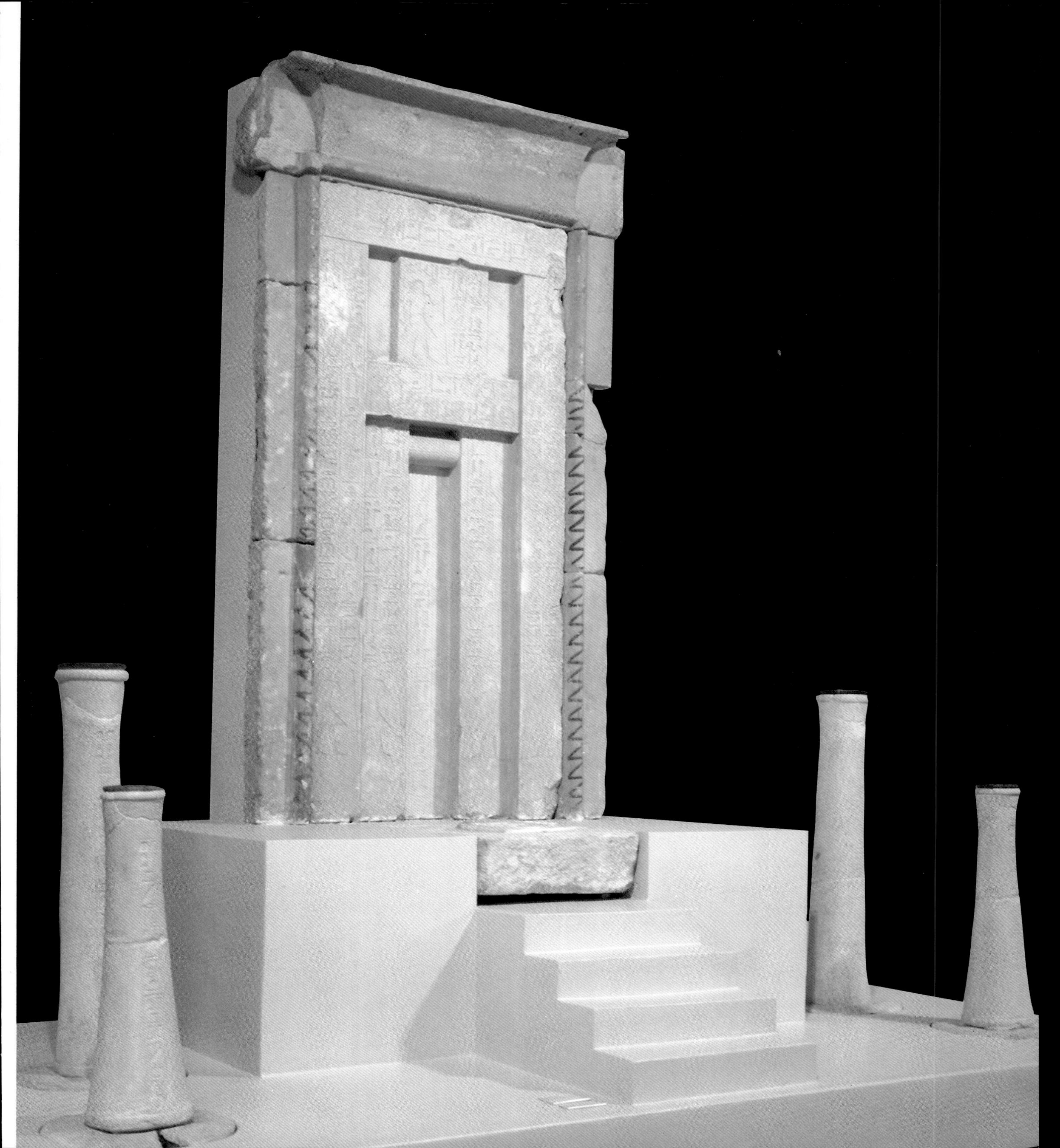

13
West- und Südwand der Opferkammer des Merib

Memphis/Giza, Ende der 4. Dynastie, um 2450 v. Chr.
erworben 1845 (Preuß. Expedition)
Kalkstein, bemalt. Wandhöhe 285 cm
(Abguß mit Rekonstruktion der Bemalung)
Inv.-Nr. 1107

Von den drei Opferkammern aus Beamtengräbern des Alten Reiches des Berliner Museums (vgl. Kat. Nr. 14) ist die des Merib etwa an das Ende der 4. Dynastie zu setzen. Die Meinung von Lepsius, der Inhaber sei ein Sohn des Königs Cheops (um 2545-2520 v. Chr.) gewesen, ist längst aufgegeben. Die Kammer ist ein Rechteck von 390 x 131 cm. Die farbige Fassung der erhabenen Reliefs war bei der Auffindung im Jahre 1842 noch sehr gut erhalten, so daß nach den damals angefertigten Aquarellen eine Rekonstruktion auf dem Abguß möglich war. Altägyptische Reliefs waren grundsätzlich bemalt. Die Wände der Opferkammer bestehen aus Kalkstein, durch die schwarze Farbe soll aber ein Wandsockel aus Basalt imitiert werden, die Scheintüren sollen aus rot und schwarz gesprenkeltem »Rosengranit« bestehen. Über dem Sockel imitiert die Bemalung eine Auskleidung der Kammer mit Holzplanken, über die dann Teppiche gehängt sind, auf denen die farbigen Bilder erscheinen. Obwohl sich davon keine Spuren gefunden haben, müssen wir annehmen, daß die Wohnräume der Paläste so ausgestaltet waren.

Die leicht geböschte Westwand enthält zwei Scheintüren, vor denen die Totenopfer vollzogen wurden. Unter den oberen »Architraven« mit der Totenopferformel ist als entwicklungsgeschichtlich ältestes und wichtigstes Bildelement der Reliefdekoration die sogenannte »Speisetischszene« angebracht: Der Tote sitzt vor dem Tisch mit den Opferbroten, die Beischriften verzeichnen die wesentlichsten Stücke des Grabinventars und der regelmäßigen Opfer. Die Szene über der rechten Scheintür »verewigt« den tatsächlichen Vollzug der Opferhandlung durch drei Priester. Auf dem großen Bilde zwischen den Scheintüren nimmt der Grabherr, von Angehörigen begleitet, Gaben entgegen, am linken Ende der Wand »beschaut« er »die Stoffe des Hauses der Weberinnen«. Unter diesem Bilde wird u. a. der Opferstier geschlachtet. Die Südwand nimmt ein großes Bild des Merib ein, den seine Mutter begleitet. Vor ihnen wird geopfert.

Die Bilddekorationen der Opferkammern haben ihren Ursprung in dem Bestreben, die seit der Frühzeit den Bestattungen beigegebenen Grabausstattungen und die regelmäßigen Totenmahlzeiten durch das Abbild von den Zufälligkeiten der tatsächlichen ökonomischen Möglichkeiten der Nachwelt unabhängig zu machen. Nach der Überzeugung der Ägypter hatte die Abbildung und Auflistung die Realität des Abgebildeten. Aus der Opferliste der Speisetischszene entwickelt sich die Darstellung der Lieferung der benötigten Gegenstände und endlich sogar die Abbildung ihrer Herstellung.

K.-H. P.

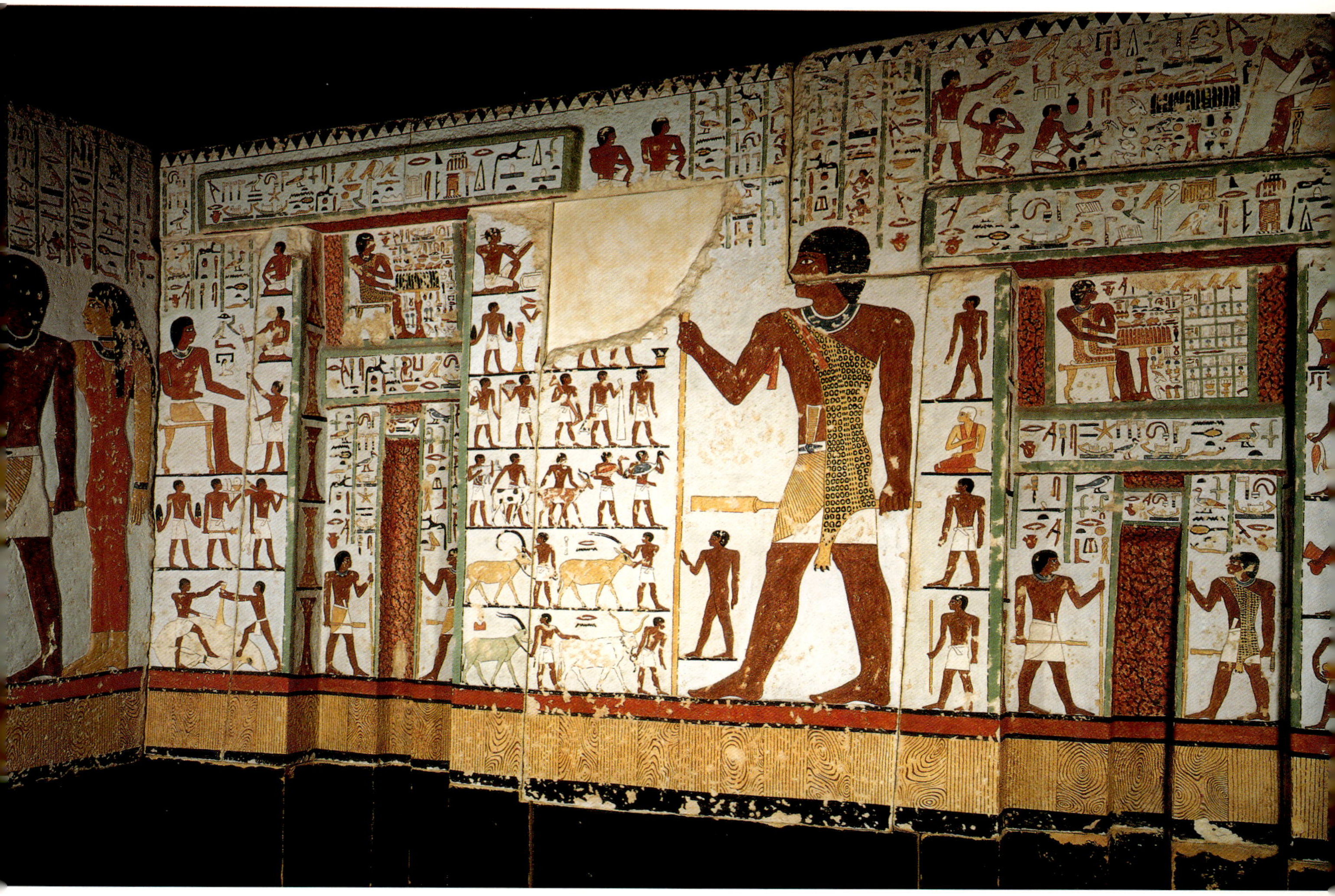

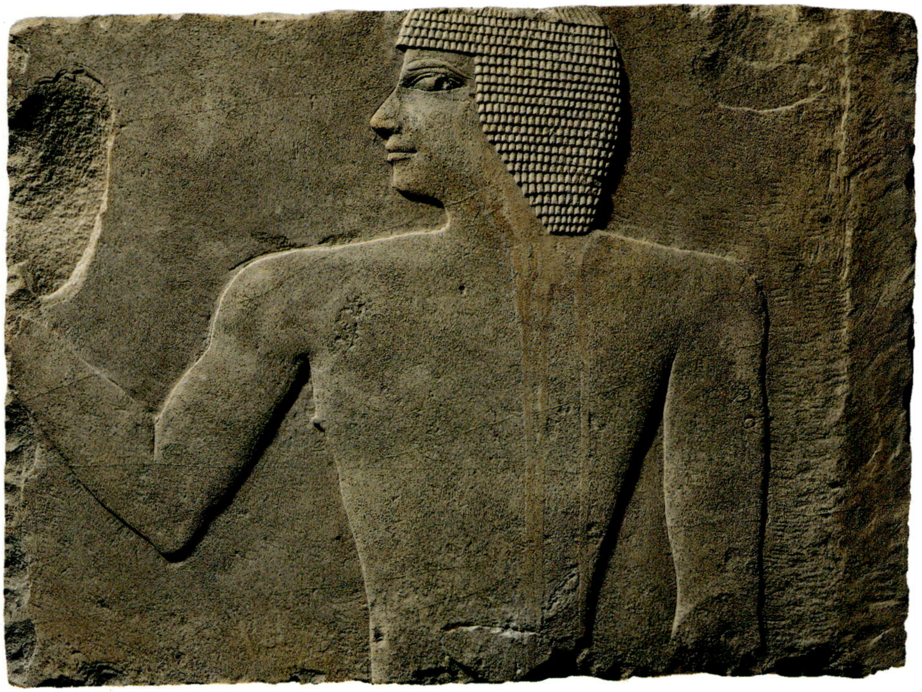

14
Kopf des Metjen

Relief aus der Opferkammer des Metjen
Memphis/Saqqara, Anfang 4. Dynastie, um 2575 v. Chr.
erworben 1845 (Preuß. Expedition)
Kalkstein. Höhe 50,5 cm.
Inv.-Nr. 1105

Der Reliefschmuck und die Inschriften der Opferkammern in den Gräbern der Angehörigen des Hofes und der Beamten sind unsere wichtigste Quelle für die Kenntnis des gesellschaftlichen Lebens und der Produktionssphäre des Alten Reiches. Diese Bedeutung ist erst durch die Arbeit der Preußischen Expedition 1842-1845 unter C. R. Lepsius deutlich geworden, die zum ersten Male umfangreiche Dokumentationen in den Gräberfeldern von Memphis vorgenommen hat. Folgerichtig gehörten zu den Objekten, für die der ägyptische Vizekönig Mehemet Ali die Ausfuhrgenehmigung erteilte, drei vollständige Opferkammern des Alten Reiches für die Königlichen Museen zu Berlin.
Die älteste und bedeutendste ist die aus dem Grabe des Metjen, der während der Regierungszeit des Königs Snofru (um 2570-2545 v. Chr.) verstarb. Die Kammer von etwa 265 x 75 cm bei einer Höhe von etwa 325 cm ist mit Kalksteinblöcken ausgekleidet, die vollständig mit erhabenen Reliefs und Inschriften bedeckt sind, ebenso wie der zur Kammer führende Gang von etwa 215 cm Länge. Die Inschriften des Metjen sind die ältesten längeren altägyptischen Texte, die bislang zutage traten und auch inhaltlich von ganz außergewöhnlichem Interesse. Mit der Wiedergabe von vier vermögensrechtlichen Dekreten des Königs enthalten sie die ältesten bekannten juristischen Dokumente des altägyptischen Staates. Metjen war ein in den Gebieten des Westdeltas tätiger hoher Beamter, Leiter von Wildhütern und Grenztruppen, Inspektor einer königlichen Domäne und der damit zusammenhängenden Lebensmittelverwaltung.
Kammer und Gang aus rund 150 Steinblöcken können zur Zeit nicht gezeigt werden. Einen Eindruck von der sorgfältigen Bildhauerarbeit, mit der sowohl die Reliefs wie die prachtvollen Hieroglyphen der Inschriften gearbeitet sind, können nur zwei Einzelblöcke vermitteln, so der mit dem Bilde des Grabherrn, dessen Gesichtszüge eine bemerkenswerte Übereinstimmung mit denen der Grabstatue des Metjen aufweisen, die zur Zeit im Ägyptischen Museum der Stiftung Preußischer Kulturbesitz in Berlin-Charlottenburg zu sehen ist.

K.-H. P.

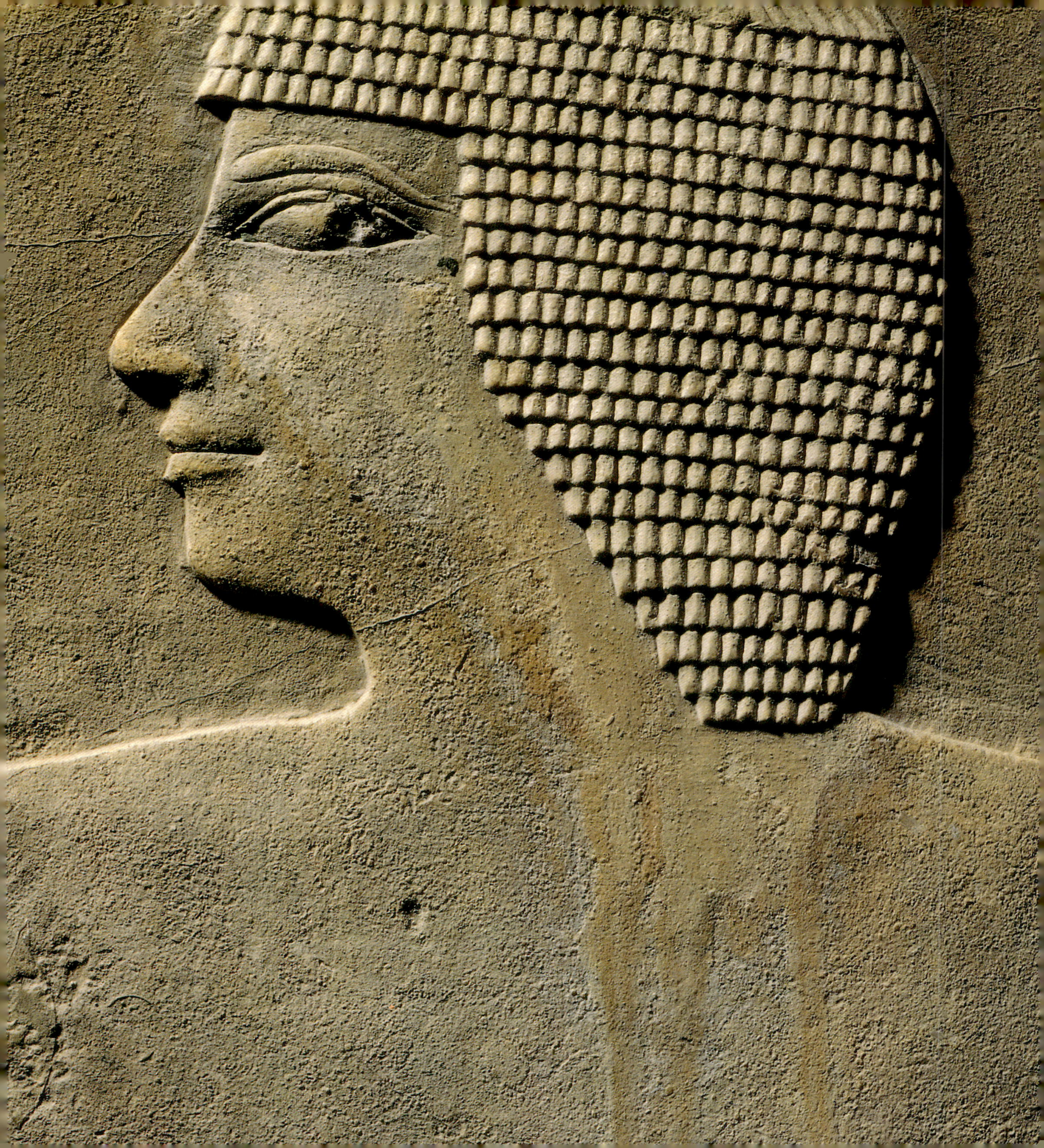

15
Fahrt auf dem Lotosteich

Relief aus der Opferkammer des Grabes der Hetepet
Memphis/Giza, 5.-6. Dynastie, um 2300 v. Chr.
erworben 1901
Kalkstein. Höhe 38,5 cm, Breite 73,5 cm
Inv.-Nr. 15420

Ein Jenseits, das dem Diesseits gleicht, war der beherrschende Gedanke altägyptischen Totenglaubens. Durch den Bau eines »Hauses für die Ewigkeit« (Grab) und in der Darstellung des irdischen Besitzes auf den Grabwänden, in Szenen der Landwirtschaft und Viehzucht, Jagd und Bootsfahrten verwirklichten sich diese Vorstellungen. Durch magische Riten konnten alle steinernen Bilder belebt und somit für den Toten Realität werden.

Kühl und schattig war es im Dickicht des Papyrus; hier suchte der vornehme Ägypter Erholung, fuhr im Nachen auf dem Nil, durch Kanäle und über Seen und Teiche, jagte mit dem Wurfholz Vögel und mit dem Speer Fische oder erfreute sich an der Natur wie Hetepet auf diesem Relief. Sie steht im Papyrusboot, ein Kranz von Lotosblüten schmückt ihr Haar. Auch in den Händen hält sie Blüten und riecht an einer, denn der Duft des Lotos war erfrischend und für den Ägypter gleichbedeutend mit Leben. Ein Diener stakt mit einer langen Holzstange den Nachen über das Wasser. Zwei Mädchen sorgen für das Wohl ihrer Herrin: Die eine kniet zu ihren Füßen, die andere reicht ihr eine Erfrischung. Eine Vielzahl verstreut dargestellter Lotosblüten deutet die Landschaft an.
Aus dem Grab der Hetepet sind ein weiteres Relief mit der Darstellung der Flachsernte und mehrere Architekturteile erhalten.

I. Mü.

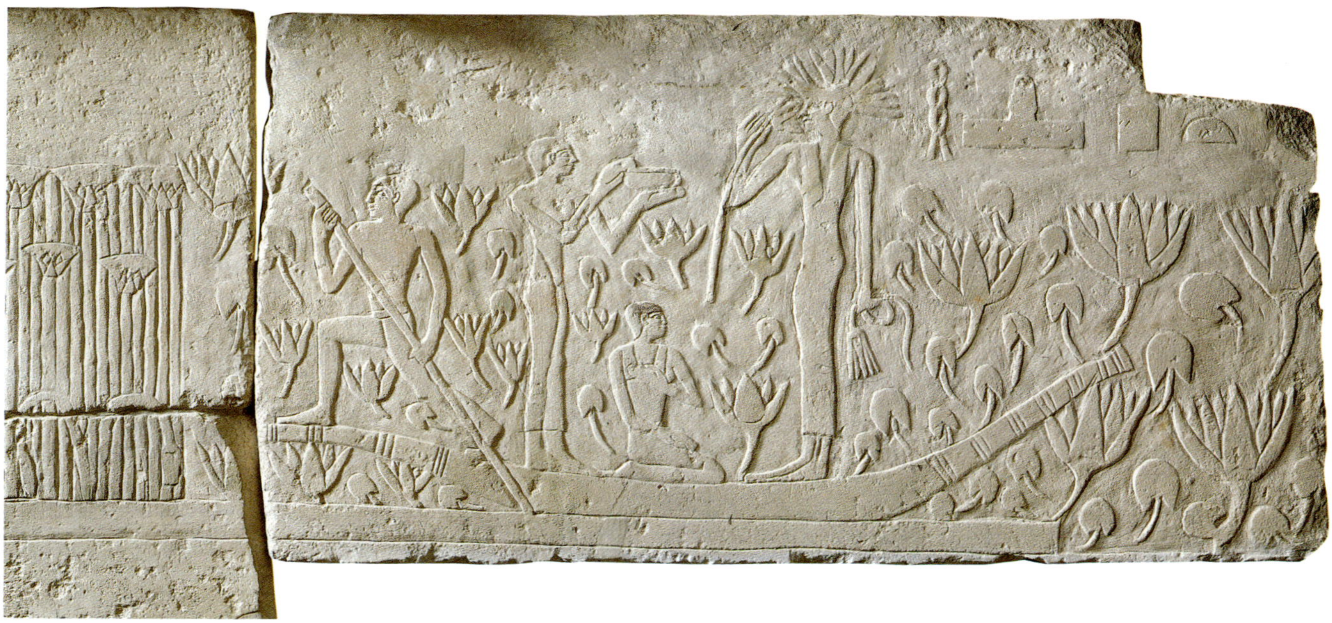

16
Standfigur eines Mannes

Memphis, 5. Dynastie, um 2450-2300 v. Chr.
erworben 1871
Anorthositgneis (»Chephrendiorit«). Höhe 34,5 cm
Inv.-Nr. 1122

Erste Voraussetzung für die Fortexistenz nach dem Tode war für den Ägypter die Erhaltung des Leichnams, ebenso aber ein Abbild, das ihn in einer seinem Rang entsprechenden gewünschten Erscheinungsform verewigte. Durch den Ritus der »Mundöffnung« wurde es »belebt«, die Aufschriften mit Titel und Namen machten es zum individuellen Abbild des Verstorbenen. Spätestens seit dem Beginn der 3. Dynastie gehörten daher Statuen zum festen Bestandteil der Grabausstattung. Das Alte Reich hat mehrere Darstellungstypen entwickelt. Die Standfigur gab dem Abgebildeten die ewige Existenz eines aktiven tatkräftigen Menschen durch die aufrechte Haltung, das Ausschreiten des vorgesetzten linken Beines und die geballten Fäuste.
Der von einem Rückenpfeiler unterstützte axiale Aufbau betont die frontale Ausrichtung der Figur einer unbekannten hochrangigen Persönlichkeit. Das Gesicht wird von einer die Ohren bedeckenden Löckchenperücke umrahmt und ist, wie auch der Körperbau, als Idealbild zu verstehen. Dennoch ist die hervorragende Modellierung des menschlichen Körpers, die ohne übermäßige Betonung von Körperteilen und Details auskommt und von einer guten Kenntnis der Anatomie zeugt, beeindruckend. Gleiches gilt für die gut durchgebildeten Gesichtszüge.
Entgegen der sonst üblichen Darstellungsweise, die den Verstorbenen mit dem »Jenseitsblick«, d. h. mit starr geradeaus blickenden Augen zeigt, weist diese Figur die Besonderheit eines leicht nach oben gerichteten Blickes auf.
Der Dargestellte trägt den kurzen von einem Gürtel gehaltenen Schurz der Vornehmen. Er muß von hohem sozialem Rang gewesen sein. Dafür spricht das kostbare, sonst nur für Königsbildnisse verwendete Material der Figur, das aus Steinbrüchen westlich des unternubischen Niltales beschafft werden mußte. K. F.

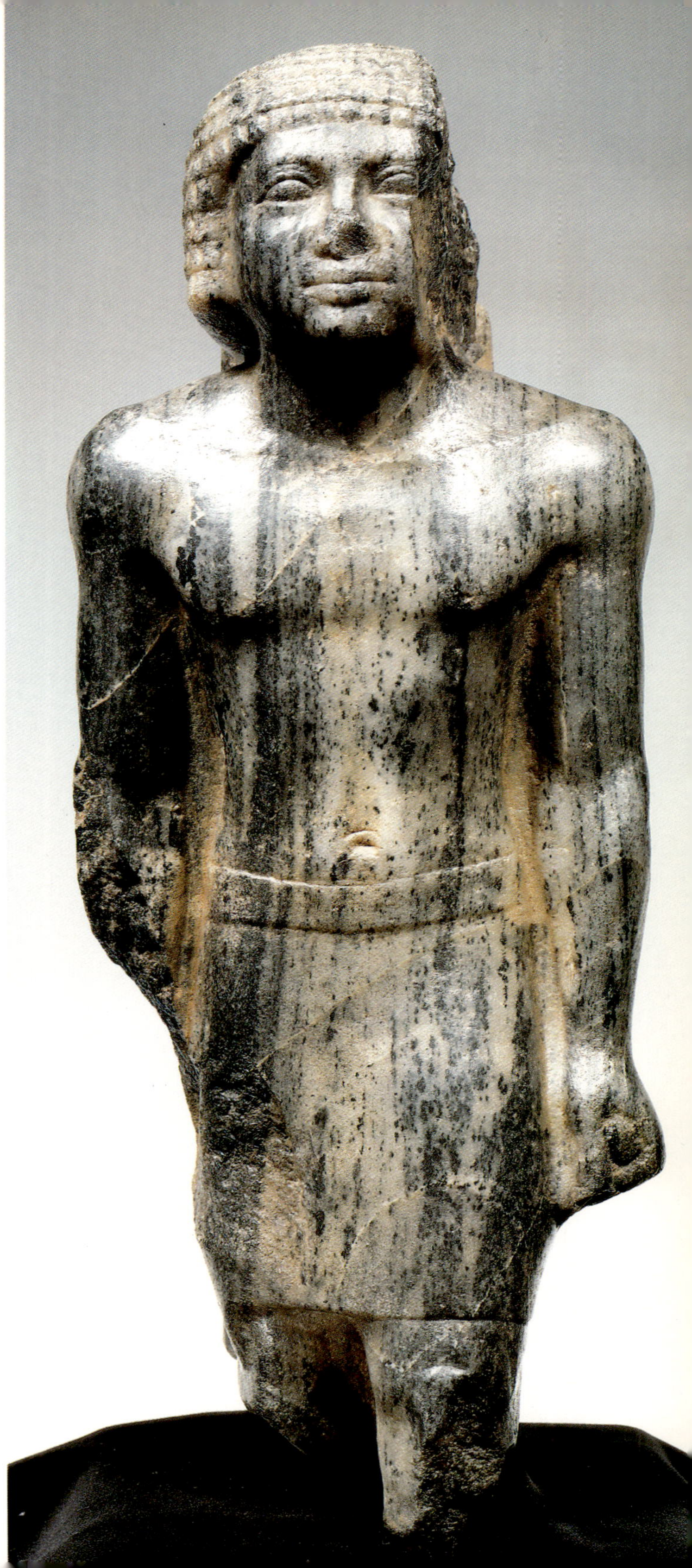

17
Figur des Dersenedj als Schreiber

Memphis, 5. Dynastie, um 2450-2300 v. Chr.
erworben 1902
Granit. Höhe 68 cm
Inv.-Nr. 15701

Der Statuentyp des »Schreibers« begegnet uns zum ersten Male in Rundbildern der 4. Dynastie und erfreut sich seitdem großer Beliebtheit. Er kennzeichnet den Dargestellten in einer aktiven Rolle als den dienstbereiten Beamten, zugleich als den Lese- und Schreibkundigen, ein Vorrang, der den Schülern in den für sie bestimmten Lehren immer wieder vor Augen gehalten wurde: »Der Schreiber leitet die Arbeit aller Leute.«
Dersenedj sitzt mit untergeschlagenen Füßen und hält mit der linken Hand das auf dem Schurz ausgebreitete Papyrusblatt, auf das er die rechte Hand gesetzt hat mit der Fingerhaltung, die die (nicht angedeutete) Schreibbinse über das Blatt führt. An den Beinen treten die Schienbeine deutlich hervor, der Oberkörper ist muskulös, der Kopf sitzt direkt auf den Schultern und wird von einer schulterlangen Perücke mit langen Haarsträhnen eingefaßt. Das ovale, großflächige Gesicht wirkt gelassen, ohne jeden Versuch einer Charakterisierung oder Individualisierung.
Der streng axial-symmetrische Aufbau der Figur zeigt deutlich das Bestreben, den Umriß in der Vorderansicht in die geometrische Grundform einer Pyramide einzuspannen. Das harte Material hat den Künstler veranlaßt, die Details nicht bis ins Letzte auszuformen, wenn es die ikonographischen Notwendigkeiten nicht erforderten. So sind die Brustwarzen, der Nabel und die Fingernägel angegeben, ebenso sind die Augen und der Mund klar herausgearbeitet. Insgesamt trägt aber das großflächig Andeutende entscheidend zur Qualität des Bildes bei.
Titel und Namen des »Scheunenschreibers und Domänenverwalters« sind sinnvollerweise auf das Papyrusblatt gesetzt worden, aber doch so, daß der vor dem Bilde Stehende sie lesen kann. K.-H. P./K. F.

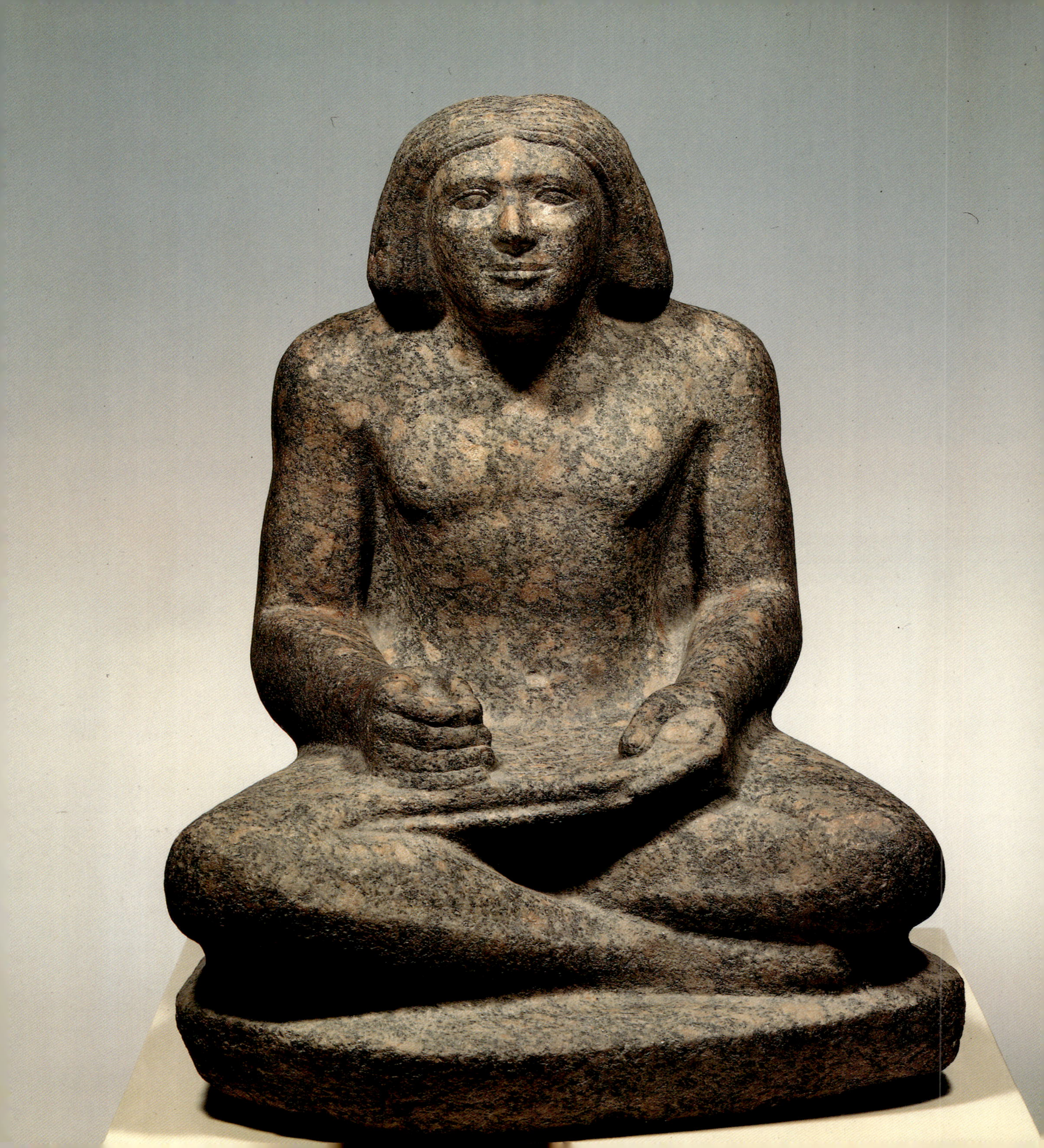

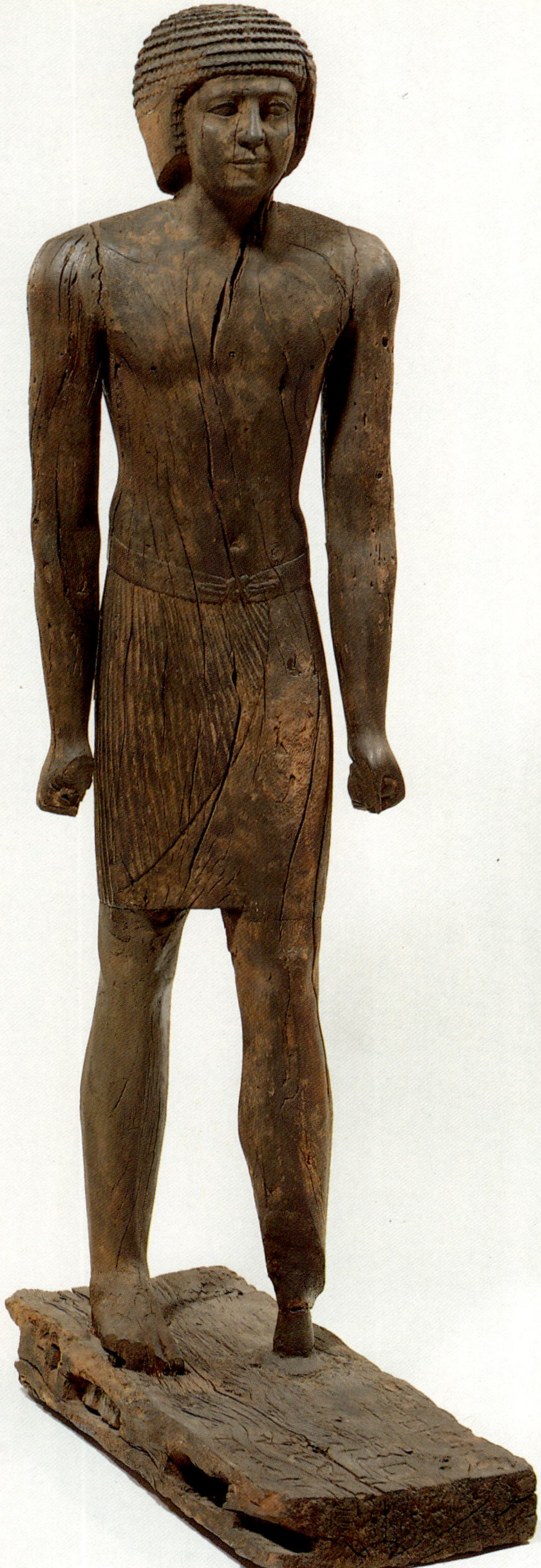

18

Standfigur des Per-her-nofret

Kafr Ammar, 5. Dynastie, um 2450-2300 v. Chr.
erworben 1891
Holz. Höhe 113 cm
Inv.-Nr. 10858

Lebensgroße Holzfiguren sind bereits für die 1. Dynastie bezeugt, aber besonders im späten Alten Reich und in der I. Zwischenzeit häufiger. Das zähe Material und die Möglichkeit, einzelne Teile gesondert zu arbeiten und anzudübeln, erlaubten, die Gliedmaßen vom Körper zu lösen und ohne verbindende Stege auszukommen, so daß insbesondere die Standfigur mit dem vorgesetzten linken Bein freier und lebensnäher wirkt, vor allem, wenn sie, mit einer Stuckschicht überzogen und bemalt, erst dadurch ein fertiges Abbild war.
An der qualitativ hochstehenden Figur des Per-her-nofret kommt zudem noch die leichte Abweichung vom streng axialen Aufbau durch ein Vorschieben der rechten Schulter. Die Gesichtszüge sind ein lebendiges, gut gestaltetes Idealbild der 5. Dynastie. Gesondert angesetzt sind die Arme. Die Figur ist mit Zapfen unter den Füßen (der linke ist verloren) in der rechteckigen Basisplatte befestigt. Auf der Oberseite der Basis nennt die Inschrift Titel und Namen: ». . . der Hörigen des Pharao, Königlicher Hofmann des Pharao, vor dem Gott Versorgter, Per-her-nofret«. Der Gott ist der König, und der Statueninhaber bezeichnet sich als eine Person, die mit einer Grabausstattung und allen kultischen Notwendigkeiten durch den Herrscher versehen worden ist. Die Bezeichnung »Versorgte« ist häufig nur noch ein Prädikat der »ehrwürdigen« Toten. K.-H. P./K. F.

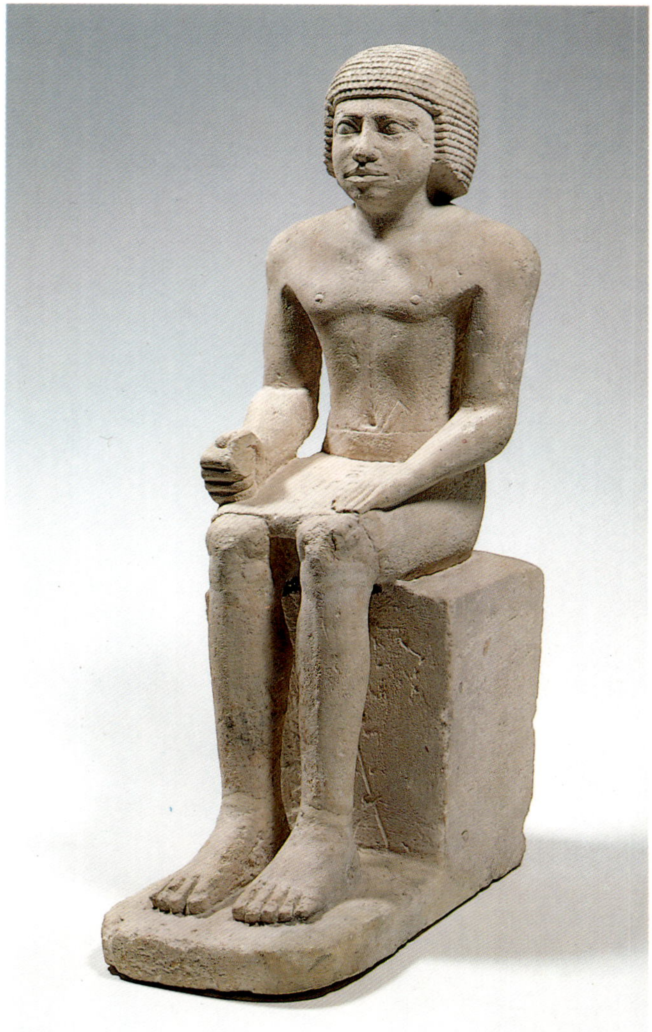

19

Sitzfigur des Tjenti

6. Dynastie (?), um 2300-2150 v. Chr.
Fundort unbekannt, erworben 1883
Kalkstein. Höhe 49 cm
Inv.-Nr. 8430

Neben der Standfigur ist die Sitzfigur für das Bild des Königs und des »Privatmannes« als Kult- und Grabbildnis der wichtigste und häufigste Bildtyp seit dem Alten Reich. Er verewigt vorrangig den sozialen Status des Dargestellten durch sein Vorrecht, wie im Leben durch das Sitzen auf dem Thron oder wenigstens einem würfelförmigen Kastensitz aus dem Volk herausgehoben zu sein.

Eine der verbindlichen, für den Figurentyp verwandten Darstellungsweisen zeigt den Mann mit locker nebeneinandergesetzten Beinen, in straffer frontaler Haltung geradeaus blickend, die linke Hand ausgestreckt auf dem Oberschenkel, die rechte aufrecht geballt auf den Schenkel gesetzt mit einem Gegenstand in der Faust, der allgemein als ein gefaltetes Tuch gedeutet wird. Die Bekleidung ist ein kurzer Schurz mit einem Gürtel, von dem ein Zipfel des Knotens neben dem Bauchnabel nach oben steht. Um den Hals ist mit schwarzen Linien ein Schulterkragen gemalt, der Kopf trägt eine die Ohren verdeckende, unten gerade abgeschnittene Perückenform des Alten Reiches.

Die Teile der Figur sind nicht gut proportioniert, Kopf, Faust und Füße sind zu groß. Der Körper wirkt mager und schematisch im Detail, auffällig ist die Loslösung der Oberarme vom Oberkörper und der Schenkel vom Sitz (ob die Behauptung zutrifft, daß die Figur dies einer modernen Überarbeitung verdankt, müßte eine nähere Prüfung ergeben). Die großen Augen mit den stärker reliefierten Lidern und Augenbrauen, besonders aber der große Mund sind in ihrer Formung kennzeichnend für den Stil seit dem Ende der 5. Dynastie. Auf dem Schurz und einer Seite des Sitzes sind zweimal Titel und Name des »Königlichen Hofmannes« Tjenti eingegraben. K. F.

20
»Ersatzkopf« des Kahotep

Memphis/Abusir, 5. Dynastie, um 2450 v. Chr.
erworben 1903 (Grabung der DOG)
Kalkstein, Stuck. Höhe 27 cm
Inv.-Nr. 16455

Zu den rundbildlichen Werken des Alten Reiches gehören als Sonderform die sogenannten »Ersatzköpfe«. Von den bisher etwa 30 bekannten Exemplaren stammt der überwiegende Teil aus Giza, vom Westfriedhof hinter der Cheops-Pyramide, und deshalb aus der Zeit der 4. Dynastie. Der jüngste bekannte Kopf dieser Art ist aber erst in der Zeit der 6. Dynastie entstanden. Gefunden wurden die Ersatzköpfe in den Schächten, die zur unterirdischen Sargkammer führten, leider jedoch alle in verworfener Lage, so daß ihr genauer Aufstellungsort umstritten ist. Es wird vermutet, daß sie in einer kleinen Nische in der Vermauerung der Tür zur Sargkammer eingelassen waren.
Die Köpfe wurden sowohl in Männer- als auch in Frauengräbern gefunden. Sie besitzen ausnahmslos am Hals eine glatte Standfläche. Dadurch ist sicher, daß es sich keineswegs um Statuenfragmente oder gesondert gearbeitete Teile von Statuen handelt, sondern vielmehr um eigenständige Objekte. Wahrscheinlich sah man die Köpfe als ausreichendes Äquivalent für die Grabstatue an, die im allgemeinen als Ersatzkörper im Grab aufgestellt wurde.
Der Ersatzkopf des Kahotep wurde in seinem Grab in Abusir gefunden. Er weist im Gesicht einige Zerstörungen auf. Neben Fehlstellen am Mund und über dem linken Auge fällt besonders das Fehlen der Nase auf, wodurch der Eindruck eines ziemlich breiten Gesichtes entsteht und die ein wenig tief liegenden Augen mit ihren erhaben reliefierten Rändern das Gesicht beherrschen. Ebenfalls in erhabener Form wiedergegeben sind die Brauen. Der Mund mit seinen fleischigen Lippen wirkt selbstsicher und verleiht dem Gesicht einen stolzen Ausdruck. Das Kinn weist die Andeutung eines Doppelkinns auf, der Hals ist kräftig. Auffällig ist auch, daß das Kopfhaar aller Ersatzköpfe als glatte Kappe wiedergegeben ist (als Wiedergabe des kurz rasierten natürlichen Haares an Stelle der üblichen Perücke?) und daß die Ohren häufig von vornherein fehlen oder abgearbeitet zu sein scheinen.
Eine Besonderheit des Berliner Kopfes dürfte sein, daß er über einem Kalksteinkern, dessen Grad der Modellierung eine Röntgenuntersuchung klarstellen müßte, mit einer Stuckschicht versehen ist.

K. F.

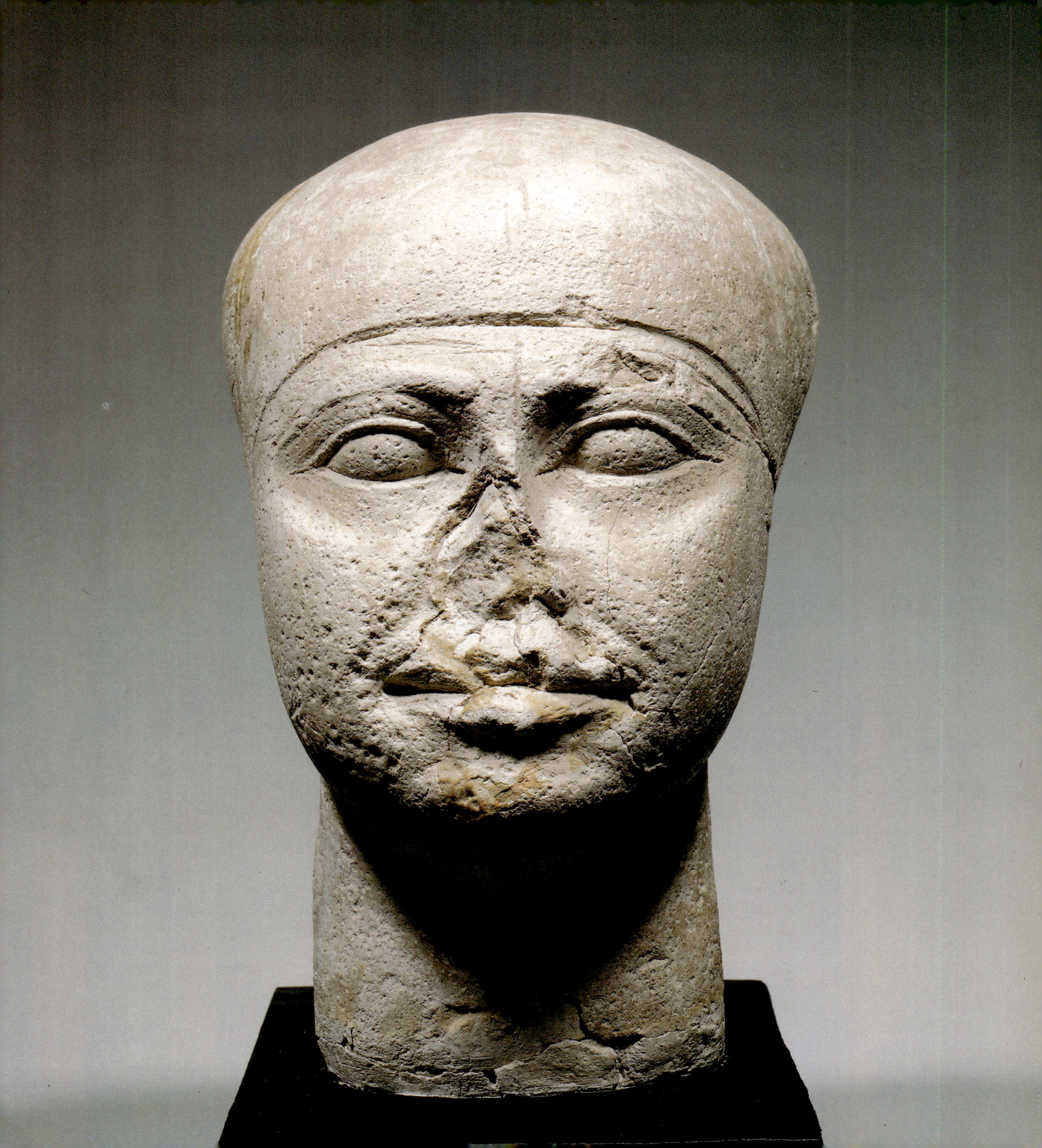

21
Sitzfigur eines Mannes mit Frau und Sohn

Memphis/Saqqara, 5. Dynastie, um 2450-2300 v. Chr.
erworben 1887
Kalkstein. Höhe 61 cm
Inv.-Nr. 10123

Das soziale Leben im alten Ägypten war zu allen Zeiten von einem starken familiären Zusammengehörigkeitsgefühl geprägt. Dieser Zug hat alle Stadien des auf Zentralisierung angelegten Staatsorganismus überlebt, ja man muß sogar sagen, daß er von ausschlaggebender Bedeutung für die Geschichte des Staates gewesen ist. Das Streben nach der Vererbbarkeit der Ämter und der damit verbundenen Diensteinkünfte muß schon früh vom Königtum berücksichtigt werden und hat ihm immer wieder die Grundlagen der Durchsetzung seiner übergeordneten Interessen entzogen. Verstärkt hat diese Tendenzen die Pflicht der Beamten und Würdenträger, für einen mehr oder minder großen Haushalt mit zahlreichen Abhängigen sorgen zu müssen, und wohl auch, daß den Nachkommen, voran dem Sohn, die Sicherstellung der ständigen Opferversorgung des verstorbenen Vaters oblag. Eine besondere Rolle für den Zusammenhalt der Familien und ihres Besitzstandes hat offenbar die familiäre Stellung der Ehefrau und Mutter gespielt. Charakteristisch ist die endogame Familie, die sogar Geschwisterheiraten erlaubte und empfahl, was z. B. auch für die Thronansprüche der Könige der 18. Dynastie eine große Rolle spielte. Es gab natürlich zu allen Zeiten auch das Bestreben, durch Heiraten enge, verpflichtende Verbindungen zwischen Familien herzustellen; schon Pepi I. hat versucht, durch Heirat zweier Schwestern aus einer oberägyptischen Fürstenfamilie dem Königtum in der »Provinz« wieder größeren Einfluß zu verschaffen.

Die gemeinsame Bestattung von Mann und Frau ist außerordentlich häufig, fast die Regel, auch die von Mutter und Sohn ist nicht selten, die gemeinsame Darstellung in gleicher »Funktion« in den Reliefs der Opferkammern des Alten Reiches allgemein üblich; Söhne und Töchter umgeben die Eltern oder den Vater (vgl. Kat. Nr. 13). So ist denn auch seit dem Alten Reich die Gruppenfigur als verewigendes Bild der Familie außerordentlich beliebt. Von den sehr variantenreichen Bildtypen weist das hier vorgestellte, teilweise ergänzte Beispiel dem Mann eine dominierende Rolle zu. Er ist in der allgemein üblichen Haltung der Sitzfigur dargestellt. Die Frau, wohl die Ehefrau, es könnte aber auch eine Tochter sein, kniet zu seiner rechten Seite am Boden und umfaßt mit dem linken Arm den Unterschenkel des Mannes, ein Darstellungstyp, der in zahlreichen Reliefbildern seine Parallele hat. Links steht ein Sohn, in dieser seiner Funktion als nacktes Kind mit der Seitenlocke, mit dem rechten Arm das Bein des Vaters umfangend.

Die Gesichtszüge von Mann und Frau sind in ihrer starken Rundung typisch für die 5. Dynastie und ohne Versuch irgendeiner physiognomischen Gestaltung und Differenzierung. Die Augenlider des Mannes sind aus Kupfer eingelegt, die Augen aus schwarzem und weißem Stein. Die Bemalung ist teilweise erhalten. K.-H. P./K. F.

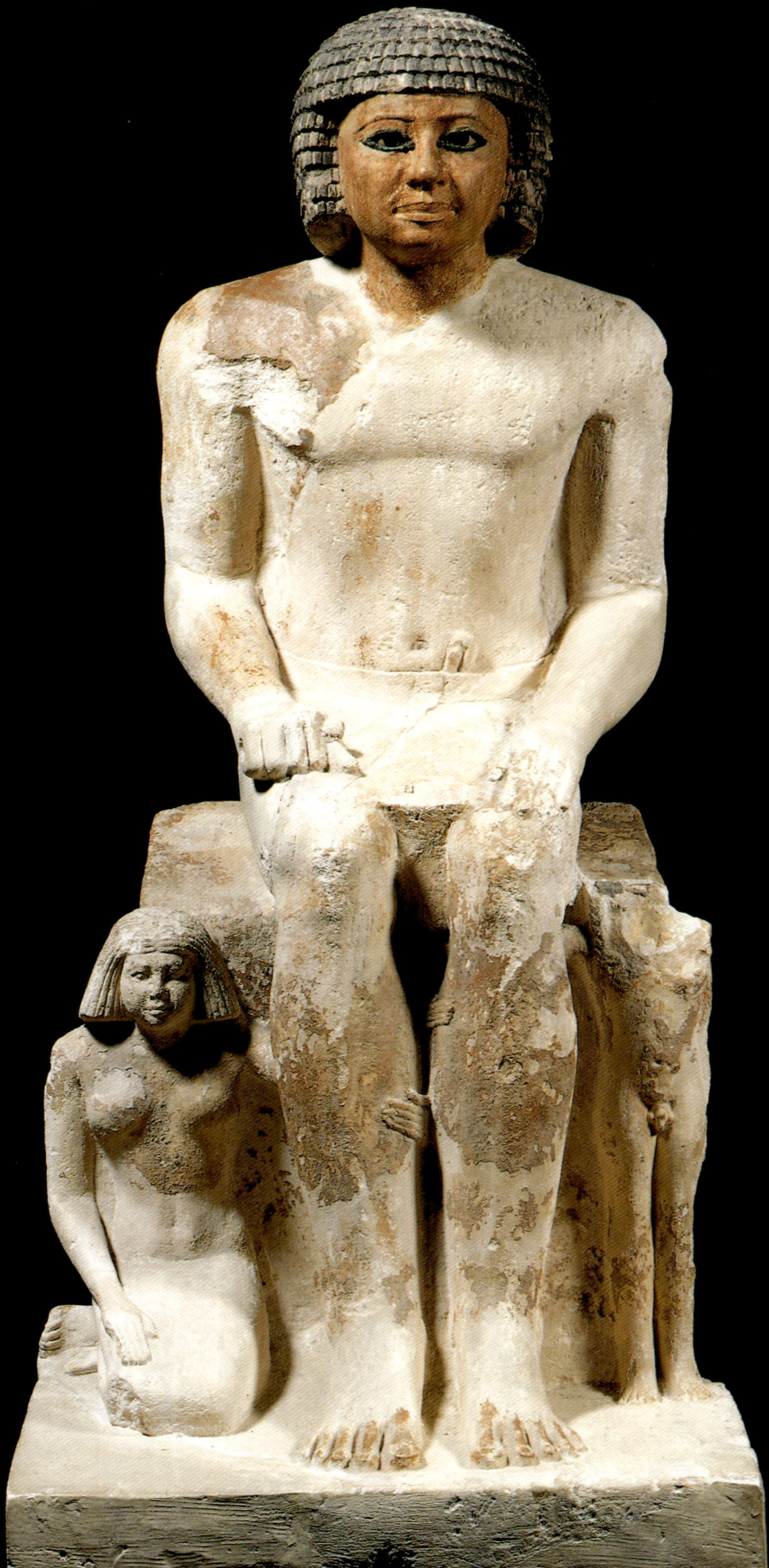

22
Wartung von Pelikanen und brütende Vögel - Bau von Papyrusnachen

Relief aus der »Jahreszeitenkammer« im Sonnenheiligtum des Königs Niuserre
Memphis/Abu Gurob, 5. Dynastie, um 2375 v. Chr.
erworben 1902 (Grabung der Königlichen Museen Berlin)
Kalkstein, bemalt. Höhe des Bildausschnittes 56 cm, Breite 86 cm
Inv.-Nr. 20037

»Du erscheinst so schön im Horizont des Himmels,
du lebendige Sonne, die zuerst zu leben anfing . . .
Die Welt liegt in der Stille, denn der sie schuf, ist zur Ruhe gegangen in seinem Horizont.
Im Morgengrauen leuchtest du wieder auf
und glänzt aufs neue als Sonne am Tage.
Du vertreibst die Finsternis, sobald du deine Strahlen spendest . . .
Die Menschen erwachen und stellen sich auf die Füße . . .
Die ganze Welt tut ihre Arbeit;
alles Vieh befriedigt sich an seinem Kraut.
Bäume und Kräuter grünen.
Die Vögel fliegen aus ihrem Neste,
ihre Flügel erheben sich in Anbetung zu dir,
alles Wild hüpft auf den Füßen,
alles, was da fleucht und kreucht,
sie leben, nachdem du ihnen wieder aufgeleuchtet bist.«
(aus dem Sonnenhymnus König Echnatons um 1360 v. Chr.)

Illustrationen zu diesen Worten scheinen die Reliefs der »Jahreszeitenkammer« zu sein, obwohl etwa 1000 Jahre früher entstanden. Die Verehrung der Sonne ist alt. »Söhne des (Sonnengottes) Re« nannten sich die Könige seit Djedefre und errichteten in der 5. Dynastie ihrem göttlichen Vater bei Abu Gurob Heiligtümer mit einem Obelisken als Kultstelle. Berühmt ist das Bauwerk des Niuserre wegen seiner Reliefs. Szenen vom Jahresablauf in der Tier- und Pflanzenwelt verherrlichen hier die Wirkung der Sonne in der

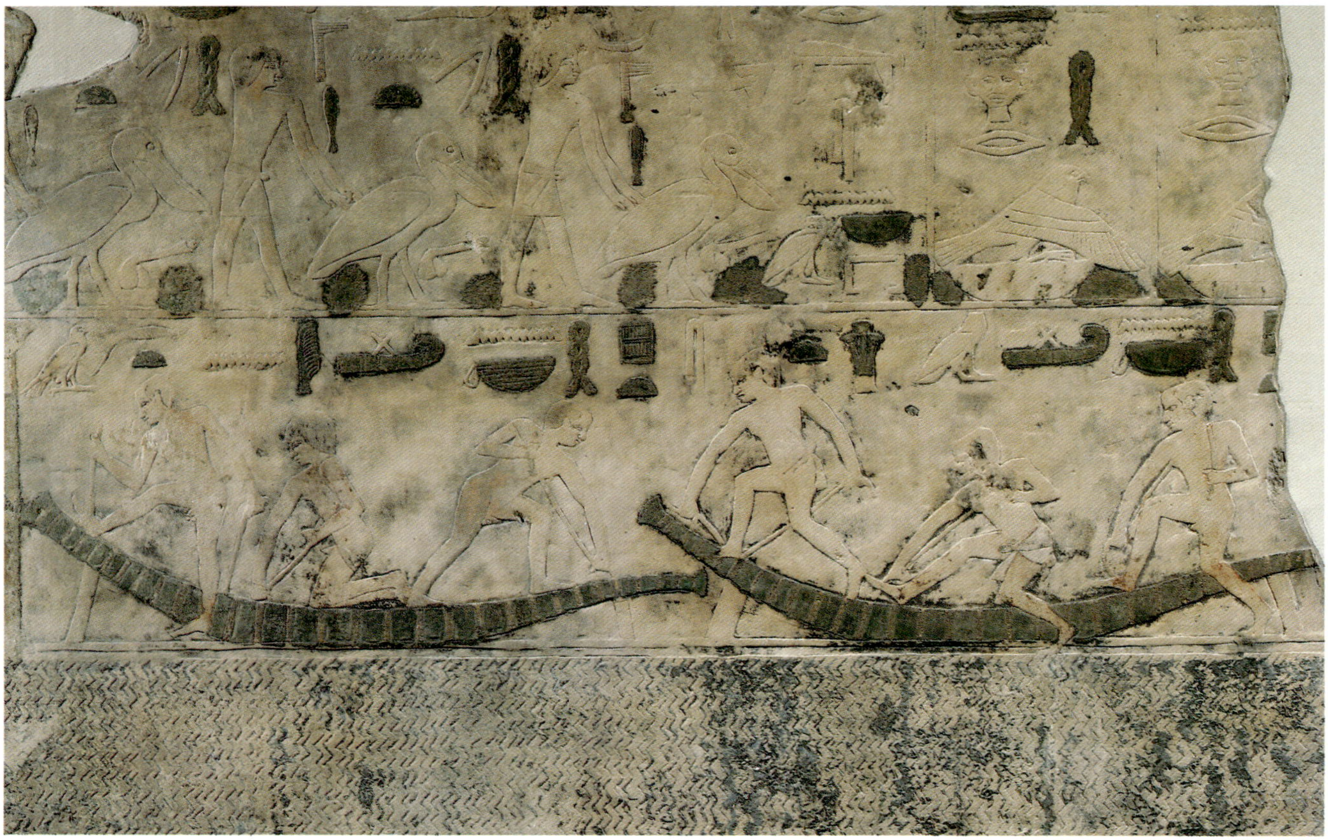

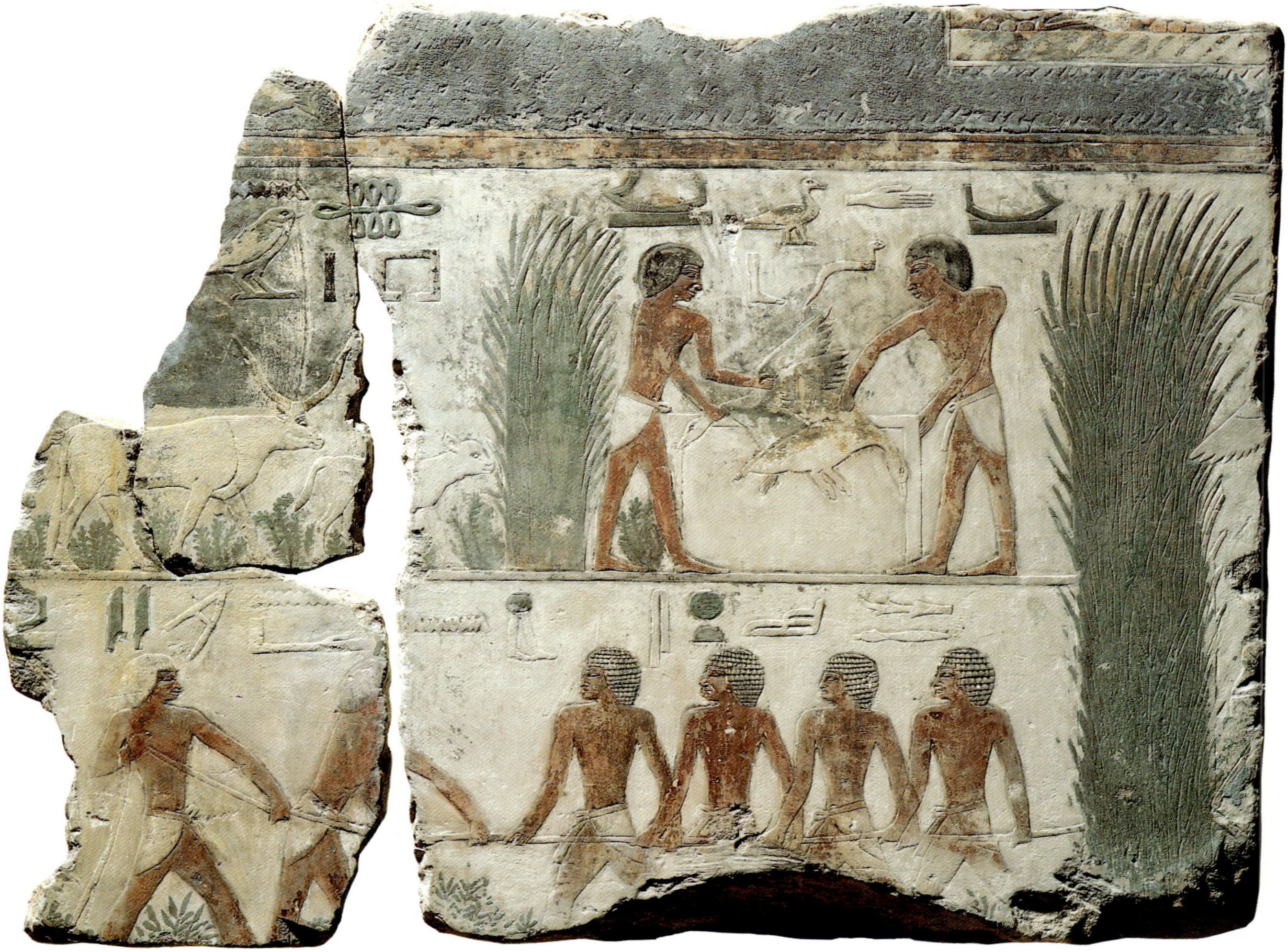

Natur, die beigefügten Texte berichten über die Lebensgewohnheiten der Tiere.
Pelikane durften sich nicht paaren, wenn der Gott zur Ruhe gegangen war, erst am Tage »wenn sich der Himmel öffnet, wird dem Schöpfungswillen freie Bahn gegeben«. Priester des Heiligtums führen deshalb die Männchen von den Weibchen fort (oben).
»Binden der Papyrusnachen im Delta« ist die untere Szene betitelt. Am Ufer eines Nilarmes, senkrechte Zickzacklinien stehen für Wasser, liegen auf Gestellen die Boote. Mit Stricken binden die Arbeiter die Papyrusstengel zusammen. Sie sind nackt, die Haare über der Stirn geschoren, wie es für Bewohner des Deltas typisch war. Zwei Bootsbauer tragen Schurz und Perücke. I. Mü.

23
Vogelfang mit dem Zugnetz

Relief aus der »Jahreszeitenkammer« im Sonnenheiligtum des Königs Niuserre
Memphis/Abu Gurob, 5. Dynastie, um 2375 v. Chr.
erworben 1902 (Grabung der Königlichen Museen Berlin)
Kalkstein, bemalt. Höhe 51 cm, Breite 71 cm
Inv.-Nr. 20038

Alljährlich bevölkerten die Zugvögel die Nilarme des Deltas und wurden den Vogelfängern zur Beute. Den Fang einer speziellen, heute nicht mehr zu bestimmenden Art beschreibt die untere Szene. Das Netz ist im Papyrusdickicht aufgestellt, vier Vogelfänger halten das Seil. Köder locken

die Tiere an, ist das Netz gefüllt, gibt der Aufseher das Zeichen zum Zuziehen. »Hole es zusammen mit mir ein, mein Lieber« ruft er hier aus (Beischrift der beiden linken Vogelfänger).
Einige Tiere schlachtete man sofort und salzte sie ein, andere kamen zum Mästen auf die Geflügelhöfe. »Setzen der Vögel in den Käfig« ist die Tätigkeit der oben dargestellten Vogelfänger bezeichnet.
Links schließt sich eine Szene aus der Tierzucht an. Nach der Überschwemmung, bevor die heiße Jahreszeit in Ägypten begann, zogen die Hirten mit ihren Herden zu den Weideplätzen ins Delta. Auf unkultiviertem Land mit Gesträuch, Schilf, Papyrus und kleinen Wasserlachen, von den Ägyptern »Sumpfland« genannt, grasen hier ein Kalb und eine Kuh. »Rinderherde« steht in großen Hieroglyphen über den Tieren. I. Mü.

24
Bären und Gefäße als Tribut Syriens

Relieffragment aus dem Pyramidentempel des Sahure
Memphis/Abusir, 5. Dynastie, um 2440 v. Chr.
erworben 1914 (Grabung der DOG)
Kalkstein. Höhe 38,5, Breite 35 cm
Inv.-Nr. 21831

Die Pyramidentempel des Alten Reiches sind erst mit Beginn systematischer Ausgrabungen am Ende des 19. Jahrhunderts in ihrer Bedeutung für die Geschichte der altägyptischen Architektur richtig erkannt worden. Eine entscheidende Rolle spielte dabei die Aufdeckung und Untersuchung von drei Tempeln auf dem Königsfriedhof von Abusir 1902-1908 durch die Arbeiten der Deutschen Orientgesellschaft unter der Leitung von L. Borchardt. Eine wissenschaftliche Sensation war dabei die Auffindung von Relieffragmenten, durch die überhaupt erst bekanntwurde, daß auch die Kultanlagen der Herrscher des Alten Reiches ebenso wie die Kultkammern der Beamtengräber umfangreiche Bildzyklen enthielten, in denen außer den für den Totenkult bedeutsamen Themen auch solche aus der irdischen Verantwortungssphäre des Pharao zur Darstellung kamen. Wir finden hier zahlreiche »historische« Bilder im altägyptischen Verständnis, d. h. als Illustration der dogmatischen Rollenfunktionen. So äußerte sich die Herrschaft des Königs über die Völkerwelt (vgl. Kat. Nr. 25) in dem Anspruch, von ihnen »Tribute« zu empfangen, auch wenn es sich tatsächlich nur um Produkte des Handelsverkehrs und Freundschaftsgeschenke im diplomatischen Verkehr mit den auswärtigen Höfen handelte. Zu solchen Geschenken gehörten gern seltene Produkte oder in Ägypten unbekannte Tiere und Pflanzen. Einer Darstellung von »syrischem Tribut« verdanken wir deshalb auch außer der Abbildung eines Ölkruges die von Bären. Der Ursus syriacus, der bis in die Neuzeit in den Bergregionen und Wäldern des Libanon anzutreffen ist, wurde mit der meisterhaften Genauigkeit wiedergegeben, die für die ägyptische Kunst besonders im Tierbild so kennzeichnend ist. K.-H. P.

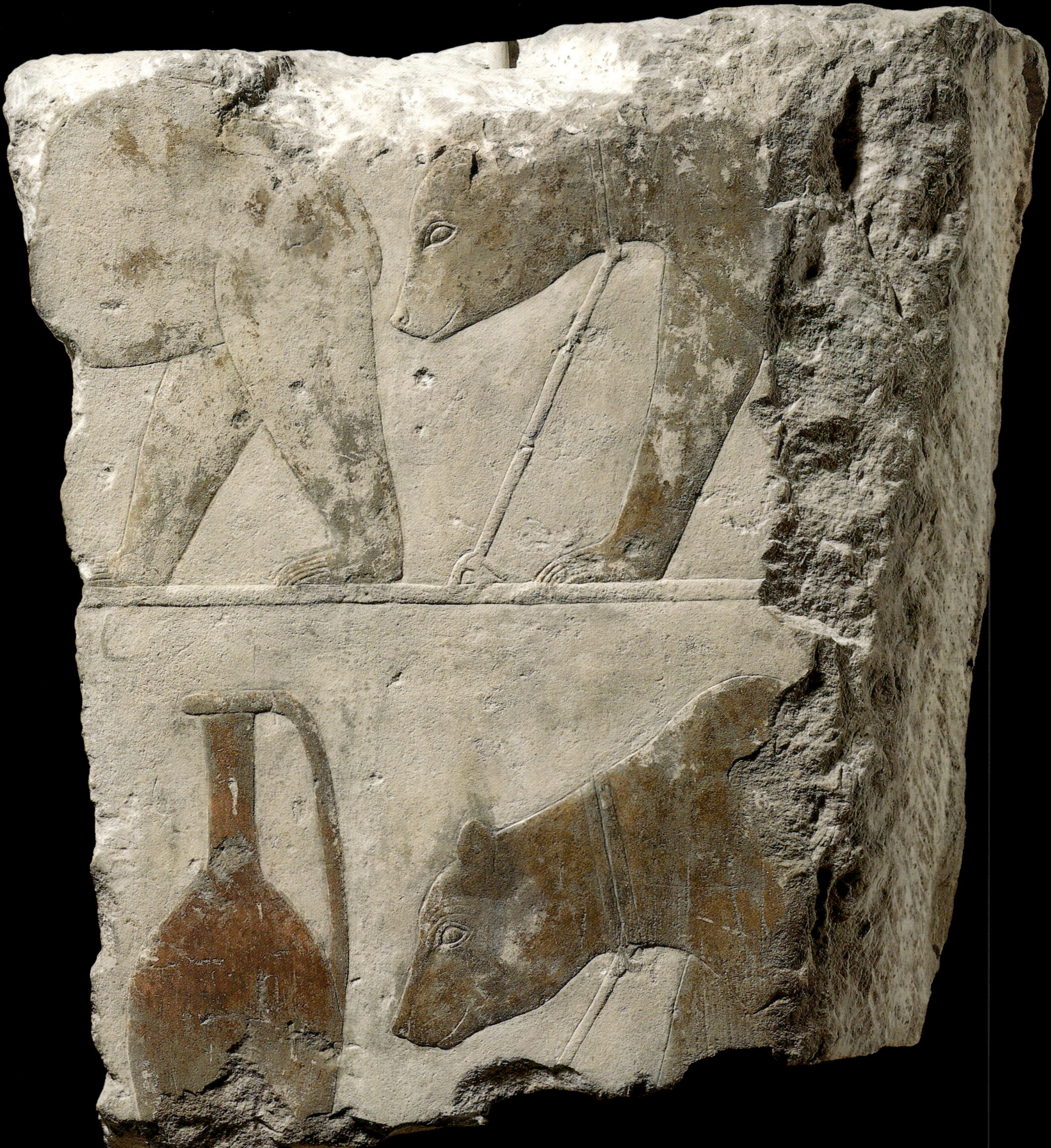

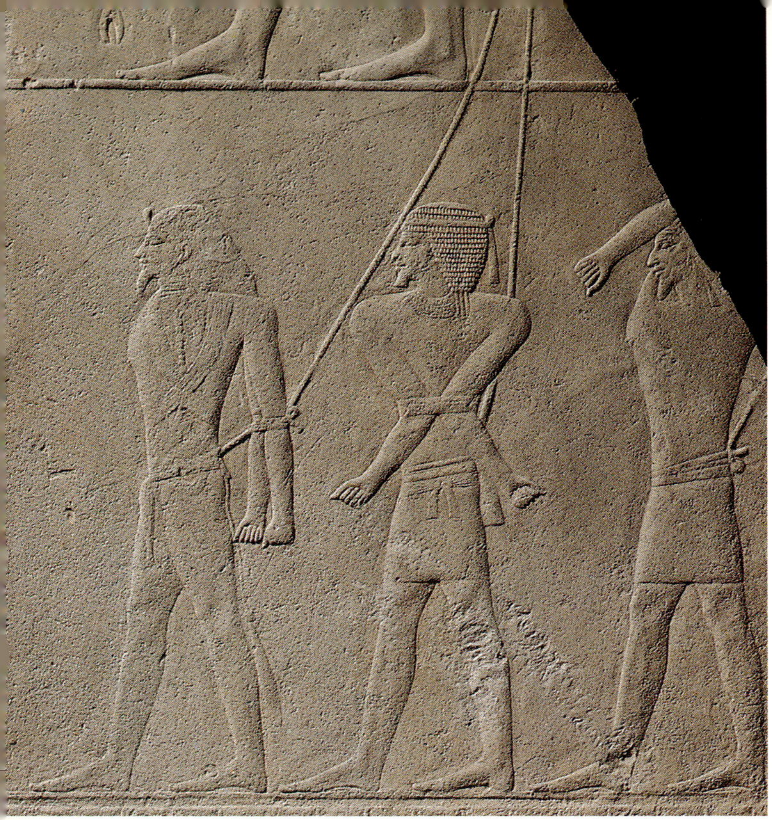

25
Götter führen Vertreter feindlicher Völker vor den König

Relief aus dem Pyramidentempel des Sahure
Memphis/Abusir, 5. Dynastie, um 2440 v. Chr.
erworben 1914 (Grabung der DOG)
Kalkstein. Höhe des Bildausschnittes 140 cm
Inv.-Nr. 21782

Dem König als dem Erhalter und Schützer der Welt der richtigen Ordnung (Maat) kam die Abwehr der Ägypten feindlichen Völker zu. Obwohl sich in entsprechenden Reliefszenen seit der Frühzeit auch tatsächliche kriegerische Auseinandersetzungen niederschlugen, sind die Bilder in erster Linie eine Darstellung der dogmatischen Rolle des Königs. So auch in den zahlreichen Reliefs der Pyramidentempel, die den König als Sphinx abbilden, wie er Vertreter der Feindvölker zertrampelt oder mit der Keule weit ausholend erschlägt. Helfer des Herrschers sind die Götter: Sie führen dem königlichen Partner die Feinde gefesselt zu. Auf dem Relief aus dem Tempel des Sahure sind es der Gott Seth, »der von Ombos« mit dem Kopf eines bis jetzt nicht identifizierten Tieres, und der mit dem Bart der Asiaten dargestellte »Herr der Wüstengebiete« mit den hohen Federn des Gottes Sopdu.
Die Gefangenen sind nach Gesichtszügen, Haar- und Barttracht, Kleidung und Schmuck genau differenzierte Vertreter der drei zusammenfassend seinerzeit unterschiedenen Völkergruppen im Westen, Süden und Osten Ägyptens. Der »Libyer« trägt einen kurzen Kinnbart und langes Haar mit einer Locke an der Stirn. An einer Halskette hängt ein langes Perlenband, um den Oberkörper ist ein breites gemustertes Band kreuzweise geschlungen. Statt eines Schurzes trägt der Mann eine Phallustasche an einem Gürtel, von dem ein Stierschwanz herabhängt. Ethnisch und sprachlich standen die »Libyer« den Ägyptern sehr nahe, wofür auch u. a. die unübersehbare Beziehung von Stirnlocke und Stierschwanz zu Stirnschlange (»Uräus«) und Stierschwanz des Pharao spricht. Auch mit den Bewohnern des Niltales oberhalb Ägyptens verbanden die Ägypter alte kulturelle Gemeinsamkeiten. Die »Nubier« sehen fast wie Ägypter aus, unterscheidbar eigentlich nur durch das Stirnband, die Perlensträhnen am Haar und die Form des Gürtels. Rassisch deutlicher unterschieden sind die »Asiaten«, die Bewohner des Sinai und des syrisch-palästinensischen Raumes mit Hakennase und Vollbart.

K.-H. P.

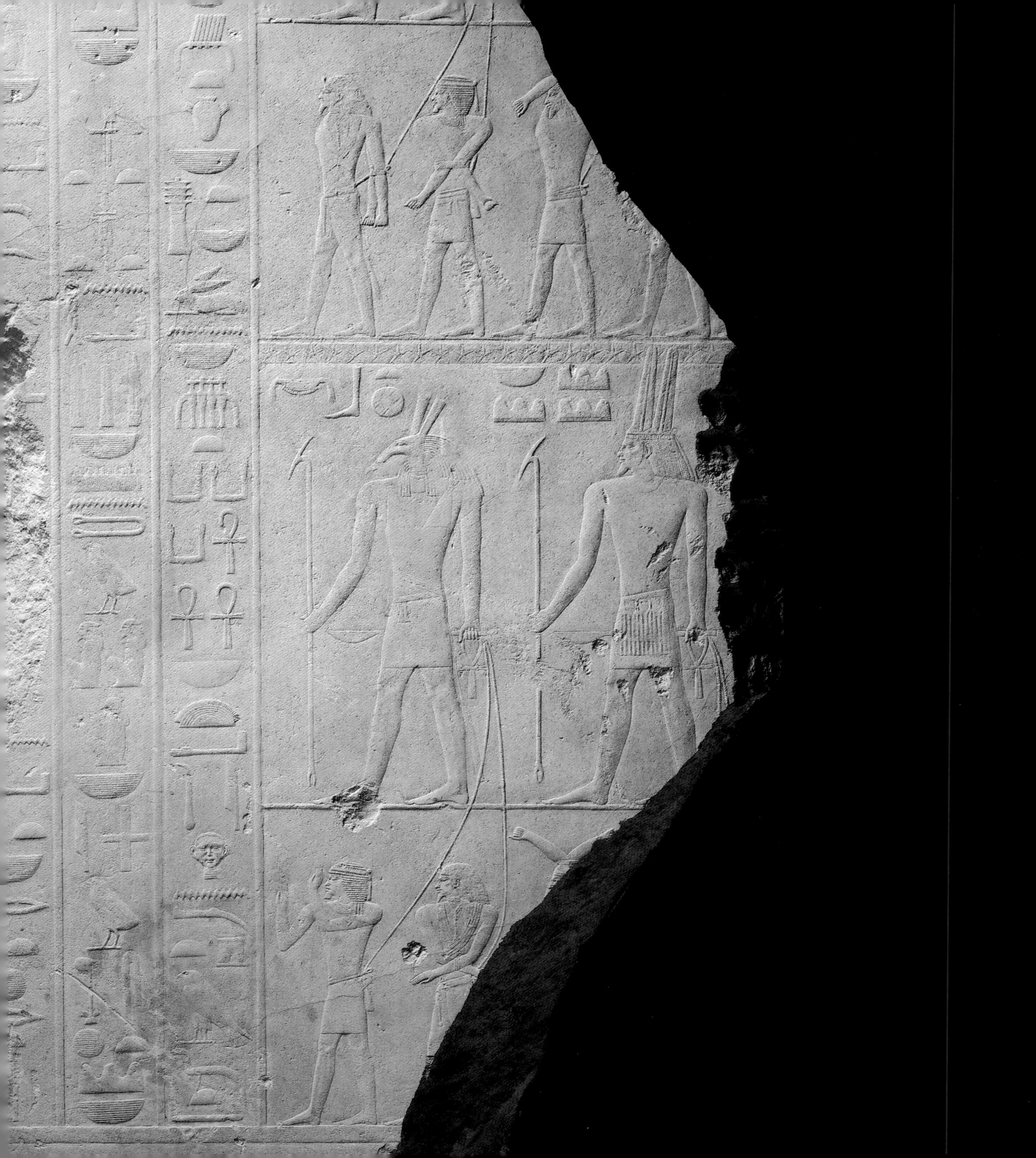

Büste der Sitzfigur des Chertihotep (Nr. 39)

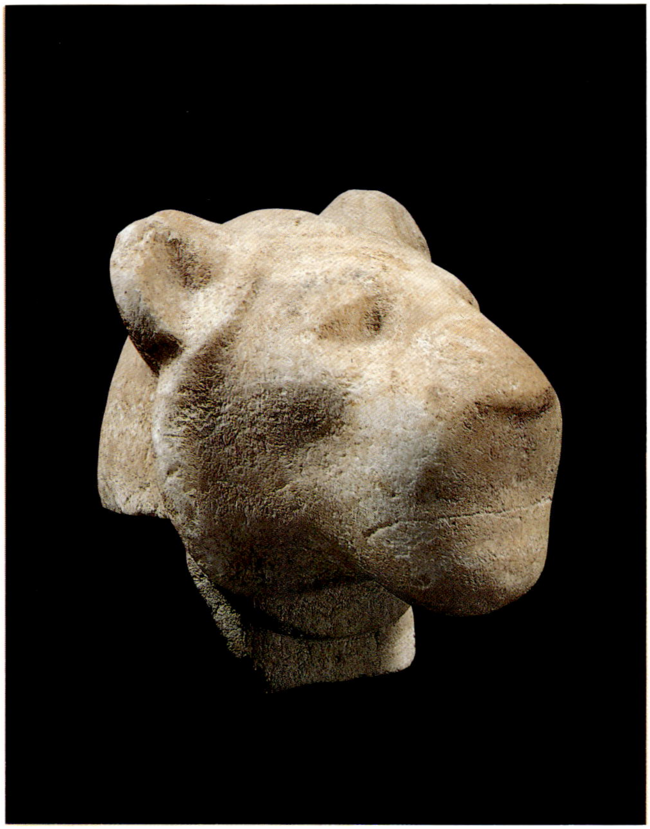

26
Kopf eines Löwen

Altes Reich, um 2600-2300 v. Chr.
Fundort unbekannt, erworben 1914
Kalzit (Alabaster). Höhe 19 cm
Inv.-Nr. 21762

Dieser meisterlich gebildete Löwenkopf ist unvollendet und verdeutlicht wohl gerade deshalb die überlegte Formgebung und Stilisierung, die für Jahrtausende gültig geblieben ist. Der Kopf hat hinten eine Ausfachung mit einem Dübelloch in der waagerechten Schnittfläche. Dies deutet auf die Verwendung des Kopfes als Verzierung eines offenbar monumentalen, im Kult verwandten Möbels, das aus anderem Material gefertigt war, etwa eines Thrones oder eines Bettes, einer Opferplatte oder eines Tisches, wie sie die Mumifizierer verwandten. Solche Möbel waren gern so gestaltet, daß die Seitenteile des Rahmens und die Füße einen Löwen darstellten. K.-H. P.

27
Gefäß aus der Pyramidenanlage des Königs Pepi I.

Memphis/Saqqara, 6. Dynastie, um 2230 v. Chr.
erworben 1877
Kalzit (Alabaster). Höhe 52 cm
Inv.-Nr. 7715

Das formschöne Gefäß wurde nach der Aussage der dekorativ gestalteten Inschrift aus Anlaß des Sed-Festes für die Pyramidenanlage des Königs gefertigt. Neben seinem Namen steht rechts der Name der Anlage: »Es bleibt die Vollkommenheit des Pepi«, Men-nefer-Pepi, die als Mennefer zum Namen von Memphis wurde. Die waagerechte Zeile lautet: »1. Mal des Sedfestes.« Das nach 30 Regierungsjahren gefeierte Fest diente der rituellen Erneuerung der physischen und psychischen Kräfte der Herrscher und war eines der bedeutendsten Ereignisse ihrer Regierung. H. K.

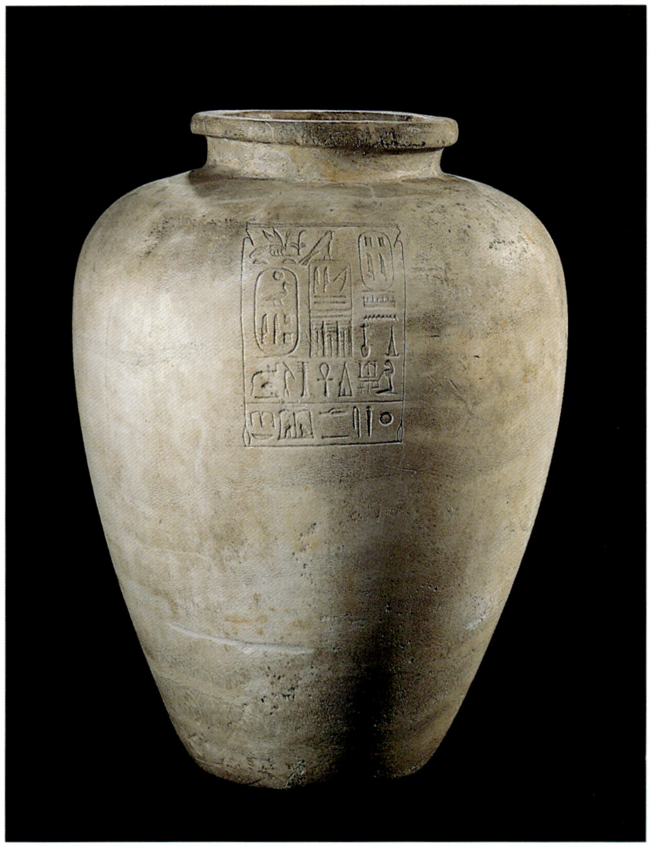

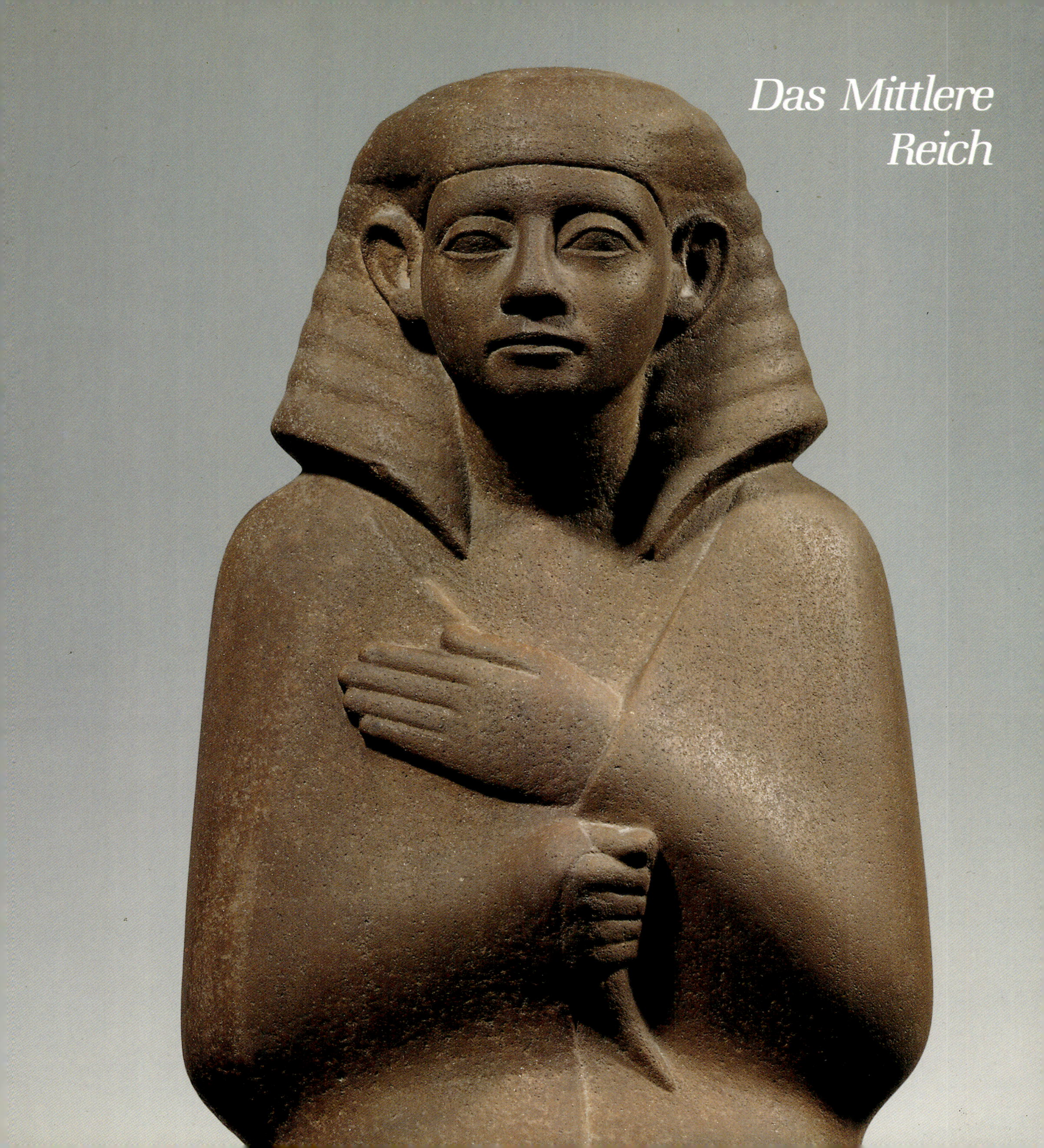
Das Mittlere
Reich

Das Mittlere Reich

I. Zwischenzeit

um 2135-2030 v. Chr. **9./10. Dynastie in Mittel- und Unterägypten**
u. a.:
Cheti I.
Merikare

um 2135-2030 v. Chr. **11. Dynastie in Theben**
Mentuhotep I.
Intef I.
Intef II.
Intef III.
Mentuhotep II.

um 1650-1540 v. Chr. **15. Dynastie »Hyksos«**
u. a.:
Chian
Apophis

um 1650-1550 v. Chr. **16. Dynastie in Unter- und Mittelägypten**

um 1650-1550 v. Chr. **17. Dynastie in Theben**
u. a.:
Seqenenre Tao II.
Kamose

Mittleres Reich

um 2030-1990 v. Chr. **11. Dynastie**
Mentuhotep II.
Mentuhotep III.
Mentuhotep IV.

um 1990-1785 v. Chr. **12. Dynastie**
Amenemhet I.
Sesostris I.
Amenemhet II.
Sesostris II.
Sesostris III.
Amenemhet III.
Amenemhet IV.
Königin Sobekneferu

II. Zwischenzeit

um 1785-1650 v. Chr. **13. Dynastie**
u. a.:
Sebekhotep I.
Neferhotep
Sebekhotep IV.

um 1715-1650 v. Chr. **14. Dynastie**

Der Zusammenbruch der Zentralgewalt des Alten Reiches hat eine längere Vorgeschichte. Während der 5. Dynastie hatte sich bereits die Erblichkeit der höheren Provinzämter angebahnt, in der 6. Dynastie wird sie zur Regel. Dies erlaubte den Aufbau starker lokaler Hausmachtstellungen, mit denen das Königtum rechnen mußte. Die Zentrale hat vergeblich versucht, dem durch die Schaffung des Amtes eines »Oberhaupts des Südens« zu begegnen. Am Ende der fortschreitenden Aushöhlung der Königsmacht und ihrer Verfügung über die ökonomischen Ressourcen des Landes standen sich miteinander rivalisierende Provinzchefs gegenüber, die bis auf den Königstitel eigentlich alle Herrscherfunktionen wahrnahmen und selbst nach eigenen Regierungsjahren datierten. Nominell wurde ein gesamtägyptisches Königtum anerkannt, und die Herrscher der 9./10. Dynastie scheinen sogar zeitweise wieder einigen Einfluß gehabt zu haben. Sie erlagen schließlich den Gaufürsten von Theben, die zunächst ihre Nachbarn unterwarfen, sich als Könige proklamierten und unter Mentuhotep II. die Reichseinheit wiederherstellten.
Aus dieser Zeit sind uns Literaturwerke erhalten, die zu den bleibenden Werken der Weltliteratur zu rechnen sind. In der Form von Prophezeiungen beklagen sie den Zusammenbruch der gesamten sozialen Ordnung, das Aufhören jeder geregelten Verwaltung, die Nichtexistenz des Königtums, die Plünderung der Königsgräber; die Klagen steigern sich bis zur Vision einer kosmischen Katastrophe und

zur Frage nach der Verantwortlichkeit, der Gerechtigkeit der Gottheit, zum Wunsche, es hätte keine Schöpfung gegeben. Inwieweit sich hierin tatsächliche Ereignisse reflektieren, Ereignisse, die sich möglicherweise auf einen bestimmten Zeitpunkt festlegen ließen (man denkt häufig an die Zeit am Ende der schwachen, sehr langen Regierung Pepis II.), stehe dahin. Entscheidend ist die Tatsache, daß die ewige Gültigkeit der vom Gottkönig getragenen Ordnung ein für allemal in Frage gestellt war. Hand in Hand damit ist ein wichtiger Einschnitt im Totenglauben zu beobachten: Die Rituale, die im Alten Reich allein dem König für seinen Übergang ins Jenseits zur Verfügung standen, den Übergang von irdischer zu jenseitiger Herrschaft ermöglichen sollten, werden nun jedermann zugänglich. Jeder Tote kann dadurch nun zum Osiris, dem wiederauferstandenen Gotte werden. Die Hauptkultstätte des Osiris in Abydos, an der in Mysterienspielen jährlich sein Schicksal dargestellt wurde, wird zum Ort, an dem jedermann wenigstens eine Gedächtniskapelle besitzen will, um auch als Verstorbener an der kultischen Überwindung des Todes teilzuhaben, die er ebenso für sich erhoffte.

Selbstverständlich nimmt der König die alten dogmatischen Grundlagen seiner Herrschaft in den öffentlichen Denkmälern nach wie vor in Anspruch; für die Gräber der 11. Dynastie werden in Theben nach lokaler Tradition neue Architekturformen entwickelt, aber die 12. Dynastie kehrte zur Pyramide in Nachfolge des Alten Reiches zurück. Indessen wird bereits während der I. Zwischenzeit ein neues Selbstverständnis des Königtums deutlich. Dies kommt in den Programmschriften zum Ausdruck, die als Lehre des königlichen Vaters für seinen Nachfolger formuliert werden. Schon die Tatsache solcher Bekundungen wäre im Alten Reich wohl noch undenkbar gewesen. Sie stehen in der Nachfolge der Beamtenlehren des Alten Reiches und stellen sich der Verantwortung für das Land und gegenüber der Gottheit, warnen auch den Herrscher vor dem Gericht im Jenseits. Die Lehre für König Merikare der 9./10. Dynastie ist dabei noch von dem Erfolg guten Regiments überzeugt, während die Amenemhets I. (er wurde ermordet) für Sesostris I. von tiefem Pessimismus erfüllt ist: Hüte dich vor dem Untergebenen, kenne keinen Freund. Mit der 12. Dynastie erscheint dann auch die öffentliche Bekundung der königlichen Taten, als neue Form des Königsbildes die als des vor dem Gotte Betenden und Opfernden.

Mit dem ersten König der 12. Dynastie, Amenemhet I., hatte ein Wesir den Thron bestiegen. Die Residenz wird wieder in den Raum von Memphis verlegt, doch behalten Theben und sein Gott Amun eine führende Position. Die 12. Dynastie regiert zunächst auf den Grundlagen der Gesellschaftsstruktur, die sich mit der I. Zwischenzeit herausgebildet hatte. Nicht nur die erblichen Gaufürstentümer, auch der überall entstandene private Grundbesitz und eine relative Selbständigkeit handwerklicher Produktion bleiben erhalten. Erst unter Sesostris III. werden die Gaue der Zentralverwaltung direkt unterstellt, die Adelsfamilien oft gewaltsam beseitigt. Ebenso wird versucht, die gesamte Wirtschaftsorganisation wieder einer durchgreifenden bürokratischen Lenkung zu unterwerfen. Zwangsweise Arbeitsverpflichtungen, eine dagegen einsetzende Massenflucht der Landbevölkerung aus ihren Heimatorten und drakonische Strafmaßnahmen sind bezeugt.

Eine bedeutende Leistung der Dynastie war die Erschließung des Faijum durch umfangreiche Kanal- und Dammbauten. Amenemhet III., der sich hier seine Pyramide von Hawara erbauen ließ, erwarb sich in diesem Gebiet den Rang einer Lokalgottheit. Gelegentlich werden Feldzüge gegen die Libyer oder nach Palästina notwendig. Durchgreifender ist die Ausdehnung der ägyptischen Macht nach Unternubien. Das gesamte Unternubien bis zum II. Katarakt und zur Zeit Sesostris' III. weiter stromauf bis Semna wird militärisch besetzt und mit einem dichten Netz von Festungen gesichert; Ziel war der ungehinderte Zugang zu den unternubischen Goldminen.

In der 13. Dynastie folgen einander meist nach sehr kurzer Regierung zahlreiche Herrscher, unter ihnen sind Leute geringer Herkunft, Militärs und auch »Asiaten« erkennbar. Die tatsächliche Macht lag in den Händen der Wesire und einer offenbar reibungslos funktionierenden Bürokratie. Aber in Nubien geht die Herrschaft an das obernubische Reich von Kerma verloren, und mit der 15. Dynastie gelangen Angehörige einer vorderasiatischen Herrenschicht auf den Thron, die Hyksos, d. h. »Herrscher der Fremdländer«, die auch in den syrisch-palästinensischen Stadtstaaten die Herrschaft errungen hatten. Sie verdankten ihren Erfolg einer »ritterlichen« Gefolgschaft von Kämpfern auf dem mit Pferden bespannten Streitwagen und konnten sich in Ägypten wohl auf schon länger im Ostdelta ansässige vorderasiatische Einwanderer stützen. Hier lag auch ihre Residenz Auaris. Neben ihnen gab es lokale Kleinkönige (14., 16. Dynastie, 17. Dynastie in Theben) als Vasallen. Die letzten Könige der 17. Dynastie nehmen dann den Kampf gegen die »Herrscher von Auaris« auf.

Mit dem Alten Reich hatte auch die memphitische Residenzkunst ihre Qualität und ihre normbildende Stellung eingebüßt. Das Schwergewicht verlagerte sich auf provinzielle Traditionen. Die 12. Dynastie ist dann wieder eine Blütezeit künstlerischen Schaffens, die späterer Zeit Vorbild blieb. Insbesondere galt das für die Literatur, deren Sprache und Stil für viele Jahrhunderte als Schriftsprache in Gebrauch blieb und als die »klassische« Literatursprache schlechthin galt.

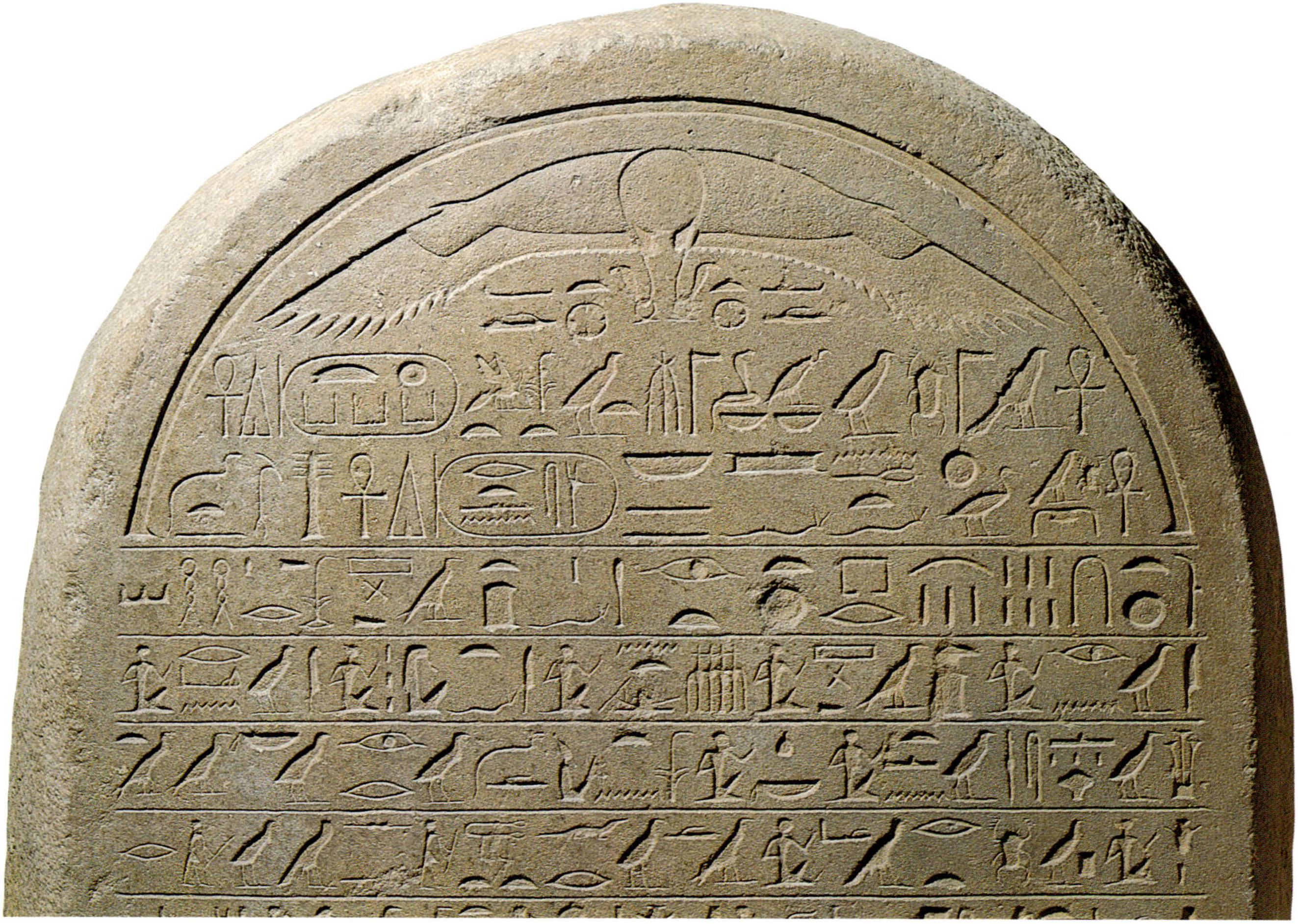

28
Stele des Königs Sesostris III.

Semna (Sudan), 12. Dynastie, um 1860 v. Chr.
erworben 1845 (Preuß. Expedition)
silifizierter Sandstein (Quarzit). Höhe 160 cm, Breite 96 cm
Inv.-Nr. 1157

Die Eroberung Unternubiens während der 12. Dynastie fand ihren Abschluß mit dem Bau von Festungen an einer Nilenge etwa 60 km oberhalb des II. Kataraktes. Der Bauherr, König Sesostris III. (um 1875-1845 v. Chr.), errichtete in seinem 16. Regierungsjahr in der Festung Semma eine prachtvolle Stele, deren Inschrift sowohl in ihrer sprachlichen Gestaltung des Textes wie in der Gestaltung der Schriftzeichen zu den schönsten Denkmälern nicht nur des Mittleren Reiches zählt. Das Giebelfeld ist oben von dem Schriftzeichen für Himmel abgeschlossen, unter dem der Gott Horus als geflügelte Sonne schwebt, benannt nach seinem oberägyptischen Hauptkultort als »der von Behdet (Edfu)«. Die beiden Schriftzeilen enthalten die fünfteilige Titulatur des Königs, die ihm zu jedem der ersten vier Titel einen Namen gibt, den er bei der Thronbesteigung annahm, während zum 5. Titel der Geburtsname gehört. Der vierte und fünfte Name wird in »Königsringe« eingeschlossen, in unheilabwehrende Schlaufen. Die lange Inschrift preist die Leistung des Königs im Kampf mit den Bewohnern des nubischen Niltales und fordert die Nachfolger auf, die Grenze zu bewahren. Am Anfang steht die Datierung: »Regierungsjahr 16, 3. Monat der Frühjahrszeit. Das Errichten der südlichen Grenze bei Heh durch seine Majestät. Ich machte meine Grenze, weiter als mein Vater nach Süden vordringend ... Ich bin ein König, dessen Wort alsbald Tat ist ... Jeder meiner Söhne, der diese Grenze ... fest sein läßt, der ist mein Sohn ... Wer sie kampflos aufgibt, der ist nicht mein Sohn.« K.-H. P.

29

Standfigur des Königs Amenemhet III.

Memphis, 12. Dynastie, um 1840-1800 v. Chr.
erworben 1855
Granodiorit. Höhe 200 cm
Inv.-Nr. 1121

Wie im Alten Reich, so ließen sich auch die Könige des Mittleren Reiches in Pyramiden bestatten. Ihre Kultfiguren wurden nach wie vor in den Pyramidentempeln aufgestellt. Darüber hinaus finden sich nun aber auch zahlreiche Königsbildnisse in Göttertempeln, deren Bau in den Vordergrund getreten ist. Dort wurde der Pharao u. a. in seiner Funktion als Priester dargestellt, wodurch seine Bildnisse eine öffentlich-propagandistische Funktion erhielten und die Rolle des Königs als Vermittler zur Gottheit betonen.
In seiner überlebensgroßen Figur ist Amenemhet III. (um 1840-1795 v. Chr.) als »Beter« dargestellt. Die Arme ruhen mit flach ausgestreckten Händen auf den Flächen einer Sonderform des Königsschurzes, über den in der Mitte ein von Uräen gesäumter Behang herabläuft. Am Königskopftuch war über der Stirn in einer tiefen Ausfachung die Uräusschlange befestigt (aus Metall gefertigt). Sie ist ebenso wie Beine und Basis verlorengegangen. Zu sehen ist noch, daß das linke Bein vorgesetzt war. Die Haltung des betenden Königs setzt dies nicht voraus, aber das altägyptische Rundbildschaffen kennt für die freistehende männliche Standfigur nur diese Darstellungsweise, während Frauen auch mit nebeneinandergesetzten Füßen abgebildet sein können.
Die Figur, im Ptah-Tempel von Memphis aufgefunden, wurde in der 19. Dynastie von König Merenptah (um 1225-1215 v. Chr.) wiederverwendet, der den Rückenpfeiler mit seinen Namen beschriften ließ. Der Thronname Amenemhets III., Ni-maat-Re, blieb auf der Schließe des Schurzgürtels erhalten. Auffälligerweise ist auch das Gesicht überarbeitet worden, erkennbar an der rauheren Oberfläche, die mit Stuck geglättet und wohl wie die gesamte Figur bemalt war. K. F.

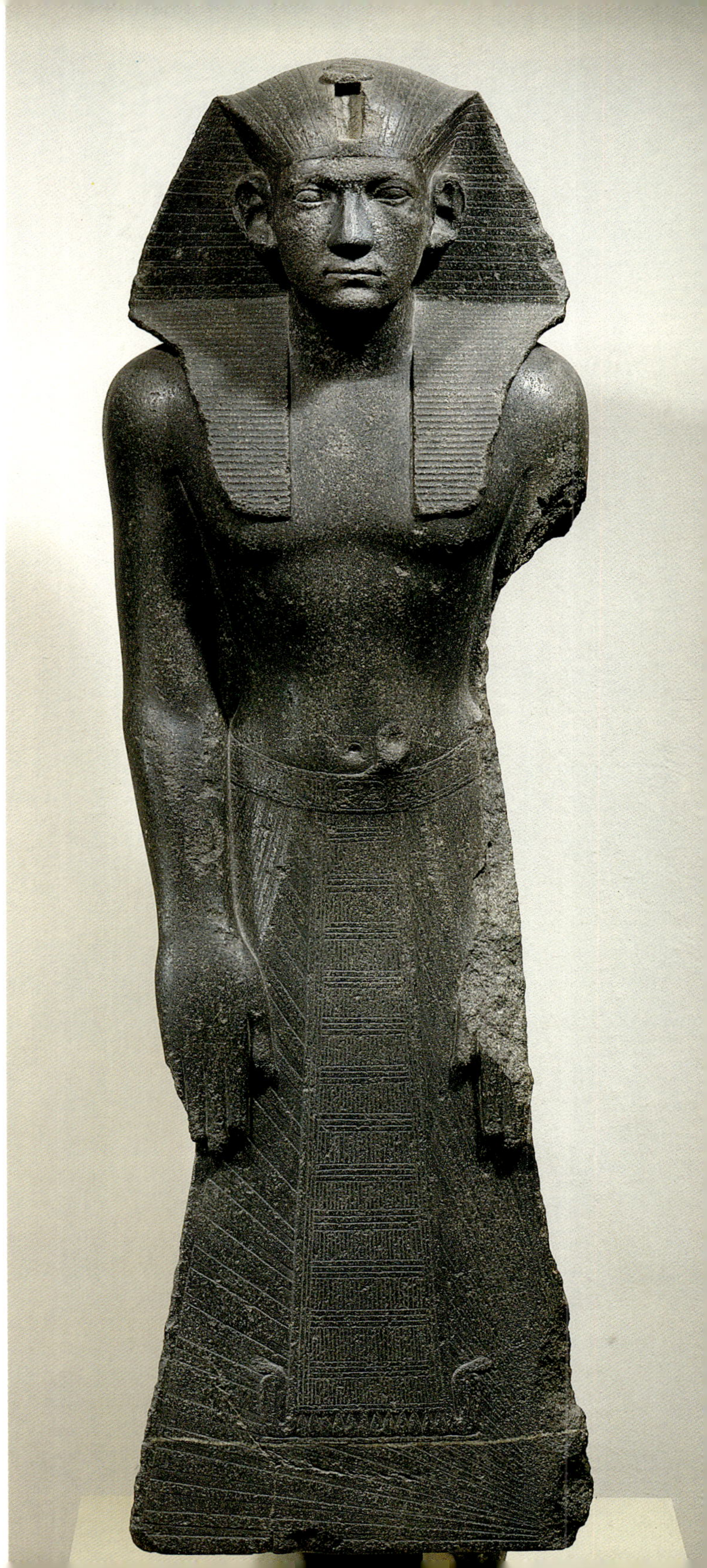

30
Figur des knienden Königs Sesostris I.

12. Dynastie, um 1950 v. Chr.
Fundort unbekannt, erworben 1871
Anorthositgneis. Höhe 47,5 cm
Inv.-Nr. 1205

Ein seit dem Mittleren Reich häufiger Typ der königlichen Tempelstatue ist die Darstellung des Herrschers als Opferer mit zwei kugeligen Weinkrügen, die der König kniend der Gottheit darreicht (vgl. Kat. Nr. 33). Eines der ältesten Beispiele ist die Figur des Königs Sesostris I. (um 1970-1925 v. Chr.), deren Unterteil zerstört ist. Die kniende Haltung kann aus den Resten der Fußsohlen unter dem Gesäß erschlossen werden. Die Zuweisung an Sesostris I. ergibt sich aus dem Thronnamen (Cheper-ka-Re) und dem Stil der Figur.
Der Körper ist mit breiten Schultern und muskulösen Oberarmen kraftvoll gestaltet. Das breite Gesicht wirkt relativ spannungslos. Die Augen sind symmetrisch angeordnet, und ihre äußeren Lidwinkel laufen in langgezogene Schminkstriche aus. Auch die Brauen werden als plastisch ausgearbeiteter, breiter Streifen angegeben und folgen den Augen. Die Lippen des Mundes sind leicht zusammengepreßt. Als typisch für das Mittlere Reich gelten die großen, abstehenden Ohren. Sie weisen zwei interessante Besonderheiten auf. Einmal sind sie sehr hoch angesetzt: die Ohrläppchen befinden sich etwa in einer Linie mit den Augen, was durch die Schminkstriche gut verdeutlicht wird. Zum anderen liegen die Ohren sehr weit hinter den Schläfen, fast am hinteren Teil des Kopfes. K. F.

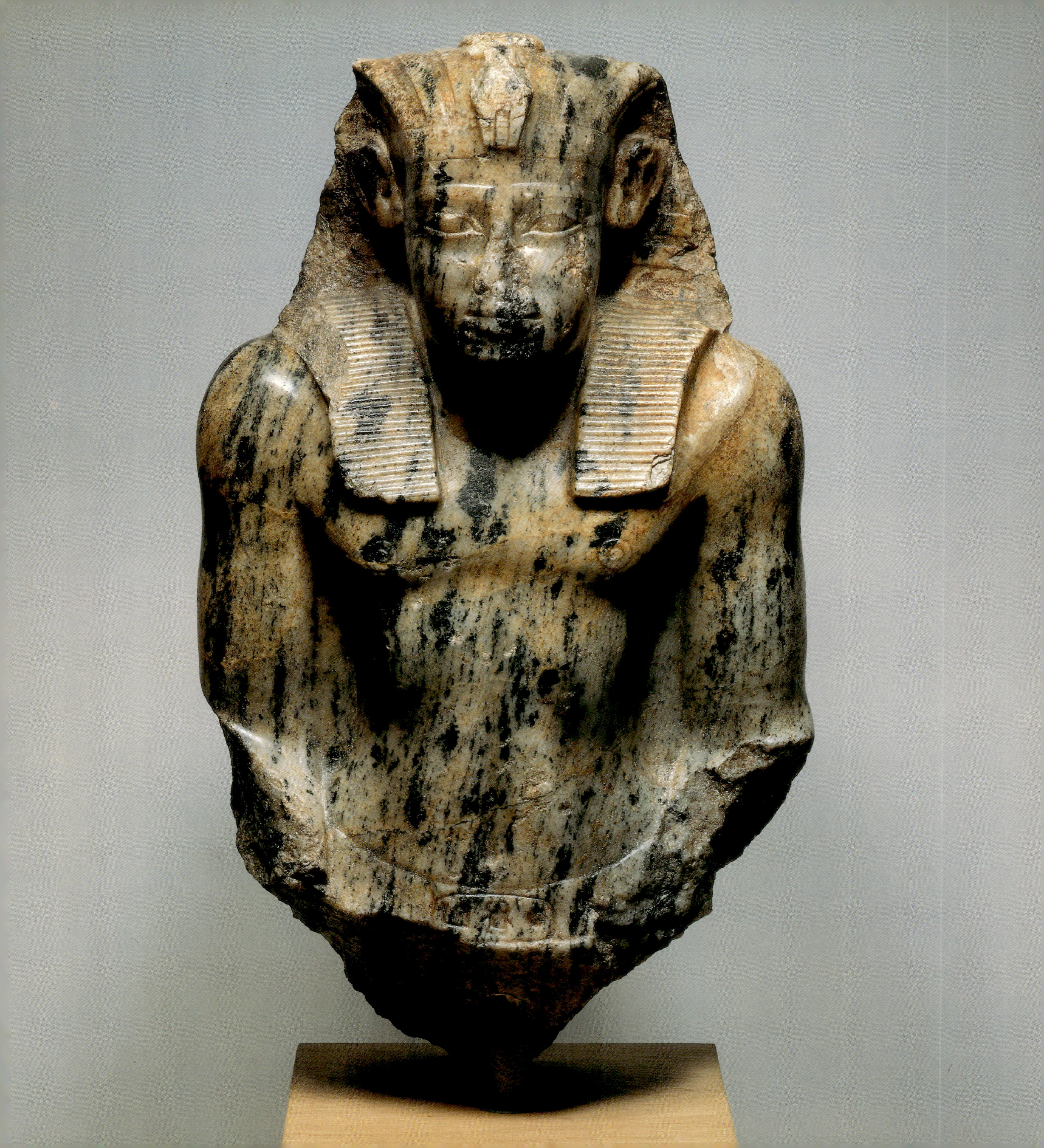

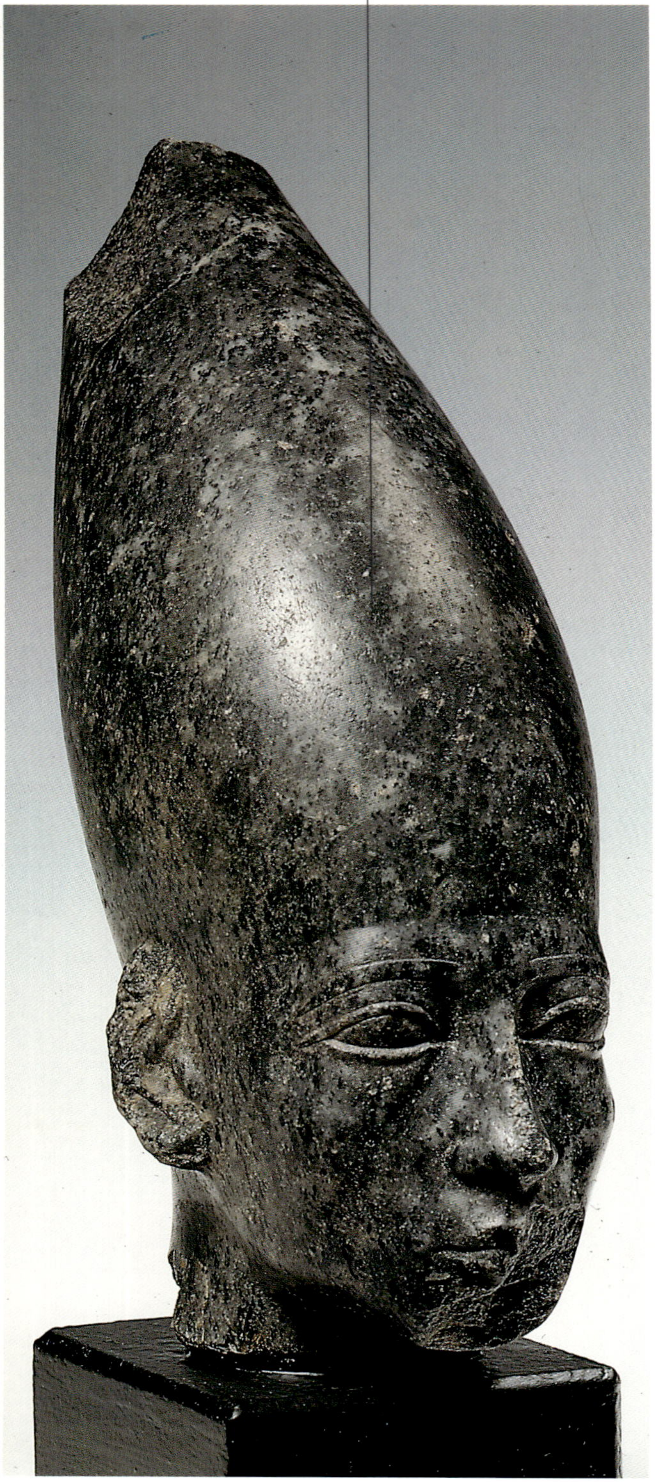

31
Kopf einer Figur des Königs Amenemhet III.

12. Dynastie, um 1840-1800 v. Chr.
Fundort unbekannt, erworben 1906
Granit. Höhe 27 cm
Inv.-Nr. 17950

Wichtigste Aufgabe der Königsplastik war es, das Königtum darzustellen, also Amt, Funktion und Würde des Herrschers, und nicht den König als Person mit zufälligen individuellen Zügen.
Der Grundgedanke des königlichen Rundbildes des Mittleren Reiches ist das gegenwartsbezogene Herrscherporträt. Am deutlichsten dokumentieren das die Darstellungen zweier Könige der späten 12. Dynastie, Sesostris' III. und Amenemhets III. Mit ihren individualisierenden Bildnissen setzen sie in der Königsplastik neue Maßstäbe.
Entgegen der weitverbreiteten Meinung, die in den Gesichtszügen nur die schwere Last des Königsamtes und die Vorahnung des Untergangs des Königtums zum Ausdruck gebracht sieht, sind sie eher Ausdruck von machtpolitischer Entschlossenheit und ausgeprägtem Selbstbewußtsein. Sicherlich kann man in den Gesichtern einen von der Bürde des Amtes gealterten Menschen erkennen, aber dennoch besitzt er genug Tatendrang und Energie, um die vor ihm liegenden Aufgaben zu meistern.
Seine realistische, individuelle Wirkung erhält der Statuenkopf Amenemhets III. durch die weit auseinanderstehenden Augen, die stark betonten Jochbeine, die hohlen Wangen, durch die vorstehende Mundpartie und die angespannte Muskulatur der Mundgegend. Es ist das Gesicht eines von den Erfahrungen des Lebens gekennzeichneten und gehärteten Mannes. Auf dem Kopf trägt Amenemhet III. die oberägyptische Krone, deren unterer Rand auf der Stirn lediglich durch eine flache Vertiefung angegeben ist und ansonsten nahtlos in die Kopfform übergeht.
Amenemhet III. ließ sich zwei Pyramiden bauen, eine in Dahschur und eine in Hawara, am Eingang des von der 12. Dynastie kultivierten Faijums. Der gewaltige, zur Hawara-Pyramide gehörende Kulttempel war eine ungewöhnliche Anlage mit offenen Höfen und zahlreichen Götterkapellen, deren Funktion im Rahmen eines Pyramidentempels noch umstritten ist. Möglicherweise waren in den Kapellen Statuen von Gaugöttern und Personifizierungen von Landesteilen, Fruchtbarkeitsbegriffen (»Fülle«, »Nahrung« usw.) und Domänen aufgestellt, die dem Pharao in Form eines Rundbildes ihre Produkte darbrachten, ebenso wie in den Reliefs der Pyramidentempel des Alten Reiches.

Der Komplex wurde in griechischer Zeit als »Labyrinth« bezeichnet und bewundert. Heute sind nur noch geringe Reste erhalten, die nicht einmal die Rekonstruktion des Grundrisses erlauben. K. F.

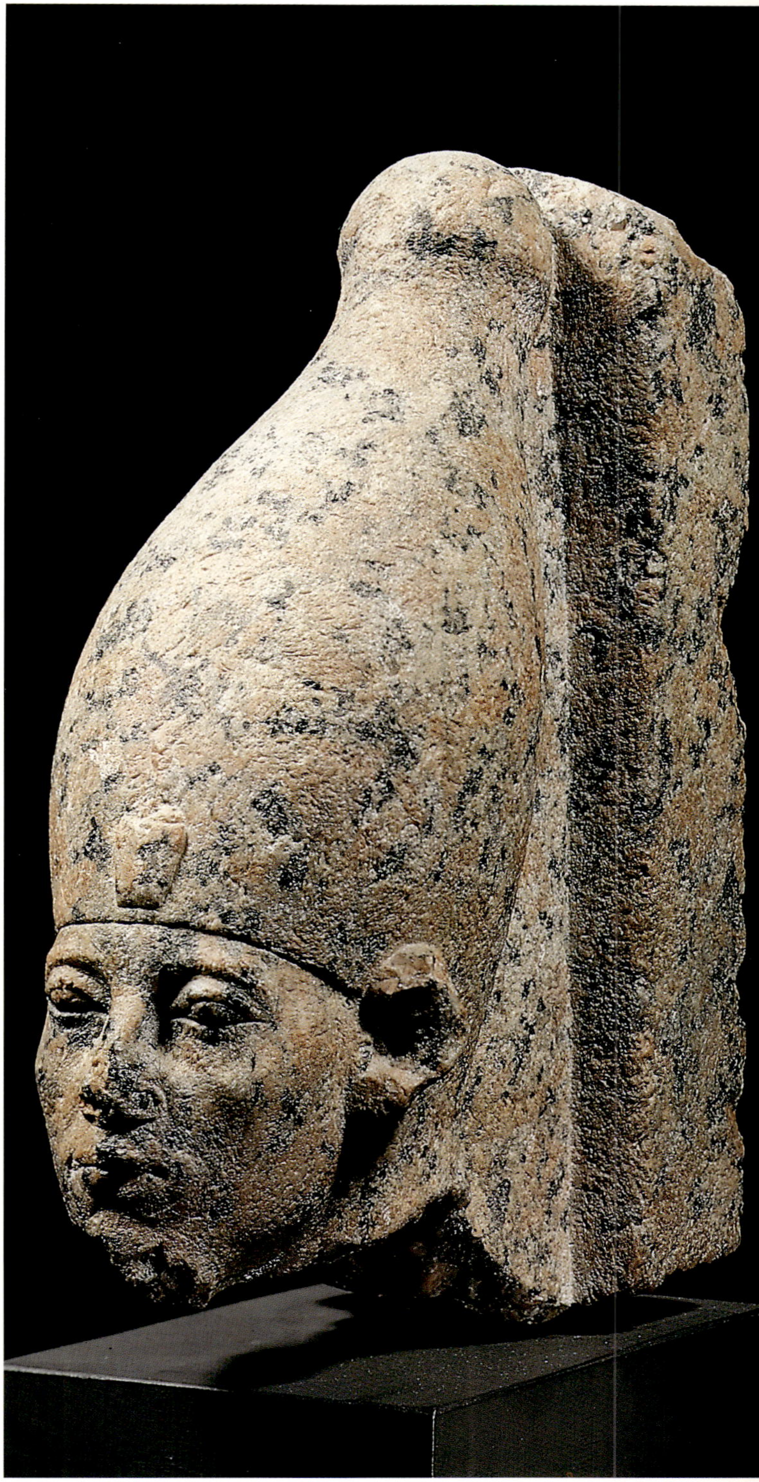

32
Kopf einer Figur des Königs Sesostris III.

Theben/Karnak (?), 12. Dynastie, um 1875-1840 v. Chr.
erworben 1886
Granit. Höhe 21 cm
Inv.-Nr. 9529

Der Kopf Sesostris' III. gehörte zu einer etwa halblebensgroßen Statue, einer Standfigur, wie der bis zur Spitze der Krone reichende Rückenpfeiler erweist. Die Krone mit der Uräusschlange stellt den Herrscher als König von Oberägypten dar.
Da eine Inschrift fehlt, beruht die Zuweisung an Sesostris III. auf Merkmalen der Gesichtsbildung. Charakteristisch für die Bildnisse dieses Herrschers sind die halbgeöffneten Augen mit den schweren Lidern, die deutlich hervortretenden Jochbeine, die etwas eingefallenen Wangen und der Mund mit seinen leicht herabgezogenen Mundwinkeln. K. F.

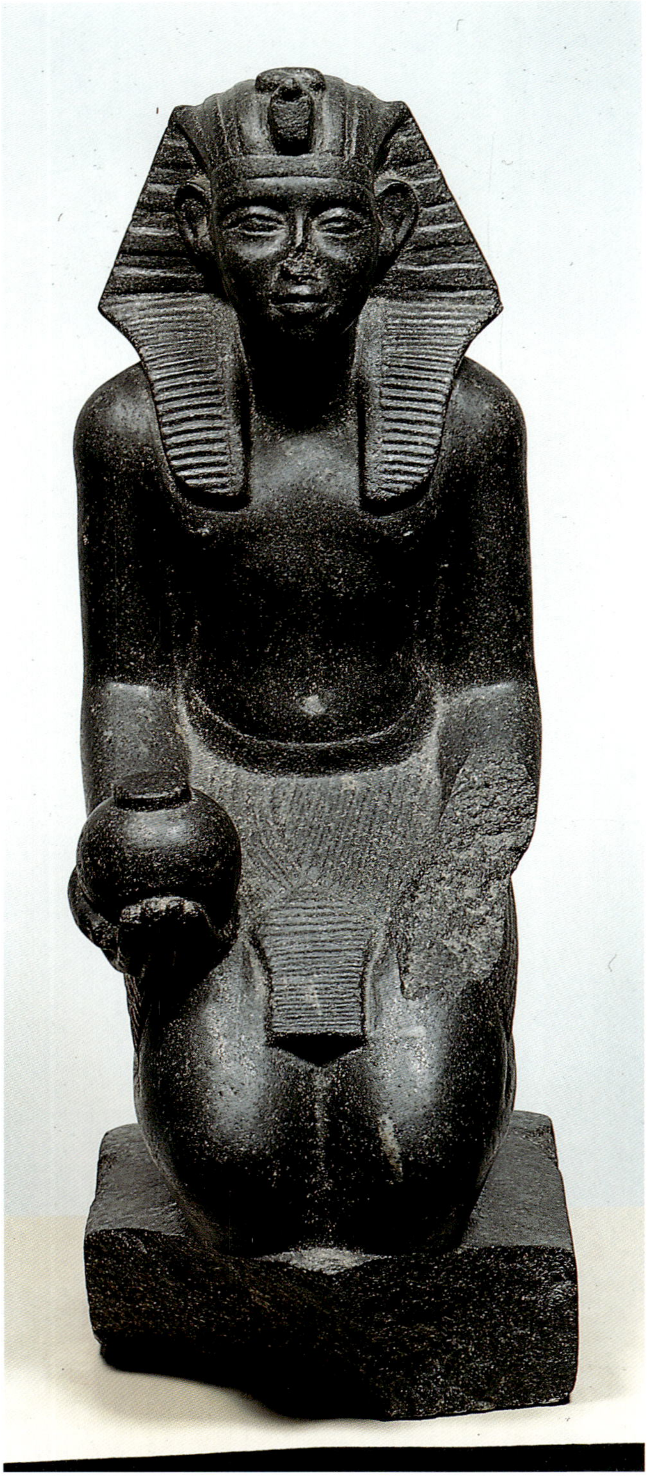

33
Figur eines Königs, kniend Wein opfernd

13./14. Dynastie, um 1750-1700 v. Chr.
Fundort unbekannt, erworben 1889
Granit. Höhe 47 cm
Inv.-Nr. 10645

Trotz des in der 13. Dynastie einsetzenden Niedergangs der königlichen Macht bringt die Kunst dieser Zeit neben weniger ansprechenden Stücken weiterhin qualitativ bedeutende Werke hervor. So gelingt es mehreren Herrschern, die bildnerische Tradition mit Erfolg fortzuführen. Bis weit hinein in die 13. Dynastie sind ihre Bildnisse an denen der Könige des Mittleren Reiches ausgerichtet. Dabei wird das bereits bestehende Regelwerk für Format, Form und Ikonographie beinahe unverändert angewandt. Jedoch setzt mit der Zeit eine stilistische Erstarrung ein, die letztendlich zu den bizarren Werken der Hyksoszeit überleitet.
Diese Statue eines knienden Königs der 13./14. Dynastie steht ganz in der Nachfolge des Mittleren Reiches. Unverkennbar ist allerdings eine gewisse Schematisierung des Gesichtes, die häufig als Merkmal für eine provinzielle Arbeit gedeutet wird. So war man zwar bemüht, sich an der physiognomischen Durchbildung der Herrscherbildnisse der späten 12. Dynastie zu orientieren, aber trotz der verwendeten Merkmale (z. B. die Augen mit den herabgezogenen Lidern oder die großen Ohren) konnte die Aussagekraft der Vorbilder nicht erreicht werden, woraus die Datierung nach der 12. Dynastie resultiert.
Der mit Königskopftuch und kurzem Schurz bekleidete König ist kniend beim »Darbringen von Wein« dargestellt (vgl. Kat. Nr. 30; 48). K. F.

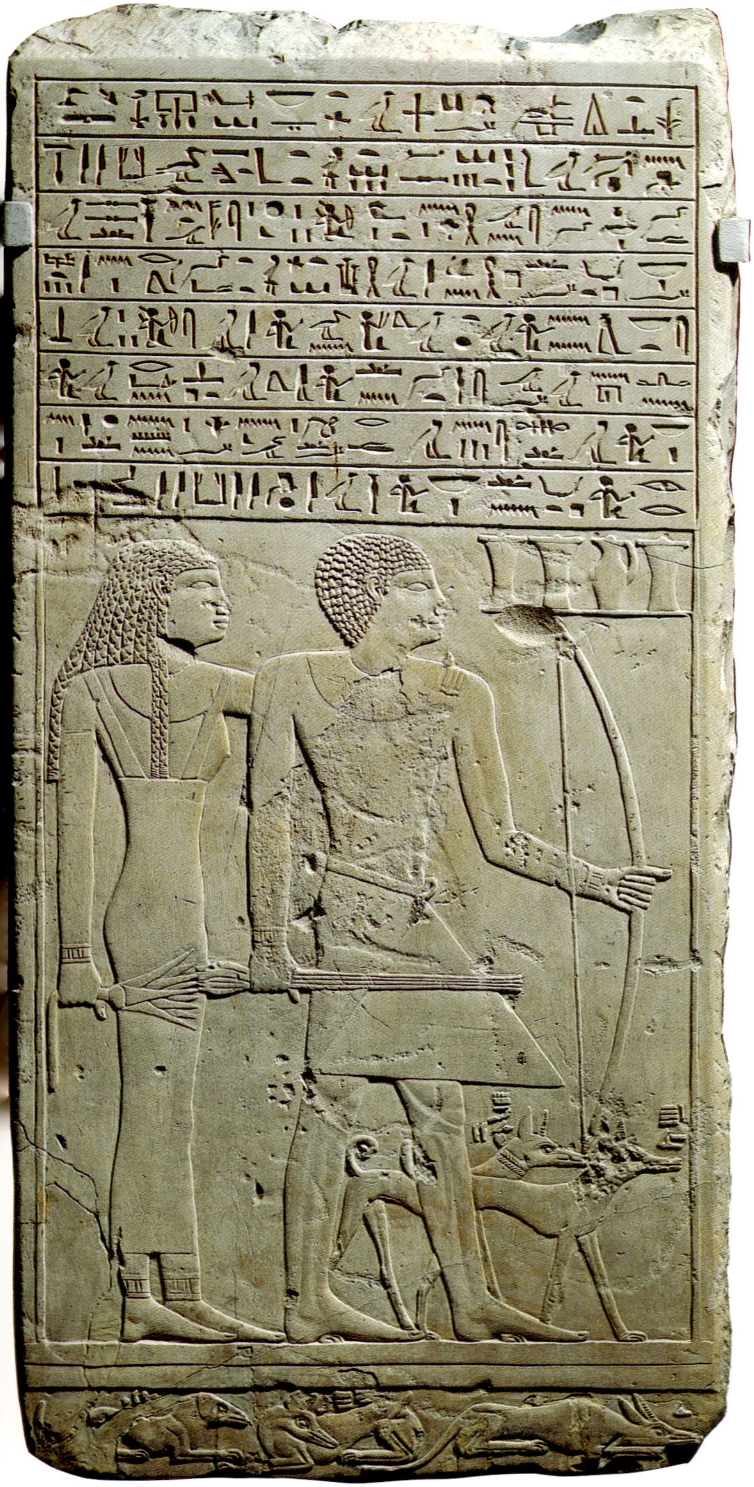

34
Stele des Kai

Kamula (?), 11. Dynastie, um 2000 v. Chr.
erworben 1928
Kalkstein. Höhe 67 cm, Breite 32 cm
Inv.-Nr. 22820

Kai, hier mit seiner Mutter Beschet in etwas steifer Haltung dargestellt, hält in den Händen Pfeile und Bogen, Waffen für die Jagd und den Krieg. Als Vorsteher der Wüstenpolizei war ihm die Verteidigung der ägyptischen Westgrenze gegen Nomaden, der militärische Schutz von Expeditionen zu den westlichen Oasen und die Verfolgung von Flüchtlingen in die Wüste anvertraut. Die Mutter ist mit einem langen engen Trägergewand bekleidet, sie trägt Arm- und Fußringe und hält parallel zu dem Pfeilbündel des Kai in der rechten Hand eine Lotosblüte. Den Hunden sind ihre Namen beigeschrieben, wenig sorgfältig und deshalb schwer lesbar.

Die hieroglyphische Inschrift berichtet über die gute Ausführung eines dienstlichen Auftrages: »Ein königliches Opfer für Anubis . . . Herrn der Nekropole, er möge gewähren ein Totenopfer aus tausend Rindern, Gänsen und Broten für den ehrwürdigen Vorsteher der Wüstenjäger, den Vorsteher der westlichen Wüsten, Beschet's Sohn Kai, den Gerechtfertigten. Er sagt: ›Ich bin ein Held im Angriff, ein Anführer des Heeres am Tage der Bedrängnis, den sein Herr für die Ausführung eines Auftrages lobt. Ich bin bis zur westlichen Wüste gelangt, habe alle Wege durchsucht und den Flüchtling zurückgebracht, den ich in ihr fand. Die Truppe blieb wohlbehalten, und es gab bei ihr keinen Verlust. Was mir anvertraut war, kam glücklich heim. Mein Herr bestellte mich zu ihrem Schutz als seinen vertrauten Verwalter, weil ich (jeden) Auftrag meines Herrn so trefflich ausführe, der gelobte, der ehrwürdige Kai, der Gerechtfertigte‹.«

I. Mü.

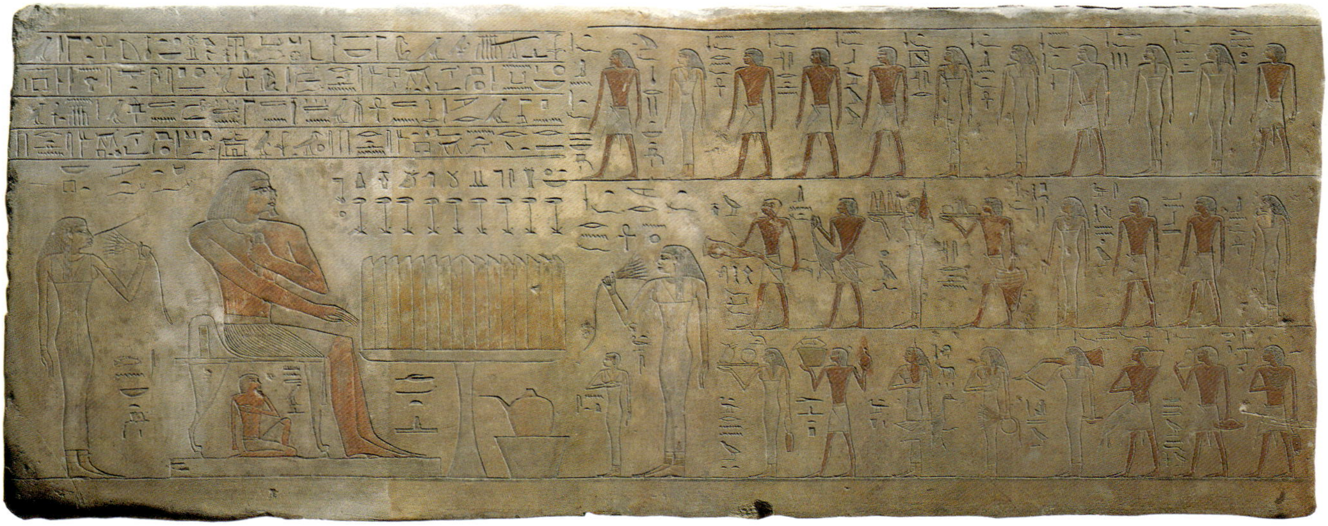

35
Stele des Palastvorstehers Senwosret

Abydos (?), 12. Dynastie, um 1900-1800 v. Chr.
Fundort und Jahr der Erwerbung unbekannt
Kalkstein, bemalt. Höhe 53 cm, Breite 129 cm
Inv.-Nr. 1188

Wichtigstes Bildthema auf den Grabstelen des Mittleren Reiches ist wie schon im Alten Reich die Darstellung des Toten am Speisetisch. Gleichzeitig aber werden die Stelen mehr und mehr auch Denkmäler der Verewigung von Familienangehörigen, sei es als bereits Verstorbene, sei es als Lebende, die dann gern als Opfernde abgebildet sind. Auf dem Stein des »Palastvorstehers« Senwosret sind so nicht weniger als 32 Personen versammelt. Der Inhaber der Stele sitzt auf dem löwenbeinigen Stuhl, vor ihm der Opfertisch mit den Brotscheiben, unter dem das Waschgeschirr - Becken und Wasserkanne - abgestellt ist. Hinter ihm steht, an einer Lotosblüte riechend, »seine von ihm geliebte Gemahlin, Hausherrin Inet, Herrin der Ehrwürdigkeit« (d. h. verstorben), unter dem Stuhl ein Sohn (?). Die Zeilen über der Szene enthalten die Totenopferformel und eine »Anrufung an die Grabbesucher«: »O ihr Lebenden auf Erden, die an diesem Grab in der Nekropole vorübergehen, wenn ihr wollt, daß eure Kinder leben, daß euch eure Götter gnädig seien, dann sagt: ›Süßer Windhauch des Ersten der Westlichen (d. i. Osiris) an die Nase des Palastvorstehers Senwosret, des Seligen. Möge ihn Anubis (der Totengott) . . . verklären . . .‹.« Einen besonderen Rang unter den vor dem Toten stehenden Personen nahm offenbar die größer dargestellte Frau ein, »seine von ihm geliebte Schwester«, die von ihrer Tochter begleitet wird. Im oberen Register stehen der Vater und die Mutter des Senwosret, beide verstorben, vier Brüder, vier Schwestern und ein weiterer Mann, im mittleren und unteren Register u. a. zwei weitere Brüder, eine Schwester und ein Neffe, der Mann mit dem Schenkel des Opferstieres aber ist ein »Diener«, »Butler«, und so werden auch die anderen Personen ohne Verwandtschaftsangabe, vor allem die Opfergabenträger, zur Dienerschaft gehören. Alle mit ihren Namen bezeichnet, sind sie in die Gemeinschaft der Verewigten eingeschlossen. Der »Palastvorsteher« war mit der Verwaltung des königlichen Palastes und der unmittelbar angeschlossenen Versorgungsbetriebe betraut, hatte also einen nicht gerade geringen Verantwortungsbereich und einen entsprechenden hohen sozialen Rang.

K.-H. P.

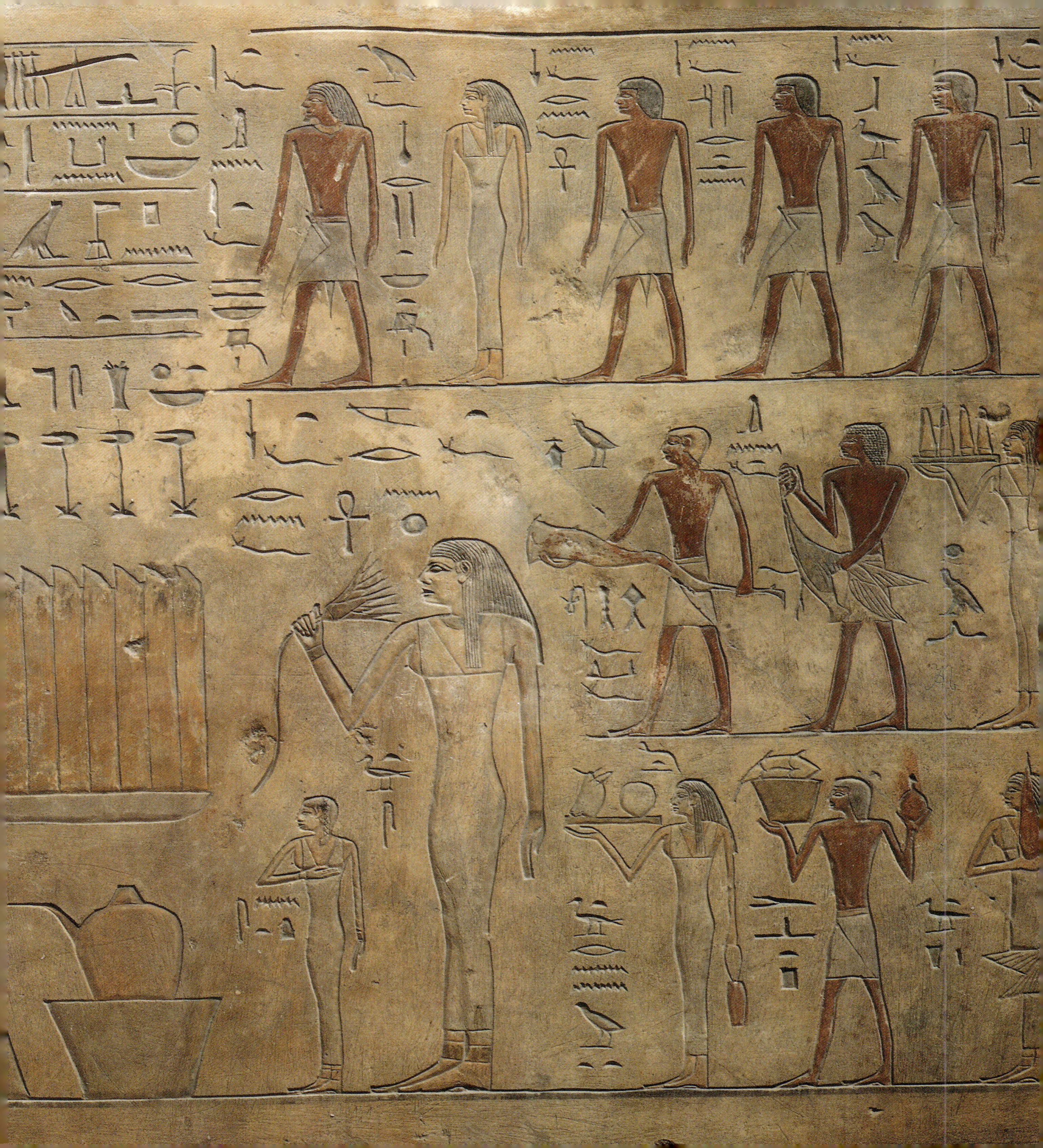

36
Stele der Nofret

Abydos (?), 12. Dynastie, 19. Jh. v. Chr.
erworben 1843
Granit. Höhe 96 cm, Breite 65 cm
Inv.-Nr. 7280

Ungewöhnlich sind Szenenanordnung und Material dieses Grabsteins: Rosengranit statt des sonst üblichen Kalk- oder Sandsteins hatte der Bildhauer verwendet. Bei Assuan, an der südlichen Grenze Ägyptens, wurde dieser harte und kostbare Stein gebrochen, vor allem als Baumaterial von Kultanlagen für Götter und Könige. Berühmt als technische Meisterleistung sind die 30 m hohen monolithen Obelisken aus Granit, die Königin Hatschepsut im großen Amun-Tempel von Theben (Karnak) aufstellen ließ.
Dieser Grabstein besitzt die klassische, oben abgerundete Form ägyptischer Stelen. Die Darstellung indes weicht vom gängigen Bildprogramm ab; denn nicht der Verstorbene vor dem Opfertisch und gabenspendende Verwandte und Dienerschaft sind hier das Motiv. Eine senkrechte Inschriftenzeile und eine mittlere waagerechte Standlinie gliedern die Fläche in vier Felder. In vertieftem Relief ist oben links Nofret (»die Schöne«) zu sehen, rechts gegenüber steht ihre Mutter Dedet, Tochter der Sat-Hathor (»Tochter der Hathor«). Die beiden unteren Bildfelder zeigen rechts Nofrets Großmutter Sat-Hathor und links den »Obersten der zehn Großen von Oberägypten«, Idedi. Welche der drei Damen die Gemahlin dieses hohen Würdenträgers war, verschweigen die Beischriften.
Der senkrechte hieroglyphische Text wendet sich mit der Bitte um Opfergaben an »Osiris, den Herrn von Busiris, den großen Gott und Herrn von Abydos, an allen seinen erhabenen Plätzen, er möge ein Totenopfer aus Brot, Bier, Rindern, Gänsen, Alabaster und Leinen« für den Ka (Lebenskraft) der auf dieser Stele dargestellten Personen gewähren.
Jeder Ort, an dem Isis nach dem Mythos ein Glied des verstümmelten Leichnams von Osiris fand, war dem Gott heilig. Busiris heißt eigentlich »Haus des Osiris« und lag im Delta. Der bedeutendste Kultort aber war Abydos in Oberägypten; denn hier soll Isis den Kopf des Osiris gefunden haben, und hier war auch die letzte Ruhestätte des Gottes. Alljährlich feierte man an diesem heiligen Ort die Osirismysterien.
Es war daher der Wunsch jedes Ägypters, entweder in Abydos begraben zu werden oder wenigstens durch eine Stele dort anwesend zu sein. Gedenksteine dieser Art und andere Votivgaben wurden in großen Mengen an der Prozessionsstraße zum Tempel des Totengottes Osiris aufgestellt oder niedergelegt. Den Stiftern oder anderen namentlich aufgeführten Personen sollten sie die ständige Teilnahme an den Mysterien des Gottes ermöglichen, um dann auch wie Osiris zu neuem Leben aufzuerstehen. I. Mü.

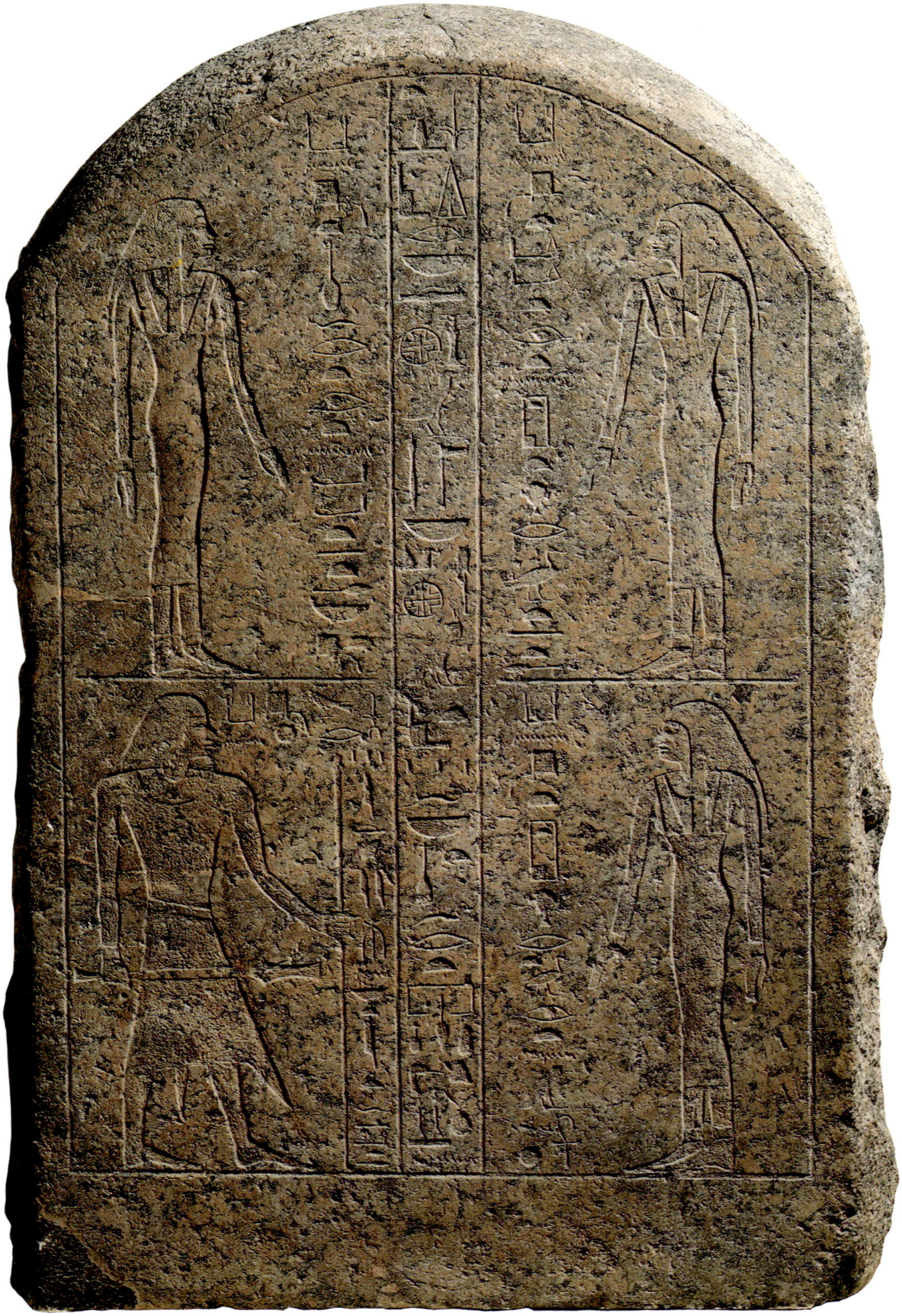

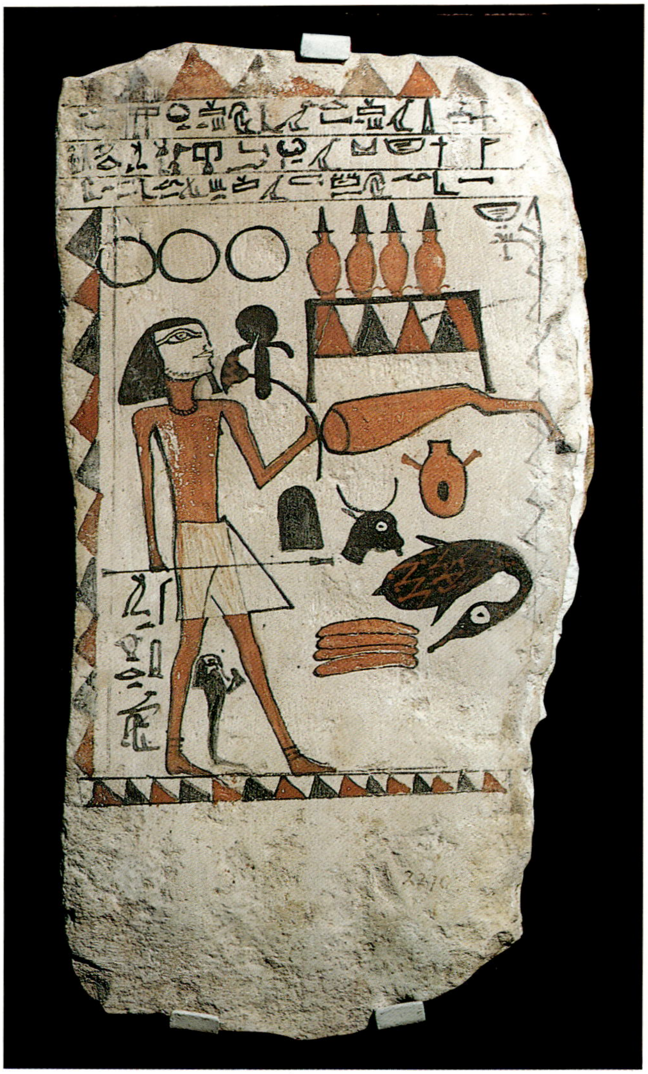

37
Stele des Mentuhotep

er Rizeiqat, II. Zwischenzeit, um 1750-1650 v. Chr.
erworben 1927
Malerei auf Kalkstein. Höhe 55,5 cm
Inv.-Nr. 22708

Nur in roter und schwarzer Farbe sind Bild und Inschriften in einem primitiven »Provinz«stil auf der roh zugehauenen Kalksteinplatte ausgeführt. Der Verstorbene in kurzem durchscheinendem Schurz hält in der Rechten den Kommandostab, in der Linken die Lotosblüte als Symbol der Auferstehung. Auffällig die maskenhafte Zeichnung des Gesichtes mit dem Kinnbart und den Bartstoppeln. Willkürlich verteilt sind als Opfergaben ein Gestell mit vier versiegelten Krügen, drei Brote, Kopf, Schenkel, Herz und Rippenstück des Stieropfers, eine gebratene Gans und eine Brotscheibe. Über dem Kopf steht in kursiven Hieroglyphen die Opferformel für einen titellosen »Mentuhotep, geboren von der Benenet, der Herrin der Ehrwürdigkeit«. Hinter dem Mann steht in senkrechter Zeile die Bezeichnung einer zweiten Person, einer »syrischen Dienerin Sat-Hathor«. Die kleine Mumie zwischen den Beinen des Mannes soll aber doch wohl nicht ihr Bild sein, sondern eine Darstellung des Ba des Toten, der ein Opferbrot in den Händen hält. Das Ganze ist gerahmt von Leisten aus roten und schwarzen Dreiecken, an der rechten Seite nur angedeutet.
Der Ba, ungenau mit »Seele« übersetzt, ist ursprünglich der Ausdruck für die »Willens- und Gestaltungskräfte« der Götter und Herrscher. Seit dem Ende des Alten Reiches gewinnt jeder Verstorbene bei rituell richtiger Bestattung und Versorgung einen Ba, der zu allen Lebensfunktionen fähig ist. Er wird zur Personifizierung des ewig, nicht an das Grab gebunden fortexistierenden Menschen mit allen seinen Potenzen. Als solcher genießt er auch die Totenopfer. Meist wird der Ba als Vogel mit Menschenkopf dargestellt.

K.-H. P.

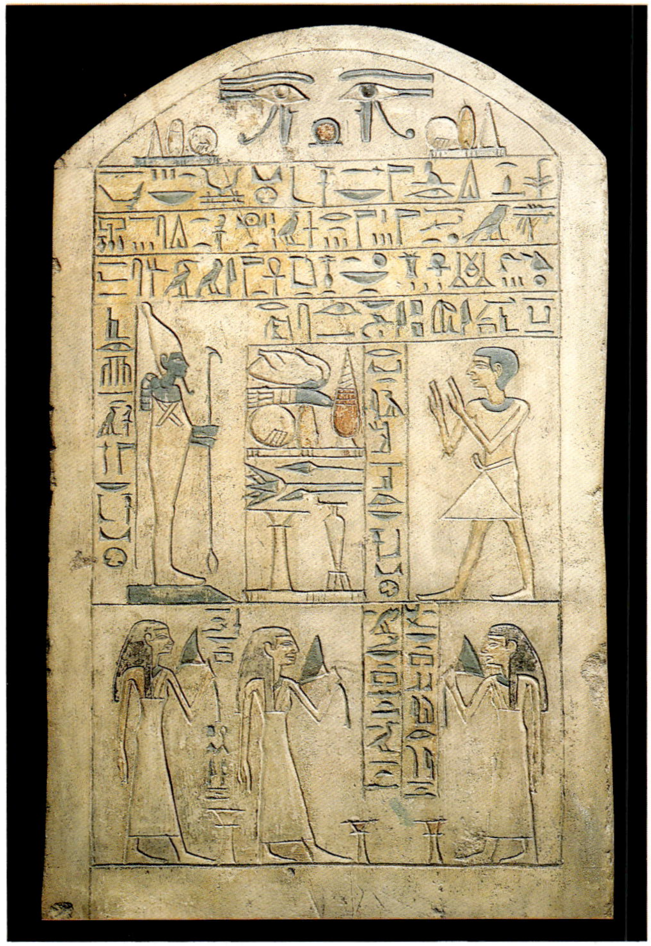

38
Gedächtnisstele des Ipepi

II. Zwischenzeit, um 1750-1700 v. Chr.
Fundort unbekannt, erworben 1943
Kalkstein, bemalt. Höhe 45 cm
Inv.-Nr. 24031

Im Giebelfeld der Stele nehmen zwei Augen die beherrschende Stelle ein. Es sind Abbildungen des von Thot geheilten Auges des Gottes Horus, die als Garant der Unversehrtheit und des Schutzes vor bösen Dämonen außerordentlich beliebt waren und deshalb am Sarge, an der Scheintür des Grabes und auf den Stelen angebracht wurden, die an ihre Stelle traten. Ein Schutzsymbol ist auch die Abbildung einer ringförmigen Schlaufe zwischen den Augen. In den Ecken des Feldes sind zwei Opfermatten mit Broten angebracht. Unter der vierzeiligen Totenopferformel sehen wir den Toten betend vor dem Gotte Osiris in Mumiengestalt mit der Krone Oberägyptens und dem Götterzepter. Seine Körperfarbe ist blau (für grün) - Osiris ist ein alter Vegetationsgott. Hier ist er längst zum Herrscher im Jenseits geworden. Vor dem Toten steht in einer senkrechten Zeile: »Die Anbetung vollziehen für Osiris, den Herrn von Abydos«. Einen solchen Lobpreis lesen wir im Totenbuch des Neuen Reiches: »Ich gebe dir Lobpreis, du Herr der Götter, einzigartiger Gott, der von der rechten Ordnung (Maat) lebt. Dein Sohn Horus sagt: ›Ich bin zu dir gekommen, daß ich dich begrüße . . . Laß mich unter ihnen sein, deinen Gefolgsleuten, ich habe alle deine Feinde gefällt, deine Opferbrote auf Erden bestätigt . . .‹« (Spruch 173). Osiris, von seinem Bruder Seth getötet und so dem Schicksal aller Toten unterworfen, bedarf wie sie der Opferspende des Sohnes Horus. Als solcher tritt Ipepi vor ihn, selbst zu Osiris geworden, dessen Triumph über den Tod auch ihm zuteil werden soll. Im Alten Reich war es allein der König, der als Osiris zum Herrn der Westlichen, der Toten, wird und dadurch zu ewiger Fortdauer seiner Herrschaft gelangt. Der Zusammenbruch der Ordnung des Alten Reiches hat das Werden zu Osiris allen Verstorbenen ermöglicht. Als Horus, der Sohn, bringt der Tote die Opfergaben dar, die vor dem Gott aufgehäuft sind. Den unteren Teil des Bildes nehmen drei Frauen ein, von links nach rechts die Schwester, Mutter und Gemahlin des Ipepi. Sie riechen an Lotosblüten, dem allgegenwärtigen Symbol der Wiedergeburt. Vor jeder Frau steht ein kleiner Opferständer.

Ipepi ist nach seinem Titel ein mittlerer Hofbeamter gewesen. Ihm unterstand eine der vielen Versorgungseinrichtungen der Palastverwaltung. K.-H. P.

39
Sitzfigur des Chertihotep

Siut/el Burg el Hamam (?), 12. Dynastie, um 1850 v. Chr.
erworben 1902
silifizierter Sandstein (Quarzit). Höhe 77 cm
Inv.-Nr. 15700

Mit dem Mittleren Reich tritt ein neuer, das ägyptische Kunstschaffen stark beeinflussender und belebender Faktor auf: der Wunsch nach Repräsentation. Dieses Verlangen dokumentiert sich sowohl in der Königs- als auch in der Privatplastik. Zwar wird der größte Teil der Privatstatuen nach wie vor für das Grab geschaffen, aber mit königlicher Genehmigung ist es nun auch Privatpersonen gestattet, Statuen in Tempeln aufzustellen, um so vor den Göttern vertreten zu sein, aber auch um die soziale Stellung des Eigentümers öffentlich hervorzuheben. Diese Möglichkeit sowie das genaue Studium der Physiognomie und Anatomie lassen außergewöhnlich qualitätvolle Werke entstehen, durch deren Perfektion die Kunst des Mittleren Reiches auch noch in späteren Zeiten als die »klassische Kunst« angesehen war und als Vorbild anregend wirkte. In der späten 12. Dynastie erfolgte, in Anlehnung an Beispiele aus dem Alten Reich, die »Wiederentdeckung« des stark persönlich geprägten Altersbildnisses. Von nun an steht das vom Leben geprägte menschliche Antlitz im Mittelpunkt der Darstellungen. Bildnisse voller individueller Züge entstehen, die im Privatbildnis trotz aller Porträthaftigkeit jedoch als Typenporträts angesehen werden müssen, da sie sich wahrscheinlich am Königsporträt orientierten.
Auch die Figur des Gutsvorstehers Chertihotep zeigt diese charakteristischen Züge, die in den Königsbildnissen dieser Zeit anzutreffen sind. Augen, Ohren, der Mund mit den leicht herabgezogenen Mundwinkeln und die Wangenflächen sind jedoch formalistischer angeordnet als bei den königlichen Vorbildern. Eine korrekte Amtsausübung, aber auch ein gesundes Selbstvertrauen kennzeichnen den Gesichtsausdruck. Chertihotep sitzt auf einem Hocker mit niedriger Lehne. Sein Körper wird von einem eng anliegenden Mantel umhüllt, der in einzigartiger Weise den streng in sich geschlossenen, spannungsgeladenen Körperaufbau der Figur betont und das Hauptaugenmerk ganz und gar auf die feinen, sensibel modellierten Gesichtszüge lenkt. Man sieht in ein Gesicht voller plastischer Lebendigkeit. Die Wellen der Perücke sind nur leicht ausgearbeitet und leiten zum beinahe blockhaft wirkenden Körper über, dessen Konturen jedoch deutlich unter dem Mantel hervortreten. Auch die flächig gearbeiteten Hände ordnen sich der Geschlossenheit des Mantels unter. Ganz anders dagegen die Füße, die mit weicher, anatomisch genauer und detailreicher Linienführung gestaltet sind.
Zweifellos ist die Figur des Chertihotep eines der künstlerisch eindrucksvollsten Bildnisse einer Privatperson des alten Ägypten.

K. F.

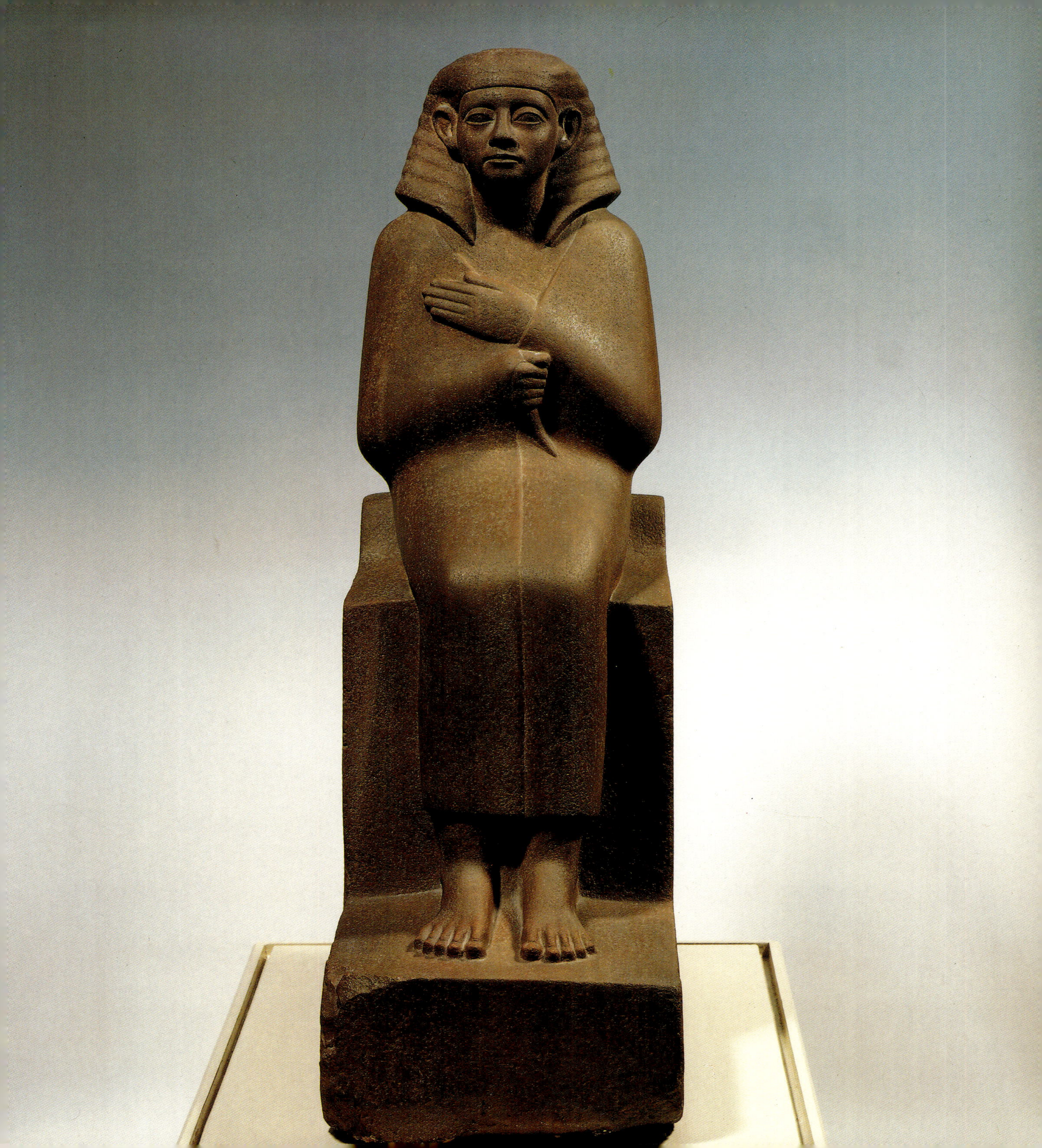

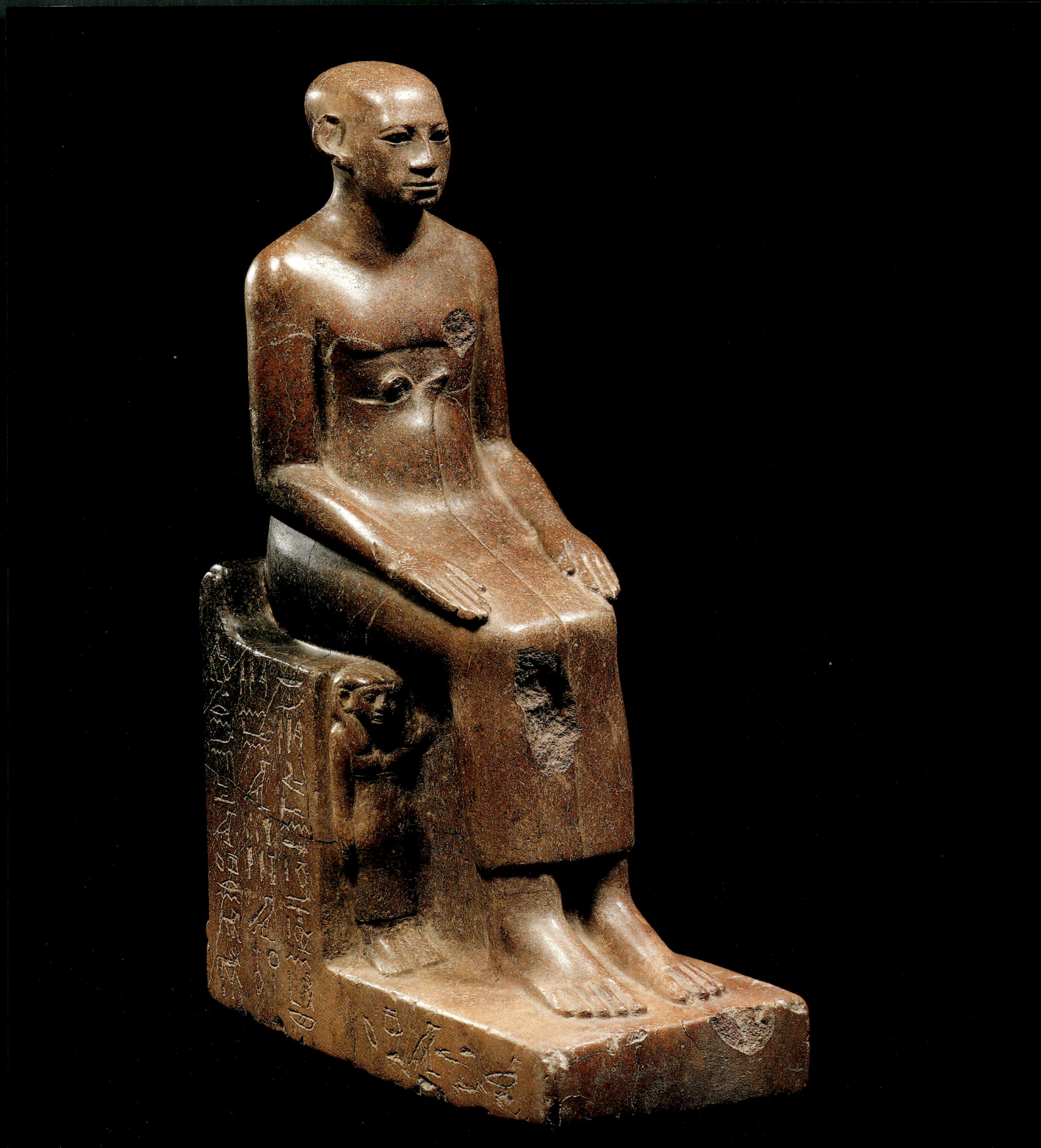

40
Sitzfigur des Renefseneb-Dag

Assuan (?), 12. Dynastie, um 1900-1800 v. Chr.
erworben 1887
Sandstein. Höhe 33 cm
Inv.-Nr. 10115

Das rundbildliche Schaffen des Mittleren Reiches ist hauptsächlich von den hervorragenden Werken der größerformatigen Königs- und Privatplastik geprägt. Daneben finden sich aber auch eine Reihe kleinerer, in der Regel provinzieller Arbeiten, die durchaus beachtenswert sind.
Eine davon stellt den Bierbrauer Renefseneb-Dag dar. Er sitzt auf einem Hocker mit kurzer Rückenlehne. Sein Gewand ist ein unter der Brust verknoteter Mantel. Die Arme liegen eng am Körper an, Unterarme und Hände ruhen flach ausgestreckt auf den Oberschenkeln.
Herrlich modelliert ist der kantige Schädel. Durch die Glatzköpfigkeit wirken die für diese Zeit charakteristischen großen Ohren noch größer. Die Augen, die Nase und der zusammengepreßte, energische Mund geben dem Gesicht einen selbstbewußten, entschlossenen Ausdruck.
Die neben dem rechten Bein stehende Frau ist Daget, die Tochter des Mannes. Ihr Name steht unter ihr am Sockel. Die Inschrift auf der Seitenfläche des Sitzes bezeichnet den Mann als einen »von seinem Herrn geliebten, der in dessen Herzen gerechtfertigt ist, einen Mann des Festes, geliebt von den Myrrhen, vereint mit dem ›schönen Tage‹ (dem Festgelage)«. Auf der anderen Seite des Sitzes nennt die Totenopferformel die Götter des Kataraktengebietes und erbittet »das Wasser, das aus Elephantine kommt«. Hier, im I. Katarakt, befand sich nach dem mythischen Weltbild der Ägypter eine der Höhlen, aus denen der Nilgott Hapi die Überschwemmungsfluten entsendet. K. F.

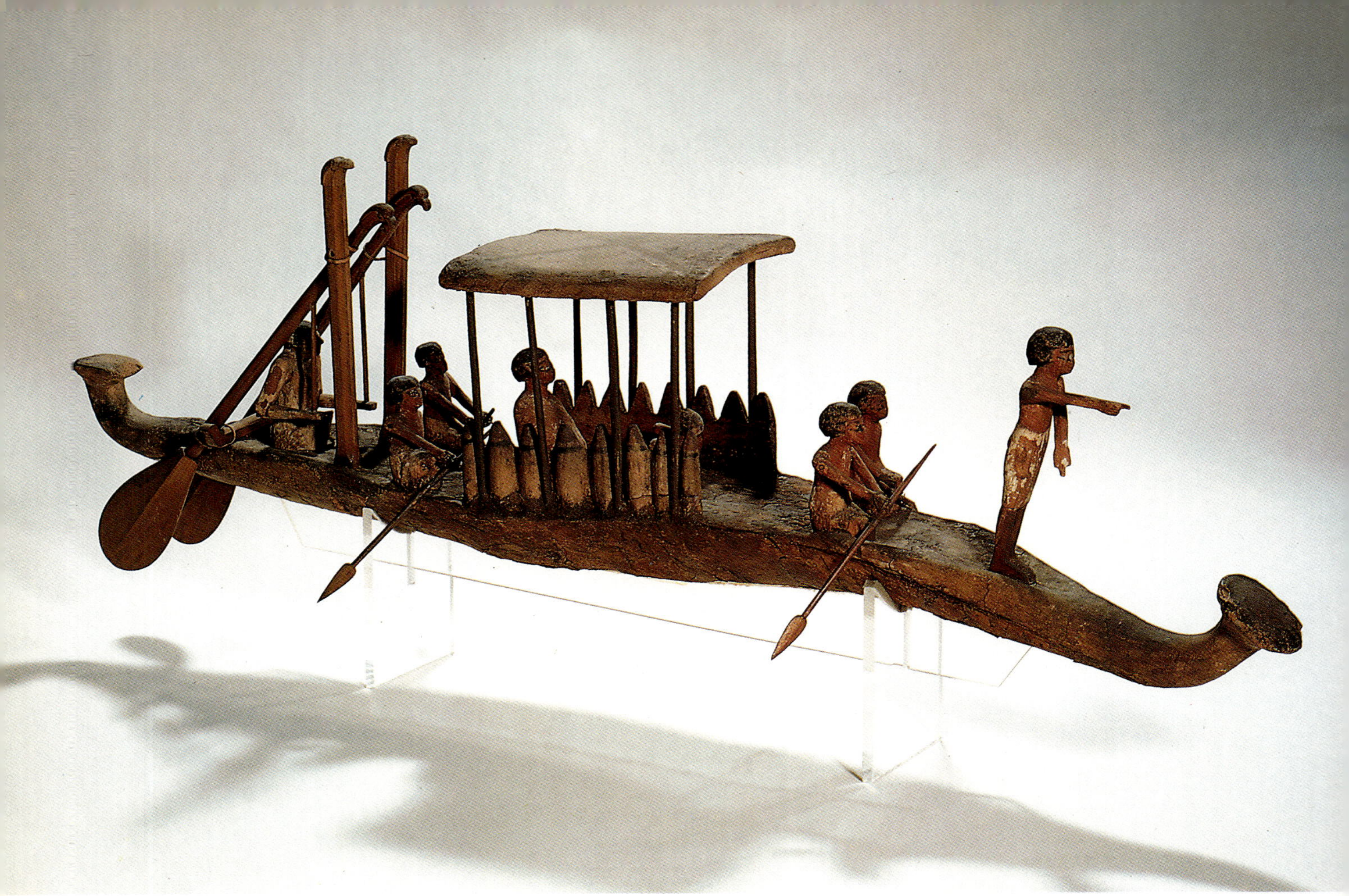

41
Modell eines Schiffes

I. Zwischenzeit/Mittleres Reich, 2200-1800 v. Chr.
Fundort unbekannt
Holz, bemalt. Länge 112 cm
Leihgabe des Postmuseums Berlin

Schiffe waren im Diesseits wie im Jenseits für Götter und Menschen das wichtigste Verkehrsmittel. Man segelte mit dem Nordwind stromauf und runderte stromab auf dem Nil, auf dem auch alle Transporte durchgeführt wurden: der Beamte auf seinen Dienstfahrten, der Pharao zur Erfüllung seiner Herrscherpflichten in Kult und Verwaltung, die Götterstatuen bei ihren festlichen Prozessionen.
Täglich fuhr der Sonnengott in seinem Schiff über den Himmel und nachts durch die Unterwelt, wo alle Orte und Gefilde nur auf dem Wasserweg zu erreichen waren. Die Reise dorthin begann bereits mit einer Flußfahrt; der Tote mit seiner Grabausstattung wurde übergesetzt im feierlichen Trauerzug vom Ostufer zur Nekropole auf dem Westufer. Zum Bestattungsritual und für einen glücklichen Aufenthalt im Totenreich gehörte vor allem die ›Fahrt nach Abydos‹. In seiner Mumiengestalt oder in seiner Statue besuchte der Verstorbene die heilige Begräbnisstätte des Totengottes Osiris, in dessen Schicksal - Tod und Wiederauferstehung - sich jede Jenseitshoffnung gründete. So waren Boote notwendiges Grabinventar, im Relief auf den Wänden dargestellt oder als Modell mitgegeben. Einmalig ist das Schiff des Königs Cheops: In seiner Originalgröße von 42 m war es an der Südseite der großen Pyramide bestattet und erst 1954 entdeckt worden.
Der Privatmann indes begnügte sich mit einem kleinen

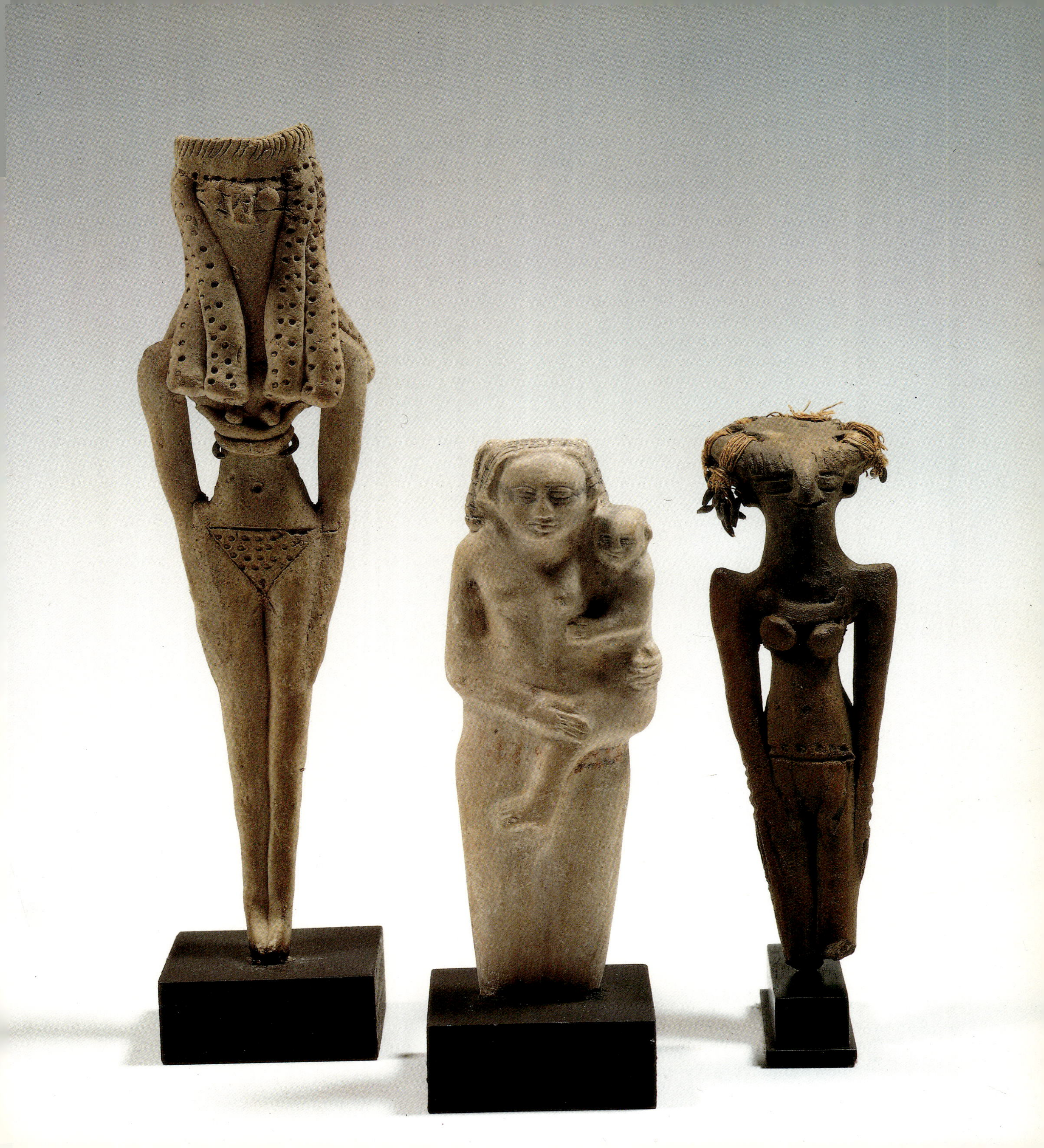

Modell. Die Statue des Toten sitzt in der Mitte des Bootes unter einem Baldachin. Vier Ruderer sind an Bord, der Steuermann hockt am Heck zwischen den beiden großen Steuerrudern, deren Griffe in Falkenköpfen enden. Am Bug steht der Lotse, mit einer langen Stange (bei diesem Modell nicht mehr erhalten) prüft er die Wassertiefe.
Angefertigt wurde dieses Boot in der I. Zwischenzeit, einer Epoche, in der es Sitte wurde, die früher auf den Grabwänden dargestellten Arbeiten für den Toten durch plastische Nachbildungen dieser Tätigkeiten zu ersetzen. Es gibt zahlreiche, sehr lebendig gestaltete Ton-, vor allem aber Holzmodelle von Handwerksstätten, von Viehzüchtern mit ihren Tieren, von Fischern mit Netzen und Booten, Dienern mit Opfergaben oder bei der Zubereitung von Speisen, schließlich auch von marschierenden Soldaten. I. Mü.

◁ 42

Figur einer Frau

Theben (?), Mittleres Reich, um 2000-1800 v. Chr.
erworben 1886
Ton. Höhe 19 cm
Inv.-Nr. 9508

Figur einer Frau mit Kind

Mittleres Reich, um 2000-1800 v. Chr.
Fundort unbekannt, erworben 1895
Kalkstein. Höhe 13 cm
Inv.-Nr. 12764

Figur einer Frau

Theben West, Mittleres Reich, um 2000-1800 v. Chr.
erworben 1924
Ton, Garn. Höhe 13 cm
Inv.-Nr. 22397

Zu der Ausstattung von Privatgräbern des Mittleren Reiches gehören häufig kleine nackte Frauenfiguren, deren Deutung bisher noch unklar ist, wohl aber aus den zeitgenössischen Sargtexten eine Erklärung erhält. Danach will der Tote neben allen Sinnesfunktionen auch essen, trinken, Stoffwechsel und Geschlechtsverkehr haben können. Derartige Frauenfiguren sind sowohl in männlichen als auch in weiblichen Bestattungen gefunden worden. Sie sind gleichartig, Merkmale, die auf einen geschlechtspezifischen Verwendungszweck hinweisen, fehlen. Als Beigabe für Frauen bietet sich eine Deutung aus der kreatürlichen Rolle der Frau an: bereit zu sein und fähig zu Empfängnis, Schwangerschaft und Geburt. Dem Mann sollte sie zur Erhaltung seiner geschlechtlichen Funktion dienen. In unseren Beispielen sind zwei Gruppen vertreten, die bereits vom Material unterschieden werden können.
Die Kalksteinfigur zeigt eine Mutter, deren kleines Kind in der traditionellen Weise auf ihrer linken Hüfte sitzt. Diese Darstellungen sind bereits aus der Reichseinigungszeit bekannt. Die Würde, die zwangsläufig ein Mutter-Kind-Bild besitzt, die Ausarbeitung der Gesichter und Körper, grenzt diese Figur von den beiden anderen ab. Allen gemeinsam ist die Behandlung der Beine. Sie sind bei der Mittelfigur verkürzt und scheinen, wie Arme und Beine der beiden anderen, bewegungsunfähig, also an den toten Mann/die tote Frau gebunden.
Die Tonfiguren haben eine reduzierte Gesichtsbildung, ihre Körper sind roh geformt. Auffällig gestaltet sind Haartracht, als erotisches Moment, Brüste und Schamdreieck. Die Frisur der rechten Figur besteht aus Fäden, die durch ausgesparte Löcher am Kopfteil gezogen wurden. An den Fäden kleben kleine Perlchen aus Nilschlamm. Bei der linken Figur sind die Brüste hochgebunden, auf den Brüsten der rechten liegt ein »Zauberstab« (vgl. Kat. Nr. 43). Diese Figur trägt auch einen schmalen Gürtel aus Kauri-Muscheln - durch Löcher im Ton angedeutet unterhalb der Hüfte sichtbar. Ein Gürtel aus aufgemalten Streifen ist auch der Mutter mit dem Kind um die Hüfte gelegt. H. K.

43

Fragment eines Zauberstabes

Theben West/Assasif, um 2000-1700 v. Chr.
erworben 1886
Elfenbein. Länge 9,5 cm
Inv.-Nr. 9611

Die schmalen, meist sichelförmig gebogenen Stäbe aus Nilpferdzahnstücken sind nur aus dem Mittleren Reich und der anschließenden II. Zwischenzeit bekannt. Sie sind mit Bildern von Dämonen und Göttern verziert, die im Mythos den jungen Sonnengott schützten. Da der göttliche Schutz

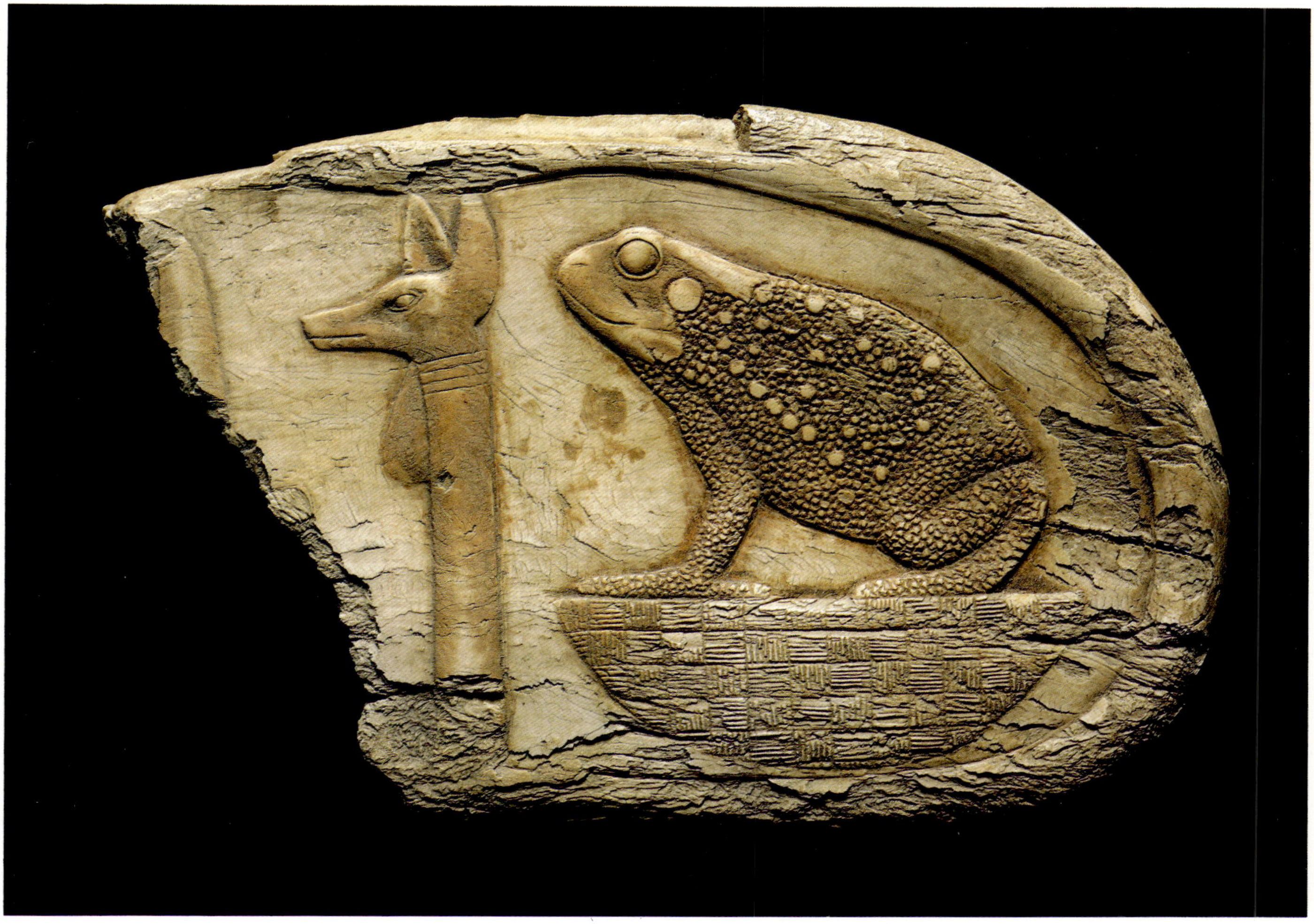

auch dem Neugeborenen und kleinen Kindern zuteil werden sollte, trugen Schwangere die Stäbe auf dem Leib. Bisweilen wurden sie auch von Ammen und Kinderfrauen in den Händen gehalten.

Das nur als Fragment erhaltene Stück zeigt die Schriftzeichen »Macht/Kraft« und die Geburtsgöttin Heket in Gestalt einer Kröte auf dem Schriftzeichen »Herr(in)«. Auf der Rückseite befindet sich die Reliefdarstellung eines Krokodils. Nach ägyptischer Vorstellung verfügte es ebenfalls über magische Kräfte, Neugeborene und Kinder vor feindlichen Mächten zu schützen.

Das kunstvoll geschnitzte Stück wurde 1886 vom damaligen Direktor des Ägyptischen Museums, Adolf Erman, während seiner ersten Ägyptenreise gekauft. In seiner Autobiographie schildert er, wie es zu der Erwerbung kam: »Auch in Theben blühte neben dem großen Handel . . . der kleine mit einzelnen Fellachen und Jungen, besonders auf dem Westufer. Die wußten, in welchem Grabe ich gerade kopierte, und kauerten dann geduldig davor oder lauerten mir auch auf dem Heimwege auf. Ein Fall ist mir in besonders lieber Erinnerung. Eines Abends sprach mich ein unbekannter Araber mit seiner Frau und einem Kinde an; das Kind habe beim Spielen im Sande etwas gefunden; ob ich das kaufen wolle. Es war ein Bruchstück eines sogenannten Zauberstabes mit einer Kröte darauf, die schönste Elfenbeinschnitzerei, die ich je gesehen hatte. Ich kaufte es . . . und machte die Leute noch glücklich, als ich der kleinen Finderin einen Piaster dazu schenkte . . .« C.-B. A.

Büste der Sitzfigur des Maja (Nr. 55)

Das frühe Neue Reich

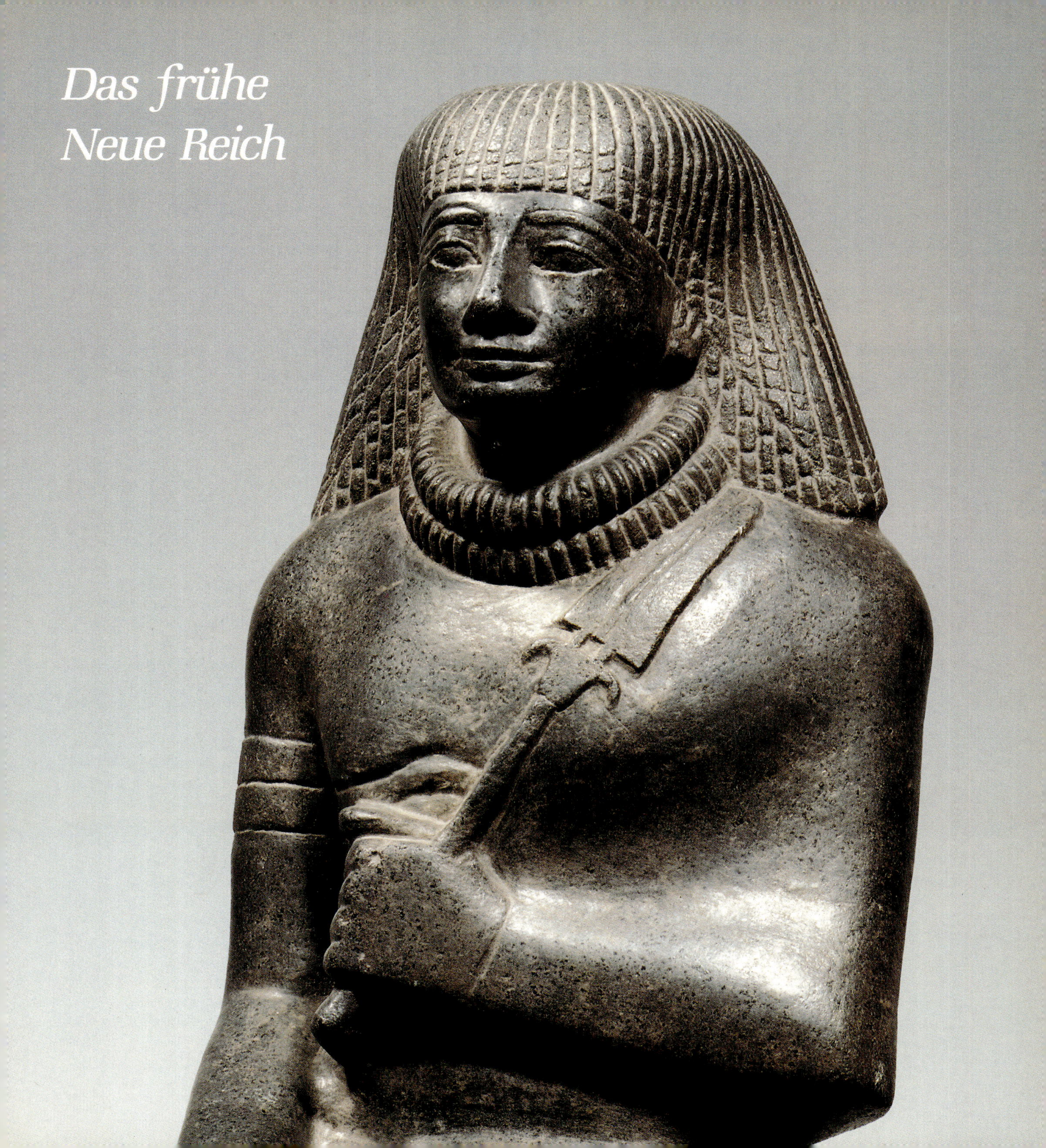

Das frühe Neue Reich

um 1550-1365 v. Chr. **18. Dynastie**

Ahmose
Amenophis I.
Thutmosis I.
Thutmosis II.
Königin Hatschepsut
Thutmosis III.
Amenophis II.
Thutmosis IV.
Amenophis III.

Der Kampf gegen die Hyksos endet unter Ahmose mit der Eroberung von Auaris und den ersten Vorstößen nach Palästina. Gleichzeitig wird Unternubien zurückerobert. Thutmosis I. dehnt die Herrschaft über die syrisch-palästinensichen Stadtstaaten bis zum Euphrat aus, im Süden wird das Reich von Kerma vernichtet, das sich mit Auaris verbündet hatte. Am Ende der Regierungszeit Hatschepsuts kommt es zum Abfall der vorderasiatischen Fürsten, unterstützt durch das aufstrebende nordmesopotamische Mitannireich. Thutmosis III. kann die ägyptische Vorherrschaft nur nach langen Kämpfen durchsetzen, die erst unter Thutmosis IV. durch einen Interessenausgleich mit dem Mitannireich beendet werden. Damit beginnt eine lange Friedensperiode.

Ihre kriegerischen Erfolge verdanken die Pharaonen der 18. Dynastie der Übernahme des Streitwagens. Damit trat an Stelle des traditionellen Milizaufgebotes das Berufskriegertum, aus dem eine Schicht hoher Militärs hervorging, die durch die gemeinsam erlebten Feldzüge in einem persönlichen Vertrauensverhältnis zum König standen. Auch in der Verwaltung kamen immer mehr an die Stelle traditionsgebundener Beamtenfamilien persönliche Vertrauenspersonen und Günstlinge in entscheidende Positionen. Eine eigene Machtbasis konnten allein die Tempel aufbauen. Ihnen kam ein großer Teil der Kriegsbeute und Tribute zugute, Machtgrundlage aber wurde der umfangreiche Grundbesitz. Die bäuerlichen Produzenten saßen jetzt zumeist als Pächter auf Staats- und Tempelland und hatten außer der Pacht die Last der staatlichen Naturalsteuer zu tragen.

Verwaltungszentrum wird unter Thutmosis III. Memphis. In Vorderasien begnügten sich die Pharaonen mit einer indirekten Herrschaft über die Fürsten der zahlreichen Stadtstaaten, die durch Treuegelöbnisse dem König verpflichtet wurden. Nubien dagegen wurde einem »Vizekönig« unterstellt (»Königssohn von Kusch«), dessen Verwaltungsapparat für die »Leistungen« der einheimischen Bevölkerung verantwortlich war.

Noch mehr als im Mittleren Reich wird das traditionelle Herrscherdogma zur leeren Hülle. Die Könige selbst betonen ihre Soldatentugenden bis hin zur persönlichen Kraft und Gewandtheit. Im Glaubensleben tritt das persönliche Verhältnis des einzelnen zum Gotte immer mehr in den Vordergrund. Die Gottheit wird zum unmittelbaren planenden Lenker des Geschickes, zum Helfer, aber auch zum Gegenüber, dem man Rechenschaft schuldig ist. Seit dieser Zeit spielen Orakelentscheidungen eine Rolle, auf sie wird die Thronerhebung der Hatschepsut und die Thutmosis' III. zurückgeführt. Thutmosis IV. erfährt im Traum von seiner Bestimmung zum Herrscher.

Die Machtstellung und der ungehinderte Zugang zu den

Goldminen Nubiens machen Ägypten zum reichsten Land des Vorderen Orients. Die Oberschicht entwickelt einen bisher unbekannten prunkvollen, weltoffen kultivierten Lebensstil, in dem auch zahlreiche nichtägyptische Einflüsse ihren Platz finden.

An die erste Stelle der monumentalen Bauwerke rücken mit der 18. Dynastie die Göttertempel. Im Mittleren Reich waren es noch, soweit wir sie kennen, vergleichsweise bescheidene Anlagen, die nun durch Neubauten ersetzt oder großartig ausgebaut wurden. Zu ihnen sind auch die sogenannten »Totentempel« der Könige zu rechnen. Bestattet wurden die Herrscher jetzt in Felsgräbern in einem einsamen Tal hinter den steilen Felswänden, die das Flußtal auf der Westseite Thebens fast halbkreisförmig einschließen. Für den Totenopferkult aber wurde am Rande des Fruchtlandes für jeden König ein Tempel angelegt, in dem auch der Reichsgott Amun, der Sonnengott Re und andere Gottheiten eine Kultstätte hatten. Gut erhalten ist allein der Tempel für die Königin Hatschepsut (Terrassentempel von Deir el Bahari). Die Königin, Witwe Thutmosis' II., war zunächst Regentin für ihren mit der Tochter Nefru-Re verheirateten Neffen Thutmosis III., sie nahm aber bald die Königstitulatur an - nicht der erste Fall in der ägyptischen Geschichte, daß eine Frau die Herrschaft auch offiziell übernahm.

Bereits unter Thutmosis IV. scheint es zu Spannungen zwischen dem Königtum und der Priesterschaft gekommen zu sein. Als Gegenmaßnahme jedenfalls ist zu verstehen, wenn ein Militärbeamter in ein Amt eingesetzt wird, das eine Kontrolle der Tempel ermöglichte. Amenophis III. vergibt führende Positionen des Amuntempels in Theben an Memphiten und an seinen Schwager. Die Gemahlin des Königs, Teje, entstammte zum ersten Male in der Geschichte der Dynastie nicht dem Königshause, sondern einer unbedeutenden Beamtenfamilie.

Der Aufwertung des Königtums diente zweifellos auch eine auffallende Betonung der »Göttlichkeit« der Person Amenophis' III. als Sohn des Amun. In Nubien werden für den König und seine Gemahlin Tempel erbaut, in denen sie als Götter verehrt wurden. Selbst die Tempelbauten von nie gesehener Größe und Pracht in Theben versuchen offenbar noch im Rahmen der traditionellen offiziellen Glaubensvorstellungen den Führungsanspruch des Königtums zu demonstrieren. Sein Totentempel war mit fast 250 000 Quadratmetern Grundfläche die größte jemals von einem Herrscher erbaute Anlage.

44
Sphinx der Königin Hatschepsut

Theben West/Deir el Bahari, 18. Dynastie, um 1475 v. Chr.
erworben 1845 (Kopf), 1929
Granit. Höhe 131 cm, Länge 287 cm
Inv.-Nr. 2299

Der Begriff Sphinx bezeichnet in der griechischen Mythologie ein Mischwesen aus Löwenleib und Menschenkopf. Das Motiv ist in Ägypten entwickelt worden. Gern werden Macht und Stärke des Königs mit der des Löwen verglichen oder werden dessen Attribute, wie Tapferkeit und Wildheit, auf den König übertragen. Schon in der Frühzeit finden wir den Herrscher als Löwen dargestellt, der seine Feinde zertritt. Im Alten Reich kommt es dann zur Verbindung des Löwenkörpers mit dem menschlichen Königskopf. Solche Bildnisse der Herrscher bewachten paarweise die Tempeltore oder säumten in langen Reihen die auf sie zuführenden Prozessionswege.

Auf der langgezogenen Basisplatte liegt der mächtige Löwenkörper, dessen ausgestreckte Vorderläufe in gewaltigen Pranken enden. Gegenüber dem mächtigen Rumpf erscheint das menschengestaltige Haupt der Königin ein wenig disproportioniert. Hatschepsut trägt als Pharao das Königskopftuch mit dem Uräus und einen Zeremonialbart am Kinn. Das zarte Gesicht steht in krassem Kontrast zum kraftvollen Tierkörper. Auf der Brust ist in Hieroglyphen ihr Name geschrieben.

Nach dem Tode Hatschepsuts versuchte ihr Stiefsohn Thutmosis III. (um 1490-1435 v. Chr.) ihr Andenken durch die Zerstörung von Bild und Namen auszulöschen. Das trifft auch auf unseren Sphinx zu, einem von vielen gleichartigen, die am Prozessionsweg des Totentempels der Königin standen. Während der Kopf schon 1844 von der preußischen Expedition gefunden wurde, kamen die zahlreichen Fragmente des Körpers erst bei Grabungen des amerikanischen Ägyptologen Winlock (1922-1926) zutage. K. F.

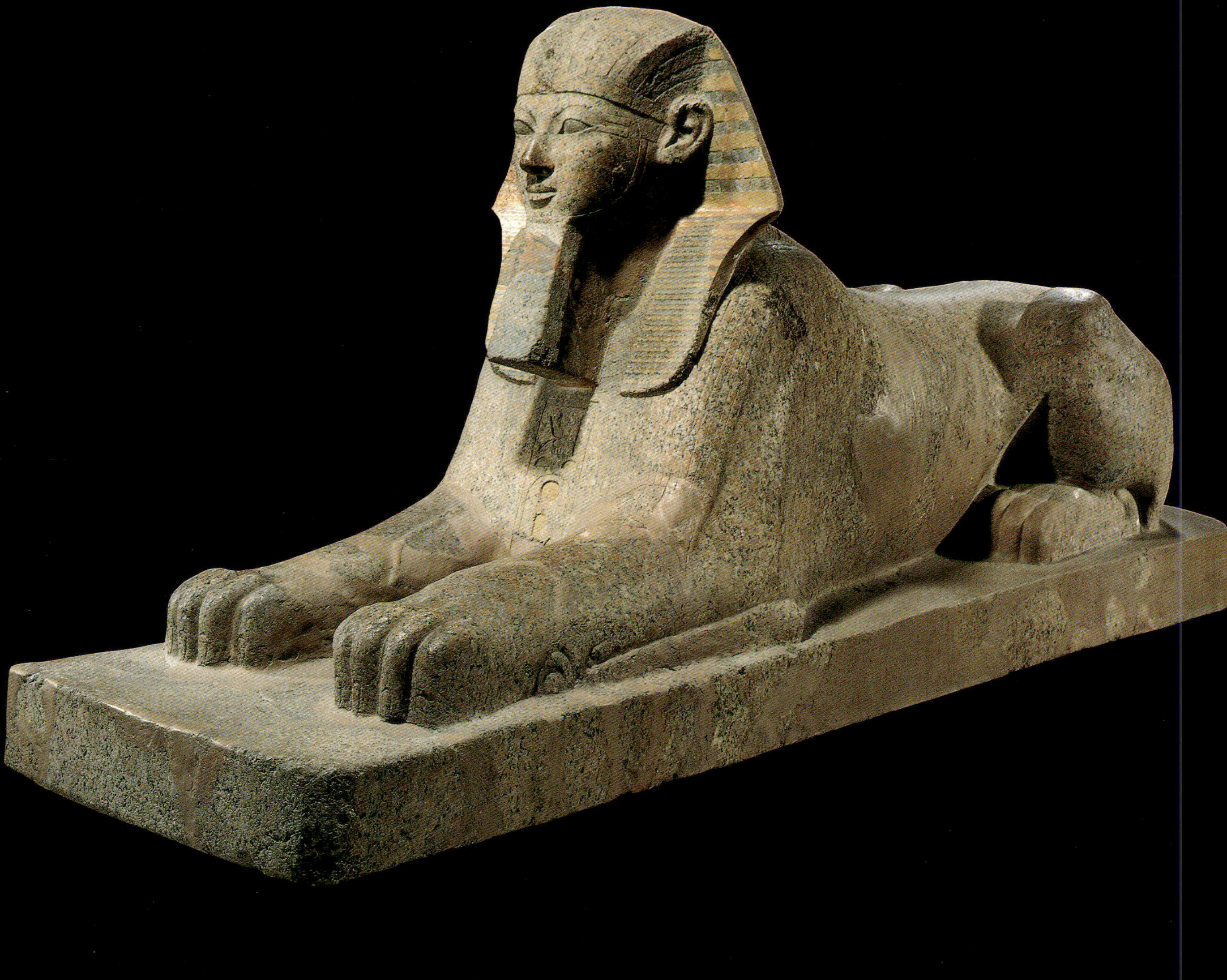

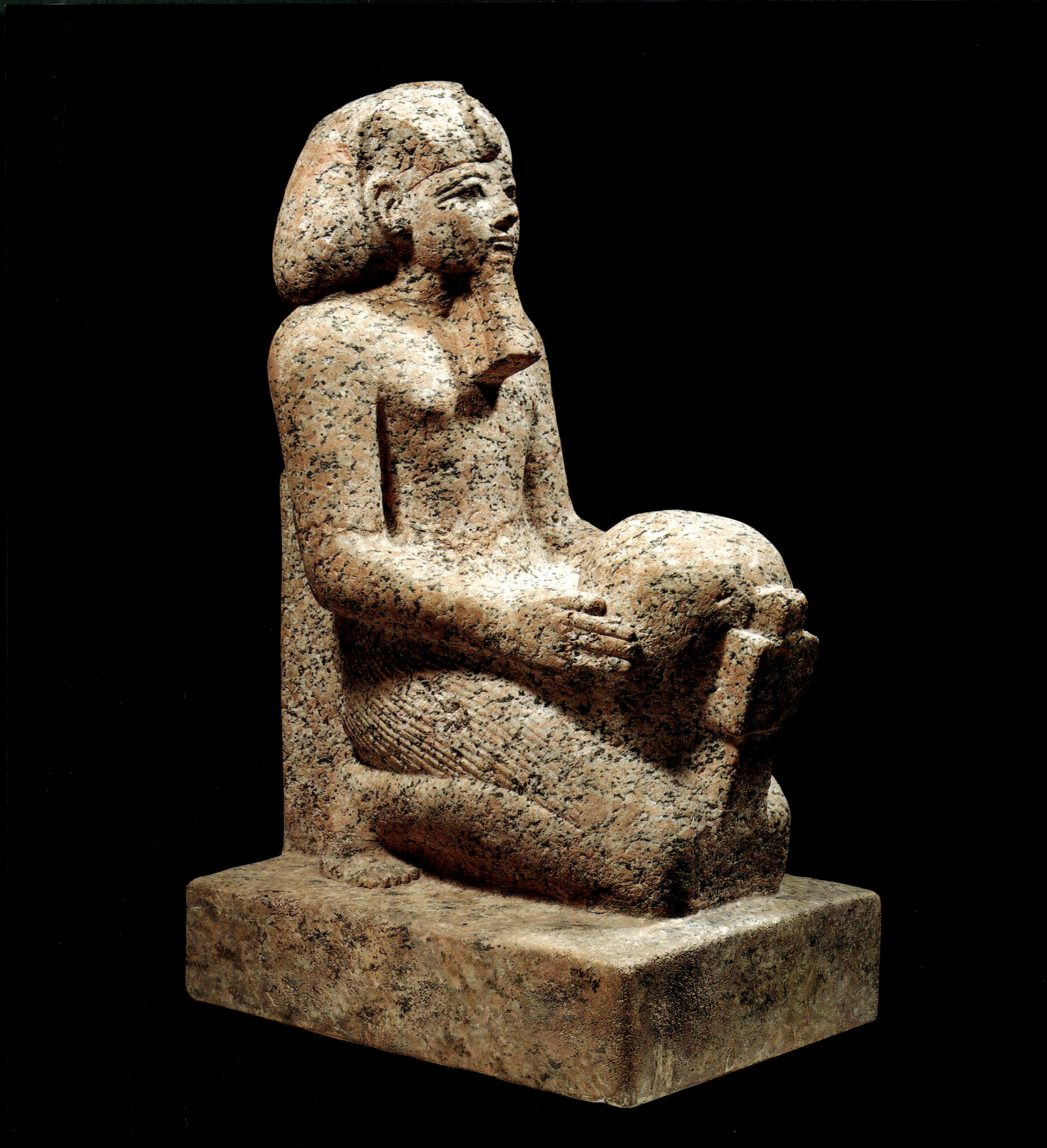

45
Figur der knienden Hatschepsut

Theben West/Deir el Bahari, 18. Dynastie, um 1475 v. Chr.
erworben 1929
Granit. Höhe 87 cm
Inv.-Nr. 22883

Hatschepsut war eine der wenigen Frauen, die als Pharao den ägyptischen Thron bestiegen.
Tochter des Königs Thutmosis I. (um 1505-1495 v. Chr.) und Ehefrau ihres schon früh verstorbenen Halbbruders Thutmosis II. (um 1495-1490 v. Chr.), führte sie als Regentin für den von einer Nebenfrau geborenen Sohn ihres Gatten, Thutmosis III., der bei der Thronbesteigung noch minderjährig war, die Regierungsgeschäfte. Wahrscheinlich im 7. Jahr ihrer Regentschaft ließ sie sich zum König krönen. Ihren Herrschaftsanspruch begründete sie mit ihrer Erwählung durch den Reichsgott Amun. In dem von ihrem Günstling Senenmut (vgl. Kat. Nr. 53) erbauten terrassenförmigen Totentempel in Deir el Bahari ließ sie die Legende ihrer göttlichen Geburt in einer Relieffolge darstellen.
Ihre über 20jährige Herrschaft verlief friedlich, wobei ein herausragendes Ereignis die Entsendung einer Expedition in das sagenhafte Weihrauchland Punt war.
Nachdem Hatschepsut die Herrschaft als Pharao angetreten hatte, wurde sie nunmehr auch als solcher, d. h. als Mann, dargestellt. Als König mit der vorgeschriebenen Zeremonialkleidung mit nacktem Oberkörper, Königskopftuch, Zeremonialbart und kurzem Schurz kniet sie vor dem Gott und reicht ihm einen Wasserkrug dar, an dessen Vorderseite das Symbol für »Dauer, Beständigkeit« angebracht ist.
Ebenso wie bei dem »Porträt« der Sphinxfigur (vgl. Kat. Nr. 44) hat es der Künstler verstanden, im Gesicht der Königin weibliche Züge miteinzubringen. Durch die sanfte Rundung der Gesichtsform, die geschwungenen Augenbrauen, die großen Augen und den anmutigen Mund strahlen sie Jugendlichkeit aus. Betont wird die Lebendigkeit durch die schwarze Bemalung von Augen und Brauen.
Die Figur gehört zu einer Serie von gleichartigen Bildnissen aus dem Totentempel der Königin. K. F.

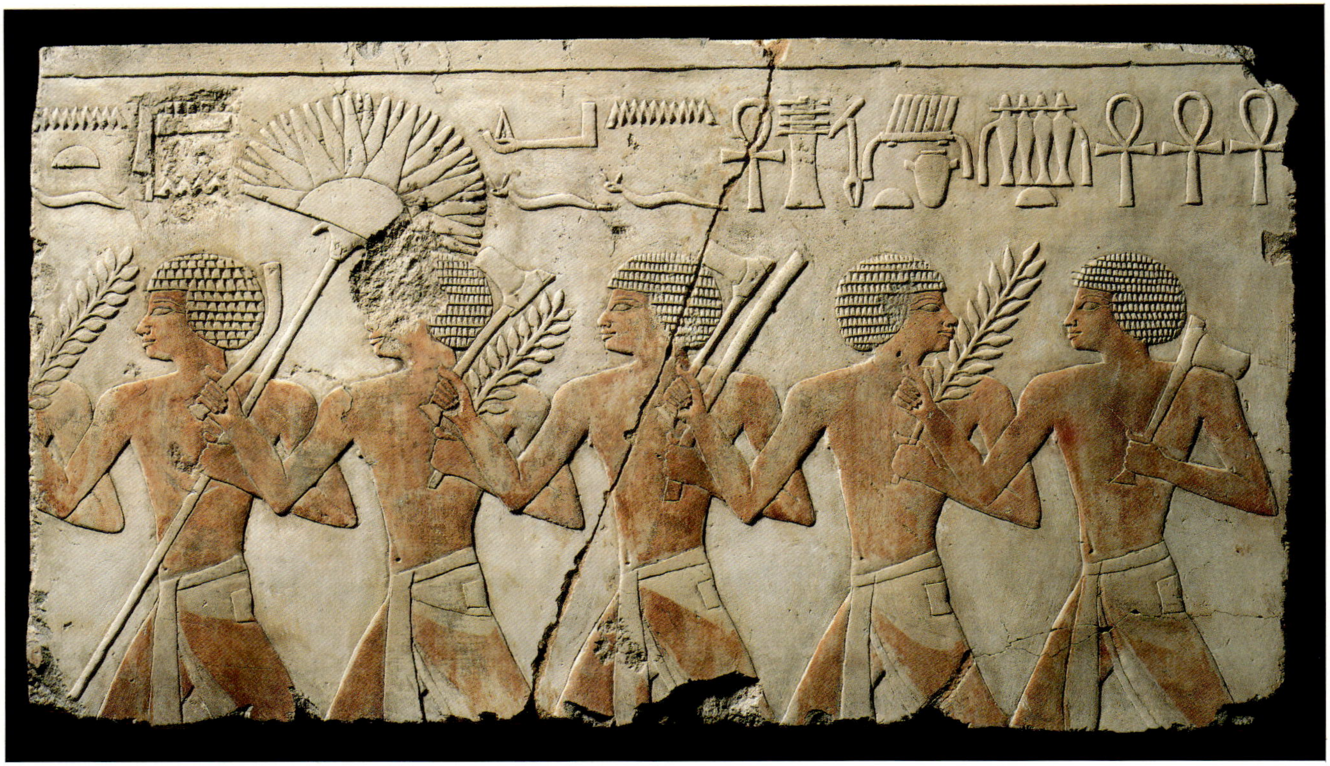

46
Soldaten im Festzug

Relief aus dem Totentempel der Königin Hatschepsut
Theben West/Deir el Bahari, 18. Dynastie, um 1475 v. Chr.
erworben 1899
Kalkstein, bemalt. Höhe 43 cm, Breite 63 cm
Inv.-Nr. 14507

Zu den zahlreichen Bildthemen der Reliefs im Totentempel der Hatschepsut (um 1490-1470 v. Chr.) gehört die Darstellung des »schönen Festes im Wüstentale«: Einmal jährlich besuchten die Götter Thebens ihre Kultstätten in den Totentempeln der Könige auf der Westseite. Die Wiedergabe der Überfahrt der Barken der Götter und des Hofes wird von Bildregistern begleitet, in denen Opferszenen mit Prozessionen von Priestern und Zügen paradierender Soldaten abwechseln. Der Reliefausschnitt zeigt solche Krieger mit ihren Waffen - Beile und Wurfhölzer - und Sykomorenzweigen in den Händen. Einer der Krieger trägt eine Standarte in Gestalt eines großen Sonnenschirmes aus Lotosblütenblättern. Die Inschriftzeile enthält einen Teil aus dem Text eines Segenswunsches für die Königin, die den Soldaten in den Mund gelegt wird. Als für einen Herrscher bestimmt, ist er grammatisch für eine männliche Person formuliert: ». . . für seinen Vater Amun. Möge er ihm Leben, Dauer, Macht und Freude an der Spitze der Lebenden geben . . .«. Der Name des Amun ist in der Amarnazeit ausgekratzt und zur Zeit Sethos' I. (um 1305-1290 v. Chr.) wieder eingefügt worden. K.-H. P.

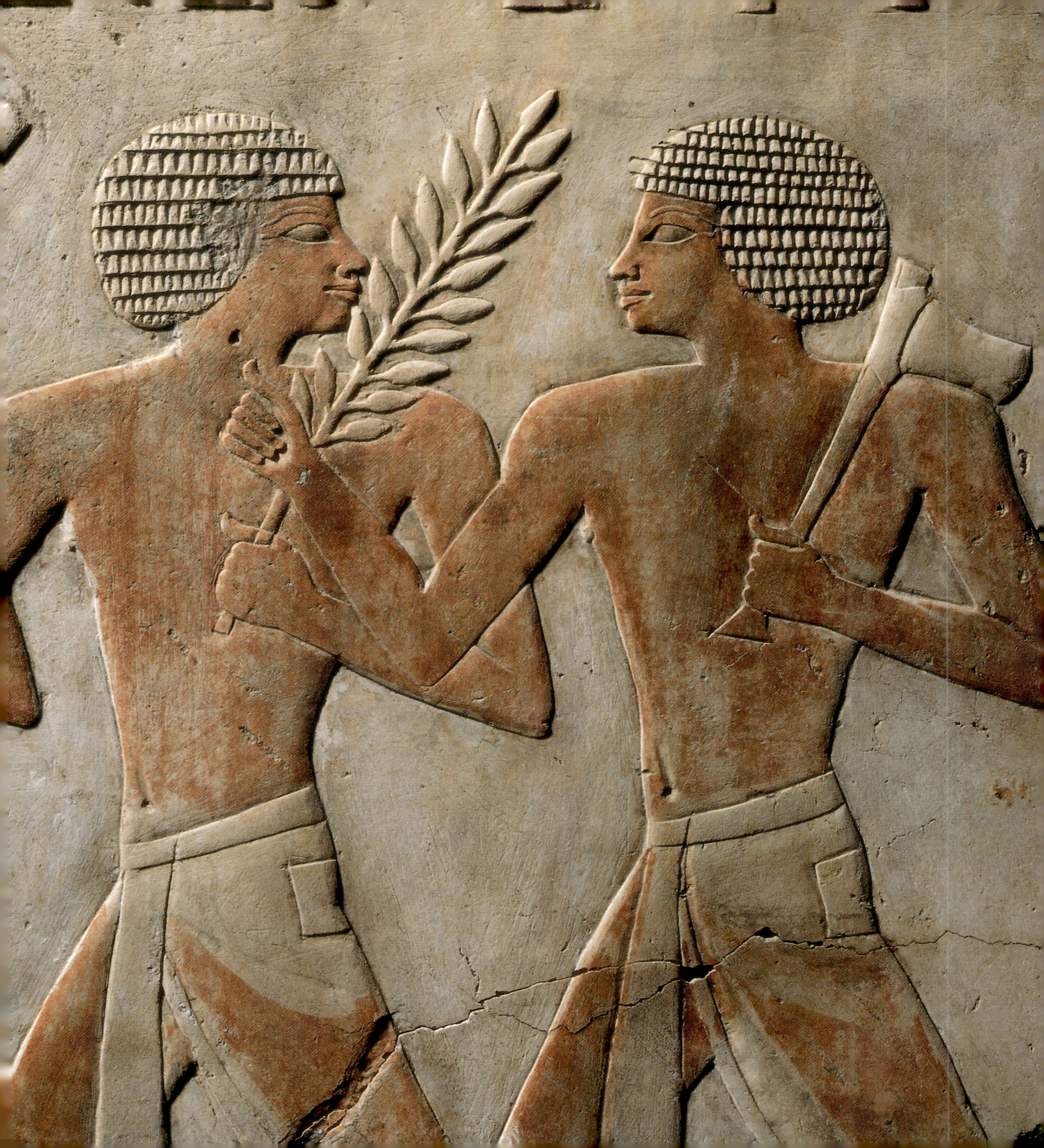

47
Oberteil einer Figur des knienden Königs Amenophis II.

Kumma, 18. Dynastie, um 1425 v. Chr.
gefunden in Wad Ban Naqa (Sudan)
erworben 1845 (Preuß. Expedition)
silizierter Sandstein (Quarzit). Höhe 17,5 cm
Inv.-Nr. 2057

Die Darstellung des Menschen in der ägyptischen Kunstgeschichte ist durch das wechselseitige Verhältnis von Idealbild und »realistischem« Porträt gekennzeichnet.
Bevorzugtes Ausdrucksmittel der Herrscher der ersten Hälfte der 18. Dynastie war die idealisierende Darstellung, mit deren Hilfe das wiedererstarkte und zu neuer Machtfülle gelangte Königtum betont werden sollte. Die Bildnisse zeigen einen alterslosen König, aber eine von Person zu Person wechselnde Typisierung, in die wohl individuelle Züge einflossen. Dadurch ist es möglich, Bildnisse ohne Inschrift zu identifizieren bzw. zeitlich zu bestimmen.
Das Oberteil dieser Figur aus Quarzit gibt das Idealbild eines mit gestreiftem Königskopftuch und Uräusschlange bekleideten Pharaos wieder. Dennoch finden sich in den großen Ohren, der geschwungenen Linienführung der Augenbrauen mit den dicht darunterliegenden großen Augen, der schmalen Nase und den vorgewölbten Lippen des kleinen Mundes individuelle Merkmale, die durch einen Vergleich mit inschriftlich gesicherten Darstellungen eine Identifizierung als Amenophis II. zulassen. Das Bruchstück wurde zusammen mit dem Unterteil eines gleichartigen Stückes durch die von Richard Lepsius geführte preußische Expedition im Jahre 1844 in den Ruinen von Wad Ban Naqa, einer in der Nähe des VI. Nilkataraktes liegenden Stadtanlage der meroitischen Zeit, gefunden. In dieses Gebiet, das zu keiner Zeit von den Ägyptern beherrscht wurde, gelangten die Stücke erst in der meroitischen Periode. Der ursprüngliche Aufstellungsort war der Tempel des Chnum in Kumma etwa 60 Kilometer oberhalb des II. Nilkataraktes, wo auch eine dritte, vollständige Figur gefunden worden ist (heute im Nationalmuseum in Khartum). Diese etwa 35 cm hohe Statuette zeigt Amenophis II. kniend, mit auf den Oberschenkeln ruhenden Unterarmen. In den Händen hält der König zwei kugelige Gefäße, die er der Gottheit darreicht. Das Bildnis stellt ihn somit bei der Ausübung einer der vielen im Götterkult gebräuchlichen Ritualhandlungen dar. Wie man den vielen Szenen an den Tempelwänden entnehmen kann, handelt es sich dabei um die Zeremonie des »Darbringens von Wein« (vgl. Kat. Nr. 48).
Amenophis II. (um 1435–1415 v. Chr.) war Sohn und Nachfolger Thutmosis' III., von dem er ein Weltreich übernahm, das von Syrien im Norden bis über den IV. Katarakt hinaus reichte. In zahlreichen Texten und Darstellungen läßt er sich als großen Sportler und jugendlichen Draufgänger darstellen, der sowohl als kühner Wagenlenker, aber auch als Ruderer und treffsicherer Bogenschütze unübertroffen ist. Er war militärisch in Syrien und Palästina tätig und ließ viele Tempelbauten ausführen, u. a. in Karnak, Medamud, Armant, Giza, Amada und Kalabscha. Sein Grab wurde 1898 im Tal der Könige entdeckt. Es enthielt noch die königliche Mumie und gehört mit seinen prächtigen und vollständig erhaltenen Wandmalereien zu den schönsten Gräbern des Neuen Reiches. K. F.

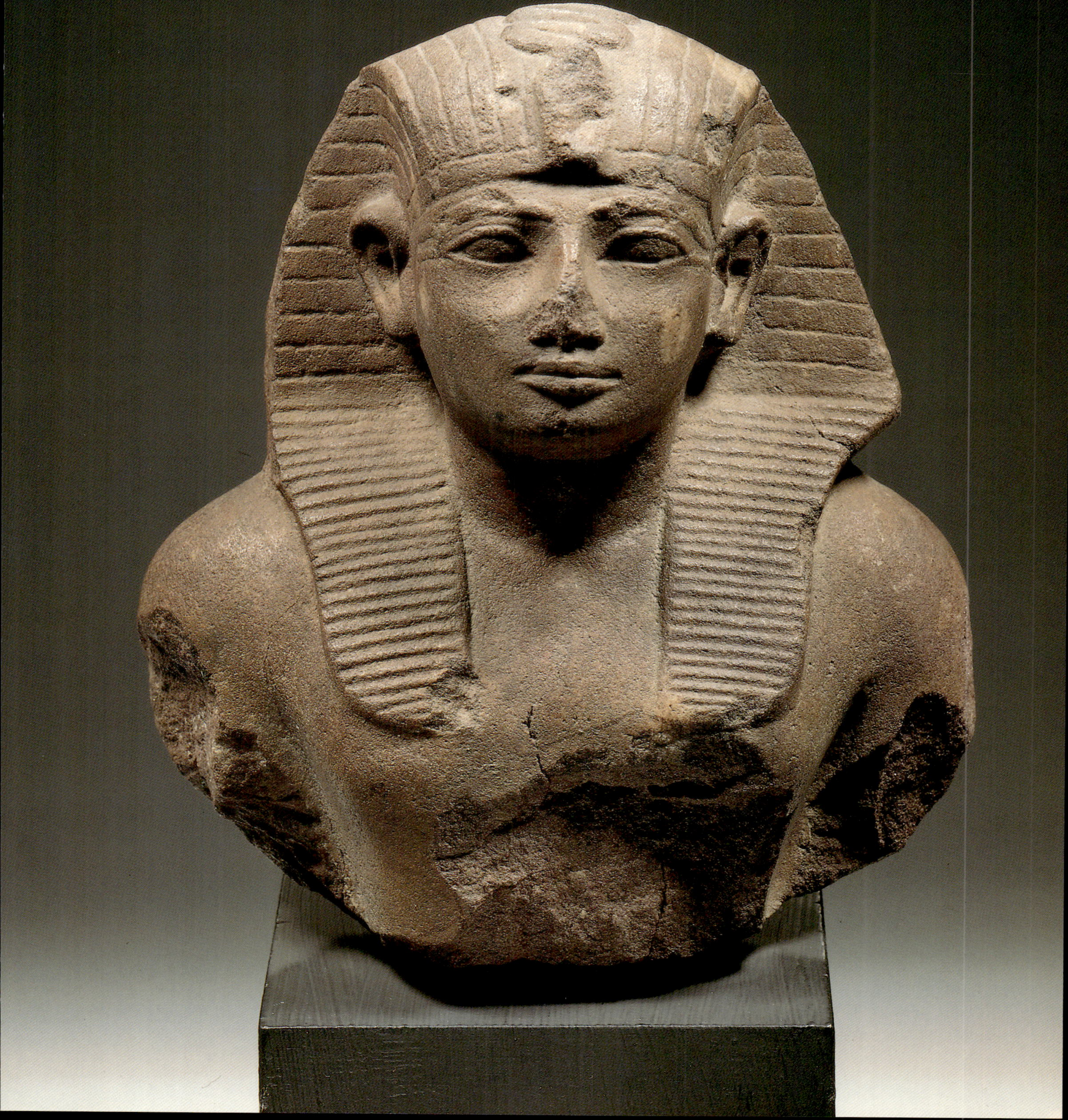

48
Stele des Amenemhet

Theben, 18. Dynastie, um 1450 v. Chr.
erworben 1837
silifizierter Sandstein (Quarzit). Höhe 62 cm, Breite 35 cm
Inv.-Nr. 1638

Das Bildfeld der Stele zeigt den König Thutmosis III. (um 1490-1435 v. Chr.) beim Vollzug des Weinopfers vor dem Reichsgott Amun. Der Herrscher, bekleidet mit dem königlichen Schurz, an dessen Gürtel der Stierschwanz und ein Prunkgehänge befestigt sind, reicht dem Gott zwei kugelige Gefäße entgegen. Auf dem Kopf trägt er die »Blaue Krone« mit dem Uräus über der Stirn. Der Gott mit den üblichen Götterattributen, dem Götterzepter und dem Lebenszeichen, trägt die Kappe mit den hohen Federn. Die Inschriften benennen die beiden Personen: »Der vollendete Gott, Herr beider Länder, Herr des Opfers, Men-cheper-Re (der ›Thronname‹ des Königs), erwählt von Amun-Re, dem Leben ewiglich gegeben sei«; »Amun-Re, Herr der Throne beider Länder, Götterkönig, Erster in Karnak, großer Gott, Himmelsherr«. Vor dem König steht die Formel »Wein spenden, was (er) ihm macht, indem ihm Leben gegeben ist«. Ein Opfertisch mit Broten, Kopf und Schenkel eines Stieres, Gemüse und einem Krug ist für den Gott bereitet. Über der Szene schwebt der Horus »von Behdet (Edfu), großer Gott, Himmelsherr« als geflügelte Sonnenscheibe. In einer etwas unbeholfenen Ausführung ist das eine Szene, die sich auf den Tempelwänden und königlichen Stelen außerordentlich häufig findet. Indessen haben wir hier ein Denkmal vor uns, das für einen Beamten, also eine nichtkönigliche Person geschaffen wurde. Unter dem Bild stehen drei Schriftzeilen mit dem Text »Der König gibt ein Opfer für Amun, Götterkönig, Himmelsherr, auf daß er (der Gott) gebe Leben, Wohlergehen, Gesundheit, Tüchtigkeit, Gunst und Beliebtheit und ein Totenopfer - Brot, Bier, Rind- und Vogelopfer, Leinen, Weihrauch, Öl, Wasserspende, Wein, Milch, Tausend von allen guten reinen Dingen für den Ka des fürstlichen Verwalters (der Ortschaft) ›Haus des Königs Aa-cheper-ka-Re‹ (Thutmosis I.), Amenemhet, Wiederholer des Lebens, Herr der Ehrwürdigkeit.« Durch seine Epitheta ist der »Bürgermeister« als schon verstorben angesprochen, in die uralte Totenopferformel sind aber Wünsche eingeschlossen, die nur für einen noch Lebenden passen.
Während der 18. Dynastie tritt im religiösen Leben das persönliche Gegenüber von Gottheit und Mensch deutlich hervor, nicht mehr vermittelt durch den Kult, sondern als direkte Beziehung, die unter anderem durch das Stiften von Votivstelen zum Ausdruck kommt. Als eine solche Stele werden wir auch die des Amenemhet verstehen dürfen. In Bild und Inschrift aber folgt sie dem alten Dogma, das den Herrscher allein als priesterlichen Partner der Götter gelten ließ. Sein Opfer ist es, das auch dem Untertan den Weg zur Erfüllung seiner Wünsche für Diesseits und Jenseits eröffnet.

K.-H. P.

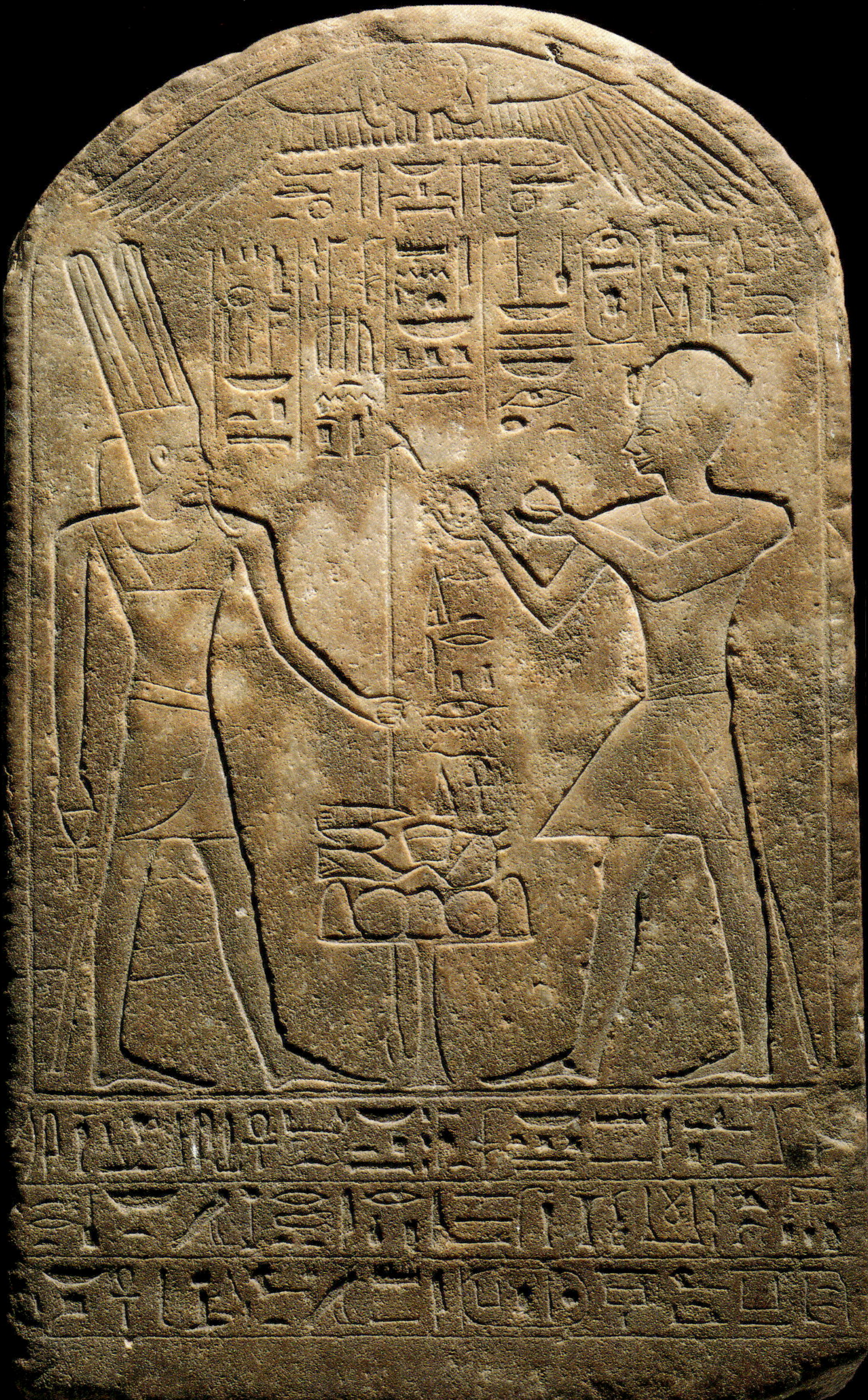

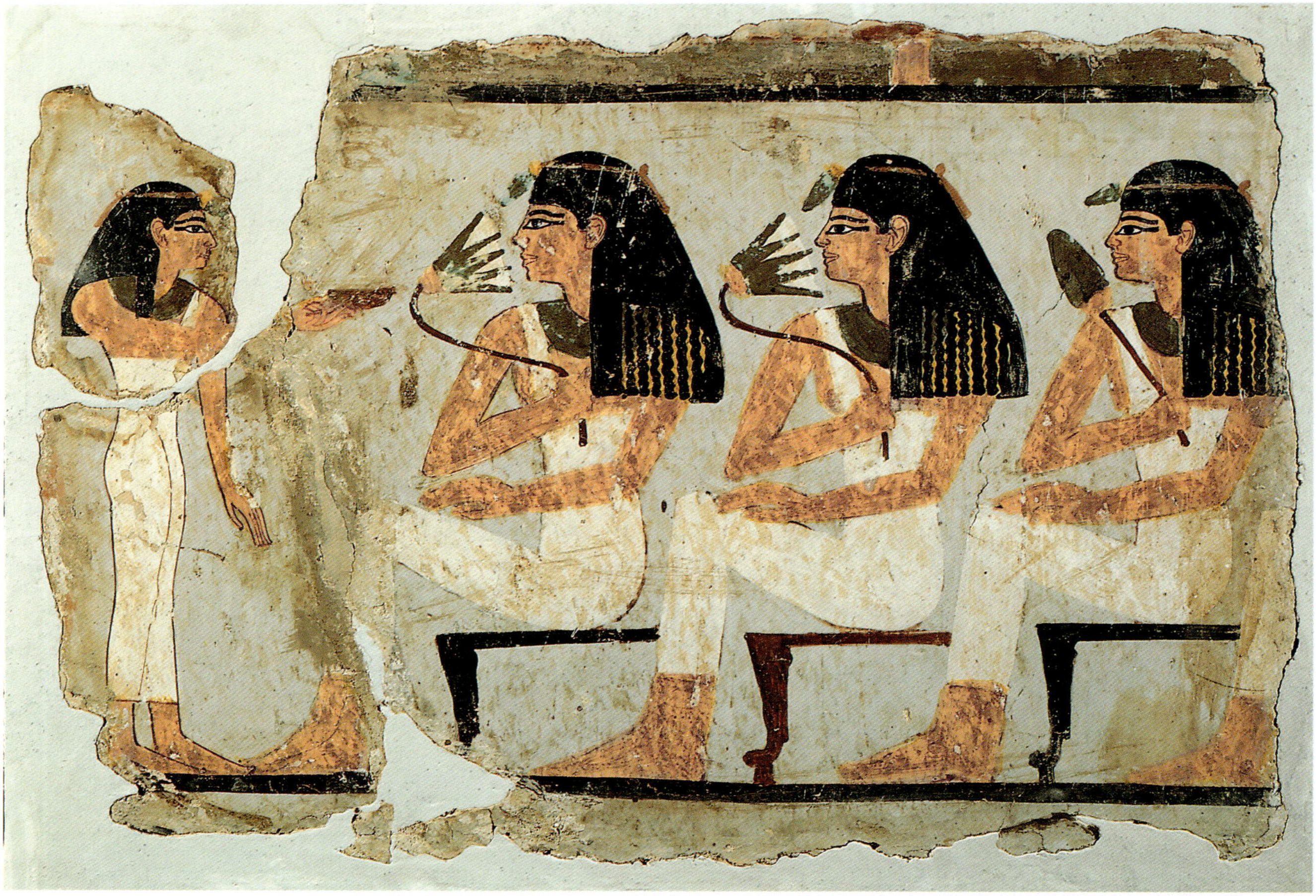

49
Damen beim Fest

Malereifragment aus einem Grabe
Theben West, 18. Dynastie, um 1500 v. Chr.
erworben 1900
Malerei auf Nilschlammputz. Höhe 43 cm, Breite 63 cm
Inv.-Nr. 15003

»Lege Myrrhen auf dein Haupt, kleide dich in feines Linnen. Salbe dich mit den echten Wundern der Gottesopfer und feiere einen schönen Tag. Denke daran, niemand kommt wieder, der fortgegangen ist«; mit der Harfe begleiteten Sänger, häufig blind, dieses Lied und riefen auf zum Genuß des irdischen Daseins. Musik und Tanz, aber auch ›Trinken bis zur Trunkenheit‹ waren Ausdruck der Lebensfreude.

Eine Dienerin reicht hier den Gästen eine Schale. Die drei Damen, die Beine einer vierten sind rechts noch sichtbar, sitzen hintereinander auf niedrigen Stühlen. Im Haar und in der rechten Hand haben sie eine Lotosblüte, geöffnet bei den beiden ersten, geschlossen bei der dritten Dame. Dies ist auch die einzige Auflockerung in der sonst steifen und gleichförmigen Szene, so ganz verschieden von den Bildern fröhlicher Gastmähler in späteren Gräbern.

Einmal im Jahr, beim »Schönen Fest im Wüstental«, feierten auch die Toten, wenn Verwandte und Freunde mit Blumen und Opfergaben die Nekropole im Westen Thebens besuchten. Als Malerei auf der Grabwand festgehalten, bedeutet das für den Verstorbenen die Möglichkeit ständiger Wiederholung solcher Feste. I. Mü.

50
Kapelle der Erntegöttin mit Opfergaben

Malereifragment aus einem Grabe
Theben West, 18. Dynastie, um 1460 v. Chr.
erworben 1908
Malerei auf Nilschlammputz. Höhe 22 cm, Breite 22 cm
Inv.-Nr. 18532

Für eine gute Ernte dankten die Ägypter Renenutet, der schlangengestaltigen Göttin der Fruchtbarkeit und Ernte. Sie garantierte das Wachsen und Gedeihen auf den Feldern und in den Gärten, sie war die »Herrin des Fruchtlandes«, die »Herrin der Speisen« und die »Herrin der Scheunen«. Zu Beginn der Erntejahreszeit feierte man das »Fest der Renenutet«. Die ersten Erträge der Getreidemahd und eine Weinprobe aus der Kelterei wurden ihr dargebracht.
Eine kleine Kapelle ist Renenutet auf diesem Malereifragment errichtet. Auf einem weißgestrichenen Unterbau mit Hohlkehle und rotgemaltem Eingang steht der schwarze Schrein für das Bild der Göttin, die Überschrift nennt »Renenutet, die Herrin der Scheune«. Liebevoll arrangiert sind vor der kleinen Kapelle die Opfergaben aufgestellt, zwei Krüge auf hohen Gestellen, wohl für Wein bestimmt, und ein großer Strauß Lotosblüten.
Renenutet versorgte Lebende wie Tote mit Nahrung. Sie gab dem Menschen bei der Geburt seinen Ka (Lebenskraft) und bestimmte seinen weiteren Lebensweg. Im Jenseits gab sie dem Verstorbenen »alle guten Dinge«, Essen, Trinken und auch Kleidung. I. Mü.

51 ▷
Ernteszene

Malereifragment aus einem Grabe
Theben West, 18. Dynastie, um 1460 v. Chr.
erworben 1908
Malerei auf Nilschlammputz. Höhe 27 cm, Breite 40 cm
Inv.-Nr. 18539

Einem Bilderbuch gleich erzählen die thebanischen Grabmalereien vom Alltag der Menschen, der Arbeit der Handwerker (Kat. Nr. 52), fröhlichen Gastmählern (Kat. Nr. 49)

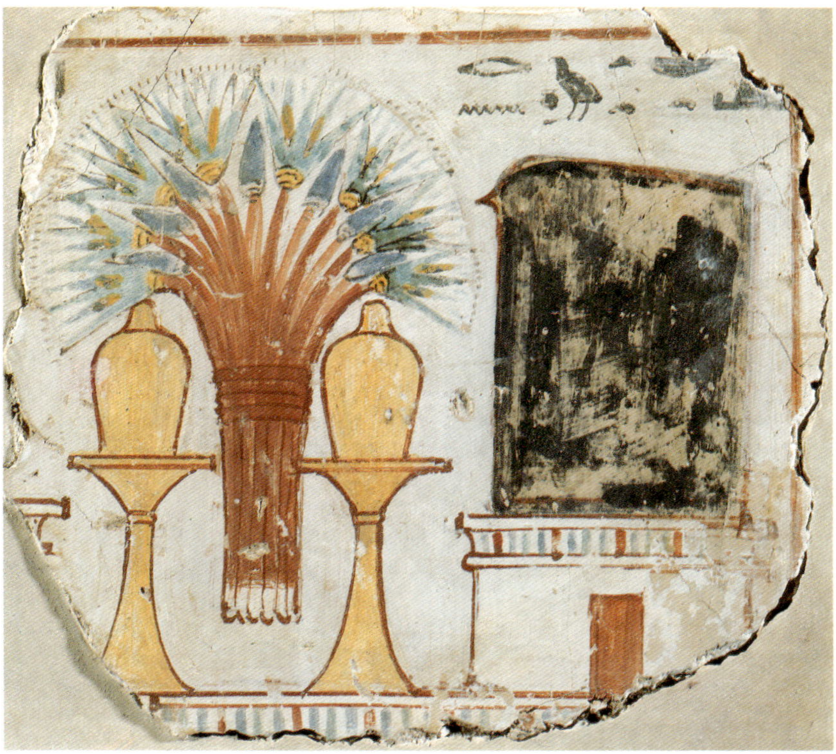

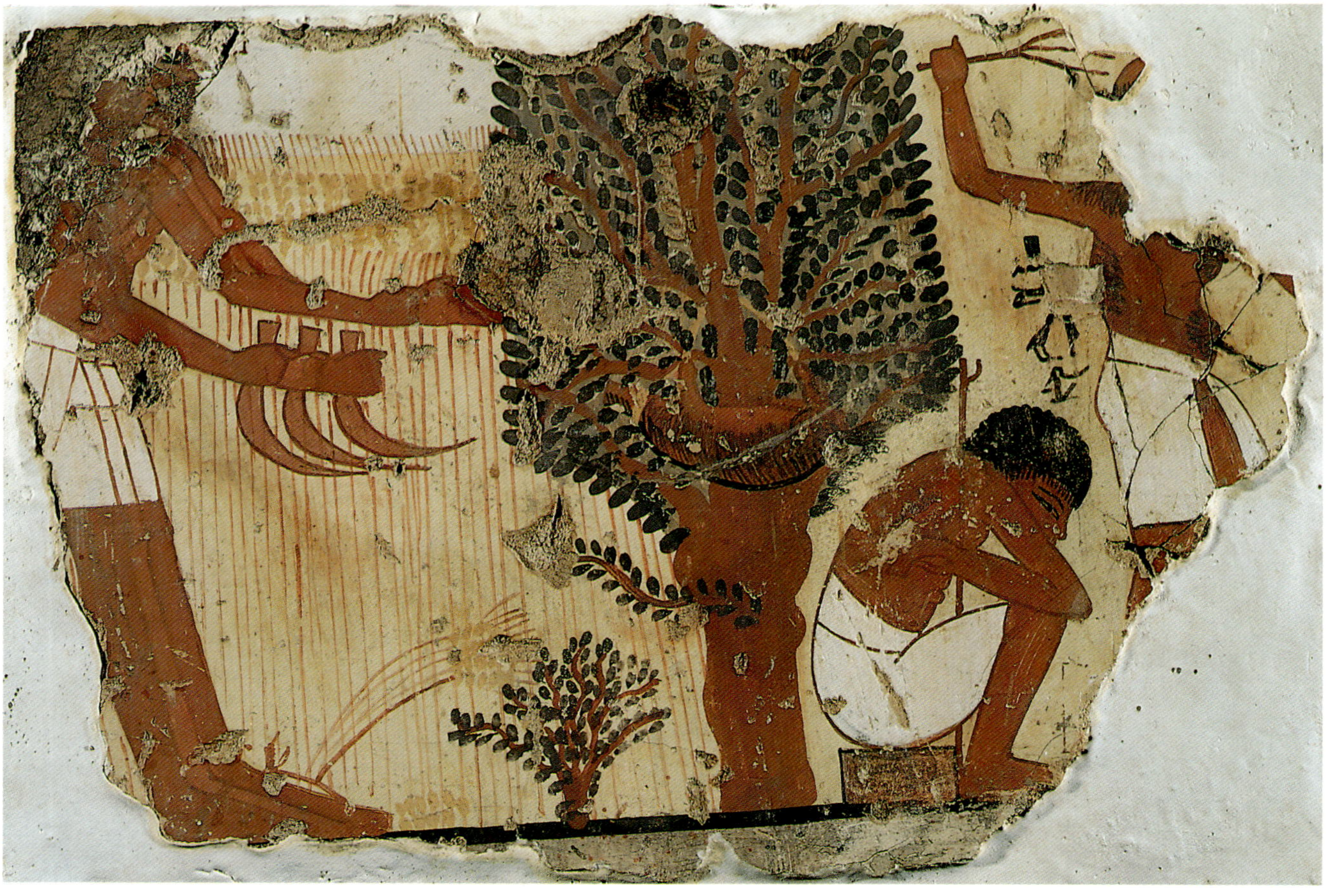

und der Ernte auf den Feldern. Oft sind es nur Genreszenen, die alle Tätigkeiten idealisieren.
Drei Schnitter mähen mit der Sichel die langen Getreidehalme, sie gehen aufrecht, nicht gebückt, wie es ihre Arbeit eigentlich verlangt. Am Feldrand stehen ein Strauch und ein Baum, in dessen unteren Ästen ein Wassersack hängt. Im Schatten der Zweige hockt der Aufseher, sein Name ist Pa-en-riu. Seine Pflicht erfüllt er hier allerdings nicht, denn er schläft.
Rechts im Bild beginnt eine andere Ernteszene. Der Bauer hält in der erhobenen rechten Hand einen Zweig, wohl um Tiere, die in der Landwirtschaft eingesetzt wurden, zur Arbeit anzutreiben, hier vielleicht Esel, die Getreidebündel zur Tenne transportieren. Dies friedliche Bild einer Ernte trügt gewiß, denn das Los des Bauern war schwer, nicht zu vergleichen mit dem angenehmen Leben eines Beamten, wie es die Lehrer den faulen Schülern stets vor Augen führen: »Erinnerst du dich nicht, wie es dem Ackersmann ergeht, wenn man die Steuern von der Ernte registriert! Die Schlange hat die Hälfte des Korns geraubt und das Nilpferd den Rest gefressen, Mäuse sind zahlreich auf dem Feld, und Heuschrecken sind niedergefallen – wehe dem Ackersmann! . . . Der Schreiber landet am Ufer und will die Ernteabgaben aufschreiben. Die Wächter haben Stöcke und die Polizisten Palmruten. Sie sagen: ›Gib Korn!‹ Aber es ist nichts mehr da. Sie schlagen ihn lang ausgestreckt, er wird gebunden und in den Graben geworfen. Seine Frau und seine Kinder werden vor ihm gefesselt, seine Nachbarn laufen weg . . . Allein der Schreiber, der leitet die Arbeit aller Leute. Für ihn gibt es keine Abgabe, da er mit Schreiben zinst, und es gibt keine Steuern für ihn. Merke es dir!«

I. Mü.

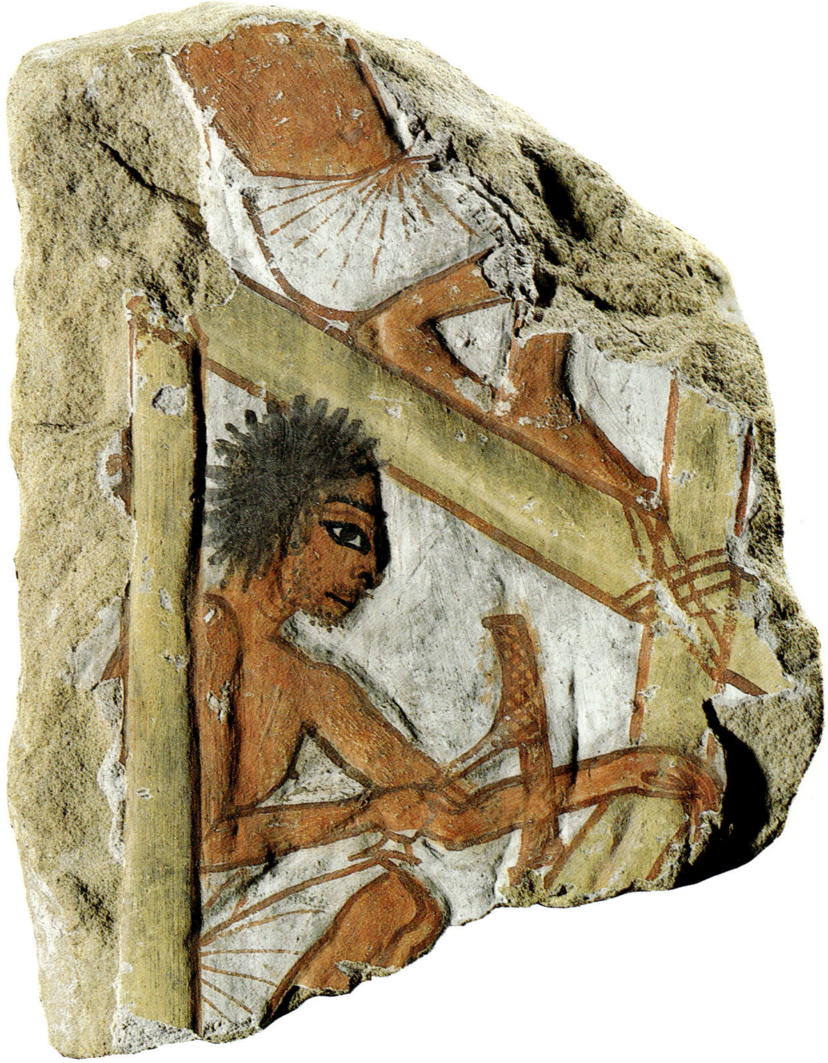

52
Zimmerleute

Relieffragment
18. Dynastie, um 1400 v. Chr.
Fundort unbekannt, erworben 1935
Sandstein, Malerei auf Stuck. Höhe 15 cm
Inv.-Nr. 23731

Das unscheinbare Fragment ist ein köstliches kleines Beispiel der Wandmalerei der 18. Dynastie. Ein Zimmermann hockt auf einem Baugerüst und bearbeitet mit dem Dechsel einen hölzernen Gegenstand. Liebevoll gezeichnet, drückt sein Gesicht gelassene Konzentration aus. Als Angehöriger der niedrigsten Schichten ist er unrasiert und mit ungepflegtem wirrem Haarschopf dargestellt, was normalerweise auch für die Wiedergabe des arbeitenden Menschen vermieden wird. Sein Kollege auf der darüberliegenden Arbeitsbühne muß sich in unbequemer Haltung weit nach hinten beugen. Das Bruchstück ist nicht das einer Grabmalerei auf einer Putzschicht, sondern genaugenommen ein bemaltes Relief. Das Relief ist aber so dick mit einer Stuckschicht überzogen, daß es kaum noch als solches zu erkennen ist.

K.-H. P.

53
Würfelhocker des Senenmut

Theben/Karnak (?), 18. Dynastie, um 1475 v. Chr.
erworben 1843
Granit. Höhe 100,5 cm
Inv.-Nr. 2296

Senenmut war eine der bedeutendsten und einflußreichsten Persönlichkeiten der frühen 18. Dynastie. Er stammte aus einfachen »bürgerlichen« Verhältnissen, seine Eltern, Ramose und Hatnofret, hatten noch fünf weitere namentlich bekannte Söhne. Seine Laufbahn begann in der militärischen und königlichen Schatzhausverwaltung. Gegen Ende seiner Karriere führte er etwa 80 Amts- und Ehrentitel, von denen die des Vermögensverwalters des Gottes Amun, Domänenvorsteher des Königs und Obersten der großen königlichen Bauaufgaben die bedeutendsten waren.

Senenmuts Werdegang steht in direkter Beziehung zur Königin Hatschepsut. Es ist durchaus möglich, daß er zu jenen Kräften gehörte, die der Königin halfen, den Thron zu besteigen, den sie als Regentin eigentlich für den zu dieser Zeit noch minderjährigen Thutmosis III. verwalten sollte. Hatschepsut machte ihn zu ihrem Günstling und außerdem zum Erzieher der Prinzessin Nefrure, Tochter und einzig legitimierten Erbin der Königin und ihres frühzeitig verstorbenen Gatten Thutmosis II. Weiterhin war er oberster Bauherr des terrassenförmigen Totentempels der Königin in Deir el Bahari. Ihm unterstanden auch Bauarbeiten in Karnak, in Luxor und in Armant. Aufgrund seiner hohen Stellung war es ihm möglich, sich zwei Gräber bauen zu lassen, wobei eines direkt unter dem Totentempel der Königin liegt. Königliche Gunst gestattete es Senenmut, in den Tempeln der Hauptstadt Theben mehr als zwanzig Statuen aufzustellen. Diese hohe Auszeichnung ermöglichte so die Teilnahme am Umlaufopfer, bei dem die Opfergaben nacheinander den Göttern, den Königen und abschließend den Privatpersonen vorgelegt wurden, um dann letztendlich vom Kultpersonal verzehrt zu werden.

Über Senenmuts Ende schweigen die Quellen. Nachdem die Kronprinzessin Nefrure wahrscheinlich im 11. Regierungsjahr der Hatschepsut starb, fiel er selbst um das 16. Regierungsjahr in Ungnade und wurde gestürzt. Sein Grab wurde zerstört und sein Name von den Denkmälern getilgt.

Von den vielen erhaltenen Statuen Senenmuts zeigen ihn sieben zusammen mit der Prinzessin Nefrure. Eine davon ist hier zu sehen. Sie gehört zum Typus des Würfelhockers. Dargestellt ist der Tote, der sich aus seinen Mumienbinden befreit und aus dem Grabhügel zu seinem jenseitigen Leben aufbricht. Dieser Statuentyp ist bereits seit dem Mittleren Reich bekannt.

Senenmut hockt mit angezogenen Beinen am Boden. Sein »Gewand« umschließt bis auf den Kopf den gesamten Körper, der durch die Modellierung des »Würfels« nur angedeutet wird. Die auf den Knien übereinandergelegt zu denkenden Arme umschließen den Körper seines Schützlings, so daß nur ihr Kopf aus dem »Gewand« hervorschaut. Die Gesichtszüge des Senenmut erinnern an Beamtenbildnisse des Mittleren Reiches, wie auch der Perückentyp in dieser Zeit gebräuchlich war. Dieser Rückgriff ist jedoch nicht zufällig, fühlten sich doch die Menschen den künstlerischen Traditionen des Mittleren Reiches verbunden.

Die Prinzessin trägt als Zeichen ihrer Kindheit an der rechten Seite eine Kinderlocke und als Zeichen ihrer königlichen Herkunft an der Stirn die Uräusschlange.

Die auf den Flächen der Figur angebrachten Inschriften geben uns über die Laufbahn des Statueneigentümers Auskunft. Sie enthalten seine vielen Titel und Ämter und eine Reihe von Gebeten an die Götter. Sein Name ist überall ausgehackt worden, einmal auch der seiner Königin. Neben dem Kopf der Prinzessin ist Senenmut als die »Große Vater-Amme der Königstochter, Herrin beider Länder, Gottesgemahlin des Amun, Nefrure« (vgl. Kat. Nr. 87) bezeichnet. Außerdem finden sich hier die Reliefbilder von zwei Gottheiten in »Geheimschrift« und die seltsame Bemerkung: »Abbilder, die ich gemacht habe als Gedanken meines Herzens, wie etwas, was man im Felde ersinnt und das nicht in den Schriften der Vorfahren gefunden wird.« K. F.

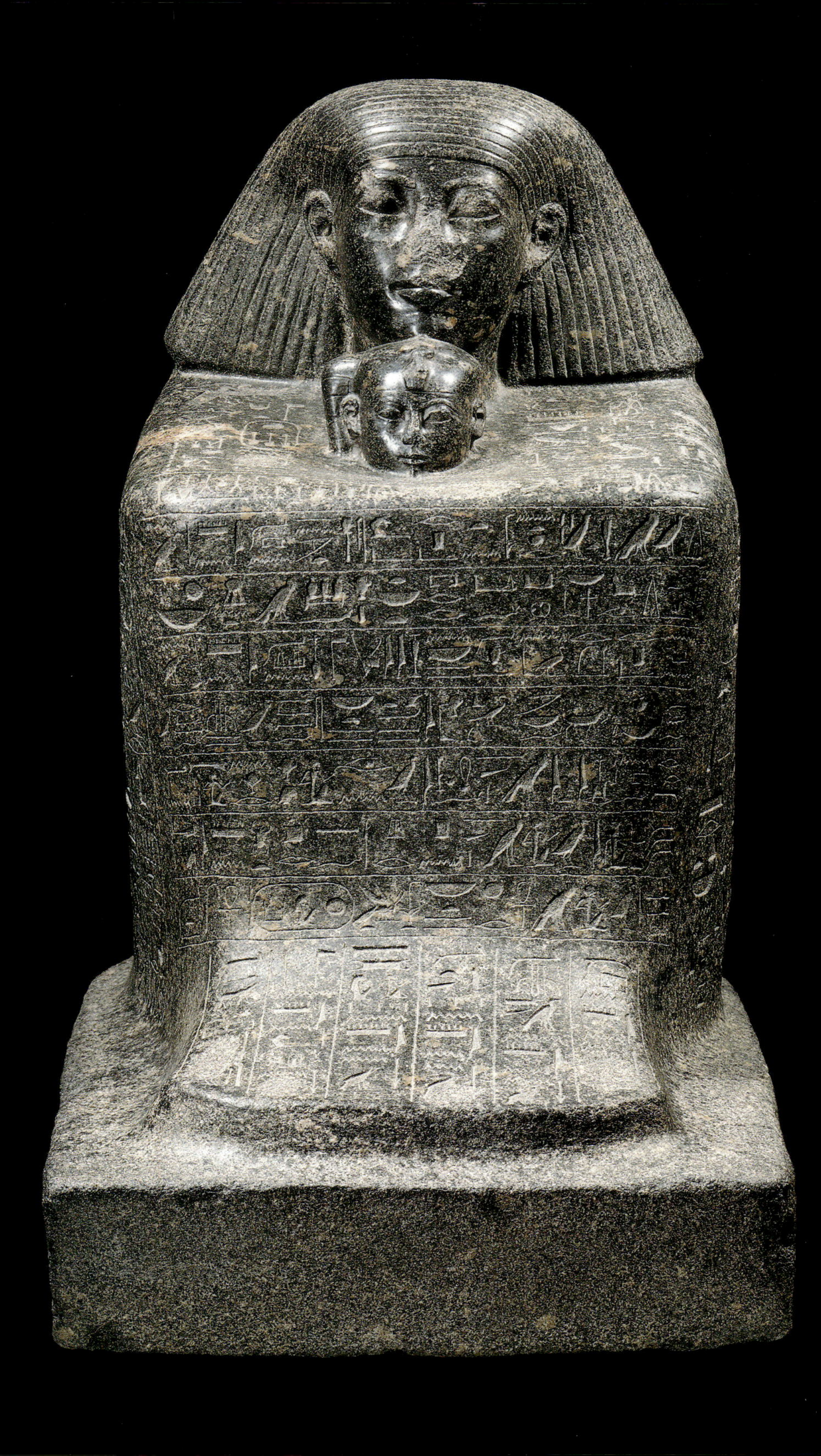

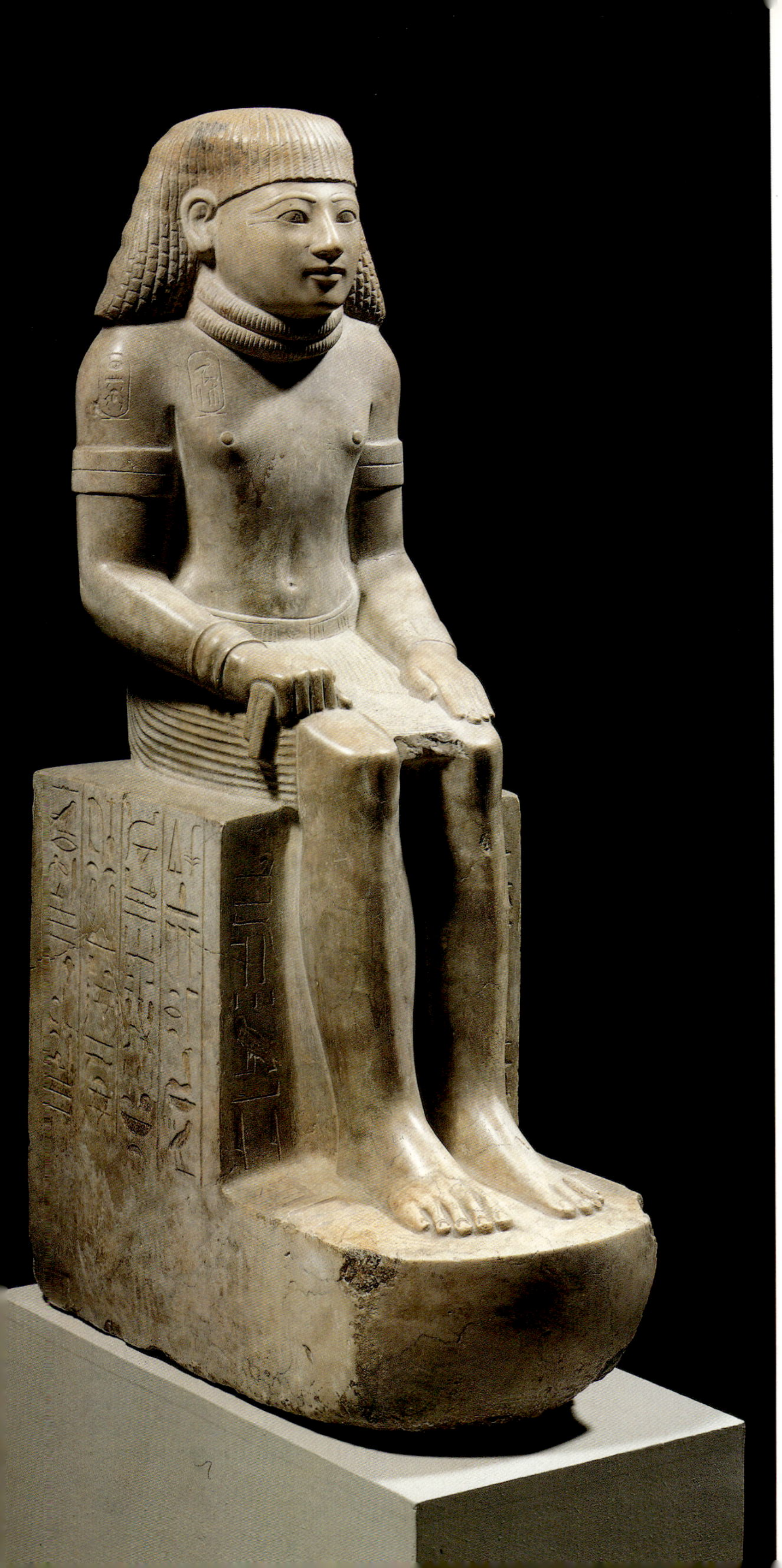

54
Sitzfigur des Maja

Menschije (?), 18. Dynastie, um 1450 v. Chr.
erworben 1909
Kalkstein. Höhe 74 cm
Inv.-Nr. 19286

Maja war ein hoher Beamter der Provinzialverwaltung. Als »Gouverneur und Vorsteher der Priester« wurde er von seinem König Thutmosis III., dessen Namen auf der Brust und dem rechten Oberarm stehen, im 10. oberägyptischen Gau eingesetzt. Dort wurde in der Nekropole des Hauptortes auch sein Grab gefunden, aus dem diese Figur stammen könnte.
Maja sitzt aufrecht auf einem einfachen Hocker. Der Text nennt uns Namen und Titel des Verstorbenen sowie die an die lokalen Ortsgötter gerichtete Opferformel. Er ist mit einem kurzen Schurz bekleidet, der ursprünglich nur von Königen getragen wurde, später jedoch auch bei Privatpersonen zu finden ist. In der geballten rechten Hand hält er das sogenannte »Schweißtuch«, während die linke flach ausgestreckt auf dem Schurz liegt. Das rundliche, ausdruckslose Gesicht ist, wie die ganze Figur, sehr formal aufgebaut. Eine dem damaligen Zeitgeschmack entsprechende Perücke ist dem Kopf regelrecht übergestülpt worden. Die beiden Ketten, aus Scheibenperlen bestehend, sowie die massiven Ober- und Unterarmreifen sind aus Gold gefertigte Auszeichnungen, die ihm der König verliehen hatte. Vermutlich deuten sie auf ehemals militärische Verdienste hin. K. F.

55
Sitzfigur des Men-techenu

Theben/Karnak, 18. Dynastie, um 1450-1425 v. Chr.
erworben 1909
Granodiorit. Höhe 83 cm
Inv.-Nr. 19289

Men-techenu, ein Beamter der Zeit Amenophis' II., war »Vorsteher der Wache am Tor des Königspalastes« mit dem Hofrangtitel eines »Wedelträgers zur Rechten des Königs«. Als Zeichen seines Ranges hält er in seiner vor die Brust gelegten linken Hand einen kleinen Straußenfederwedel. Die rechte Hand liegt flach auf dem rechten Oberschenkel. Bekleidet ist er mit einem langen Gewand, das die rechte Brustseite oberhalb der Taille frei läßt und zwei Fettpolster, Statussymbole seiner hohen Stellung, entblößt. Um den Hals trägt Men-techenu zwei Ketten aus Scheibenperlen, das sogenannte »Gold der Tapferkeit«. Diese Auszeichnung dürfte darauf hindeuten, daß er als Offizier Karriere machte, obwohl die Inschriften nur Amtstitel aus dem zivilen Berufsleben nennen. Es war aber üblich, aus dem Dienst entlassene Offiziere in den staatlichen oder priesterlichen Verwaltungsapparat einzugliedern.
Die Inschriften kennzeichnen das Bildnis als Tempelstatue, mit der sich der Dargestellte einen Anteil an den Gottesopfern sichern wollte (vgl. Kat. Nr. 53). K. F.

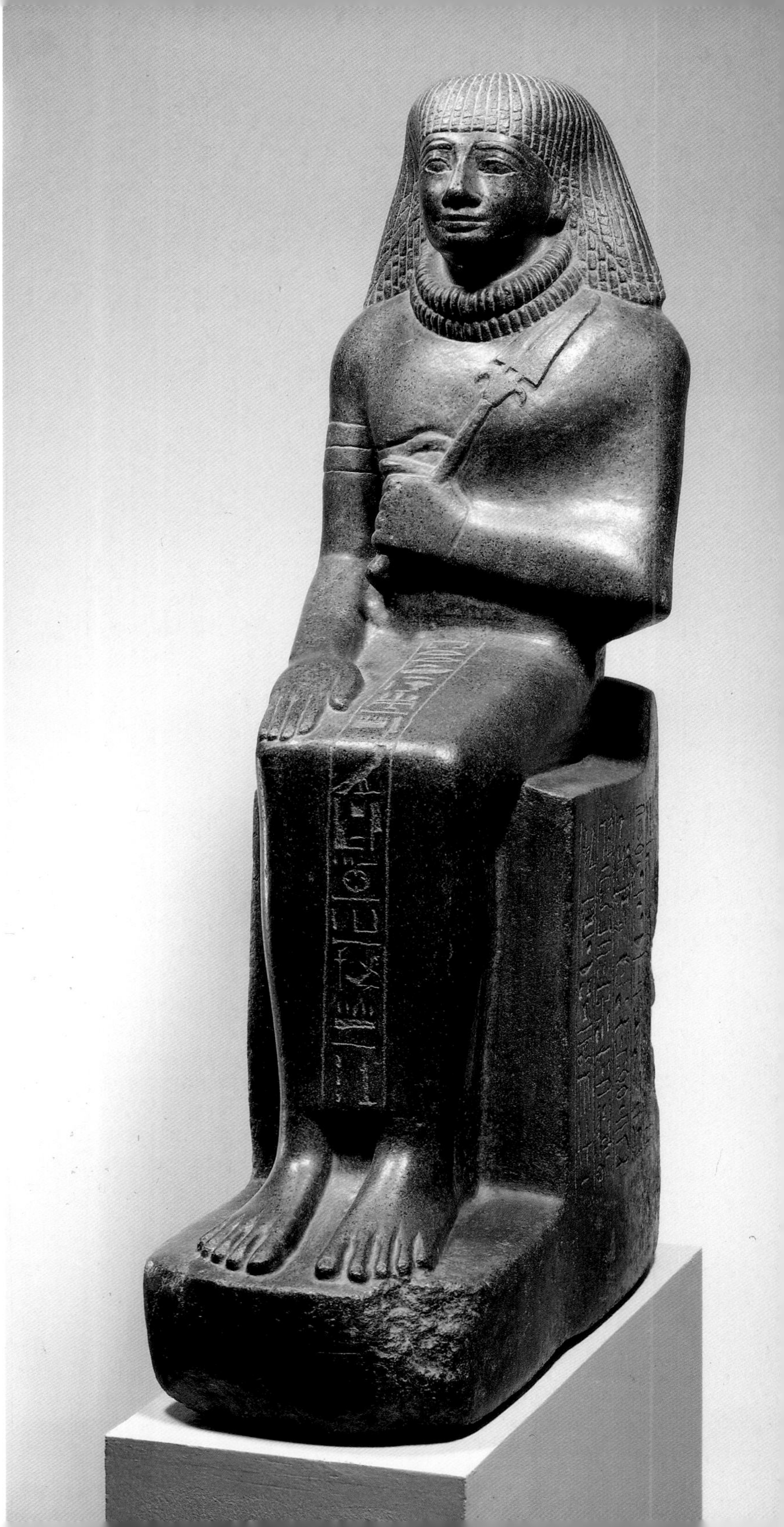

56
Sitzgruppe des Amenhotep-user und seiner Frau Tentwadj

Theben/Karnak (?), 18. Dynastie, um 1425 v. Chr.
erworben 1852
silifizierter Sandstein (Quarzit). Höhe 52,5 cm
Inv.-Nr. 2298

Die Familie besaß im alten Ägypten einen hohen Stellenwert. Familienbildnisse waren daher zu allen Zeiten ein beliebtes Ausdrucksmittel, um die Verbundenheit mit den nächsten Angehörigen auch über den Tod hinaus zu demonstrieren.
Amenhotep-user und seine Ehefrau Tentwadj haben auf einem breiten Sitz Platz genommen, dessen kopfhohe Lehne an den oberen Ecken abgerundet ist. Während der Mann in der bekannten bewegungslosen Sitzhaltung dargestellt ist, hat die Frau eine aktivere Rolle übernommen. Ihre linke Hand ruht auf dem linken Oberarm ihres Gatten, und mit dem rechten Arm umfaßt sie seinen Rücken. Die Geste soll die eheliche Verbundenheit zwischen den Partnern verdeutlichen.
Amenhotep-user trägt eine Perücke mit abgestuften Locken und ist in einen langen Schurz gehüllt, dessen oberer Abschluß lediglich aufgemalt war. Die Bekleidung der Frau besteht aus einer prächtigen Perücke und einem langen Trägerkleid. Auch hier war die Oberkante nur durch die Bemalung des Gesteins angegeben. Zudem schmückte beide ein Schulterkragen, worauf die noch erhaltenen schwarzen Linien auf Brust und Schulter hindeuten. Die Gesichter sind als zeitloses und unpersönliches Idealbild wiedergegeben.
An der Vorderseite des Sitzes sind zwei Kinder des Ehepaares in vertieftem Relief dargestellt. Links neben der Frau steht der Sohn Ramose mit einer Lotosblüte. Er war von Beruf Schreiber. Eine Tochter der beiden befindet sich rechts neben den Beinen des Vaters. In ihrer herabhängenden rechten Hand hält sie ein Sistrum, ein Musikinstrument, das im Kult weiblicher Gottheiten, vor allem der Hathor und der Isis, Verwendung fand. Sie führte den Titel einer »Hofdame«. Viele enge Vertraute von Königen dieser Zeit waren Söhne solcher Frauen. Sie wuchsen zusammen mit den Prinzen auf und wurden von ihnen nach ihrem Regierungsantritt in hohe Ämter eingesetzt.
Amenhotep-user selbst bekleidete das Amt eines »Türhüters der Scheunen des Amun« und hatte in dieser Funktion die Getreidelieferungen aus den Domänen des Gottes zu verwalten.
Die hieroglyphischen Inschriften weisen die Sitzgruppe als Tempelstatue aus. Derartige Statuen wurden in der Regel von den Nachkommen des Verstorbenen in einem Tempel des Ortes als Weihgabe aufgestellt, um den Toten im Interesse seiner jenseitigen Existenz an den lebensspendenden Riten und Opfergaben teilhaben zu lassen. So enthält auch der Text auf den Gewändern der Eheleute die Bitte, einen Anteil vom Opfer für die Gottheiten zu empfangen. Auf den Seitenflächen des Sitzes sind Sprüche aus der Totenliteratur niedergeschrieben. Sie sollen den Dargestellten zu einer glücklichen Fortexistenz im Jenseits verhelfen. In der Amarnazeit ist von eifrigen Verfechtern der Reformbewegung des Echnaton der Name des Gottes Amun in den Inschriften ausgehackt worden. Dabei wurden auch benachbarte Zeichen beschädigt.

K. F.

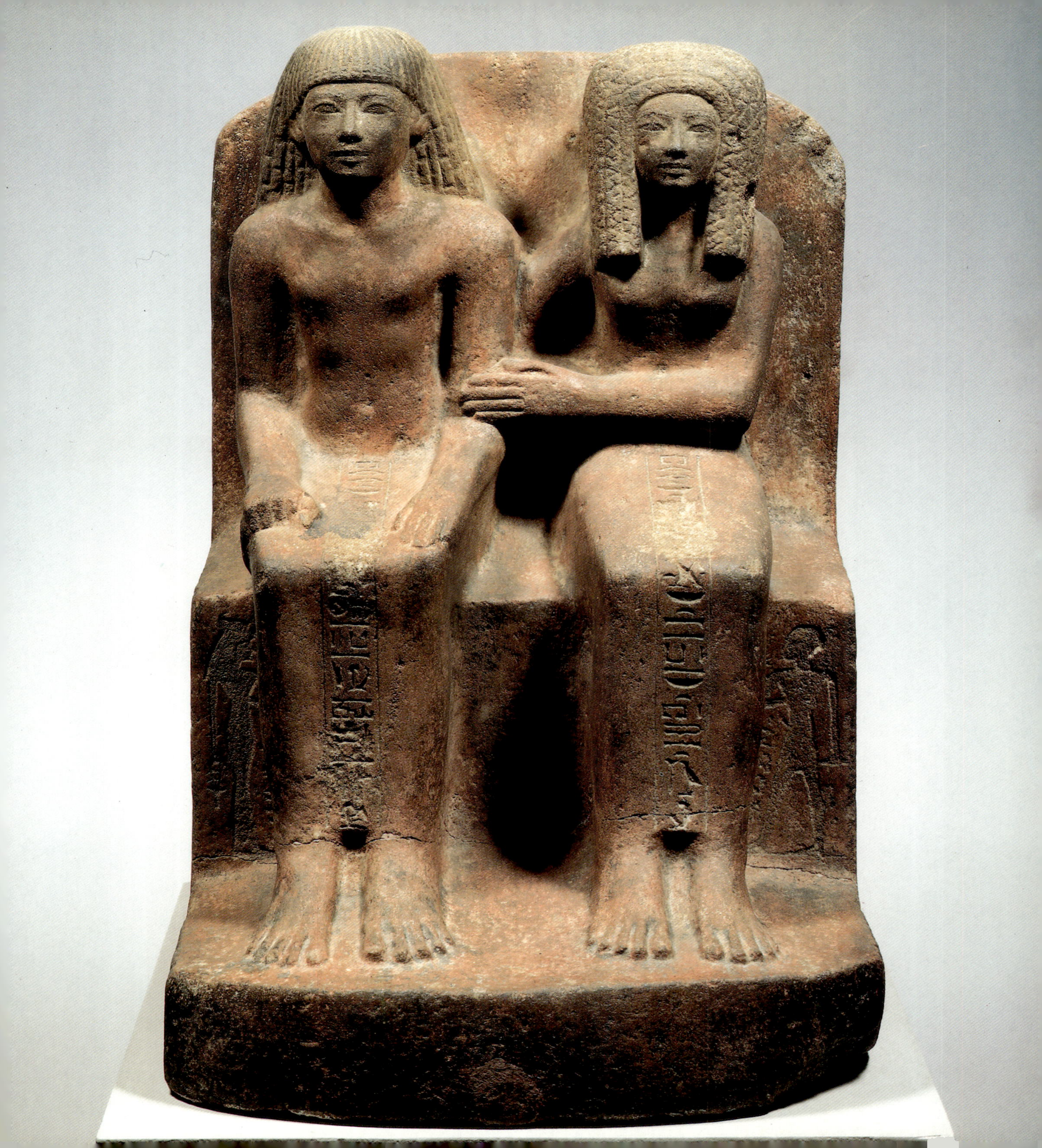

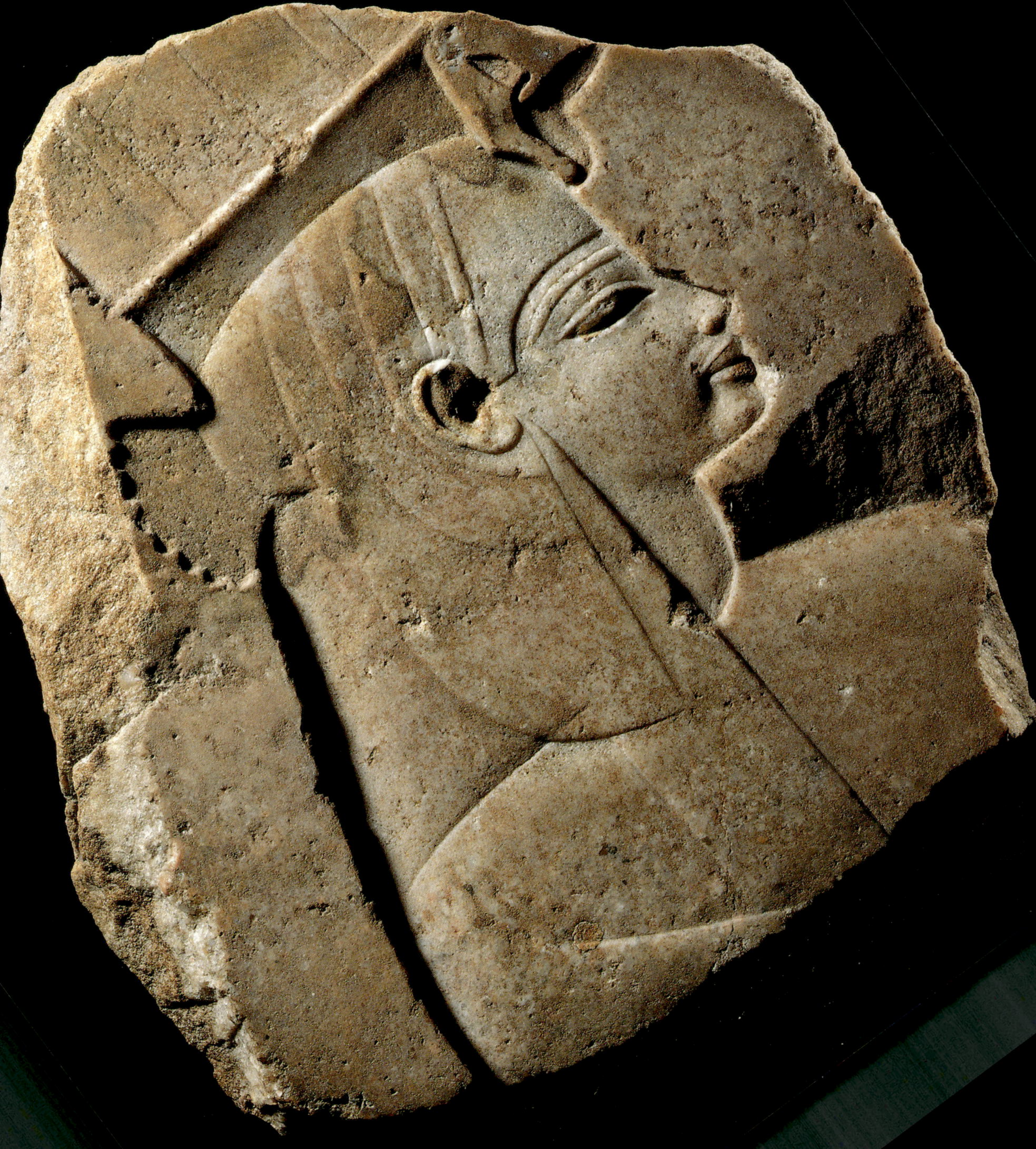

57
Kopf der Königin Teje

Relieffragment
Theben West/Totentempel Amenophis' III.
18. Dynastie, um 1375 v. Chr.
erworben 1930
silifizierter Sandstein (Quarzit). Höhe 36,5 cm
Inv.-Nr. 23270

Sie war bürgerlicher Herkunft und wurde Königin, Teje, die Große Gemahlin von Amenophis III. Die Heirat widersprach der Tradition, die der ältesten Prinzessin diese Stellung zuwies. Das Ungewöhnliche wird nicht verschwiegen, auf Skarabäen gab Amenophis dem ägyptischen Volk bekannt, daß Teje, die Tochter des Juja und der Tuja, die »Große königliche Gemahlin« ist. Doch diese Heirat war nicht der einzige Bruch mit der Tradition. Bisher galt die Königinmutter als die Erste Frau am ägyptischen Hofe; diese Rolle übernahm fortan Teje. Sie erscheint auf vielen offiziellen Denkmälern neben dem König. Es gibt Bilder von ihr beim Niederwerfen der Feinde oder als Sphinx - Motive, die bislang dem Pharao und den Göttern vorbehalten waren - und Berichte über ihren großen politischen Einfluß im In- und Ausland.
Dieses Fragment ist Teil einer Stele, die einst im Giebelfeld zweimal das Königspaar beim Opfer zeigte. Teje trägt die »Geierhaube«, einen Kopfschmuck in der Form eines Geiers mit Uräus und zwei hohen, hier nur teilweise erhaltenen Federn. Der Geier war Symbol der oberägyptischen Kronengöttin.
Die individuellen, oft energischen Gesichtszüge, vor allem in den plastischen Werken, zeigen das Bild einer klugen Frau, die bis zu ihrem Tode politischen Einfluß besaß. Sie war mit allen diplomatischen Vorgängen vertraut, hatte wohl selbst mit den ausländischen Verbündeten korrespondiert, denn als nach 38 Jahren Amenophis III. starb und ihr Sohn Amenophis IV., der sich später Echnaton nannte, den Thron bestieg, beendete der Fürst von Mitanni jeden Brief an den neuen König mit dem Hinweis »Und alle Worte, die ich mit deinem Vater geredet habe, die weiß Teje, deine Mutter«. I. Mü.

58
Der Gott Amun als Widder

▷

Soleb, Tempel Amenophis' III., 18. Dynastie, um 1375 v. Chr.
um 720 v. Chr. nach Gebel Barkal verbracht
erworben 1845 (Preuß. Expedition)
Granit. Höhe 130 cm, Länge 207 cm
(Ohren, Hörner und Sonnenscheibe ergänzt)
Inv.-Nr. 7262

Der Widder ist eine der Erscheinungsformen des Reichsgottes Amun. Groß war die Verehrung dieses »Königs der Götter«, zahlreich waren seine Kultstätten in Ägypten und außerhalb der Landesgrenzen. Der größte und prachtvollste Tempel des Amun stand in Theben (Karnak).
Anläßlich seines Regierungsjubiläums errichtete Amenophis III. für den Gott und seinen eigenen Kult einen kleinen Tempel in der südlichen Provinz Nubien, in Soleb. Den Prozessionsweg zum Tempeltor (Pylon) säumten auf beiden Seiten diese Widderfiguren. Das Gehörn mit Sonnenscheibe und Uräus war aus vergoldeter Bronze, heute modern ergänzt. Zwischen den Vorderfüßen, gleichsam vom Gott beschützt, steht die kleine mumienförmige Figur des Stifterkönigs Amenophis.
Die hieroglyphische Inschrift entlang der Basis preist den Tempel: »Er war sehr weit und groß gebaut, seine Schönheit wurde noch vermehrt durch die Pylone, die bis zum Himmel reichten, und durch die Flaggenstangen, die die Sterne des Himmels berührten. Er war mit einer hohen Mauer umgeben, deren Zinnen schöner als der Himmel glänzten und den Obelisken gleichen, die König Amenophis für Millionen Jahre errichtet hat.«
Etwa 600 Jahre später wurde dieser Widder mit anderen Denkmälern von Soleb nach Napata in die Nähe des IV. Nilkataraktes verschleppt und einem dort erbauten Amun-Tempel durch den äthiopischen König Pije geweiht. I. Mü.

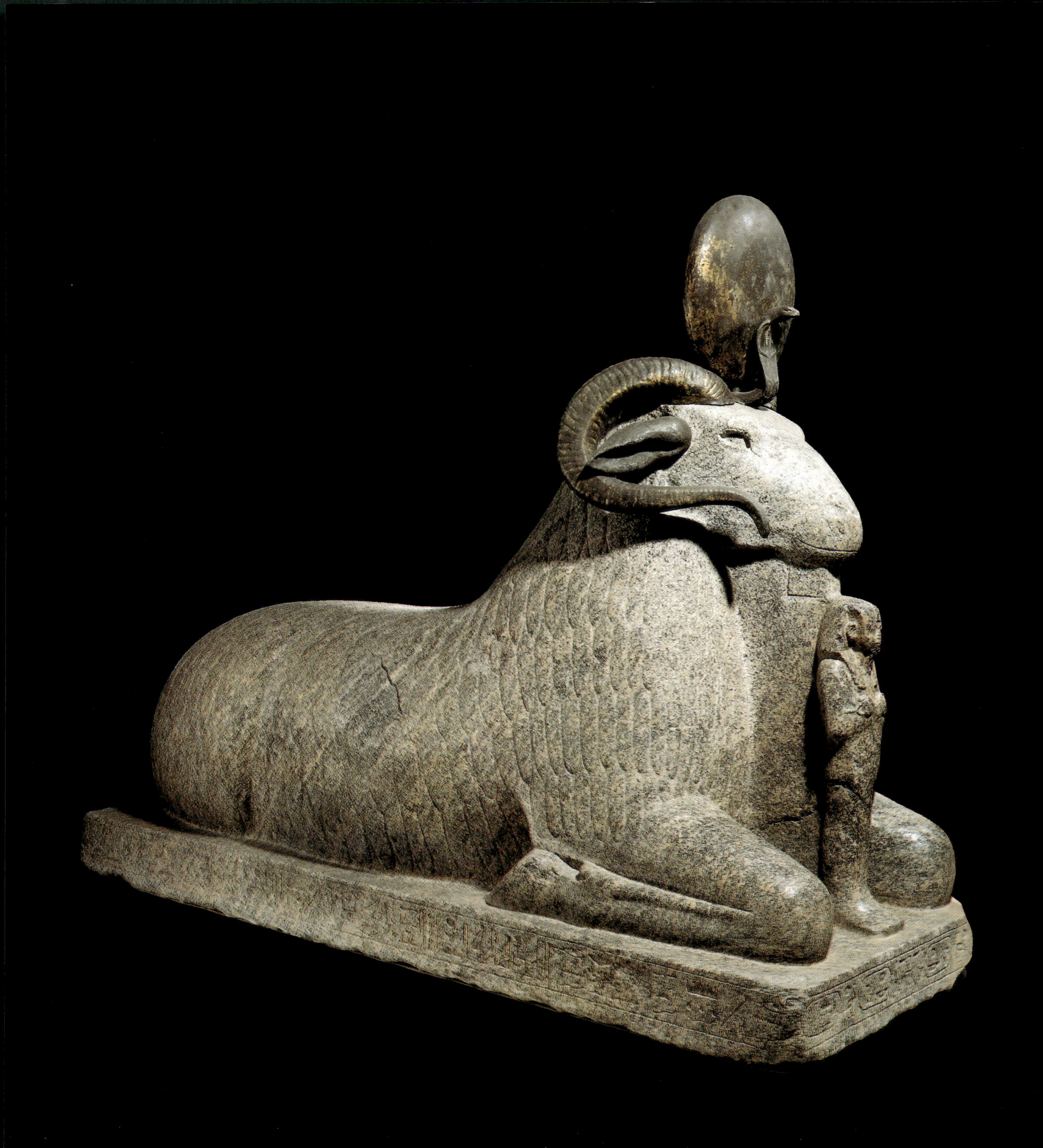

59
Sitzfigur der Göttin Sachmet

Theben, 18. Dynastie, um 1370 v. Chr.
erworben 1823 (Sammlung v. Minutoli)
Granit. Höhe 189 cm
Inv.-Nr. 7266

Kraft und Wildheit, kämpferische Tapferkeit und das angsterregende Gebrüll prägten das Bild des Ägypters vom Löwen als dem König der Tiere. Die Beobachtung des innigen Verhältnisses der Löwin zu ihren Jungen erweiterte die Vorstellungen über das Tier und seine als göttlich verehrten Wesenszüge. Wild und gefährlich, mütterlich und beschützend, diese Eigenschaften des Löwen wies man zunächst nur weiblichen Gottheiten zu. Genannt wurden sie: die »Zerschneidende«, die »Packende«, die »Reißende», vor allem aber die »Mächtige«, ägyptisch Sachmet. Ihr Wirkungsbereich waren Krieg und Krankheiten. Sie vernichtete die Feinde und verhalf dem König zum Sieg. Sie sandte Krankheit, Pest und Tod; durch Opfer und Gebete besänftigt, schützte sie aber auch vor diesen Übeln. Memphis war ihr Hauptkultort, wo sie mit dem Schutzgott der Handwerker Ptah und dem Götterkind Nefertem eine Familie bildete. Mit dem Aufstieg Thebens zur Residenz des Neuen Reiches wurde Sachmet der thebanischen Stadtgöttin Mut gleichgesetzt. An ihrem Kultplatz im großen Tempelbezirk von Karnak und in seinem Totentempel im Westen der Hauptstadt ließ König Amenophis III. mehr als 600 überlebensgroße Sitz- und Standbilder der Sachmet aufstellen.
Erhofft hat sich der Stifter von diesem Aufwand wahrscheinlich auch Linderung seiner Schmerzen, denn nach dem medizinischen Befund seiner Mumie litt der Pharao an Kiefergeschwülsten. Die Göttin trägt auf dem Löwenhaupt die Sonnenscheibe mit dem Uräus, in der linken Hand hält sie das Zeichen für »Leben«. Sie sitzt auf einem Thron, dessen Seitenflächen geschmückt sind mit dem Symbol der historischen Reichseinigung, der Hieroglyphe für »vereinigen«, umschlungen von den Wappenpflanzen des Landes, dem unterägyptischen Papyrus und der oberägyptischen Binse. So groß wie ihr Wirkungskreis, so zahlreich waren auch ihre Beinamen: »Die schön vereinigende Sachmet« heißt sie auf dieser Statue. I. Mü.

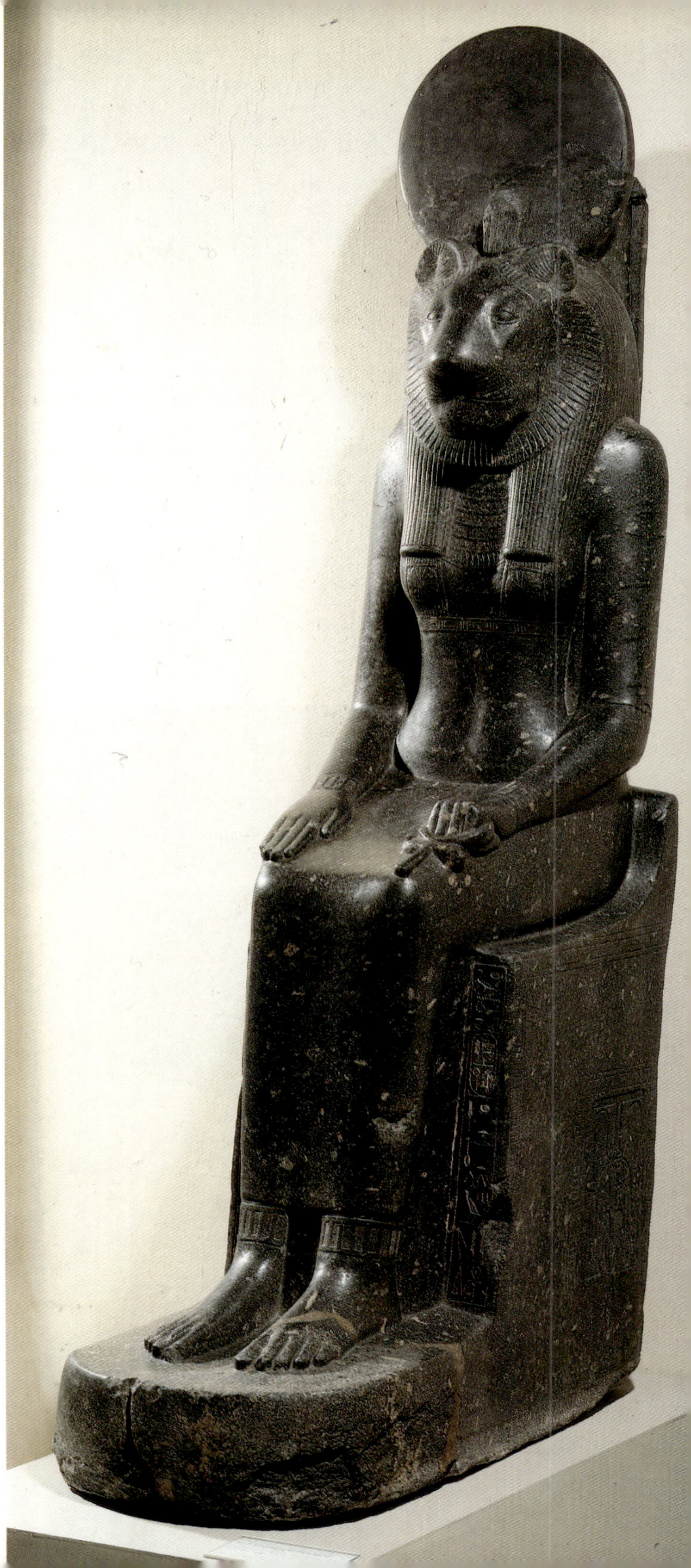

60
Opferbecken mit Figur des knienden Hui

Memphis/Abusir, 18. Dynastie, um 1400-1300 v. Chr.
erworben 1910 (Grabung der DOG)
Kalkstein. Höhe 38 cm, Länge 84,5 cm
Inv.-Nr. 19900

Die kleine Stifterfigur des Hui kniet vor einem Opferbecken, seine Hände liegen auf dessen Rand. Die stark beschädigte Inschrift in Hieroglyphen enthält ein Gebet an die Göttin Sachmet für »eine schöne Lebenszeit, in der der Leib voll Freude und der Körper voll Gesundheit in der Gunst des Herrn der beiden Länder (des Königs) sein möge, und daß er in ihrem Tempel ein- und ausgehen kann, um die Speisen, die auf dem Opfertisch des Herrn der beiden Länder dargebracht werden, zu empfangen«. Hui bezeichnet sich mit einer Fülle von Ehrentiteln als Günstling des Königs, sein eigentliches Amt ist jedoch nicht genannt. Großen Verdiensten verdankte er es schließlich, daß er dieses Opferbecken aufstellen durfte in einem kleinen Tempel, der innerhalb des Pyramidentempels von König Sahure (um 2440-2430 v. Chr.) für Sachmet am Ende der 18. Dynastie errichtet worden war.

Diese königliche Auszeichung an Privatpersonen, ihre Statuen oder Stelen in Tempelhallen zu stiften, bedeutete Teilnahme am offiziellen Kult und eine besondere Form der Unsterblichkeit. Vielfach ließen sich die so Begünstigten kniend abbilden, vor sich ihre Weihgaben wie Hui mit dem Opferbecken für Trankspenden. I. Mü.

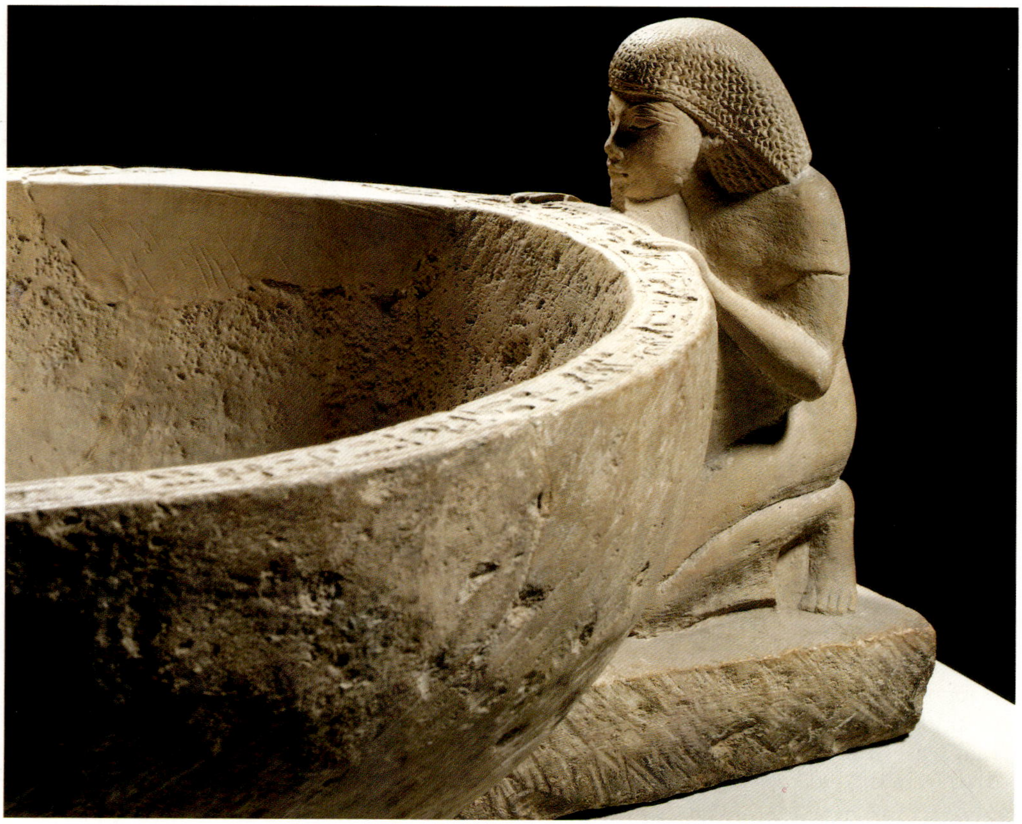

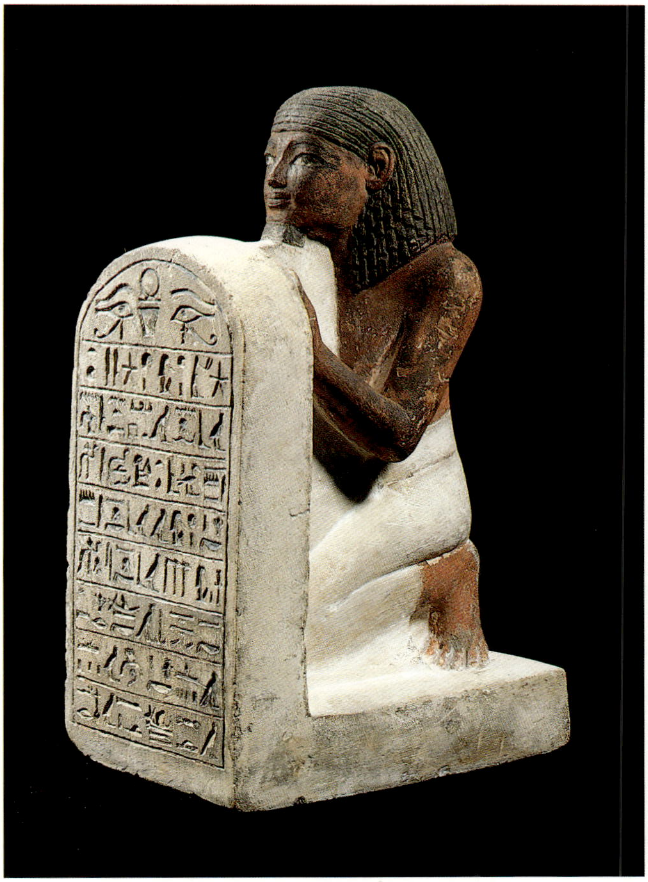

61
Figur des knienden Si-Ese mit Stele

Theben West, 18. Dynastie, um 1500-1350 v. Chr.
erworben 1823 (Sammlung von Minutoli)
Kalkstein, bemalt. Höhe 29 cm
Inv.-Nr. 2314

Mit der 18. Dynastie tritt der Kult des Sonnengottes Re als Schöpfer und Bewahrer der diesseitigen Welt und des Jenseits stärker in den Vordergrund. Es werden unzählige Hymnen und Gebete an den Gott verfaßt. Im Zusammenhang damit wird auch ein besonderer Statuentyp entwickelt, die Stelophore (»Stelenträger«). Diese Figuren wurden im Graboberbau, in der Regel eine kleine steile Pyramide, in einer Nische eingesetzt. Sie stellen den zur aufbzw. untergehenden Sonne betenden Verstorbenen dar. Das Gebet ist auf einer kleinen Stele als hieroglyphischer Text niedergeschrieben.

Si-Ese kniet am Boden. Er hat die Arme in Gebetshaltung erhoben und berührt mit den Handflächen die vor ihm stehende Stele. Der Dargestellte trägt einen langen, von den Hüften bis zu den Knöcheln reichenden Schurz. Der Kopf wird von einer Strähnenperücke bedeckt, die jedoch die Ohren frei läßt. Ein kurzer Knebelbart ziert das Kinn, der, ebenso wie die Perücke, schwarz bemalt ist. Für die Hautfarbe wurde ein rotbrauner, der Körperfarbe des Mannes entsprechender Farbton verwendet.
Das Giebelfeld der Stele ist mit den Symbolen für Dauer (der Ring in der Mitte) und für Schutz (die beiden Udjat-Augen) geschmückt. Darunter folgt der Text: »Anbetung des Re am Morgen, wenn er am Horizont des Himmels aufgeht, durch den Goldschmied des Amun, Si-Ese; er sagt: ›Gruß dir, Re, wenn du aufgehst, Verborgener, Gottesmacht. Wenn du aufgehst, erleuchtest du die beiden Länder. Du fährst über den Himmel, freudig, mit weitem Herzen in der Mandjet-Barke, wahrhaft vollkommen‹.« K. F.

Ausschnitt aus einer Stuckmalerei (Nr. 78)

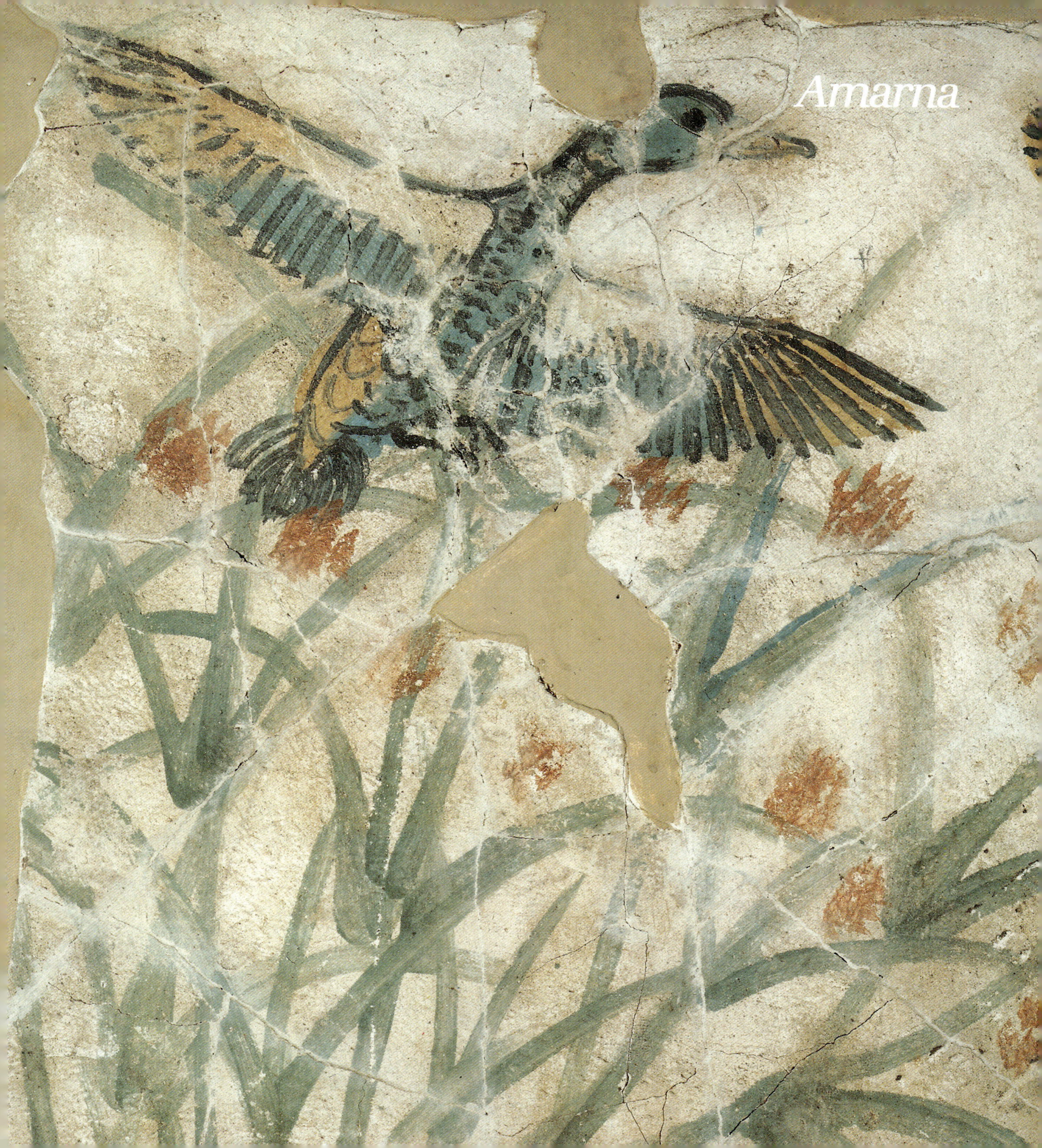
Amarna

Amarna

um 1365-1300 v. Chr. **18. Dynastie**
Amenophis IV./Echnaton
Semenchkare
Tutanchamun
Eje
Haremhab

Die inneren Spannungen im ägyptischen Staat kommen mit Amenophis IV. auf einer anderen Glaubensbasis zum revolutionären Austrag. Sofort mit dem Regierungsantritt des Sohnes Amenophis' III. und der Teje begann eine einseitige Zuwendung zur Verehrung des Sonnengottes, dessen Wesen neu definiert wird in der Formel »Es lebt Re-Harachte (Re, der Horus des Horizontes), der im (östlichen) Horizonte jubelt (d. h. aufgeht) in seinem Namen (d. h. Wesen) als das Licht, das in der Sonnenscheibe (Aton) ist«. Der König bezeichnet sich als Hoherpriester dieses Gottes, sein Thronname enthält den Zusatz »Einziger des Re«. Alsbald wird dann die menschliche Darstellungsform des Gottes verworfen. Er erscheint nur noch als Sonnenscheibe, von der Strahlen ausgehen, die in Händen enden. Dargestellt wird er immer nur über Szenen, die den König und seine Familie zeigen. Der Gottesname wird in die beiden Ringe eingeschrieben, die traditionell Thron- und Geburtsnamen der Könige umschließen. In seinen ersten Regierungsjahren hatte Echnaton noch in Karnak seinem Gotte einen großen Tempel erbaut. Die Widerstände gegen den religionspolitischen Kurs müssen aber erheblich gewesen sein. Sie führen zur gewaltsamen Unterdrückung des traditionellen Glaubens. In seinem 5. Regierungsjahr legt Amenophis IV. seinen Geburtsnamen ab, der den Namen Amun enthielt. Er nennt sich nun Echnaton, »Wohlgefällig dem Aton«. Überall im Lande wurde damit begonnen, die Namen und Bilder der alten Götter zu beseitigen, am konsequentesten die des Amun, die selbst an den unzugänglichsten Stellen, an der Spitze der Obelisken oder in den Gräbern getilgt wurden. Echnaton beschließt gleichzeitig die Gründung einer neuen Residenz Achet-Aton (»Horizont des Aton«) in Mittelägypten beim heutigen Tell el Amarna, die bereits im 6. Regierungsjahr bezogen wird. In den Texten der Stelen, die die Grenzen des Stadtgebietes bezeichnen, schwört der Herrscher, diese Stadt niemals zu verlassen. Hier solle er, seine Familie und sein Hofstaat bestattet werden.

Der Name seines Gottes wurde später noch einmal geändert, um den alten Gottesnamen Harachte zu beseitigen. Der Gott hieß nun: »Es lebt Re, der Herrscher des Horizontes, der im Horizonte jubelt, in seinem Wesen als Re, der Vater, der als die Sonnenscheibe (Aton) kommt.«

Seinen vollkommensten Ausdruck hat der Aton-Glaube im sogenannten Sonnenhymnus gefunden, in dem der Gott als Schöpfer und Erhalter der Welt gepriesen wird, als der er in seinem täglichen Erscheinen durch seine alles umfassenden Strahlen wirkt. Zwei Stellen dieses Hymnus verweisen auf die zentrale Rolle, die dem König im Atonglauben zufiel: »Es gibt keinen anderen, der dich erkannt hat außer deinem Sohne, König ›Vollkommen sind die Erscheinungsformen des Re, Einziger des Re‹, du machst ihn mit deinen

Plänen und deiner Macht bekannt.« »Wenn du ... aufleuchtest, so läßt du jederman tätig sein für den König ... Du erhebst die Welt für deinen Sohn, ..., König Echnaton und die Königin Nofretete.« In diesen Worten kommt der machtpolitische Hintergrund zum Vorschein, der den König auf neue Weise wieder zum allseitigen Mittler zur Gottheit, zu seinem alleinigen Priester und Propheten macht. Die gerade in der vorangegangenen Zeit hervorgetretenen persönlichen Bindungen des einzelnen an die Gottheit werden abgeschnitten und auf den König gelenkt. Dienst am Gott wird Dienst für den König. Mehr noch, der König und seine Gemahlin erhalten eigene Kultstätten, in denen sie offenbar an die Stelle der bisherigen Götterwelt traten, während Aton als Schöpfer und Urgott nur dem Königspaar zugänglich war. In unendlicher Wiederholung erscheinen denn auch nur sie, begleitet von ihren sechs Töchtern, als Opferpriester und Verehrer des Gottes.

Die Beamten und Militärs des Hofes von Amarna betonen in ihren Inschriften in würdeloser Untertänigkeit ihre Herkunft aus dem Nichts, aus dem sie der König erhoben habe. Sie werden zum guten Teil tatsächlich aus niederen Kreisen gekommen sein. Aber auch Angehörige der ehemals führenden Familien spielten noch eine Rolle.

Der erste Nachfolger Echnatons, Semenchkare, hat nur kurze Zeit regiert; vielleicht ein Sohn oder Enkel Amenophis' III., war er mit Merit-Aton, der ältesten Tochter Echnatons verheiratet. Ihm folgte sein mutmaßlicher Bruder Tutanchaton, verheiratet mit Echnatons Tochter Anchesenpaaton. Er verläßt in seinem 2. Regierungsjahr Amarna, dessen Bevölkerung ihm natürlich alsbald folgt, und kehrt nach Memphis zurück. Sein Name wird in Tutanchamun geändert, der Aton-Kult aufgegeben, die alten Götter wieder in ihre Rechte eingesetzt. Zu einer Verfluchung des Namens Echnatons ist es aber erst in der 19. Dynastie gekommen. Tutanchamun stirbt nach etwa 9jähriger Regierung, sein Nachfolger wird ein Eje, der bereits am Amarnahofe eine Rolle spielte, u. a. als Chef der Streitwagentruppe. Die Vermutung, er sei Vater der Nofretete gewesen, ist strittig. Unter Tutanchamun ist er Wesir. Das möglicherweise gewaltsame Ende seiner kurzen Regierung brachte Haremhab auf den Thron, der schon unter Echnaton General und zur Zeit Tutanchamuns als Oberbefehlshaber und Regent der tatsächliche Inhaber der Macht gewesen war.

Die gewollte Abkehr von den traditionellen Wertvorstellungen kommt am sinnfälligsten zum Ausdruck in der »Amarna-Kunst«. Gerade unter Amenophis III. war ein gepflegter, idealisierender, technisch aufs äußerste verfeinerter Stil herrschend gewesen. Dies wird fast ohne Übergang in sein genaues Gegenteil verkehrt. Ziel ist ein »wahres« Abbild. Zwar werden die Grundprinzipien der ägpytischen Kunst nicht verlassen, aber in diesem Rahmen kommt es zu einer neuen, an der Wirklichkeit orientierten Formulierung der Bildmotive, die gegen die herkömmliche »hieroglyphenhafte«, »ideale« Wiedergabe verstößt. Stilistisch aber beginnt die Amarna-Kunst sofort mit einem geradezu exzessiv übertreibenden »expressionistischen« Stil. Besonders deutlich ist dies bei den Bildern des Herrscherpaares, deren Körperformen und Gesichtszüge in einer fast karikaturenhaften Häßlichkeit dargestellt werden. Diese Übertreibungen werden später wieder aufgegeben und machen einem »realistischen« Bilde Platz; gegen Ende der Amarna-Periode geht dieser Stil dann sogar wieder in eine idealisierende Phase über, die zwar die gewonnenen Ausdrucksformen beibehält, sie aber in einem neuen Schönheitsideal aufhebt, das sich wieder an dem Stil der Zeit Amenophis' III. orientiert.

62

Abguß des Kopfes einer Figur des Echnaton

Tell el Amarna, Haus P 47,2, um 1350 v. Chr.
erworben 1920 (Grabung der DOG)
Gipsstuck. Höhe 29,7 cm
Inv.-Nr. 21348

Aus der Amarnazeit sind nicht nur einige der schönsten Schöpfungen der ägyptischen Bildniskunst erhalten geblieben, sondern auch eine Anzahl von Porträtstudien aus gegossenem Gipsstuck, die in der ägyptischen Kunstgeschichte einmalig sind. Bei diesen Studien handelt es sich um Abgüsse von Köpfen aus Stein oder Holz und um Abgüsse von in Ton modellierten Porträtstudien (vgl. Kat. Nr. 76).
Der Kopf des Echnaton ist der Abguß des Kopfes einer Figur des Königs, der als Vorlage für weitere Arbeiten zur Verfügung stehen sollte. Darauf deutet u. a. die Angabe des Stirnreifens mit den zur Blauen Krone gehörenden Rundungen hin. Der sensibel geformte Mund mit den vollen Lippen, das leicht hängende Kinn, die schmalen Wangen, die halbgeöffneten Augen mit den schweren Lidern und die dreieckige Kopfform sind Details, die den Kopf als Abbild des Echnaton ausweisen.
Er kann als eines der bedeutendsten Bildnisse des Königs angesehen werden. Entstanden in der späten Phase der Amarnakunst, ist es dem Künstler meisterhaft gelungen, bei der Modellierung des Kopfes jegliche Formalisierung zu vermeiden und dem Gesicht einen Ausdruck starker geistiger Verinnerlichung zu geben.
Das Stück wurde 1912 bei den Ausgrabungen der Deutschen Orient-Gesellschaft (DOG) unter der Leitung von Ludwig Borchardt gefunden. Die Grabungslizenz besaß der Berliner Kaufmann James Simon, der auch die Arbeiten finanzierte und dem somit alle Objekte gehörten, die der DOG bei der Fundteilung zugesprochen wurden. Am 11. Juli 1920 machte er sie dem Ägyptischen Museum zum Geschenk.

K. F.

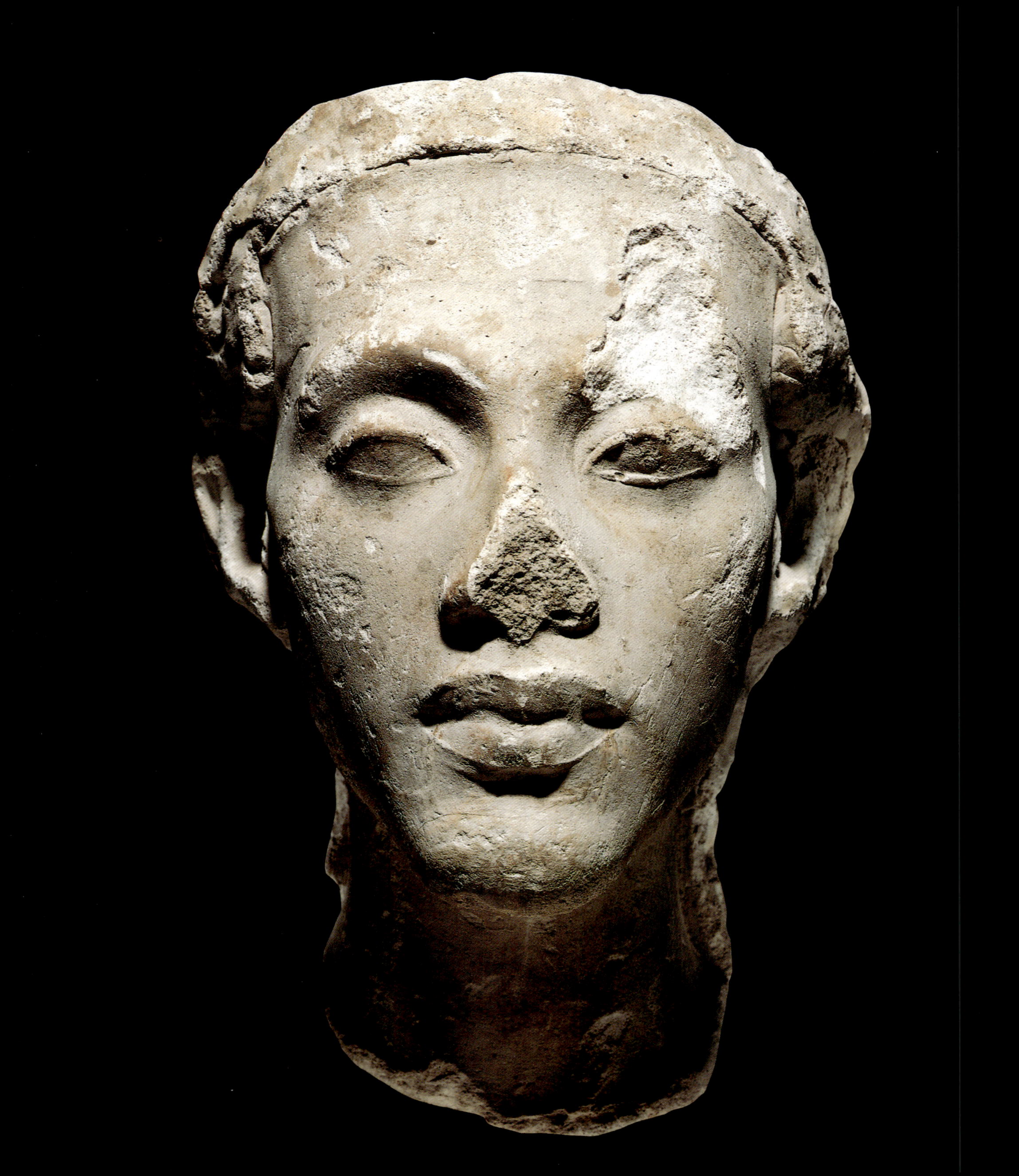

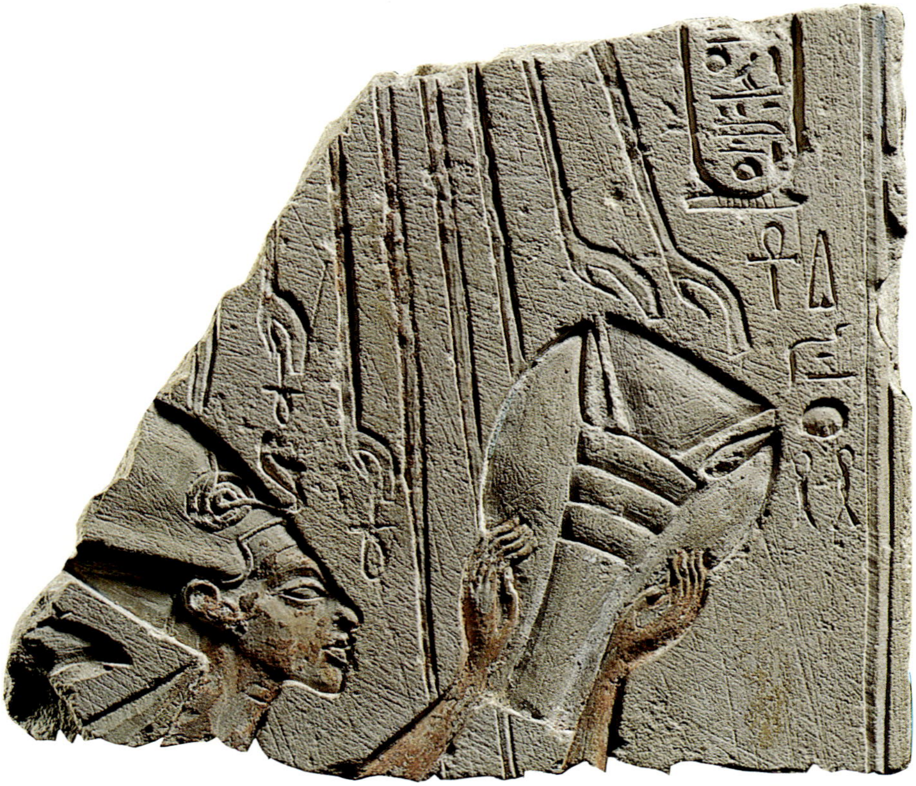

63
König Echnaton opfernd

Fragment einer Stele
Tell el Amarna, Haus P 49,1, 18. Dynastie, um 1350 v. Chr.
erworben 1920 (Grabung der DOG)
Kalkstein, bemalt. Höhe 13,8 cm
Inv.-Nr. 22265

Hatte sich während der 18. Dynastie ein persönliches Gegenüber von Mensch und Gott Bahn gebrochen, so war es ein wesentlicher Zug der religiösen »Revolution« des Amenophis IV./Echnaton, den König wieder zum alleinigen Partner seines einen Gottes Aton »die Sonnenscheibe« zu machen, »den niemand kennt außer seinem geliebten Sohn«. Es konnte deshalb nicht ausbleiben, daß der König als Mittler Gegenstand der Verehrung wurde: In den größeren Wohnhäusern von Tell el Amarna waren »Hausaltäre« errichtet mit Bildern des Königs und seiner Familie. Das Stelenfragment gibt eine oft wiederholte Szene wieder: Echnaton mit der Blauen Krone opfert seinem Gotte einen Blumenstrauß. Aton wird als Sonnenscheibe dargestellt, von der die lebensspendenden Strahlen ausgehen, die in Händen enden. Zwei dieser Hände reichen dem Antlitz des Herrschers »Leben« dar. Der Name des Gottes war theologisch ausgeklügelt formuliert, wobei in einer ersten Fassung noch eine Identifizierung mit dem Sonnengott Re-Harachte zugelassen war: »Es lebt Re-Harachte (Re, Horus des Horizontes), der im (östlichen) Horizont jubelt (d. i. aufgeht) in seinem Namen (Wesen) als das Licht, das in der Sonnenscheibe ist«, später aber geändert wird in »Es lebt Re, Herrscher des Horizontes, der im Horizont jubelt, in seinem Wesen als Re, der Vater, der als die Sonnenscheibe kommt«. Der Name wird wie für einen König auf zwei Königsringe verteilt. Das Stelenfragment enthält noch einen Teil des Namens der ersten Fassung mit dem Zusatz »der (dem König) Leben spendet ewiglich«. Darstellungen des »Strahlenaton« finden sich ausschließlich über denen des Königs und seiner Familie.

K.-H. P.

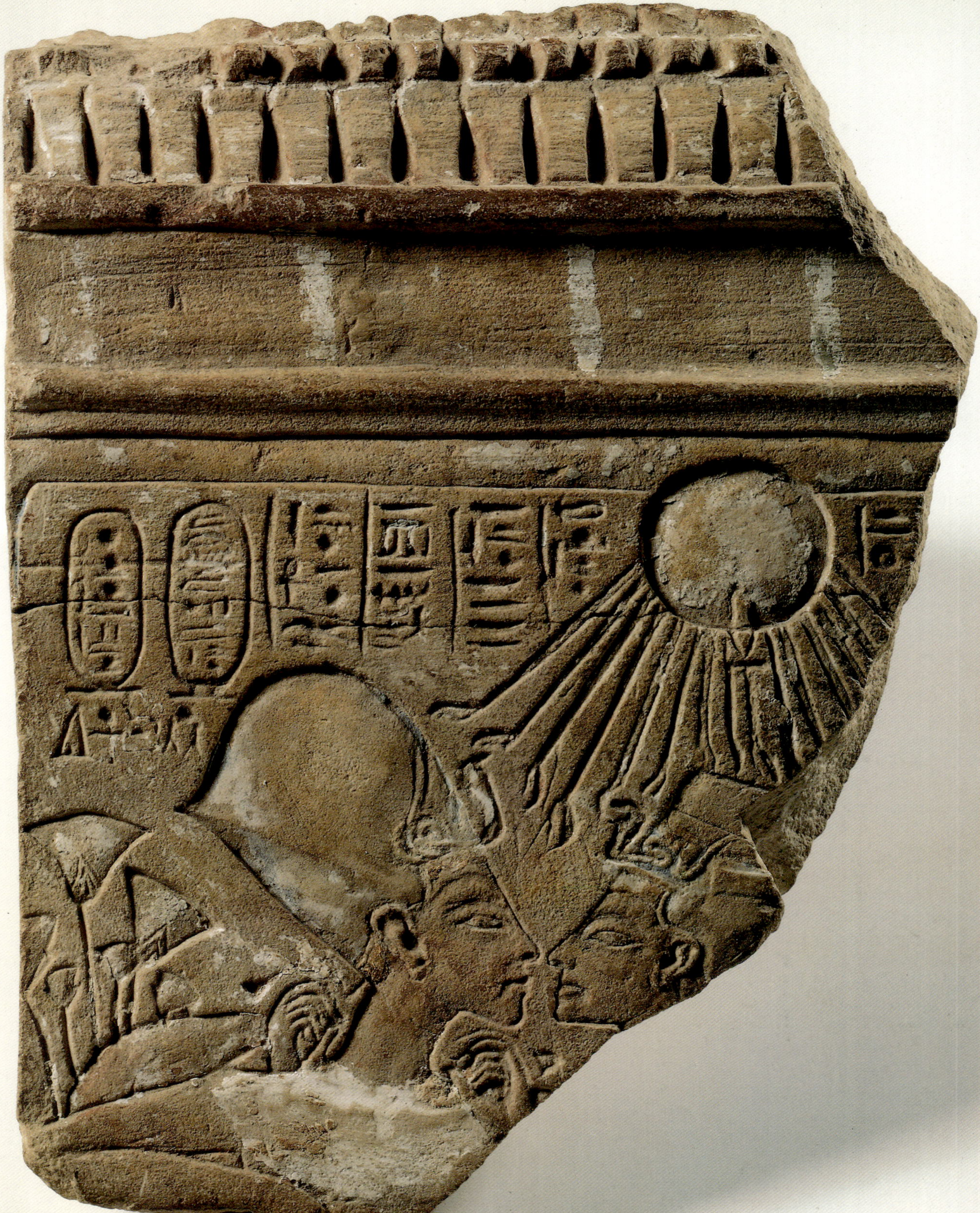

◁ 64
Echnaton und Nofretete

Fragment einer Stele
Tell el Amarna (?), 18. Dynastie, um 1350 v. Chr.
erworben 1900
Kalkstein, bemalt. Höhe 12 cm
Inv.-Nr. 14511

Wie Kat. Nr. 63 ist das Fragment eine Hausaltarstele. Sie hatte die Gestalt einer Kapelle mit dem oberen Abschlußgesims aus Rundstab, Hohlkehle (mit vier weißen Streifen bemalt) und einem Uräenfries. Über dem Bildfeld schwebt das Zeichen für »Himmel«, von dem Aton seine Strahlen herabsendet. Das Bildthema ist eine »Familienszene«: Links sitzt Echnaton auf einem Thron mit hoher Rücklehne, über die lässig der rechte Arm gelegt ist. Der Herrscher trägt die »Blaue Krone«, hinter ihm schauen Papyruspflanzen hervor. Ihm gegenüber steht die »Große königliche Gemahlin« Nofretete mit der für sie charakteristischen hohen blauen Kappe und legt dem Gemahl einen Kragen auf die Schultern. Die Inschrift nennt die Namen des Aton mit einer üblichen Epitheton-Reihe »Lebender Aton mit großen Jubiläumsfesten, Herr alles dessen, was Aton umkreist, Himmelsherr, Herr der Erde in Achetaton (Tell el Amarna)«. Darstellungen des Königspaares und ihrer Töchter nehmen in der Amarnazeit einen großen Raum ein, auch in offenbar ganz familiären Szenen: Das Paar sitzt sich gegenüber und spielt mit den Kindern, ißt und trinkt. Es sind Bilder einer »Heiligen Familie«, an der sich die lebenspendende Kraft des Aton zuerst und exemplarisch erweist. In diesem Zusammenhang könnte auch die Szene des liebevollen Beieinander des Paares auf dieser Stele gehören. Wahrscheinlich ist aber eine Deutung, die in dem Bilde die Neufassung eines Themas der Tempelreliefs sieht, das die Bekleidung eines Gottes durch den König mit einem Schulterkragen darstellt. Hier ist nun Echnaton selbst der göttliche Partner mit Nofretete in der Rolle der Vollziehenden einer Kulthandlung. Es gehört wohl zum Wesen des Denkens der Amarnazeit, daß dem Ritual eine ›familiäre‹ Fassung gegeben wird. K.-H. P.

65
Reliefskizze mit Kopf des Echnaton

Tell el Amarna, Haus O 47,15, 18. Dynastie, um 1350 v. Chr.
erworben 1920 (Grabung der DOG)
Kalkstein. Höhe 21 cm, Breite 21 cm
Inv.-Nr. 21683

In den Bildhauerateliers von Amarna fanden sich neben unvollendeten Plastiken und Fragmenten zerbrochener Statuen auch einige Kalksteinplatten mit Reliefdarstellungen. Wegen ihres unfertigen Zustandes, der skizzenhaften Ausführung bzw. ihres offenbar als Ausschnitt konzipierten Motivs werden sie als Reliefstudien betrachtet. Da der menschliche Kopf als Detail-Studie in allen kunstgeschichtlichen Epochen eine besondere Rolle spielt, ist verständlich, weshalb dieses Motiv unter den bildhauerischen Studien aus Amarna gehäuft auftritt; schließlich sind auch die Stuck-»Masken« (vgl. Kat. Nr. 76) Abgüsse von plastischen Studien in Ton. Die Reliefplatte zeigt den Kopf des Echnaton. Das chat-Kopftuch, von dem im Nacken ein Band herabfällt, und der (unvollendet gebliebene) Uräus an der Stirn kennzeichnen ihn als König.
Die Gesichtszüge sind durch harmonisch proportionierte, nur knapp umrissene Formen charakterisiert: die leicht fliehende Stirn, das große Auge mit gesenktem Oberlid, die gerundete Nasenspitze, der einen Spalt breit geöffnete Mund mit der deutlich volleren Unterlippe, das große herabhängende Kinn, der schräggestellte Hals mit den beiden Falten und vor allem das plastisch durchgebildete Ohr mit durchbohrtem Ohrläppchen. Alle diese Merkmale sind typisch für die späte, »gemilderte« Stilstufe der Amarnakunst. Der skizzenhafte Charakter des Reliefs wird durch die äußerst flache Modellierung deutlich, die lediglich bei dem bis in anatomische Details ausgeformten Ohr Plastizität erreicht.
Die einem strengen Kanon folgende ägyptische Kunst bedurfte kaum der Studien nach der Natur. Im allgemeinen genügte die Kenntnis überlieferter gestalterischer Regeln und Schemata, allenfalls der Musterbücher, so daß Reliefs und Malereien direkt über der Vorzeichnung ausgeführt wurden. Die Studie als besondere Stufe des Werkprozesses wurde erst erforderlich, als eine möglichst realitätsnahe und genaue Wiedergabe angestrebt wurde. Das war die Intention der Amarnakunst, die durch teilweise Überwindung traditioneller Formprinzipien zu überzeugend natürlich wirkenden Darstellungen gelangte. C.-B.A.

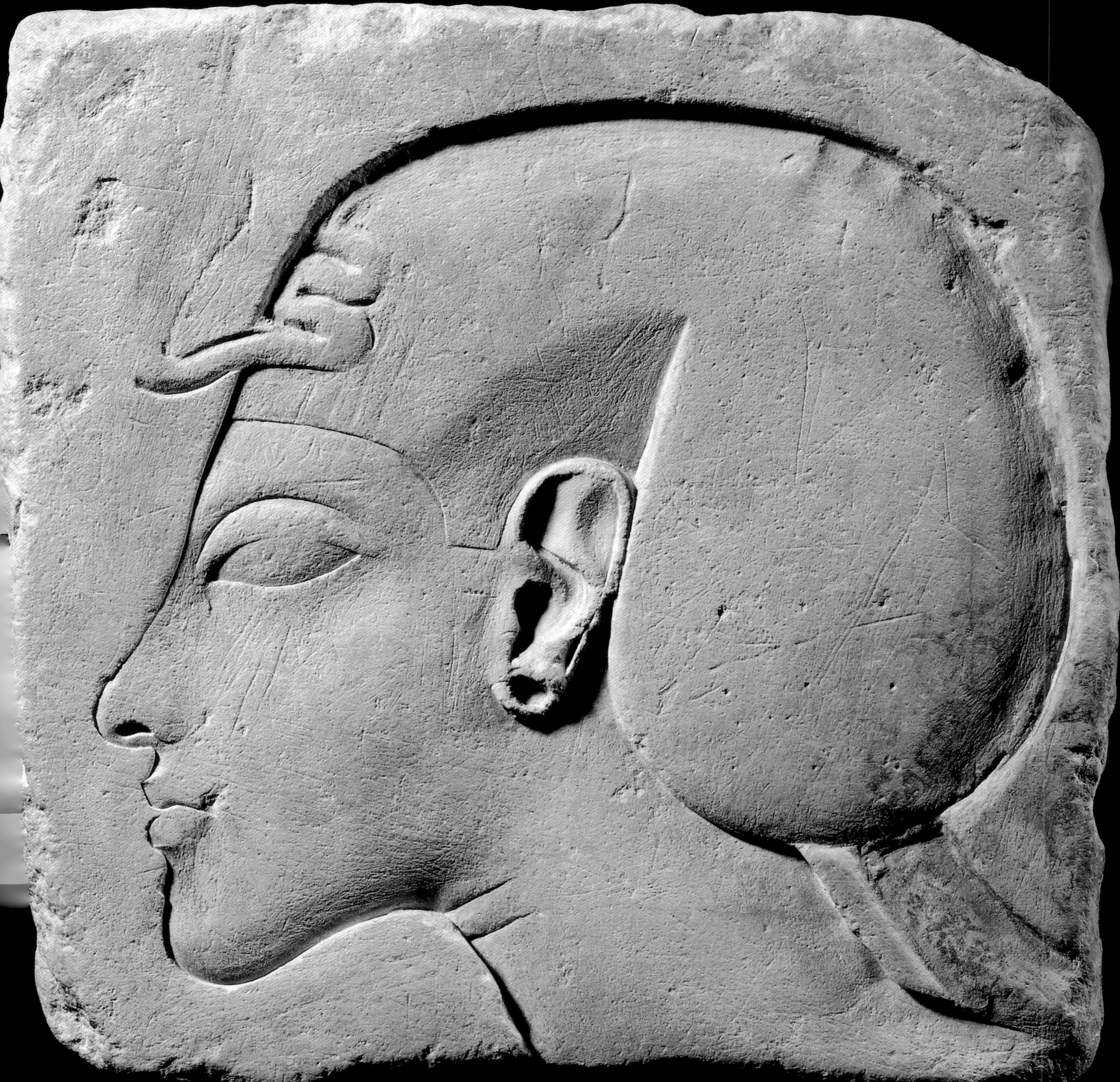

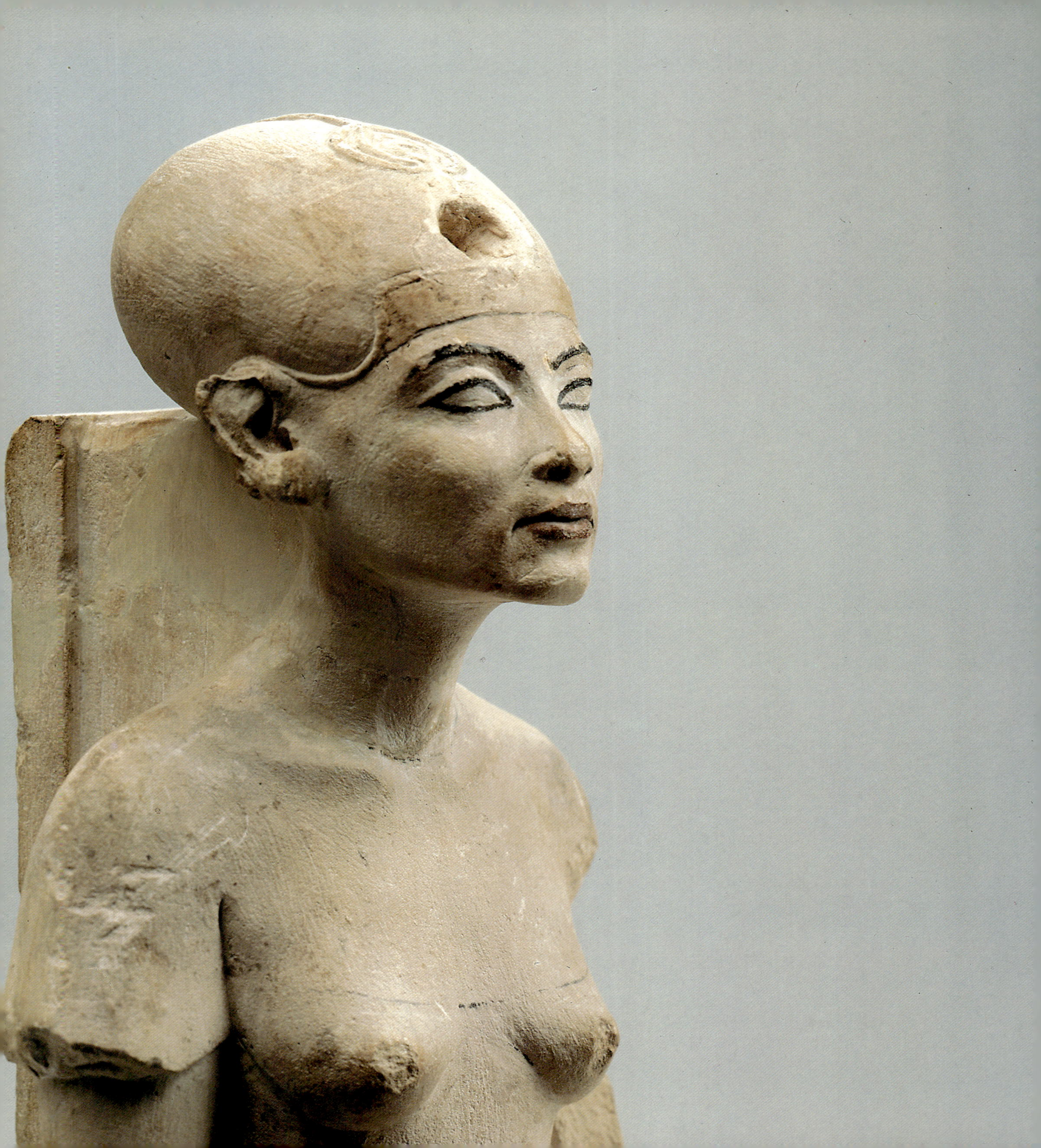

66

Standfigur der Nofretete

Tell el Amarna, Haus P 47,2, um 1350 v. Chr.
erworben 1920 (Grabung der DOG)
Kalkstein. Höhe 40 cm
Inv.-Nr. 21263

Als ein Hauptwerk der realistischen Phase der Amarnakunst gilt diese Standfigur der Königin. Die besondere Stellung, die Nofretete als »Große Königliche Gemahlin« bekleidete, belegen eine Vielzahl von rundplastischen und flachbildlichen Darstellungen. Allerdings finden sich nur wenige mehr oder minder vollständig erhaltene Figuren der Königin, unter denen jedoch der Berliner Statue der erste Platz gebührt. Sie wurde in der Werkstatt eines Bildhauers in einem Wohnbezirk in Amarna aufgefunden, leider in mehrere Teile zerbrochen und nicht ganz vollständig; so fehlt die untere Partie des rechten Armes, und auch die Unterschenkel sind eine moderne Ergänzung.
Nofretete steht mit dem linken Bein leicht ausschreitend auf einer Basisplatte. Die Rückseite der Figur wird durch einen Steg mit dem bis zum Nacken reichenden Rückenpfeiler verbunden. Die Königin ist mit einem langen kurzärmeligen Gewand bekleidet und trägt Sandalen. Der Kopf wird von einer eng anliegenden Haube bekrönt, unter der ein mit gelben Farbresten behaftetes Stirnband sichtbar ist. In dem Dübelloch über der Stirn war das aus Metall gefertigte aufgerichtete Vorderteil der königlichen Uräusschlange befestigt. Der restliche Schlangenkörper windet sich auf dem Scheitel der Haube. Die Augenlider und die Brauen sind durch schwarze Bemalung hervorgehoben, der Mund ist rot gefärbt. Am Hals und auf der Brust erkennt man Reste von schwarzen Linien, die einen breiten Schulterkragen andeuten sollen. Die ausgeprägte Modellierung der Körperformen unter dem Gewand, das als fast durchsichtig zu denken ist und dessen Existenz lediglich durch die kurzen Ärmel erkennbar wird, ist ein charakteristisches Merkmal der Amarnakunst. Es ist anzunehmen, daß die Figur vollständig bemalt werden sollte.
Sicherlich sind die vorhandene Farbgebung und Vorzeichnung nur als Zwischenstufe der Fertigstellung zu werten, die einige Korrekturen voraussetzte. Die farbliche Betonung wesentlicher Partien des Gesichtes, die auch bei noch gänzlich unvollendeten Plastiken anzutreffen ist, hatte wahrscheinlich die Aufgabe, die bisher erzielte Bildwirkung besser zu überprüfen.
Mit diesem ausdrucksvollen, von starker Naturtreue geprägtem Bildnis begegnet uns eine reife Frau und Mutter von sechs Kindern. Es entspricht nicht dem weiblichen Schönheitsideal der traditionellen ägyptischen Kunst. Das

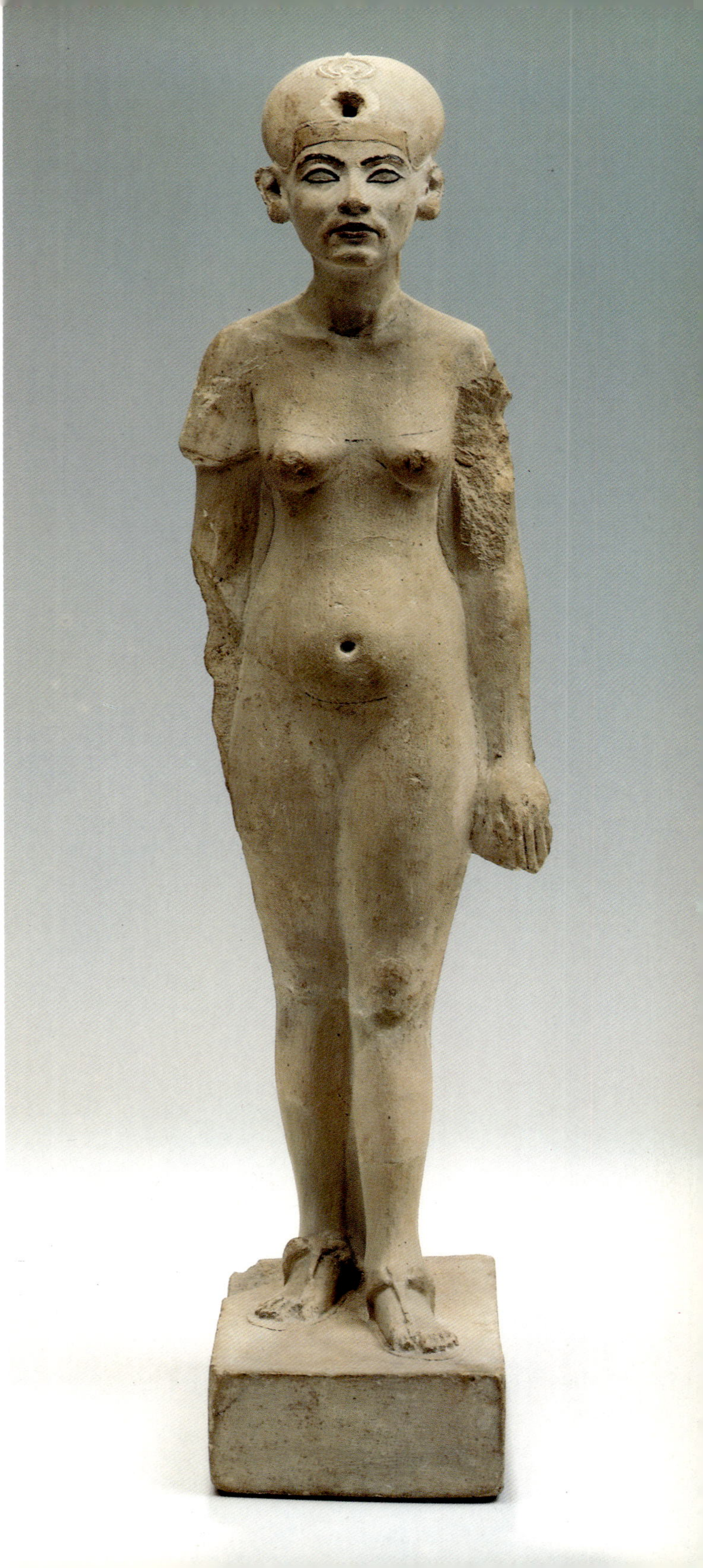

Gesicht, die Formung der Brüste sowie die Bauch- und Gesäßpartien zeigen in glaubwürdiger Weise einen nicht mehr jungen Körper. Auf den Erfahrungen der Anfangsphase der Amarnakunst aufbauend, gelang es dem Künstler in überzeugender Art, ein völlig neues, lebensgetreues Bild der menschlichen Gestalt zu modellieren. K. F.

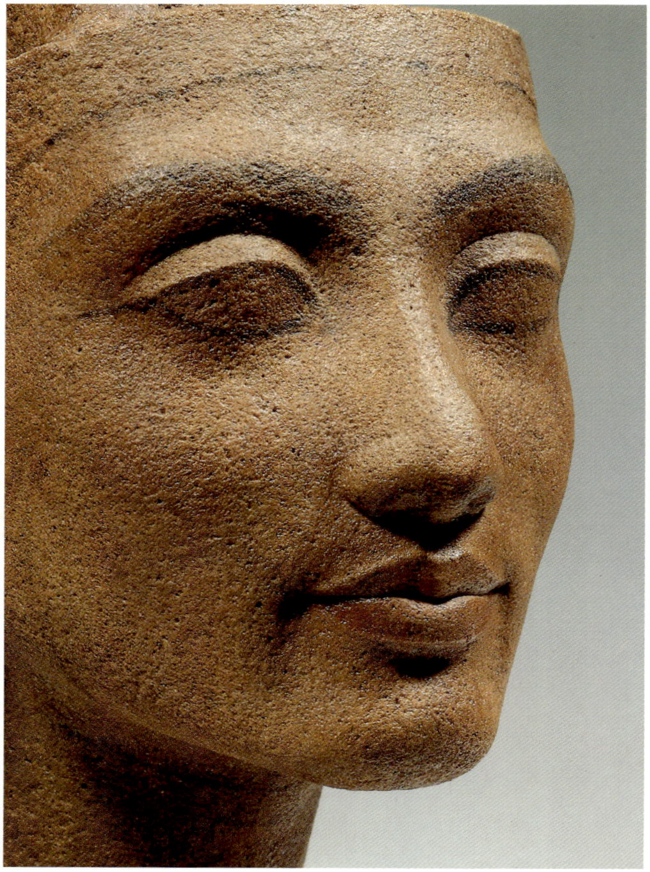

67
Kopf der Figur einer Königin

Tell el Amarna, Haus P 47,2, um 1350 v. Chr.
erworben 1920 (Grabung der DOG)
silifizierter Sandstein (Quarzit). Höhe 30 cm
Inv.-Nr. 21220

Dieses Bildnis einer Königin gehört zweifellos zu den schönsten Meisterwerken der gesamten ägyptischen Kunstgeschichte. Trotz seines unfertigen Zustandes ist man eigentlich nicht geneigt, es unvollendet zu nennen. Zu sorgfältig hat der Künstler bereits die Gesichtspartien modelliert. Jedoch zeigen die Angabe der Stirnbinde, der Augen, der Augenbrauen, Ohrlöcher, Nasenlöcher und Halsfalten mit schwarzer Farbe sowie die Korrekturstriche an den Wangen und am Hals die Stellen, die noch einer weiteren Überarbeitung bedurften. Eine Bemalung des Kopfes war, mit Ausnahme des schon leicht rot eingefärbten Mundes, gewiß nicht vorgesehen, da das hellbraune Steinmaterial bestens dazu geeignet ist, die natürliche Hautfarbe der Ägypterin wiederzugeben. Vielmehr ist davon auszugehen, daß der Kopf durch eine abschließende Politur fertiggestellt werden sollte. Die verlängerten äußeren Lidwinkel deuten zudem auf eine vorgesehene Aushöhlung der Augen und Augenbrauen hin, die aus anderen Materialien eingefügt werden sollten (vgl. Kat. Nr. 69).
Das Bildnis ist mit Sicherheit in die Spätphase der Amarnakunst einzuordnen. In jener Phase wird die realistische Betonung individueller Merkmale allmählich zurückgenommen und eine idealisierende Darstellungsweise angestrebt. Dieses Idealbild findet seinen vollkommensten Ausdruck in dem Porträtkopf der »Amarnakönigin«.
Das zarte, strahlend schöne Gesicht mit den großen mandelförmigen Augen, den vollen Lippen und den ebenmäßigen Gesichtszügen ist voller weiblichen Charmes und Frische. Aufgrund seiner Jugendlichkeit und Anmut sehen einige Ägyptologen in diesem Kopf eine der Töchter des Echnaton und der Nofretete abgebildet. So wird er zum einen Meritaton, der ältesten Tochter des Königspaares und Gattin des Semenchkare, des vermutlichen Mitregenten und kurzzeitigen Nachfolgers des Echnaton, zugewiesen. Daneben finden sich auch Meinungen, die in ihm Anchesenamun, die Ehefrau des Tutanchamun, zu erkennen glauben. Neben diesen Zuweisungen gibt es die Ansicht, daß in diesem Bildnis Nofretete selbst dargestellt ist. Ein Vergleich mit anderen Porträtköpfen der Königin läßt dies als durchaus gerechtfertigt erscheinen. Übereinstimmungen, wie etwa die Modellierung der Augen und Mundpartien oder die Kopfform, sprechen dafür, hier ein weiteres Bildnis der Nofretete zu haben, das der berühmten farbigen Kalksteinbüste mindestens ebenbürtig ist. K. F.

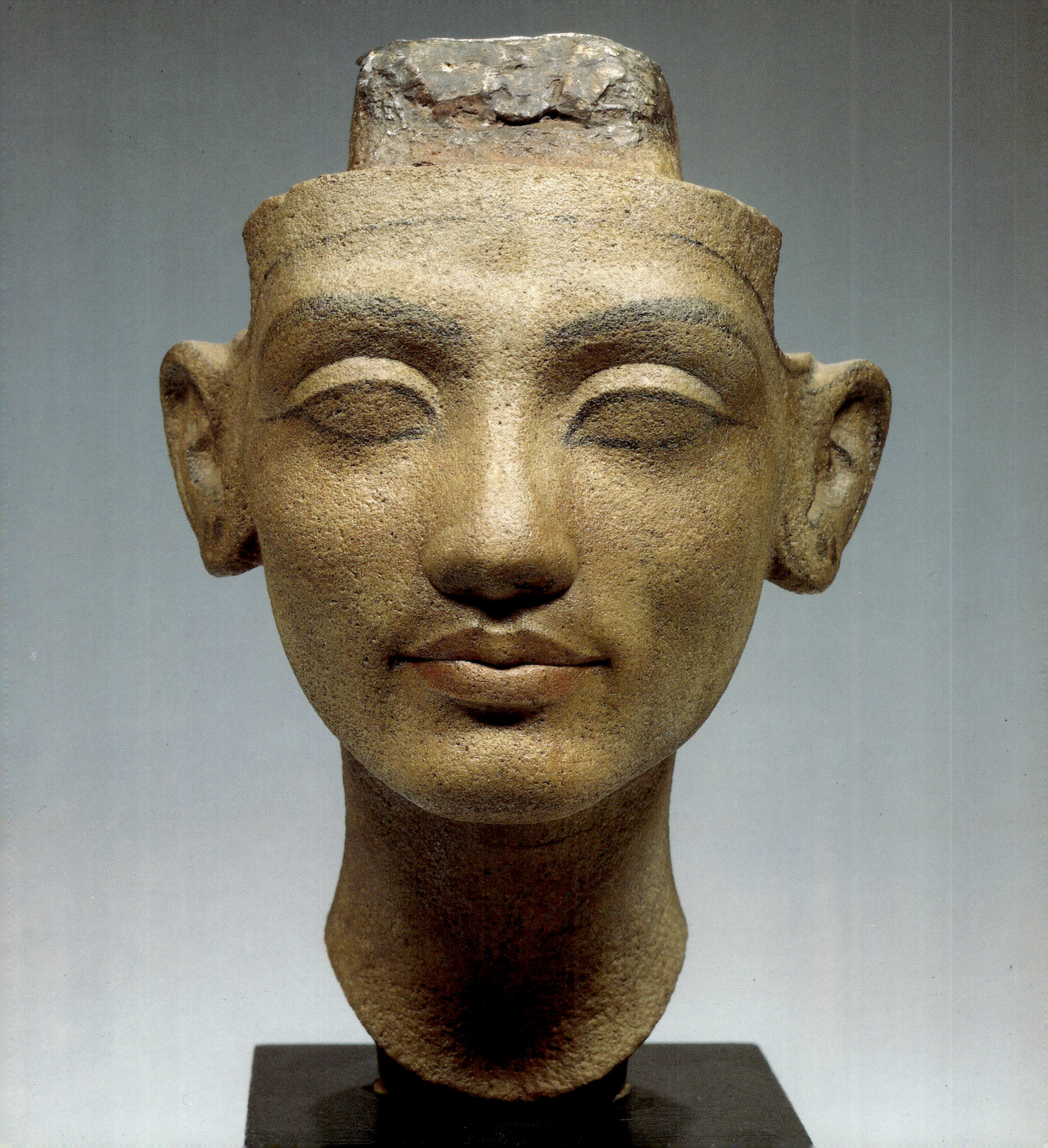

68
Kopf einer Figur der Nofretete

Tell el Amarna, Haus P 47,3, um 1350 v. Chr.
erworben 1920 (Grabung der DOG)
Granit. Höhe 23 cm
Inv.-Nr. 21358

Nofretete (»die Schöne ist gekommen«) war Hauptfrau König Amenophis' IV. (Echnaton). An seiner Seite wurden ihr ungewöhnliche Ehren und Privilegien zuteil, die weder bei früheren noch bei späteren Königsgemahlinnen belegt sind. So finden wir sie zusammen mit ihrem Gemahl bei fast allen öffentlichen und kultischen Handlungen. Sie wird ebenso wie der König als göttlich verehrt, und eine Darstellung zeigt sie beim Erschlagen der Feinde, einem sonst nur Königen und Göttern vorbehaltenen Motiv. Aus all dem ist zu schließen, daß Nofretete bei den religiösen und künstlerischen Reformen Echnatons aktiv mitwirkte.
Der Kopf war Teil einer etwa lebensgroßen, jedoch nicht aufgefundenen Statue und stammt aus der gleichen Bildhauerwerkstatt wie die Standfigur der Königin (vgl. Kat. Nr. 66). Obwohl noch nicht fertiggestellt, kann er der letzten Stilphase der Amarnakunst zugeordnet werden, die sich allmählich von der realistischen Betonung individueller Merkmale löst und wieder mehr allgemeinverbindliche Idealbilder produziert. Trotzdem bleibt auch diesen Bildnissen eine gewisse Individualität erhalten.
Ein typisches Merkmal der Kunst von Amarna ist die Vorliebe, Reliefs und Statuen aus verschiedenen Materialien zusammenzusetzen. Dabei kam den Materialfarben die Aufgabe zu, der jeweiligen Farbe des Körpers, des Gewandes und der Krone zu entsprechen.
Auch der hier gezeigte Kopf sollte nach seiner Vollendung auf einen Körper, der eventuell aus Kalkstein gefertigt war, aufgesetzt werden. Als Kopfbedeckung war eine Krone, wahrscheinlich aus blauglasiertem Stein, vorgesehen. Der Kopf zeigt an Stelle der Schädeldecke die dem Kronenrand entsprechenden Aussparungen und einen massiven Zapfen zum Aufstecken der Krone. Ein ähnlicher, jetzt weggebrochener Zapfen am Hals sollte zur Befestigung des Kopfes auf dem gesondert hergestellten Körper dienen.
Daß der Kopf noch nicht als vollendet angesehen werden darf, zeigen die aufgemalten schwarzen Striche. Sie geben noch auszuarbeitende Details an den Augen, den Augenbrauen, den Ohren und der Unterkante der Stirnbinde an. Auch ist die Modellierung des Mundes, trotz der Rotfärbung, keineswegs abgeschlossen. Auffällig ist die Wahl des Materials, das nicht der natürlichen Hautfarbe entsprach. Es ist anzunehmen, daß nach der endgültigen Formgebung der Kopf mit einer dünnen Stuckschicht überzogen und vollständig bemalt werden sollte. K. F.

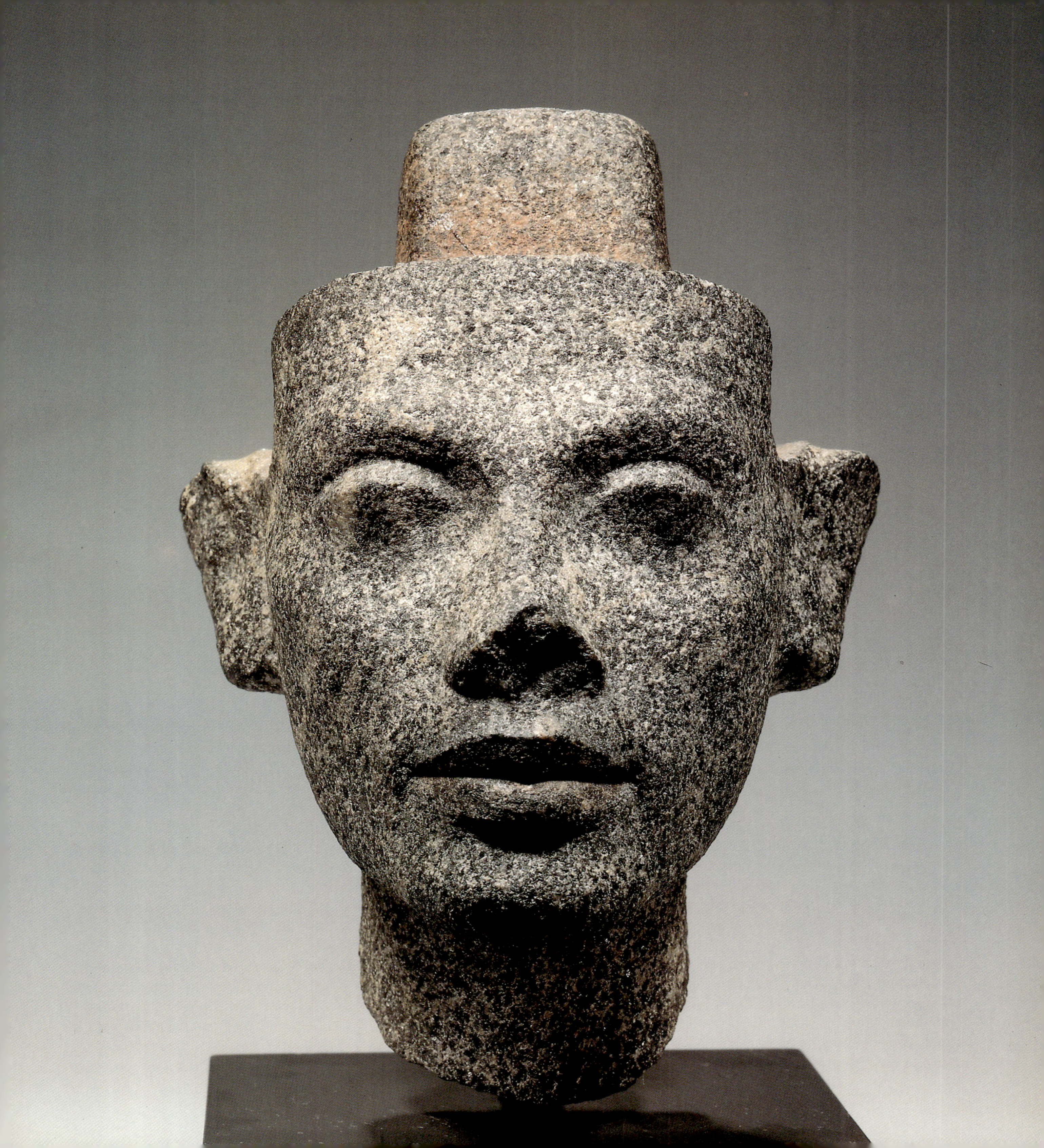

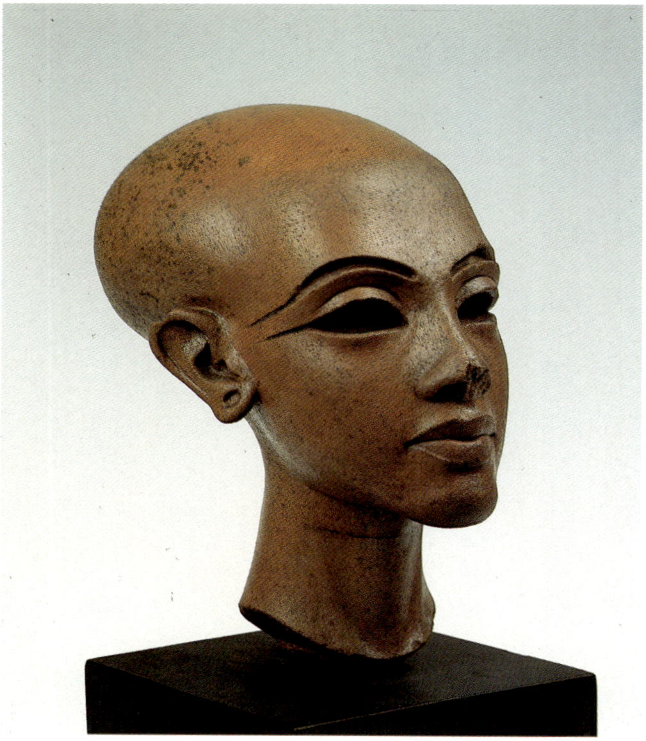

69
Kopf der Figur einer Prinzessin

Tell el Amarna, Haus P 47,1, um 1350 v. Chr.
erworben 1920 (Grabung der DOG)
silifizierter Sandstein (Quarzit). Höhe 21 cm
Inv.-Nr. 21223

In der frühen Phase der Amarnakunst, die durch eine exzessive Übertreibung und Verzerrung einer an der Realität orientierten Kunst gekennzeichnet ist, wird für die Bildnisse der Töchter des Herrscherpaares ein Darstellungsschema geschaffen, das die Mädchen unabhängig von ihrem wirklichen Lebensalter wiedergibt. Dabei dienen die Porträts ihres Vaters Echnaton als Vorgabe. Die auf die Verzerrungen und Übertreibungen verzichtenden nachfolgenden Phasen haben einiges davon beibehalten. So sind die vom König übernommenen Merkmale, wie z. B. das in die Länge gezogene Gesicht mit dem übergroßen Kinn, der lange, durchgebogene Hals und der ausladende Schädel, charakteristisch auch für das Bild der Prinzessinnen. Sie vereinen sich in diesem Kopf zu einem porträthaft wirkenden Idealbildnis. Der fertiggestellte Kopf, von dem nur die Einlagen für Augen und Augenbrauen fehlen, war für eine aus unterschiedlichen Materialien bestehende Figur oder Figurengruppe gedacht. Mit Hilfe eines Zapfens, dessen Reste noch unterhalb des Halses zu sehen sind, sollte er auf einen Körper aufgesteckt werden.

Es ist dem Künstler eindrucksvoll gelungen, dem Gesicht einen frühreifen Ausdruck zu verleihen, ohne dabei jedoch die noch kindlichen Züge des Mädchens außer acht zu lassen. Meisterhaft ist auch die anatomisch genaue Modellierung des Kopfes, mit der Angabe von Hals- und Nackenwirbel und der Knochenstruktur des Hinterkopfes.

Echnaton und Nofretete hatten sechs Töchter, die ihre Eltern regelmäßig bei offiziellen Anlässen begleiteten. Somit finden wir sie natürlich auch in zahlreichen Statuen und Reliefs abgebildet, entweder einzeln oder in Gruppen. Leider geben uns die erhaltenen Inschriften nur über die drei ältesten Prinzessinnen Auskunft. So erfahren wir u. a., daß alle drei noch in der alten Residenzstadt Theben gebo-

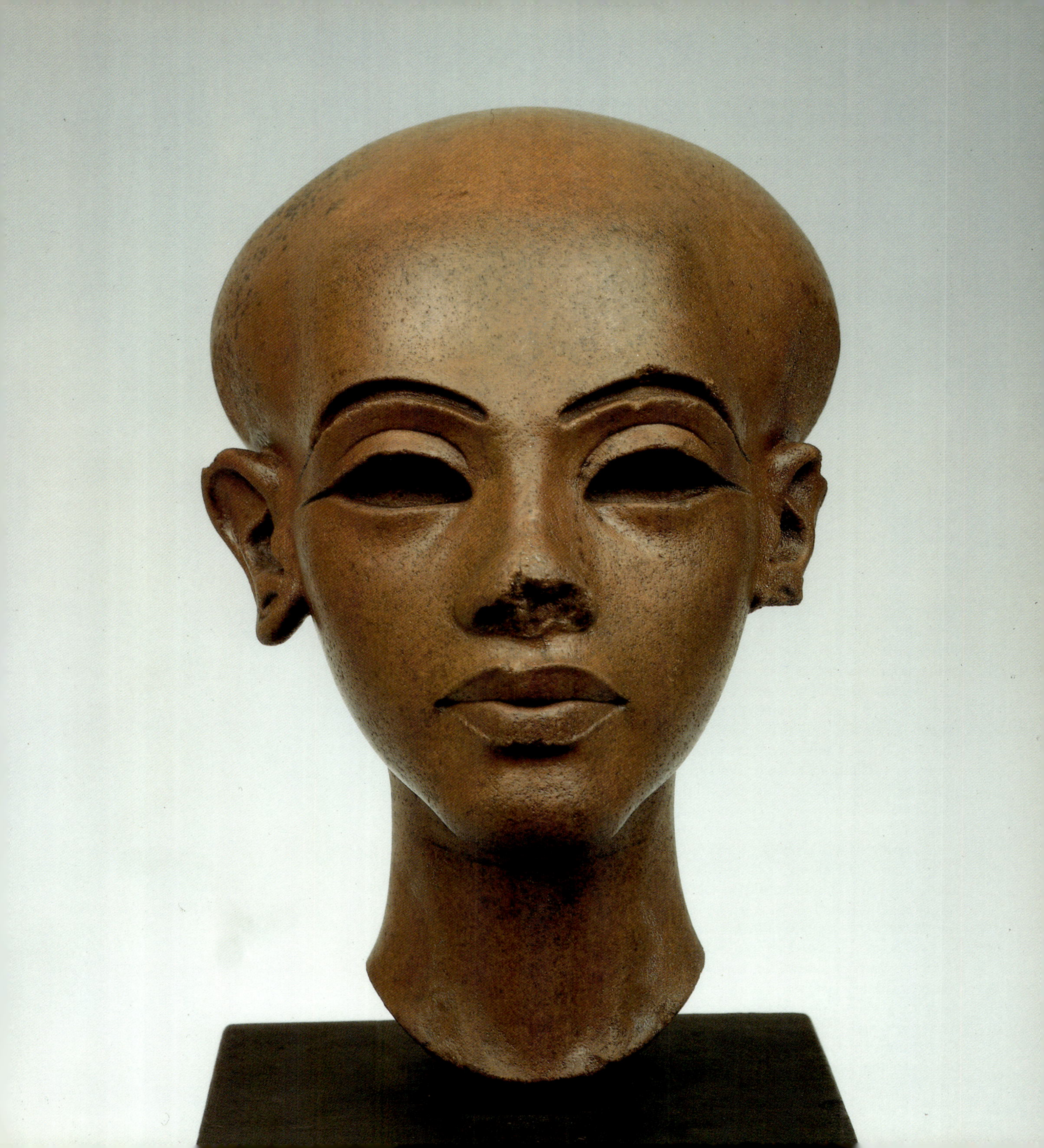

ren wurden. Die älteste Tochter hieß Meritaton (»Geliebt von Aton«). Sie war mit dem Thronfolger Semenchkare vermählt und nach dem Tode Echnatons für kurze Zeit Königin. Der Name der zweitältesten lautete Maketaton (»Beschützt von Aton«). Sie starb schon im Kindesalter und wurde im königlichen Familiengrab beigesetzt, an dessen Wänden sich die Darstellungen der Bestattungszeremonien befinden. Die jüngste von ihnen, Anchesenpaaton (»Sie lebt für Aton«), war die Ehefrau des etwa fünfzehn Jahre jüngeren Tutanchamun, dessen Grab der englische Archäologe Howard Carter 1922 fand, wodurch der eigentlich unbedeutende Pharao weltberühmt wurde. K. F.

70
Kopf der Figur einer Prinzessin

Tell el Amarna, um 1350 v. Chr.
erworben 1898
Kalkstein. Höhe 13 cm
Inv.-Nr. 14113

Dieser Kopf eines jungen Mädchens zeigt vermutlich ebenfalls eine der Töchter von Echnaton und Nofretete. Die Bruchkante am Hals und die Reste eines Rückenpfeilers am Hinterkopf und im Nacken deuten darauf hin, daß er nicht zu einer aus Einzelteilen zusammengesetzten Figur gehört, wie z. B. der Quarzitkopf (vgl. Kat. Nr. 69), sondern von einer kleinen Standfigur stammt, ähnlich der der Nofretete (vgl. Kat. Nr. 66). Der Kopf ist in einem schönen gelbbraunen Ton vollständig bemalt, die Lippen sind schwach rot gefärbt, Pupillen, Lider, Brauen und die Löcher in den Ohrläppchen in schwarzer Farbe angegeben.
Vergleicht man den Kopf mit dem Quarzitkopf einer Prinzessin (Kat. Nr. 69), so fallen doch einige Unterschiede auf. Das Gesicht läßt kaum noch kindliche Züge erkennen, zu stark dominiert das Jugendliche. Die halbgeöffneten Augen mit den schweren Lidern und die ein wenig herabgezogenen Mundwinkel geben dem Antlitz einen leicht melancholischen Ausdruck. Die Durchbildung der Augen und Ohren sowie die Zurücknahme der am Bilde des Vaters orientierten Merkmale erlauben die Einordnung des Kopfes in die Endphase der Amarnakunst.
Insgesamt steht der Kopf dem eines Prinzen (vgl. Kat. Nr. 72) nahe und weist auch Bezüge zum Kopf der Statuette der Nofretete (vgl. Kat. Nr. 66) auf. K. F.

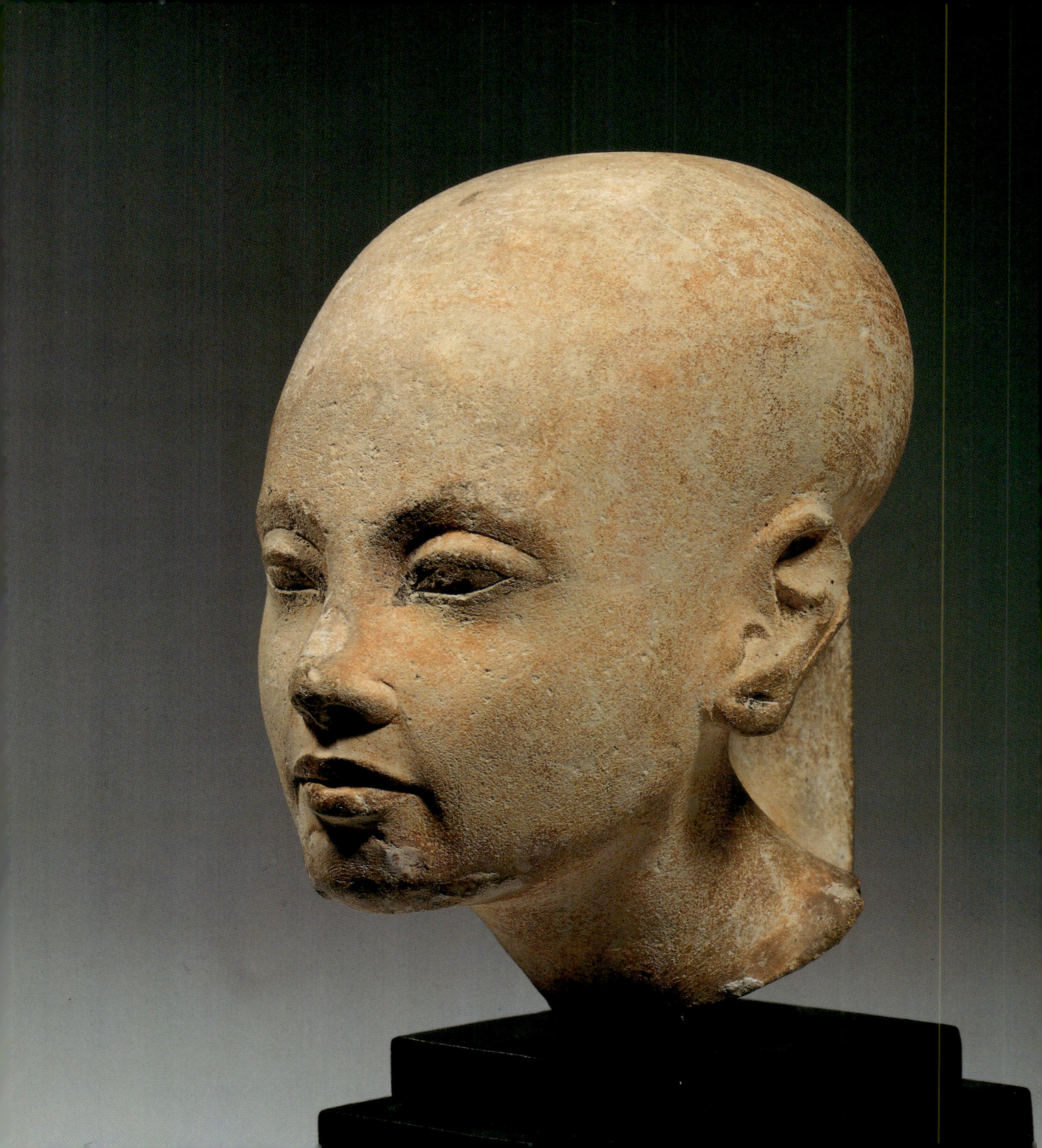

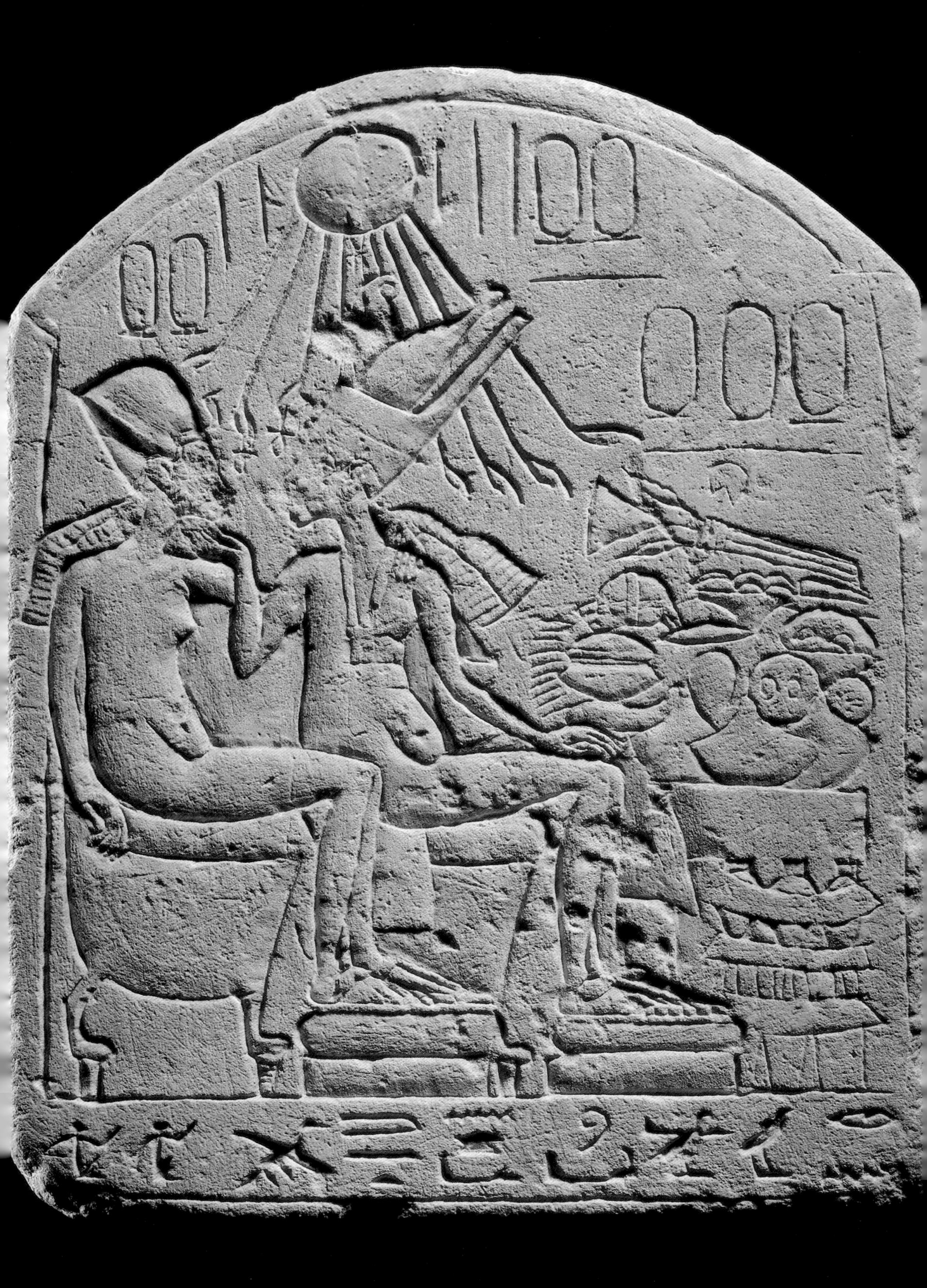

71
Die Könige Echnaton und Semenchkare

Tell el Amarna (?), 18. Dynastie, um 1350 v. Chr.
erworben 1906
Kalkstein. Höhe 21 cm, Breite 16 cm
Inv.-Nr. 17813

Die Stele ist eine Stiftung, »die gemacht hat der Soldat der (Abteilung) ›Erschienen als rechte Ordnung (ist König Echnaton o. ä.)‹, Pasi«. Auf bequemen Sesseln mit Sitzkissen und übergelegten Decken sitzen nebeneinander zwei königliche Personen vor einem Aufbau von Früchten, Broten, Geflügel und einem Bukett aus Papyrusstengeln. Vor dem Aufbau stehen in einem Ständer drei Weinkrüge, von Blumengirlanden umwunden. Die beiden Personen sind in durchsichtige Gewänder gehüllt, nur durch Gewandzipfel vor den Unterschenkeln und dem Oberarm der links sitzenden (rechts im Bild) erkennbar. Sie trägt um den Hals ein Pektoral und die Doppelkrone. Die rechts sitzende trägt die »Blaue Krone«. Die Füße in Sandalen ruhen auf Schemeln mit Kissen. Der linke Partner faßt liebevoll das Kinn des anderen, der ihm wiederum die Hand auf die Schulter legt. Über ihnen schwebt Aton mit seinen beiden Namensschildern und senkrechten Zeilen für die Beiworte. Die Namen der beiden Könige sind in den zwei bzw. drei Namensringen nur aufgemalt gewesen, wenn sie nicht ganz fehlten. Die Identität des Paares ist umstritten. Zunächst wurde in ihnen Echnaton (links sitzend) und sein Nachfolger Semenchkare gesehen, der kurze Zeit Mitregent gewesen sein soll. Die Mitregentschaft ist aber nur wegen dieser Stele und einer anderen der Berliner Sammlung vermutet worden. Später ist dann der Nachweis versucht worden, daß auf beiden Stelen der Partner des Echnaton mit der »Blauen Krone« Nofretete sei. Ich halte dies für unwahrscheinlich. K.-H. P.

72
Büste des Königs Tutanchamun

Tell el Amarna, Haus P 49,6, 18. Dynastie, um 1340 v. Chr.
erworben 1920 (Grabung der DOG)
Kalkstein, bemalt. Höhe 21 cm
Inv.-Nr. 20496

Büsten als eigenständiger Figurentyp sind im alten Ägypten selten, aber schon im Alten Reich anzutreffen und hier den Ersatzköpfen (vgl. Kat. Nr. 20) an die Seite zu stellen. Den Typ vertreten dann in der Amarnakunst die berühmte Büste der Nofretete, zwei Büsten des Echnaton und diese Büste des Tutanchamun. In den Werkstätten von Amarna sind noch die Reste von weiteren gefunden worden. Diese Stücke werden allgemein als Musterstücke betrachtet, als »Modellbüsten«, die als Vorlage für die Herrscherporträts in den Werkstätten aufbewahrt wurden, doch ist die Frage, ob diese Deutung richtig sein kann, bisher noch nicht umfassend untersucht worden.
Die Büste des zweiten Nachfolgers des Echnaton ist bereits sehr knapp unter dem Halsansatz abgeschnitten. Der Kopf endet oben mit einer geraden Schnittfläche, an der der gratige Saum einer Krone entlangläuft, der sich an den Schläfen in der charakteristischen Form des seitlichen Ansatzes der »Blauen Krone« halbkreisförmig herabsenkt. Unterhalb des Saumes zieht sich das zu der Krone gehörige Band über die Stirn. Die Büste weist die Reste einer rotbraunen Fleischfarbe auf, die Lippen waren fast im gleichen Farbton bemalt, mit schwarzer Farbe sind die Mundwinkel, die Augenlider, die Augäpfel, die Löcher in den Ohrläppchen und die Kante des Kronenbandes hervorgehoben sowie die Augenbrauen, zwei Halsfalten und als drei parallele Linien ein Schulterkragen aufgemalt. Stilistisch gehört der Kopf zweifellos in die Endphase der Amarnakunst und in die Nähe des Prinzessinnenkopfes Kat. Nr. 70 mit einer so starken Idealisierung, daß die charakteristischen Gesichtsformen außerordentlich zurücktreten. Es ist aber deutlich ein männliches Gesicht abgebildet, zweifellos nicht das des Echnaton. Die Büste ist deshalb eigentlich immer schon dem Tutanchamun zugesprochen worden. Sie entstand mit Sicherheit in den ersten beiden Jahren seiner Regierung vor dem Wegzug aus Amarna. Die Übereinstimmungen mit den anderen bekannten Porträts des Königs sind in der Tat unübersehbar. Bei ihnen ist das Gesicht lediglich fülliger, das Kinn tritt dadurch nicht so deutlich hervor, die Oberlider werden weniger scharf gegen die Brauen abgesetzt, die Nasenflügel sind breiter, und die Andeutung der Halsmuskulatur verschwindet.
Tutanchamun war nach allgemeiner Auffassung Blutsverwandter des Echnaton, so daß Gemeinsamkeiten der Gesichtszüge beider Herrscher naturgemäß möglich wären. Man könnte aber auch die Auffassung vertreten, daß das Echnaton-Porträt als Typ eine konsequente idealisierende Fortentwicklung erfuhr, über die Amarna-Kunst hinaus bis in das Porträt des Tutanchamun (und sogar noch weiter in das des Nachfolgers Eje). So ist auch ein Königskopf (jetzt in Hannover), der noch die starke Längung der Echnaton-Köpfe aufweist und zwischen ihnen und der Berliner Büste des Tutanchamun einzuordnen wäre, entweder diesem König oder mit mehr Recht seinem Vorgänger Semenchkare zugeschrieben worden. K.-H. P.

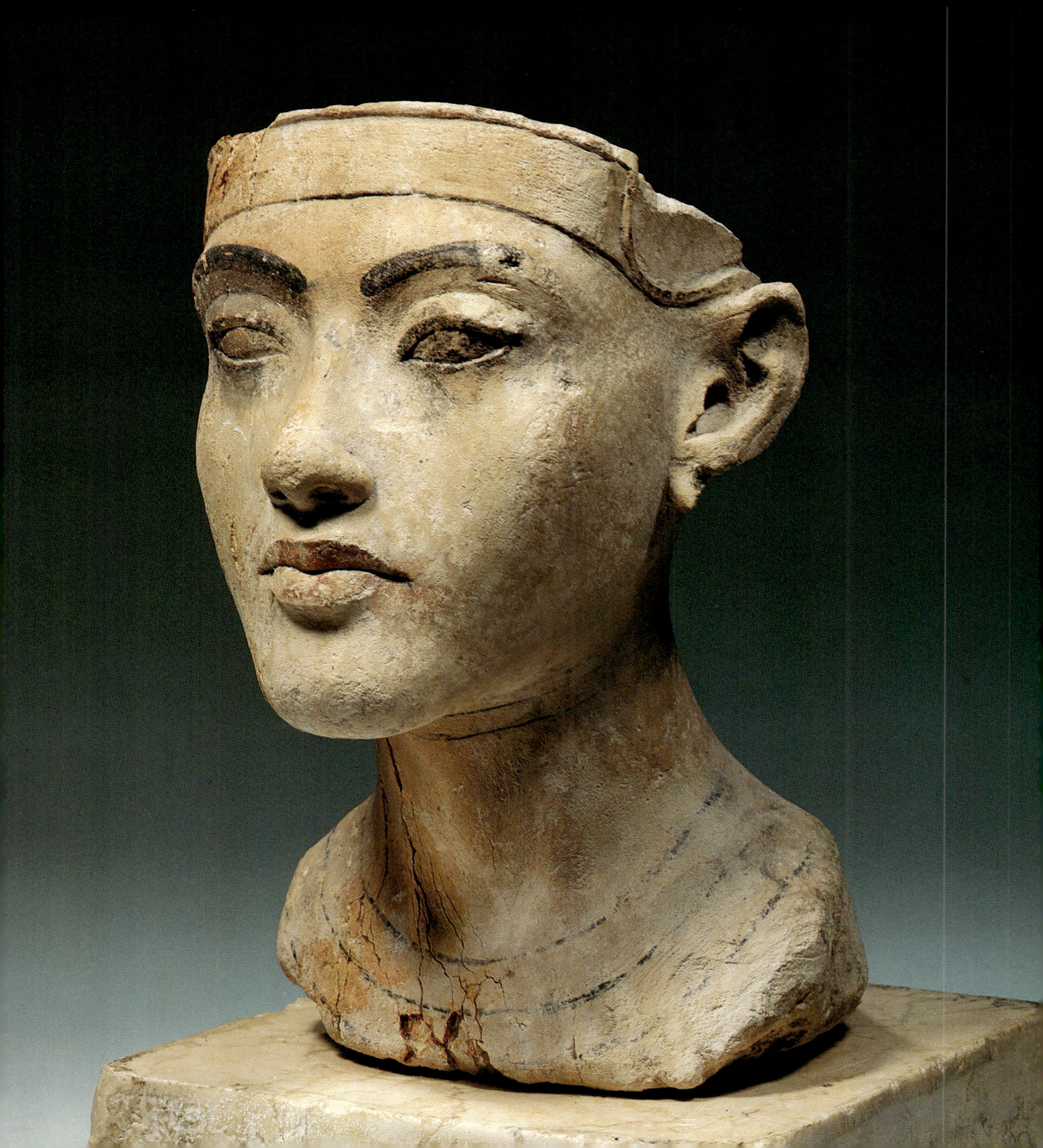

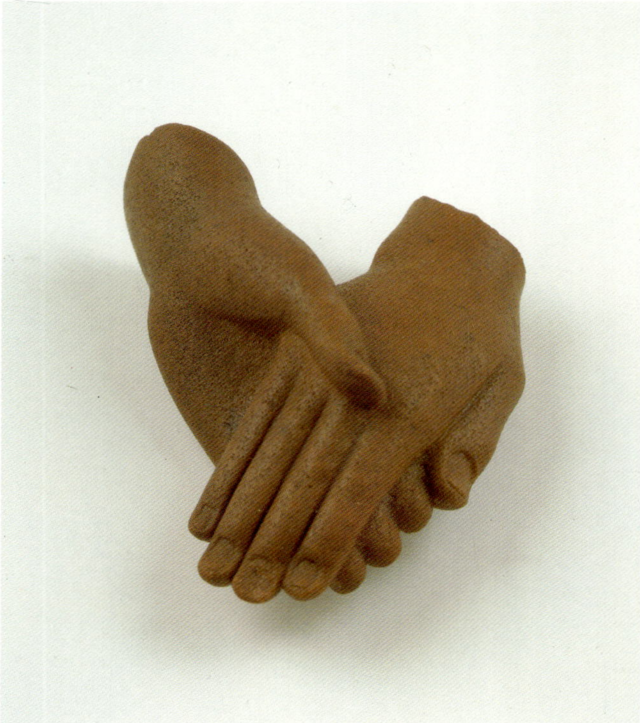

73
Hände einer Figurengruppe

Tell el Amarna, Haus P 49,6, 18. Dynastie, um 1350 v. Chr.
erworben 1920 (Grabung der DOG)
silifizierter Sandstein (Quarzit). Länge 9 cm
Inv.-Nr. 20494

Wie in den Reliefs sind das Königspaar Echnaton und Nofretete oder zwei ihrer Töchter auch in Rundbildern Hand in Hand dargestellt worden. Wurden solche Figuren aus mehreren Materialien zusammengefügt, dann waren natürlich nicht nur die Köpfe, sondern ebenso alle anderen nackten Körperteile aus einem farblich passenden Gestein gearbeitet. Die ineinandergelegten Hände sind völlig frei gearbeitet, die oben liegende als Hand des Königs setzte sich wohl noch in einem abgebrochenen Arm fort und ist in senkrechter Haltung zu denken. Ihre Finger sind etwas kräftiger gearbeitet und ganz ausgestreckt; von hinten erfaßt sie die Hand der Königin. Sie ist mit einer schräg verlaufenden glatten Fläche über dem Handgelenk glatt abgeschnitten. K.-H. P.

74
Arm einer Standfigur

Tell el Amarna, Haus P 49,6, 18. Dynastie, um 1350 v. Chr.
erworben 1920 (Grabung der DOG)
silifizierter Sandstein (Quarzit). Länge 22,7 cm
Inv.-Nr. 20495

Der gesondert gearbeitete Arm für eine Figur der Königin wie Kat. Nr. 66 ist oben schräg abgeschnitten und mit einem Zapfen versehen. Das Material der Gewandteile der Figur ist aus Kalkstein zu denken mit weiten Ärmeln. In der Unterseite des rechten Ärmelteiles sollte der Arm eingesetzt werden. Die Finger sind außerordentlich feingliedrig mit leicht nach außen gebogenen Fingerspitzen gearbeitet. Die Farbgebung der Figuren durch verschiedene Materialien wurde außerordentlich weit getrieben. So fanden sich aus Alabaster gesondert gearbeitete Sandalenriemen, die den Fußteilen von lebensgroßen Figuren angefügt wurden. K.-H. P.

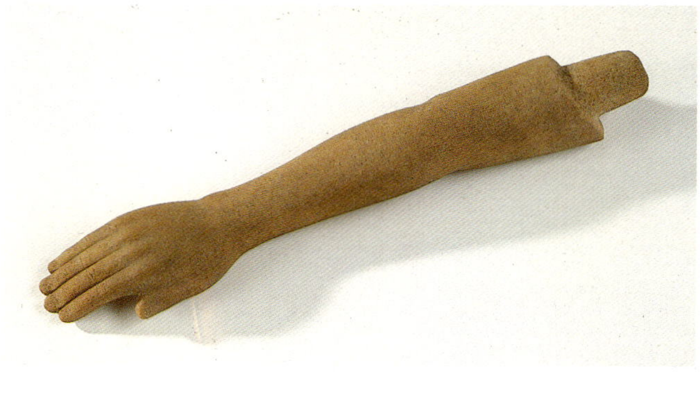

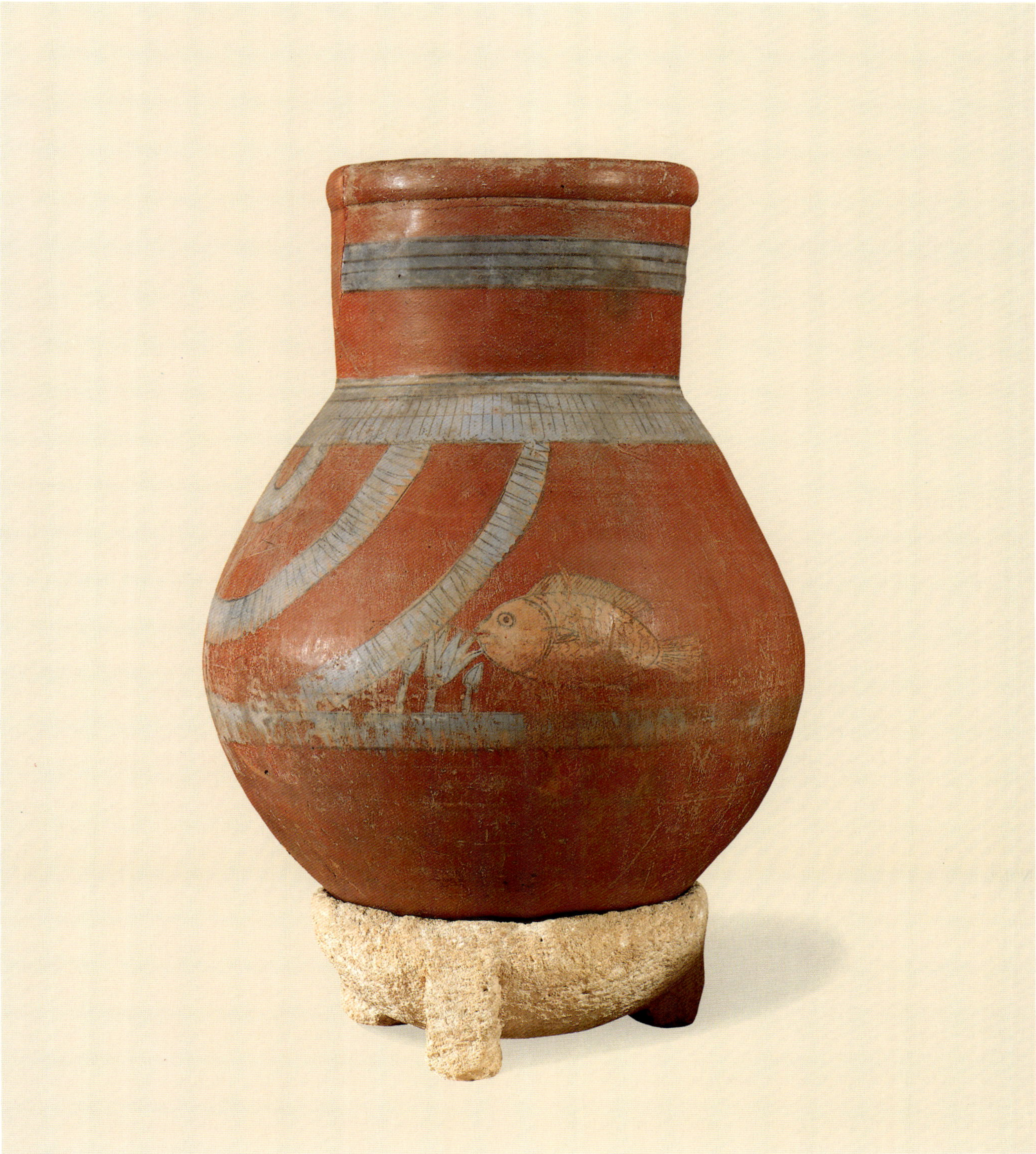

75

◁ 75

Bemaltes Gefäß

Tell el Amarna, Haus O 50,2, 18. Dynastie, um 1350 v. Chr.
erworben 1920 (Grabung der DOG)
Ton, bemalt. Höhe 62 cm
Inv.-Nr. 22355

Gefäßuntersatz

Tell el Amarna, Haus Q 47,16, 18. Dynastie, um 1350 v. Chr.
erworben 1920 (Grabung der DOG)
Kalkstein. Höhe 12,5 cm, Durchmesser 30,5 cm
Inv.-Nr. 25865

Der Krug für Wein oder Bier ist mit einem roten Überzug versehen und bemalt: Blaue Weidenblätter bilden Girlanden, wie sie gerne bei Festen um die Gefäße gelegt wurden. Ein dreifaches blaues Band umzieht den Hals. In die Zwickel des äußeren Girlandenbogens sind je eine Lotosblüte und zwei Lotosknospen gesetzt, vor denen je ein gelber Fisch steht. Der Lotosblüte und dem Fisch kam ein Symbolwert zu. Die Lotosblüte, die sich morgens öffnet und abends schließt, ist Symbol der Schöpfung, der Lebenskraft, auf der der junge Sonnengott aus dem Urgewässer emporsteigt. Der Fisch, ein Tilapia, ist ein Maulbrüter. Die erstaunliche Beobachtung, daß seinem Mund die Jungfische entquellen, brachte ihn in Beziehung mit dem sich selbst erzeugenden Sonnengott und machte ihn zu dessen Begleiter, der den Gott auf seiner Nachtfahrt beschützte. Als Symbol der Fruchtbarkeit war er aber auch mit der Göttin Hathor verbunden, der Göttin der Liebe, des Festes und der Trunkenheit.
Gefäße wurden im alten Ägypten, wenn sie nicht einfach auf sandigem Boden genügend Standfestigkeit finden konnten, auf Standringe, Untersätze oder in Gestelle gesetzt. Eine spezielle Form der Untersätze aus Stein sind flache Schalen mit stützenden Beinen an der Außenseite. K.-H. P.

76

Porträt einer Frau

Abguß einer Studie
Tell el Amarna, Haus P 47,2, um 1350 v. Chr.
erworben 1920 (Grabung der DOG)
Gipsstuck. Höhe 27 cm
Inv.-Nr. 21261

Nachdem Tutanchamun Amarna verlassen hatte, wurde die Stadt allmählich vom Wüstensand begraben. Diesem Umstand verdanken wir die Erhaltung von zahlreichen Meisterwerken altägyptischen Kunstschaffens. In einer Bildhauerwerkstatt konnten mehr als zwanzig Porträtstudien aus Gipsstuck geborgen werden, die zum Teil kaum Beschädigungen aufwiesen. Es sind einigemale Abgüsse von Statuenköpfen (vgl. Kat. Nr. 62), meist aber solche von Porträtstudien, wahrscheinlich in Ton. Von einer Studie liegen sogar Abgüsse nach unterschiedlichen Arbeitsstadien vor. Diese Studien lassen einen einmaligen Einblick in das Bemühen der Bildhauer zu, für ihre Arbeit über lebensnahe individuelle Porträts als Vorlagen zu verfügen. Einige Bildnisse sind so naturalistisch, daß sogar Abformungen vom lebenden Gesicht selbst vermutet wurden. Es sind aber an den vorliegenden Abgüssen genügend oft Gußnähte zu beobachten, um klarzustellen, daß die Formen, in denen sie gegossen wurden, als zweiteilige Halbformen von Studien und Bildnissen aus starrem Material abgenommen worden sind.
Über die dargestellten Personen können eigentlich kaum Vermutungen geäußert werden. In einem Falle hat man an Amenophis III. gedacht, der nach einer nicht bewiesenen Annahme noch während der Regierung seines Sohnes gelebt haben soll, wie es für die Mutter, Teje, gesichert ist. Natürlich denkt man an Bildnisse der Königsfamilie, da wir aus Amarna kaum Bilder von »Privatleuten« haben und wir nicht wissen, ob die Ateliers für sie arbeiteten. Das Problem macht deutlich, wie weit unter dem Zwang der Stilprinzipien selbst in der Amarnakunst - um wieviel mehr dagegen in anderen Kunstepochen des Alten Ägypten - das identifizierbare »Porträt« im Rundbild und Relief vom natürlichen Aussehen des Dargestellten entfernt sein kann. Das abgebildete Gesicht einer Frau mittleren Alters zeigt dies deutlich. Die Augen mit den darunterliegenden Tränensäcken, die betonten Backenknochen, der schmale, ein wenig schiefe Mund und die ausgeprägten Nasolabiallinien geben dem Gesicht einen müde und abgespannt wirkenden Ausdruck.
K.-H. P.

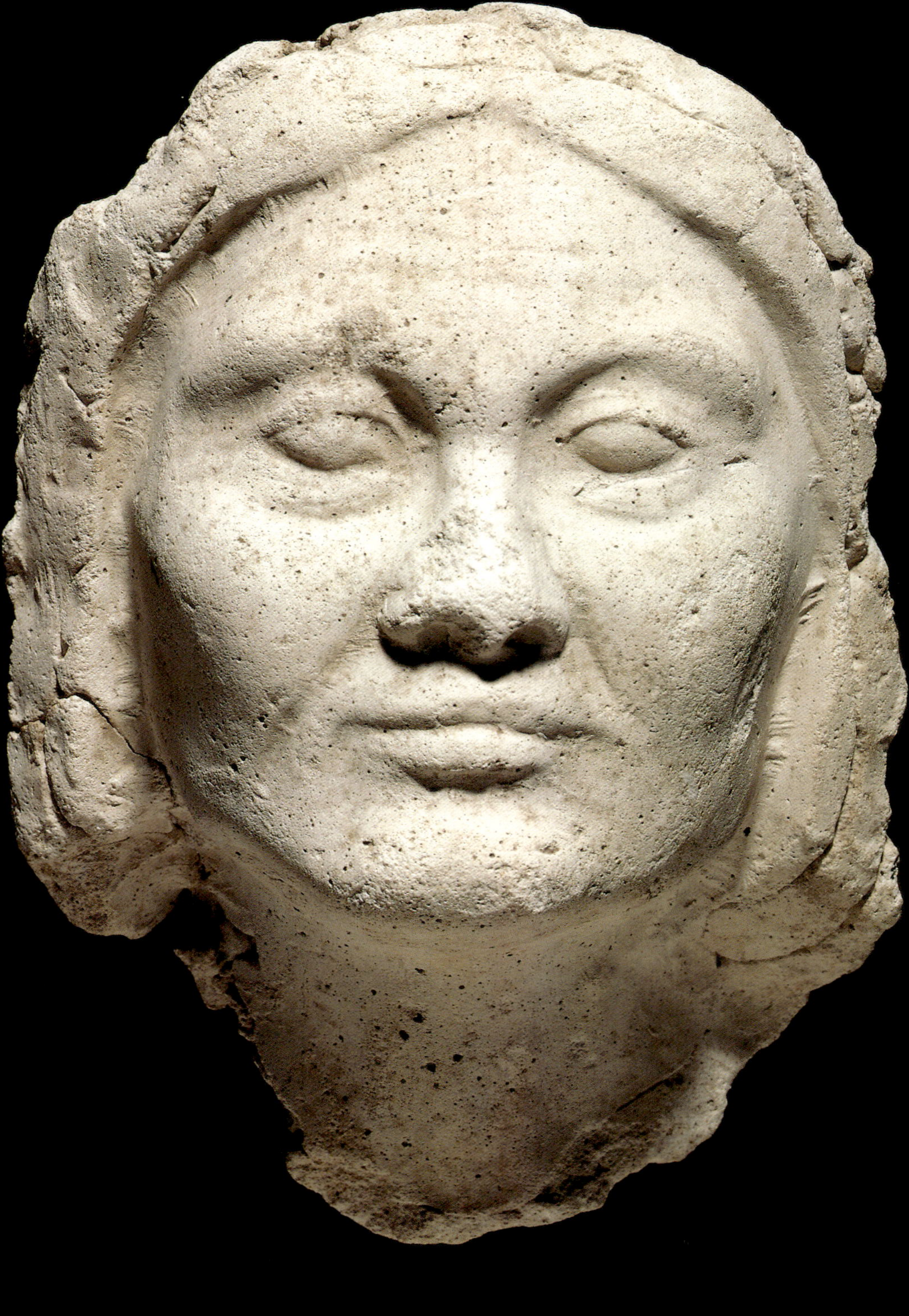

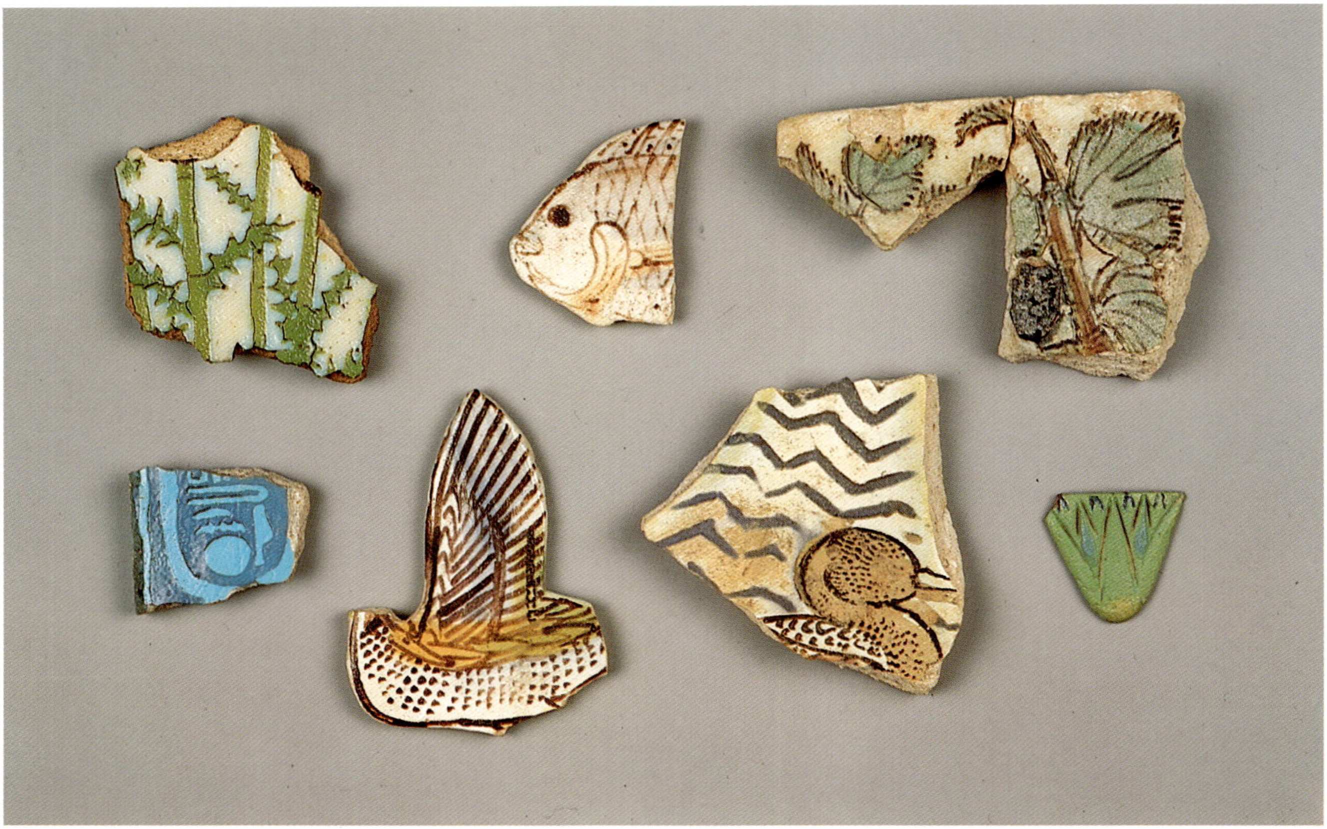

77

Fragmente von farbigen Kacheln als Wandeinlage

Tell el Amarna, 18. Dynastie, um 1350 v. Chr.
erworben 1920 (Grabung der DOG)
Fayence. Höhe 2,6 cm bis 6,5 cm
Inv.-Nr. 30590, 25444, 30552, 30565, 25436, 30595, 30623

Kostbarer als Malerei waren Wandfriese aus Fayence-Kacheln. Wir finden rechteckige Platten mit figürlichen Darstellungen und solche, die den Figurenumrissen folgend zugeschnitten und entweder mit entsprechend konturierten Platten zusammen mosaikartig zu größeren Flächen zusammengefügt oder in ansonsten bemalte Wandflächen eingesetzt wurden. Solche Kacheln waren häufig als erhabenes Relief geformt (Fragment eines Fisches). Die Glasurmalerei arbeitete mit einer einheitlichen Grundfarbe, auf die zarte, verlaufende andere Farbtöne aufgetragen wurden, und einer flott skizzierenden schwarzen oder braunen Strichzeichnung. Für bestimmte Details, wie die Weintraube auf der Kachel oben rechts, waren in der Glasur Felder ausgespart, in die dann die andersfarbige Glasur eingelegt wurde. Noch aufwendiger war das Verfahren, wenn für die Stengel und Blätter der Crucifere (links oben), die Schriftzeichen des Inschriftfragmentes (mit einem Teil des Namens des Aton) und sogar für die Wasserlinien die Flächen der Grundglasur ausgestochen wurden. Die Kontur der Nilgans ist mit einer eingeritzten Linie umfahren, ebenso die größeren Blütenblätter der Lotosblüte. K.-H. P.

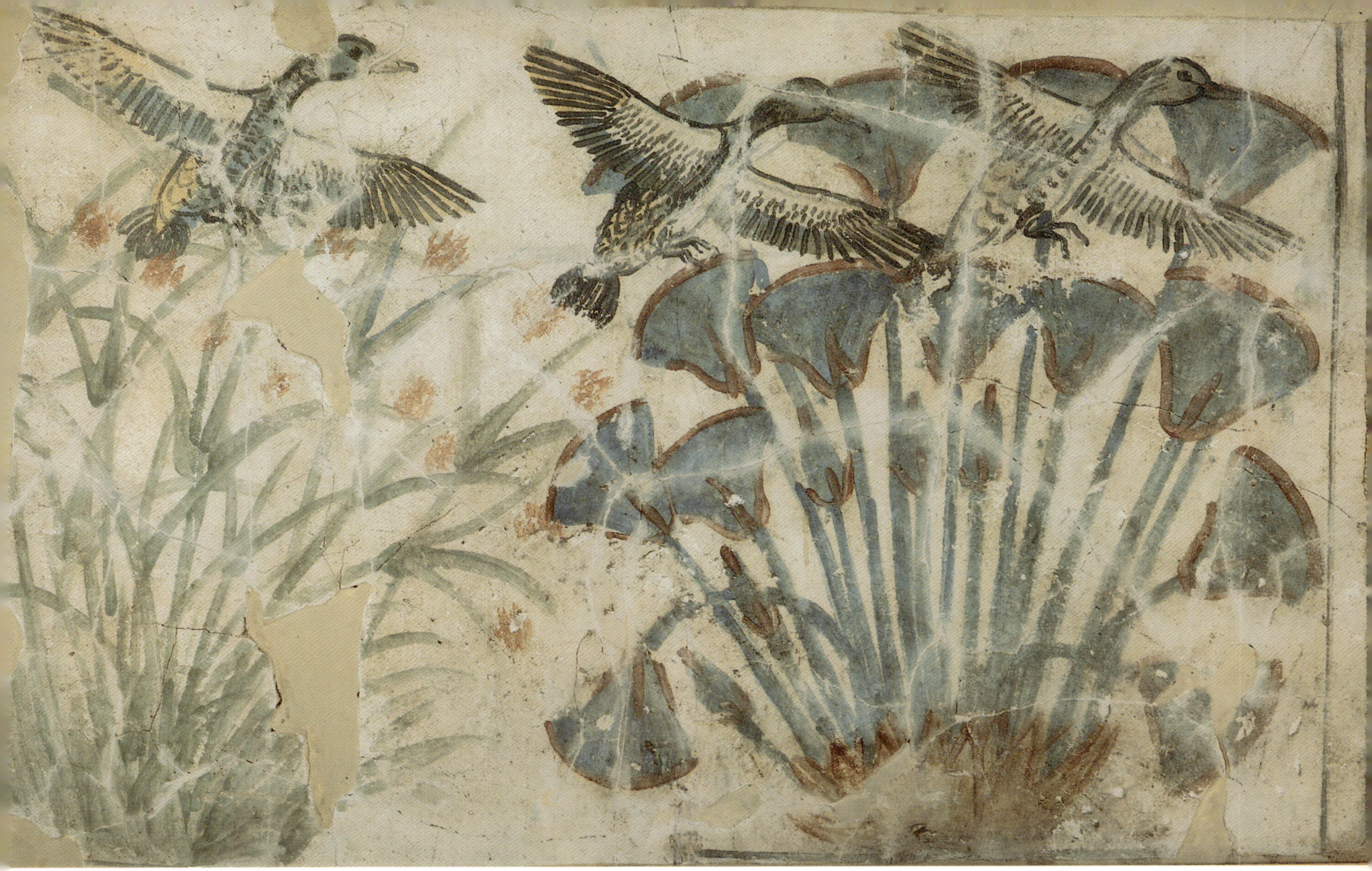

78

Fragment eines bemalten Palastfußbodens

Tell el Amarna, 18. Dynastie, um 1350 v. Chr.
erworben 1900
Gipsstuck, bemalt. Höhe 100 cm, Breite 150 cm
Inv.-Nr. 15335

In den Privathäusern von Tell el Amarna wurden die Wände wenigstens mit gemalten Friesen dekoriert. Die Paläste der Herrscherfamilie waren selbstverständlich noch prunkvoller ausgestattet. Im Südpalast von Amarna sind 1896 große Teile des Fußbodens des sogenannten »Wasserhofes« mit prachtvollen Malereien gefunden worden, von denen ein Stück als Geschenk der ägyptischen Altertümerverwaltung nach Berlin kam. Genaue Aufzeichnungen über die Anordnung der von der Fundstelle geborgenen Fußbodenteile sind seinerzeit nicht gemacht worden. Der »Wasserhof« war ein überdachter Raum mit kleinen T-förmigen nebeneinanderliegenden Wasserbassins. Die Bemalung bestand wahrscheinlich aus einem Fries von Pflanzenbüschen, der die Becken umrandete, und Rechteckfeldern mit je zwei Büschen. Über den Büschen fliegen Nilgänse auf, zwischen ihnen tummeln sich Kälber; das Dekorationsprogramm stellte mit den wassergefüllten Becken zusammen eine Nillandschaft dar. Im Gegensatz zu der abstrakten geometrischen Aufteilung der Fußbodenfläche steht die fast impressionistische, großzügige Malweise (auf dem trockenen Stuck - al secco-Malerei). Das fast vollständig erhaltene Rechteckfeld des Berliner Museums zeigt einen Zyperngras- und einen Papyrusbusch mit drei Gänsen.

K.-H. P.

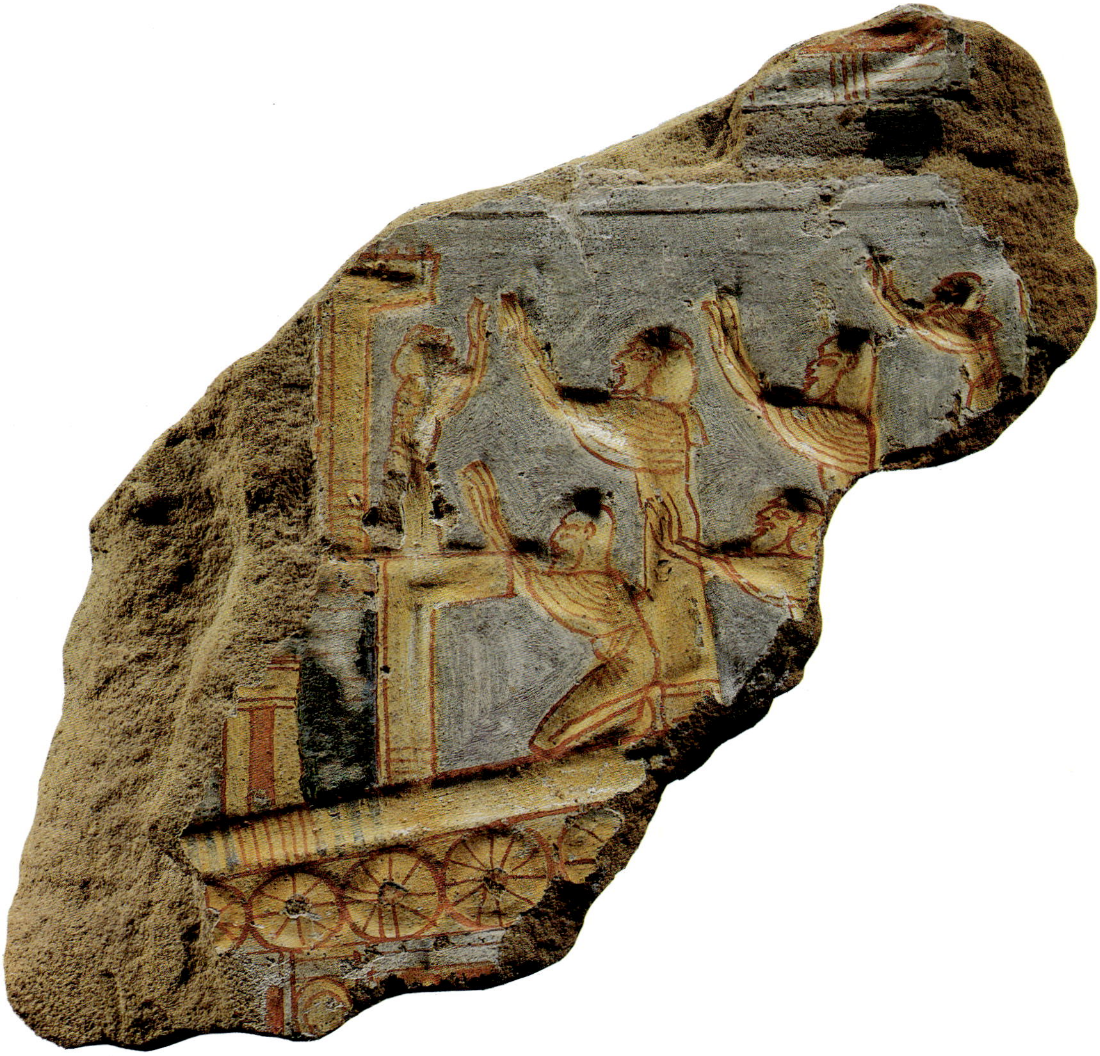

79
Syrer vor ihrer Burg

Relieffragment
Theben (?), 18. Dynastie, um 1400-1300 v. Chr. (?)
Fundort unbekannt, erworben 1913
Sandstein, bemalt. Höhe 18 cm
Inv.-Nr. 21140

Ein Sandsteinblock ist mit vertieftem Relief versehen, mit Stuck überzogen und bemalt worden. Das stark fragmentarische Bildmotiv aus einer großen Wandszene ist leicht erkennbar: Vor einer zweistöckigen Burganlage stehen und knien vollbärtige Bewohner Palästinas und Syriens in ihrer charakteristischen Tracht mit anbetend erhobenen Händen. Ein Syrer steht auf der Zinne. Auffällig ist die schräge Standfläche mit dem Rosettendekor und die überwiegend ockergelbe Farbe. Eine einfache Erklärung bietet ein Blick in die Fülle der Bilderwelt der Privatgräber des Neuen Reiches: Die schräg aufwärts laufende Standfläche ist die Bordkante eines großen, reich mit Schnitzereien und Malereien verzierten Schiffes und die Szene darüber die Dekoration einer Wand der Decksaufbauten. K.-H. P.

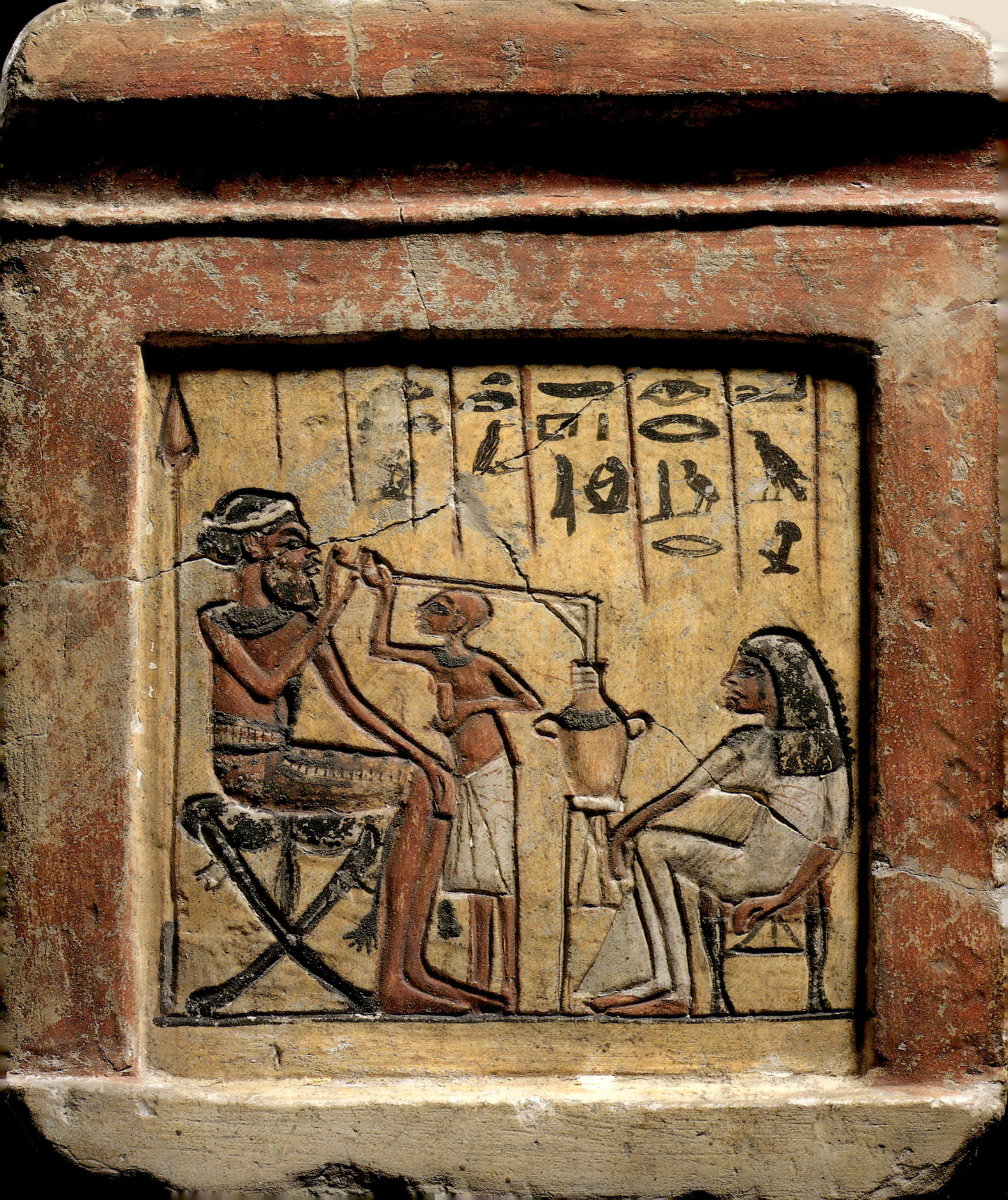

◁ 80
Stele eines syrischen Söldners

Tell el Amarna (?), 18. Dynastie, um 1350 v. Chr.
erworben 1898
Kalkstein, bemalt. Höhe 29,5 cm, Breite 24 cm
Inv.-Nr. 14122

Die Stele enthält innerhalb der von einem Rundstab-Hohlkehlen-Gesims bekrönten und rot bemalten Umrahmung im vertieften Bildfeld eine ungewöhnliche Darstellung. Auf einem Klappstuhl mit lederner Sitzbespannung sitzt ein Mann mit Vollbart und Haartracht des »Semiten«, bekleidet mit einem knielangen buntgemusterten Schurz, von dessen Unterkante zwei lange Kordeln herabfallen. Geschmückt ist er mit einem Schulterkragen und einem Haarband. Seinen Stand verrät die lange Lanze, die hinter ihm steht: Er ist einer der Ausländer, die am Ende der 18. Dynastie auch in Amarna in der königlichen Leibwache Dienst taten. Die »semitischen« Gesichtszüge sind scharf und leicht karikierend gezeichnet. Die linke Hand liegt auf den Knien, die rechte greift nach einem Saugrohr, das ein Diener ihm zum Munde führt. Mit ihm soll aus dem Krug auf dem hölzernen Untersatz der Inhalt, Wein oder Bier, gesogen werden. Der Krug ist festlich mit einer Blütengirlande geschmückt. In der linken Hand hält der Diener einen kleinen Weinkrug, wie er in dieser Form zum Ausschenken des Getränkes benutzt wird. Dem Mann gegenüber hockt seine Frau auf dem vierbeinigen modischen Hocker dieser Zeit, gekleidet mit dem weiten fußlangen Kleide und der Stola, ganz wie eine vornehme Dame, geschmückt mit einem Schulterkragen. Über der Szene stehen die unägyptischen Namen des Paares: »Tarura; Hausherrin Arbura«. Die Szene ist ein kleines Genrebild, auf dem zum Beispiel die Sitzhaltung der Frau ganz die der Nofretete ist, die sie in ähnlichen Szenen dem König gegenüber einnimmt.
Die Stele ist eines der wenigen »Privatdenkmäler« aus Amarna, zu denen u. a. Gedächtnisstelen gehören, die in den Grabkapellen standen. Eine Stele mit einer Gelageszene hat sich im Bereich des großen Atontempels gefunden, war aber möglicherweise in einem Wohnhaus aufgestellt. Das ungewöhnliche Bildmotiv für eine Gedächtnisstele erklärt sich aus der religiösen Situation, die es unmöglich machte, den Verstorbenen etwa vor den Göttern des Totenglaubens zu zeigen. So wich man aus auf Szenen der Versorgung des Toten durch Angehörige des Haushaltes oder eben solche, die eine Seite des erwünschten Lebens im Jenseits darstellten, alles Szenen, die immer schon zum Bildprogramm der Gräber gehörten (vgl. Kat. Nr. 49). Unverkennbar ist, daß hier offenbar Darstellungen der Königsfamilie beim Trinkgelage für die Gestaltung anregend gewesen sind, wie sie sich auf Hausaltarstelen und Reliefs der Beamtengräber von Amarna finden. Die Künstler dürften hier wie dort dieselben gewesen sein. Die Stele ist auch ein gutes Beispiel dafür, daß erst die Bemalung des vertieften Reliefs das Bild detailreich ausgestaltete. K.-H. P.

81
Relieffragment aus dem Grab des Haremhab

Memphis/Saqqara, 18. Dynastie, um 1340 v. Chr.
erworben 1911
Kalkstein. Höhe 51 cm, Breite 41 cm
Inv.-Nr. 20363

Wie die meisten hohen Beamten Tutanchamuns ließ sich der General und spätere König Haremhab nach der Verlegung der Residenz von Amarna nach Memphis im Norden des dortigen Friedhofs eine Grabanlage errichten. Die Hauptdarstellungen zeigen ihn als triumphierenden Militärführer: Nach erfolgreichen syrischen und nubischen Feldzügen läßt er Gefangene vorführen, vermittelt zwischen den um Gnade und Schutz flehenden »Häuptlingen aller Fremdländer« und dem König und bekommt als Anerkennung das »Ehrengold« durch das Königspaar verliehen. Die Darstellungen und Titel machen deutlich, daß er zu dieser Zeit neben Eje, der noch vor ihm den Thron besteigt, der einflußreichste und mächtigste Beamte war.
Das Fragment gehört zu einer Szene, in der das Leben in einem Feldlager geschildert wird. Oben ist ein Streitwagen zu sehen, in dem der Wagenlenker sitzt und sich ausruht. Daneben hockt der Pferdeknecht, die ausgespannten Pferde an der Leine haltend. Unten links ist der obere Teil eines Zeltes zu erkennen. Ägyptischen Darstellungsprinzipien entsprechend, ist es im Umriß wiedergegeben, so daß der Inhalt in flächennutzender Anordnung gezeigt werden kann: Klappstuhl und Hocker, Handwaschgeschirr, Krüge und Schalen in Ständern, ein mit Speisen gedeckter Tisch, zwei Ständer mit Räucherschalen, ein Blumenstrauß. Nach unten setzt sich die Darstellung auf einem Reliefblock fort, der sich im Museo Civico in Bologna befindet. So wird deutlich, daß der neben der Tür stehende Aufseher einem Diener, der ein Handtuch und einen Wasserkrug herbeibringt, eine Anweisung erteilt. Rechts neben dem Zelt steht ein Esel mit müde herabhängenden Ohren bei seinen Tra-

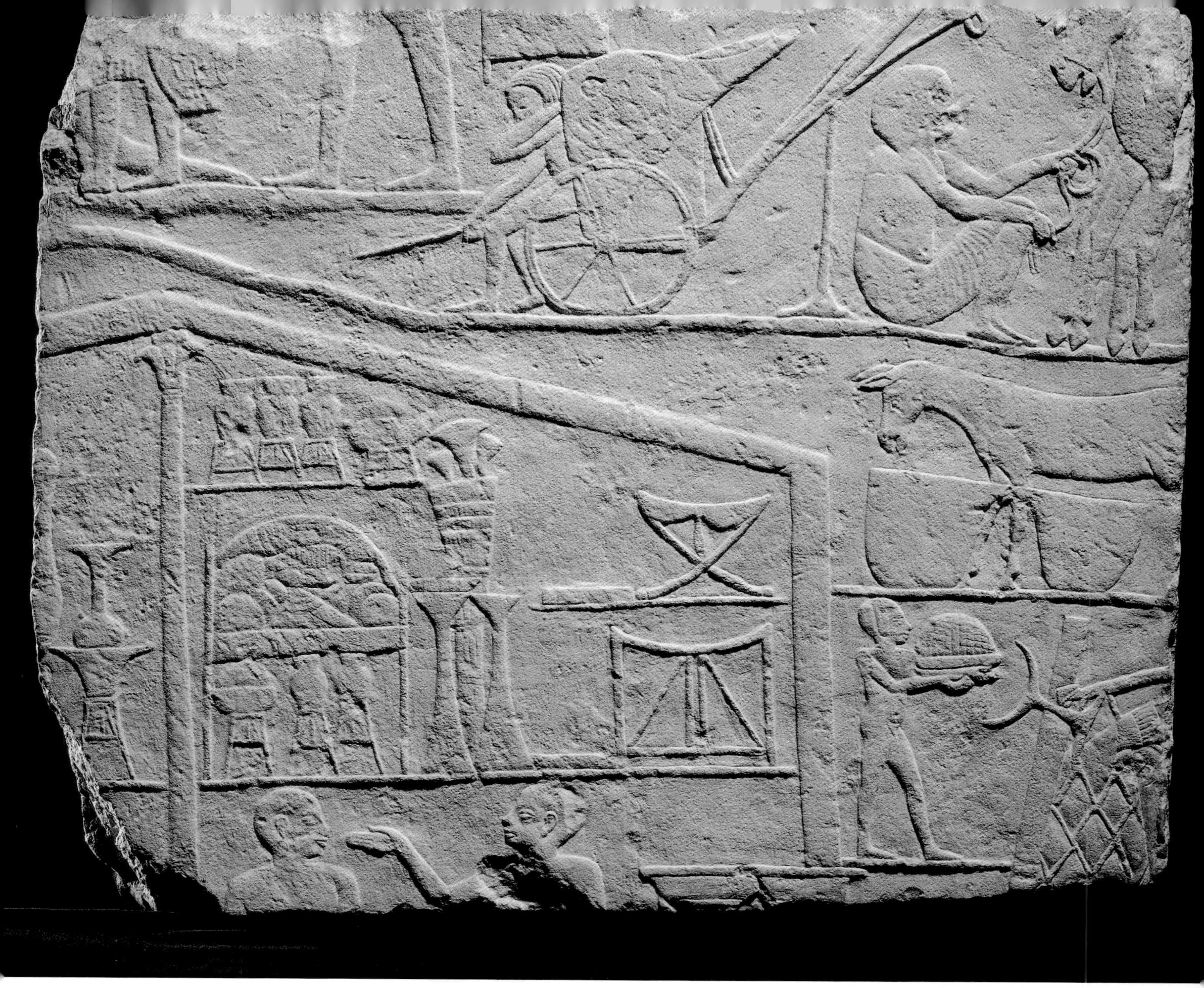

gekörben. Darunter sieht man einen Knaben einen Obstteller tragen. Beide Figuren sind auf einer geraden Standlinie angeordnet, während die gewellten Linien darüber die hügelige Wüstenlandschaft andeuten sollen. In der rechten unteren Bildecke schließlich ist ein Stück eines Tragejochs zu erkennen, an dem eine zusammengerollte Matte und ein Sack hängen, aus dem oben eine Kopfstütze und (Bett-) Wäsche herausragen.

Wegen der vom Amarnastil geprägten lebendigen und anschaulichen Darstellungen sind die Haremhab-Reliefs bedeutendste Zeugnisse der memphitischen Reliefkunst der Nachamarnazeit. Zahlreiche Reliefs sind seit Mitte des vorigen Jahrhunderts in verschiedene Museen gelangt. 1975 wurde die Grabanlage von einem britisch-niederländischen Grabungsteam unter Leitung von G. Th. Martin wiederentdeckt und freigelegt.

C.-B. A.

Ausschnitt aus einem Relief (Nr. 83)

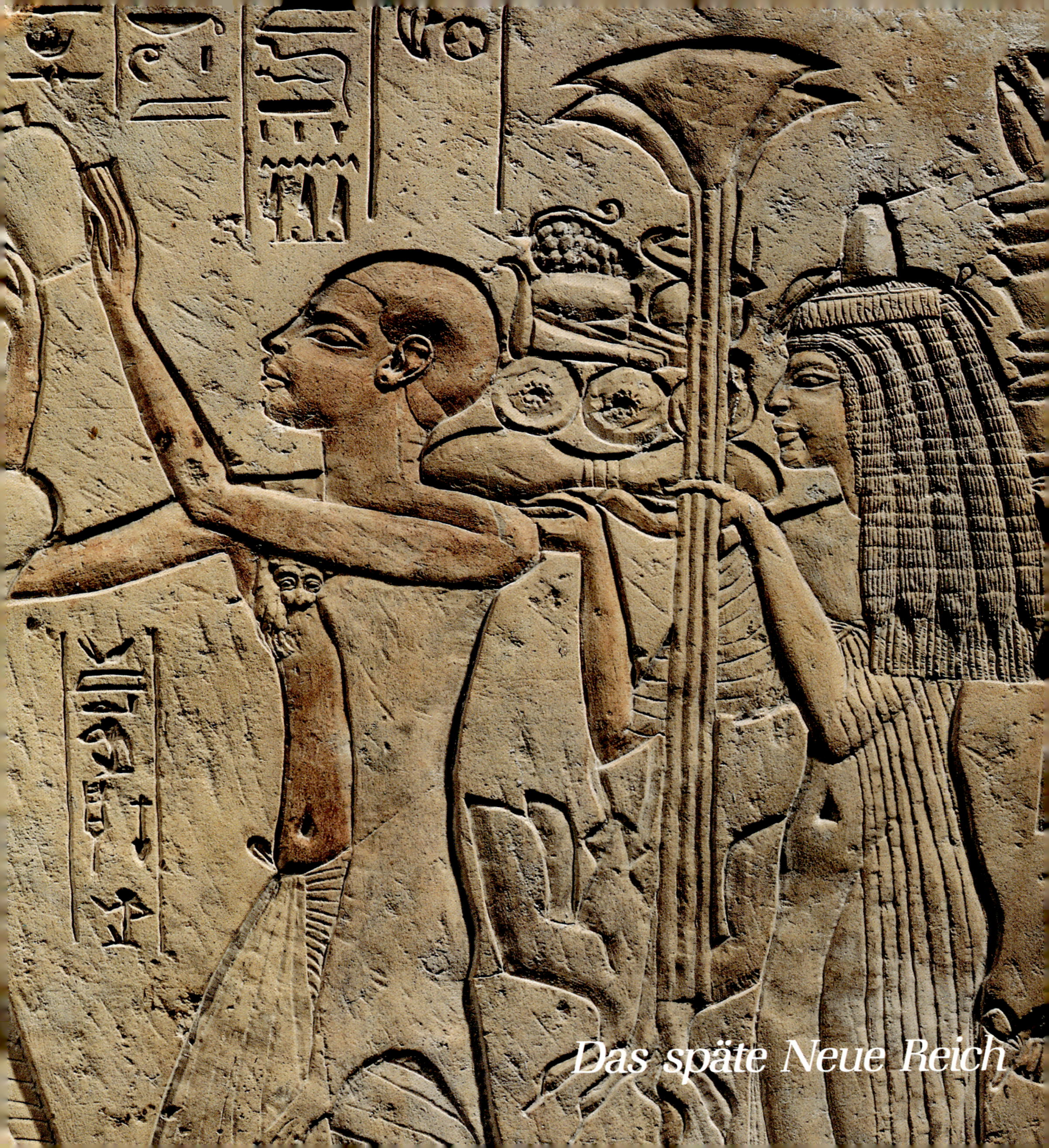

Das späte Neue Reich

Das späte Neue Reich (»Ramessidenzeit«)

um 1300-1200 v. Chr. **19. Dynastie**
Ramses I.
Sethos I.
Ramses II.
Merenptah
Sethos II.
Amenmesse
Siptah
Königin Tausret

um 1200-1085 v. Chr. **20. Dynastie**
Sethnacht
Ramses III.
Ramses IV.-XI.

Der Gründer der 19. Dynastie, Ramses I., war Militärführer wie sein Vorgänger Haremhab. Die Regierungszeit seines Sohnes Sethos I. und die ersten 20 Jahre seines Enkels Ramses II. sind erfüllt von langanhaltenden Auseinandersetzungen um die Herrschaft in Syrien. Gegner ist jetzt das Reich der Hethiter. Erst im 21. Jahre Ramses' II. wird zwischen den beiden Staaten Frieden geschlossen. Während dieser ganzen Zeit beunruhigen aus östlichen Randzonen einsickernde aramäische Stämme den Hoheitsbereich der Ägypter in Syrien und Palästina. In einer Siegesinschrift des Merenptah wird zum ersten Mal »Israel« als einer der feindlichen Stämme genannt. Residenz, Verwaltungszentrum und Hauptgarnison wird unter Ramses II. die »Ramsesstadt« im Ostdelta.

Gefährlich für Ägypten selbst werden zur Zeit des Merenptah und Ramses III. der Versuch libyscher Stämme, in das Westdelta vorzudringen, und der Ansturm sog. »Seevölker«. Aus dem Balkanraum kommend, überrennen sie das Hethiterreich und die syrischen Stadtstaaten. Auf dem Seeweg erscheinen sie an der Deltaküste. Ramses III. kann sie erst nach schweren Land- und Seeschlachten abweisen. Einigen Stämmen wird die palästinensische Küstenebene überlassen, u. a. den Philistern. Libysche Kriegsgefangene werden als Söldner in Ägypten in Militärkolonien angesiedelt.

Mit der Abkehr Tutanchamuns vom Aton-Kult hatte nicht nur eine religionspolitische Restauration begonnen. Sie bedeutete gleichzeitig die neuerliche ökonomische Machtballung in den Händen der Priesterschaft und der Verwaltung der riesigen Tempelvermögen, die durch die Schenkungen der Könige immer weiter anwuchsen und durch Privilegien zunehmend der Kontrolle der Staatsgewalt entglitten. Die führende Rolle des Königtums blieb nur so lange gesichert, als es die außenpolitischen Erfordernisse notwendig machten. Mit dem Ende der 20. Dynastie aber war die Hoheit über Palästina und Syrien restlos geschwunden. Die nubischen Besitzungen blieben intakt, die Vizekönige spielten eine zunehmend größere Rolle in der Innenpolitik.

Die Aushöhlung der ökonomischen Basis des Königtums führte zu mangelhafter Versorgung der von ihm abhängigen Bevölkerung, zur Korruption der Beamtenschaft, zu Streiks und Aufständen. Plündernde Söldnerscharen durchzogen das Land. Zur Zeit Ramses' IX. hat der Hohepriester des Amun von Theben in Oberägypten auch die Funktionen der Staatsmacht übernommen. Ein gegen ihn gerichteter Aufstand kann mit Hilfe des Vizekönigs von Kusch niedergeworfen werden.

Die führende Rolle des Königstums kommt bis zum Tode Ramses' III. noch einmal in den Tempelbauten zum Ausdruck, die in ihrer Monumentalität an die Bauten Amenophis' III. anknüpfen und deren Reliefs in umfangreichen

Bildzyklen die Kriegstaten der Pharaonen verherrlichen. Diese Bauten und ihr offenkundiger propagandistischer Aspekt konnten aber nicht darüber hinwegtäuschen, daß durch die religiöse Revolution des Echnaton und in der Reaktion auf dieses Ereignis die weltanschauliche Grundlage des Königtums verlorengegangen war. In der 18. Dynastie war die persönliche Bindung an die Gottheit ein wesentlicher Zug des Glaubenslebens geworden. Echnaton hatte sich zwischen den Menschen und seinen Gott gestellt und die traditionellen Formen der Gottesverehrung negiert. Dies wurde als ein ungeheurer Frevel erlebt, der die Abwendung der Götter von ihren Verehrern und Ägypten bewirkte (»wurde ein Heer nach Syrien gesandt . . . hatte es keinen Erfolg; wandte man sich mit einer Bitte an den Gott, ihn um Rat zu fragen, kam er nicht«), die für jedermann nur durch eine persönliche Zuwendung zur Gottheit aufgehoben werden konnte, da das Königtum als der kultische Vermittler versagt hatte. Der Gott wurde zum unmittelbaren Gegenüber in einer Ausschließlichkeit, die ihn am Ende der Ramessidenzeit im »Gottesstaat des Amun« auch politisch an die Stelle des Königtums setzte. Es war nicht allein Amun, dem diese persönliche Zuwendung galt, die »kleinen Leute« fanden ihren Gott eher in den zahlreichen lokalen Gottheiten ihrer persönlichen Lebenssphäre, wie etwa die für die Herstellung der Königsgräber zuständigen Handwerker der Westseite Thebens in dem Gründer ihrer Siedlung, Amenophis I., und seiner Mutter Ahmes-Nefertari, die in Ägypten lebenden Ausländer in den Göttern ihrer Heimat. Die Ramessidenzeit ist die Zeit der Verarbeitung und geistigen Überwindung der Amarna-Zeit, in vielem ihre Fortsetzung. In diesen zwei Jahrhunderten bildete sich die Geisteshaltung des Ägypters heraus, die es ihm ermöglichte, noch für viele Jahrhunderte seine geistige und kulturelle Identität trotz aller Fremdherrschaften zu bewahren.

Im Kunstschaffen hat die Amarna-Kunst bleibende Impulse vermittelt, die besonders auf die Reliefkunst der memphitischen Beamtengräber und der großen Schlachtdarstellungen der Tempel außerordentlich befruchtend gewirkt haben. Auf die Amarna-Zeit geht auch der Anstoß zurück, neben der Schriftsprache des Mittleren Reiches auf der Grundlage der zeitgenössischen Sprache eine neue Schriftsprache, das »Neuägyptische«, nicht nur als die Sprache der Urkunden, sondern auch der Literatur zu verwenden.

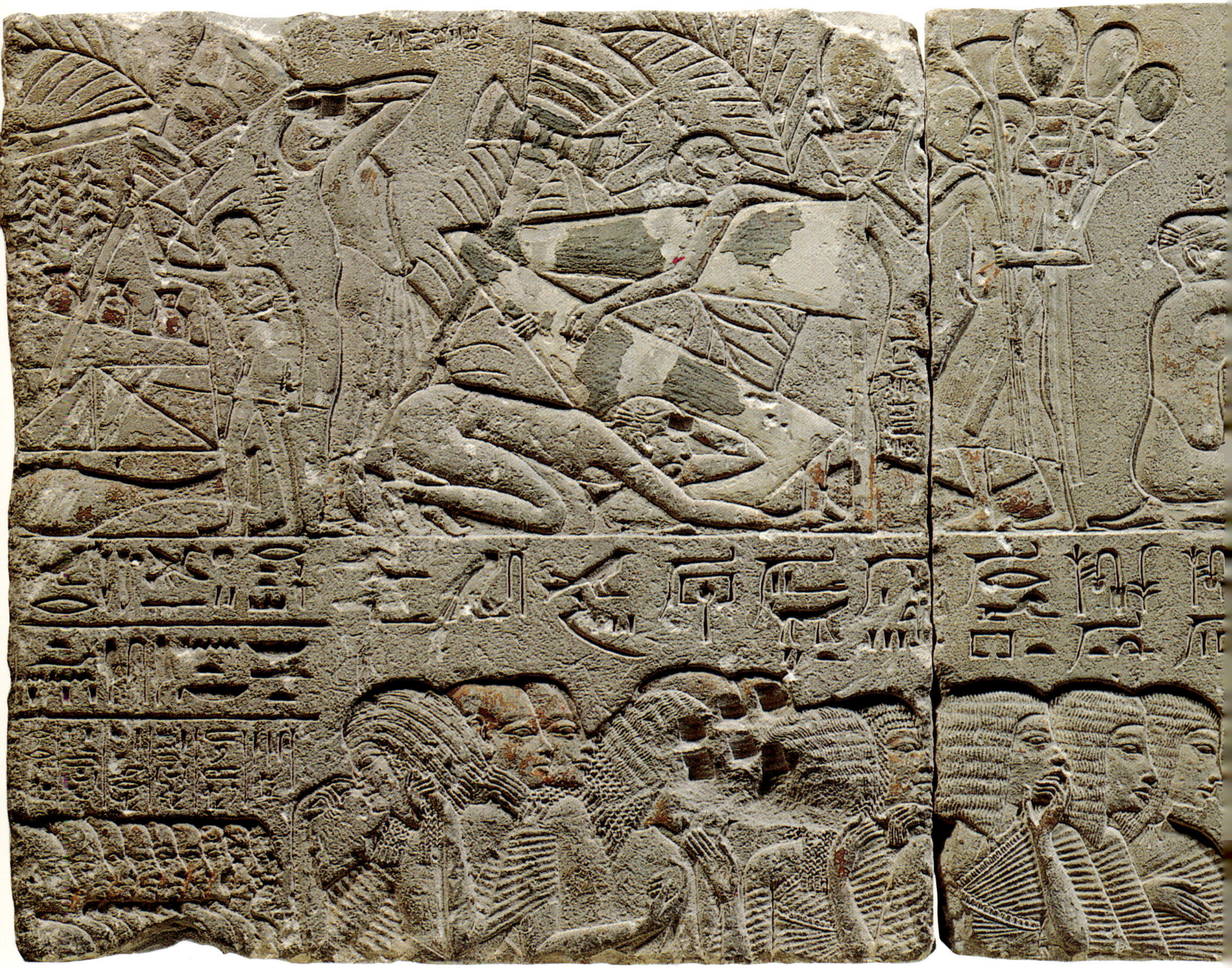

82
Relieffragment aus dem Grab des Ptahemhat

Memphis/Saqqara, 18. Dynastie, um 1340 v. Chr.
erworben 1894
Kalkstein. Höhe 50 cm, Breite 128 cm
Inv.-Nr. 12411

»Rufe dir den Tag des Begräbnisses ins Gedächtnis, an dem man zur Ehrwürdigkeit geleitet wird! Man versorgt dich nachts mit Salböl und Binden . . . Man macht dir einen Leichenzug am Tag der Bestattung . . . Der Himmel ist über dir, während du auf der Bahre liegst. Rinder ziehen dich, Chorsänger gehen dir voran . . .« - so schrieb der König Sesostris I. an den alternden ehemaligen Beamten Sinuhe,

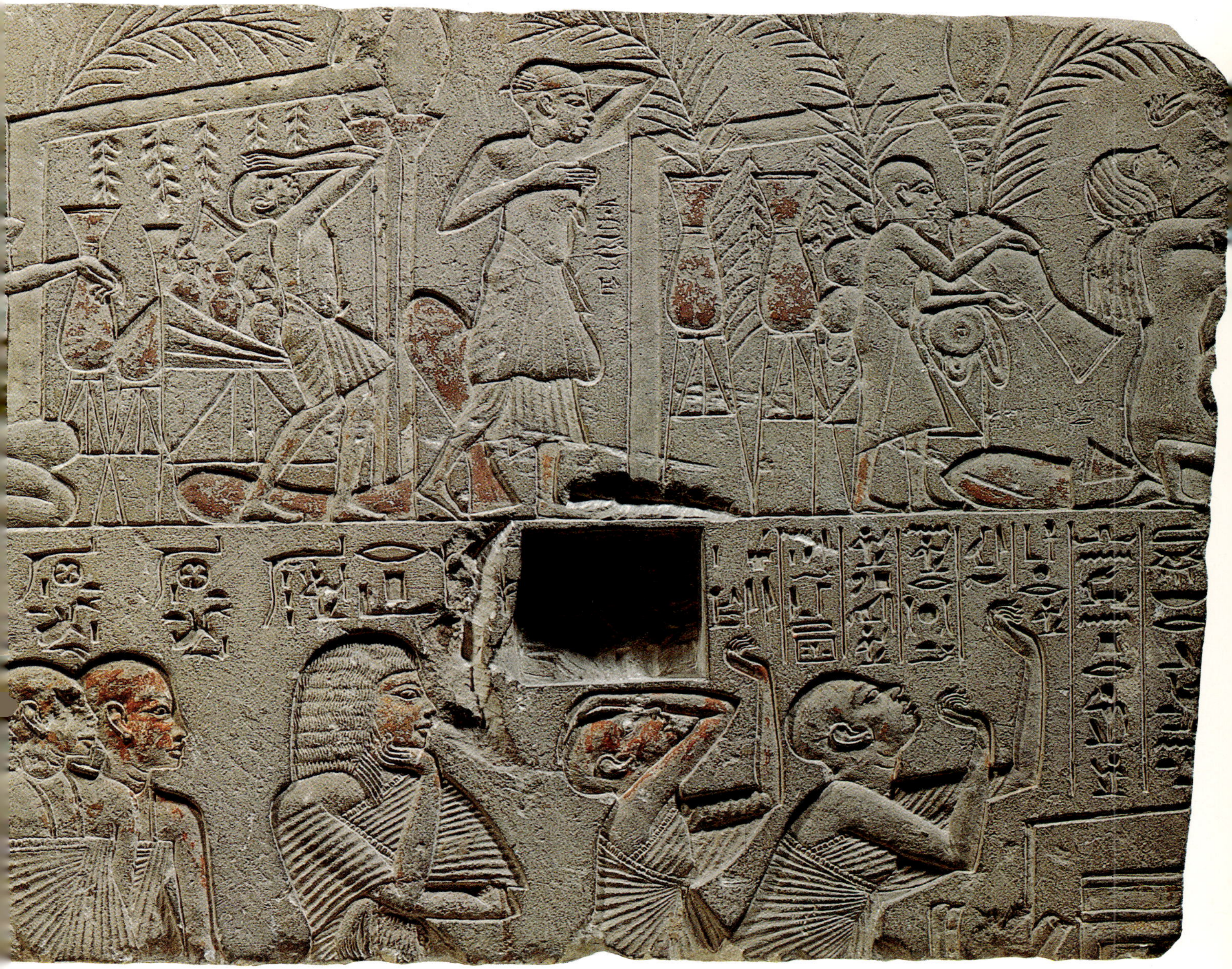

um ihn nach vielen Jahren syrischen Exils zur Rückkehr nach Ägypten zu bewegen (vgl. Kat. Nr. 168). Er wußte, daß sich Sinuhe ein »schönes« ägyptisches, d. h. geordnetes Begräbnis wünschte, war es doch Voraussetzung für den ordnungsgemäßen Übergang ins Jenseits. Der magischen Absicherung aller dafür vorgeschriebenen Ritualhandlungen dienten die Darstellungen und Texte in den Gräbern. Die zunächst streng sachbezogenen Darstellungen wandelten sich am Ende der 18. Dynastie zu anschaulichen, realitätsnahen Schilderungen. Durch bewegte Gruppierungen der Figuren, annähernd natürlich bewegte Haltungen und vor allem die expressiven Trauergebärden wurde nun auch die Stimmung schmerzvollen Abschiednehmens vermittelt. Die wohl eindrucksvollste und berühmteste Darstellung

eines Begräbniszuges findet sich auf dem sogenannten »Trauerrelief«, entstanden in der Regierungszeit Tutanchamuns.
Im unteren Bildstreifen ist rechts noch eine Ecke des Sargschreins zu erkennen; von einem Baldachin überdacht, steht er auf einem Transportschlitten. Der Sargschlitten wurde von zwei Rindergespannen und Dienern gezogen, die man sich in der Fortsetzung rechts ebenso vorzustellen hat wie die antreibenden Hirten und den Priester, der den Verstorbenen, Weihrauch und Wasser spendend, begleitete. An der Spitze des Zuges liefen Träger mit Kästen für Ritualgeräte und Opfertischen sowie eine Gruppe laut klagender Frauen. Dem Sarg folgen zunächst die Söhne, die ihren toten Vater mit schmerzerfüllten Gesichtern und leidenschaftlichen Gebärden beklagen. Einer von ihnen, Saj, Priester im Tempel der Göttin Bastet, ruft verzweifelt: »Ich wünsche, daß du bei mir bist bis zur Ewigkeit, du Vater und Leiter! . . .« Dann kommt das Ehrengeleit, angeführt von einem General, wahrscheinlich Haremhab. Hinter ihm schreiten der ober- und der unterägyptische Wesir sowie elf weitere hohe Staatsbeamte und Würdenträger. Hoheitsvoll und beherrscht erweisen sie dem Verstorbenen die letzte Ehre. Zwei Trauergäste nehmen ihre zeremonielle Pflicht allerdings nicht gar so ernst: sie nutzen das Zusammentreffen für eine Unterhaltung. Dem einen wird deshalb ermahnend auf die Schulter geklopft. Der letzte der Gruppe wird auch an der Schulter berührt, jedoch um ihn zu beruhigen: Der Tod seines Kollegen berührt ihn so schmerzlich, daß er sich diskret abwendet, um sich die Tränen abzuwischen und die Nase zu schneuzen. Den Schluß des Zuges bildet das in langer Reihe aufmarschierende Tempelpersonal, die Untergebenen des Verstorbenen. Sie rufen die geläufige Klageformel: »Zum Westen, zum Westen, dem Land der Rechtfertigung! . . .«
Im oberen Bildstreifen sind mit Palmzweigen und Blumensträußen geschmückte Lauben abgebildet, die entlang des Prozessionsweges aufgebaut waren. Die in ihnen aufgestellten Opfergaben - Wasserkrüge, Brote u. a. - sollten symbolisch den Toten und die Trauergäste verpflegen. Aufgabe der Diener war zu klagen, beim Vorbeizug des Sarges die Krüge zu zerschlagen und anschließend die Opferlauben zu zerlegen. Am rechten Bildrand sind zwei trauernde Frauen zu sehen (die zweite ist nur noch an einem Fuß und einem Stück des gebeugten Rückens auszumachen), die wohl zu einer Klagefrauen-Gruppe gehören.
Das Relief stammt aus einem Grab in Saqqara. Als Inhaber wurde der Hohepriester des Ptah, Ptahemhat, ermittelt. Obwohl das Grab zu einem der größten und reichsten des memphitischen Friedhofs gehört haben dürfte, sind seine Überreste bis heute nicht wiederentdeckt worden.

C.-B. A.

83
Relieffragment aus dem Grab des Rij

Memphis/Saqqara, 18.-19. Dynastie, um 1320-1300 v. Chr.
erworben 1827 (Sammlung Passalacqua)
Kalkstein, bemalt. Höhe 96,7 cm, Breite 168 cm
Inv.-Nr. 7278

Die Darstellung des Verstorbenen am Speisetisch war zu allen Zeiten wichtigste Szene der Grabdekoration, ist aber auch auf Stelen zu finden. Magisch belebt, bewirkte das Bild die ewige Versorgung des Toten mit allen abgebildeten und genannten Opferspeisen und sicherte so dessen Weiterleben. Hier sitzen Rij, Kommandant der Bogenschützen und Befehlshaber der Streitwagentruppe, und seine Frau Maja an einem reich gedeckten Tisch. Fladen- und Topfbrote, ein Teller mit Honig (?), eine Gurke, ein Rinderschenkel, ein Rippenstück, Weintrauben, Salat (?), Papyrus-

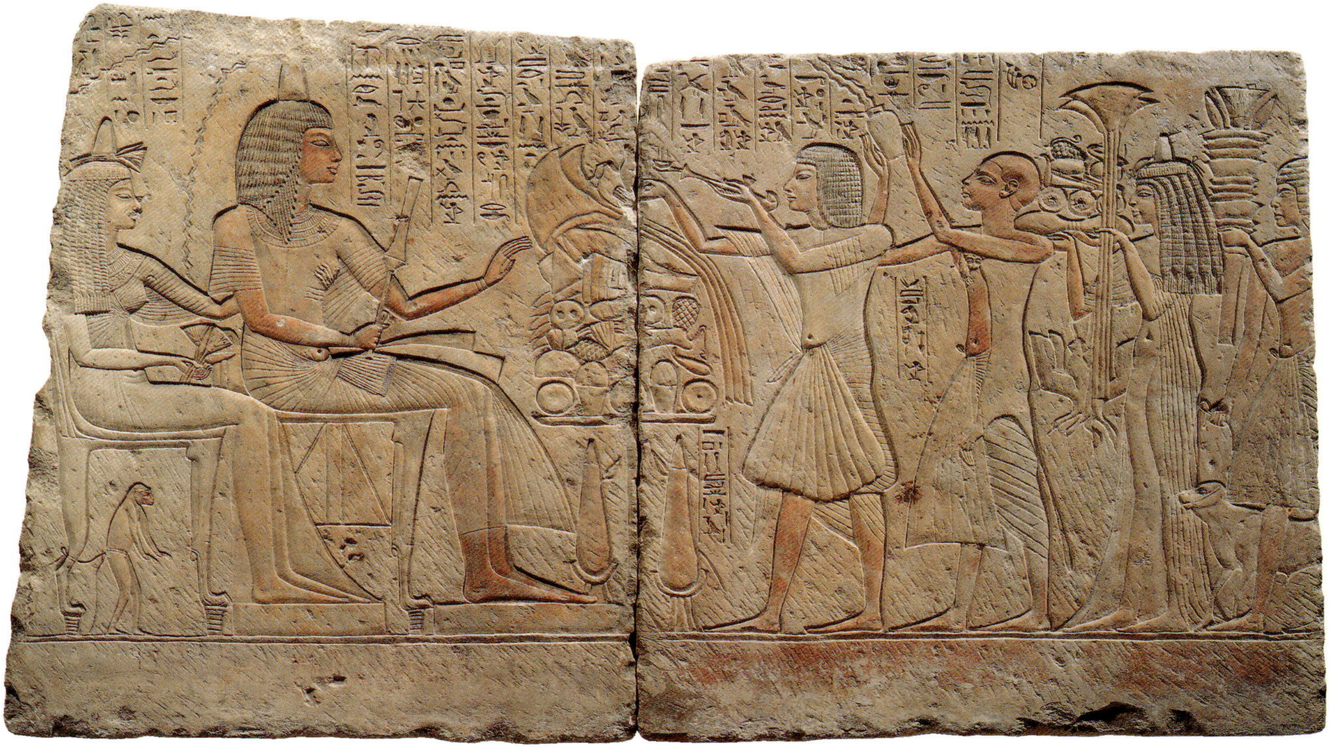

stengel und ein Blumenstrauß sind auf der Tischplatte aufgehäuft. Unter dem Tisch stehen in Ständern zwei Bierkrüge.

Die Opferspeisen werden von dem Stalloberst Maj mit einer Wasser- und Weihrauchspende rituell gereinigt. Gleichzeitig sprengt der kahlköpfige, einen Pantherfell-Umhang tragende Priester Ahanefer Reinigungswasser über Rij und dessen Frau. Die Besprengung als Bestandteil eines mehrere Einzelzeremonien umfassenden Rituals sollte die Wiederbelebung des Verstorbenen bewirken. Hinter dem Priester sind eine Frau und ein Mann zu sehen, die weitere Opfergaben herbeibringen: ein »Tablett« mit Broten, Gurken und einer Weintraube, ein Bündel Gänse, Papyrusstengel, einen Blumenstrauß und ein Kalb. Die beiden bilden die Spitze einer Prozession mit mehreren Gabenbringern. Ihre kostbaren Gewänder aus durchsichtigem, feinplissiertem Leinen und die kunstvollen Löckchenperücken lassen erkennen, daß sie keine Diener sind, sondern Familienangehörige oder Freunde des Verstorbenen.

Ähnlich gekleidet ist das Ehepaar. Er trägt ein langes, weites Hemd und einen knöchellangen Schurz mit Hüfttuch, sie ein Hemdkleid und darüber einen unter der Brust geknoteten Umhang. Perücken, breite Halskragen aus farbigen Fayenceperlen, Armreifen und Ohrringe aus Gold vervollständigen die Festkleidung. Auf dem Kopf tragen beide außerdem einen sogenannten Salbkegel, der während des Totenmahls allmählich schmolz und dabei Duftstoffe freisetzte.

Unter dem Stuhl der Hausherrin hockt angebunden eine Meerkatze, ihr Lieblingstier.

Das bis in die Details sorgfältig und fein modellierte Relief ist ein vorzügliches Beispiel für die memphitische Reliefkunst am Übergang zur 19. Dynastie.

Obwohl aus dem Grab des Rij insgesamt drei Bruchstücke von Wandreliefs sowie zwei Stelen bekannt sind (wovon sich eine Stele im Brooklyn-Museum, die übrigen Stücke in Berlin befinden), ist die Lage des Grabes bis heute nicht ermittelt.

C.-B. A.

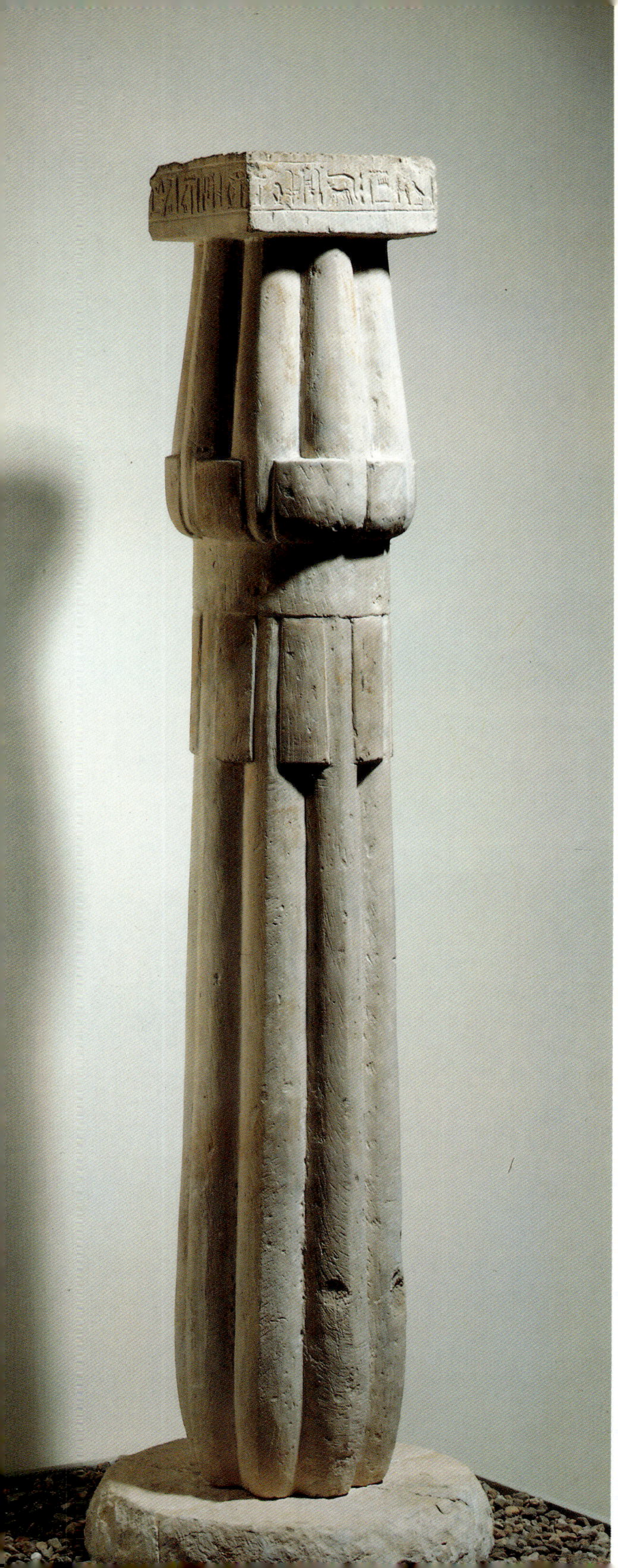

84
Säule aus dem Grabe des Inua

Memphis/Saqqara, 18.-19. Dynastie, um 1330-1280 v. Chr.
erworben 1845 (Preuß. Expedition)
Kalkstein. Höhe 154 cm
Inv.-Nr. 1627

Die Beamtengräber des Neuen Reiches in Saqqara hatten als Oberbau über den unterirdischen Grabkammern eine Pyramide, an dessen Ostseite sich kleine tempelartige Anlagen erhoben mit einem Pylon, einem oder mehreren Höfen, häufig mit Säulenarkaden, und, an die Pyramide angebaut, kleinen Opferkapellen, ebenfalls häufig mit Säulen. Aus einem solchen Bauzusammenhang kommen zwei gleichartige Säulen der Grabanlage für einen »Königlichen Schreiber und Verwalter der Rinder des Amun, Inua«. Sie sind zwei schöne Beispiele der »Papyrusbündelsäule«: Sechs dreikantige Papyrusstengel sind durch eine Umschnürung zusammengehalten, über dem die geschlossenen Blütenstände emporragen. Zwischen je zwei Papyrusstengel sind durch das Band drei kleinere Stengel mit geschlossenen Dolden gesteckt. Die Säulen stehen auf breiten Basen und sind mit flachen Abaci abgedeckt, auf dessen Seitenflächen Titel und Name des Grabinhabers stehen. Viele der beschriebenen Details sind nur durch die farbliche Fassung angegeben gewesen. Nach den Farbresten waren die Schäfte gelb, die fünffache Schnürung abwechselnd rot und blau.
Die ägyptische Architektur hat u. a. mehrere Typen von Pflanzensäulen entwickelt, die »Palmensäule« als Wiedergabe eines Palmstammes mit neun Palmwedeln, die »Lotosbündelsäule« aus vier zusammengeschnürten Lotosstengeln mit vier geschlossenen Knospen, die »Papyrussäule« aus einem Papyrusstengel mit glockenförmiger geöffneter Dolde und in der Steinarchitektur seit der Perserzeit nachweisbar eine Papyrussäule, deren »Kapitell« aus unterschiedlichen pflanzlichen Motiven zusammengesetzt wird (»Kompositsäule«). Eine Abart der »Papyrusbündelsäule« vereinfacht in der Ramessidenzeit die Säule zu einem drehrunden geschlossenen Körper, auf dem dann Reliefszenen angebracht werden. Den Pflanzen nachgebildeten Säulenformen kam in der Tempelarchitektur ein eindeutiger Symbolwert zu. Die Tempel waren Abbilder des Kosmos: Die Säulen sind die aus dem Erdboden sprießenden Pflanzen, über denen sich die Decke als Himmel wölbt. Außer diesen Säulenformen spielen in der Steinarchitektur neben dem Pfeiler noch die aus dem Pfeiler abgeleitete kannelierte Säule eine Rolle, die Nachbildung von Zeltstangen und für die Tempel von Göttinnen die »Hathorsäulen« als Nachbildungen von Sistren.

K.-H. P.

85
König Sethos I. vor Osiris

Relief eines Pfeilers der Sargkammer im Grabe des Königs
Theben West/Biban el Muluk, 19. Dynastie, um 1290 v. Chr.
erworben 1845 (Preuß. Expedition)
Kalkstein, bemalt. Höhe 259 cm, Breite 103 cm
Inv.-Nr. 2058

Der verstorbene Erdenkönig Sethos I. steht in Amtstracht mit Königskopftuch und Diadem vor Osiris, dem König der Unterwelt. Osiris ist in weiße Mumienbinden gehüllt. Er trägt Krummstab und Geißel, die Insignien seiner Macht, in beiden Händen. Ein Kopftuch, wie es von den Pharaonen getragen wird, legitimiert ihn als König. Die Verbindung zur Unterwelt stellt die charakteristische Osiris-Krone her, die auf das Kopftuch montiert scheint. So wie hier vor Osiris, steht Sethos I. auch vor Isis, Horus, Hathor, Anubis und anderen Göttern, dargestellt auf den Pfeilern seiner Sargkammer. Sethos I. hat, wie seine Vorgänger vom Beginn des Neuen Reiches an, aus Sicherheitsgründen für sich ein Felsengrab im Tal der Könige auf dem Westufer des Nil, gegenüber von Theben und Luxor anlegen lassen. Mehr als 100 Meter, verteilt auf neun reliefgeschmückte Kammern und Korridore, mit Treppen, die immer tiefer führen, liegen zwischen Grabeingang und Sargkammer. Die Bildinhalte der bemalten Reliefs entstammen der Themenvielfalt unterweltlicher Literatur. In logischer Abfolge wird vom Grabeingang her der rituell richtig bestattete Tote in Wort und Bild in die Unterwelt zu Osiris und den anderen Göttern geleitet, denn das Grab ist Teil und Symbol der Unterwelt. Unterschiedliche Passagen der Sonnenlitanei, des Amduats (»Buch von dem, was in der Unterwelt ist«, vgl. Kat. Nr. 170) und des Pfortenbuches mit den nach Nachtstunden eingeteilten Schilderungen des Jenseits beweisen magisch durch ihr Vorhandensein im Grabe, daß dem toten König das geheime Wissen um unterweltliche Verhältnisse vertraut war. So hat er mit zum Gebet erhobenen Händen in den ersten Grabräumen den Sonnengott verehrt und dessen Unterweltsfahrt durch die Nachtstunden bis zur Transformation als Morgensonne miterlebt. In seiner Sargkammer ist der Tote in der Götterwelt angekommen, der er in neuer Existenzform anzugehören wünscht. Sie wird ihm auch vom Königsdogma zugesichert. Daher steht er einfach da, mit herabhängenden Händen, ein im Ziel Angekommener. Über Gott und König wird in einer Inschrift bestätigt, daß der gerechtfertigte und zu Osiris gewordene König, der Sohn des Re mit Namen Sethos I., vor Osiris, dem Herrn der Unterwelt (Nekropole), eingetroffen ist. Osiris verleiht ihm nun »die Mächtigkeit des Re«. Das Grab Sethos' I. gehört zu den künstlerisch eindrucksvollsten im Tal der Könige. Es wurde am 18. Okt. 1815 von dem Italiener Giovanne Belzoni, einem Abenteurer in Sachen Archäologie, entdeckt. H. K.

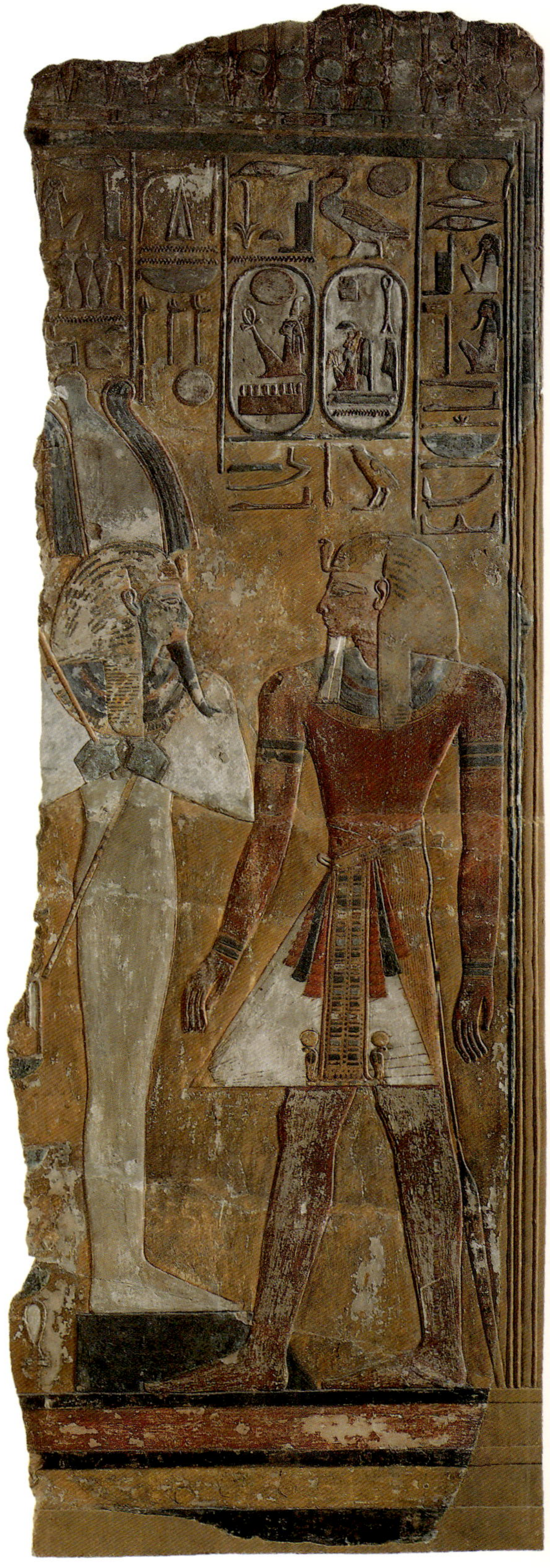

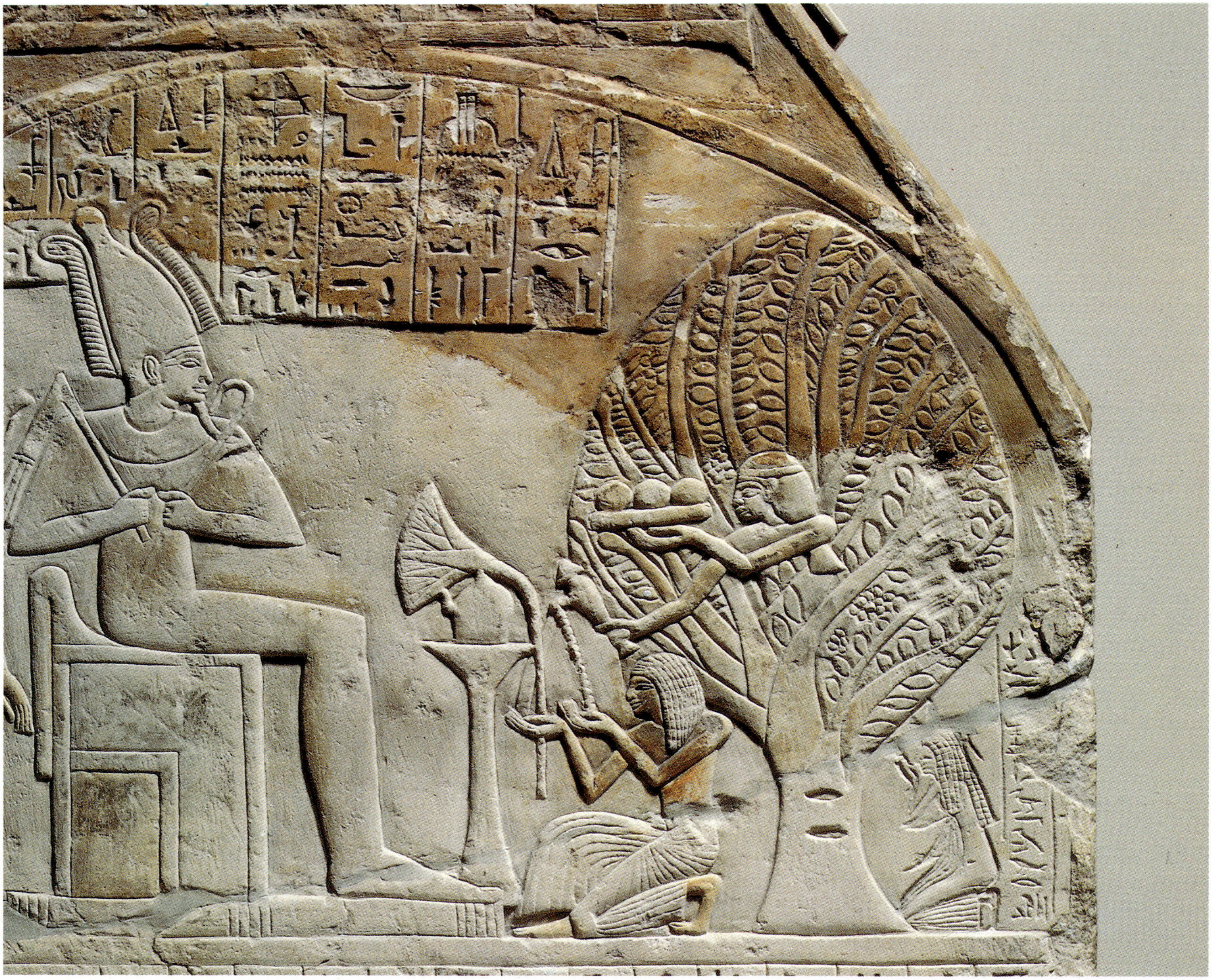

86
Stele des Kamose

Abydos, 19. Dynastie, um 1250-1200 v. Chr.
erworben 1828
Kalkstein. Höhe 129 cm, Breite 67,5 cm
Inv.-Nr. 7291

Bäume waren im meist trockenen Ägypten rar und deshalb kostbar, ihr Schatten schützte Lebende wie Tote vor der glühenden Hitze. Die Jenseitsvorstellungen verbanden den Baumkult vor allem mit der Himmelsgöttin Nut, die alle Gestirne bei ihrem Aufgang gebiert und bei ihrem Untergang wieder verschluckt. Zwei Sykomoren aus Türkis stehen am östlichen Horizont, zwischen denen der Sonnengott Re allmorgendlich aufgeht. Ein Text spricht von einer hohen Sykomore, »die sich zu ihm (dem Toten) niederbeugt und auf der die Götter sitzen«. Im Totenbuch wendet sich der Verstorbene im 59. Kapitel mit dem ›Spruch, um Luft zu atmen und über Wasser zu verfügen im Totenreich‹ an die Baumgöttin mit den Worten: »O du Sykomore der Nut, gib mir doch von dem Wasser und der Luft, die in dir sind!« Die Vignette zum Spruch zeigt einen Baum, der mit menschlichen Armen eine Schale Früchte und einen Wasserkrug dem Verstorbenen entgegenreicht.
Das Motiv der Baumgöttin findet sich häufig in den Privatdenkmälern des Neuen Reiches. Auf der Stele des Schatzhausbeamten Kamose ragen aus den Zweigen einer Sykomore Kopf und Arme der Göttin heraus; sie reicht mit ihrer linken Hand die Früchte, mit der rechten gießt sie aus einem Krug Wasser in die Hände des Kamose. Der Verstorbene kniet unter dem Baum vor einem Opfertisch, auf dem ein Krug und eine Lotosblüte, Symbol der Frische und Regeneration, den Göttern des Osiriskreises dargebracht werden: Osiris mit Geißel und Krummstab sitzt auf dem Thron, hinter ihm stehen sein Sohn Horus mit der ägyptischen Doppelkrone des Pharaos und seine Gemahlin Isis; die Opferformel erwähnt auch deren Schwester Nephthys. Hinter der Baumgöttin, etwas flüchtig und vielleicht nachträglich eingraviert, betet die Frau des Kamose, die Sängerin des Amun Baket-weret.
Das untere Bild zeigt die Familie des Kamose: Mit betend erhobenen Armen steht er selbst an der Spitze des Zuges, hinter ihm sein Vater und sein Sohn, beide halten in der rechten Hand eine Lotosblüte. Den Männern folgen vier Frauen: Kamoses Mutter, zwei Schwestern und schließlich seine Ehefrau als letzte. Sie alle haben den linken Arm betend erhoben, in der rechten halten sie Opfergeräte. Auf dem Haar sind ein ›Salbkegel‹, mit Fett vermischte Myrrhen, und eine Lotosblüte befestigt und verbreiten einen angenehmen Duft. Die Gewänder der Männer sind nach

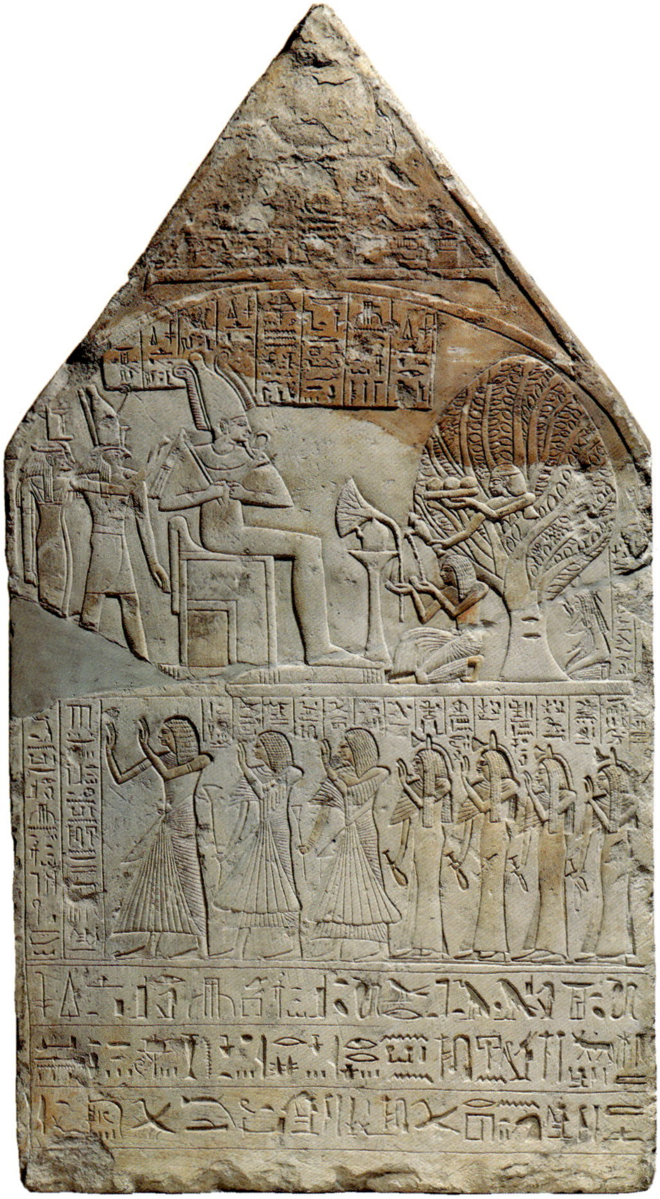

der Mode der Zeit stark plissiert, die Kleider der Damen anliegend und schlicht im Schnitt.
Die Inschriften oben und unten enthalten die üblichen Opfergebete.

I. Mü.

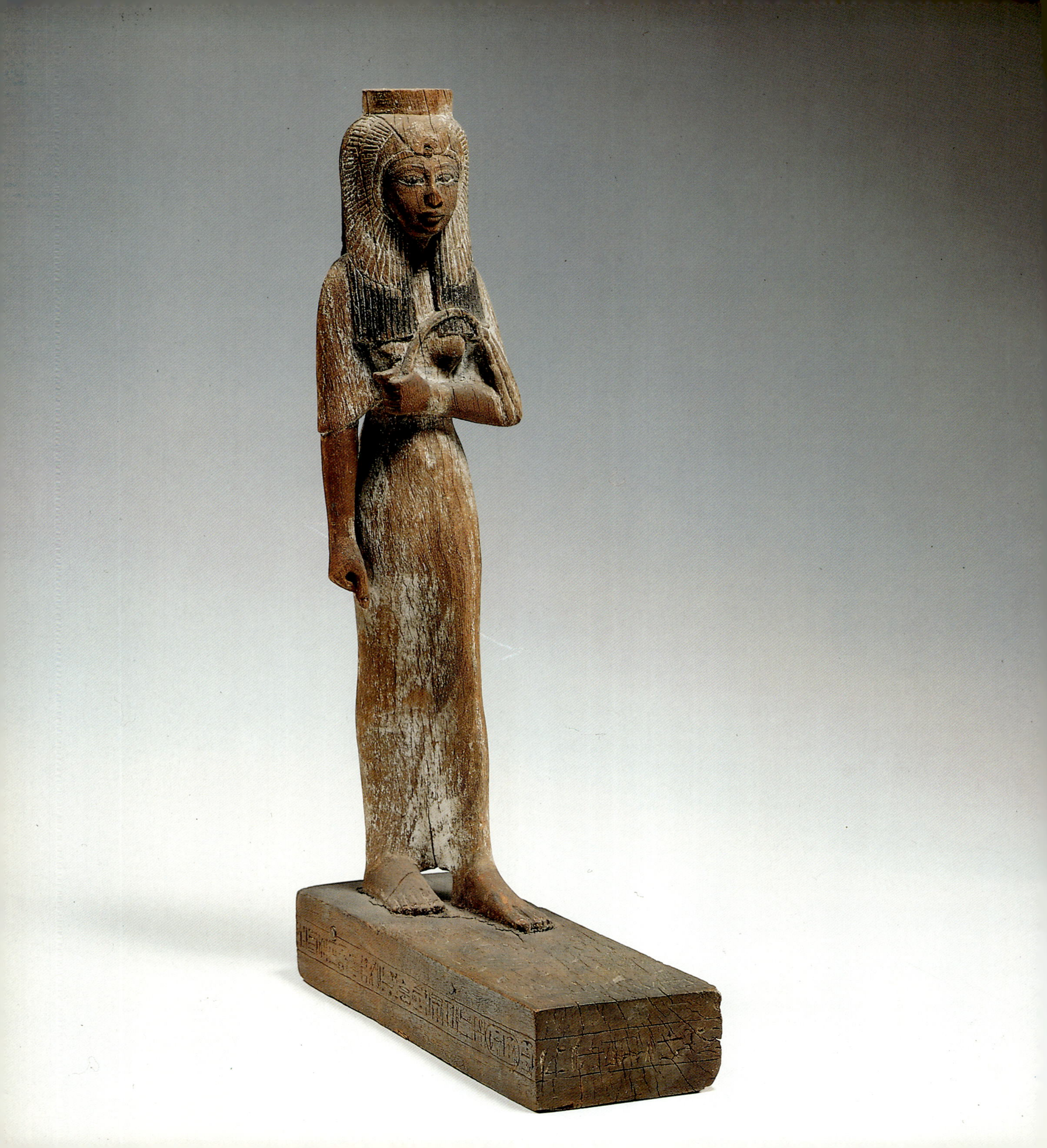

87
Standfigur der Königin Ahmes-Nefertari

Theben, um 1200 v. Chr.
erworben 1823 (Sammlung von Minutoli)
Holz, bemalt. Höhe 44 cm
Inv.-Nr. 6908

Die kleine Holzfigur stellt die Königin Ahmes-Nefertari dar. Sie war Schwester und Gemahlin des Königs Ahmose (um 1550-1525 v. Chr.), der die Fremdherrschaft der Hyksos in Ägypten beendete und die 18. Dynastie begründete, und Mutter des Königs Amenophis I. (um 1525-1505 v. Chr.).
Ahmes-Nefertari war eine der ersten »Gottesgemahlinnen des Amun«. Nach den religiösen Vorstellungen der Ägypter war sie dazu auserwählt, als Ehegattin des Reichsgottes Amun mit diesem den als »geliebten leiblichen Sohn des Gottes« benannten Thronfolger zu zeugen. Ahmes-Nefertari und ihr Sohn wurden schon bald nach ihrem Tode göttlich verehrt. Vor allem die Handwerker der Arbeitersiedlung in Deir el Medine sahen in ihnen ihre Schutzgötter, denen sie Opfergaben und Gebete darbrachten (vgl. Kat. Nr. 89). Die Königin tritt uns in der klassischen Standpose, mit vorgesetztem linkem Bein, gegenüber. Sie steht, unter Verzicht auf einen Rückenpfeiler, frei auf einem rechteckigen Holzsockel. Ihr linker Arm liegt etwa in Brusthöhe angewinkelt am Körper und hält einen Wedel, während die zur Faust geballte Hand des herabhängenden rechten Armes einst wohl ein gesondert gefertigtes Sistrum umfaßte.
Bekleidet ist sie mit einem knöchellangen, den Farbresten nach zu urteilen weißen Gewand mit halblangen, bis zu den Ellenbogen reichenden Ärmeln. Das Gesicht wird von einer Perücke und der nur von Göttinnen und Königinnen getragenen sogenannten »Geierhaube« umschlossen. Auf dem Kopf liegt ein Polos, eine besondere Kronenform. Der Kopf des Geiers war gesondert eingesetzt und ist bis auf den Dübel verlorengegangen. Farbreste im Gesicht und an den Armen deuten auf eine ursprünglich rote Bemalung dieser Körperteile hin.
Stifter der Figur war ein »Pai, Maler des Amun in Karnak«, der sich von der vergöttlichten Königin eine »vollkommene Lebenszeit voller Gesundheit, Annehmlichkeit und täglicher Freude, ein schönes Begräbnis im Greisenalter auf der Westseite von Theben« wünscht.
Die Bezeichnungen der Königin beziehen sich auf ihre Funktion als Gottesgemahlin im Kult: »die ihren Platz einnimmt im Tempel des Amun mit schönem Antlitz, einzigartig liebreizend, mit reinen Händen, wenn sie das Sistrum trägt, mit lieblicher Stimme beim Kultgesang«. K. F.

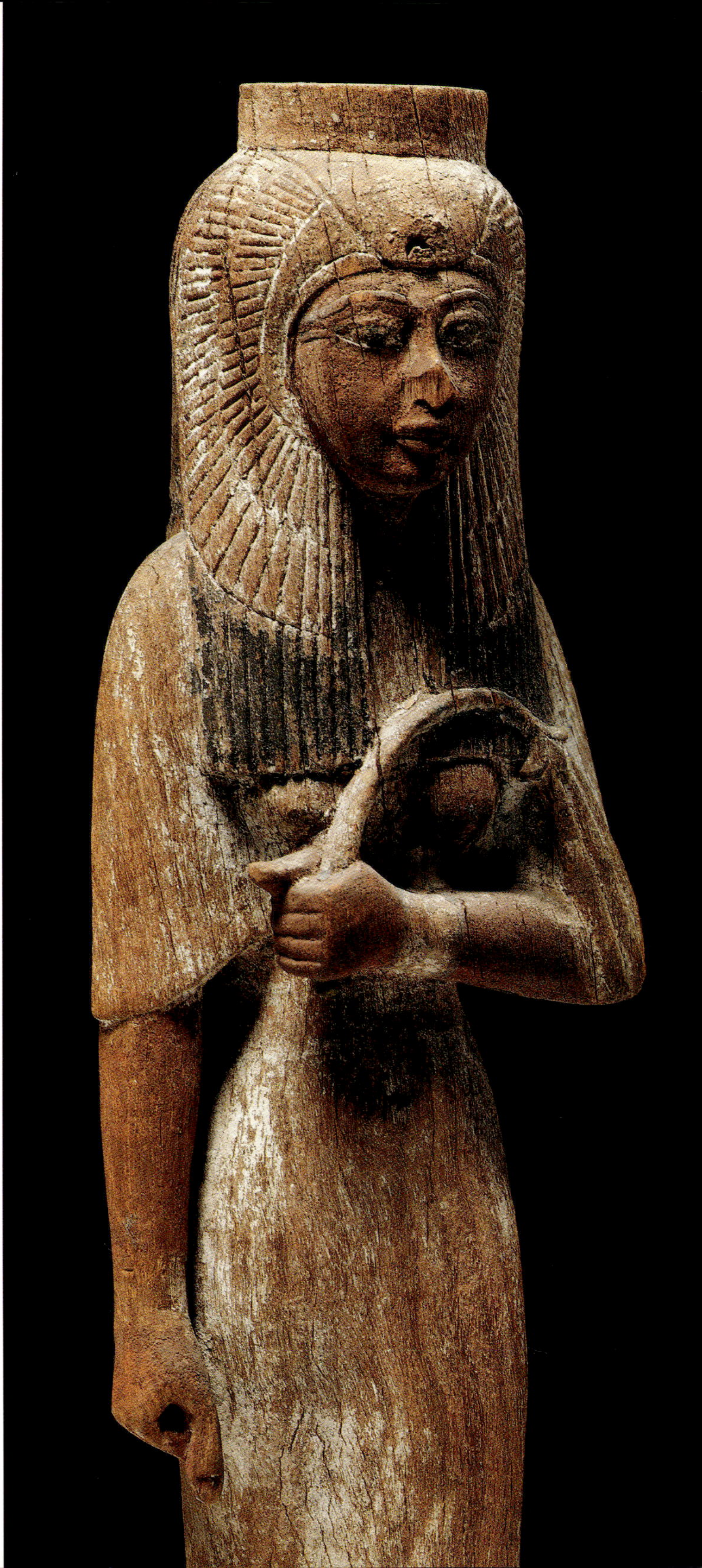

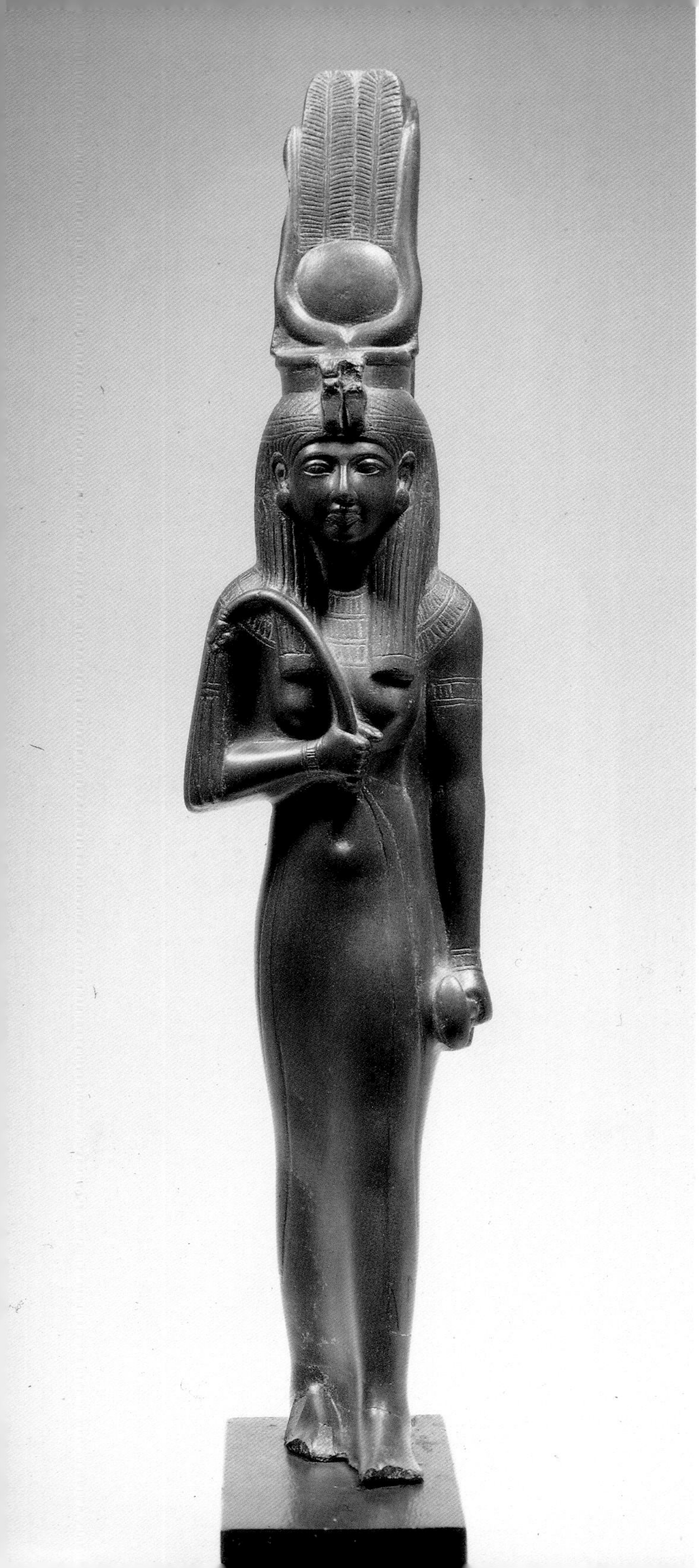

88

Standfigur einer Königin

um 1300-1200 v. Chr. (?)
Fundort unbekannt, erworben 1887
Grauwacke. Höhe 55 cm
Inv.-Nr. 10114

Eine der anmutigsten und schönsten Frauendarstellungen des alten Ägypten ist diese Statue einer unbekannten Königin. Rückenpfeiler und Basisplatte bilden wieder das architektonische Grundgerüst der Figur in Schrittstellung mit vorgesetztem linkem Bein. In der herabhängenden linken Hand hält sie einen Stab in Form einer Lotosblume, vielleicht der Griff eines Spiegels. Die Faust der angewinkelten rechten umschließt einen Wedel. Sie trägt ein glattes, knöchellanges Gewand, dessen Wiedergabe äußerst sparsam und transparent bleibt, so daß sich darunter der ideale weibliche Körper in vollendeter Form deutlich abzeichnet. Über der Taille ist das Gewand mit einem breiten Band gegürtet, dessen Enden lang herabfallen. Das Gesicht wird von einer bis zu den Brüsten reichenden Strähnenperücke umschlossen. An einem in Ritzzeichnung angegebenen Diadem sind zwei Uräusschlangen befestigt, von denen eine die rote und die andere die weiße Krone trägt. Der Perücke wurde ein Kronenensemble aufgesetzt, bestehend aus dem Polos (eine flache runde Kronenform), zwei Kuhhörnern, einem aufrechtstehenden Straußenfedernpaar und einer Sonnenscheibe. Diese Krone haben die Königinnen von der Göttin Hathor übernommen. Hier trägt sie die Königin als Rangabzeichen einer Gottesgemahlin des Amun. Ohrscheiben, Armreifen und ein breiter Halskragen vervollständigen die königliche Erscheinung.

Dem formvollendeten Körperbau entspricht auch das schöne, jugendlich frische Antlitz der Königin. Die ebenmäßigen Gesichtszüge geben ein Idealbild wieder, das aber durch die Form der leicht gebogenen Nase individualisiert wird.

Leider findet sich auf der Figur keine Inschrift, die uns Näheres über die Dargestellte verrät. Ebenso ist der Fundort des Bildnisses unbekannt. Somit kann nur anhand stilistischer Vergleiche versucht werden, eine Datierung und Zuordnung vorzunehmen. Jedoch treffen hier zum Teil unterschiedliche Meinungen der Wissenschaftler aufeinander. So ist es bisher nicht gelungen, die Figur innerhalb der Zeitspanne von 1250 bis 700 v. Chr. sicher zu datieren. Zum einen zeigen sich Ähnlichkeiten mit Bildnissen der Gemahlinnen Ramses' II., andererseits sind Parallelen zu Rundbildern der Epoche der 21.-25. Dynastie anzutreffen. K. F.

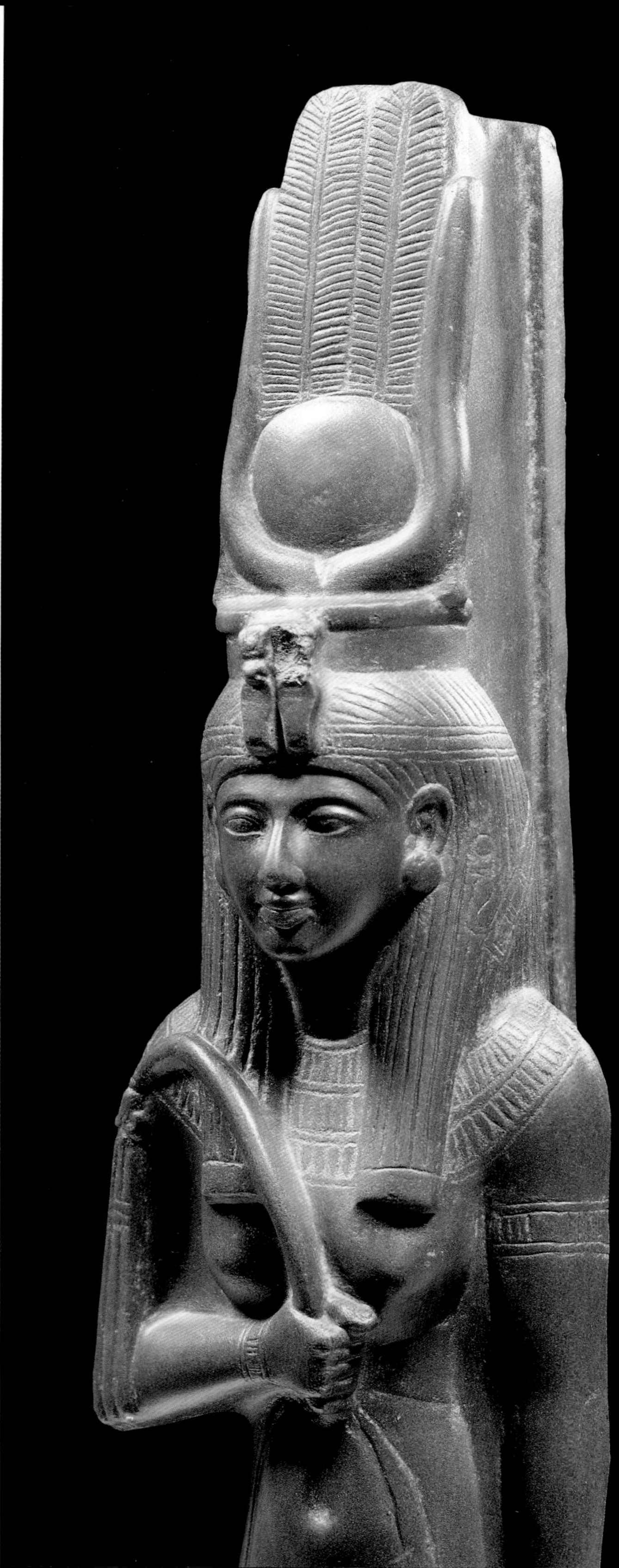

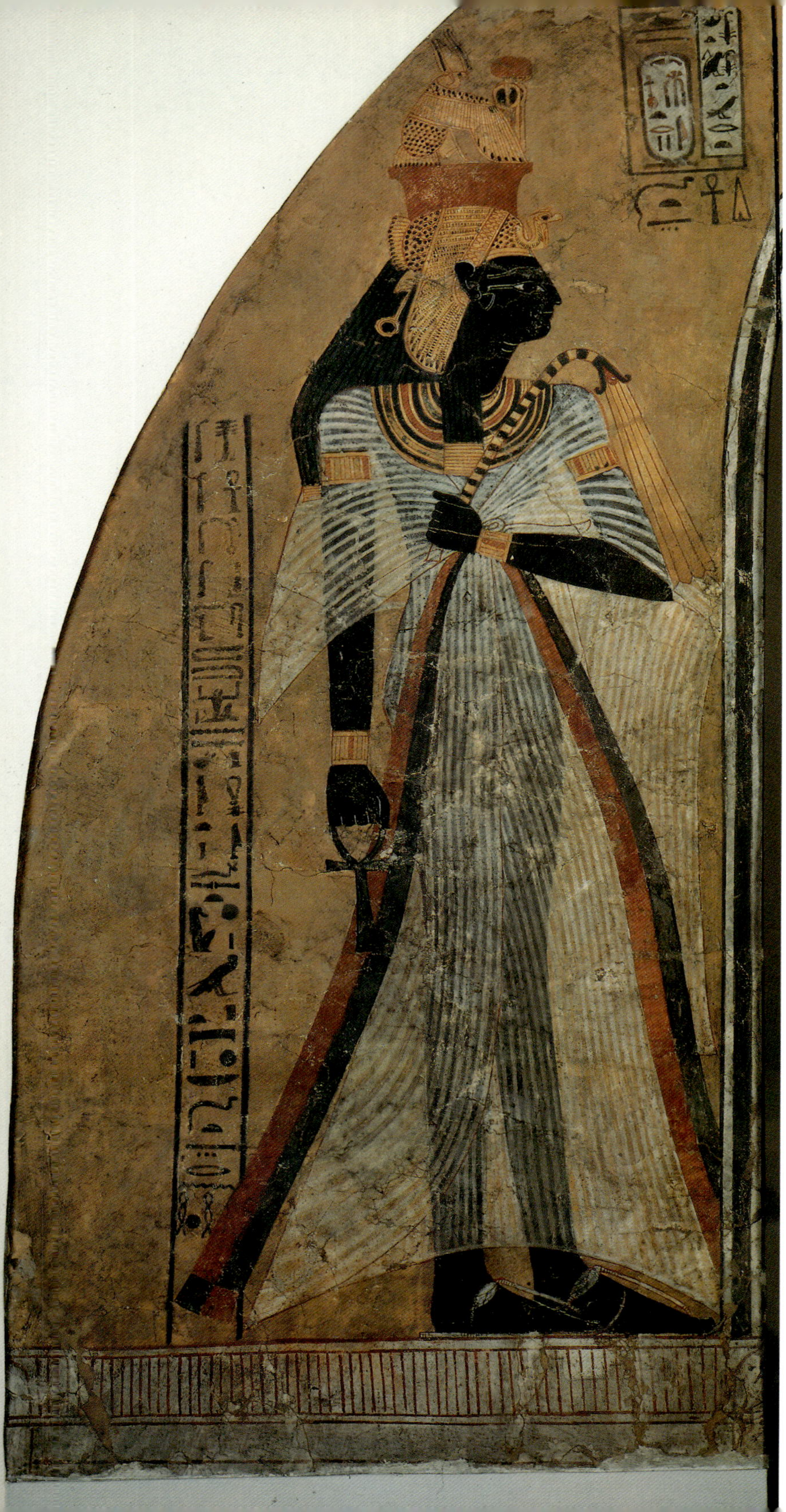

89

König Amenophis I. und seine Mutter Ahmes-Nefertari

Malerei aus dem Grab des In-her-cha
Theben West/Deir el Medine, Grab TT 359
20. Dynastie, um 1190-1160 v. Chr.
erworben 1845 (Preuß. Expedition)
Malerei auf Nilschlammputz. Höhe ca. 160 cm, Breite je ca. 82 cm
Inv.-Nr. 2060, 2061

Auf dem thebanischen Westufer waren in den anstehenden Felsen Schächte und Kammern getrieben als Kult- und Bestattungsplatz der Toten. Die unebenen, bröckligen Kalksteinwände eigneten sich weniger gut für Reliefschmuck. Sie wurden mit Nilschlamm oder Stuck überzogen, auf den dann die Malereien aufgetragen wurden. Die Farbpalette enthielt sechs Grundtöne: Schwarz und Weiß, Rot, Gelb, Grün und Blau, die klar voneinander abgesetzt, aber auch abgestuft verwendet wurden. Der Grundstoff waren Mineralien und Tonerden. Farbe bedeutete nicht nur schmückendes Beiwerk, sie charakterisierte Menschen und alle Dinge. Das ägyptische Wort »Farbe« wurde zum Synonym für »Charakter«.
In der Nähe von großen Baustellen, wie Theben West, siedelten die dort tätigen Handwerker und Künstler. Bei dem arabischen Dorf Deir el Medine haben sich die Ruinen ihrer zweistöckigen Häuser, eine Fülle ihrer Skizzen, Entwürfe und Abrechnungen auf Ton und Kalkstein erhalten (vgl. Kat. Nr. 97); beeindruckend sind aber vor allem die Malereien ihrer Felsgräber.

Gründer dieser Siedlung in der Mitte des 16. Jahrhunderts v. Chr. war Amenophis I.; ihm und seiner Mutter Ahmes-Nefertari erwiesen die Handwerker mit Gebeten und Opfergaben göttliche Ehren. Ihre Statuetten standen in eigens ihrem Kult geweihten Kapellen (vgl. Kat. Nr. 87), ihre Bilder zieren die Felsgräber, wie diese einst den Eingang zu einer inneren Kammer im Grab des In-her-cha. Er arbeitete unter Ramses III. und IV. als »Leiter des Herrn der beiden Länder an der ›Stätte der Wahrheit‹«, wie die Ägypter die thebanische Königsnekropole nannten, und hatte sich sogar zwei Gräber bauen lassen.
Amenophis und Ahmes-Nefertari sind nach der Mode der Ramessidenzeit gekleidet, in lange stark plissierte Gewänder aus so dünnem Leinen, daß die Körperformen durchschimmern. Ein breiter Halskragen liegt um den Hals, Reifen um Handgelenk und Oberarm. Sie tragen schmale Riemensandalen. In der herabhängenden Hand halten beide das Lebenszeichen, in der rechten Amenophis die Herrschaftsinsignien Geißel und Zepter, Ahmes-Nefertari in der linken einen Wedel. Der König hat den Zeremonialbart umgebunden, ein Diadem mit Uräus schmückt die kurzhaarige Perücke. Über seinem Kopf steht das Symbol seiner Herrschaft über Ober- und Unterägypten, die Sonnenscheibe mit den Uräen. Ahmes-Nefertari erscheint als Schutzgöttin der Nekropole dunkelhäutig, denn Schwarz war die Farbe des Todes und der Unterwelt.
Die Beischriften enthalten in farbigen Hieroglyphen die königlichen Kartuschen, in der senkrechten Kolumne steht in schwarzer Schrift der Wunsch nach »Beständigkeit, Glück, Leben, Dauer und Gesundheit millionenmal wie sein Vater Re am Himmel jeden Tag ewig und immer«.
I. Mü.

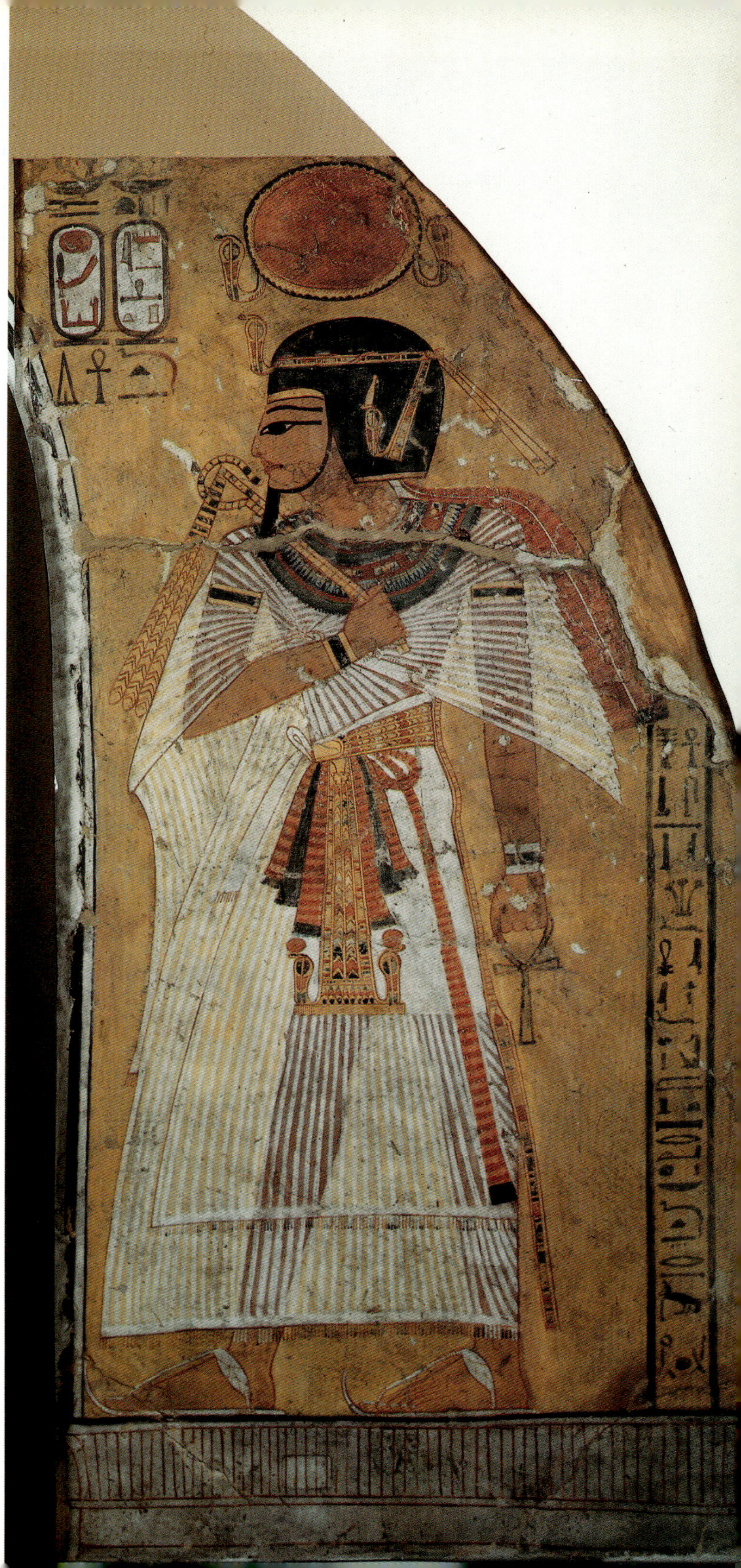

90
Figurengruppe des Ptahmai

Saqqara, um 1250-1200 v. Chr.
erworben 1840
Kalkstein. Höhe 99 cm
Inv.-Nr. 2297

Neben Tempelstatuen (vgl. Kat. Nr. 56) sind im Neuen Reich weiterhin Bildnisse gebräuchlich, die in den Kultnischen der Grabkapellen aufgestellt wurden.
Ptahmai war Offizier unter Ramses II. und bekam von diesem das Amt eines Priestervorstehers am Ptah-Tempel als Alterspfründe zugewiesen. Links von ihm sitzt seine Frau Hatschepsut, eine »Sängerin des Amun«, während auf der rechten Seite seine älteste Tochter, eine »Haremsdame des Pharao« dargestellt ist. Außerdem stehen zwischen dem Ehepaar ihr Sohn, der als »Diener des Pharao« bezeichnet wird, und rechts neben dem Vater eine weitere Tochter. Auch sie war eine »Sängerin des Amun« und hält als Zeichen dafür ein Sistrum in der rechten Hand. Sie ist auch die Stifterin der Familiengruppe.
Ptahmai ist als Priester kahlköpfig. Er trägt einen von der Hüfte bis zu den Waden reichenden plissierten Schurz. Über seine linke Schulter verläuft eine Schärpe. Er wurde von seinem König zweimal mit dem »Gold der Tapferkeit« (Ketten aus goldenen Scheibenperlen) ausgezeichnet. Die Fettpolster unterhalb der Brust sind als Statussymbol für seinen hohen Rang anzusehen. Nur die Füße des Mannes stecken in Sandalen, alle anderen Personen sind barfuß.
Die drei Frauen sind mit knöchellangen plissierten Gewändern und Schulterkragen bekleidet. Voluminöse, aus mehreren Teilen bestehende Perücken umrahmen die Gesichter. Von der Figur des Sohnes ist leider nur noch wenig zu erkennen.
Während der 3. Dynastie und dann wieder im Neuen Reich war es üblich, die Dargestellten auf Hockern, und im Neuen Reich auf Sesseln mit Rückenlehne sitzen zu lassen, deren konstruktive Einzelheiten plastisch modelliert oder wenigstens aufgemalt erscheinen. Die Gruppenfigur des Ptahmai hat zwar, wie für solche Rundbilder üblich, eine hochreichende Rückenplatte, aber zu beiden Seiten der Frauen sind wenigstens an den Außenseiten Hocker als Sitzmöbel in der typischen Form der Zeit dargestellt.
Ein auf der hinteren Fläche der Rückenplatte befindliches Relief zeigt die Kinder des Ehepaares, wie sie ihren Eltern opfern.
Auch bei dieser Plastik sind die Formprinzipien des altägyptischen Rundbildschaffens deutlich sichtbar. Daraus erklärt sich die Überlängung des rechten, um die Taille des Mannes gelegten Armes der Ehefrau bzw. des linken Armes der Tochter, der auf der linken Schulter des Vaters ruht. Aufgrund der frontalen Ausrichtung und der axialen Gebundenheit der Figuren war es nicht möglich, diese Gliedmaßen in ihren tatsächlichen Proportionen anzugeben.
Der Stil der Bildnisse der Ramessidenzeit knüpft an die Darstellungsweise der Zeit Amenophis' III. an, ohne dabei jedoch das Erbe der Amarnakunst völlig zu verleugnen. Es tritt eine auf fremdländische Einflüsse und Amarna zurückzuführende Eleganz zutage, die sogar von einer ausgesprochenen ästhetischen Schönheit sein kann (vgl. Kat. Nr. 88). Jedoch zeigt sich schon hier ein Ansatz zu einem Manierismus, der im Laufe der Zeit zur stilistischen Erstarrung und zum Niedergang der Bildniskunst führt. Es werden ganz unpersönliche Idealbilder produziert, die jegliche Individualität vermissen lassen. Auch die Figuren dieser Gruppe haben leere, ausdruckslose, schematisch geformte Gesichter.

K. F.

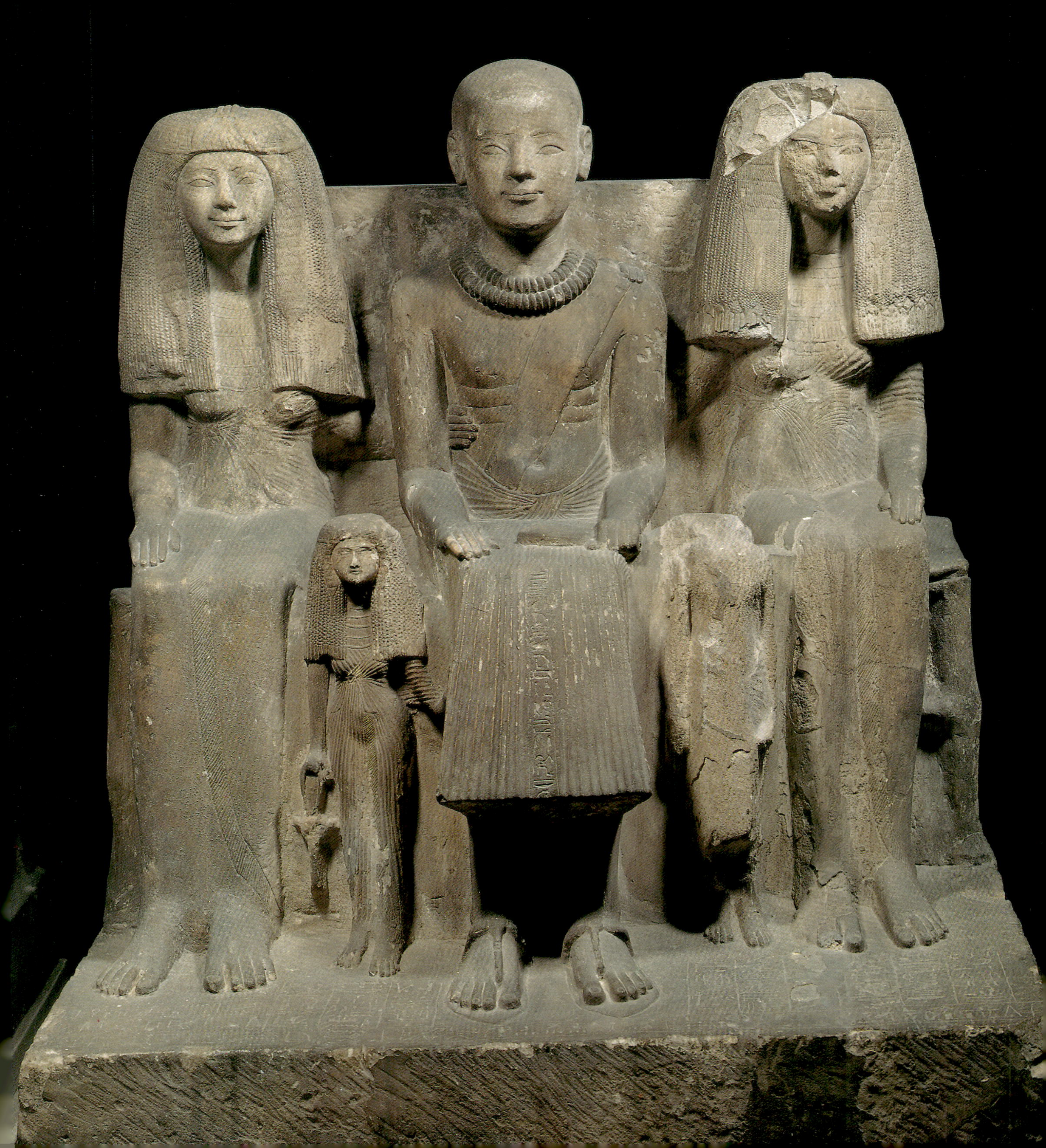

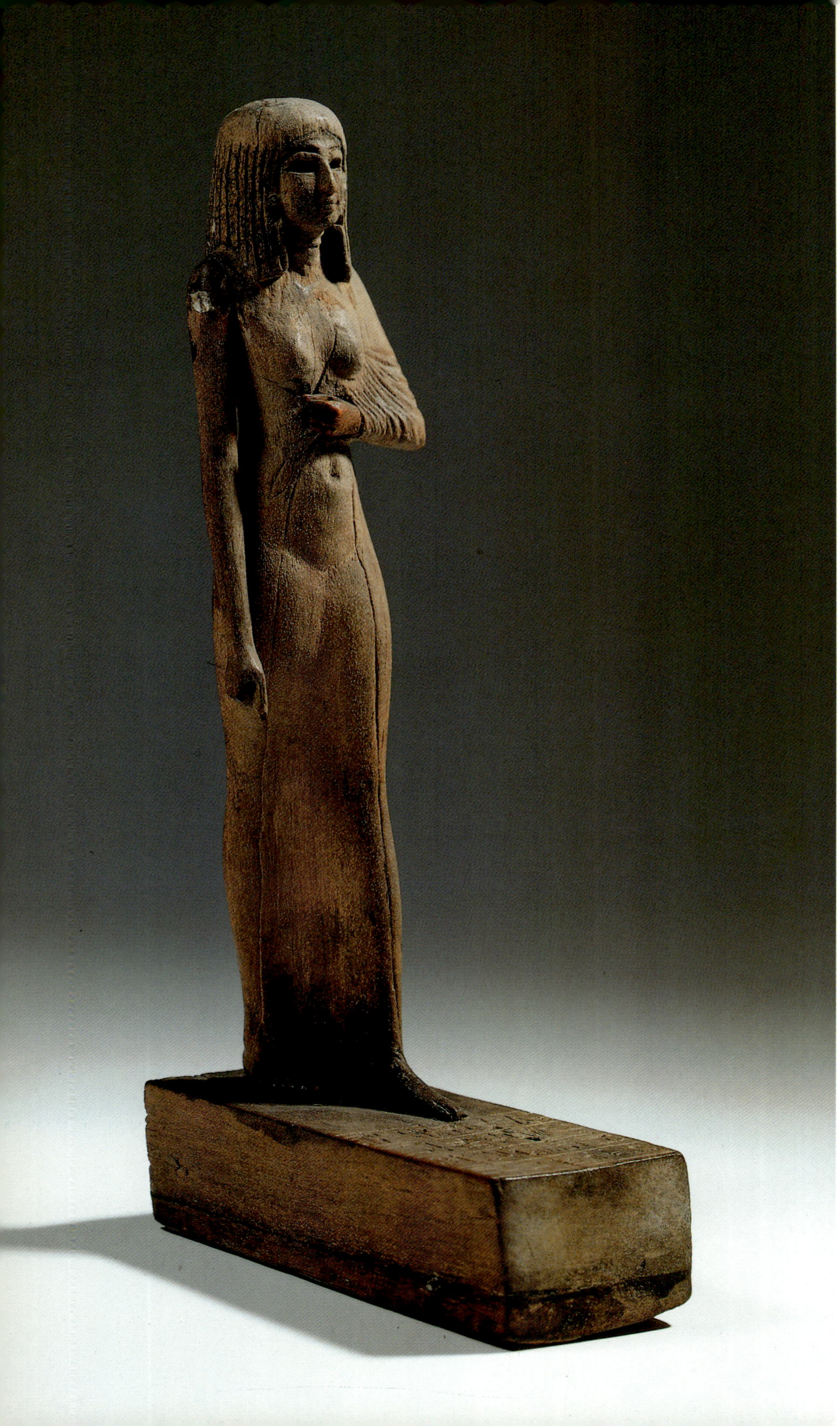

91
Standfigur der Nehi

Memphis, 19. Dynastie, um 1250 v. Chr.
erworben 1827 (Sammlung Passalacqua)
Holz, Farbreste. Höhe 20,5 cm
Inv.-Nr. 4651

Die Statuette der Dame Nehi zählt zu den schönsten Frauenfiguren des Neuen Reiches. Sie hielt wahrscheinlich einen kleinen Stabstrauß in der linken Hand. Er ist verloren, wie auch die Lotosblüte oder ein Tuch, die sie in der herabhängenden Rechten hielt. Die gelängten Glieder und der zarte Körperbau zeigen Nehi als sehr junge Frau. Sie trägt ein langes, schmales, glattes Untergewand und darüber eine Art plissierten Mantel, der unter der Brust geknüpft wurde und kokett den linken Arm verhüllte. Die Haartracht ist ungewöhnlich. Vielleicht zeigt sie ihr eigenes schulterlang gewachsenes Haar. Dazu gehören als Accessoires ein (aufgemalter) Halskragen und Ohrringe. Die durchsichtige Kleidung steigert die Modellierung des Leibes zu feiner erotischer Ausstrahlung. Auch dieser Plastik fehlen die Farbe und farbiger Glasfluß für Perücke, Augen und Ohrringe. Nach Aufschrift des originalen Sockels wurde die Figur von Nehis Bruder (Ehemann), dem Schreiber Chonsu, in Auftrag gegeben.

H. K.

92
Standfigur einer Frau

Theben, 18. Dynastie, um 1380 v. Chr.
erworben 1881
Holz, Farbreste. Höhe 21,5 cm
Inv.-Nr. 8041

Aus der 18./19. Dynastie sind Frauenbildnisse erhalten, deren Ausstrahlung bis heute den Maßstäben weiblicher Anmut und Schönheit entspricht. In der Entstehungszeit erreichten ökonomischer Wohlstand und, daraus abgeleitet, verfeinerte Lebensart einen Höhepunkt in der gesellschaftlichen Entwicklung Ägyptens. Das zeigt sich an raffinierter Mode, an luxuriösen Schöpfungen des Kunstgewerbes als Accessoires für elegant gekleidete und gepflegte Menschen, deren in Relief oder Skulptur bewahrte Gesichter und Körper überzeitliche Schönheit und Jugendlichkeit ausstrahlen. In diesen Zusammenhang gehört die Statuette einer jungen Frau. Trotz der Beschädigungen wirkt sie wie der Inbegriff des Ewigweiblichen. Meisterlich in Holz geschnitzt sind Details des jugendlichen Gesichts, der komplizierten schweren Perücke, des plissierten modischen, wohl bodenlangen Frauengewandes aus weißem durchsichtigem, Leinen, das am Rande mit einer farbigen Borte verziert war. Der vom Kleid eingehüllte linke Arm preßte einen Stabstrauß (jetzt verloren) an die Brust, die jetzt abgebrochene rechte Hand hielt wohl eine Lotosblüte (oder ein Tuch). Die Plastik war bemalt. Reste davon sind im breiten Schulterkragen erhalten. Die Beinstellung deutet eine leichte Bewegung an, die bereits unterhalb der Hüfte beginnt und sich auf das linke Bein erstreckt. Die schwere Löckchenperücke läßt die junge Frau zierlicher und zerbrechlicher erscheinen. Ein Blütenkranz oder ein Stirnreif schmücken das Haar. Auf der Perücke befand sich ein Salbkegel.

H. K.

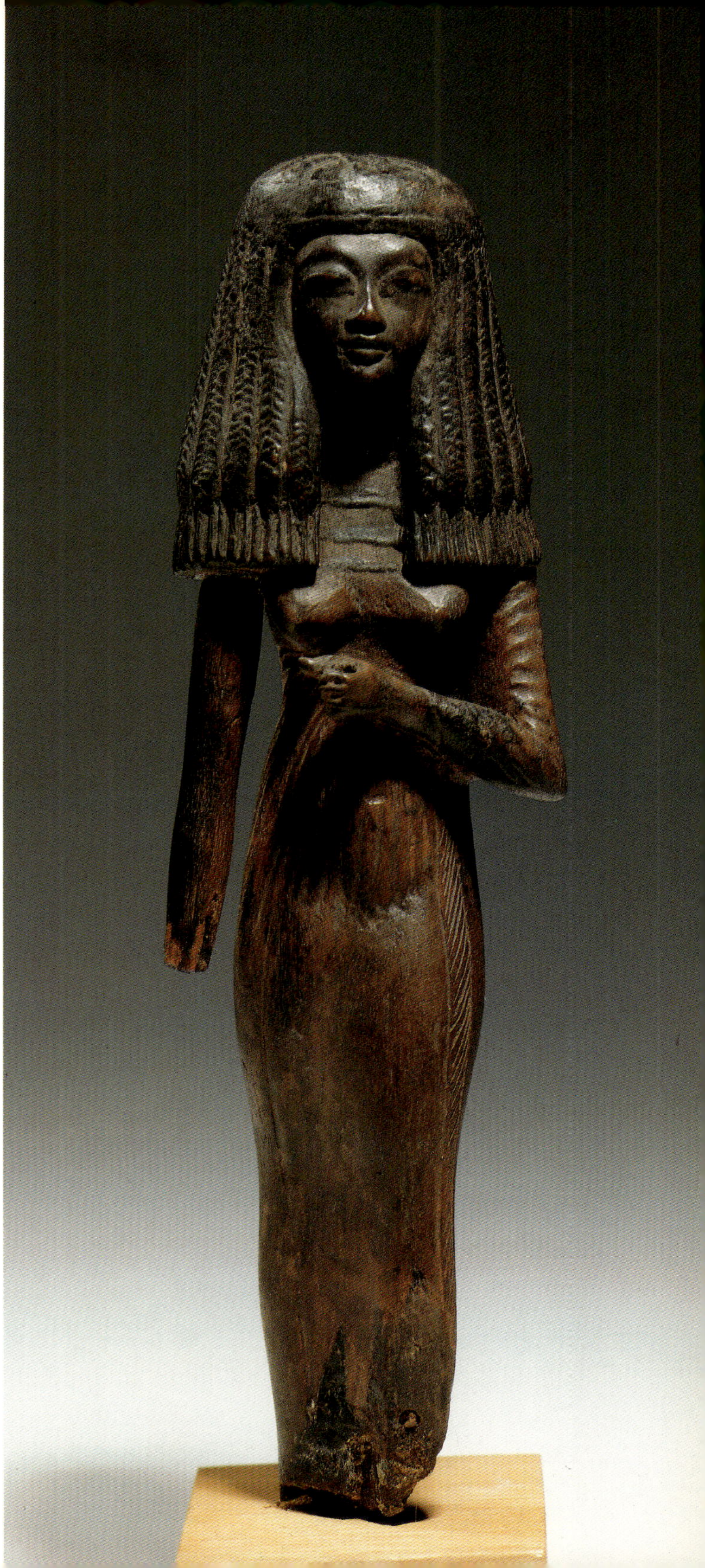

93
Haushaltsgeschirr

überwiegend aus Tell el Amarna und Deir el Medine
18.-20. Dynastie
Ton

Solche schlichten, formschönen Gefäße waren Gebrauchsgeschirr für den Alltag, gehörten aber gleichermaßen zur Ausstattung für das jenseitige Leben.
In den großen, breitbauchigen Gefäßen wurde meist Getreide aufbewahrt, während die zweihenkligen schlanken Amphoren als Behältnis für verschiedene Flüssigkeiten dienten.
Speisen wurden auf flachen Schalen oder in Schüsseln mit gewölbtem Boden, Getränke in Schälchen oder Bechern gereicht.
Der Aufbewahrung von Salben, die die Ägypter für kosmetische, medizinische und magische Zwecke verwendeten, dienten verschieden geformte Gefäße. Henkeltöpfe mit hohem, weitem Hals, kleinem Bauch und angesetztem Standring waren von etwa 1490 bis 1300 v. Chr. in Mode. Häufig sind sie vollständig mit einem weißen Farbüberzug versehen. Dadurch sollten sie den kostbaren Alabaster-Gefäßen gleichen, die wegen der kühlenden Eigenschaften des Materials bevorzugt wurden. C.-B. A.

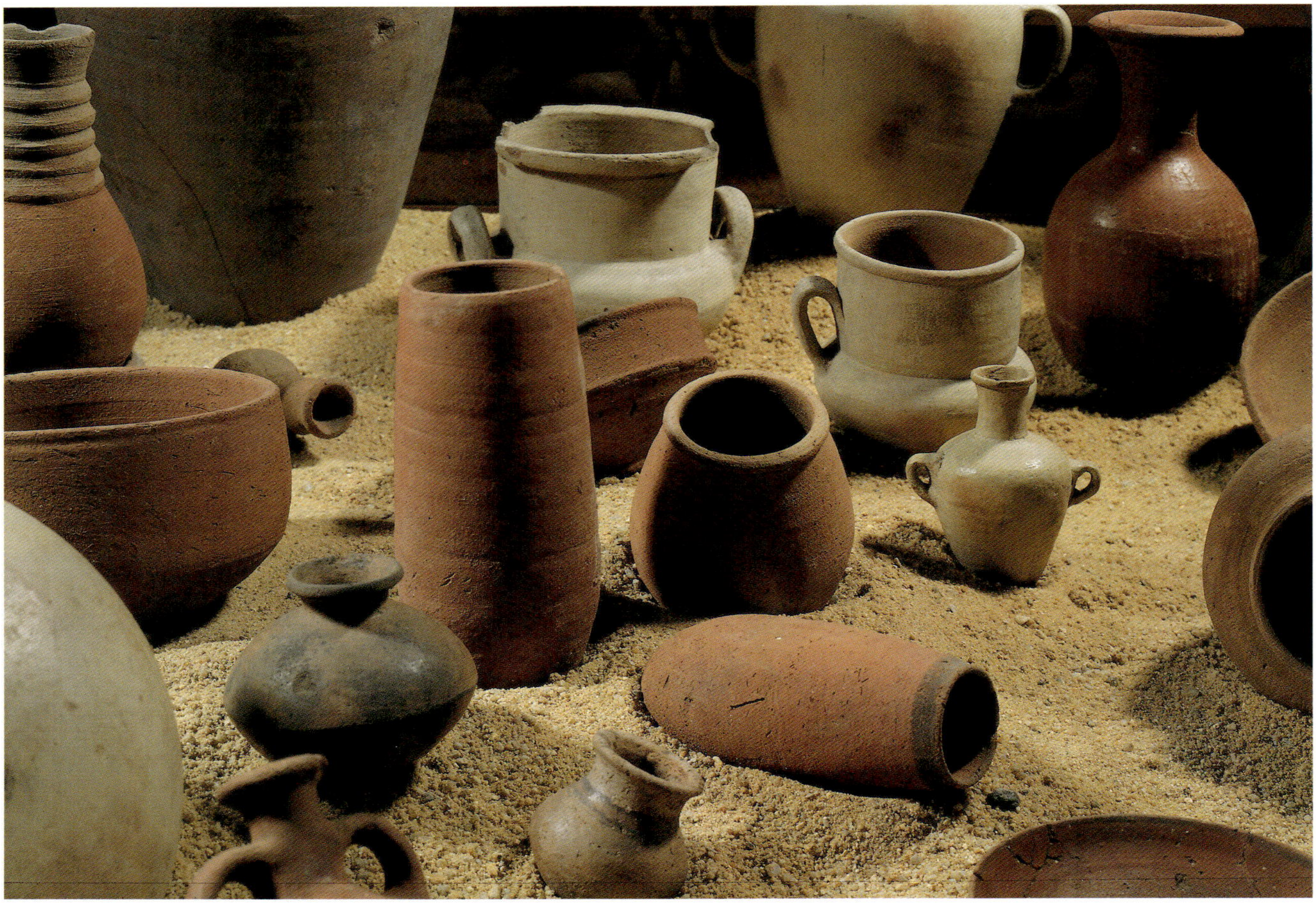

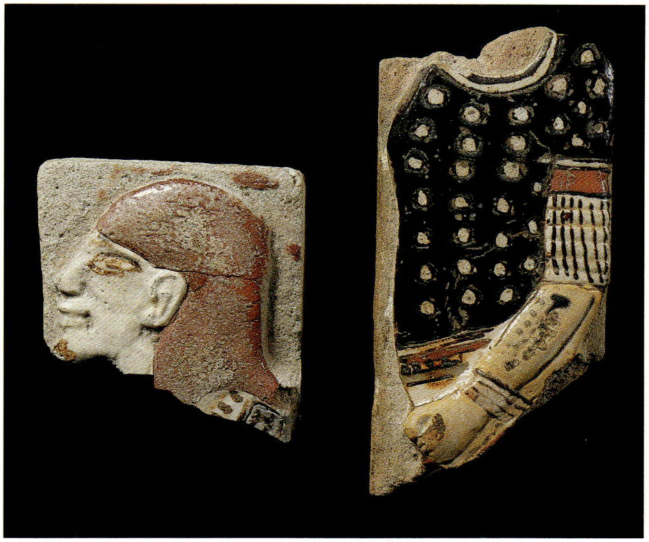

94
Kopf eines »Libyers«

Fragment einer Reliefkachel
Theben West/Medinet Habu, 20. Dynastie, um 1190-1160 v. Chr.
erworben 1901
Fayence. Höhe 7,3 cm
Inv.-Nr. 15729

Körper eines »Asiaten«

Fragment einer Reliefkachel
Theben West/Medinet Habu, 20. Dynastie, um 1190-1160 v. Chr.
erworben 1904
Fayence. Höhe 12,4 cm
Inv.-Nr. 17019

Mehrfarbige Fayence-Kacheln wurden während der 19./20. Dynastie zur Dekoration der königlichen Wohn- und Kultpaläste in den Residenzen im Ostdelta (»Ramsesstadt«), in Memphis, Theben und sicherlich auch sonst verwendet. Sie wurden als Einlegearbeiten auf Wänden, Türfüllungen und Säulen angebracht. Als besonders repräsentativ für diese Art »Kunst am Bau« gilt der Kultpalast Ramses' III. in Medinet Habu, dessen kachelgeschmücktes »Audienzfenster« sich zum ersten Hof seines an den Palastbau anschließenden Totentempels öffnete. Zuerst nachgewiesen ist solche Dekoration in den Wohnhäusern und Palästen von Achet-Aton (Tell el Amarna, vgl. Kat. Nr. 77), vermutlich aber viel älter.
Die reliefierten Kacheln wurden in Modeln geformt, farbig glasiert und gebrannt. Ausgesparte Vertiefungen für bestimmte Einzelteile wurden nach dem Brand mit Farbpasten gefüllt. Das Ganze wurde dann noch einmal gebrannt.
Zu den Bildmotiven gehörte die Abbildung von Vertretern der feindlichen Völker an solchen Stellen, die besonders dazu geeignet waren, sie als »unter die Füße getretene« Feinde des Pharao optisch zu präsentieren. So gehörten die beiden Kacheln mit vielen anderen zur Dekoration, die das Palasttor des Kultpalastes Ramses' III. in Medinet Habu rahmte. Senkrecht nebeneinandergesetzt, bildeten sie einen Sockelfries unterhalb von Darstellungen aus vielteilig zusammengefügten Kachelbildern, die den König als Sphinx zeigten, der Feinde zertritt. Die Kachel des linken Fragmentes trug das Bild eines »Libyers« mit fast weißer Hautfarbe, einem gelbbraunen Kinnbart und rotem Haarschopf.
Das rechte Fragment zeigt Körper und Arm eines Vertreters der »asiatischen« Völkerschaften. In den symbolischen Feinddarstellungen war für den »Asiaten« bis zum Beginn der Ramessidenzeit nur der alte vollbärtige Typ des »Semiten« üblich. Erst durch die Kämpfe mit den Hethitern und den »Seevölkern« treten neue differenzierende Typen auf. Das Kachelfragment erlaubt leider keine eindeutige Bestimmung. Das Hemd, schwarz mit weißen Flecken, könnte auch ein Panzer aus Leinen oder Leder sein, der mit Metallscheiben besetzt ist. Unter dem kurzen Ärmel mit roter Borte kommt der halblange Ärmel eines weißen Hemdes hervor, mit schwarzen senkrechten Streifen. Um die Hüfte ist ein gemusterter Gürtel gelegt. Der nackte Unterarm trägt eine Tätowierung. Die Arme sind hinter dem Rücken an den Handgelenken gefesselt. Sie sollten so dargestellt sein, daß die Arme nach hinten abstehen und die Fäuste hinter der Hüfte liegen. Aus Platzmangel sind die Unterarme, anatomisch unmöglich, über den Körper geschoben.
K.-H. P.

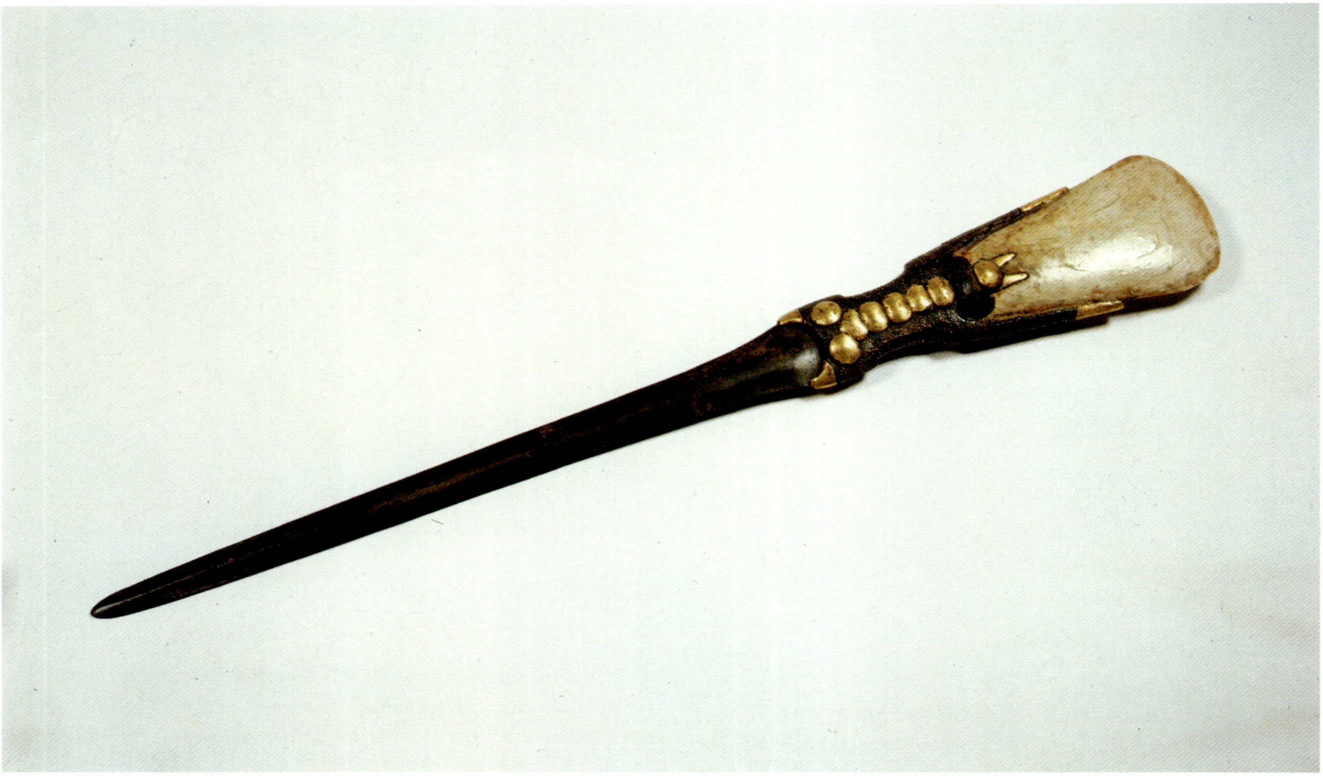

95
Dolch

Theben West, um 1700-1450 v. Chr.
erworben 1827 (Sammlung Passalacqua)
Bronze, Horn, Elfenbein, Gold. Länge 40,5 cm
Inv.-Nr. 2053

Seit der »Zeit der Götter«, wie die Ägypter die Zeit vor den menschlichen Königen nannten, gab es Dolche; ihre Klingen waren aus Feuerstein, später aus Kupfer oder Bronze, die Griffe aus Holz, Nilpferdzahn oder Elfenbein. Man trug sie in einer Scheide, in der 17. Dynastie (um 1650 v. Chr.) auch nach nubischer Sitte am Oberarm.
Dolche gehörten zu den häufigsten Waffen des Kriegers, zuweilen waren sie wie dieser Dolch prunkvoll gearbeitet. Die schmale lange Bronzeklinge ist durch ein Zwischenstück mit dem Heft aus Elfenbein verbunden. Das Zwischenstück aus Horn zieren auf beiden Seiten je neun goldene Köpfe und viele kleine goldene Punkte. Solche Prunkwaffen befanden sich in königlichem Besitz, konnten aber als Kriegsauszeichnung an Offiziere und Soldaten verliehen werden, die sie dann wie einen Orden mit ins Grab nahmen. Dieser Dolch wurde in einem Schutthügel neben einer Mumie gefunden, war daher wohl eine Grabbeigabe.

I. Mü.

96
Standfigur eines Löwengottes

6.–2. Jh. v. Chr. (?)
Fundort unbekannt, erworben 1943
Kalkstein. Höhe 57 cm
Inv.-Nr. 24021

Die Figur des Gottes ist unvollendet. Er ist in üblicher Weise dargestellt mit vorgesetztem linkem Bein, die rechte Hand hält das Lebenszeichen, die linke Hand sollte ein gesondert (aus Metall) gearbeitetes Gotteszepter senkrecht vor dem Körper halten. Den Übergang des Tierkopfes zum Körper vermittelt der schwere Haarschopf, dessen beiden vorderen Teile über der Brust noch nicht voneinander getrennt sind. Die Herstellung des altägyptischen Rundbildes ging von einem rechtwinklig zugehauenen Werkblock aus, auf dessen Flächen mit Hilfe eines Quadratnetzes alle einschlägigen Ansichtsseiten in Umriß und Detail aufgezeichnet wurden. Vorlage waren Musterzeichnungen. Spuren des eingeritzten Quadratnetzes sind am Rückenpfeiler und am Hinterkopf unserer Figur noch zu sehen. Der bildhauerische Prozeß arbeitete auf allen Flächen gleichzeitig Schicht um Schicht des Steinblockes ab. Zwischenstadien zeigen, daß die Körperformen zunächst als rechteckige ebenflächige Formgebilde geschaffen wurden, aus denen dann in zunehmender Detaillierung die gerundeten Formen herausgearbeitet wurden. An der Löwenfigur ist der Bildhauer eben inmitten dieses Prozesses stehengeblieben. Die Detailausformung ist bereits erreicht, die letzten Grate sind teilweise schon abgeglättet, an der Außenseite des linken Beines ist eine Korrektur zu sehen: Das Volumen der Wade sollte wohl im Ganzen noch um eine Schicht verringert werden. Es fehlen Details, die mit Gravierstichein zu arbeiten waren, Binnenzeichnung und Kanten des Schurzes, die Details an Kopf und Haar und anderes mehr. Noch nicht ausgearbeitet ist die Partie hinter dem Kinn. K.-H. P.

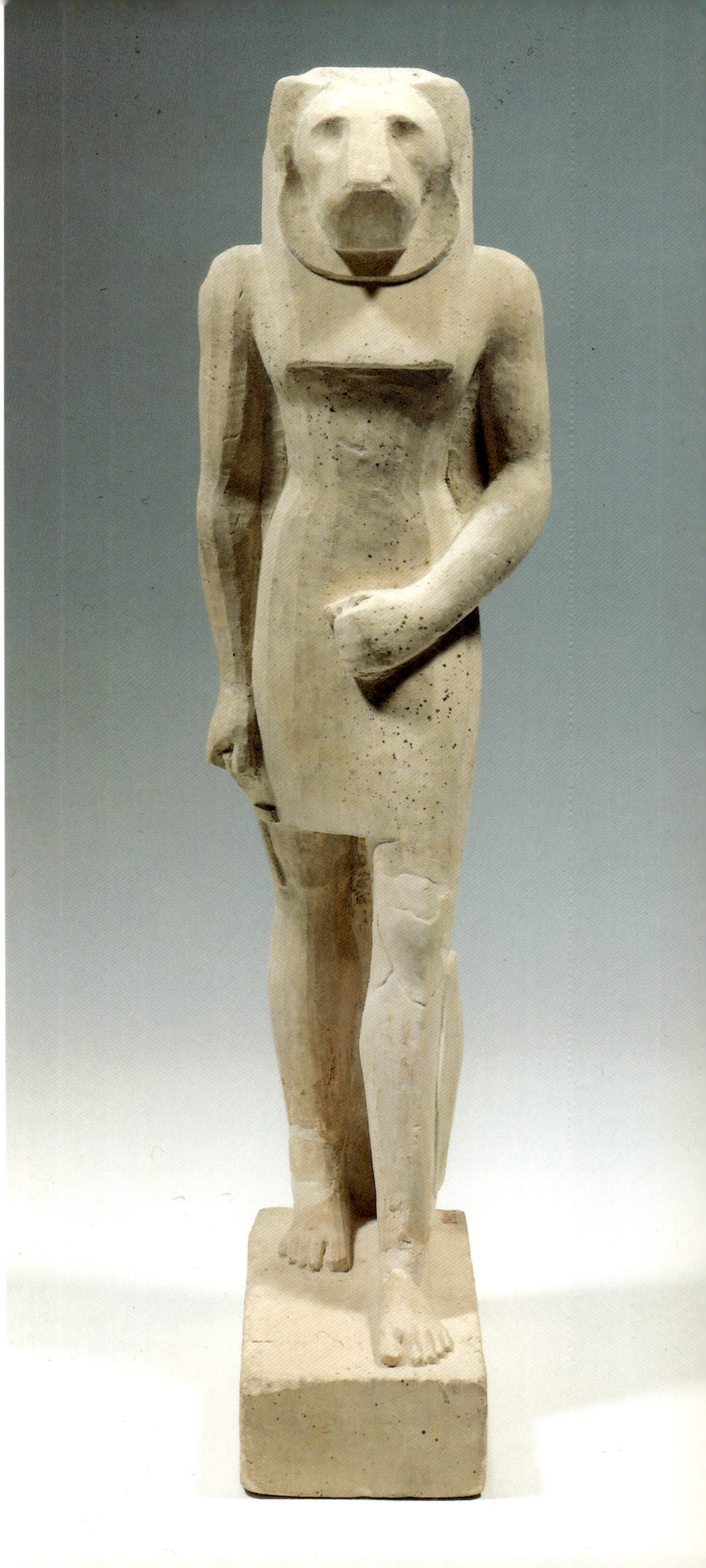

97
Illustration zu einer Fabel aus der Tefnut-Legende

Farbige Skizze
Theben West/Deir el Medine, um 1250-1100 v. Chr.
erworben 1913 (Grabung Königl. Museen Berlin)
Malerei auf Kalkstein. Höhe 15,8 cm
Inv.-Nr. 21443

Eine altägyptische Legende erzählt von Tefnut, der Tochter des Sonnengottes Re. Sie war, so lehrt es die Kosmogonie von Heliopolis, zusammen mit Schu (die Leere) vom Schöpfergott Re-Atum geboren worden; als löwengestaltiges Paar bildeten sie die Urelemente Luft und Wasser. Später wird Tefnut auch zum Uräus an der Stirn ihres Vaters, vor allem aber ist sie sein rechtes Auge, das Kraft gegen alle Feinde verleiht. Erzürnt über ihren Vater flieht sie eines Tages nach Nubien. In den südöstlichen Wüstentälern lebt Tefnut fortan als wilde blutdürstige Löwin. Ihr Vater, hilflos ohne ihren Schutz, sendet den redegewandten Weisheitsgott Thot als Boten aus, der sich in einen Pavian verwandelt und die Löwin zur Rückkehr nach Ägypten überredet. Der oben abgebildete Vogel im Nest ist ein Zitat aus einer der Geschichten, mit denen Thot die erzürnte Tefnut schließlich besänftigt. In einem festlichen Zug erreichen die beiden Götter die ägyptische Grenze bei Philae. Tefnut reinigt ihre Glieder und verwandelt sich in Hathor, die freundliche Göttin der Feste.

Solche Bilder auf Kalkstein oder Tonscherben waren Skizzen und Entwürfe von Bildhauern und Malern, meist sicher, leicht und lebendig gezeichnet und oft auch koloriert. In großer Zahl fanden sich diese Bildostraka in der Handwerkersiedlung Deir el Medine (vgl. Kat. Nr. 89). I. Mü.

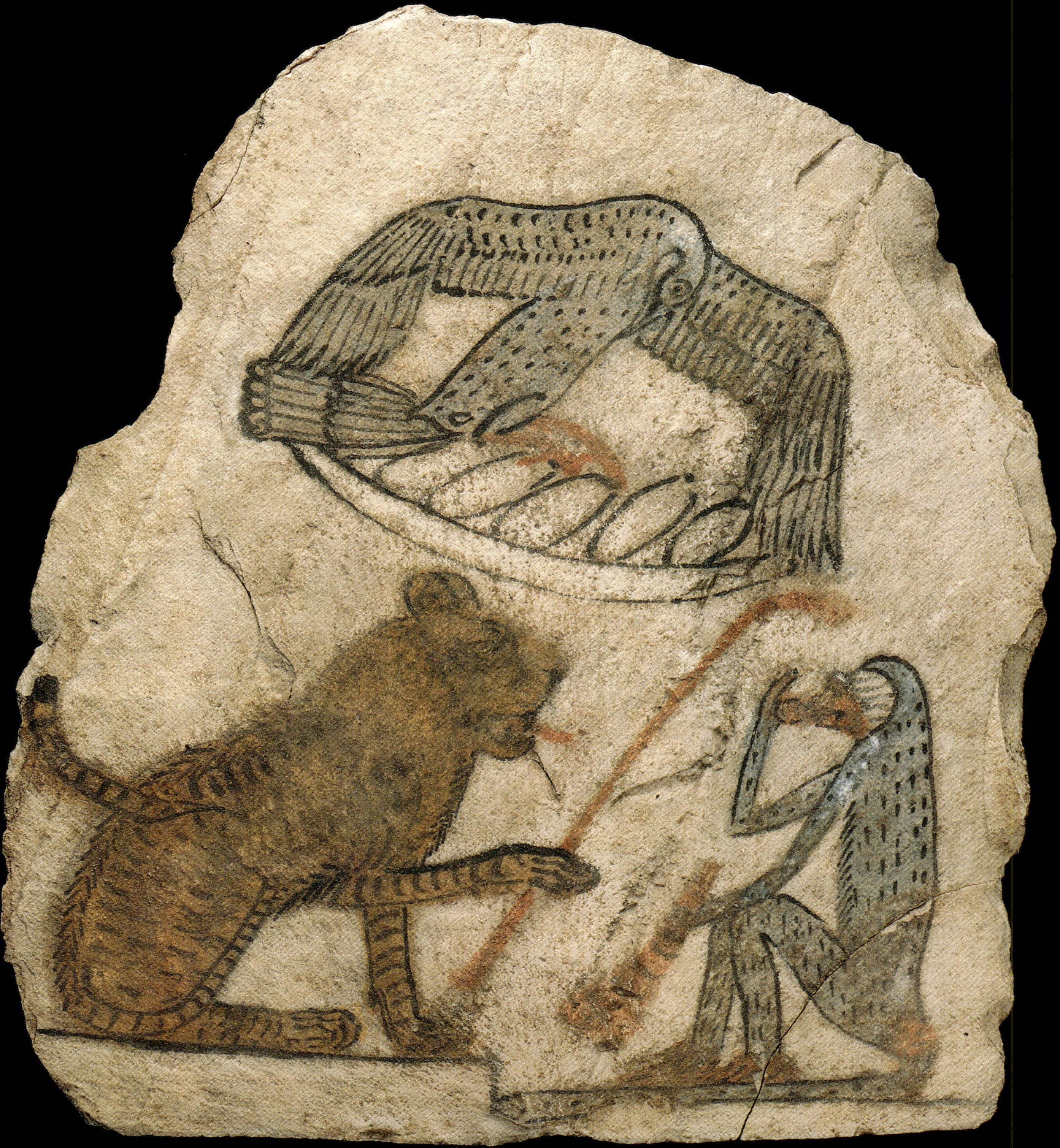

Die Spätzeit

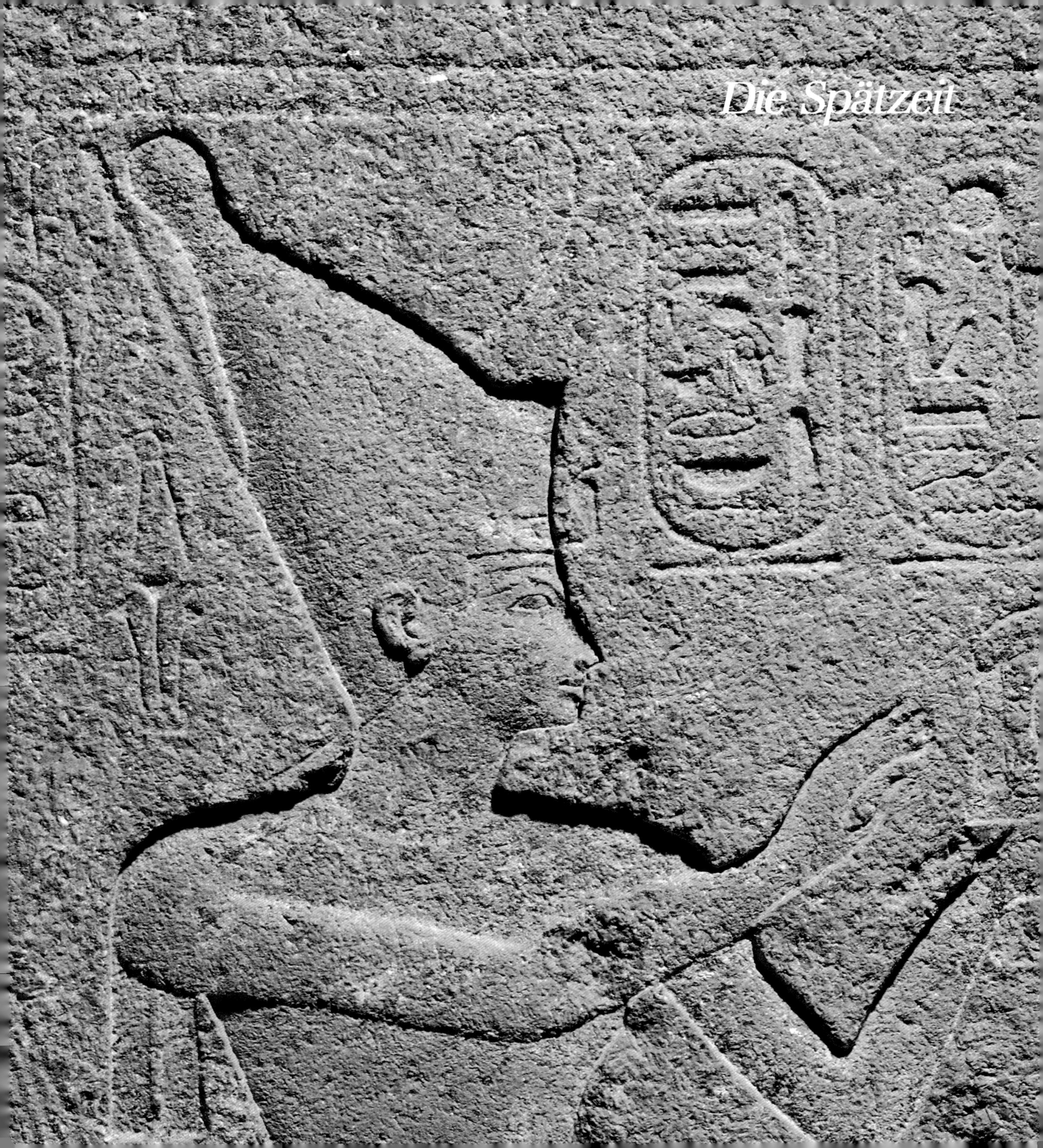

Die Spätzeit

um 1085-945 v. Chr. **21. Dynastie**
Smendes
Amenemnes
Psusennes I.
Siamun
Psusennes II. u. a.

um 945-715 v. Chr. **22.-23. Dynastie**
»Libyerzeit«
Scheschonk I.
Osorkon I.
Scheschonk II.
Takelothis I.
Osorkon II.
Takelothis II.
Scheschonk III. u. a.

in Theben:
Petubastis
Osorkon III.
Takelothis III. u. a.

um 750-715 v. Chr. **24. Dynastie (im Westdelta)**
Tefnacht
Bokchoris

um 750-656 v. Chr. **25. Dynastie**
»Äthiopenzeit«
(Kaschta)
(Piye)
Shabaqo
Shebitku
Taharqa
(Tanwetamani)

664-525 v. Chr. **26. Dynastie**
»Saitenzeit«
Psametich I.
Necho
Psametich II.
Apries
Amasis
Psametich III.

525-404 v. Chr. **27. Dynastie**
Ägypten als Satrapie des persischen Großreiches

404-342 v. Chr. **28.-30. Dynastie**
Nepherites
Hakoris
Nektanebis
Nektanebos u. a.

342-332 v. Chr. Ägypten wieder unter persischer Herrschaft

Die Ägyptologie bezeichnet als »Spätzeit« die Periode der Geschichte Ägyptens von der 25. Dynastie bis zum Beginn der Herrschaft der Makedonen (332 v. Chr.). Der Zeitraum der Herrschaft der 21.-24. Dynastie gilt als eine »III. Zwischenzeit« oder wird noch zum Neuen Reich gerechnet. Weder die politische noch die kulturhistorische Entwicklung rechtfertigt an sich eine deutliche Abgrenzung gegen die Ramessidenzeit und eine Zäsur mit der Thronbesteigung der »äthiopischen« Dynastie.
Mit dem Regierungsantritt der 21. Dynastie ging eine fakti-

sche Zweiteilung des Landes einher: In Oberägypten bis hinab nach el Hibe herrschten die Hohenpriester des Amun von Theben, wobei Amun selbst durch das Orakel der eigentliche Leiter sein sollte (»Gottesstaat des Amun«), die Pharaonen in ihrer Residenz Tanis sind nur nominell Gesamtherrscher. An irgendeine dauernde Einflußnahme in Syrien und Palästina ist nicht zu denken. Wie sehr Ägypten hier jedes Ansehen verloren hatte, schildert anschaulich der Reisebericht eines Wenamun, der nach Byblos geschickt wird, um Bauholz einzuhandeln, und sich von den Herren der phönizischen Küstenstädte die rüdeste Behandlung gefallen lassen muß.

Mit der 22. Dynastie gelangten Nachkommen einer Familie der von Ramses III. angesiedelten libyschen Militärkolonisten auf den Thron (Residenz Bubastis), die durch die Einsetzung von Prinzen als Hohepriester in Theben versuchten, auch Oberägypten wieder stärker in ihren Machtbereich einzubeziehen. Neben ihnen gewinnen die »Gottesgemahlinnen des Amun« langsam an Bedeutung, die als Prinzessinnen des Herrscherhauses ein Gegengewicht gegen Selbständigkeitsgelüste der Thebais sein sollten. Denn die Hohenpriester versuchten immer wieder, ihr Machtgebiet zu einer erblichen Herrschaft aufzubauen. Zugute kam ihnen die Zersplitterung der Herrschaftsstruktur selbst in Unterägypten. Die Könige der 22.-23. Dynastie waren nur die Nachkommen einer der zahlreichen libyschen Familien, die sich zu Herren von Stadtherrschaften machen konnten und eine mit der Zentralgewalt konkurrierende Schicht von »Fürsten der Ma« (ein libyscher Stamm) bildeten. Die Dynastie selbst splitterte sich schließlich in mehrere Linien auf, die den Königstitel für sich in Anspruch nahmen. Ein gefährlicher Feind wurde ihnen ein Westdeltareich, dessen Herren ebenfalls den Königstitel annahmen (24. Dynastie).

Angesichts dieser Verhältnisse war der Feldzug Scheschonks I. nach Palästina im Jahr 930 v. Chr. nur eine Episode ohne bleibenden politischen Erfolg. Die Ärmlichkeit der wirtschaftlichen Verhältnisse und die politische Zersplitterung ließen große Tempel- und Grabbauten kaum zu. Hinzu kommt noch, daß im Delta nur wenige Bauten aus dem Altertum erhalten sind. Aber selbst die Hohenpriester Thebens der Zeit der 20.-22. Dynastie wurden mit ihren Angehörigen in Massengräbern bestattet, und für Könige wurden in Tanis Grabkammern innerhalb der Tempelareale angelegt im Schutze der mächtigen Umfassungsmauern, die die Kultstätten zu Festungen machten.

Während der 21. Dynastie ist es auch geschehen, daß die Pharaonen und Königinnen des Neuen Reiches ihren Gräbern entnommen und in zwei Sammelgräbern verborgen wurden. Die Wiederverwendung des Steinmaterials älterer Bauten und alter Statuen war fast die Regel. So wurden die von der 19. Dynastie oft schon in der »Ramsesstadt« wiederbenutzten Statuen, Obelisken usw. in Massen in die Residenzen Tanis und Bubastis umgesetzt.

In diesen Jahrhunderten war im nördlichen Sudan das Reich von Kusch entstanden. Um 750 v. Chr. bemächtigte sich sein Fürst Kaschta der Thebais und nahm den Pharaonentitel an. Sein Nachfolger Piye (»Pianchi«) griff in die Machtkämpfe unter den libyschen Dynasten ein, sein Bruder Shabaqo (715-700 v. Chr.) war dann unbestritten Herr des gesamten Ägypten, ohne daß die Lokalherrscher beseitigt wurden. Der Versuch, die syrischen und palästinensischen Staaten gegen die Assyrer zu unterstützen, wurde der 25. Dynastie zum Verhängnis. Dreimal eroberten die Assyrer Ägypten. Gewinner waren die Nachkommen der 24. Dynastie im Westdelta. Psametich I. (664-610 v. Chr.) übernahm 656 auch die Thebais, die konkurrierenden Teilherrschaften verschwanden.

Von ihrer Residenz Sais aus gelang den Königen noch einmal die Schaffung eines Einheitsstaates, der auch wieder in Vorderasien aktiv werden konnte. Ein wichtiges Machtinstrument waren griechische, karische und syrisch-palästinensische (unter ihnen jüdische) Söldner.

Die 25. Dynastie hat überall im Lande wenigstens für kleinere An- und Ausbauten in den Tempeln gesorgt. Von der sicherlich umfangreicheren Bautätigkeit der 26. Dynastie vorwiegend im Delta sind kaum Reste erhalten. Einen großartigen Aufschwung nahm noch einmal die Grabarchitektur der Äthiopen- und Saitenzeit in Theben.

Äthiopen- und Saitenzeit sind eine Periode der gewollten Wiederaufnahme der Traditionen des Alten und Mittleren Reiches in Kunst, Literatur und selbst bei den Beamtentitulaturen. Religiöses Schriftgut des Alten Reiches wird wieder verwendet, wie die Pyramidentexte.

Die Eroberung Ägyptens durch den Perserkönig Kambyses bedeutet für die Ägypter keinen tiefgreifenden Einschnitt. Die Perserkönige, vertreten durch einen Satrapen (Statthalter) in Memphis, übernahmen die Rolle der Pharaonen. Ägypter hatten weiterhin einflußreiche Stellen inne. Von im Delta noch immer führenden »libyschen« Familien gingen mit Unterstützung Athens 486 und 465 v. Chr. Aufstandsversuche aus, aber erst 404 v. Chr. gelang die Erringung der Unabhängigkeit. Ständige Thronstreitigkeiten und die Verstrickung in die Kämpfe zwischen Griechen und Persern ließen dem Land kaum Zeit für eine ruhige Entwicklung.

Trotzdem ist der Zeitraum von 500 bis 332 v. Chr. für die Kunst der Folgezeit nicht ohne Bedeutung. Für die Tempelarchitektur und das Tempelrelief und für die Fortführung der saitenzeitlichen Tendenzen der Bildniskunst werden entscheidende Akzente gesetzt, die das ägyptische Kunstschaffen der Ptolemäerzeit bestimmten.

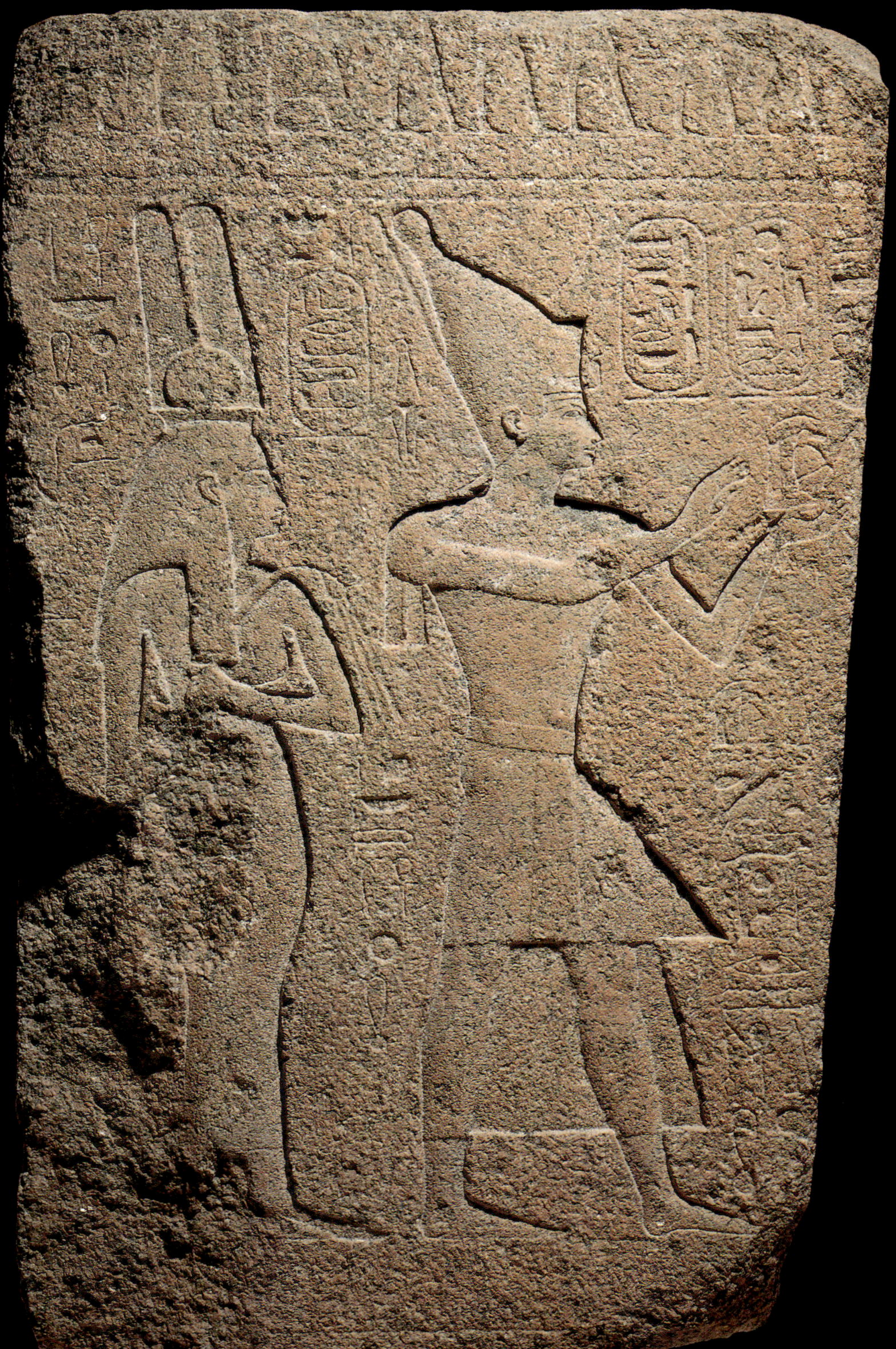

98

König Osorkon II. und seine Gemahlin Karoma beim Opfer

Relief vom Tor der Festhalle des Königs
Tell Basta (Bubastis), 22. Dynastie, um 860–850 v. Chr.
erworben 1890
Granit. Höhe 207 cm, Breite 123 cm
Inv.-Nr. 10838

Bubastis am Ostrand des Nildeltas war wegen seiner Lage am Hauptverbindungsweg nach dem Sinai eine der ältesten und bedeutendsten Siedlungen Ägyptens, Hauptkultort der Göttin Bastet, der Göttin der Lebensfreude, des Tanzes, der Musik und Trunkenheit, der die Katze heilig war. Von ihrem Heiligtum ist wenig erhalten geblieben. Die Stätte ist teilweise übersät mit großen Granitblöcken, die von Bauten der 22. Dynastie herrühren, die Bubastis zur Residenz gemacht hatten. Die ungewöhnlich umfangreiche Verwendung des vom I. Katarakt herkommenden kostbaren Baumaterials durch Könige, die selbst die Oberherrschaft über die Thebais nur mühsam aufrechterhalten konnten, erklärt sich aus der Nähe des Residenz der Könige der 19. und 20. Dynastie, der »Ramsesstadt«, die damals schon im Verfall begriffen und rücksichtslos bereits von der 21. Dynastie für ihre Residenz Tanis als Lieferant von Baumaterial ausgebeutet wurde. Von den Bauten der 22. Dynastie ist eine riesige Säulenhalle Osorkons II. (um 875–850 v. Chr.) zu erkennen, insbesondere aber war die Dekoration eines völlig aus Granitblöcken erbauten Tores zu einer Festhalle zeichnerisch rekonstruierbar, einer Festhalle, die der König aus Anlaß seines Regierungsjubiläums in seinem 20. Regierungsjahr errichten ließ. Das Bildprogramm schildert die Riten des Jubiläumsfestes.

Der Berliner Reliefblock zeigt den König bei einem Ritual, dem Überreichen eines Kultobjektes an die Kronengöttin von Oberägypten (Nechbet). Der König trägt unter dem Königsschurz einen knöchellangen Rock, auf dem Kopf die aus den Kronen von Ober- und Unterägypten zusammengefügte »Doppelkrone« (»Pschent«). Vor dem Kopf stehen Thron- und Geburtsname des Herrschers. Hinter dem König steht die »Königliche Gemahlin Karoma« mit dem »Blütenzepter« und der Hathorkrone. Die dem Paar gegenüberstehende Figur der Göttin ist bis auf die Spitze des Gottesstabes und den Anfang eines Segensspruches zerstört, ihre Identität aber durch die Beschreibung des Rituals in der senkrechten Zeile vor dem König gesichert: »Das Übergeben des Schebet an seine Mutter Nechbet, was (er) ihr macht, indem (ihm) Leben und Macht wie dem (Sonnengott) Re gegeben ist.« Das Kultobjekt, fälschlicherweise als Bild einer Sonnenuhr erklärt, besteht aus einer Schale als dem Schriftzeichen für »Fest«, auf der vor einem hohen »Gefäß« der Weisheitsgott Thot als Pavian hockt. Darüber schwebt die Mondsichel. Es handelt sich um eine symbolische Darstellung der Wiederherstellung des linken Sonnenauges (des Mondes), das dem Horus bei seinem Kampf mit Seth ausgerissen und von Thot »geheilt« wurde. Die Darbringung durch den König hat ebenso wie die einer Abbildung des »Horusauges« oder der Maat, der »Ordnung«, den Sinn, die kultische Fürsorge des Herrschers für den Erhalt der kosmischen Ordnung zum Ausdruck zu bringen.

K.-H. P.

99
Stele des Hor

um 1000-600 v. Chr.
Fundort unbekannt, erworben 1943
Kalkstein. Höhe 26 cm
Inv.-Nr. 24038

Am oberen Rande des Bildes schwebt das Schriftzeichen für Himmel, unter ihm der Horus von Edfu als geflügelte Sonnenscheibe, zweimal das Auge des Horus, die ebenso alles Böse abwehren sollen wie die magische Schlaufe (vgl. Kat. 38). Die Wasserlinien über einem Gefäß garantieren das lebensspendende Wasser, das sich die Toten im Jenseits erhoffen. Anbetend steht ein Ehepaar vor dem Gotte »Re-Harachte, dem Großen Gotte, Herr des Himmels«, der »jegliche Opfergabe« den Betenden gewähren soll. Die Inschrift über den Figuren bezeichnet den Mann als »Osiris, der Reine, der (Kunst)handwerker Hor, selig, Sohn der Hausherrin, Sängerin des Amun, Mut-chati, selig, Tochter der Mut-em-Opet, selig«. Der Name der Frau steht in der Zeile vor ihr. Der Mann trägt über dem einfachen kurzen Schurz noch einen längeren und eine Art Jacke mit weiten Ärmeln, die Frau über dem engen Kleide noch einen fußlangen Umhang und ebenfalls eine Jacke. Auf dem Kopf tragen die beiden den Salbkegel und eine Lotosknospe. Vor ihnen sitzt der falkenköpfige Sonnengott »Re, der Horus im Horizonte«. Er ist wie Osiris mumiengestaltig und hält auch dessen Herrschaftszeichen, die »Geißel« und den »Krummstab« der Könige, in den Händen. Vor ihm steht der Opfertisch mit den Spenden. Im Neuen Reich hat sich der Sonnengott, der Schöpfer und Erhalter des Kosmos, im Totenglauben neben Osiris immer mehr in den Vordergrund geschoben. Erleuchtet und erhält er durch seine Strahlen während seiner Tagfahrt die Lebenden, so tut er es während der Nachtfahrt für die Toten. Sein täglicher Aufgang wird zum Vorbild der Auferstehung der Toten. Charakteristisch für das theologische Denken ist die Identifizierung vieler Götter mit Re, um so wie er als Schöpfer und Erhalter gelten zu können. Dieser Gedanke ergreift auch den Totengott Osiris. Genaugenommen ist auf der Stele nicht der Sonnengott, sondern Osiris als Sonnengott dargestellt, als »Ba des Re«. K.-H. P.

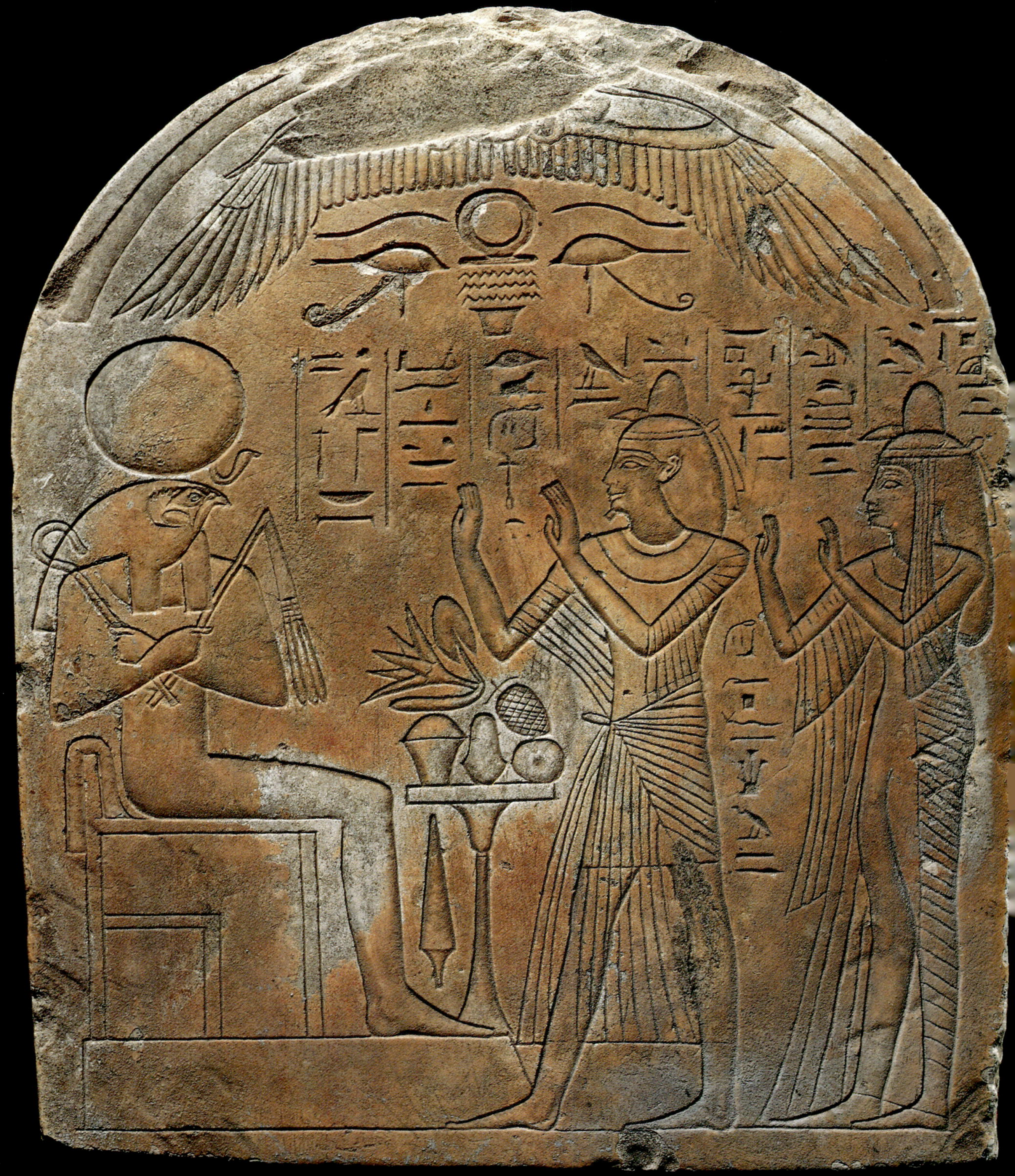

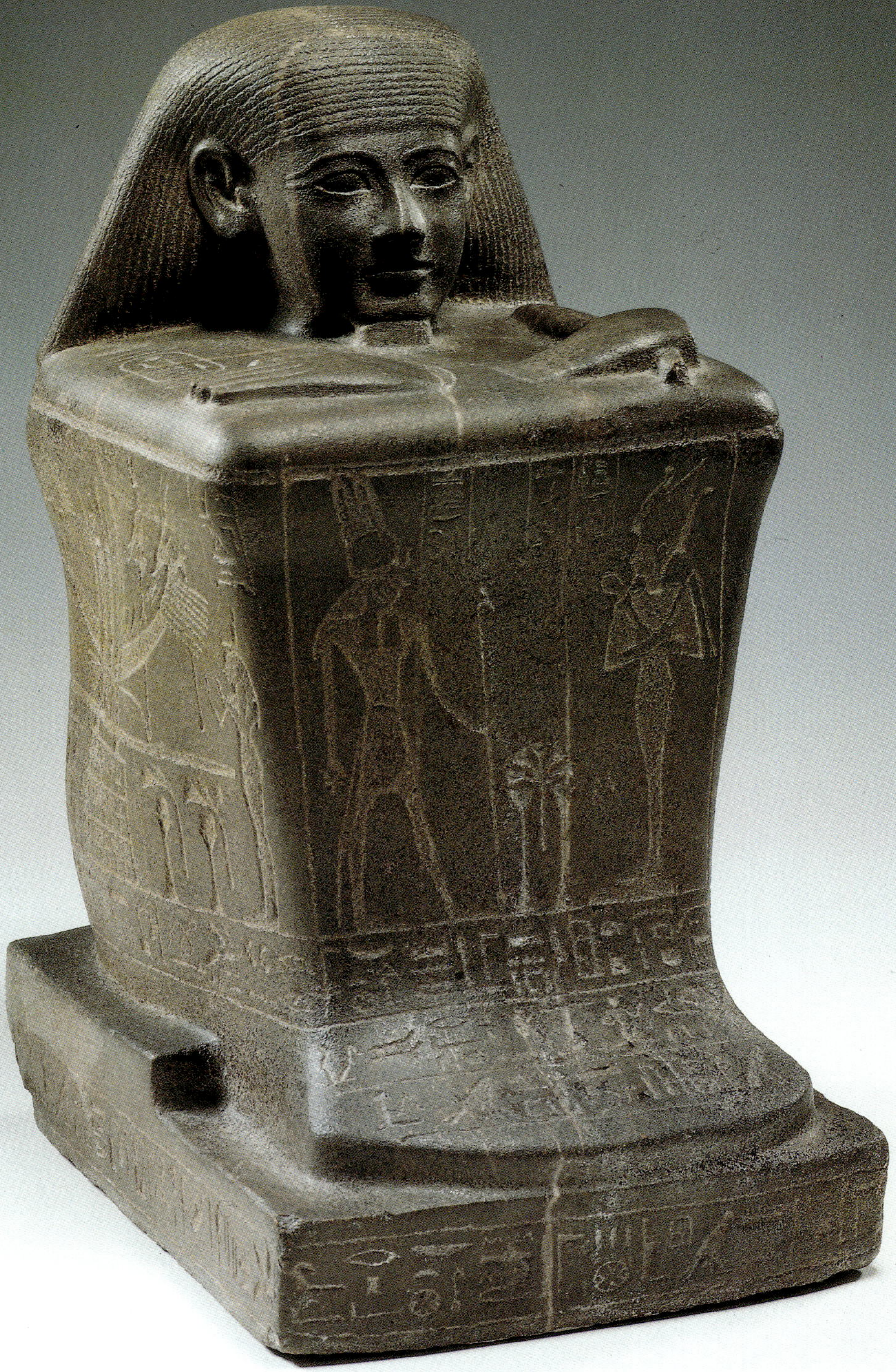

100
Würfelhocker des Hor

Karnak, 23. Dynastie, um 775 v. Chr.
erworben 1908
Grauwacke. Höhe 31 cm
Inv.-Nr. 17272

Der »Priester des Amun in Karnak, Priester des Month in Theben, Fürst und Prinz, Siegler des Königs von Unterägypten, einziger Freund, Wedelträger zur Rechten des Königs, der allein (ohne weitere Begleitung) vor den König tritt und den Palast (d. h. den König) in seiner Erhabenheit erblickt, Briefschreiber des Pharao, Hor« ist wie Senenmut (Kat. Nr. 53) ganz in das Gewand gehüllt, nur die Hände sind sichtbar, die linke Hand flach ausgestreckt, die rechte ein Lattichbündel haltend (als Lebenszeichen). Das Gesicht ist ebenmäßig schön und von ausdrucksloser Idealisierung. Auf den senkrechten Flächen sind Götterdarstellungen angebracht. Auf der Vorderfläche stehen der falkenköpfige Month, der alte thebanische Kriegsgott, und Osiris. Auf der linken Seitenfläche verehren »Horus, der seinen Vater rächt« und »Thot, der Herr der Gottesworte« den abydenischen Kultfetisch des Osiris, der auf einem Traggestell für die Prozessionen ruht. Ihn umgeben sechs Standarten mit Götterbildern, von Lebenszeichen gehalten. Auf der rechten Seite verehren »Isis, die Göttermutter und Himmelsherrin« und »Nephthys, die Himmelsherrin und Herrin der Götter« die Barke des Sokaris, des alten Totengottes der Nekropole von Memphis, der mit Osiris und dem memphitischen Schöpfergott Ptah zu einer Gottheit verschmolz.
Die Statue ist nach dem Ableben des königlichen Geheimsekretärs Hor von seinem Sohn, ebenfalls »Briefschreiber des Pharao«, im Tempel von Karnak aufgestellt worden, »um seinen (des Vaters) Namen leben zu lassen« (Inschrift auf dem Gewand unter den Götterbildern). Der Aufstellungsort ergibt sich aus der Inschrift auf dem breiten Rückenpfeiler, in der Hor seinen Wunsch ausspricht, auch als Toter am Kult teilnehmen zu können: »Wie erfrischend ist es, Amun zu sehen, indem ich in seinem Hause sitze und den Lobpreis aus dem Munde der Priester höre wie das Jubelgekreisch der Gottesmächte des Ostens« (d. h. der göttlichen Paviane, die mit ihrem Geschrei die Morgensonne begrüßen).
Am Sockel sind die Namen und Titel der Mutter, des Vaters und von drei väterlichen Ahnen verzeichnet.
Auf der waagerechten Fläche des Gewandes stehen neben dem Kopf die Namen des Königs Osorkon III. (um 790-760 v. Chr.), eines der letzten Herrscher der 23. Dynastie, die in der Zeit der Aufspaltung der »libyschen Dynastien« besonders enge Beziehungen zu Theben unterhielt und hier ihre Machtbasis hatte.

K. H. P./K. F.

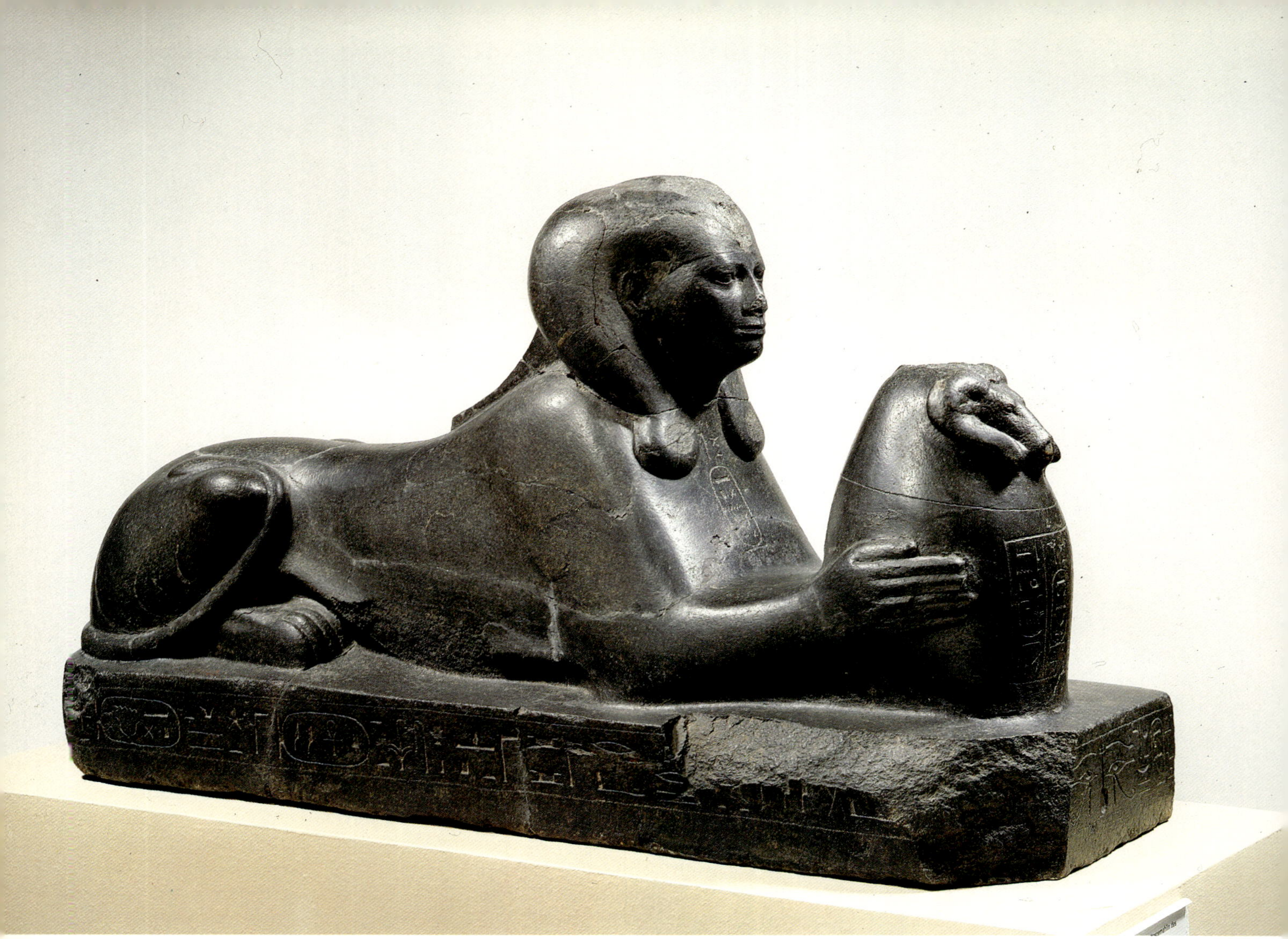

101
Sphinx der Schepenupet

Karnak, 25. Dynastie, um 660 v. Chr.
erworben 1879
Granit. Höhe 46,5 cm, Länge 82 cm
Inv.-Nr. 7972

Ebenso wie ihre Vorgänger haben die Könige der 25. Dynastie Prinzessinnen als »Gottesgemahlin« des Amun eingesetzt. Schepenupet II., Tochter des Königs Piye (um 740-715 v. Chr.) und Schwester des Königs Taharqo (um 690-664 v. Chr.), hat eine geradezu königliche Stellung eingenommen. In Tempelreliefs tritt sie allein in königlicher Funktion auf, wohl in der Zeit nach 664 v. Chr., als die Macht in der Thebais noch nicht an die 26. Dynastie übergegangen war (656 v. Chr.). So weiht sie in ihrer Figur als Sphinx dem Amun ein Kultgefäß mit dem Widderkopfe des Gottes. Rückgriff auf ältere Zeit ist die Perücke mit den das Gesicht rahmenden, in »Schnecken« endenden Haarteilen (die Frisur der Göttin Hathor), unverkennbar die Darstellung eines »nubischen« Gesichtstyps. K.-H. P.

102
Sitzfigur des Montemhet

Karnak, 25./26. Dynastie, um 675-650 v. Chr.
erworben 1906
Granit. Höhe 49 cm
Inv.-Nr. 17271

Der wohl mächtigste Mann in Oberägypten am Ende der 25. Dynastie dürfte Montemhet gewesen sein. Er war vierter Prophet des Amun, Bürgermeister von Theben und Gouverneur des thebanischen Gaues und neben Schepenupet II. der wahre Herr Oberägyptens. Es gelang ihm, auch nach der Machtübernahme der 26. Dynastie im Amt zu bleiben. Die Mantelstatue ist Zeugnis für die bewußte Rückbesinnung auf die Kunst des Alten und Mittleren Reiches (vgl. Kat. Nr. 39), die während der 23. Dynastie einsetzt, und insbesondere die Kunst der »Äthiopenzeit« (25. Dynastie) und der »Saitenzeit« (26. Dynastie) geprägt hat. Montemhet sitzt auf einem mit Inschriften bedeckten Hocker mit kurzer Rückenlehne. Er ist bekleidet mit einem Mantel, den er mit beiden Händen vor der Brust zusammenhält. Über den Schultern ist der Mantelsaum reliefiert angegeben. Eine senkrecht auf dem Gewand herablaufende Inschriftenzeile unterhalb des rechten Armes nennt Namen und Titel des Statueneigentümers. Durch das eng anliegende Gewand zeichnen sich die Körperkonturen deutlich ab. Um den Hals trägt der Dargestellte eine Kette, deren Anhänger im Mantel verborgen ist. Das Kinn ziert ein kurzer Knebelbart. Im Gegensatz zu den Gesichtszügen der Schepenupet (vgl. Kat. Nr. 101) ist das »Porträt« des Montemhet ein völlig unpersönliches, fast ausdrucksloses Idealbild, mit einigen Bezügen zu Vorbildern des Mittleren Reiches. Hierfür wären die großen Ohren und die etwas überzogenen Schminkstriche an Augenbrauen und -lidern zu nennen. Auch die tief über den Augen liegende schulterlange Strähnenperücke hat ihren Vorläufer im Mittleren Reich.

K. F.

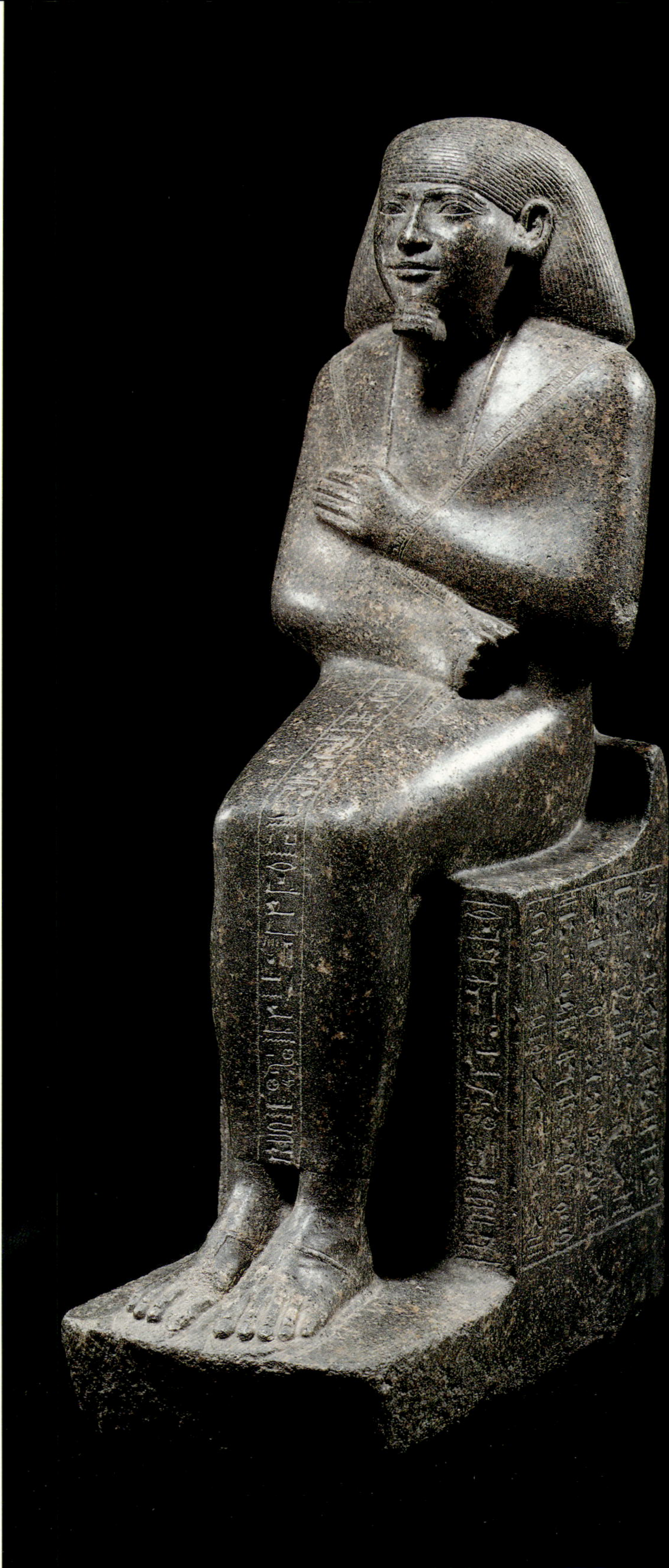

103
Kopf des Königs Amasis (?)

Sais, um 550 v. Chr.
erworben um 1894
Grauwacke. Höhe 24 cm
Inv.-Nr. 11864

Der Kopf einer lebensgroßen Standfigur ist ein prächtiges Beispiel für die idealisierende Ausformung eines Herrscherporträts. Der Kopf ist in das Königskopftuch gekleidet, dessen Mittelteil sehr tief über den Augenbrauen ansetzt. Die Uräusschlange ist abgebrochen. Augenbrauen und Oberlider sind reliefartige schmale Bänder, die Mundwinkel sind lächelnd emporgezogen, die Lippen und die sie umgebende Muskulatur lebensnah modelliert. Mit Bildnissen wie diesem mit dem sogenannten »Saitenlächeln« wird eine neue Traditionslinie der spätzeitlichen Bildniskunst sichtbar. Kennzeichnend ist auch das bewußte Arbeiten mit den Glanzlichtern auf der Gesteinsoberfläche, die von dieser Zeit an gern bis zu vollendeter Politur bearbeitet wird.
Amasis (570–526 v. Chr.), durch eine Militärrevolte auf den Thron gekommen, war der letzte einheimische Herrscher Ägyptens, unter dessen Regierung sich das Land noch einmal einer langen friedvollen Periode erfreuen konnte. In dieser Zeit erhielten die Griechen mit Naukratis einen festen Handelsplatz. Der Aufstieg des Perserreiches veranlaßte Amasis zu Bündnissen mit Krösus von Lydien und Polykrates von Samos. Sechs Monate nach seinem Tode standen die Perser im Lande. Den Ägyptern ist er in Erinnerung geblieben, wie ihn Herodot schilderte: »Übrigens soll Amasis, auch schon ehe er König wurde, ein Trinker und arger Spötter gewesen sein, auch zu keiner Zeit ein großer Arbeiter, und, wenn er kein Geld mehr hatte, sein Lotterleben fortzusetzen, wohl auch gestohlen haben.« K.-H. P.

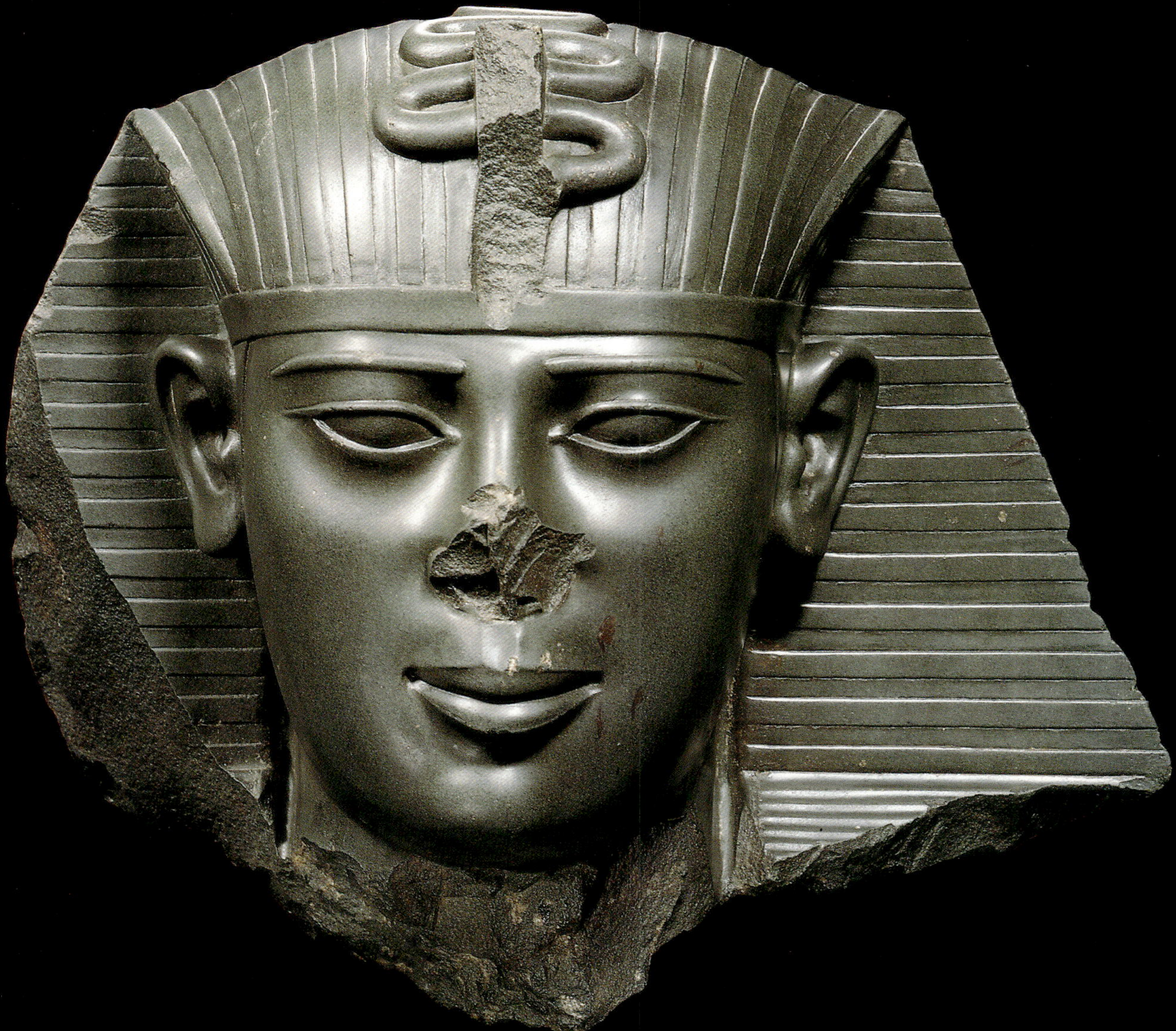

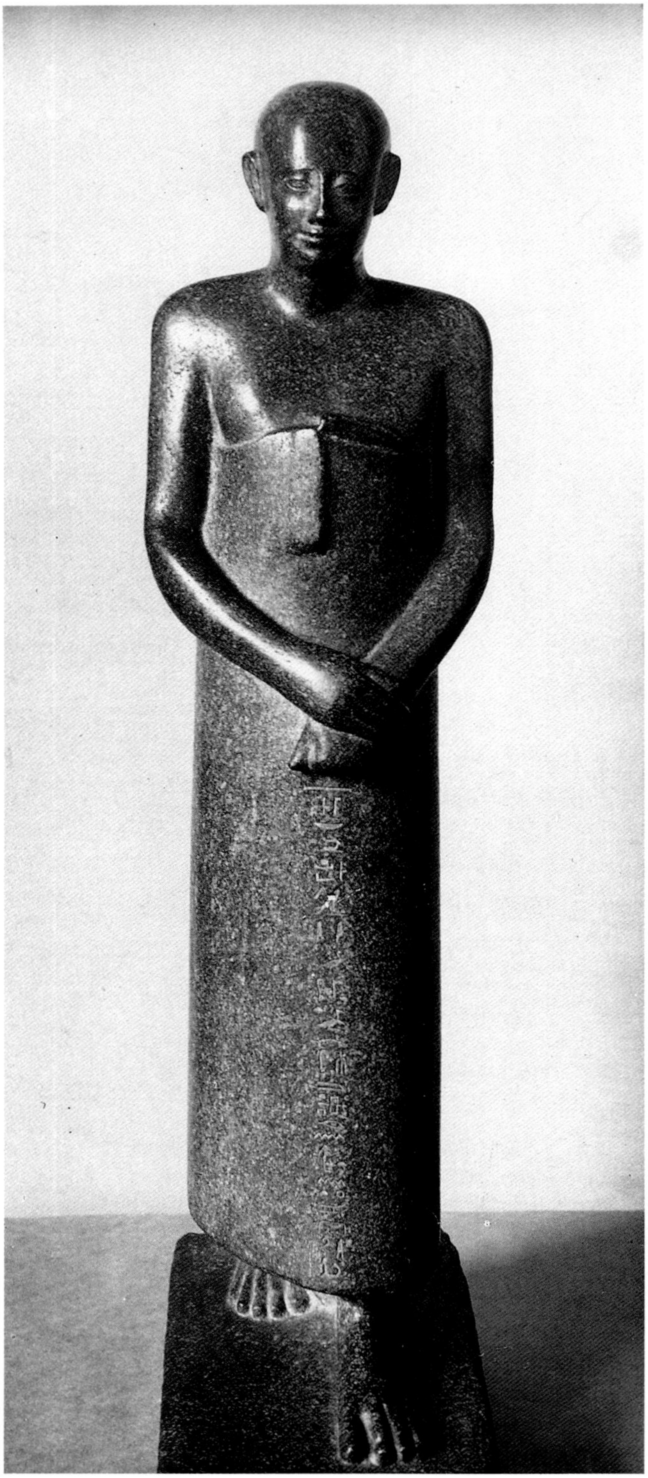

104
Standfigur des Priesters Hori

26./27. Dynastie, um 525-450 v. Chr.
Fundort unbekannt, erworben 1877
Granit. Höhe ehemals 62 cm, teilweise kriegszerstört
Inv.-Nr. 7737

Die Figur wiederholt einen Typ der Standfigur des Mittleren Reiches, der den Dargestellten in einen »Mantel« kleidete, der als Tuch unterhalb der Brust um den Körper gelegt wurde. Dieser Mantel ist aber in der Spätzeit tatsächlich noch getragen worden, so auch von den Priestern bei Prozessionen. Sehr selten ist die Armhaltung, das linke Bein ist sehr weit vorgesetzt, so daß von der Darstellung eines wirklichen Ausschreitens gesprochen werden müßte. Der Mann ist als Priester kahlgeschoren, das Gesicht mit den unregelmäßig angesetzten Augen ein typisches Beispiel für die Art des idealisierenden Kunstschaffens dieser Zeit. Auch die Körperformen sind schematisch, Ober- und Unterarm ungeschickt aneinandergefügt. Die leichte Neigung des Kopfes mit der hohen Stirn, die etwas über der Nasenwurzel zusammengezogenen Augenbrauen und der leise lächelnde Mund hinterlassen zusammen mit der Armhaltung und dem ruhigen geschlossenen Körper insgesamt den Eindruck eines über den Alltäglichkeiten des Lebens stehenden, in seine Gedanken versunkenen, ganz der Welt des Göttlichen hingegebenen Menschen. Die senkrechte Zeile auf dem Gewande enthält die Angaben zur Person. Die Datierung der Figur ergibt sich durch den Namen des Vaters (»Amasis bleibt im Palast«), wonach er zur Zeit des Königs Amasis (um 570-526 v. Chr.) geboren sein müßte.

K.-H. P.

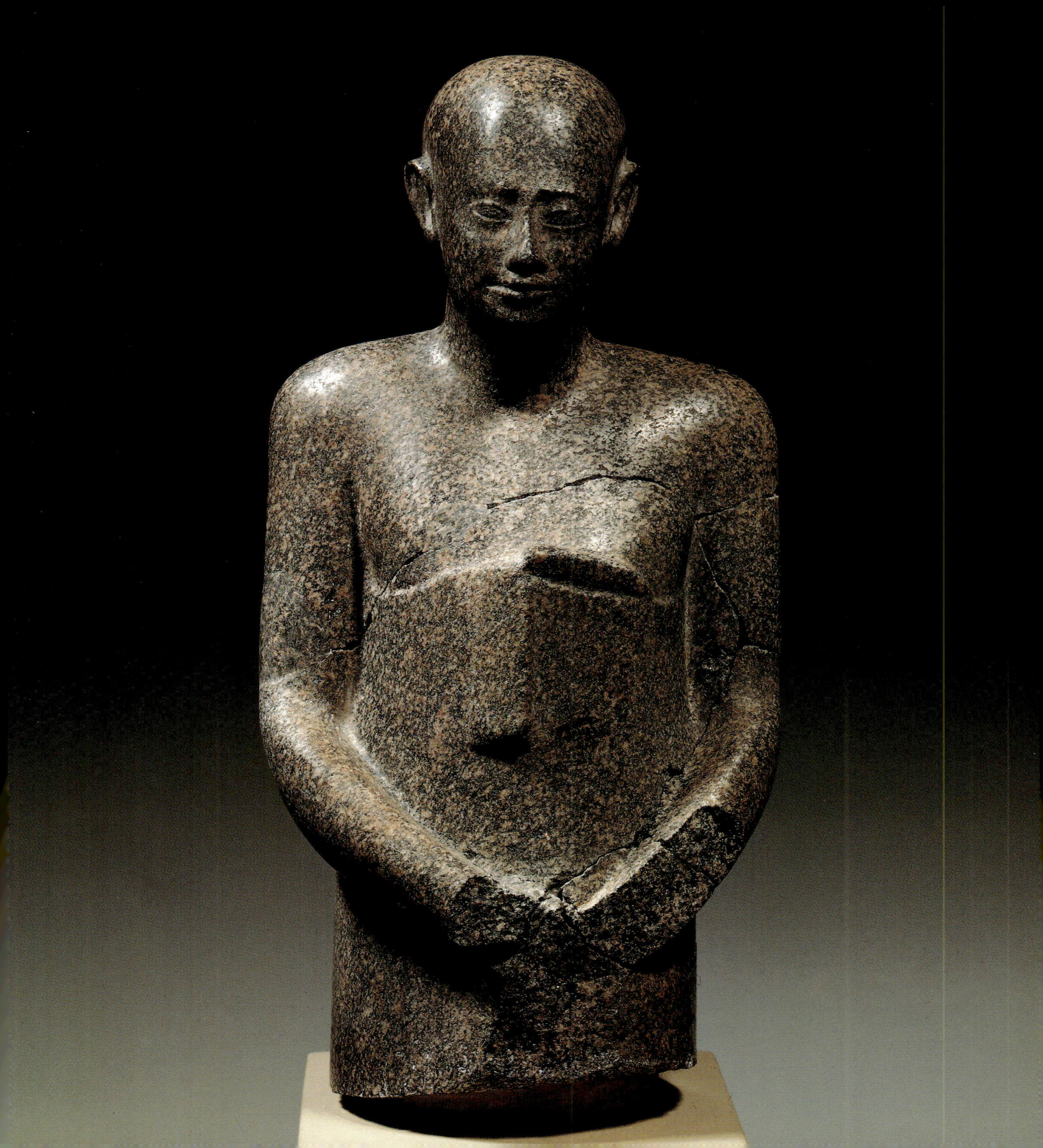

105
Figur des Gottes Thot als Pavian

1. Jt. v. Chr.
Fundort unbekannt, erworben 1867
Serpentin. Höhe 16,5 cm
Inv.-Nr. 4438

Mit dem Pavian verbinden sich mehrere Assoziationsstränge. Seit der ersten Dynastie genoß der Hundskopfaffe als heiliges Tier (»Der große Weiße« vgl. Kat. Nr. 8) große Verehrung. In Hermopolis wurde er zum heiligen Tier des Gottes Thot. Thot galt als Gott der Weisheit. Daraus leitete sich seine Rolle als Schutzgott der Schreiber und der Schreibkunst ab. Die Griechen erkannten in ihm die ägyptische Form des Götterboten Hermes. Sie nannten ihn dann »Hermes Trismegistos«, den ›dreimal großen Hermes‹ als Schützer göttlicher Geheimnisse, die in magisch-religiösen (u. a. astrologischen) Literaturwerken niedergeschrieben waren. Wie der antike Autor Horapollo zu berichten weiß, wurden zu Inkorporationstieren des Thot ausgewählte Paviane dadurch auf ihre Klugheit geprüft, daß man ihnen Schreibutensilien vorlegte. In diesen Tieren konnte der Gott wie in einem Kultbild einwohnen. Die Gewohnheit der Tiere, bei Sonnenaufgang Geschrei und Gezeter zu veranstalten, deutete man bereits im Neuen Reich als besonderes Zeichen der Klugheit und als Huldigung an den Sonnengott. Das Motiv der Paviane mit betend erhobenen Vorderpfoten in der Umgebung der Morgensonne basiert auf dieser Vorstellung.
Auch der Ibis galt als heiliges Tier des Gottes Thot, dem auch die Zeitmessung als Ressort zufiel. Er wurde mythisch mit dem Mond und den Mondphasen verbunden. Diese Funktion übertrug sich auch auf den Pavian. Daher sieht man oft über den Ausflußöffnungen von Wasseruhren kleine Figuren von Pavianen in würdiger Haltung, meist wie ein Götterbild auf einem Sockel sitzend, zu dem Stufen führen. Es ist nicht auszuschließen, daß unser Beispiel ursprünglich zur Dekoration einer Wasseruhr gehörte. Naheliegend scheint auch der Verwendungszweck als Weihegabe in einen Tempel oder als Teil eines Hausaltars.
Die Beziehung des hier abgebildeten Tieres zu Thot als Herrn des Mondes ist deutlich: Er trägt um den Hals ein Pektoral mit der Darstellung der Mondbarke, deshalb ist auch die jetzt ausgebrochene Krone als Mond in zwei Phasen zu denken: eine Mondsichel, in der eine Mondscheibe ruht. Das auf dem Sockel umlaufende Ornament setzt sich aus den Hieroglyphen einer häufigen Wunschformel zusammen: »alle Macht, alles Leben«.
Jenseits aller Zweckgebundenheit gehört diese Plastik in die Reihe der großen Meisterwerke ägyptischer Tierbildnerei. Dafür spricht die Harmonie des Körperaufbaus, geschult an den für ägyptische Plastik typischen Gesetzen der inneren Monumentalität, gepaart mit einer guten Beobachtungsgabe für Physiognomie und Körperhaltung des Tieres. Besonders reizvoll ist die Mischung zwischen Realismus und Abstraktion bei der Gestaltung von Kopf und Mähne, die als perückenartiger Mantel den Oberkörper des Pavians umschließt. Eine meisterliche Beherrschung der bildhauerischen Technik im Bearbeiten des brüchigen Serpentin beweist ebenfalls den hohen künstlerischen Rang der kleinen Plastik.

H. K.

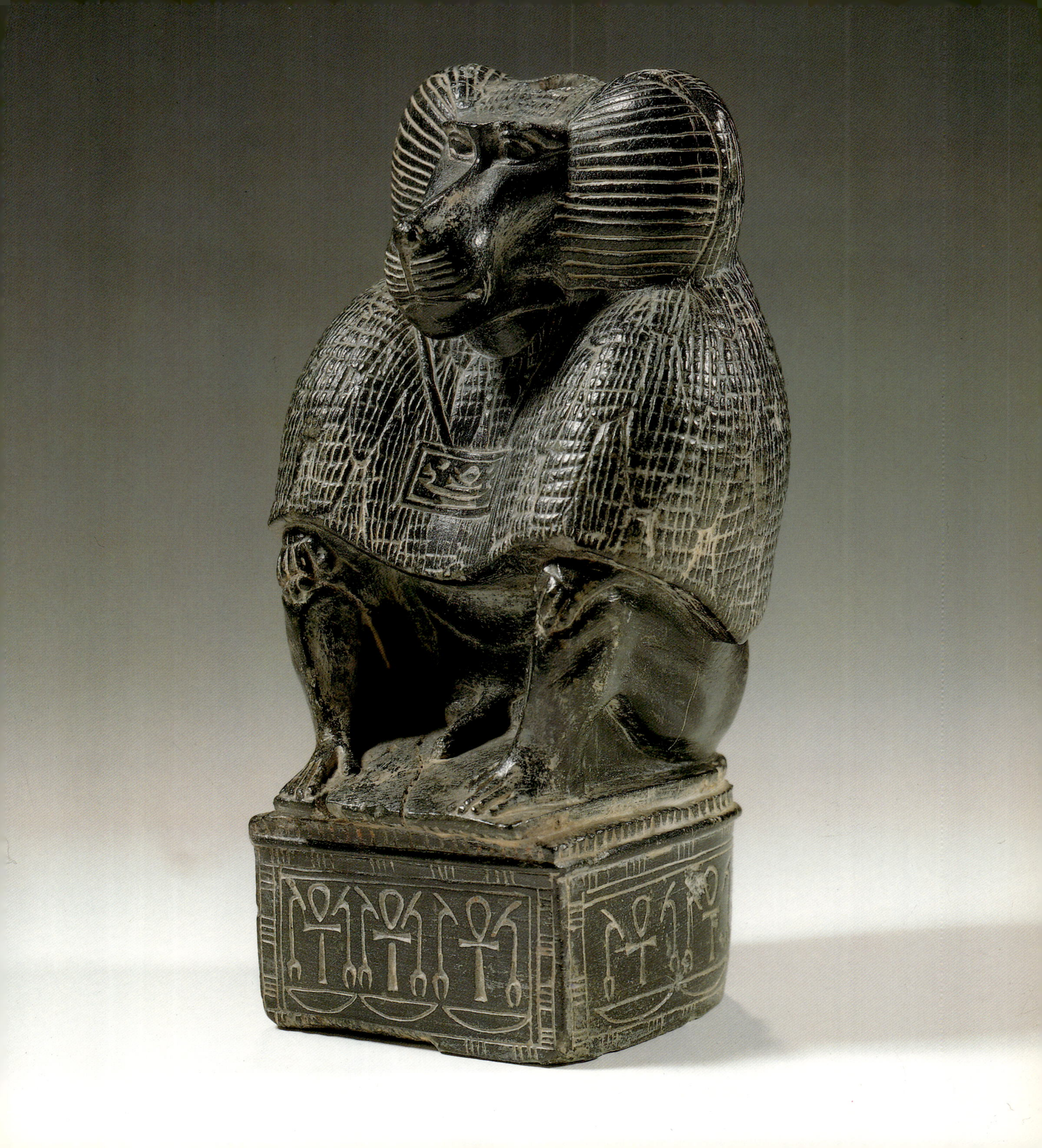

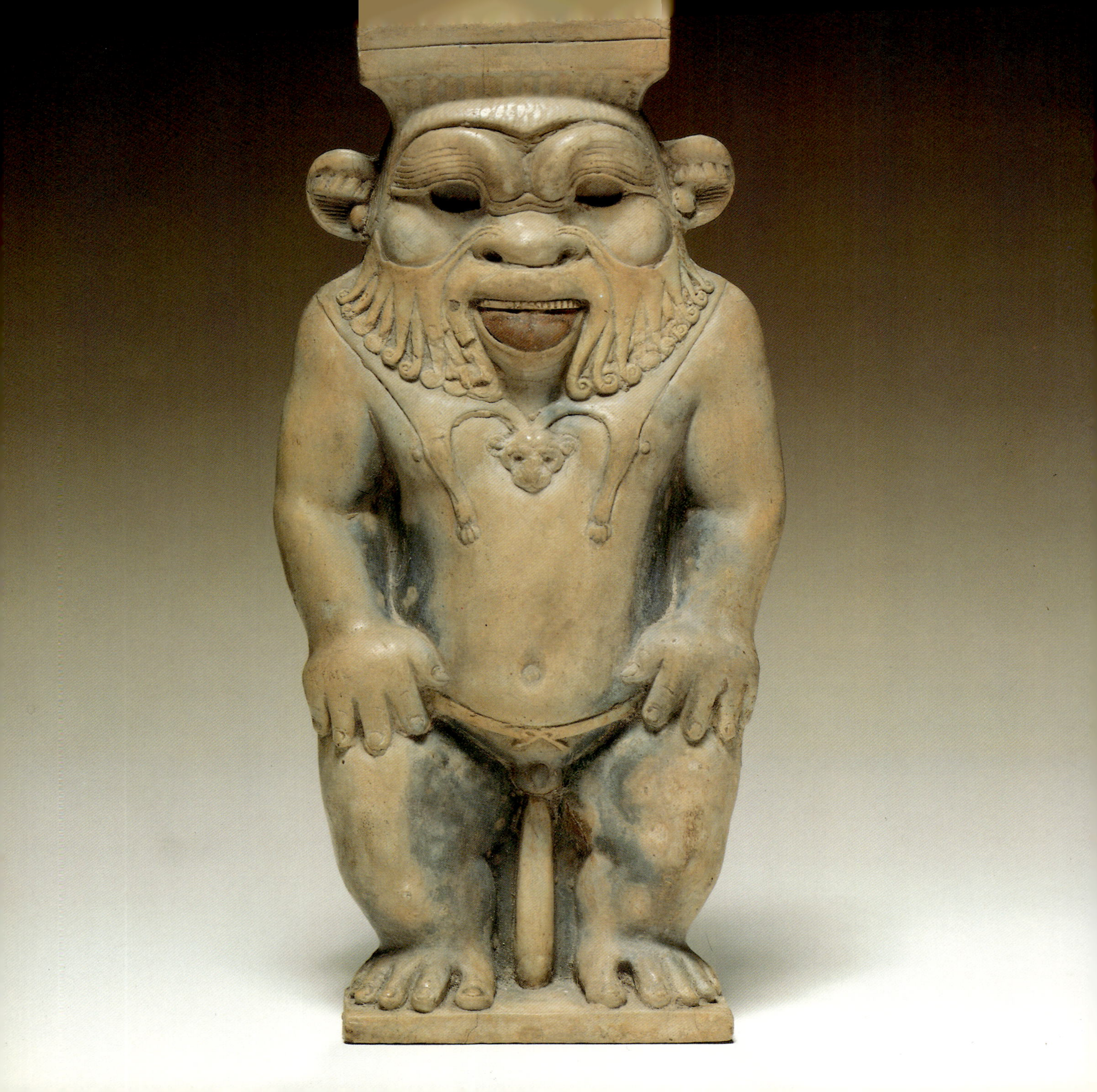

106
Der Gott Bes

Wand(?)einlage
um 700-650 v. Chr.
gefunden in Assur/Irak, erworben 1921 (Grabung der DOG)
Glaspaste. Höhe 16,5 cm
Inv.-Nr. 22200

Bes gehörte nicht zu den großen Göttern des ägyptischen Pantheons, denen Tempel errichtet wurden. Er wirkte im häuslichen Bereich; durch seine Häßlichkeit, aber auch mit Musik und Tanz vertrieb er alles Böse und bewahrte vor allem Frauen und Kinder vor Krankheiten. Bes war ein Schutzgott, den jeder anrufen konnte und der schnelle Erhörung und Hilfe bei vielen Ängsten und Problemen im täglichen Leben versprach. Er genoß deshalb breite Verehrung in Ägypten bis hinein in den kleinasiatischen Raum.
Bes ist von zwergenhaftem Wuchs, sein Gesicht fratzenartig entstellt mit abstehenden Löwenohren. Er hat den Mund geöffnet und streckt die Zunge heraus; seine Barthaare sind kunstvoll zu Locken gedreht. Auf dem Kopf trägt er meist eine hohe Federkrone, und auf den Schultern liegt ein Löwenfell. Die kurzen, dicken Arme stützen sich auf die Oberschenkel, zwischen den krummen Beinen hängt der Tierschwanz herab.
Vielschichtig war das Wesen des Gottes. Er hatte zahlreiche Augen und wirkte als Schutzgott während der Nacht. Mit Messern bewaffnet zählte Bes zu den Unterweltsdämonen, die die Zugänge zum Totenreich sperrten, durch Gebete besänftigt aber Schutz und Hilfe gewährten.
Im häuslichen Kreis war er der gute Geist. Zusammen mit der Göttin Toëris, die als trächtiges Nilpferd verehrt wurde, schützte Bes Mutter und Kind bei der Geburt. Betten, Kopfstützen und Kosmetikartikel wurden mit seinem Bild versehen, um den Schlafenden vor Krankheit und schlechten Träumen zu bewahren oder böse Mächte vom Spiegelbild fernzuhalten.
Diese flache Figur aus Glaspaste hat auf der Rückseite zwei Löcher, die vermutlich zur Befestigung an einer Wand oder einem Möbelstück dienten. Die Glasproduktion reicht in Ägypten bis in die Mitte des 2. Jts. v. Chr. zurück. Quarzsand vermischt mit 10% Kalk, Metalloxyden und 20% Natron wurde zunächst gefrittet und dann bei etwa 1100° glutflüssig zu dem meist farbigen, nie aber klaren durchsichtigen ägyptischen Glas geschmolzen. Figürliche Gegenstände stellte man in Halbformen her. Zähne und Zunge des Bes sind hier aus weißer Paste eingelegt, die Zunge dann anschließend rot eingefärbt. I. Mü.

107
Figur der Göttin Isis mit ihrem Sohn Horus

▷

Theben West, wohl 26. Dynastie, um 600 v. Chr.
erworben 1827 (Sammlung Passalacqua)
Fayence. Höhe 9,7 cm
Inv.-Nr. 4535

Ein Schutzamulett für den Eigentümer sollte diese kleine Figur der Göttin Isis sein, die ihrem Sohn Horus die Brust reicht. Mit der linken Hand stützt sie den Kopf des Kindes, die rechte hält die Brust.
Das Material ist ägyptische Fayence, die seit dem Ende des 4. Jahrtausends v. Chr. hergestellt wurde. Sie besteht aus feinem Quarzsand mit einem meist grün-blauen Glasurüberzug.
Ursprünglich ist Isis nach der Bedeutung ihres Namens der »Thron«. Schon frühzeitig nahm sie jedoch menschliche Gestalt an, sitzt als junge Frau selbst auf dem Thron und trägt meist ihr Symbol als Krone auf dem Kopf; bei dieser Statuette blieb nur die Basis des Thrones erhalten. Ihre Rolle im Mythos um Leben, Tod und Wiederauferstehung des Gottes Osiris hatte sie zur volkstümlichsten und wichtigsten Göttin des ägyptischen Pantheons gemacht. Sie war die liebende Gemahlin und die trauernde Witwe des Osiris, der einst als legendärer König über Ägypten geherrscht hatte und aus Neid von seinem Bruder Seth ermordet worden war. Isis hatte den zerstückelten Leichnam mit Binden umwickelt und so bewirkt, daß Osiris wiederauferstand und fortan in mumienförmiger Gestalt im Totenreich herrschte.
Isis war auch die göttliche Mutter des Horus, den sie vor den Nachstellungen des Seth in den Sümpfen des Deltas verbirgt und heimlich aufzieht, damit er später seinen Vater rächen und den Thron Ägyptens besteigen kann. Achtzig Jahre dauerte der Streit um das Erbe des Osiris, die Herrschaft über Ägypten, zwischen Seth und Horus vor dem Göttergericht. Die Zauberkunst der Isis verhilft Horus schließlich zum Sieg.
So verehrten die Ägypter in Isis die Schutzgöttin für jeden Toten, vor allem aber auch die große Zauberin, deren magische Beschwörungen Kinder vor Krankheiten und allem Bösen beschützten. Die Erzählung von Isis und Horus gehörte von der Spätzeit bis zur Spätantike zu den beliebtesten Themen. Beide Gottheiten genossen bis in das 3. Jahrhundert im ganzen römischen Weltreich große Verehrung. Ihr Bild lebte fort in der christlichen Darstellung von der Gottesmutter Maria mit dem Jesus-Knaben. Der letzte Isis-Tempel auf der Insel Philae im Süden Ägyptens wurde erst zwischen 535 und 537 geschlossen. I. Mü.

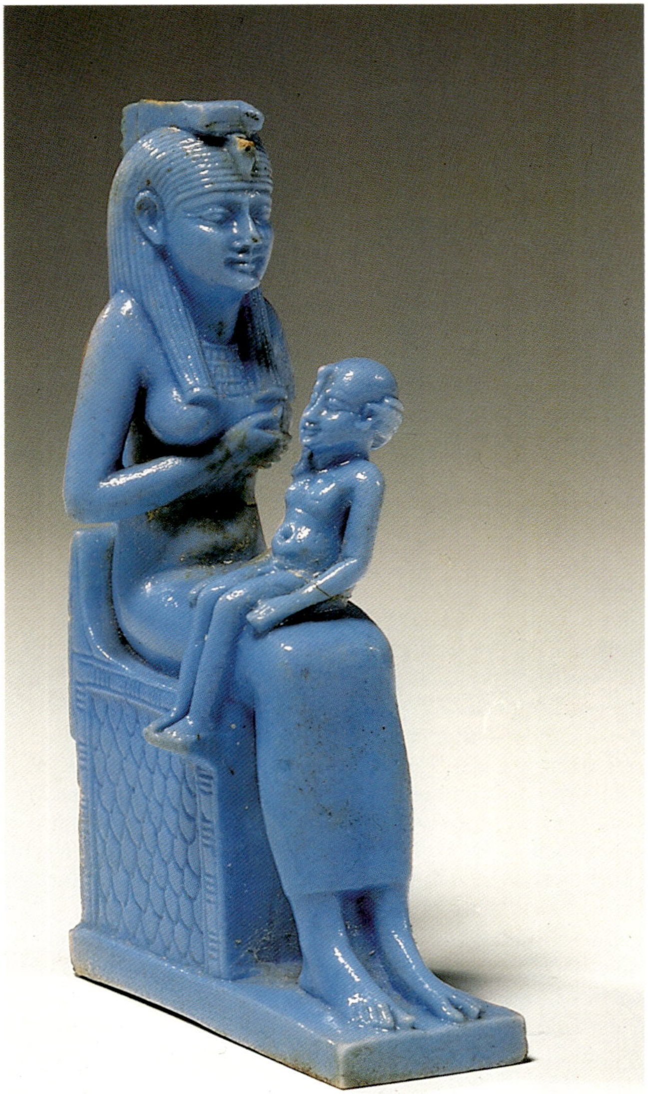

108 ▷
»Neujahrsflasche« mit Reliefdekor

7.-6. Jh. v. Chr.
Fundort unbekannt, erworben 1900
Fayence. Höhe 13 cm
Inv.-Nr. 14500

Zu den typischsten ägyptischen Exportartikeln, die über den gesamten Mittelmeerraum verbreitet wurden, gehörten »Neujahrsflaschen«, die als Geschenke an den beiden Neujahrsfesten dienten. In den Gefäßen befand sich kostbares Parfümöl. Wahrscheinlich wurden diese Gefäße auch Verstorbenen dargebracht. Herkömmliche Neujahrsgeschenke, die man untereinander tauschte, waren auch u. a. Ringe, Skarabäen, kleine Götterstatuen, Schminkgefäße, Weinkrüge. Wahrscheinlich entstammen die dekorierten Neujahrsflaschen unterägyptischem Brauchtum, da die angerufenen Götter (Ptah, Sachmet, Nefertem, Chons, Bastet) meist dort ihre Hauptkultorte hatten. Die linsenförmigen Gefäße wurden aus zwei Teilen hergestellt. Der beim Zusammenfügen entstandene Grat erhielt meist eine Dekoration. Auf dem Gefäßkörper sitzt ein enger kurzer Hals mit zwei seitlichen Henkeln, bei unserem Stück verloren, das trotzdem zu den schönsten bekannten der Gefäßgattung gehört. Unterhalb des Halskragens und durch eine Wellenlinie getrennt sieht man auf beiden Seiten je zwei Relieffelder. Die Themen der Darstellungen erinnern an Reliefs aus Gräbern des Alten Reiches, nur daß sie hier als zusammenhanglose Zitate von Motiven aneinandergereiht werden. Künstlerische Rückgriffe auf das Alte Reich entsprachen dem Zeitgeschmack. Auf der abgebildeten Seite erkennt man den am Lotos riechenden Grabherrn. Vor ihm musiziert ein Harfner. Als weiteres Zitat sieht man einen Mann mit einem Steinbock (»Herbeibringen der Herden für die Versorgung des Toten«). Der Sinn der unteren Szene erschließt sich schwerer. Sie bietet die kryptographische Verschlüsselung des Wunsches: »Der Gott Re möge ein schönes Jahr ihrem (der Flasche) Herrn eröffnen.« Die Szenen wurden mit der Hand in die weiche Oberfläche modelliert.

H. K.

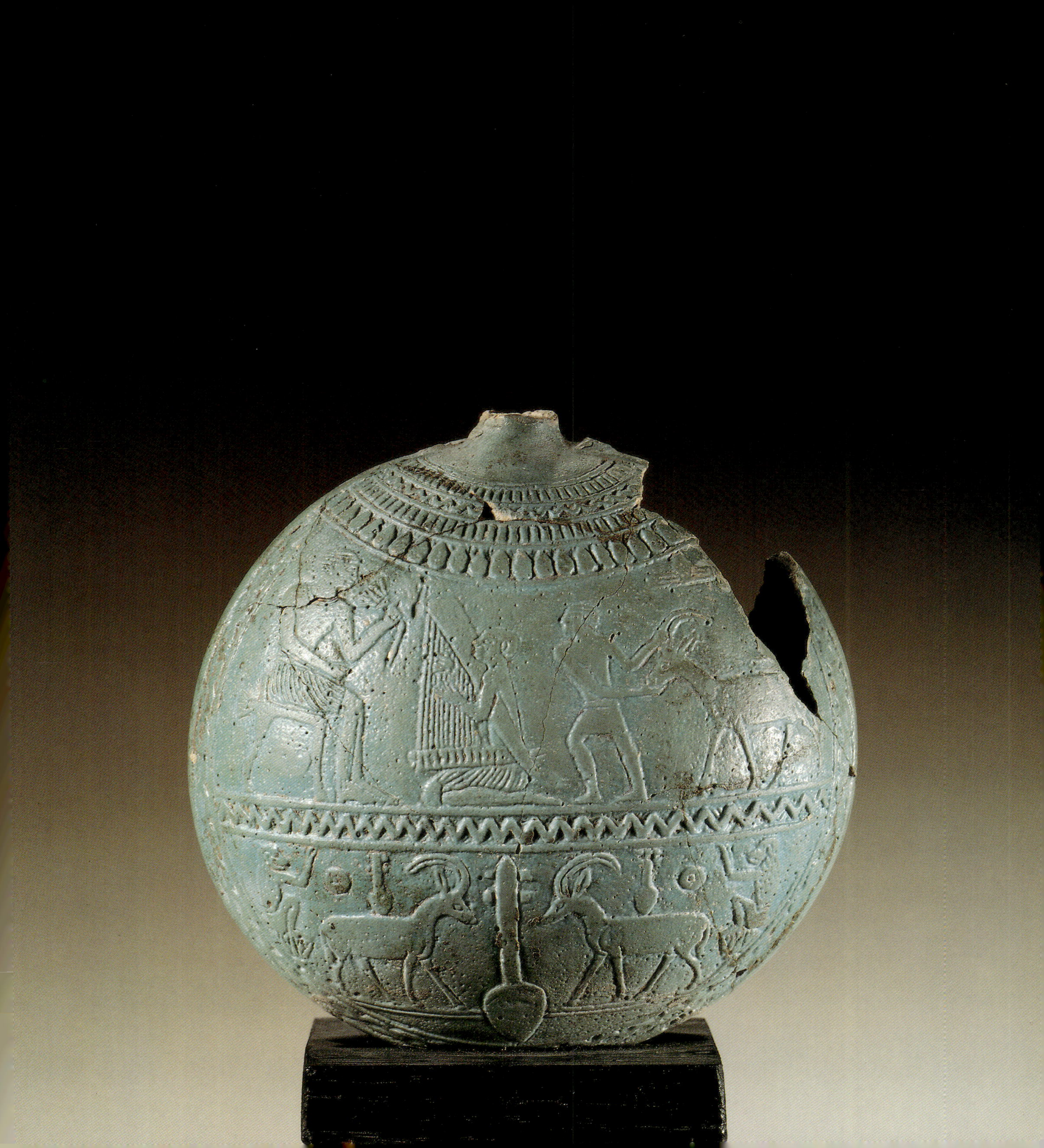

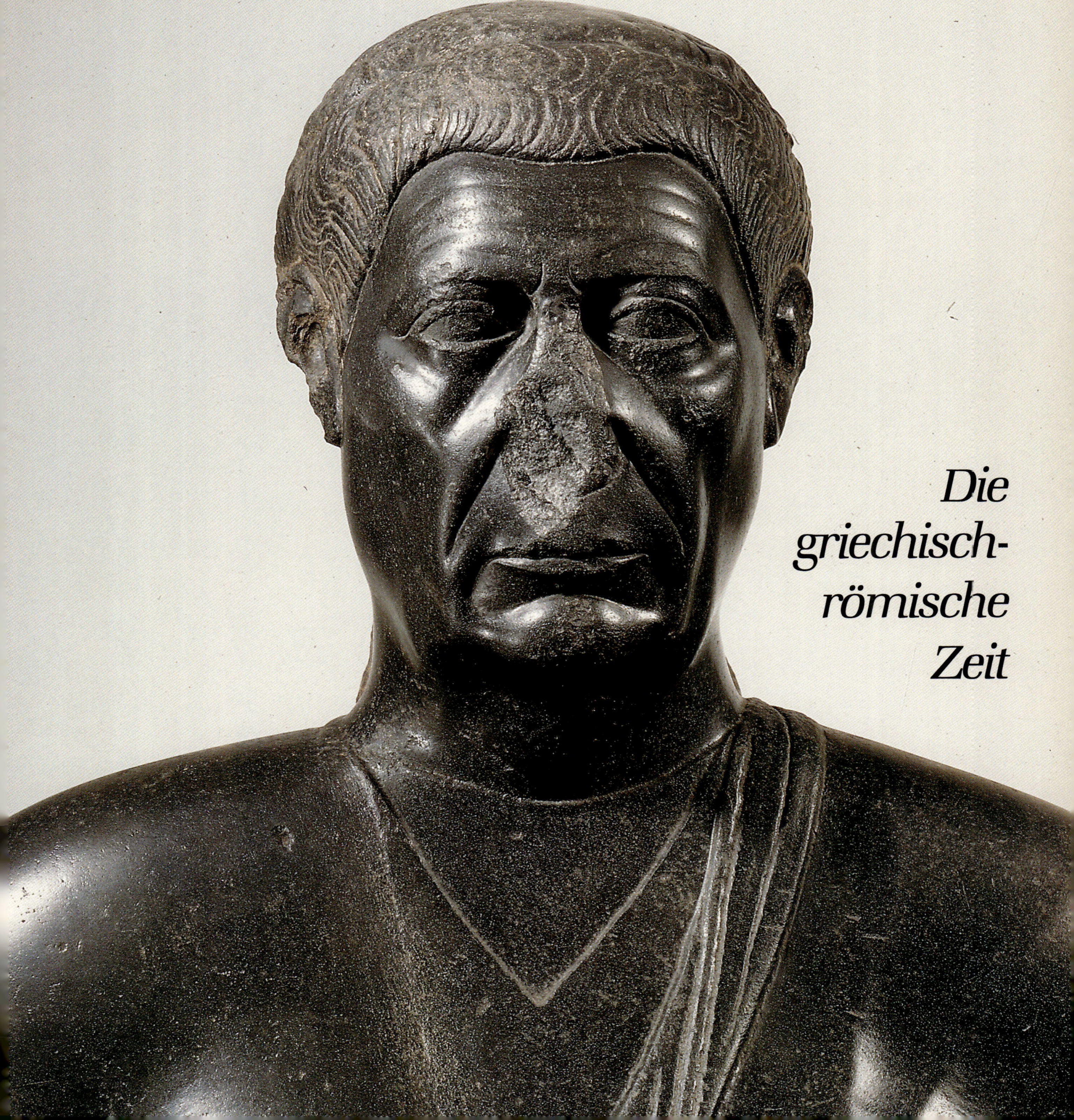

Die griechisch-römische Zeit

Die griechisch-römische Zeit

332 v. Chr.	Alexander der Große von Makedonien erobert Ägypten
331 v. Chr.	Gründung von Alexandria
323 v. Chr.	Ptolemaios (I.) Statthalter in Ägypten
305-283 v. Chr.	König Ptolemaios I.
207-186 v. Chr.	Aufstand in Oberägypten gegen Ptolemaios IV. und Herrschaft zweier ägyptischer Könige
51-30 v. Chr.	Königin Kleopatra VII.
48/47 v. Chr.	C. Julius Caesar in Ägypten
30/29 v. Chr.	Ägypten wird bei der Teilung
379-395 n. Chr.	des Kaiserreiches Provinz des Oströmisch-Byzantinischen Reiches Zerstörung der Tempel
395 n. Chr.	Ägypten wird bei der Teilung des Kaiserreiches Provinz des oströmisch-byzantinischen Reiches
451 n. Chr.	Spaltung der Reichskirche, Entstehung der national-ägyptischen (koptischen) Kirche
619-629 n. Chr.	Herrschaft der Perser in Ägypten
640-646 n. Chr.	ᶜAmr ibn el ᶜAs, Feldherr des Kalifen ᶜOmar, erobert Ägypten

Mit der Eroberung Ägyptens 332 v. Chr. wird das Land Provinz des makedonischen Weltreiches, durch die Thronbesteigung Ptolemaios' I., eines der Generäle Alexanders des Großen, der mächtigste hellenistische Staat, der zeitweise große Teile des östlichen Mittelmeerraumes umfaßt. Die Herrschaft der Ptolemäer-Dynastie beruhte auf dem makedonisch-griechischen Heer und der griechischen Beamtenschaft. Der Hof und die Spitzen von Heer und Verwaltung hatten kaum tiefere Kontakte zum Ägyptertum, Alexandria wurde der geistige Mittelpunkt der gesamten hellenistischen Welt. Ansatzpunkte zu einer Annäherung an die unterworfene Bevölkerung und ihr geistiges Leben ergaben sich nur auf unterer Ebene vor allem durch die Ansiedlung der makedonisch-griechischen Soldaten auf dem Lande. Der einheimischen Bevölkerung waren die neuen Herren und ihre Kultur fremd, die intellektuellen Kreise, voran die Priesterschaft, hielten die alten Traditionen eifrig am Leben. Als zur Zeit Ptolemaios' IV. der Zerfall der Wirtschaft einsetzte, kam es zu Aufständen und zeitweiser Unabhängigkeit Oberägyptens. Mit dem 2. Jh. v. Chr. begannen ständige Thronstreitigkeiten innerhalb des Herrscherhauses, die zu außenpolitischer Ohnmacht und anarchischen Verhältnissen im Lande führten. Das Interesse Roms an Ägypten als Getreidelieferant brachte im 1. Jh. eine ständige Einmischung mit sich, die folgerichtig im Jahre 30 v. Chr. zur Beseitigung der letzten Herrscherin, Kleopatra VII., führte. Ägypten wird als kaiserliche Provinz einem Präfekten unterstellt. Die römische Politik zielte auf eine Aufrechterhaltung der sozialen und ethnischen Trennung zwischen den Ägyptern als der untersten Klasse von Pächtern auf Staats- und Privatländereien und der bislang herrschenden griechischen Minderheit, die eine Schicht von Grundbesitzern, Gewerbetreibenden und Beamten bildete. Aus ihnen sonderte sich rasch eine Schicht von Großgrundbesitzern ab. Der ständige und immer mehr zunehmende Druck der Steuern, Pachtzinsen und Zwangsdienste führte zu Landflucht und Aufständen, die griechischen Mittelschichten verarmten durch die zwangsweise Verpflichtung zu ökonomisch aufwendigen Ämtern. Die zunehmende soziale Annäherung von Ägyptern und Griechen war eine wichtige Voraussetzung für eine stärkere Assimilierung von griechischen und ägyptischen Kulturelementen, aus der nach dem Sieg des Christentums die Kultur des koptischen Ägypten hervorging.

Schon die Herrscher der 30. Dynastie hatten sich trotz der schwierigen politischen Situation um den Ausbau und die Restaurierung der alten Tempel bemüht. Mit der Ptolemäerzeit begann dann noch einmal eine Blütezeit der Tempelarchitektur, die bis weit in die Zeit der römischen Kaiser anhielt. In vielen alten Kultzentren kam es zu großartigen Neubauten, die zum Teil zu den bis heute besterhaltenen Architekturdenkmälern des alten Ägypten gehören, wie die Tempel in Dendera, Edfu, Philae und Kalabscha. In der architektonischen Gestaltung und der unübersehbaren Fülle der Reliefdekorationen und Inschriften formulierte das traditionsbewußte Priestertum noch einmal bis zum Sieg des Christentums sein Glaubensdenken, in Stil und Inhalt fast unbeeinflußt von der Welt der antiken Kultur.

Eine besondere Leistung gelang dem Ägyptertum in der Pflege der Porträtkunst, auch hier in ungebrochener Fortführung der Ausprägung, die sie in der Saitenzeit erfahren hatte. Selbstverständlich war der herkömmliche Totenglaube mit allen seinen Ausdrucksformen. Er war wohl auch in seiner Übernahme durch die griechischen Einwohner einer der ersten Anknüpfungspunkte für die kulturelle Annäherung.

Dagegen sind die Versuche der Ptolemäer einer Förderung synkretistischer Kulte, wie den des Sarapis, bei den Ägyptern auf Ablehnung gestoßen. Sarapis fand seinen Verehrerkreis in der hellenistischen Welt. Dagegen hat das ägyptische Glaubensleben, freilich mit vielen unägyptischen synkretistischen Zügen, in der Gestalt der Isis weit über das Niltal hinaus gewirkt und zur Religiosität des Römischen Imperiums vor dem Sieg des Christentums einen prägenden Beitrag geleistet.

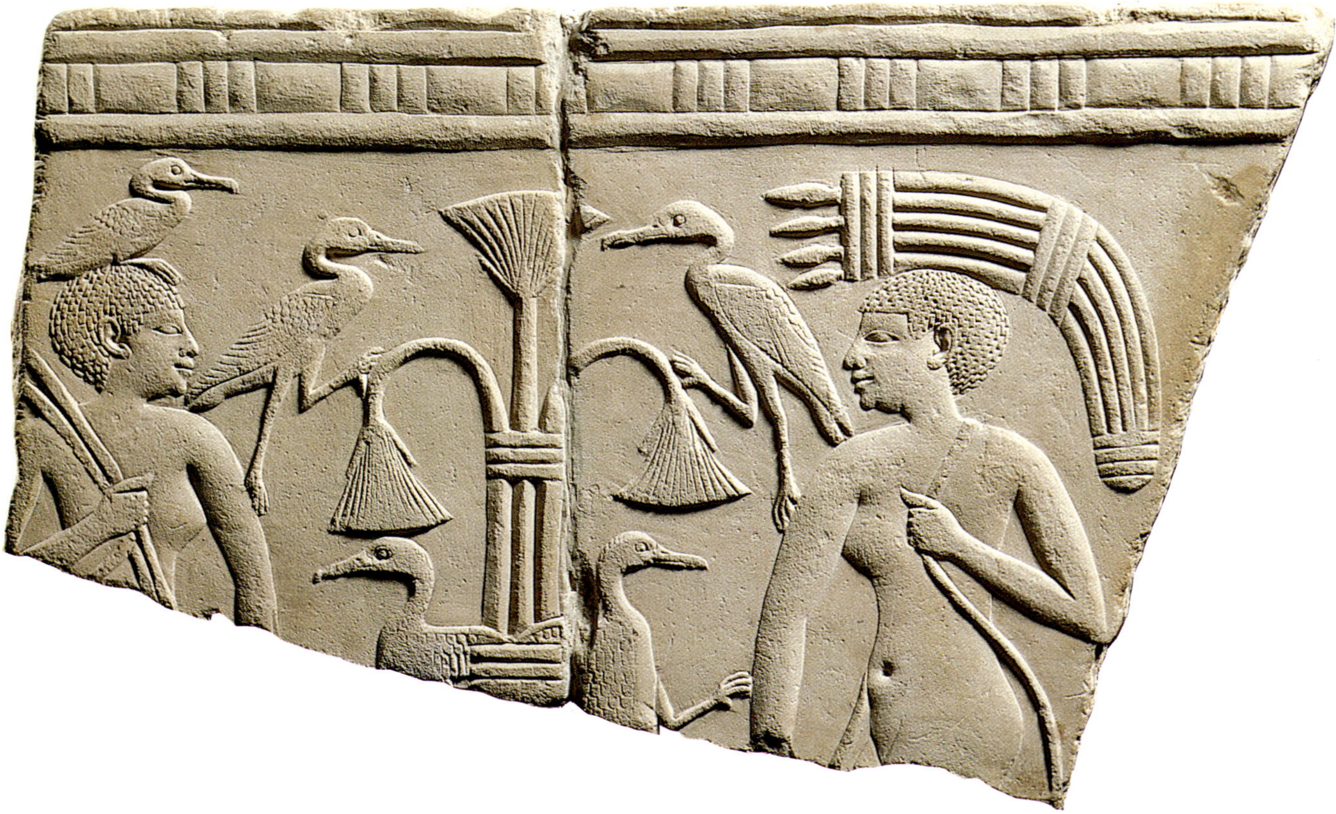

109
Mädchen binden Vögel an einen Stabstrauß

Fragment eines Grabreliefs
Heliopolis (?), 30. Dynastie, um 350 v. Chr.
erworben 1888
Kalkstein. Höhe 22 cm, Breite 14 cm
Inv.-Nr. 10290

Zu beiden Seiten eines »Stabstraußes« aus drei Papyrusstengeln stehen zwei anmutige nackte Mädchen, die lange Stricke in den Händen halten, mit denen sie offenbar zwei Kormorane mit den Flügeln an den Strauß fesseln. Ein Vogel hat sich auf dem Kopf des einen Mädchens niedergelassen, zwei weitere sind zu Seiten der Papyrusdolden angeordnet (als hilfslos am Boden liegend?). Auf dem Kopf trägt das Mädchen rechts ein Papyrusbündel. Über der Szene ist eine Begrenzungsdekoration des Bildfeldes zu sehen, darüber ein Rundstab zu ergänzen.

Das Relief ist das Bruchstück eines Architravs aus einer Grabanlage der 30. Dynastie. Auf besser erhaltenen Parallelstücken ist der Grabherr abgebildet, der sitzend dem Spiel von Musikkapellen lauscht oder Opfergaben und Gegenstände der Grabausstattung entgegennimmt. Einigemale steht vor ihm ein Stabstrauß mit angebundenen Vögeln. Die Szenen sind sehr lebendig gestaltet. Opfergabenträger bringen ihm nicht nur ihre Gaben, in langer Reihe schreitend, sie sind auch dargestellt, wie sie sich mit der Zurüstung des Zuges beschäftigen. Genau in einen solchen Zusammenhang gehört unsere Szene, für die es bisher noch kein zweites Beispiel zu geben scheint. Der »Strauß der Göttin Sechet«, der Personifizierung des fruchtbaren Sumpflandes, ist ein altes Fruchtbarkeitssymbol, ein Garant des Lebens.

K.-H. P.

110
Standfigur einer Königin

30. Dynastie (?), um 380-350 v. Chr. (?)
Fundort unbekannt, erworben 1915
Grauwacke. Höhe 69 cm
Inv.-Nr. 21763

Die Königin, als solche durch das Diadem mit dem Uräus erkennbar, steht mit herabhängenden Armen und geschlossenen Fäusten, in denen sie kurze, nur von vorn sichtbare »Stäbe« hält – wahrscheinlich gefaltete Tücher oder Bänder (die Bedeutung ist umstritten) –, die sich seit dem Alten Reich außerordentlich häufig bei dieser Handhaltung finden. Der Körper ist in ein knöchellanges Gewand gekleidet zu denken, über Brust und Schultern ist ein vorn unter der Brust verknoteter Schal gelegt, dessen Kanten am Hals und an den Ellbogen angegeben sind. Auf dem Kopf sitzt eine dreiteilige Perücke, die, mit den zwei vorderen Teilen auf die Brust herabfallend, das Gesicht umschließt: eine Perücke, wie sie auch die Göttinnen tragen.

In guter künstlerischer Tradition ist die Gewandung nicht formbildend und ohne jede Details gerade noch als vorhanden angedeutet. Das Interesse des Künstlers gilt der Modellierung der Körperformen, die uns eine annähernde Datierung erlauben. Die hochsitzenden Hüften, die hervortretende Bauchmuskulatur und die üppigen Schenkel stellen die Figur in die Tradition eines Schönheitsideals, das mit der Libyerzeit aufkam (vgl. Kat. Nr. 139). Dagegen sind die Brüste straff jugendlich geformt, aber immer noch voller als dem alten Ideal entsprechend. Das ebenmäßige Antlitz ist sehr breit angelegt mit vollen Wangen und dem deutlichen Ansatz eines Doppelkinns. Die Augenbrauen sind leicht zusammengezogen. Man hat den Eindruck, daß wie bei vielen Herrscherporträts individuelle Merkmale idealisiert sind.
K.-H. P.

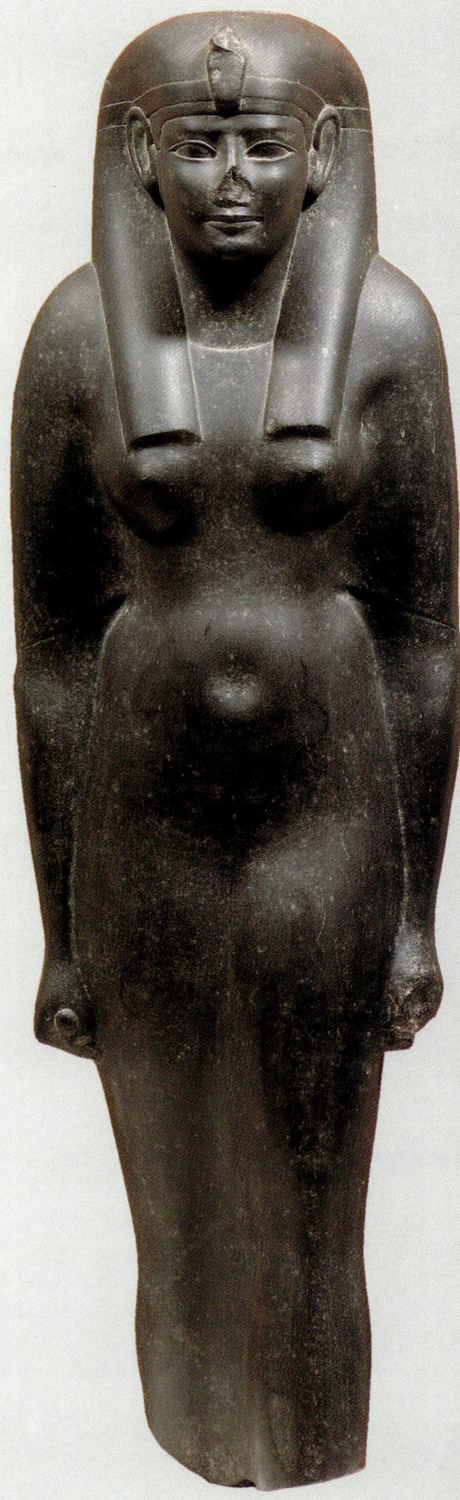

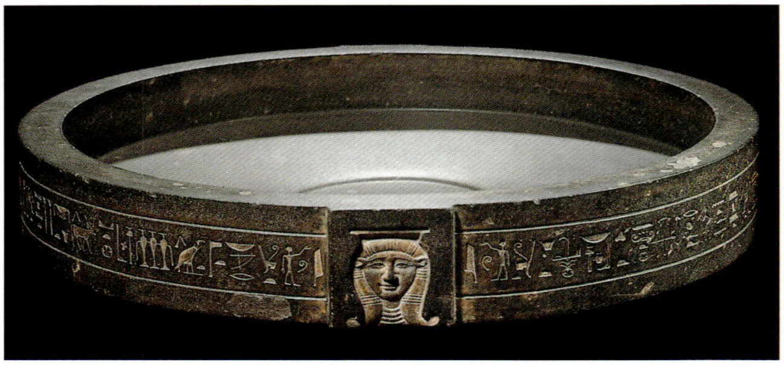

111

Opferbecken des Königs Ptolemaios I.

Elephantine, um 300 v. Chr.
erworben 1908 (Grabung der Königlichen Museen Berlin)
Granit. Höhe 15,4 cm, Durchmesser 79 cm
Inv.-Nr. 18901

Die Grabungen auf der Insel Elephantine in den Ruinen des seit der Frühzeit bedeutsamen südlichen Grenzplatzes Ägyptens dicht unterhalb des I. Kataraktes haben nicht nur die Papyrussammlung um viele bemerkenswerte Dokumente bereichert. Gefunden wurde auch vieles mehr oder minder interessante Stück der materiellen Hinterlassenschaft der Bewohner. Zu den schönsten Funden zählt die Schale des Königs Ptolemaios I. (305-283 v. Chr.), die irgendwann in späterer Zeit sorgfältig in einem Versteck auf dem Gelände des Chnum-Tempels eingemauert worden war. Die Schale ist ein Geschenk für die Göttin Satis-Anukis, deren Tempel neben dem des Chnum stand. Es ist ein Gefäß für Früchte und Bierspenden. Die sorgfältig eingeschnittene Inschrift lautet: »Anbetung dir, Herrin Oberägyptens, Herrin von Elephantine . . ., die den Pfeil auf die Feinde ihres Vaters (d. h. des Sonnengottes Re) schießt, Erhabene, Große im Fürstenhaus, Tochter des Re, die sein Herz erwählt hat, die Frau, die die Männer schlägt. Gespendet hat dir der Herr beider Länder, Ptolemaios, der Tänzer. Er opfert dir Bier, um dein Herz jeden Tag zu erfreuen, erwählt von Satis, der Großen Herrin von Elephantine. Anbetung dir, Herrin der Beliebtheit, Gottesmutter, Erste in Elephantine, Goldene, Herrin beider Länder, Erhabene, Große im Palast, die den Nil bringt, um die Felder gedeihen und alle Früchte und alle duftenden Blumen wachsen zu lassen. Der Sohn der Sonne, Ptolemaios, bringt sie dir dar, er bereitet dir den Rauschtrank, seiner Herrin, erwählt von Anukis.« Die Göttinnen Satis und Anukis sind alte Göttinnen des Kataraktengebietes. Sie spenden die Nilüberschwemmung, da der Katarakt der Ort der Nilquelle sein sollte. Wie andere Göttinnen galten sie gleichzeitig als Hathor, »Die Goldene«, die Herrin der Festfreude und Trunkenheit. Auf den Vorsprüngen des Beckens vorn und hinten ist ihr Kopf eingeschnitten mit der für sie charakteristischen Frisur, den Kuhohren (Hathor ist ursprünglich eine kuhgestaltige Gottheit) und dem Polos.

K.-H. P.

112

König Ptolemaios VIII. und seine Gemahlin Kleopatra opfern einem Gotte

Relief aus einem Tempel
Theben West (?), 2. Hälfte 2. Jh. v. Chr.
erworben 1845 (Preuß. Expedition)
Sandstein. Höhe 84 cm, Breite 77 cm
Inv.-Nr. 2116

In den zum Teil noch gut erhaltenen Tempeln der Ptolemäerzeit hat der griechische Herrscher ebenso wie später der römische Kaiser in den zahllosen traditonellen Ritualdarstellungen die Rolle des Pharao übernommen. Ebensowenig wie sein Bild läßt auch das der ihm gleichrangig zugeordneten Gemahlin irgendeine Änderung in Bildprogramm, Kleidung und Insignien erkennen. Lediglich die Frisur und das Diadem der Frau sind eine Neuerung. Außer an den Namen sind die Reliefs der Ptolemäerzeit aber leicht an den zunehmend teigiger werdenden Formen und erst recht an den verquollenen Formen der Schriftzeichen zu erkennen.

Der König mit der unterägyptischen Krone opfert ein vasenförmiges Gefäß mit Salbe, die Königin Papyrusstengel. Das Salbopfer bezieht sich auf die tägliche Ritualhandlung im Tempel, die das Gottesbild am Morgen wäscht, salbt und bekleidet, bevor ihm das Opfermahl gereicht wird.

König Ptolemaios VIII. Euergetes II. regierte mit Unterbrechungen von 170-116 v. Chr., bis 145 v. Chr. gemeinsam mit seinem Bruder Ptolemaios VI. und dessen Schwestergemahlin Kleopatra II. Nach des Bruders Tod heiratete er die Witwe, die ja auch seine Schwester war, 142 v. Chr. aber auch noch Kleopatra III., die Tochter Kleopatras II. aus erster Ehe. Kleopatra II. vertreibt das Paar von 131-129 v. Chr. Von da an herrschen alle drei wiederum gemeinsam. Mit welcher Kleopatra der König in dem Relief zusammen auftritt, bleibt unklar.

K.-H. P.

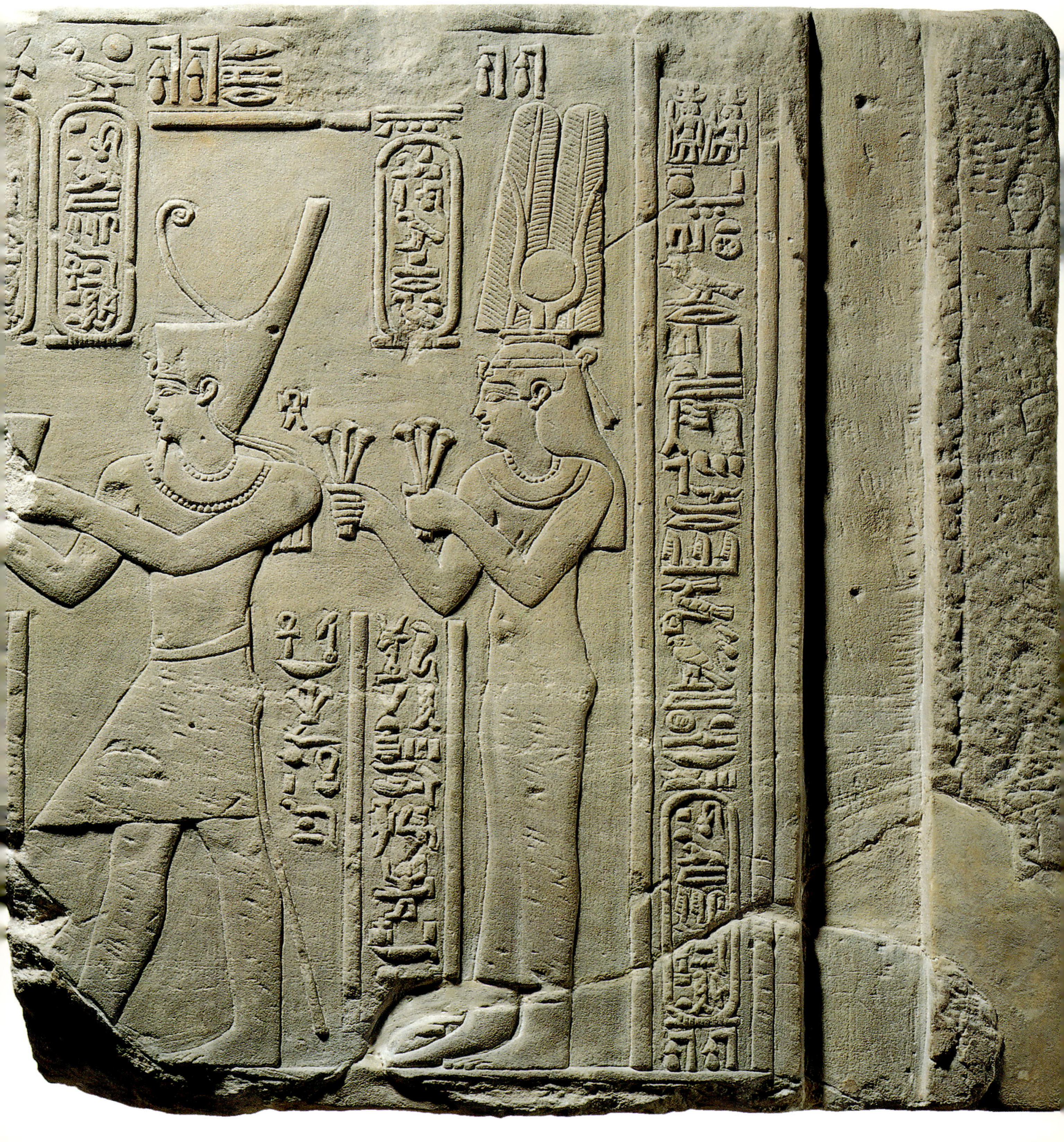

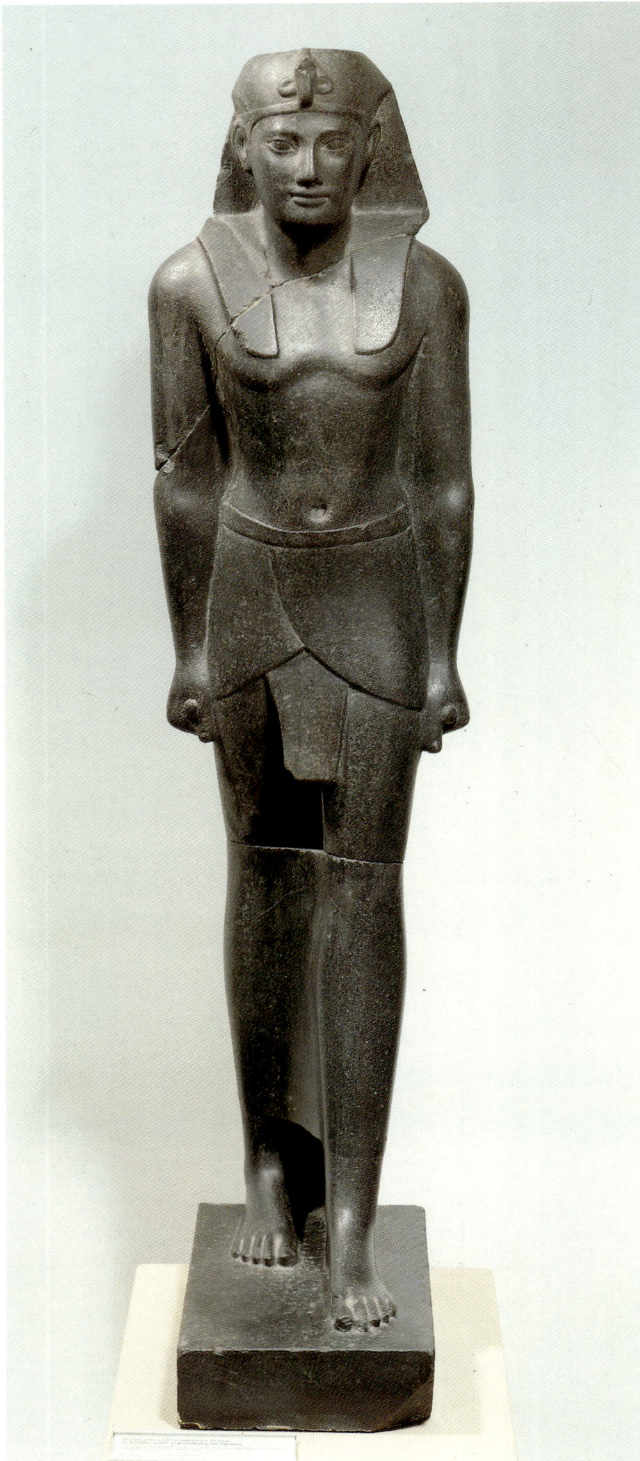

113
Standfigur des Königs Ptolemaios III. Euergetes (?)

um 220 v. Chr. (?)
gefunden in Tivoli, erworben 1899
Basalt. Höhe 107 cm
Inv.-Nr. 14764

Zusammen mit einer sehr ähnlichen Figur (jetzt in den Vatikanischen Museen) war die Statue in der Villa des Kaisers Hadrian (117-138 n. Chr.) in Tivoli aufgestellt gewesen. Sie wurde in Stücke geschlagen aufgefunden und ist zuerst im Besitz des Papstes Urban VII. (1623-1644) nachgewiesen. Damals wurde auch das verlorene Unterteil durch ein entsprechendes von der Statue einer Königin oder Göttin mit knöchellangem Kleid ergänzt. Die Statue repräsentiert einen seit dem Alten Reich beliebten Darstellungstyp: Der Herrscher, gekleidet in den Königsschurz und das Kopftuch mit dem Uräus über der Stirn, steht mit herabhängenden Armen und geschlossenen Fäusten, die nur von vorn sichtbare kurze »Stäbe« halten (vgl. Kat. Nr. 110). Die Figur hat keine Inschrift, doch weisen die flache, schematische Modellierung des Körpers und die Form von Schurz und Kopftuch auf eine späte Entstehungszeit. Das Gesicht ist oval und leicht füllig, die schematischen Augen sind leicht schräg gestellt, die inneren Winkel in unterschiedlicher Höhe angesetzt. Das Gesichtsprofil ist auffällig flach, Stirn und Nase bilden fast eine gerade Linie, die Lippen treten zurück. Die Unterlippe ist breiter als die Oberlippe, ihre Unterkante ist nicht bis in die Mundwinkel durchgezogen. Das jugendliche Bildnis zeigt Übereinstimmungen mit dem Ptolemaios III. (246-221 v. Chr.) auf Münzen, die sein Sohn und Nachfolger Ptolemaios IV. in den ersten Jahren seiner Regierung zu Ehren des vergöttlichten Vaters ausgab. Seit Ptolemaios II. sind die Ptolemäer und ihre Schwester-Gemahlinnen in den ägyptischen Tempeln als »Gastgötter« kultisch verehrt worden. Auf Priestersynoden wurde die Aufstellung ihrer Kultstatuen dekretiert. Zu solchen Statuen wird auch die Berliner Königsfigur gehören.

K.-H. P./K. F.

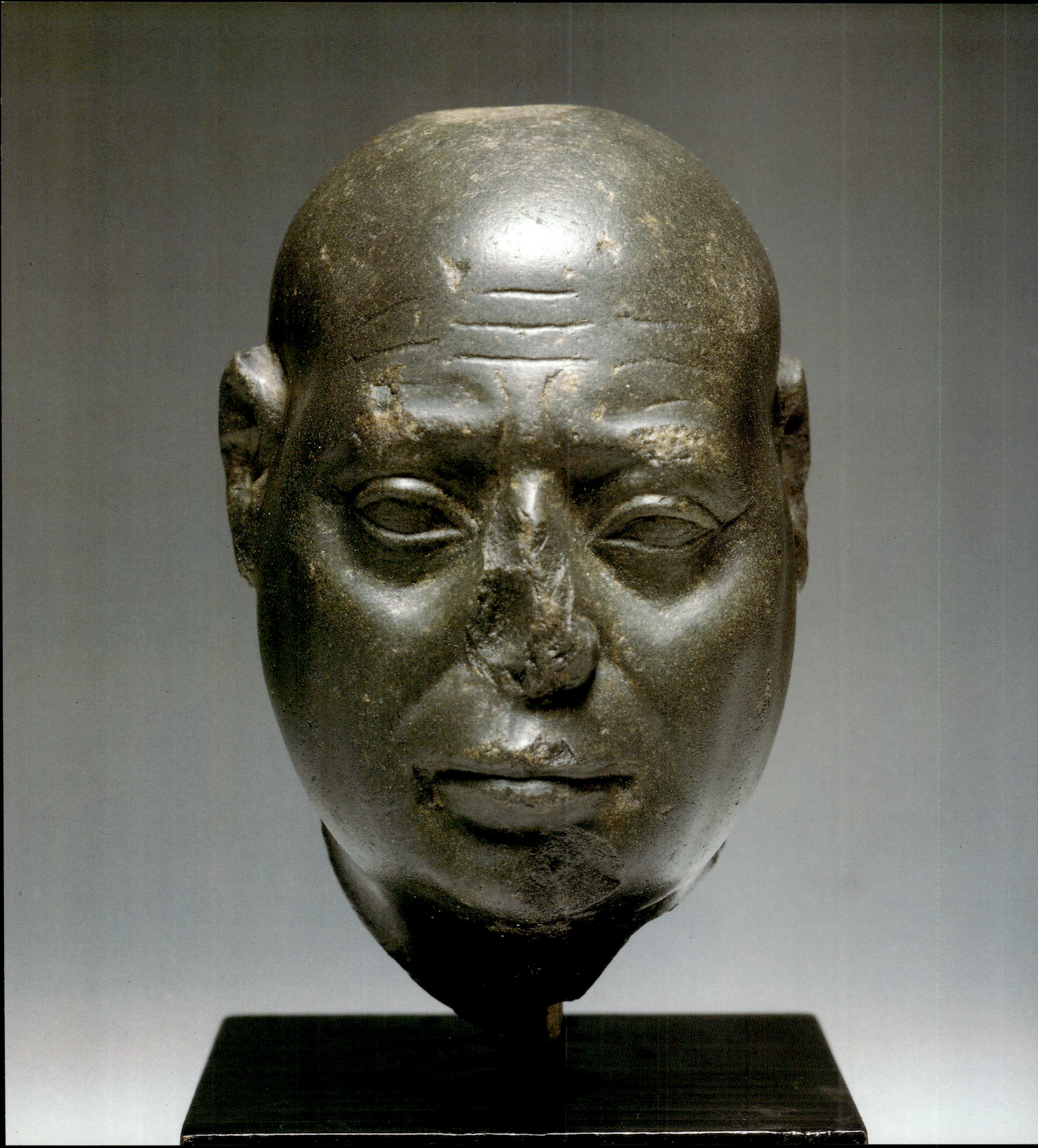

◁ 114
Kopf eines Priesters

um 250 v. Chr. (?)
Fundort und Jahr der Erwerbung unbekannt
Grauwacke. Höhe 10 cm
Inv.-Nr. 255

Die ägyptische Kunst erlebte in der Spätzeit noch einmal einen Höhepunkt. Vor allem in der Porträtplastik, die von einer beeindruckenden Aussagekraft ist, werden viele Meisterwerke ägyptischer Bildhauerkunst geschaffen. Auf der Grundlage eines genauen und umfassenden anatomischen Wissens kommt es zur Wiedergabe eines realistischen Menschenbildes mit individuell wirkenden Gesichtszügen. Besonders deutlich wird das bei den nach der Gesteinsfarbe benannten »Grünen Köpfen«. Sie waren Teile von Figuren, von denen sich merkwürdigerweise bisher keine dazugehörigen Körper fanden. Unser Bildnis zeigt einen schon älteren Mann, der zwar etwas unzugänglich und müde wirkt, aber dennoch Energie und Entschlossenheit erkennen läßt. Allerdings muß eingeschränkt werden, daß man hier nur bedingt von einem echten Porträt sprechen kann. So sind die Stirn- und Nasenwurzelfalten zwar kräftig, aber eben doch stilisiert angegeben. Das gleiche läßt sich von den Nasolabiallinien sagen. Auch ist das ganze Gesicht, trotz der teilweise asymmetrischen Angabe einiger Partien, wie zum Beispiel der schmale Mund oder die tiefliegenden Augen, zu schematisch aufgebaut. Das alles spricht gegen eine individuelle Porträtierung eines Menschen. K. F.

115
Kopf eines Priesters

um 250–150 v. Chr. (?)
Fundort unbekannt, erworben 1887
Grauwacke. Höhe 16,5 cm
Inv.-Nr. 10100

Auch bei diesem Kopf handelt es sich um kein individuelles Porträt. Es findet sich derselbe schematische Aufbau der Stilelemente, der schon bei Kat. Nr. 114 zu beobachten ist. Der organische Aufbau des Gesichtes ist sogar noch linearer orientiert und wesentlich symmetrischer gestaltet. Durch die Kahlheit des Schädels wird dessen markanter, unter der »Gesichtshaut« deutlich hervortretender Knochenbau zusätzlich betont. Der ernste und reservierte Blick sowie der strenge, zusammengepreßte Mund verleihen dem Gesicht eine besondere Würde, die wie eine Herausstellung der geistigen Überlegenheit der jahrtausendealten ägyptischen Kultur wirkt. Die Datierung der »Grünen Köpfe« ist stark umstritten. Sie reicht von der Zeit um 600 v. Chr. bis in das 1. Jahrhundert v. Chr. Dies hängt mit der Beantwortung der Frage zusammen, inwieweit die einzigartige Porträtkunst, von denen diese Köpfe Zeugnis ablegen, unter dem Einfluß hellenistischen und römischen Porträtschaffens entstanden ist. Wahrscheinlicher aber ist der Rückgriff auf die Porträtkunst des Mittleren Reiches, die bereits ebenso großartige Beispiele naturalistischer Physiognomie geschaffen und hier noch einmal anregend gewirkt hat. K. F.

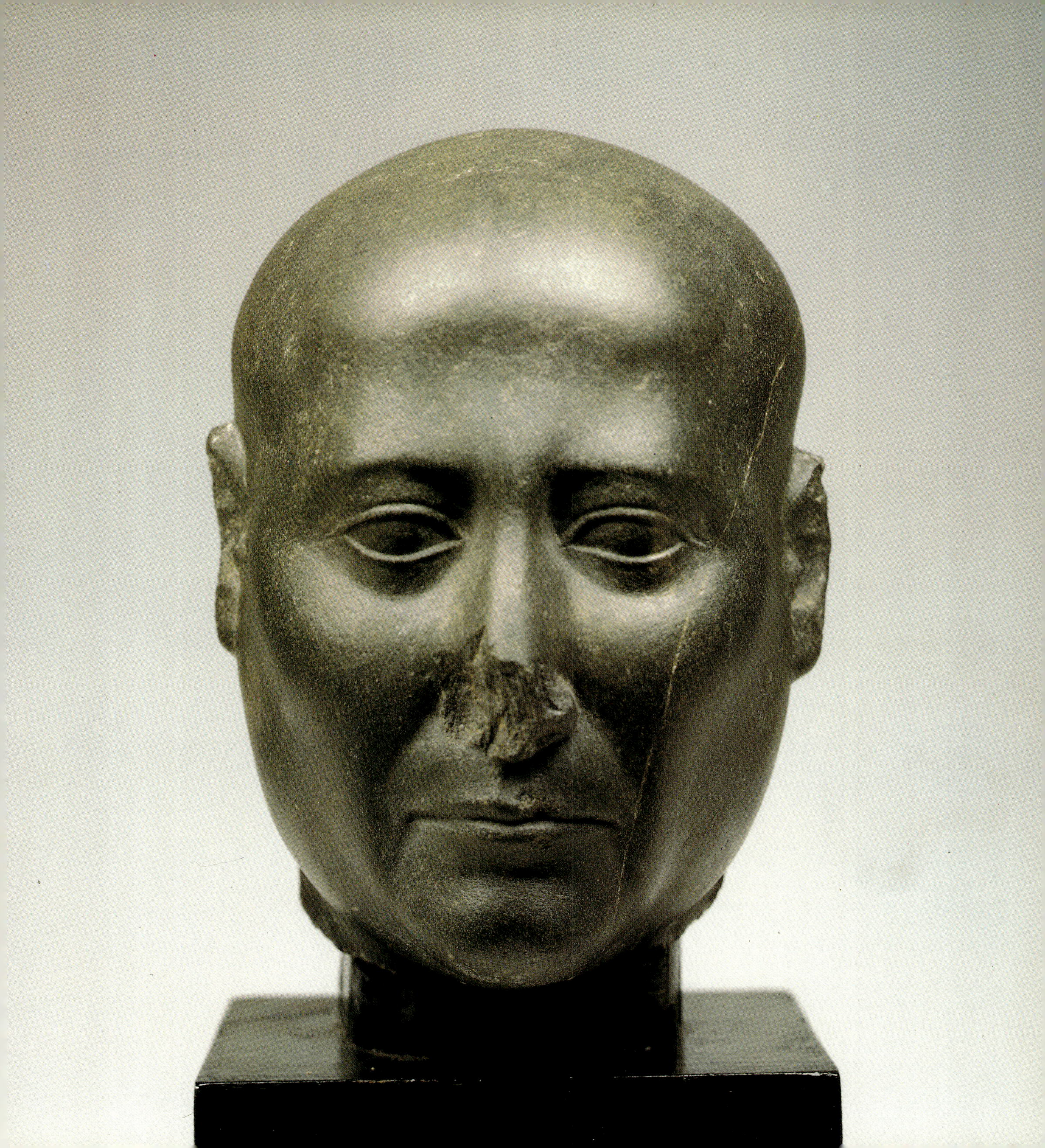

116
Standfigur des Horsatutu

Sais (?), um 300-250 v. Chr.
erworben 1858
Granit. Höhe 113 cm
Inv.-Nr. 2271

Die Statue des Horsatutu gehört zweifellos zu den anspruchvollsten Werken der frühen Ptolemäerzeit, die von Privatpersonen in Auftrag gegeben wurden. Sie ist der qualitätvollste Vertreter eines Figurentyps, der in klarer ägyptischer Tradition steht und durch etwa 120 Werke repräsentiert ist. Es ist die Standfigur von Männern in Gewändern, die als Ensemble seit der Saitenzeit belegt sind. Das Unterteil der Figur des Horsatutu ist zerstört, und auch die Arme fehlen weitgehend, die Gesamterscheinung ist aber durch andere Exemplare eindeutig (vgl. Kat. Nr. 117; 118). Horsatutu trägt zuunterst ein Hemd (das sonst meist fehlt), erkennbar an dem runden Halsausschnitt, darüber eine Tunika mit spitzem Halsausschnitt und (am rechten Oberarm nicht mehr sichtbar) kurzen Ärmeln. Darüber liegt ein knöchellanger Mantel, ein meist von rechts nach links um den Körper gelegtes Tuch mit einem waagerechten oberen Abschluß unterhalb der Brust und einer senkrecht vor dem Körper herabfallenden sichtbaren, mit einer Borte verzierten Kante (vgl. Kat. Nr. 104). Über die linke Schulter ist endlich ein breiter Schal so gelegt, daß über Brust und Rücken eine faltenreiche gerollte Stoffmasse verläuft. Die untere Schalkante hat eine charakteristisch tiefgezackte Borte. Die Armhaltung kann variieren, ist aber meist so, daß der rechte Arm mit der geballten Hand herabhängt und die linke Hand geballt auf dem Bauch liegt.

Typisch für die ägyptische Formgebung ist, daß das Gewand keine eigenständige Körperlichkeit hat, sondern eine den menschlichen Körper überziehende Haut bildet, auf der die Falten in sehr verschiedener Weise nur ein ganz flaches Relief bilden. So ist bei Horsatutu die Schalrolle ein flaches Band, auf dem die Falten durch lange eingegrabene Linien und Kerben angedeutet sind. Die Falten der Schalflächen sind durch flache Dellen erzeugt worden (genaugenommen auf Kosten der Oberfläche des menschlichen Körpers, besonders gut unter der linken Schulter zu beobachten) und bilden überlegt und natürlich angeordnete feine scharfe Grate auf der Fläche.

Die Ausformung des Körpers ist gut gelungen. Die anatomisch genaue Modellierung des Gesichts bezeugt die meisterliche Beherrschung von Handwerk und Material und steht ohne Zweifel in bester Tradition altägyptischer Bildhauerkunst, die in der Spätzeit noch einmal einen Höhepunkt des Porträtschaffens erreicht. Die faltige Stirn, die fleischige, durch tiefe Falten gekennzeichnete Gesichtsmuskulatur eines Altersbildes, der energisch zusammengepreßte Mund und das breite brutale Kinn schaffen ein Bildnis von ausdrucksstarkem Realismus. Der Mann trägt eine griechische Löckchenfrisur, die aber im Sinne altägyptischen Kunstschaffens eine nur wenig hervortretende Kappe bildet mit flach eingegrabenen linearen Strähnen. Über das Haar war ein schmales Diadem gelegt gewesen. Eines der herabfallenden Enden des am Hinterkopf verknoteten Bandes ist auf der rechten Seitenfläche des Rückenpfeilers zu sehen. Auf dem Kopf ist das Diadem bis auf einen Rest am Hinterkopf getilgt und durch Haarsträhnen ersetzt worden. Vom Hals laufen zwei flache vertiefte Streifen zu einem senkrechten Schlitz auf der Brust. In ihm war ein aus Metall gefertigtes Emblem (etwa ein Götterbild oder ein Amulett) befestigt, auf den Streifen lag ebenfalls aus Metall das Band, an dem das Emblem als um den Hals getragen hing. Auf dem Rückenpfeiler steht eine Inschrift, die die Figur etwa an das Ende des 4. Jhs. v. Chr. verweist. Sie nennt Horsatutu als Oberbefehlshaber der Truppen in Unterägypten, dem Namen nach sicher ein gebürtiger Ägypter, einer der wenigen, die unter den frühen Ptolemäern in hohe Ämter gelangt sind. K.-H. P.

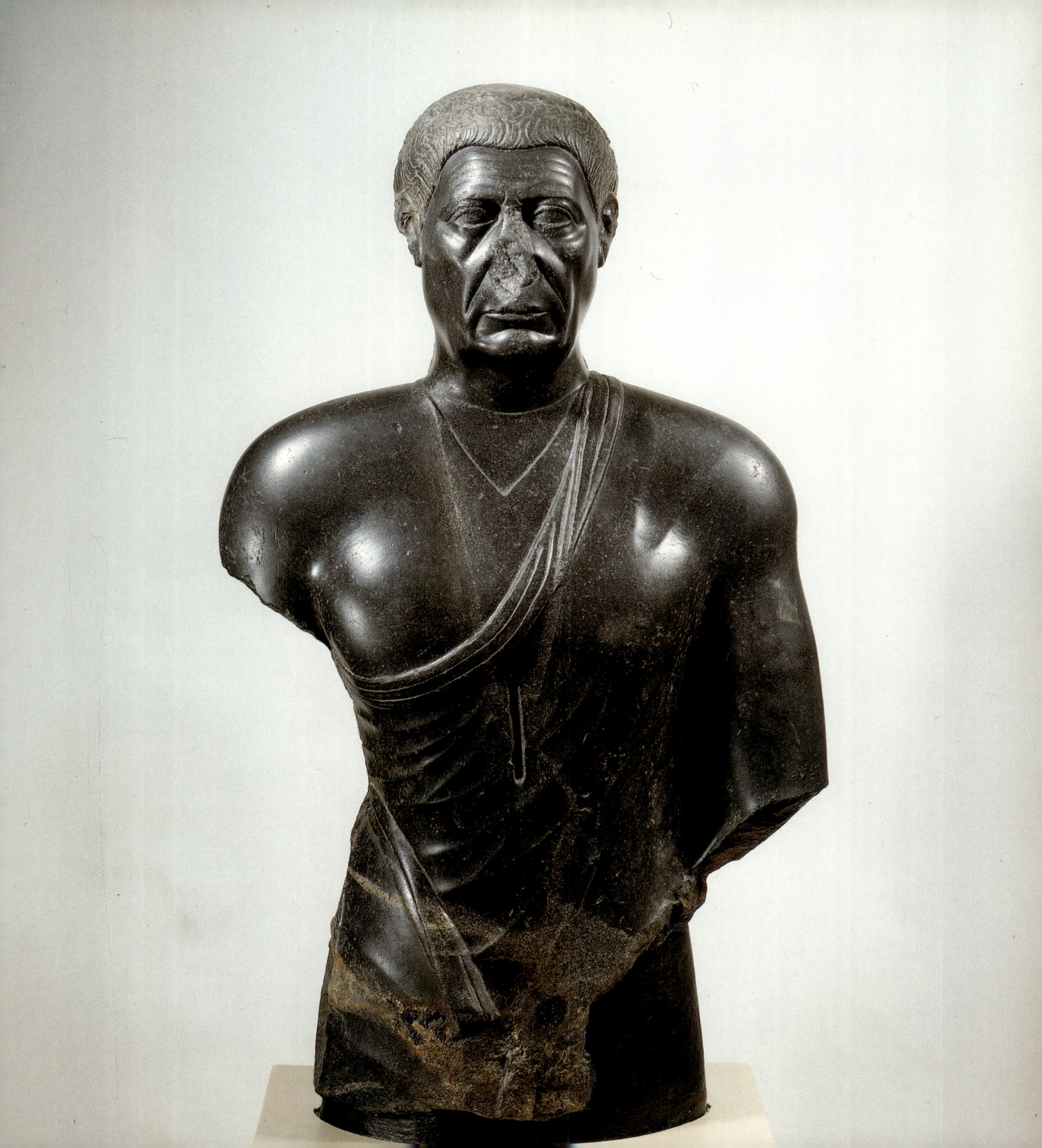

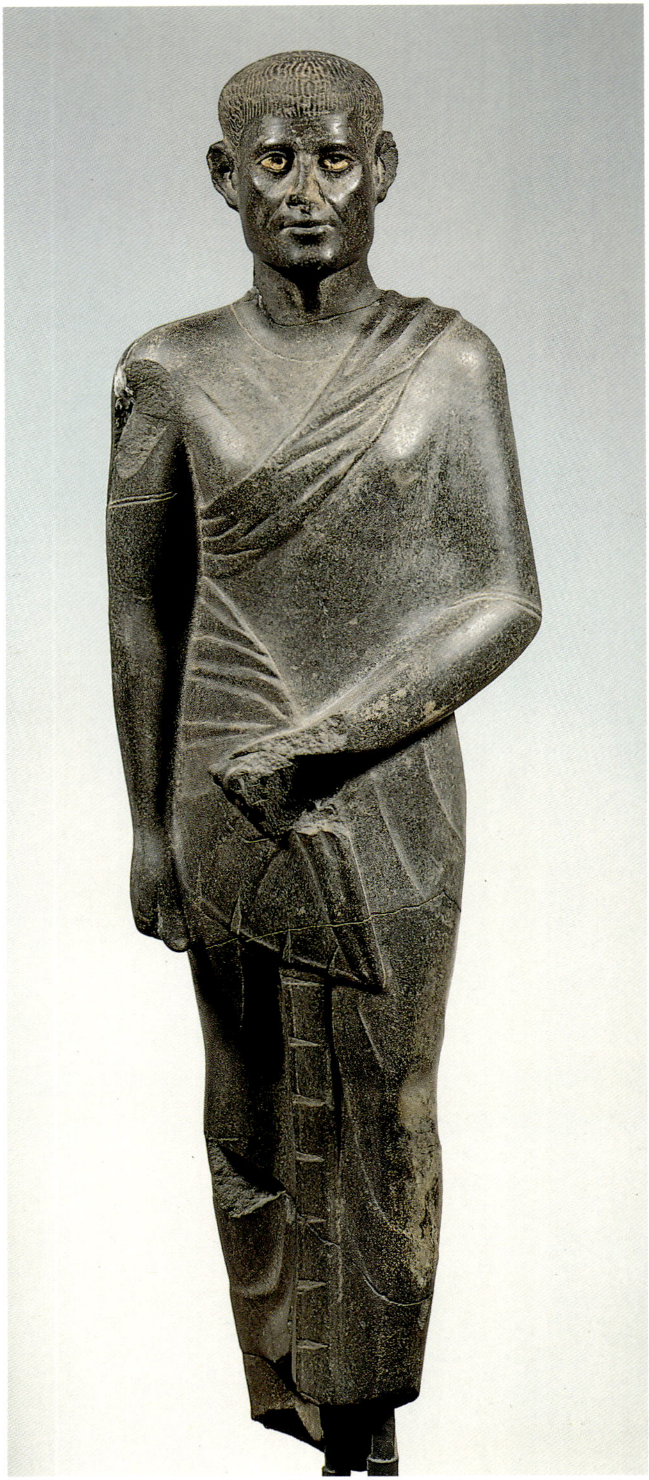

117
Standfigur eines Mannes

Dime (?), um 50 v. Chr.
erworben 1893
Granodiorit. Höhe 105 cm
Inv.-Nr. 11632

Die Figur stammt wahrscheinlich aus einem Tempel in Dime, einem Ort am Nordufer des Qarun-Sees in der Faijum-Oase, und stellt wohl einen der Provinzbeamten der Ptolemäerzeit oder der beginnenden römischen Kaiserzeit dar. Das Bildnis gehört (ebenso wie auch Kat. Nr. 118) in die Reihe der gleichartigen Beamtenstatuen, von denen sich ein Exemplar sogar in Naqa, im Kerngebiet des Reiches von Kusch, gefunden hat und von denen uns ein ungleich qualitätvollerer Vertreter schon im Bilde des Horsatutu (Kat. Nr. 116) begegnete.
Der Körper des Mannes ist noch gut gestaltet, im ganzen aber bereits sehr flächig angelegt, die Tunika durch eingerissene Linien an Hals und Oberarm angedeutet. Schal und Mantel sind stark schematisiert, die Falten als flache Kerben und scharfkantige Sprünge der Flächen angedeutet.
In den Gesichtszügen lebt noch die Tradition des spätzeitlichen Porträts; trotz der starken Vereinfachung der Ausdrucksmittel wirken die kantigen Formen, das energische Kinn und die auffallend abstehenden Ohren lebensnah, unterstützt durch die Einlagen in den Augen (gelbliche Scheiben aus Bein und verlorengegangene Scheiben aus einem schwarzen Stein für die Pupillen; die schwarzen Flecke an ihrer Stelle sind vorstehende Befestigungsdorne).
Die griechische Löckchenfrisur ist durch Gravur gestaltet, partienweise als wirre Haarwirbel, sonst, wie über der Stirn, als kurze Strähnen. K. H. P./K. F.

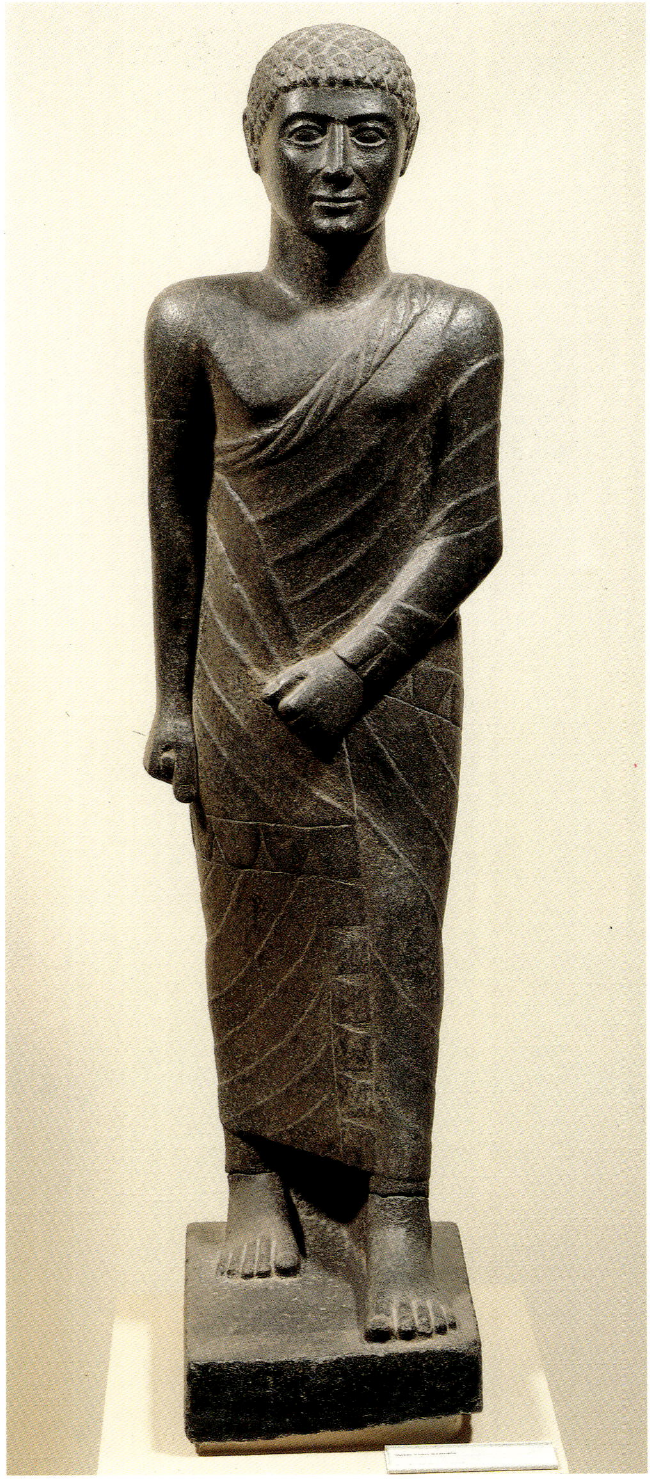

118
Standfigur eines Mannes

Menschije, 1. Jh. n. Chr. (?)
erworben 1902
Granit. Höhe 118 cm
Inv.-Nr. 15789

Das dritte Beispiel der Beamtenbildnisse griechisch-römischer Zeit gleichen Typs zeigt bereits einen starken Verlust des ägyptischen Formempfindens. Kopf und Hals sind übergroß, die Körperformen kaum noch ausgeprägt und unbeholfen. Beherrschend sind die schematisch parallel geführten Falten von Mantel und Schal, die als erhabene schmale Grate und Stufen wie eine Musterung auf den Stoffflächen wirken und deren Verlauf jedes Eingehen auf den wirklichen Faltenwurf vermissen läßt. Die Ärmelkante der Tunika ist auf dem rechten Oberarm als eingerissene Linie angegeben, die Kante des Halsausschnittes aber durch eine grabenartige Vertiefung. Die griechische Löckchenfrisur sitzt stärker plastisch erhaben auf dem Schädel, die Locken sind zu regelmäßigen Reihen von Dreiecken und Kreisen ornamentalisiert, die Ohren zu flachen Scheiben mit schematischen Details geworden. Der linke Arm ist ganz ungeschickt an den Körper gepreßt. Der Bildhauer vermag es offenbar nicht mehr, mit den Körperformen plastisch und räumlich zu arbeiten. Auch das ovale jugendliche Gesicht ist schon ganz schematisch angelegt mit den großen starren Augen und der langen schmalen Nase, dem leicht lächelnden Mund. Von der ausdrucksstarken Gesichtsmuskulatur früherer Werke ist nur eine schwache Andeutung der Nasolabialfalten geblieben. K.-H. P./K. F.

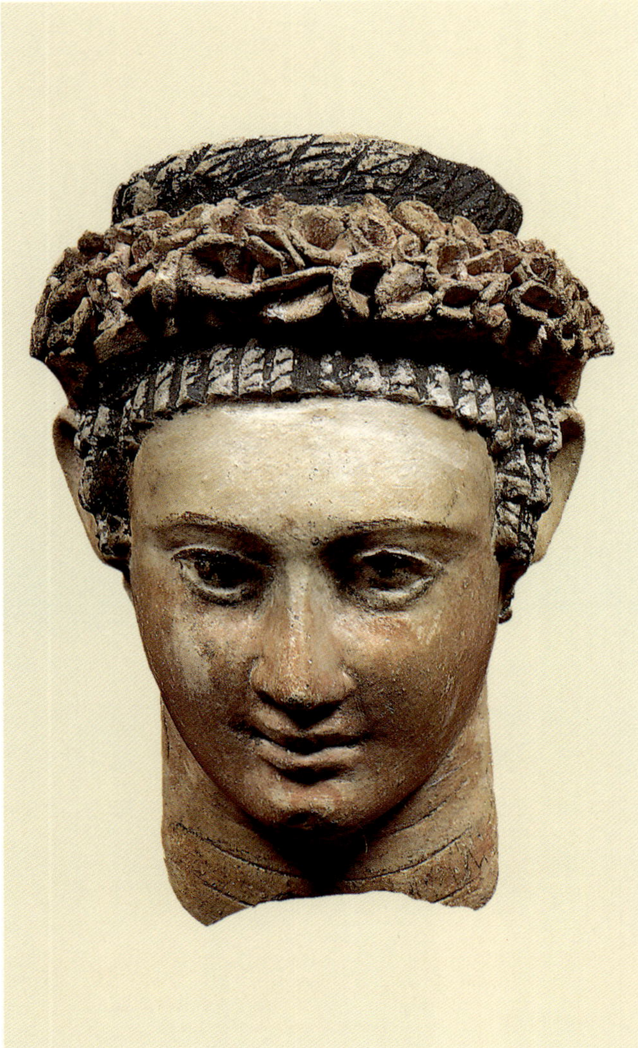

119
Mumienmaske

um 75-120 n. Chr.
Fundort unbekannt, erworben 1954
Stuck, bemalt. Höhe 24 cm
Inv.-Nr. 24103

Mumienmasken gehören seit dem Aufkommen der Mumifizierung zur Ausstattung des mumifizierten Menschen. Auf den Kopf konzentrierte sich die kultische Aufmerksamkeit, galt er doch als Sitz des Lebens. Ursprünglich, wie aus Beispielen vom Ende des Alten Reiches hervorgeht, wurden Gipsschichten über den ganzen Körper verteilt, wobei der Kopf und das Gesicht sorgfältig und lebensecht nachmodelliert wurden. Im Mittleren Reich wird dann eine Maske aus Leinwand- und Papyruskartonage die Regel mit völlig unpersönlichen Gesichtszügen. Erst mit der Übernahme der ägyptischen Bestattungssitten durch die in Ägypten lebenden Griechen zu Beginn der römischen Zeit führten die Bedürfnisse einer anderen Kultur zu einer Veränderung und zur Fertigung von Masken aus Stuck. Um griechischem bzw. römischem Kunstempfinden zu entsprechen, wurden seit dem 1. Jh. n. Chr. porträtgetreue Bildnisse der Verstorbenen angestrebt. Sie sind entweder plastisch geformt (z. T. mit Arm und Brust) oder gemalt (Mumienporträt und Leichentuch, vgl. Kat. Nr. 121, 130). Die Porträts sind typologisch und zeitlich nach Frisur und Kleidung einzuordnen, die seit der Eroberung Ägyptens durch die Römer deutlich italischen Einfluß zeigen. Seitlich an den Ohren herabhängende Korkenzieherlöckchen, wie sie die hier abgebildete Dame trägt, wurden in der flavisch-trajanischen Zeit als römische Provinzialmode in Ägypten üblich. Die Fülle des Haares wurde oberhalb des Löckchenponys auf dem Hinter- und Oberkopf zu einer Kranzflechte zusammengenommen. Dazwischen sitzt ein Rosenblätterkranz. Dieser Kranz kommt in römischer Zeit jedem rituell richtig bestatteten Toten zu. Er gilt als Symbol seiner Rechtfertigung vor dem Totengericht. Das Gesicht der Dame, die vom Typus her wohl keine Ägypterin ist, wirkt durch die hochgesteckte Haarfülle fein und harmonisch. Die Mumienmasken aus Stuck wurden in Formen gegossen, wobei der Modelleur die Stuckmasse, ein Gemisch aus Sand, Ton, kohlensaurem Kalk und Gips, sorgsam mit den Fingern in der Form verteilte. Mit Spachtel, Messer und Modellierholz wurden Details ausgearbeitet. Zeittypische Frisurelemente, Bärte oder der Rosenblätterkranz konnten aus einem Vorrat genommen und aufgesetzt werden. Eine möglichst lebenswahre Bemalung vollendete das Gesicht. H. K.

120
Mumienmaske

um 50-75 n. Chr.
Fundort unbekannt, erworben 1924
Kartonage, Bemalung und Vergoldung auf Stuck. Höhe 50 cm
Inv.-Nr. 22418

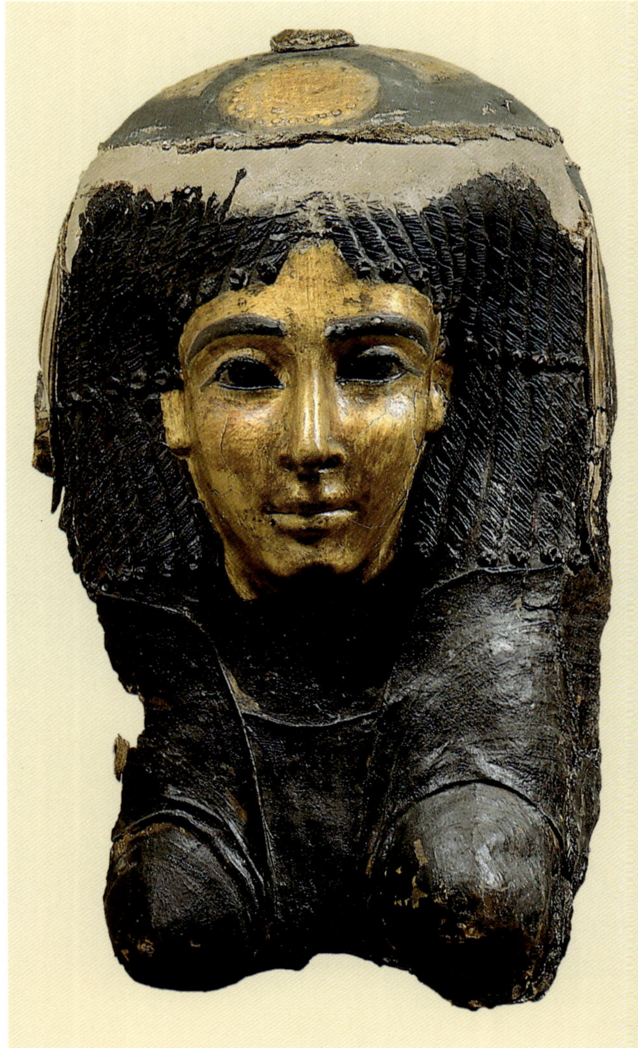

Das Bedürfnis nach lebensnahen Bildnissen hat in römischer Zeit auch die konventionelle Kartonagemaske beeinflußt. In unserem Beispiel ist die Grenze zum Individuellen, fast Porträthaften erreicht, eine Beobachtung, die sich in der Profilansicht verdichtet. Es ist auch hier (wie Kat. Nr. 119) kein ägyptisches Gesicht, das uns entgegenblickt. Eine doppelte Reihe dicht nebeneinanderliegender Korkenzieherlöckchen fällt bis auf die Schultern herab. Die Locken sind weit in die Stirn gezogen und dort leicht gescheitelt. Diese Frisur bewirkt eine sinnliche Schwere, die optisch die Anmut des schönen Frauengesichtes erhöht. Die Maske reichte bis über die Brust der Frau, die deshalb ebenfalls plastisch dargestellt wird, verhüllt vom Gewande, das durch Säume und Faltenstege angedeutet wird. Auf der Schädelkalotte befindet sich ein geflügelter Skarabäus als Symbol des Schutzes. Sein Leib wurde aus Gips modelliert, die Flügel in Blattgold gestaltet. Der aus Stuck geformte Rosenblätterkranz ist weggebrochen. Die hier nicht sichtbare Hinterkopfpartie zeigt eine im traditionellen Jenseitsglauben gewachsene Darstellung: Opferhandlungen vor der Mumie zur magischen Wiederbelebung. Die Maske ist bis auf Gesicht, Hinterkopf und Schmuckelemente mit einer asphaltartigen Schicht überzogen worden.
Für Kartonagen dieser Zeit lieferten oft alte auf Papyrus geschriebene Akten das Rohmaterial. Sie wurden in Wasser eingeweicht, bis eine formbare Makulatur entstand, die, gepreßt oder über einen Formkern aus Holz gezogen, schließlich die Maske ergab. Nach dem Trocknen erhielt das Objekt einen Stucküberzug, wobei gleichzeitig Elemente der Haartracht und des Schmuckes in Stuck ausgeführt wurden, dazu Bemalung und schließlich Vergoldung. Ein dünner (ca. 0,035 mm) Blattgoldüberzug auf den Gesichtspartien findet sich bei einem Drittel aller Masken. Gold sollte vor der Verwesung schützen, eine Auffassung, die bereits im Totenkult der pharaonischen Zeit augenfällig ist.
In zwei im Faijum gefundenen Papyri kann man die Preise für Begräbnis und Ausstattung nachlesen. Danach kostete eine Maske zwischen 14 und 64 Drachmen. Der Durchschnittslohn eines Arbeiters betrug für 2 bis 2 ½ Monate 64 Drachmen. H. K.

121
Mumienporträt der Aline

Hawara, 24 n. Chr. (?)
erworben 1893
Temperamalerei auf Leinwand. Höhe 42 cm, Breite 32,5 cm
Inv.-Nr. 11411

Die Tendenz zum porträthaften Mumienbild (vgl. Kat. Nr. 119, 120) erfährt ihre höchste Steigerung in der Sitte, statt der Maske in den äußeren Wicklungen der Mumie über dem Kopf ein gemaltes Porträt anzubringen, häufig auf Holztafeln in wachsenkaustischer Technik gemalt (vgl. Kat. Nr. 130). Mehrfach handelte es sich dabei um bereits länger vorhandene Bildnisse. Andere Bildnisse wie das der Aline wurden auf einen Zipfel des Leichentuches gemalt. Als Unterlage waren dicke Leinwandstücke fest auf das Gesicht gepreßt worden. Das Porträt selbst wurde wahrscheinlich nach einer älteren, zu Lebzeiten entstandenen Vorlage in Tempera-Farben kopiert.

Die Mumie der Aline wurde zusammen mit der ihres Mannes und dreier ihrer Kinder in einem der typischen Schachtgräber von Hawara beigesetzt. Sie lag auf der Seite. Ein Grabstein nennt »Aline, auch Tenos genannt, Tochter des Herodes«, wahrscheinlich gestorben im Jahr 10 (eines Kaisers) im Alter von 35 Jahren. Zu dem stark malerisch aufgefaßten Hintergrund paßt die in warmem Farbton gehaltene Fülle des Gesichtes und des Gewandes in gebrochenem Weiß mit violetten Borten. Die Ohren zieren goldene Gehänge mit je einer großen Perle. Die Halskette ist aus vergoldetem Stuck auf die Leinwand gesetzt. Die meisterhaft porträtierte Dame mittleren Alters trägt eine wellige Frisur mit Mittelscheitel und sorgsam geordneten Löckchen über der Stirn. Diese Frisur entspricht der Mode zur Zeit des Kaisers Tiberius, so daß Aline im Jahr 10 dieses Kaisers, d. h. im Jahre 24 n. Chr., gestorben sein müßte.

Die Sitte des Mumienporträts blieb regional auf das Faijum beschränkt. Die etwa 750 bekannten Bildnisse stehen völlig außerhalb der altägyptischen Kunst. Sie sind die einzigen erhaltenen Zeugnisse der hellenistischen Porträtmalerei des 1.-4. Jhs. n. Chr.

H. K.

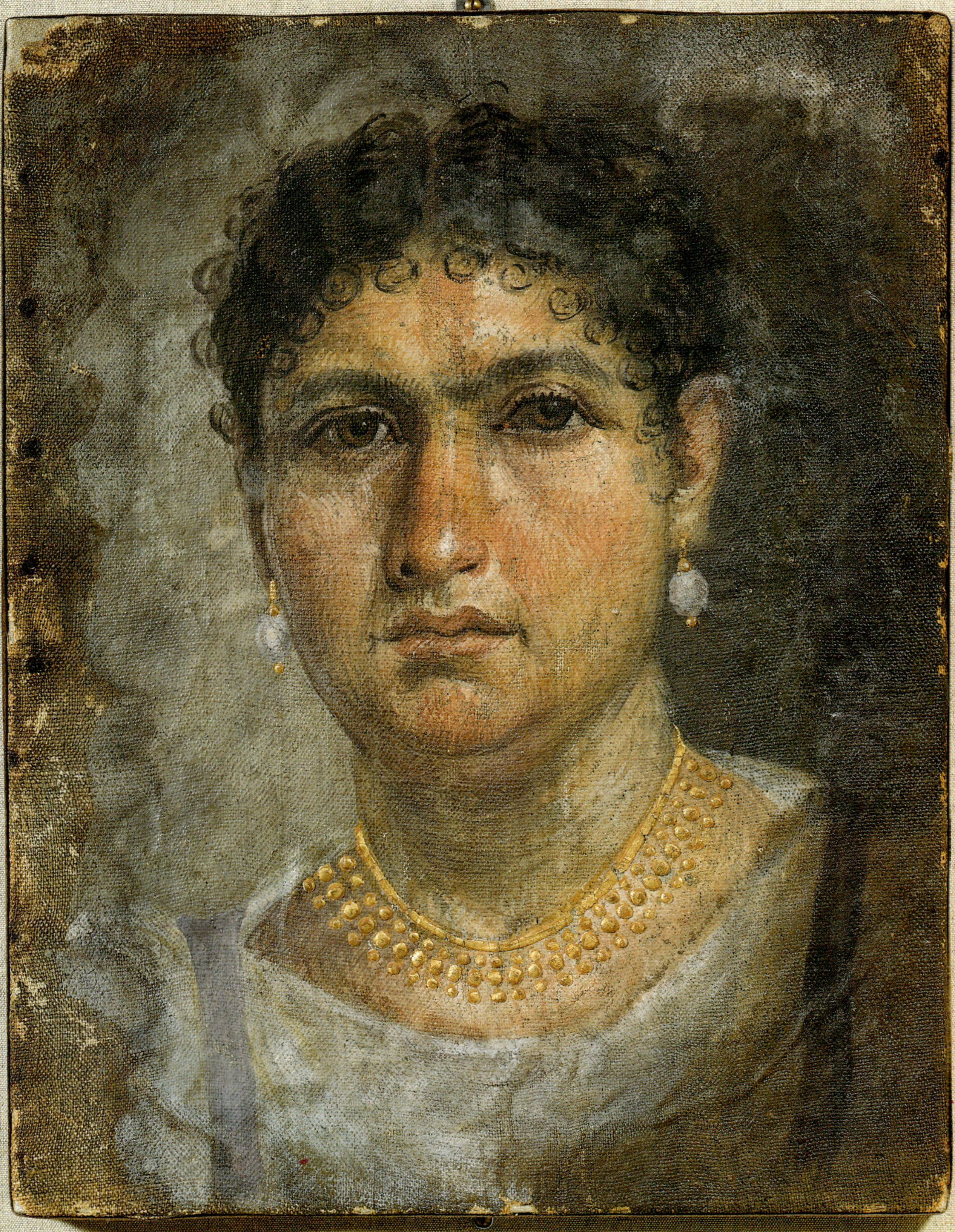

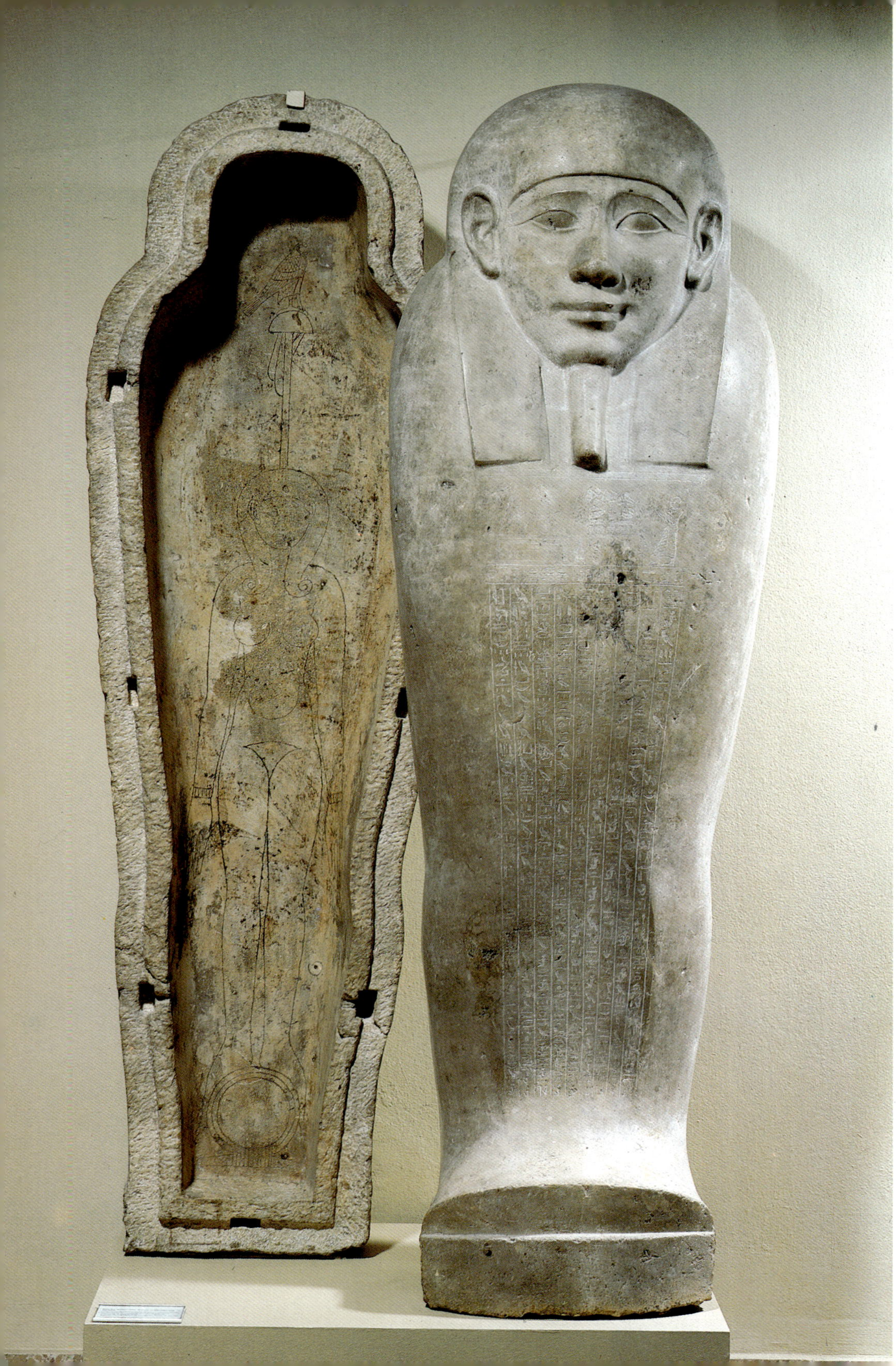

122
Sarkophag des Wennofer

Letopolis, um 160 v. Chr.
erworben 1845
Kalkstein. Höhe 63 cm, Breite 69 cm, Länge 203 cm
Inv.-Nr. 46

Die im Neuen Reich entstandene anthropomorphe Sargform wurde auch für Särge aus Stein benutzt. Diese waren natürlich besonders kostspielig. Der Inhaber dieses Sarges, Wennofer, Sohn der Tanetimen, rechtfertigt nach Ausweis seiner Priesterämter und Hoftitel eine aufwendige Bestattung. Er war »Gottesvater, Bekannter des Königs, Priester des Ptah und Hoherpriester in Letopolis«, einem Ort im westlichen Delta. Diese Stadt spielte in der Religionspolitik der Ptolemäer eine große Rolle. Denn die Stadtgöttin Uto wurde als Erscheinungsform der griechischen Göttin Leto erkannt und der ägyptische Stadtname Chem in Letopolis umgetauft. Ägypter und Griechen sollten zu dieser Göttin gemeinsam beten können. Ein solcher Vorgang mußte theologisch untermauert werden, eine Aufgabe, die einem Hohenpriester sicher zukam. Der Sarg ist innen und außen sorgfältig mit einem Text und eingeritzten Darstellungen versehen. In der Sargwanne erkennt man Imentet, die Göttin der Nekropole (des sog. Westens). Auf ihrem Leib wird der Tote ruhen, um als Stern von der Himmelsgöttin Nut, ihr Bild ist auf der Innenseite des Deckels angebracht, wiedergeboren zu werden. Die Göttinnen sind unbekleidet und vorderansichtig dargestellt. Auf dem Deckel ist unter dem Himmelszeichen eine Speisetischszene zu sehen: Der Verstorbene (rechts) betet vor einem reichen Speisetisch, den er den Göttern Osiris und Atum darbringt. Der Text enthält eine Variante des Totenbuchkapitels 72, in dem der Tote von den Göttern, weil er sie durch Magie und Zauber der Totentexte zu zwingen vermag, Opfer und Bewegungsfreiheit im Diesseits wie im Jenseits verlangt: ». . . Gebt mir ein Totenopfer: Brot, Bier, Rinder, Kleider . . . alle guten und reinen Dinge von denen ein Gott lebt!« H. K.

123
Deckel eines Knabensarges

Abusir el Meleq. 1. Jh. n. Chr.
erworben 1904 (Grabung der Königlichen Museen Berlin)
Holz mit Stuckresten. Höhe 114 cm
Inv.-Nr. 17126

Auf dem seit der Saitenzeit etwa 800 Jahre lang genutzten Friedhof von Abusir el Meleq wurden in griechisch-römi-

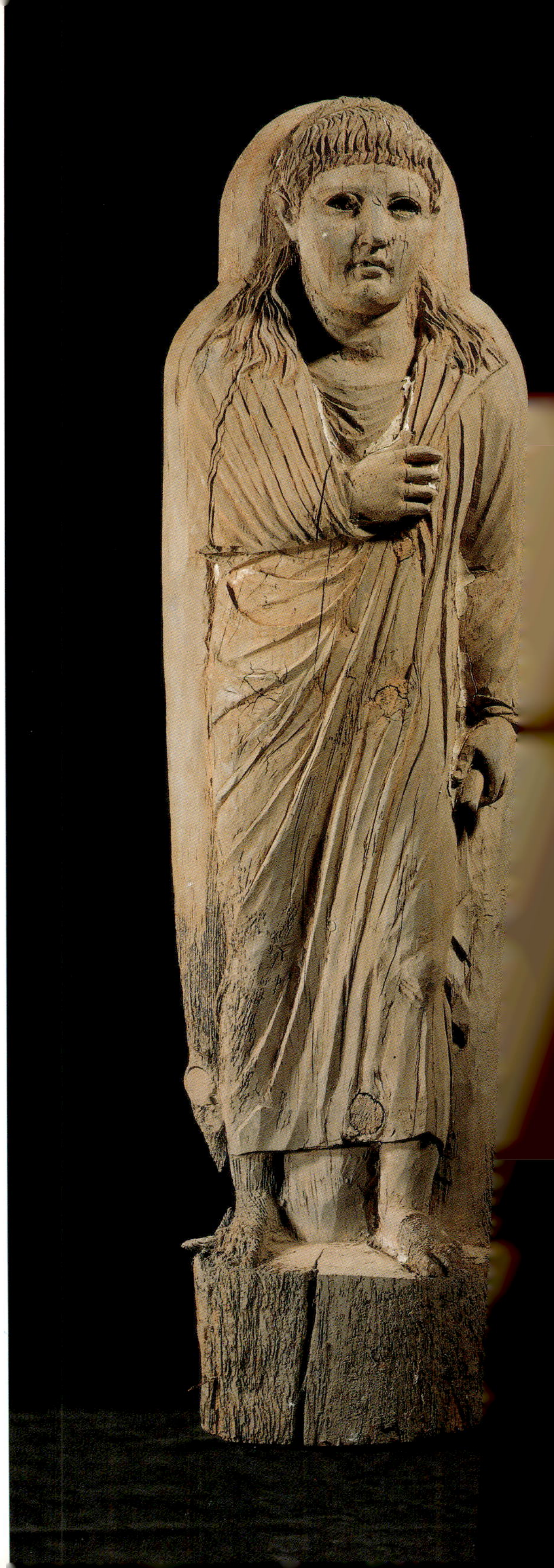

scher Zeit Priester des Gottes Harsaphes und ihre Angehörigen bestattet. Die Funde erlauben einen Einblick in zeitbezogene, regionale aber auch sozial determinierte Bestattungsbräuche. Unter den Mumienhüllen befinden sich auch einige, die den Toten im Gewande der Lebenden wiedergeben. Völlig singulär aber ist ein zweiflügeliger Schranksarg, der im Inneren durch eine Wand abgeteilt war. In dieser Wand befand sich ein Ausschnitt, in den ein »Deckel« eingepaßt war, der in der rückseitigen Höhlung die Mumie eines Knaben barg. Der Deckel wurde künstlerisch als eine aus Holz geschnitzte Statue in hellenistischem Stil aufgefaßt. Dargestellt ist ein Knabe in Tracht und Gestus der Statuen von Rednern und Philosophen. Deshalb hält er auch in der linken Hand eine Papyrusrolle. Die Figur hat eine fast verlorene Stuckfassung mit Vergoldung. Die Augäpfel und Pupillen waren aus weißem bzw. schwarzem Glas, die Lider aus Bronze eingelegt. Das Bildnis ist künstlerisch eine außerordentlich bedeutungsvolle Arbeit, die dem Bestreben nach lebenswahrer Verewigung des Toten entsprang und als einmalige Darstellungsform gleichwertig neben Porträtmaske und Mumienporträt steht. H. K.

124
Der Gott Tutu

2.-3. Jh. n. Chr.
Fundort unbekannt, erworben 1913
Kalkstein. Höhe 96 cm, Breite 113 cm
Inv.-Nr. 20840

Zu den charakteristischen Gottheiten im religiösen Leben des griechisch-römischen Ägypten zählt das Mischwesen Tutu (griechisch Tithoes). Er galt vornehmlich als Wächter des Grabes und hatte in den Sphingenfiguren spätzeitlicher Gräber seinen Ursprung. Sein Schutzaspekt übertrug sich auch auf das alltägliche Leben der Menschen. So sollte er alles Übel abwehren, Gefahren zu überstehen helfen, die Schlafenden bewachen und böse Träume verscheuchen. Diese Häufung von menschenfreundlichen Handlungen, die man von dem Gott erwartete, spricht für Popularität. Daher werden für ihn häufig durch Privatleute Votivstelen gestiftet. Auch offizielle Inschriften und Tempelreliefs bezeugen den Gott, dessen Kult bis nach Thrakien verbreitet war. Tutu setzt sich aus verschiedenen Elementen von ägyptischen Gottheiten zusammen. Diese synkretistische Mischung vollzog sich als Prozeß, in dem immer neue Aspekte des Gottes von den Theologen erkannt wurden. Jeder neue Aspekt führte zu einer neuen bildhaften Übersetzung, deren zeitlicher und inhaltlicher Höhepunkt in unserem Beispiel liegt. Die Mischgestalt ist bereits in der Sphinxform mit Löwenleib und Menschkopf angelegt. Bei unserem Tutu-Relief ist der Brust des Löwen der Kopf des Krokodilgottes vorgesetzt, auf der Schwanzwurzel erscheint der Falkenkopf des Horus mit der Sonnenscheibe. Aus dem Rücken des Löwen wachsen Flügel, er ist damit der unheilabwehrende Greifendämon. Am merkwürdigsten ist die Gestaltung des menschlichen Elementes des Sphinx. Der Kopf ist nicht nur in Vorderansicht gegeben, sondern ist Teil eines eigenständigen Ganzbildes eines Gottes in römischer Soldatentracht, eine häufige Darstellungsform ägyptischer Götter in der Kaiserzeit. Mit dem Tierkörper ist die Gestalt durch die Beine verbunden, die gleichzeitig die Vorderbeine des Löwen sind. Der Kopf ist, wie es bei einem Sphinx sein soll, mit dem Königskopftuch bedeckt, dazwischen aber drängt sich ein Haarschopf aus Korkenzieherlocken. Auf dem Kopf sitzt eine Krone des ägyptischen Königs, die Atef-Krone. Aus dem Kopftuch schauen die Köpfe von acht Gottheiten in Tiergestalt heraus.
Diese Gottheit ist nun zugleich in der Haltung des Pharao gezeigt, in der er auf den Triumphbildern der Tempelpylone den Feind, am Schopf gepackt, mit der Keule erschlägt. Die linke Hand hält den Feind zugleich mit einer Lanze (auf den ägyptischen Bildern ist es ein Stab), die rechte schwingt eine Doppelaxt.
Neben dem religions- und kulturhistorischen Aspekt liefert dieses Relief ein schönes Beispiel dafür, wie sich altägyptische Kunst der Formprinzipien griechischer Kunst bedient hat und den typisch graeco-ägyptischen Mischstil hervorbrachte. Aus diesem Stil ging eine lokale Kunstproduktion hervor, die zur koptischen Kunst überleitete.

H. K.

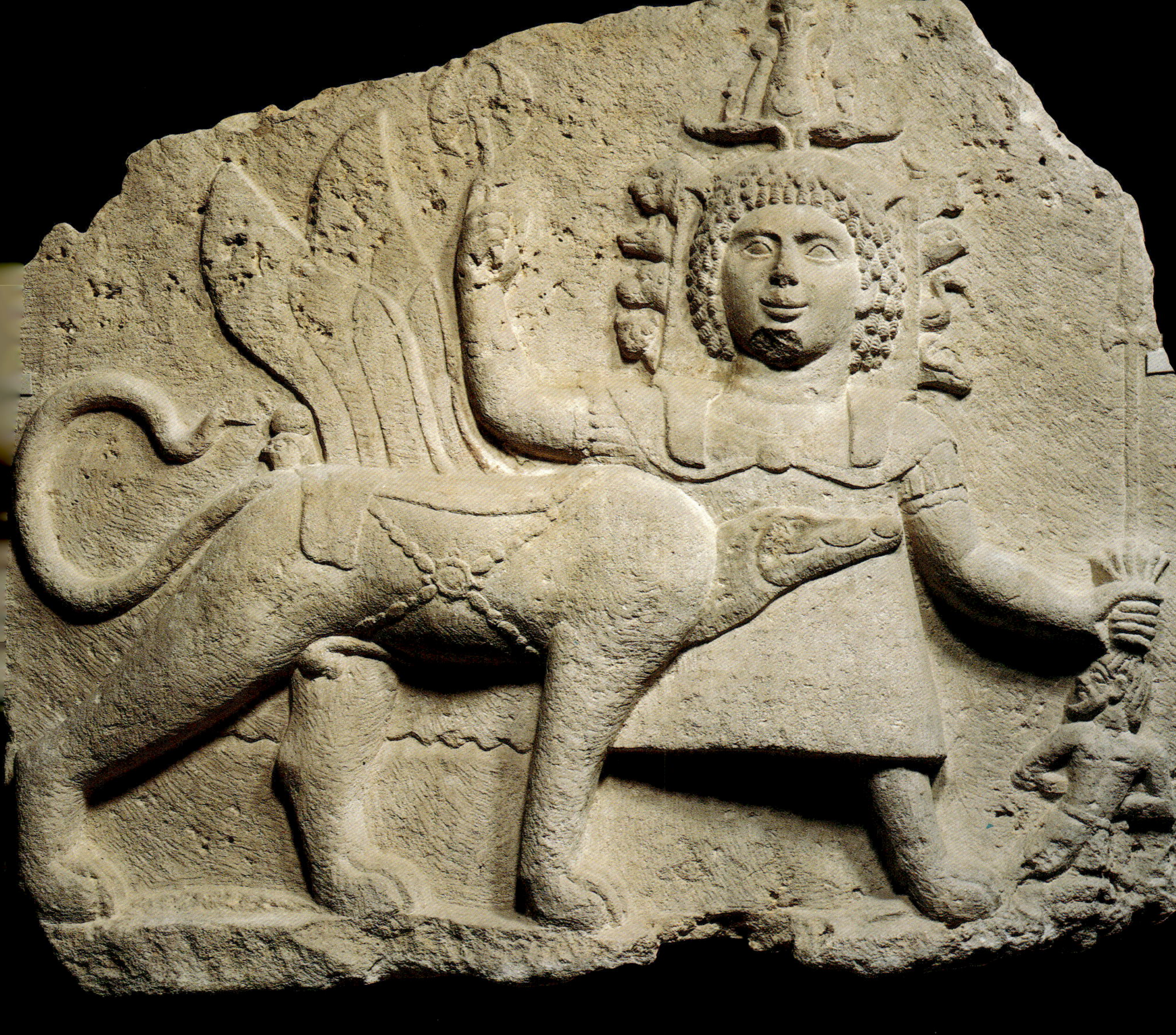

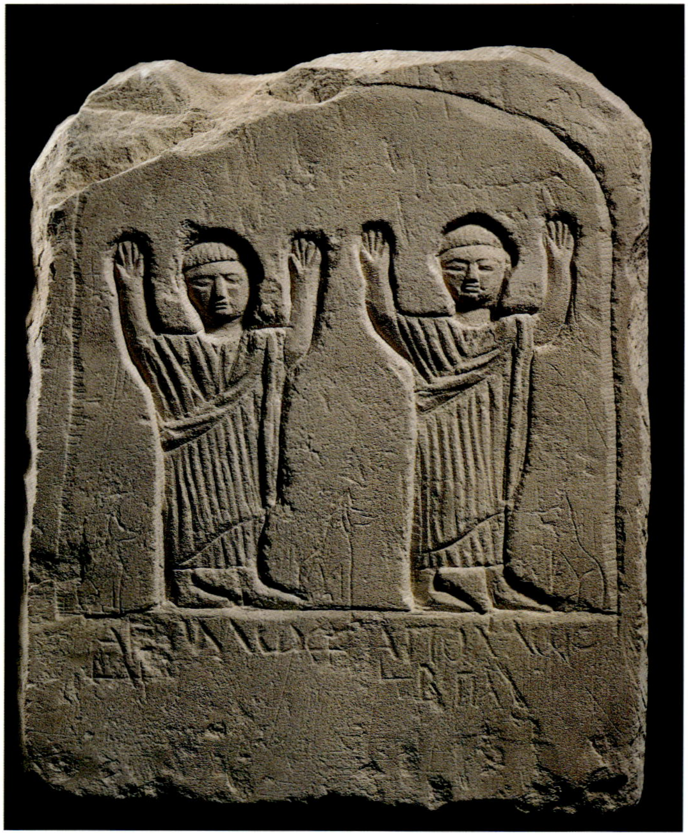

125
Grabstele zweier Knaben

Kom Abu Billu (?), um 300 n. Chr. (?)
Jahr der Erwerbung unbekannt
Kalkstein. Höhe 32 cm, Breite 25 cm
Inv.-Nr. 24145

Am westlichen Deltarand sind auf einem großen Friedhof bei Kom Abu Billu, dem Terenuthis des Altertums, eine große Zahl von Stelen gefunden worden, die in Nischen des Graboberbaus eingesetzt waren. In vertieftem Relief sind die Verstorbenen auf ihnen abgebildet, in einer frontalen Darstellungsweise, die nicht mehr der altägyptischen Tradition verpflichtet ist. Es sind Zeugnisse eines volkskünstlerischen Schaffens, das am Ende des mit der römischen Kaiserzeit einsetzenden Verschmelzungsprozesses der ägyptischen und griechischen Bevölkerungsteile steht und zur koptischen Kunst überleitet.
Dargestellt sind auf der Stele zwei Knaben als Oranten, als Beter, in der Haltung, in der z. B. auf einer noch weitgehend in altägyptischen Stil gearbeiteten Berliner Stele die Toten, von Anubis, dem Führer ins Jenseits, geleitet, vor Osiris, den Herrn des Totenreiches, treten. Die beiden Knaben tragen griechische Tracht, das hemdartige Untergewand, den Chiton, und das als Obergewand, als Mantel dienende Tuch, das Himation. Der Totengott Anubis ist dreimal als flüchtig eingeritzter hockender Schakal auf der Stele abgebildet. Ebenso flüchtig sind die Namen, Alter und Todesjahr unter dem Bilde angebracht: »Apollos . . . Jahre (alt), Jahr 1, (Monat) Epiphi; Apollon, Jahr 2, (Monat) Pachon«. K.-H. P.

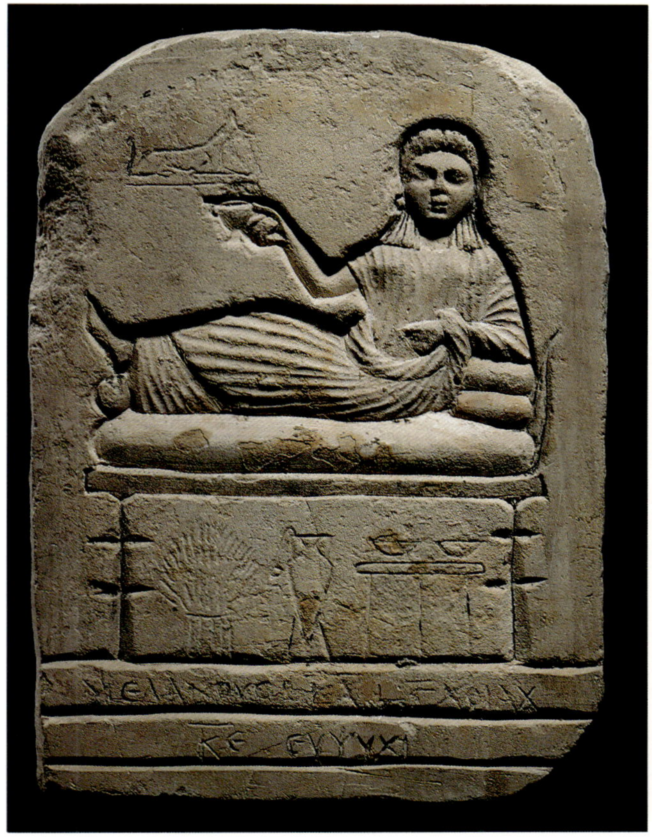

126
Grabstele der Melanous

Kom Abu Billu (?), um 300 n. Chr.
Jahr der Erwerbung unbekannt
Kalkstein mit Farbresten. Höhe 28 cm, Breite 20 cm
Inv.-Nr. 24143

Ebenso häufig wie die Abbildung der Toten als Beter ist auf den Grabstelen des Terenuthis-Typs die als Teilnehmer am Gedächtnismahl, zu dem sich die Angehörigen vor dem Grabe versammelten. Auf einer Kline, einem Speisesofa, liegt wie bei irdischen Mahlzeiten eine Frau in Chiton und Mantel, den linken Arm auf zwei Kissen gelegt. Die rechte Hand hält das Trinkgefäß empor. Die Kline hat gedrechselte Beine, am Kopfende eine Lehne und ist mit einer Matratze belegt. Vor der Kline sind zwei Trinkschalen, die Weinamphore in einem Gestell mit der über den Rand gehängten Schöpfkelle und ein Blumengebinde aufgestellt zu denken. Über der Frau ist der liegende Schakal, der Totengott Anubis, gezeichnet. Die Verewigung der Verstorbenen als Teilnehmer am Gedächtnismahl ist ein in allen Teilen des Römischen Imperiums weit verbreitetes Bildmotiv der Grabstelen. Die flüchtig eingekratzte Inschrift lautet: »Melanous, 21 Jahre, im Jahr 6, 25. Choiak. Sei guten Mutes!«

K.-H. P.

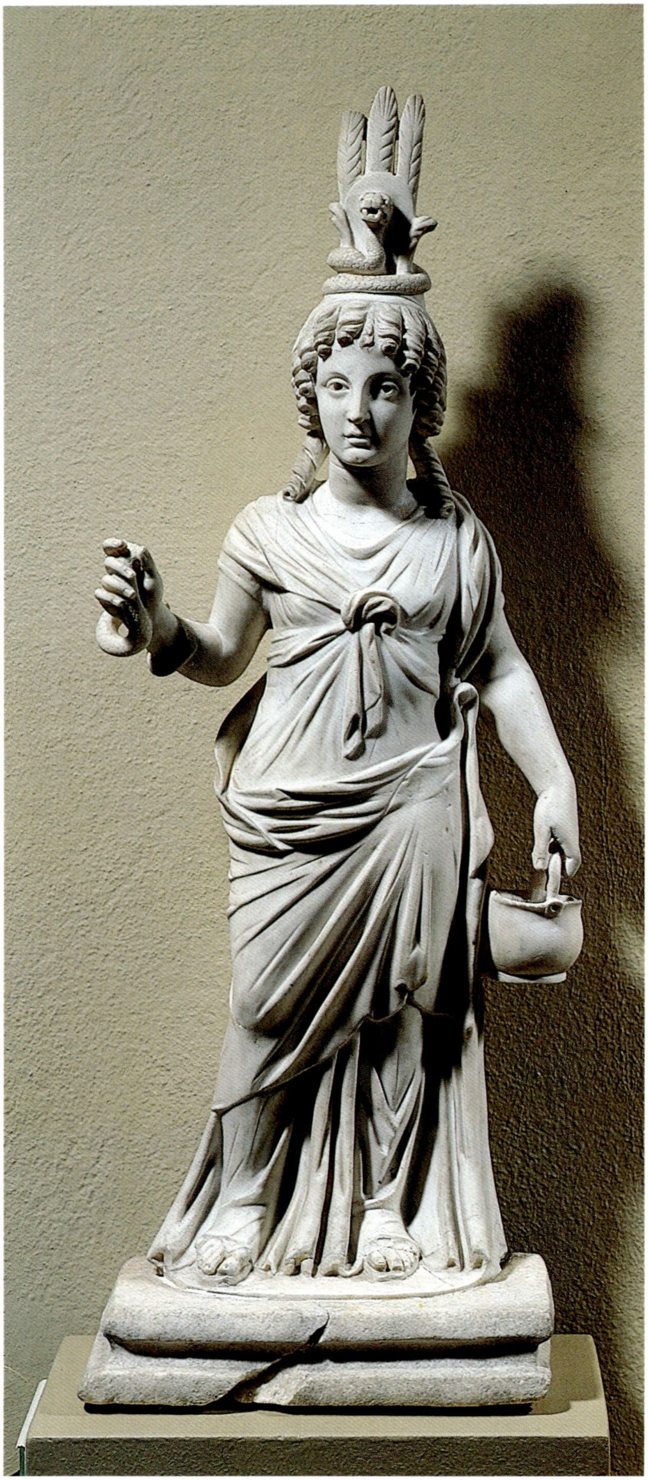

127
Standfigur der Isis-Demeter

2. Hälfte 2. Jh. v. Chr.
Fundort unbekannt, erworben 1894
Marmor. Höhe 85 cm
Inv.-Nr. 12440

Isis und ihr Brudergemahl Osiris zählen zu den populärsten Göttern Ägyptens (vgl. Kat. Nr. 107). In der griechisch-römischen Zeit wuchs der Kult der Göttin über die Landesgrenzen Ägyptens hinaus. Sie wurde zu einer übernationalen Allgöttin, zur »Mutter der Dinge, Herrin aller Elemente, Uranfang der Zeiten« (Apuleius) und in Aretalogien (den Aufzählungen göttlicher Wundertaten) hymnisch besungen. Elemente von Gottheiten der hellenistischen Welt veränderten ihre ägyptische Herkunft. Sie wurde mit Demeter, Astarte, Aphrodite, Hekate und auch mit Kybele gleichgesetzt. Ebenso erfolgte eine Angleichung der Isisfeiern an die Mysterien der Demeter und Persephone von Eleusis. Die nun entstandenen Isismysterien kamen in den Ruf des Geheimnisumwitterten. Sie sicherten den praktizierenden Gläubigen bereits zu Lebzeiten ein ewiges Leben als Verkörperung des Lichtgottes. Der Isiskult gehört mit Christentum und Mithras-Kult zu den Religionen, die seit der Zeitenwende den Rang einer Weltreligion anstrebten.
Die hier vorgestellte Kultstatue liefert ein beredtes Beispiel für die synkretistische Überwucherung des Isisglaubens in hellenistischer Zeit. Sie ist gänzlich in griechischem Stil gestaltet. Das griechische Frauengwand wird von einem aus der ägyptischen Tradition der Göttin stammenden Knoten zusammengehalten. Das Körbchen (die heilige ciste) in der linken Hand und die Schlange in der rechten symbolisieren die Angleichung an die Mysterien von Eleusis. Die Krone aus Ährenkranz und Schlangen gehörte ursprünglich den griechischen Göttinnen Demeter (Erntegöttin) und Hekate (Göttin des Zaubers). H. K.

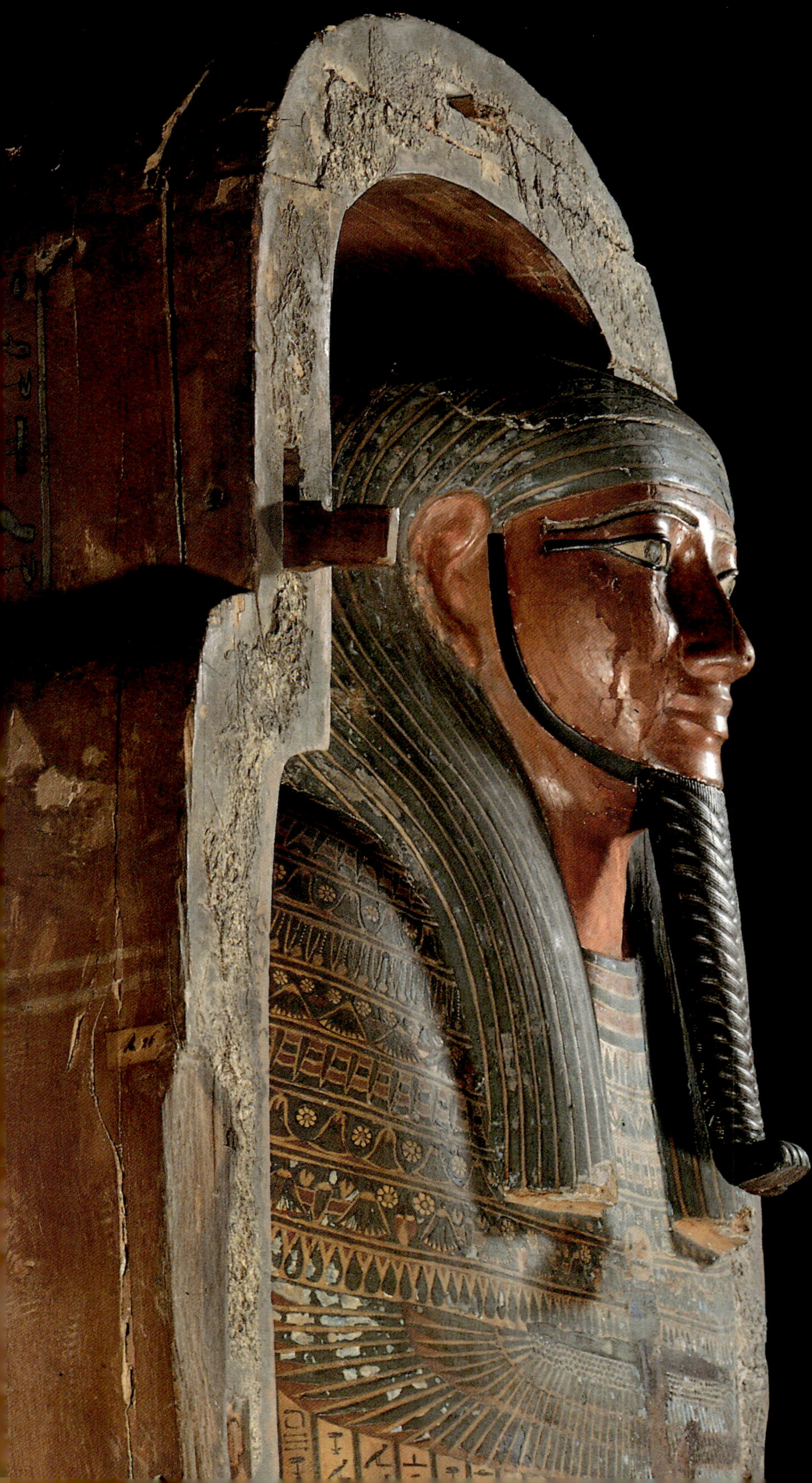

Bestattung und Bestattungs-beigaben

Bestattung und Bestattungsbeigaben

Särge und Mumien, »Kanopenkrüge«, »Uschebti« und manche anderen speziellen Objekte der Totenversorgung gehören zu den musealen Schaustücken, die das Bild vom alten Ägypten schon immer in besonderem Maße geprägt haben. Existenz, Gestalt und Dekoration dieser Objekte zeugen denn auch eindringlich von den Vorstellungen des Ägypters von seinem Schicksal nach dem Ende des irdischen Daseins, geprägt vom Glauben an eine individuelle Fortexistenz in zeitlich, sozial und örtlich unterschiedlich gedachten Jenseitsbereichen, in denen der Tote in veränderten Daseinsformen ein ewiges Leben führen sollte. Als rituell »richtig« Bestatteter wird er zu einem »Ach«, einem gottähnlichen Wesen, als »Ba« in Vogelgestalt oder als »Schatten« ist er – im Gegensatz zu seinem im Grabe ruhenden Leib – fähig, sich frei im Jenseits zu bewegen, im Tode vereint sich der Mensch mit dem zusammen mit ihm erschaffenen, unsterblich gedachten »Ka«, seiner Lebenspotenz, seinem zweiten Ich. Die größte Furcht des Ägypters war die vor der Auslöschung seiner dies- und jenseitigen Individualität, dem eigentlichen Tod durch das Versinken ins Chaos, in das »Nicht-Sein«. Dies drohte auf zwei Ebenen. Die Existenz im Jenseits setzte ihn der Gefährdung durch göttliche und dämonische Mächte ebenso aus wie dem Versagen vor dem Totengericht und den Wächtern der Jenseitsbereiche. Solche Vorstellungen finden sich in dieser und jener Form in vielen Kulturen. Charakteristisch für das altägyptische Glaubensdenken war aber zudem, daß an die jenseitigen Existenzformen als die Fortexistenz und an das Vorhandensein der irdischen Hülle, des Leichnams, als eines ständig verfügbaren Partners geglaubt wurde. Die materielle Grabausstattung und die dauernde Opferversorgung konnten ihren Ersatz durch Bild und Inschrift am Grabbau und die Rezitation des Rituals finden, die Grabstatue den gefährdeten Körper »darstellen«. All dies hat der Fürsorge für den Leichnam selbst keinen Abbruch getan. So ist denn der künstlich als Mumie in möglichst lebensgetreuer Gestalt zu erhaltende Leichnam seit dem Alten Reich ein so wichtiges Moment der Bestattung geworden. Und bei allen Wandlungen der Grabformen und ihrer Dekoration ist es ein durchgehender Zug der Totenversorgung geblieben, daß sich alle bildhaften und inschriftlichen Ausprägungen der Existenzsicherung für das Jenseits immer auf die direkte Präsenz des toten Körpers beziehen, ihm dienen sollten.

Im urtümlichen Grab der Frühzeit hatten die Bestattungsbeigaben ihren Platz natürlicherweise um die Leiche, die in eine Matte oder ein Fell gehüllt oder unter einem Tongefäß geborgen war. Für Bestattungen zur Zeit der ersten Dynastien wurden die unterirdischen Grufträume als Wohnung und Magazin gestaltet, gefüllt mit allen notwendigen Beigaben. Der Tote ruhte in einem Holz- oder Steinsarg, der die Form des Grabbaus als Haus oder Palast wiederholen mochte. Aufwendige materielle Bestattungsbeigaben sind niemals außer Gebrauch gekommen, wie nicht nur das Grab des Tutanchamun gezeigt hat. Aber es war auch nur konsequent, wenn am Ende des Alten Reiches die Totenversorgung durch Bild und Inschrift aus den Kultkammern in die Grufträume und endlich auf die Sargwände abwandert, den Toten unmittelbar umgibt oder als aus Holz geschnitztes »Modell« neben ihm ihren Platz findet. Den toten König umgeben in den Innenräumen der Pyramide seit dem Ende der 5. Dynastie die Spruchsammlungen der »Pyramidentexte«, dem Toten der I. Zwischenzeit und des Mittleren Reiches standen auf den Innenwänden seiner Särge die Sprüche der »Sargtexte« zur Verfügung.

Am Ende der II. Zwischenzeit wird der Sarg Abbild des Toten als Mumie oder (in der zweiten Hälfte des Neuen Reiches und noch einmal in griechisch-römischer Zeit) auch als Lebender in modischer Tracht. Ein äußerer Sarg bleibt sein »Haus« oder eine Kapelle. Hauptmotiv der Dekoration der Särge und der gleichgestaltigen Kartonagehüllen aber wird der Schutz und die Versorgung des Leichnams durch die Götter. Auch jetzt fehlt die direkte Korrespondenz zur Dekoration der Wände der Grabräume nicht. Jenseitsdarstellungen, sogar Abbildungen der Bestattungsriten können auf den Sargwänden auftreten. Die Spruchsammlungen für das Jenseits aber werden nun als »Totenbücher« und »Jenseitsführer« auf Papyrusrollen geschrieben zur Mumie gelegt oder in Osirisfiguren beigesetzt.

In bescheidenerem Umfang treten die Dekorationsmotive auch auf den Krügen und Kästen auf, in denen die Eingeweide der Toten beigesetzt waren, und selbst auf den »Särgen« für die Vertreter des Toten für die Arbeiten im Jenseits, die »Uschebti« (vgl. Kat. Nr. 134), wenn sie nicht im Sargraum auf dem Boden den Toten umgeben.

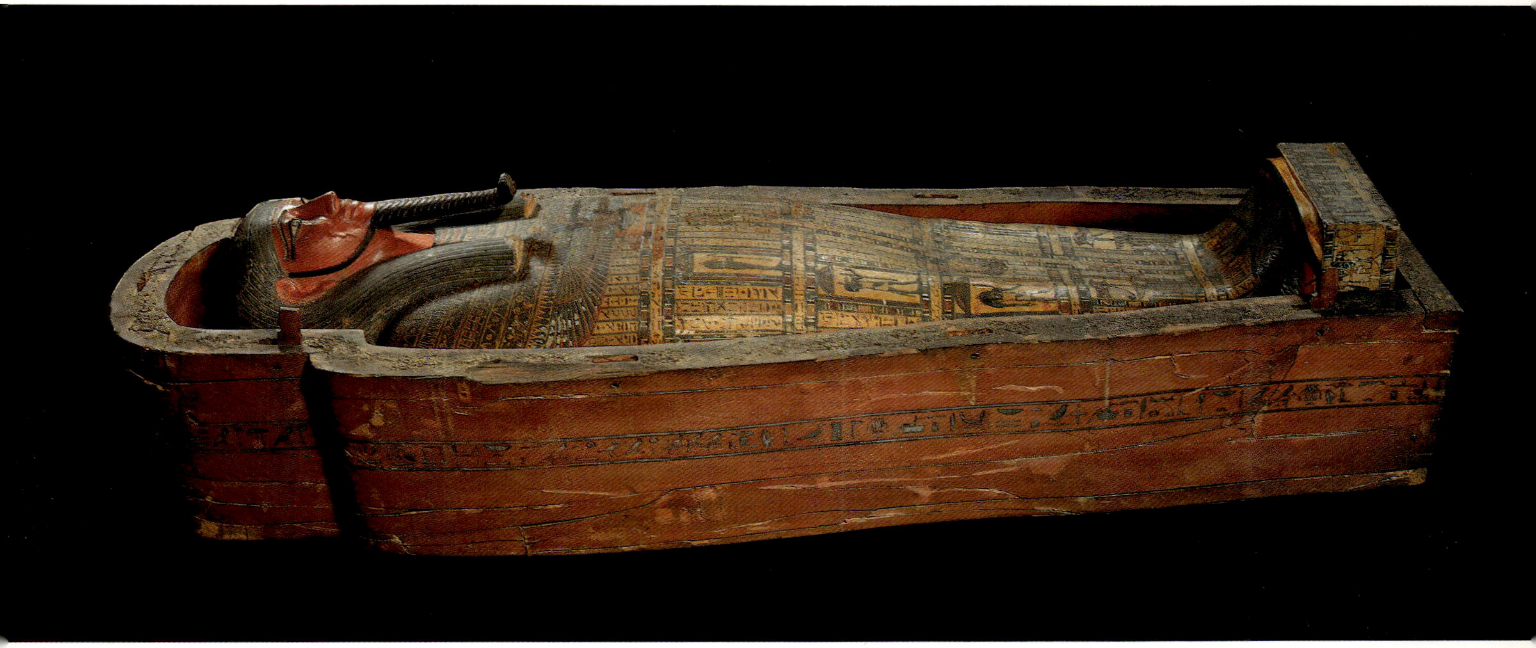

128
Mittlerer und innerer Sarg des Pais-tenef

Theben West, 8. Jh. v. Chr.
erworben 1823 (Sammlung v. Minutoli)
Holz, Bemalung auf Stuck. Länge 191 cm
Inv.-Nr. 51; 52

Särge in Mumienform kommen bereits im Mittleren Reich vor, werden aber die herrschende Form erst mit dem Neuen Reich. Sie repräsentieren, wie die Mumie selbst, den Toten als Osiris. Die Dekoration der Sargflächen macht im Laufe der Zeit starke Wandlungen durch. Zur Grabausstattung des Pais-tenef gehörten drei ineinandergestellte Särge. Der verlorene äußere Sarg hatte die in der Spätzeit übliche Form eines Pfostensarges, dessen gestalterische Grundidee in der Nachbildung eines Hauses mit Tonnendach liegt. Der anthropoide mittlere Sarg, von dem nur das Unterteil abgebildet ist, besitzt eine zurückhaltende Dekoration. Um die ehemals rot gestrichene Seitenfläche des Unterteils läuft eine in blau gehaltene Inschriftenzeile mit Opferformel, Namen, Titel und Genealogie des Pais-tenef. Den Deckel ziert ein prächtiger Schulterkragen mit einer Szene, die den Toten vor Osiris und Isis zeigt, sowie eine Inschriftenzeile gleichen Inhalts wie auf den Seitenflächen des Unterteils. Die Seiten und das Unterteil des Innensarges sind mit Texten der Totenliteratur bedeckt. Auf der Oberseite liegt um die Schultern wieder ein breiter Kragen. Unter ihm breitet die Himmelsgöttin Nut schützend ihre Flügel über dem Toten aus. Diese Geste wird von der Göttin Isis an den Füßen wiederholt. Auf dem Leib sind paarweise je drei Götter in ihren Schreinen abgebildet: Oben stehen zwei der Schutzgötter der Mumie, Kebehsenuf und Duamutef, darunter reichen zwei Erscheinungsformen des Totengottes Anubis, der im Mythos den Toten einbalsamiert, dem Toten die Mumienbinde und eine Opferschale mit brennendem Weihrauch dar. Unter ihnen stehen die Götter Geb und Horus. In einem vierten Register ist zweimal das Udjat-Auge, das unversehrte Auge des Horus (vgl. Kat. Nr. 38), als Schutzamulett zu sehen. Der Sarg hat wie eine Standfigur einen Sockel mit der ornamental wiederholten Wunschformel: »Alles Leben, alle Dauer, alle Macht«. Pais-tenef gehörte einer vornehmen thebanischen Familie an. Die Genealogie nennt drei Generationen mütterlicher und sieben Generationen väterlicher Vorfahren, die alle hohe Priesterämter der Götter Amun bzw. Month in Theben innehatten. Auch Pais-tenef war »Gottesvater des Amun« und »Reiner von Theben«.

H. K.

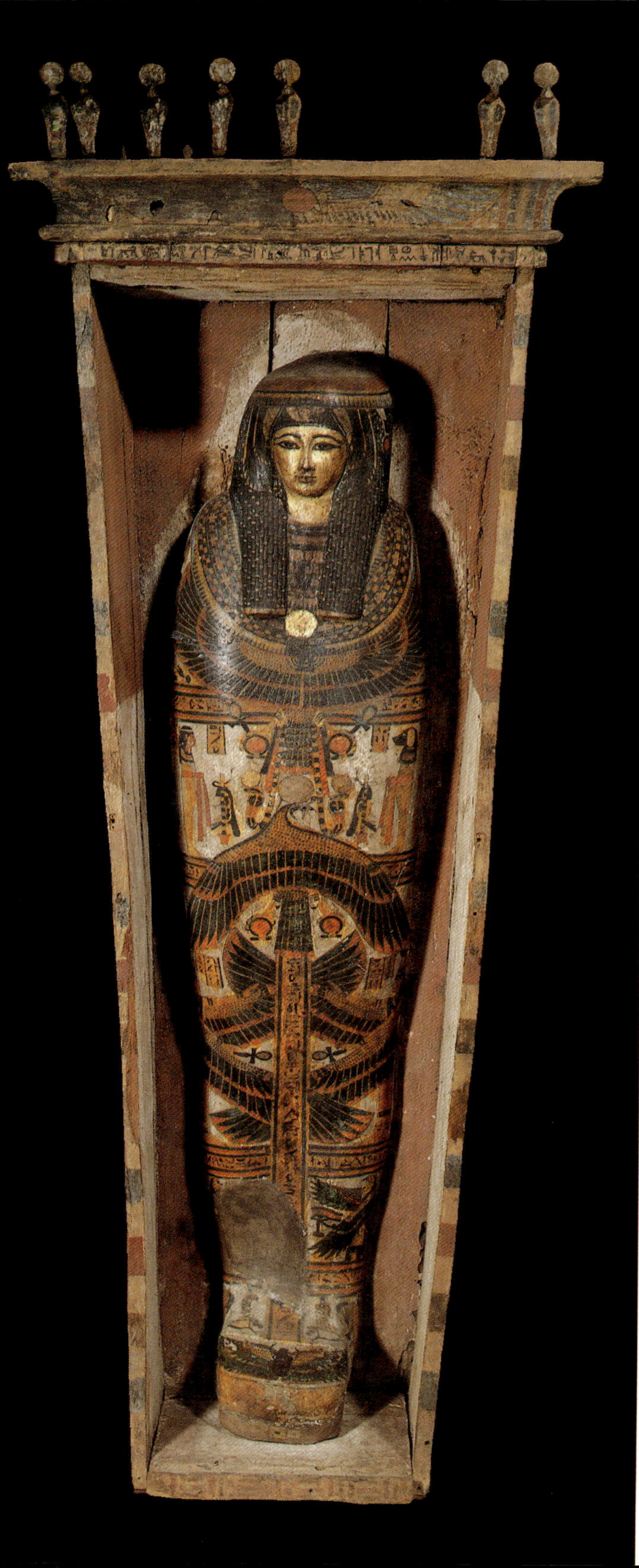

129

Schranksarg des Pa-di-chons

Abusir el Meleq, 1. Jh. n. Chr.
erworben 1904 (Grabung der Königlichen Museen Berlin)
Holz, bemalt. Höhe 250 cm
Inv.-Nr. 17039

Mumienhülle der Djed-Mut-ius-anch

Theben West, um 900-800 v. Chr.
erworben 1827 (Sammlung Passalacqua)
Leinwand, Kartonage, Bemalung auf Stuck. Länge 170 cm
Inv.-Nr. 32

Herodot, der um 450 v. Chr. Ägypten besuchte, berichtet von dem Brauch, die Mumien verstorbener Angehöriger eine Zeitlang in Schränken im Hause aufzubewahren. Dies hat einen neuen Sargtyp hervorgebracht, den »Schranksarg«. Der des Padichons aus der römischen Kaiserzeit enthielt die Kartonagehülle mit der Mumie, die beide nicht mehr vorhanden sind. Auf der Kartonagehülle stand auch eine Angabe zum Lebensalter: »Lebensjahre auf Erden, 61«.
Der Sarg hat die Form einer Götterkapelle, verjüngt sich aber entsprechend der Mumienform nach unten. Ebenso wie bei einer Kapelle findet sich ein Gesims aus Rundstab und Hohlkehle, auf die die geflügelte Sonnenscheibe gemalt ist. Den Sims bekrönt ein Fries von ursprünglich 18 Uräen. Unter dem Rundstab stehen Titel und Name des Toten. Der untere Teil der Sargfront war durch eine Wand verschlossen, im oberen Teil saß eine zweiflügelige Tür. Der Tote wurde also wie ein Götterbild behandelt. Bei Festen wurde er durch das Öffnen der Tür in die Gemeinschaft der Lebenden geholt. Seitenteile und Rückseite sind auf gelbem Untergrund mit Darstellungen von Göttern, Fetischen und Szenen des Totenglaubens bemalt.
Im Schrank steht jetzt die Mumienhülle einer Frau, die etwa 900 Jahre älter ist. Das beherrschende Motiv der Dekoration sind Gottheiten, die mit ihren Flügeln die Mumie schützend umfangen: Die Geiergöttin, vom Blütenkranz teilweise verdeckt, breitet sich über die Perücke aus. Die Brust schmückt die Morgensonne als widderköpfiger Vogel. Auf den Horusfalken folgen einander zugewandt Isis und Nephthys (vgl. Kat. Nr. 133) mit Flügelarmen und zweimal Anubis im Falkenkleid. Die Füße schützt der geflügelte Skarabäus.

H. K.

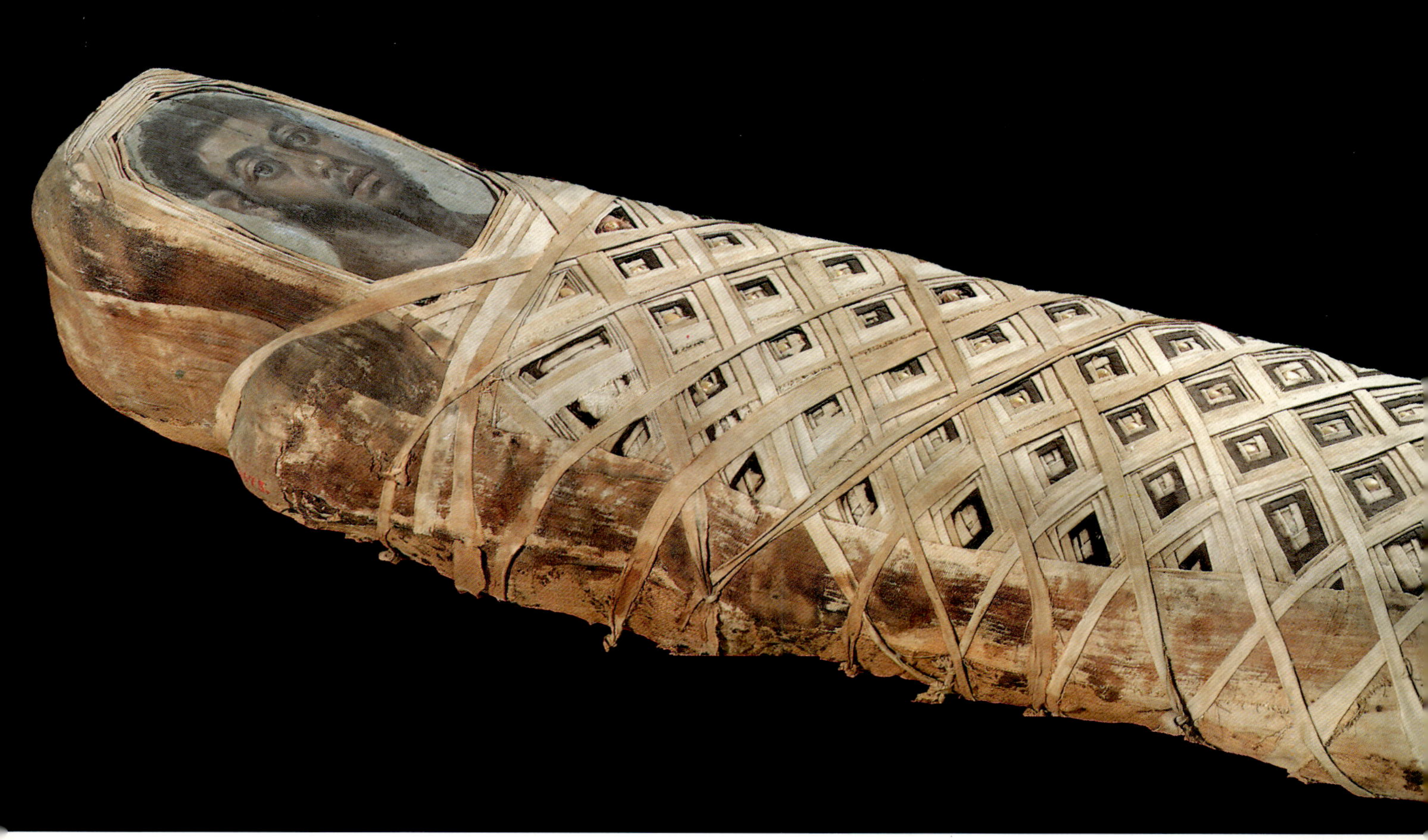

130

Mumie mit Mumienporträt eines Mannes

Hawara, 1. Hälfte 2. Jh. n. Chr.
erworben 1894
Mumie, Leinwand, Wachsmalerei auf Holz. Länge 175 cm
Inv.-Nr. 11673

Das mit Wachsfarben auf eine Holztafel gemalte Mumienporträt (vgl. Kat. Nr. 121) ist eines der qualitätvollsten der Bildgattung und eines der wenigen, das sich noch im originalen Zusammenhang mit der Mumie befindet. Ein expressiver Gesichtsausdruck beherrscht die sinnlich starken Züge des bärtigen jungen Mannes ägyptischen Gesichtstyps. Er gibt dem Mumienporträt große Individualität. Haar- und Barttracht wie auch die innere Haltung des Gesichtes erinnern an Porträts des Kaisers Caracalla. Das Porträt zeichnet sich durch eine exzellente Malweise aus, durch das Setzen von Lichtreflexen erhält das Gesicht eine starke Plastizität.

In dieser Zeit verfügten die Mumifizierer bereits über eine ca. 3000jährige Erfahrung zur Konservierung des Leibes. Sie bestand im wesentlichen darin, die Eingeweide und das Gehirn zu entfernen und den Leib in einem Bottich mit Natron austrocknen zu lassen. Die Herrichtung zur Mumie mit Ausfüllen des geleerten Bauchraumes, Überschütten mit wohlriechenden Essenzen und die Bandagierung mit unterschiedlich breiten Binden von bis zu 380 m Länge war sozial determiniert, regional und zeitlich verschieden. In griechisch-römischer Zeit war eine Kassettierung der äußeren sichtbaren Umhüllung sehr beliebt. Im Mittelpunkt jeder Kassette sitzt ein vergoldeter Stuckknopf. H. K.

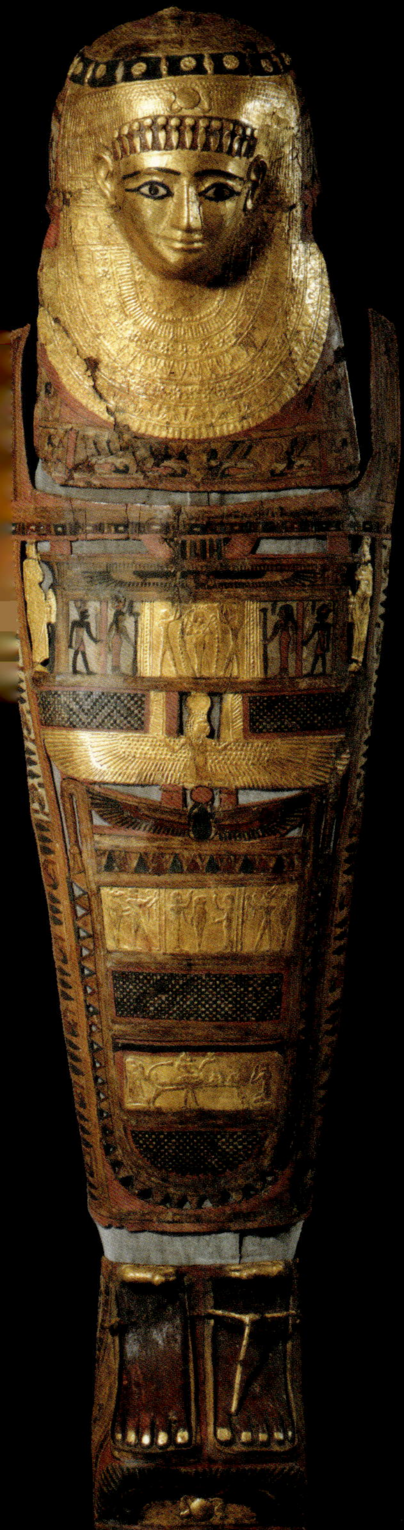

131
Mumienauflagen des Hor

Hawara, um 100 v. Chr.
erworben 1897
Leinwand, Kartonage mit Bemalung und Vergoldung auf Stuck.
Länge 175 cm
Inv.-Nr. 13463

In der ptolemäischen Zeit wurde die Oberfläche des in Binden gehüllten mumifizierten Leibes mit einer Auflage versehen. Eine Mumienauflage besteht immer aus mehreren Teilen: aus der Mumienmaske, einem oder mehreren Teilen für Brust, Bauch und Beine, und aus einer Umhüllung, die die Füße einschloß.
Diesem Schema folgt auch unser besonders prachtvoll gestaltetes Objekt, das die Mumie des Hor, Sohn des Peteminis, Sohnes des Petharoeris, umschloß. Die Mumienmaske ist reich vergoldet. Die Augen sind aus Glas und Fayence eingelegt. Ornamente, in das Blattgold gepreßt, schmücken den Kopf; der geflügelte Skarabäus als Schutzsymbol und ein Kranz von Lotosblüten zum Zeichen ewigen Lebens, darunter plastisch gestaltet ein Band mit Bes-Figuren (Sinnbild der Fruchtbarkeit) und Rosetten. Ein kronenartiger Kranz von Uräusschlangen hebt die Stirn heraus. Auch der Uräenkranz ist plastisch ausgeführt. Am unteren Rand der Maske bewachen geflügelte Schlangen und Schakale die Mumie. Auf dem Mittelteil sehen wir oben die Götter Horus (falkenköpfig) und Thot (ibisköpfig) beim Reinigungszeremoniell an der Mumie. Sie werden von vier Gottheiten flankiert. Darunter breiten die Himmelsgöttin Nut und ein Skarabäus ihre Flügel schützend über den mumifizierten Leichnam. Es folgen Zeremonien an der Mumie, die die Göttinnen Isis und Nephthys sowie der schakalköpfige Gott der Mumifizierung, Anubis, versehen. Die Göttinnen Isis und Nephthys beweinen den gestorbenen, aber wieder auferstandenen Gott Osiris und so auch den durch die Mumifizierung zu Osiris gewordenen Toten. Die Unterseite der Füße wurde als Tempel aufgefaßt, der die Sandale umgibt. Eine kleine demotische Inschrift am Rande verrät uns den Namen des Verstorbenen, seines Vaters und den seines Großvaters.

H. K.

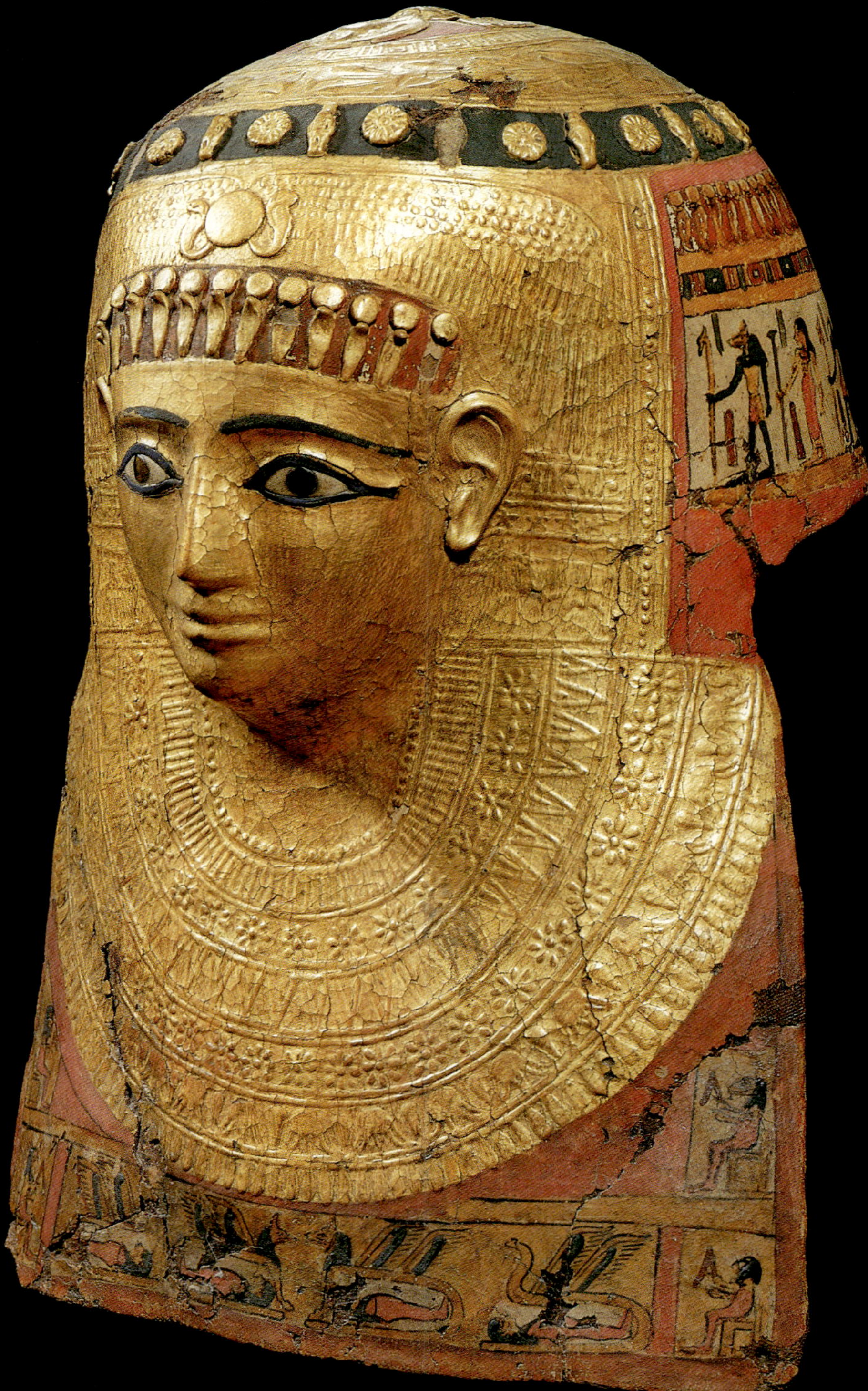

132
Der Tote wird von Anubis zu Osiris geführt

Malerei auf einem Leichentuch
Memphis/Saqqara, um 180 n. Chr.
erworben 1893
Leinwand, bemalt. Höhe 182 cm, Breite 135 cm
Inv.-Nr. 11651

»Diesen Mann, dessen Herz gerecht ist, gib unter die Gelobten. Gib, daß sein Ba (Seele) zusammen mit den anderen Ba zum Himmel hinaufsteige, während sein Leichnam in der Duat (Unterwelt) bleibt.« Wenn Osiris diese Worte sprach, war die Arbeit in der Balsamierungshalle getan, das Totengericht hatte das Herz des Verstorbenen gegen die Maat (Gerechtigkeit, Wahrheit) aufgewogen, und der schakalköpfige Totengott Anubis konnte den Toten zu Osiris führen, wie es die Malerei auf diesem Leichentuch aus der römischen Kaiserzeit zeigt.
Seit der Mitte des 3. Jts. v. Chr. wurden in Ägypten die Verstorbenen mumifiziert, um ihren Körper für ein Weiterleben im Jenseits zu erhalten. 70 Tage waren nötig zur Versorgung aller Glieder, wie es einst für den getöteten Osiris geschah. Diese wichtige Aufgabe oblag Anubis, dem ›Ersten der Gotteshalle‹, wo die Leiche gereinigt, gesalbt, mit Leinenbinden umwickelt und schließlich in ein großes Tuch eingehüllt wurde. Dann verkündet Anubis dem Toten: »Du gehst hinaus mit Jauchzen aus der Stätte der Balsamierungsbank. Die 17 Glieder deines Körpers wurden richtig balsamiert . . . Du wurdest gesalbt mit Öl durch Horus, den Herrn der Werkstatt. Schesmu (der Gott des Öls) wickelte mit seinen Fingern die göttliche Binde, um deine Glieder zu umhüllen mit dem Stoff der Götter und Göttinnen. Anubis als Balsamierer füllte deinen Schädel mit Asphalt und Weihrauch, gab Myrrhe und Öl an alle Glieder. Man bekleidete deine Glieder mit herrlichem Stoff.«
Griechen und Römer haben in Ägypten die einheimischen Bestattungszeremonien übernommen, vieles unverändert, sie fügten aber auch neue Elemente hinzu. Die traditionellen Bildstreifen mit religiösen Szenen auf den älteren Leichentüchern ersetzte nun die großfigurige Darstellung des Toten, den Anubis zu Osiris führt. Ein Grundgedanke altägyptischer Jenseitshoffnung wird so in die Bildsprache umgesetzt und zum häufigsten Motiv auf den Leichentüchern der römischen Kaiserzeit. Ein lebendes Abbild des Verstorbenen sollte die Mumie sein, denn man stellte sie häufig in Schranksärgen mit Türen zum Öffnen im Hause auf. An die Stelle der lebensgroßen Bilder auf den Leichentüchern konnten dann auch Porträts, gemalt auf Leinwand oder Holztafeln, treten.
Der Verstorbene hier auf dem Leichentuch ist ein Mann in den mittleren Jahren mit krausem Haar und Vollbart, bekleidet mit einem langen weißen Untergewand, in das zwei breite blauschwarze Streifen eingewebt sind, und einem weißen Überwurf, der über der linken Schulter herabfällt. Er hält den »Kranz der Rechtfertigung« in der linken Hand, die rechte mit einem Opfergefäß streckt er dem Totengott und König der Unterwelt, Osiris, entgegen, der die ihm eigene Krone und einen Halskragen trägt und dessen mumienförmiger Körper eine sorgfältige Bindenwicklung zeigt. Anubis mit dem Schakalkopf hat seinen rechten Arm um den Toten gelegt und führt ihn hin zu Osiris.
Zwischen den drei Hauptfiguren sind oben Vignetten aus dem Totenbuch eingefügt: Vor dem Kopf des Anubis kniet eine männliche Figur mit der Waage und einem Schlüssel. Es ist Anubis selbst, der Wägemeister beim Totengericht und in griechisch-römischer Zeit auch der Herr des Schlüssels, der die Bezirke des Jenseits öffnet.
Zwischen dem Verstorbenen und Osiris steht wieder Anubis, diesmal ebenfalls schakalköpfig, als Balsamierer des Toten, wie er sich über die Mumie auf dem Bett mit Löwenfüßen beugt. Darunter sind in schmalen Friesen Bilder eines Ibis, der Götter Osiris und Anubis sowie der vier Eingeweidekrüge mit den als Kopf eines Falken, eines Schakals, eines Menschen und eines Affen gestalteten Deckeln. Die Schlange auf dem linken Fries deutet auf Isis.
Links oben neben Osiris steht ein merkwürdiger Stufenbau, auf dem sich vier schwarze nackte Gestalten befinden, eine fünfte Gestalt unter ihnen, diese aber bekleidet, hält ein Schöpfgerät: ein symbolisches Bild über die Ordnung im Jenseits. Die schwarzen Figuren stehen für die Leichen der Verdammten, die im Totenreich nackt sind und unter den Höllenqualen des Durstes leiden. Selig ist dagegen der Bekleidete, der ständig Wasser schöpfen kann.
Von allen erhaltenen Leichentüchern ist dieses von besonders hoher Qualität. I. Mü.

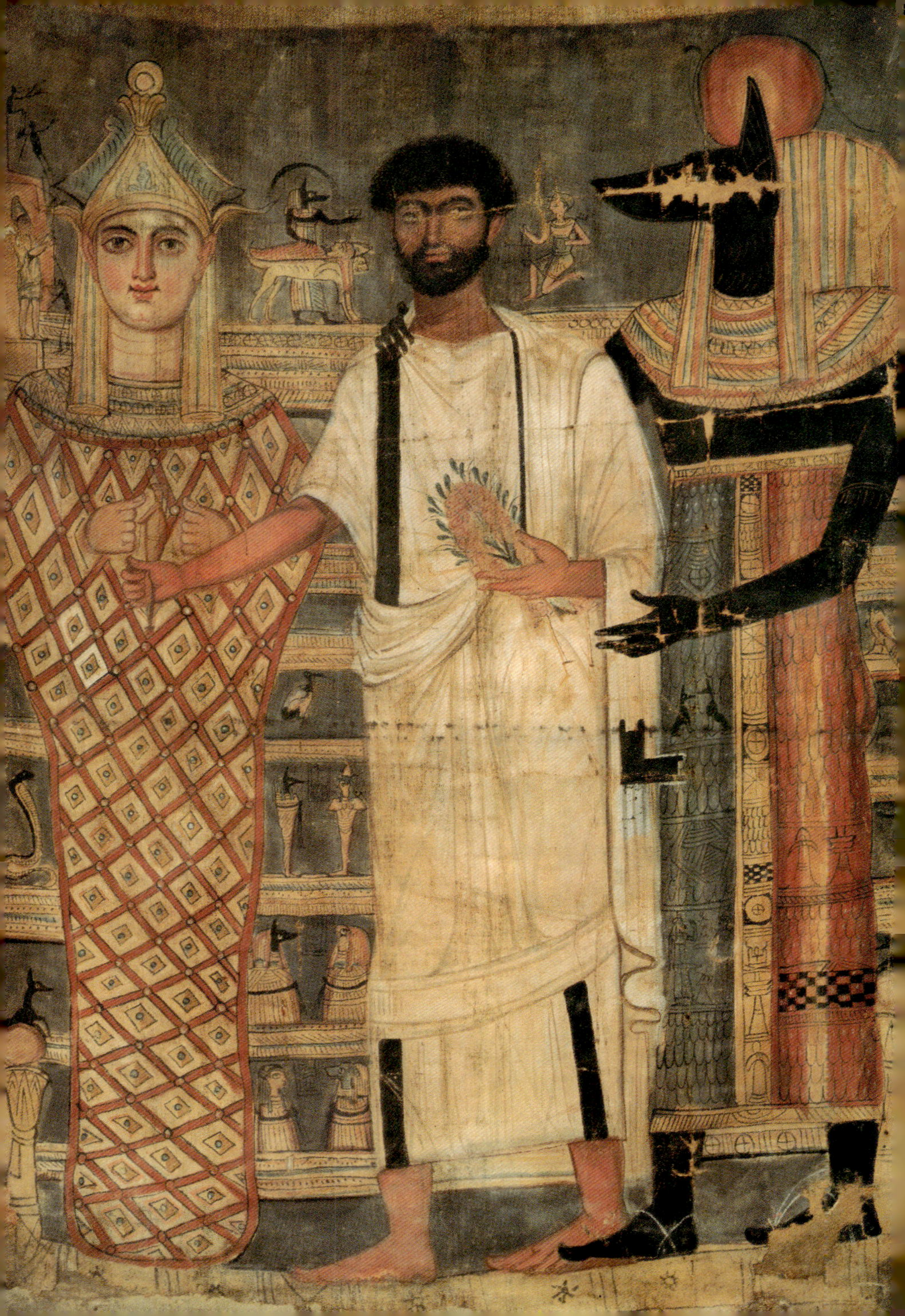

133
Eingeweidekasten des Königs Scheschonk I.

Tanis, um 925 v. Chr.
erworben 1891
Kalzit (Alabaster). Höhe 70,5 cm, größte Seitenlänge 57 cm
Inv.-Nr. 11000

Die Praxis der Mumifizierung des Leibes hatte die Entnahme aller Organe, die einen Verwesungsprozeß beschleunigen, notwendig gemacht. Diese durften aber als wichtiger Teil des Menschen bei der Wiederauferstehung nicht fehlen. Daher galt ihnen eine eigene Prozedur der Konservierung. Zeitlich unterschiedlich scheint die Art der Aufbewahrung gewesen zu sein. Im Alten Reich wurden die in Leinenbinden gewickelten Eingeweide in Kästen gelegt, die in vier Fächer geteilt waren (»Eingeweide-Kästen«). Zugleich entwickelte sich der Brauch, sie in vier Krügen beizusetzen. Die Krüge standen im Grab neben dem Sarg, aber auch in einer Nische der Sargkammer, häufig in hölzernen Kästen (»Kanopenkästen«). In der Spätzeit finden sich Belege dafür, daß die in Leinen gewickelten Eingeweidepäckchen wieder in den Leib zurückgelegt wurden. Die Eingeweide haben Schutzgeister, die sog. Horussöhne, deren Häupter (Mensch, Pavian, Schakal und Falke), als Deckel gearbeitet, die Krüge verschließen. Die Horussöhne schützen den Menschen vor Hunger und Durst. Zu jedem Horussohn, mit dem ein Teil des toten Menschen identifiziert wird, gehört eine Göttin, die ihrerseits für den Schutz der Eingeweide zu sorgen hat. Zu Amset, dem menschenköpfigen Horussohn, gehört Isis, zu Hapi, dem Affenköpfigen, Nephthys. Dagegen untersteht Kebehsenuf, der Schakalköpfige, der Zuwendung von Selket und Duamutef, der Falkenköpfige, der Göttin Neith. Alle vier Göttinnen sieht man auch mit ausgebreiteten Schwingen an den Ecken der Kanopen- und Eingeweidekästen seit dem Neuen Reich.

Der Eingeweidekasten des Königs Scheschonk I. (um 945 bis 925 v. Chr.) besteht aus einem Kasten, in dessen Inneren vier runde Höhlungen eingetieft sind, um die vier Mumienpäckchen mit den Eingeweiden direkt aufzunehmen, und einem Deckel.

Kanopen- und Eingeweidekästen wurden ursprünglich Särgen nachgebildet. Im Neuen Reich und zuerst für den königlichen Bestattungsgebrauch werden die Kästen als kleine Götterkapellen gestaltet, so auch der des Königs Scheschonk. Rundstab und Hohlkehle bilden das Gesims unter dem nach vorn ansteigenden Kapellendach. Auf der Oberfläche des Daches sieht man den Falken des Horus. Der Kopf war plastisch aus Alabaster gearbeitet. Er ist verloren, jedoch der abgebrochene Zapfen und ein bronzener Haltestift sind im Dübelloch erhalten. Auf den Dachschrägen ringelt sich eine Schlange. Sie heißt »Mehen-Schlange«, der Ringler, und umgibt nach Darstellungen des Amduat (vgl. Kat. Nr. 170) den Sonnengott auf seiner Fahrt durch die Unterwelt, das Nachtreich. Sie umschließt schützend den Ort der Transformation des alt gewordenen Sonnengottes Re in seine jugendliche Form, die am Morgen als Chepre, »der Gewordene«, erstrahlt. Diese fromme Anspielung betont den Schutzcharakter des Schreins und die Hoffnung auf die Wiedergeburt des Königs. Auf den Seitenflächen des Kastens ist die Gruppe der Göttinnen reduziert auf Isis und Nephthys, die mit ihren in die Bildmitte geklappten Flügelpaaren eine Geste des Schutzes zeigen. Die zarten Leiber der Göttinnen bilden einen dekorativen Kontrast zu den schweren, am Boden schleifenden und einander kreuzenden Flügelpaaren. Isis und Nephthys sind die Hauptakteure der Klagen an der Bahre des toten Osiris, ein Motiv, das seit dem Ausgang des Neuen Reiches immer häufiger auf der Totenausstattung zu sehen ist. Auf der Vorderseite sind Thron- und Geburtsname des Königs eingraviert.

H. K.

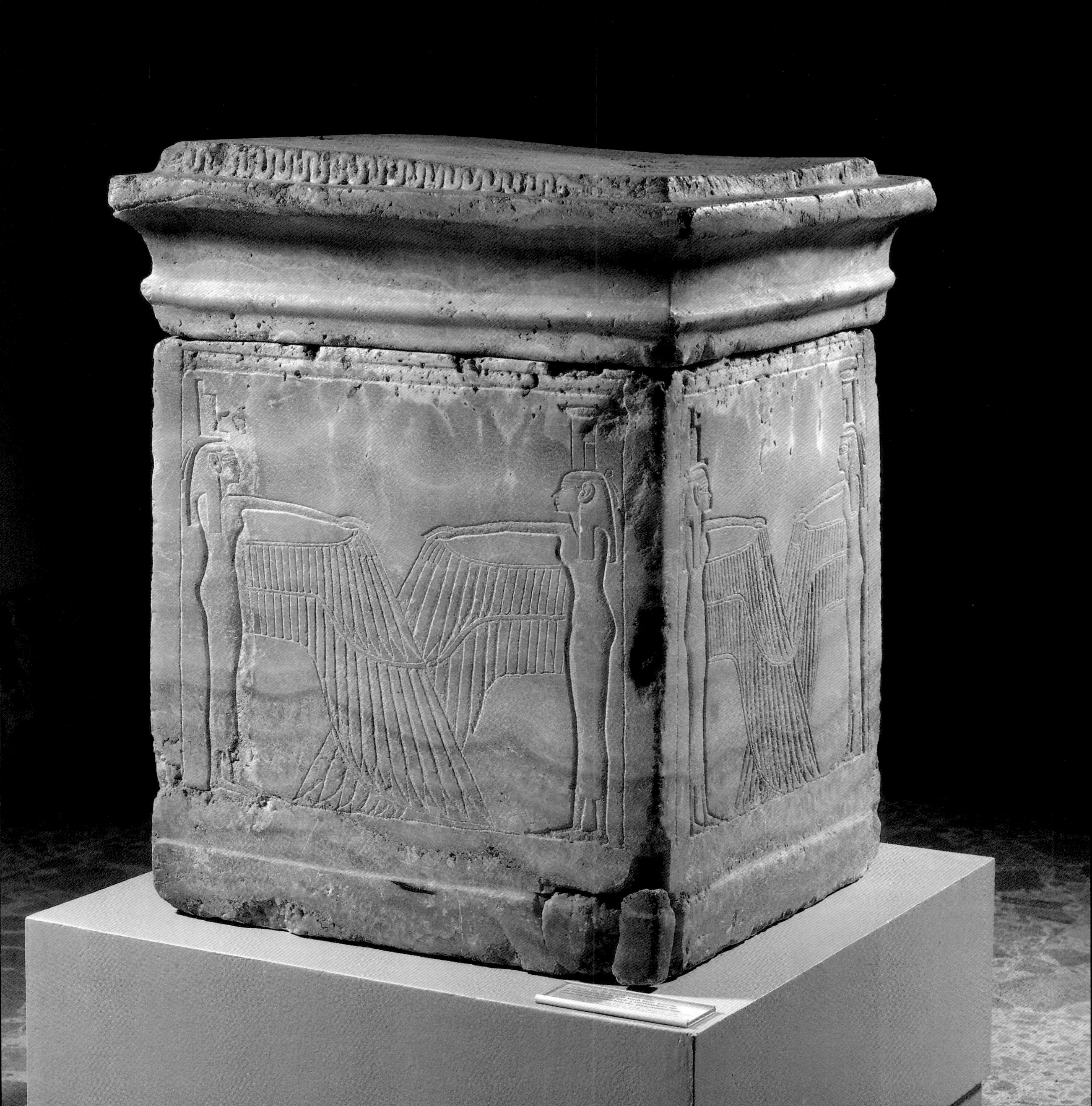

134
Uschebti des Sen-nedjem, Diener an der »Stätte der Wahrheit«

Theben West/Deir el Medine, Grab TT 1
19. Dynastie, um 1300-1200 v. Chr.
erworben 1886
Kalkstein, bemalt. Höhe 25 cm
Inv.-Nr. 10194

Uschebti

Spätzeit, um 1000-600 v. Chr.
Herkunft unbekannt, erworben 1875
Kalzit (Alabaster). Höhe 22 cm
Inv.-Nr. 7428

Uschebti, in der Tracht der Lebenden

Memphis, 19.-20. Dynastie, um 1300-1100 v. Chr.
erworben 1827 (Sammlung Passalacqua)
Stein. Höhe 19,8 cm
Inv.-Nr. 4401

Uschebti der Wabet

Theben West, 18.-19. Dynastie, um 1300-1200 v. Chr.
erworben 1827 (Sammlung Passalacqua)
Holz, bemalt. Höhe 21,7 cm
Inv.-Nr. 4645

Uschebti des Chonsu, Schreiber des Opfertisches, in der Tracht der Lebenden

Theben West (?), 19.-20. Dynastie, um 1300-1100 v. Chr.
erworben 1826 (?)
Kalzit (Alabaster). Höhe 23,2 cm
Inv.-Nr. 4404

In den Vorstellungen des ägyptischen Totenglaubens war auch das Jenseits nicht frei von Pflichten. Erscholl dort der Ruf zur Feldarbeit, sollten sich diese kleinen Figuren melden; Uschebti (Antworter) nannte man sie auch deshalb, abgeleitet von dem Wort »uscheb« = antworten. Mumienförmig wie der Tote wurden sie aus verschiedenem Material in wechselnder Größe oft massenweise hergestellt, ausgerüstet mit zwei Hacken und einem Sandsack auf dem Rücken. Welche Arbeiten auszuführen waren, stand im 30. Kapitel des Totenbuches und war ihnen manchmal direkt auf den Leib geschrieben (1. v. l.): »O, dieses Uschebti des Sen-nedjem! Wenn ich aufgerufen und aufgezählt werde, um irgendeine Arbeit zu tun, die in der Unterwelt zu verrichten ist, dann soll dir dort die Mühe auferlegt werden, die einem Menschen bei der Ausübung seiner Pflicht zuteil wird. Du sollst jederzeit an meiner Stelle aufgezählt werden, um die Felder zu bestellen, um die Ufer zu bewässern, um den Sand des Ostufers zum Westufer zu fahren. ›Hier bin ich!‹ sollst du sagen.«
Ein vorsorglicher Ägypter nahm sich 365 solcher Stellvertreter mit ins Grab, für jeden Tag des Jahres einen, und unterstellte sie 36 Aufsehern. Diese trugen stets die Tracht der Lebenden: einen langen gestärkten Schurz und ein Obergewand mit weiten Ärmeln. In ihren Händen halten sie statt der Arbeitsgeräte heilige Symbole, den Pfeiler des Osiris und den Knoten der Isis, Zeichen für Dauer und Erneuerung (1. und 3. v. r.). Die Aufseher, äußerlich bereits von der Masse der mumiengestaltigen Diener abgehoben, sollten dafür sorgen, daß die Uschebti nur die von ihrem Besitzer geforderte Arbeit verrichteten und nicht zu fremden Leistungen weggeführt wurden. Bevorzugt und vollständig abgesichert waren natürlich jene vornehmen Toten, denen ein Gott selbst die kleinen Helfer anfertigen ließ und deren Herstellung auch bezahlte. So verkündete der König der Götter, Amun-Re, dereinst für die verstorbene Nesi-Chons, Gemahlin des Hohenpriesters Pinodjem II. zur Zeit der 21. Dynastie (um 1000 v. Chr.): »Ich gebe einen Auftrag für die Uschebti, die für Nesi-Chons gemacht sind, um zu veranlassen, daß sie jede Tätigkeit ausführen, die die Uschebti zu leisten haben, und daß sie den Schutz jedes vortrefflichen Edlen (Toten) ausüben . . . Ich gebe ihnen den Auftrag, Nesi-Chons zu schützen in jedem Jahr, jedem Monat, jeder Zehn-Tage-Woche, an jedem Tag und den fünf Tagen, die auf jedem Jahre (als Schalttage) liegen.« Weiter erklärt der Gott, daß ihr Einsatz gewährleistet ist, da die Handwerker voll bezahlt wurden: »Diese (Worte) sollen bekräftigen, daß den Fayencearbeitern alles gegeben ist, um die Uschebti, die für Nesi-Chons gemacht sind, zu bezahlen: Erz, Kleider, Speisen, Kuchen, Fische und alle Dinge, die ihnen zur Bezahlung gegeben sind . . . Die Fayencearbeiter sind damit abgefunden worden entsprechend dem Wert ihrer Lieferungen in Silber als Bezahlung. Was alle Dinge betrifft, die getan worden sind für die Uschebti, um sie zu bezahlen und um zu veranlassen, daß sie tätig werden für Nesi-Chons, für die ein mündlicher Auftrag vorliegt . . . so sollen sie gut sein für Nesi-Chons. Sie sollen für Nesi-Chons eine schöne Rede machen (d. h. ihre Tätigkeit ausführen)!«
Diese sehr ausführliche Gottesverkündigung über Herstellung, Bezahlung und Aufgaben der Uschebti ist auf zwei Holztafeln im Grabe der Nesi-Chons aufgezeichnet. I. Mü.

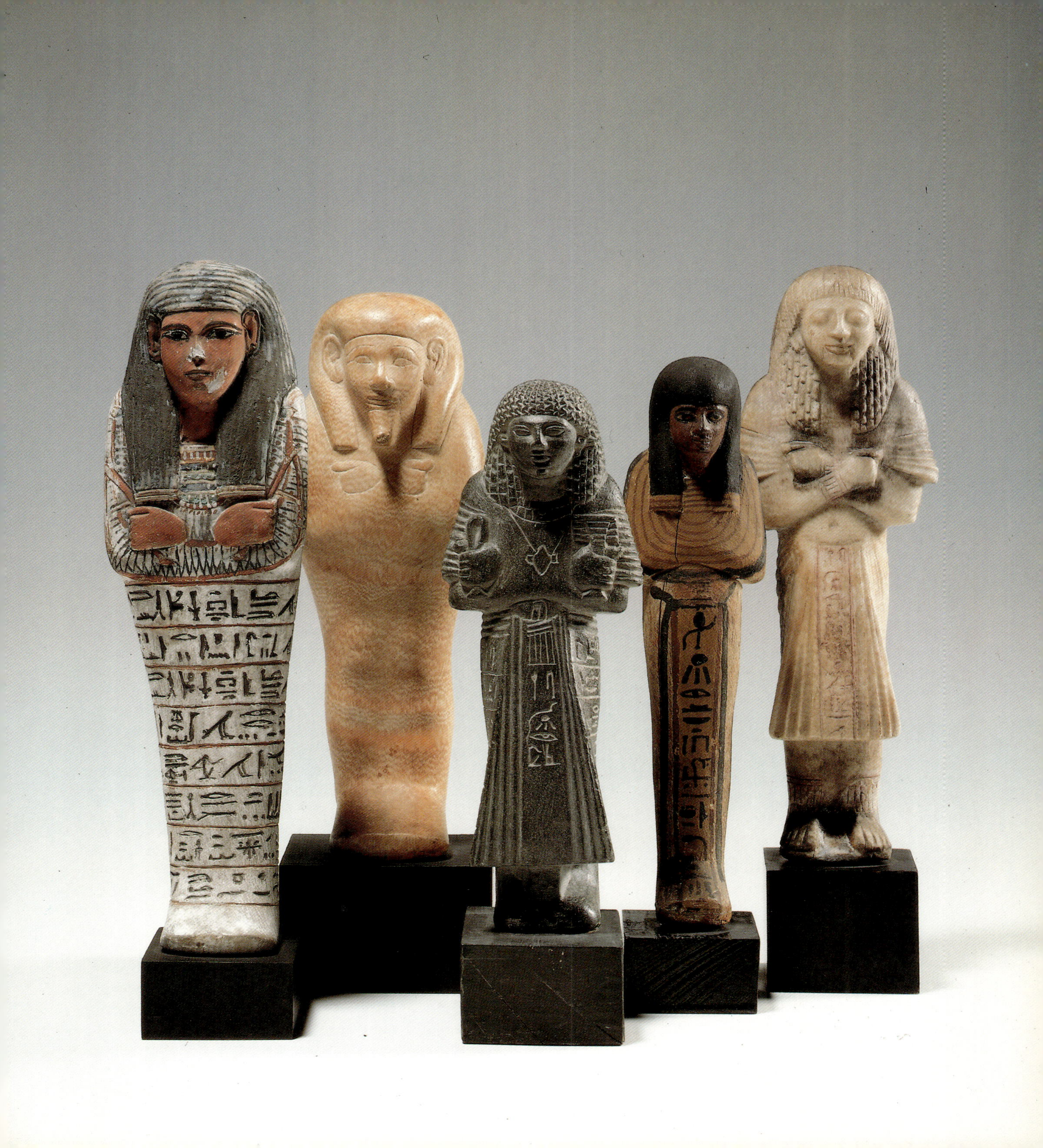

135
Figur des Gottes Osiris

1. Hälfte 1. Jt. v. Chr.
Fundort unbekannt, erworben 1823 (Sammlung v. Minutoli)
Holz, schwarz überstrichen. Höhe 54 cm
Inv.-Nr. 899

Kopf einer Figur des Gottes Osiris (?)

um 1100 v. Chr.
Fundort unbekannt, erworben 1852
Holz, Bronze, vergoldet. Höhe 14,5 cm
Inv.-Nr. 1760

Figur des Gottes Osiris-Sokar-Ptah

6.-4. Jh. v. Chr.
Fundort unbekannt, erworben 1823 (Sammlung v. Minutoli)
Holz, bemalt. Höhe 48 cm
Inv.-Nr. 905

Seit dem Ende des Neuen Reiches wird das Inventar der Grabausstattungen um Statuetten des Gottes Osiris bereichert. Sie nehmen symbolhaft auf das Jenseitsschicksal des Toten bezug. Nach dem Mythos starb der Gott Osiris. Er wurde durch die Zauberkräfte seiner Frau Isis wieder zum Leben erweckt. Mit Osiris verknüpfen sich die Hoffnungen jedes Verstorbenen, nach dem unausweichlichen Schicksal des Todes auch das der Wiederauferstehung zu erfahren, also durch Schicksalsgleichheit eine Art Osiris zu werden. Diese Figuren sind mumienförmig, tragen die Atefkrone und manchmal Krummstab und Geißel als Machtzeichen, wie die linke mit Asphalt überzogene Figur. Oft waren die Abbilder hohl. Sie dienten dann als Behälter für Papyrusrollen mit Totenbuchtexten und anderem religiösen Schriftgut, das auf magische Weise den Toten vor den Gefahren des Jenseits schützen sollte. Eine Funktion als Reliquienbehälter kam auch den Statuetten der synkretistisch verbundenen Götter Ptah-Sokaris-Osiris zu. Die rechte Figur des Bildes könnte Teil eines solchen Behältnisses gewesen sein. Die Figur des Gottes steht dann auf einem langgestreckten Sockel, in dem vor der Figur eine Vertiefung eingearbeitet war. In dieser Vertiefung befand sich das mumifizierte Glied des Verstorbenen. Ein Deckel in Form spätzeitlicher Sargdeckel lag obenauf. Die Inschrift unterhalb des breiten Schulterkragens der Figur nennt den Toten in demotischer Schrift. Eine besondere Kostbarkeit ist das kleine vergoldete Köpfchen von einer Statuette des Osiris oder eines anderen Gottes. Augen und Augenbrauen sind aus Gesteinen und Bronze eingelegt. Der Uräus ist aus Bronze gegossen. Gold war nach theologischer Deutung das »Fleisch der Götter«, denn es war unvergänglich. H. K.

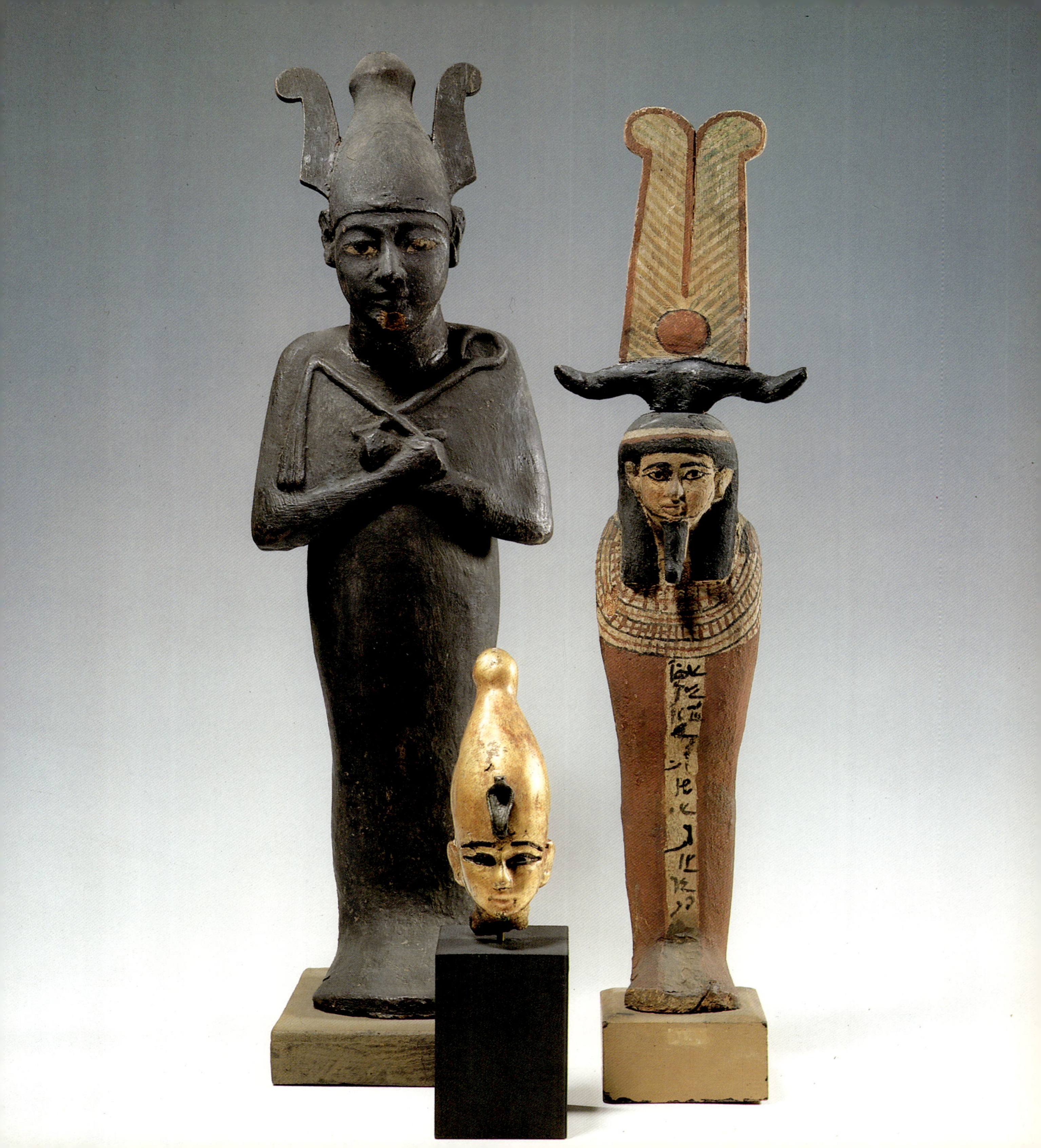

Detail eines Spendenlöffels (Nr. 146)

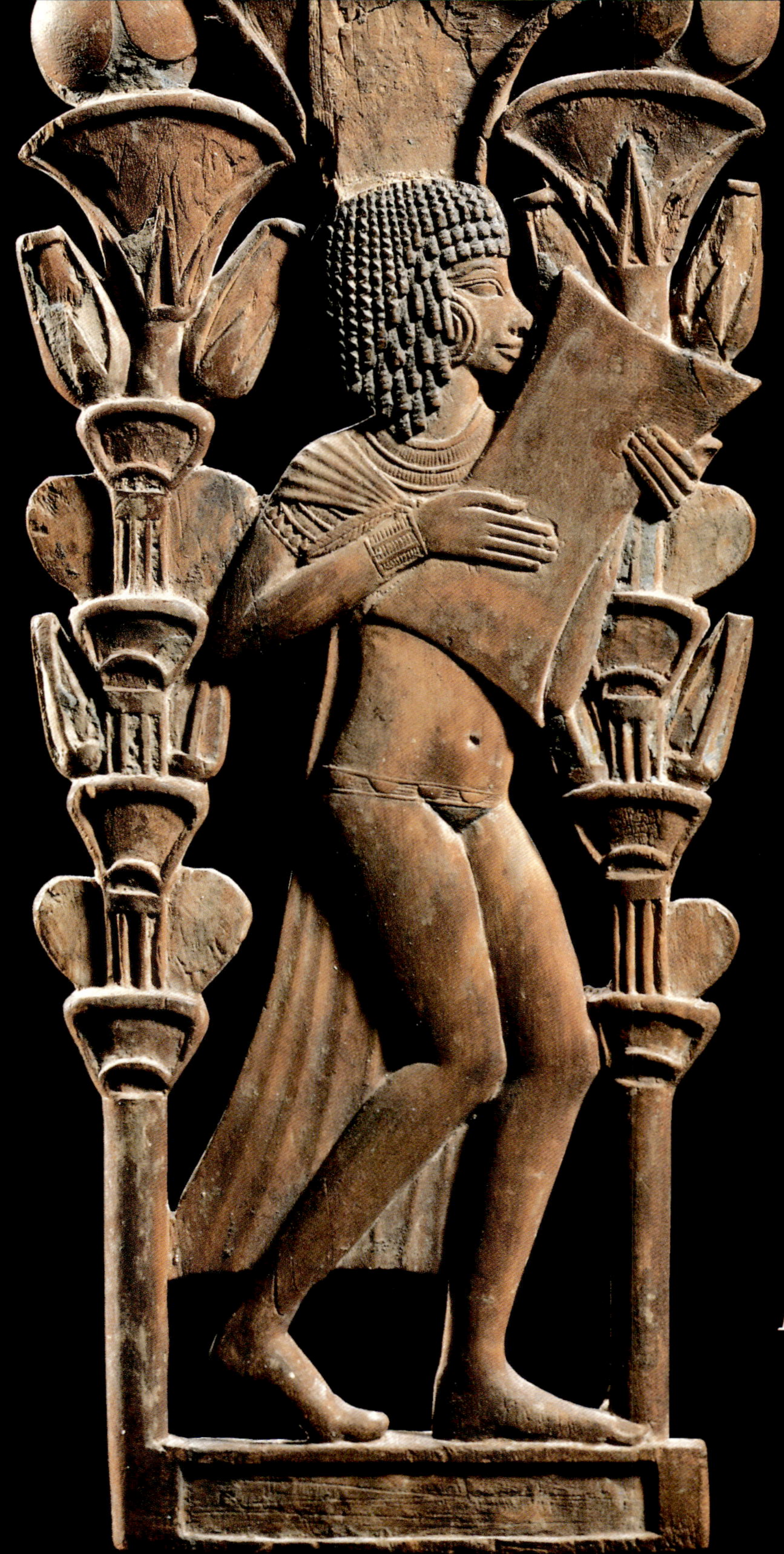

Bronzen
Kunstgewerbe
Schmuck
Skarabäen

Bronzen, Kunstgewerbe, Schmuck, Skarabäen

»Dieser Fürst hat von sich zahlreiche Statuen aus Kupfer und Bronze, aus allem edlen Holz . . . anfertigen lassen, die an allen Orten in den Tempeln der Götter von Ober- und Unterägypten aufgestellt wurden.«

Stele des Amenemhet, Theben

»Es weihte ihm (dem Gott Osiris) Seine Majestät . . . Tempelgerät, Schmucksachen aus allerlei kostbaren Steinen, einen Trankopfertisch mit zahlreichen Gefäßen aus Silber, Gold, Bronze, Kupfer, die schriftlich verzeichnet wurden . . .«

Tempelinschrift, Abydos

»Die ihr mich seht, wie ich mit Halskragen und Spiegel stehe, betet für mich und gebt mir Blumen.«

Statueninschrift Mendes

»Wir fanden das Grab (eines Königs und einer Königin) . . . Wir öffneten ihre Außensärge und ihre Innensärge . . . Wir fanden diese edle Mumie dieses Königs . . . Eine große Anzahl von Udjat-Amuletten und Verzierungen aus Gold waren an seinem Hals . . . Wir stahlen das Gold, das wir an dieser edlen Mumie dieses Gottes fanden und die Amulette und Verzierungen, die an seinem Hals waren . . . Wir fanden die Königin in gleicher Weise, und wir nahmen alles, was wir an ihr fanden, ebenso . . . Wir stahlen die Ausstattung, die wir bei ihnen fanden, Dinge aus Gold, Silber und Bronze, und teilten es unter uns auf.«

Aus dem Geständnis eines Grabräubers

Mit ihren »wie Krokodilshaut« rauhen Fingern schufen die Metallarbeiter Gebrauchsgegenstände, Kultgeräte und Statuetten, die von hohem handwerklichen Können und ausgeprägtem Formempfinden zeugen. Bronze wurde erst seit dem Ende des Mittleren Reiches aus Syrien importiert. Aus dem im Vergleich zu Kupfer härteren und leichter zu bearbeitenden Material wurden zunächst Waffen und Werkzeuge gefertigt. Bronzegefäße waren im späten Neuen Reich die bevorzugten Zahlungsmittel im Privathandel. Die Herstellung von Statuen und Statuetten aus Bronze setzte sich erst in der Spätzeit durch. Der zu dieser Zeit erheblich gestiegene Bedarf an Weihgeschenken führte dazu, daß kleine Figuren menschen- und tiergestaltiger Götter zu Tausenden hergestellt wurden. Neben Serienprodukten von bescheidener Qualität finden sich aber auch Figuren, die mit feinen Gravuren und Einlagen aus Gold, Silber, farbigen Schmucksteinen oder Glaspasten wirkliche Kostbarkeiten sind.

Geschmack und Phantasie bewiesen die ägyptischen Kunsthandwerker besonders bei der Gestaltung von Gegenständen und Behältnissen, die bei der Körperpflege und beim Schminken, bei Ritualen im Götter- und Totenkult oder bei festlichen Anlässen Verwendung fanden. Die Motive für die Formgebung und das Dekor haben neben ihrem ästhetischen Wert meist auch eine symbolische Bedeutung: Sie sollten dem Benutzer bzw. Empfänger zu Lebenskraft, Jugend, Schutz und vor allem zur erhofften Regeneration verhelfen.

Wegen ihrer ausgewogenen Formen, attraktiven Farb- und Materialkombinationen und der technisch perfekten Verarbeitung gehören Schmuckstücke zu den schönsten und faszinierendsten Hinterlassenschaften der altägyptischen Kultur. Da auch sie eine magisch-religiöse Bedeutung besaßen, vor Krankheiten, gefährlichen Tieren, Dämonen und anderen Gefahren schützen sollten, wurden sie von Frauen, Männern und Kindern gleichermaßen getragen. Material, Formen und Verarbeitungstechnik richteten sich danach, ob der Schmuck für einen König oder eine Dienerin, für den Alltag oder Festtage, für das Diesseits oder Jenseits bestimmt war.

So waren auch die häufig an Halsketten und Armbändern getragenen oder in Ringe gefaßten Skarabäen mehr als nur Schmuck. Die Nachbildungen des Mistkäfers, den die Ägypter als Verkörperung des jugendlichen Sonnengottes Chepre verehrten, galten als wirksame Garanten für Erneuerung und Wiedergeburt. Durch symbolträchtige Schriftzeichen, Namen und Darstellungen von mächtigen Königen und Göttern oder Wunschformeln, auf der Unterseite eingraviert, sollte ihre Amulettwirkung verstärkt und erweitert werden. Seit Beginn des Mittleren Reiches hatten auch Amtssiegel, die hohe Beamte bei ihrer Ernennung vom König erhielten, die Form von Skarabäen. C.-B. A.

136
Standfigur des Gottes Nefertem

nach 300 v. Chr.
Fundort unbekannt, erworben 1891
Silber. Höhe 27,5 cm
Inv.-Nr. 11001

Das kostbare Götterbild stellt den Gott Nefertem dar, von dem es bereits in den Pyramidentexten des Alten Reiches heißt, daß er die Lotosblume an der Nase des Re sei. Darauf nimmt die Lotosform der Götterkrone mit steil aufragenden Federn direkt Bezug. Denn nach dem Mythos war aus dem Urgewässer Nun eine Insel aufgetaucht. Auf ihr sproß eine Lotosblüte, die ihrerseits den jugendlichen Gott Nefertem umschloß und schließlich als »Gott auf der Blume« in die Welt hinaushob. Nefertem, derart mit dem Lotos verbunden, galt als Spender des Wohlgeruchs - an dem sich die Götter freuen -, den Nefertem, »erfüllt mit Salbe«, ausströmt. In Memphis wurde der Gott dem Ortsgott Ptah und der Kriegsgöttin Sachmet als Kind zugeordnet, so daß eine der von den theologischen Spekulationen bevorzugten Gruppierungen der Götter zu Triaden entstand. Die demotische Inschrift auf der Vorderseite des Sockels bezeichnet den Besitzer oder Stifter. Am Rücken des Götterbildes befindet sich eine Öse, so daß die Figur, an einer Schnur um den Hals gehängt, etwa bei Prozessionen mitgeführt werden konnte. Noch in der Spätzeit war Silber kostbarer als Gold, da Ägypten keinen direkten Zugang zu Silberminen hatte.
H. K.

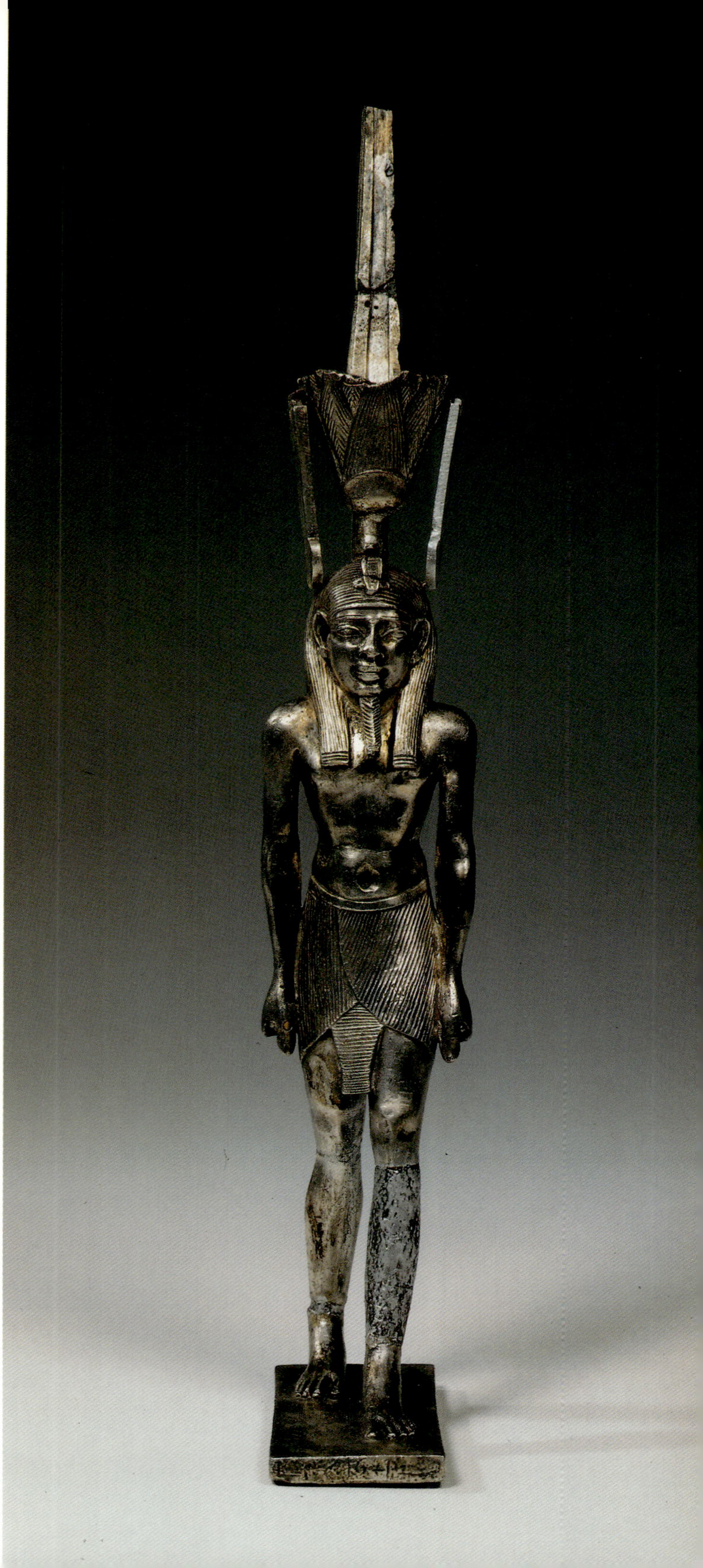

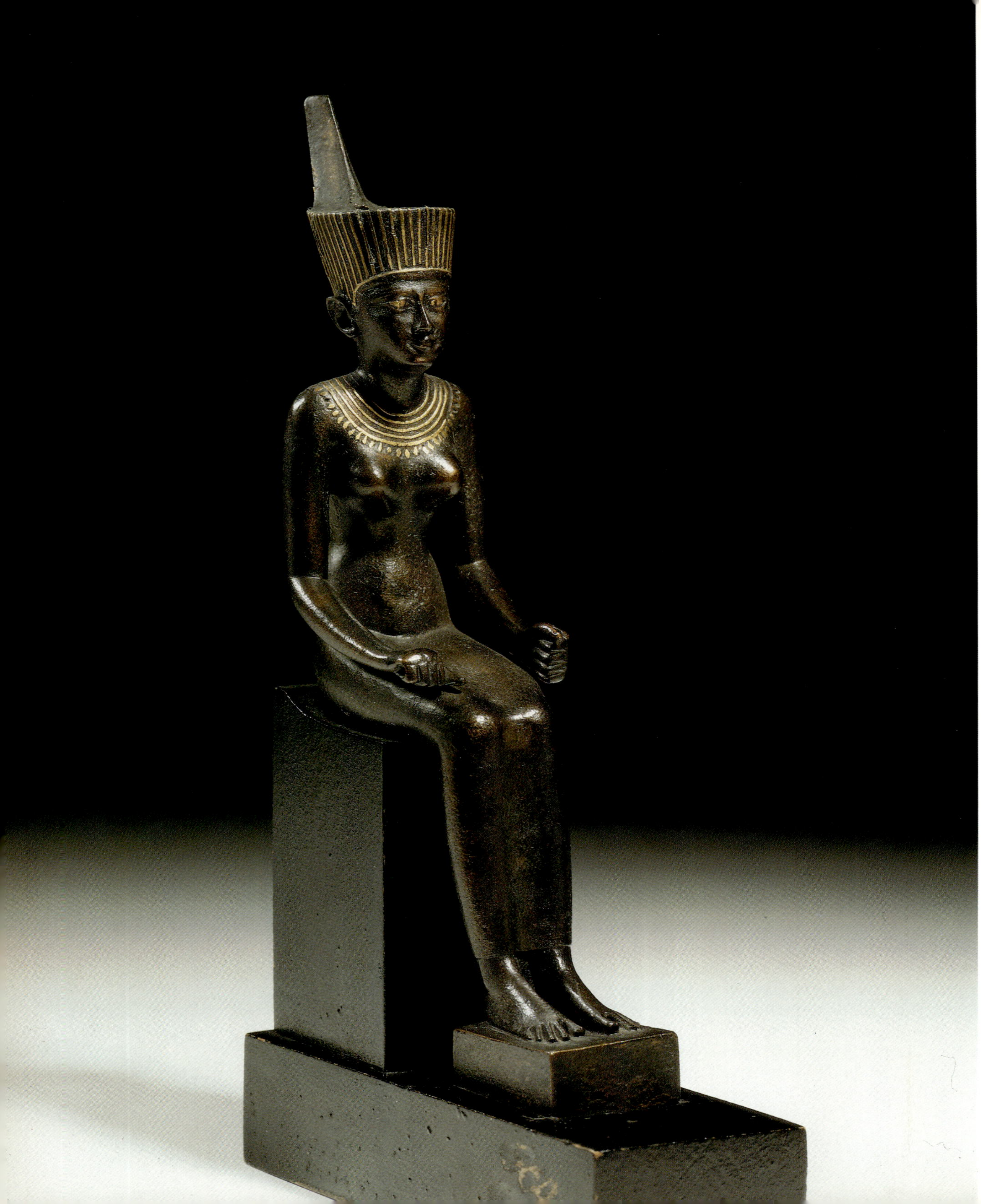

◁ 137

Sitzfigur der Göttin Neith

26. Dynastie, 664-525 v. Chr.
Fundort unbekannt, erworben 1902
Bronze mit Goldeinlagen. Höhe 16 cm
Inv.-Nr. 15446

Ursprünglich wurde Neith als Kriegsgöttin, die dem König und seinem Heer voranschritt, verehrt. Das verdeutlicht ihr altes Kultsymbol, ein Paar sich kreuzender Pfeile, oft durch einen Schild ergänzt. Die Göttin trägt hier die rote Krone Unterägyptens, einen Halskragen aus fünf Perlenschnüren, deren letzte Reihe mit tropfenförmigen Anhängern auf Schultern und Brust herabfällt, sowie ein dünnes Frauengewand. Es liegt dem grazilen Körper der Göttin eng an. Die angewinkelten Unterarme und die Hände liegen nicht auf den Oberschenkeln auf, die linke Hand hielt, wie die Durchbohrung zeigt, ursprünglich ein Zepter. Füße und Untersatz sind mit einem Zapfen verbunden. Der Thron fehlt; er bestand sicher aus einem anderen Material. Die Statuette ist eine kleine Kostbarkeit. Schon das Wachsmodell muß sehr sorgfältig hergestellt worden sein; oberhalb der Hüften und unterhalb der Knie sind zwar noch die Grenzen zwischen den Modellteilen zu erkennen, an den Armen und am Hals wurden die Verbindungsstellen der Gußteile dagegen sorgfältig geglättet. Wahrscheinlich waren auch die Betten für die Goldtauschierung bereits im Wachsmodell ausgehoben. Die Goldeinlagen haben sich gut erhalten. Lediglich der gebogene Golddraht an der Krone ist weggebrochen.
Statuetten der Neith sind aus der Spätzeit recht häufig überliefert, war sie doch als Herrin von Sais Schutzpatronin der Könige der 26. Dynastie, die aus dieser Deltastadt stammten. In dieser Zeit galt Neith vor allem als mütterliche Urgottheit. H. K.

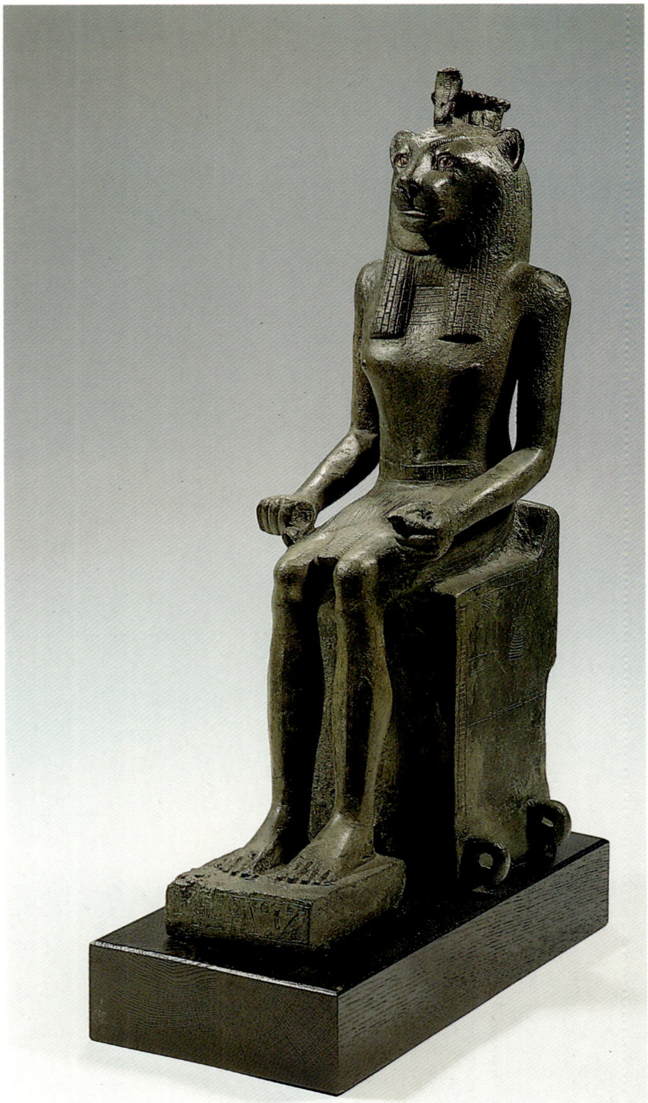

138

Sitzfigur des Gottes Mahes

Leontopolis (?), griech.-röm. Zeit
erworben 1894
Bronze, Gold. Höhe 58 cm
Inv.-Nr. 13788

Die Statue war nach der Dedikationsinschrift an der Fußplatte die fromme Gabe eines Mannes mit Namen Horudjat, Sohn der Hausherrin Neithrudj. Dargestellt ist der Gott Mahes, »der wilde Löwe«, ein Gott des Krieges. In dieser Rolle wurde er mit Erscheinungsformen des Gottes Horus gleichgesetzt. Daher zeigen die eingravierten Szenen auf den Seitenflächen bzw. der Rückseite des Götterthrones den falkenköpfigen Horus vor einem Opfertisch hockend (Seitenflächen) und in Tiergestalt (Rückseite obere Hälfte). Auch in der Inschrift wird der Gott als »Horus, Sohn der Uto« bezeichnet. Die Statue war sicher ein sehr kostbares Kultbild. Die angegossenen seitlichen Ringe dienten wahrscheinlich für die Befestigung des Bildes, wenn es bei Tempelprozessionen umhergeführt wurde. Die Augen haben eine Auflage aus Goldblech. Die Zepter sind verloren. H. K.

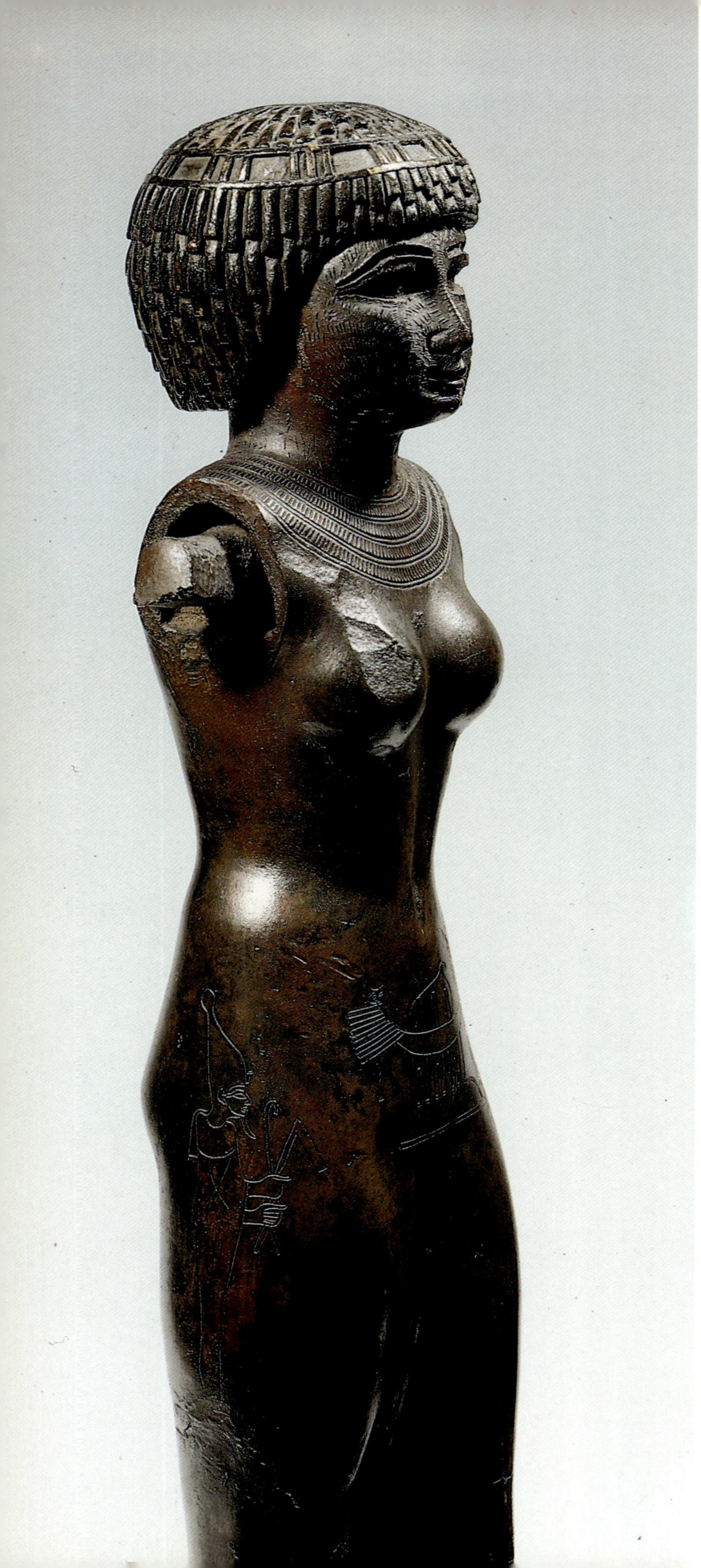

139

Standfigur einer Frau

um 700 v. Chr.
Fundort unbekannt, erworben 1823 (Sammlung v. Minutoli)
Bronze. Höhe 56,5 cm
Inv.-Nr. 2309

Erst seit der Libyerzeit wurde Bronze als Werkstoff für Kunstwerke unterschiedlicher Größe verwendet. Er fand wohl erst durch die Berührung mit den kriegerischen Hyksos in Ägypten Eingang. Dagegen war Kupfer auch für die Herstellung von großen Figuren schon im Alten Reich verwandt worden (getriebene Kupferplatten über einem Holzkern), Figuren in Voll- und Hohlguß sind aus dem Mittleren Reich erhalten. Bronze wurde vermutlich als fertige Legierung in Form von Barren, Ringen oder Gefäßen importiert und dann eingeschmolzen. Das wertvolle Metall wurde zentral verwaltet, genau abgewogen und den jeweiligen Werkstätten, die im Auftrage des Hofes, der Tempel oder lokaler Würdenträger arbeiteten, zugewiesen. In Tiegeln über offenem Holzkohlenfeuer, dessen Temperatur durch Blasrohre oder Blasebälge geregelt wurde, schmolz das Metall. Für die Produktion von Schmuck, Werkzeug oder Waffen dienten Formen aus Stein. Schwieriger war die Herstellung von Skulpturen, die ebenfalls in Gußformen entstanden. Anscheinend existierten fertige Gipsformen für Körperpartien, denn die Formen wurden aus Teilen zusammengebaut und für ein Modell aus Bienenwachs verwandt. An das Modell wurde jeweils ein Wachskegel und ein Stab angesetzt, die nach dem Ausschmelzen des Wachses den Eingußtrichter für das geschmolzene Metall bzw. die Pfeife zum Entweichen der Luft ergaben. Zunächst aber wurde das Wachsmodell mit einer Hülle aus Ton, Gips und Sand umgeben und erwärmt. Diese Prozedur brachte das Wachs zum Schmelzen. Man besaß nun für die gewünschte Plastik eine Form. Sie wurde gebrannt, bevor man das flüssige Metall eingoß. Nach dem Erkalten mußte die Form zerschlagen werden. Daher heißt dieses auch außerhalb Ägyptens bekannte Verfahren »Guß der verlorenen Form« (à cire perdue). Unsere Frauenplastik gehört zu den wenigen überlieferten Großbronzen in Vollguß. Sie besitzt eine technische Besonderheit: Die Perücke war abnehmbar. Das läßt darauf schließen, daß der Wechsel der Bekleidung beim kultischen Dienst auch die Perücke mit einschloß. In der Wiedergabe des Frauenkörpers zeigt sich ein neues, in der libyschen Zeit aufgekommenes Frauenideal: Die Körperformen sind üppiger, besonders die Brüste voll und rundlich, das Becken langgestreckt. Das Gesicht erscheint individuell geformt. Seine Oberfläche wurde für einen Blattgoldbelag aufgerauht. Auf die Perücke ist ein Diadem gelegt. Es bestand aus Goldintarsien und farbigen Schmucksteinen. Goldintarsien befanden sich auch in den Augenbrauen, den Augenhöhlungen, falls der Augapfel nicht aus farbigem Material gefertigt war, und im vierreihigen Halskragen. Ein dünnes, durchscheinendes Gewand betont den kräftigen Körperbau. Es reicht bis zur Wade und gibt den Blick frei auf goldene Fußringe, die ebenfalls mit Blattgold auf den aufgerauhten Untergrund aufgetragen zu denken sind.

Gravuren auf dem Leib heben die Darstellung dieser schönen, kostbar gekleideten Frau in eine kultische Sphäre. Im Bauchbereich befindet sich eine Gravur mit der Barke des Gottes Sokaris. Auf der linken Hüfte ist der Gott Osiris zu sehen, mumiengestaltig und mit einem Zepter, das »Wohlergehen« bedeutet, in der Hand. Auf der rechten Hüfte und ebenfalls auf der rechten Wade ist der gleiche Gott zu sehen, hier allerdings mit Krummstab und Geißel. Auf dem Rücken befindet sich ein Abbild des Schreines mit der Osiris-Reliquie von Abydos, ein Kasten, mit Sonnenscheibe und Federn geschmückt, der sich wie die untergehende Sonne im westlichen Gebirge befindet. Der starke Bezug zum Unterweltgott Osiris läßt die Theorie zu, daß es sich hier um die Statue einer Verstorbenen handeln könnte.

H. K.

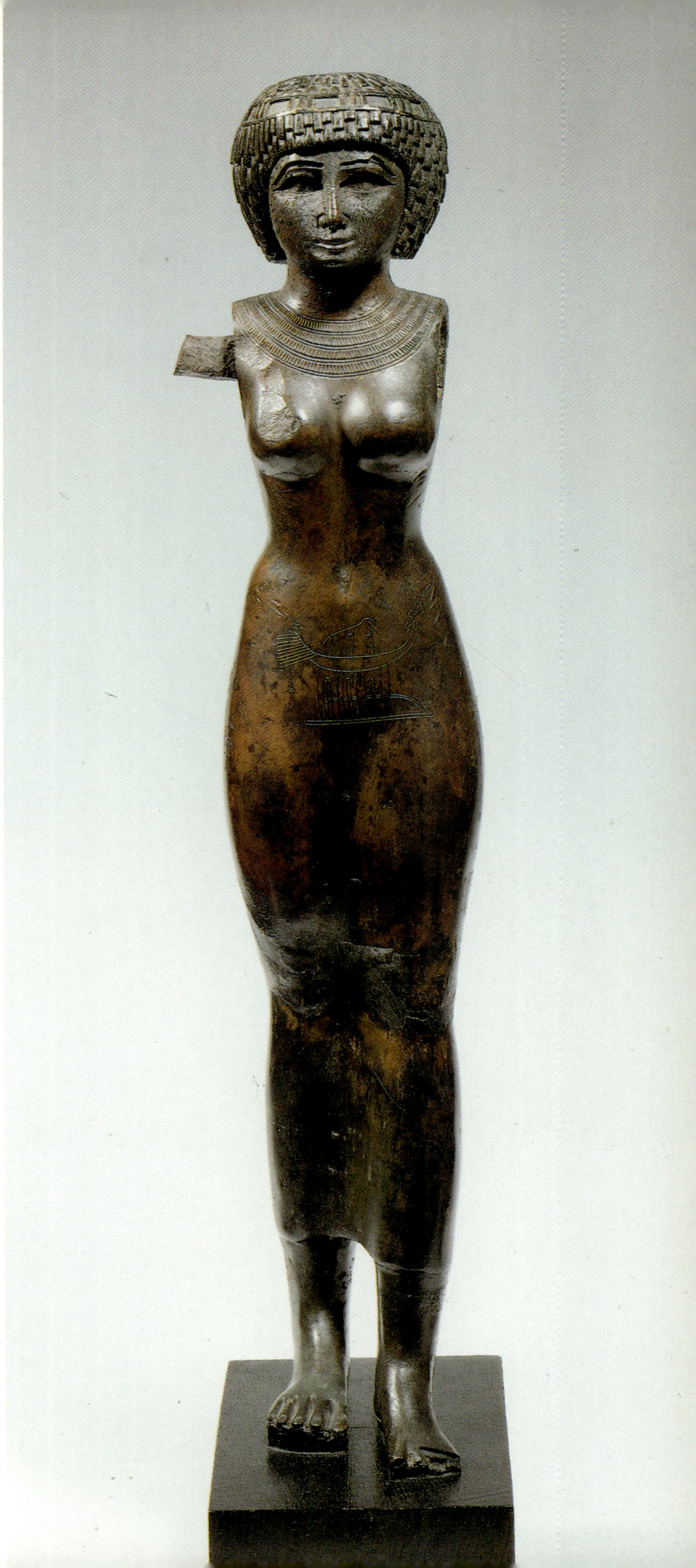

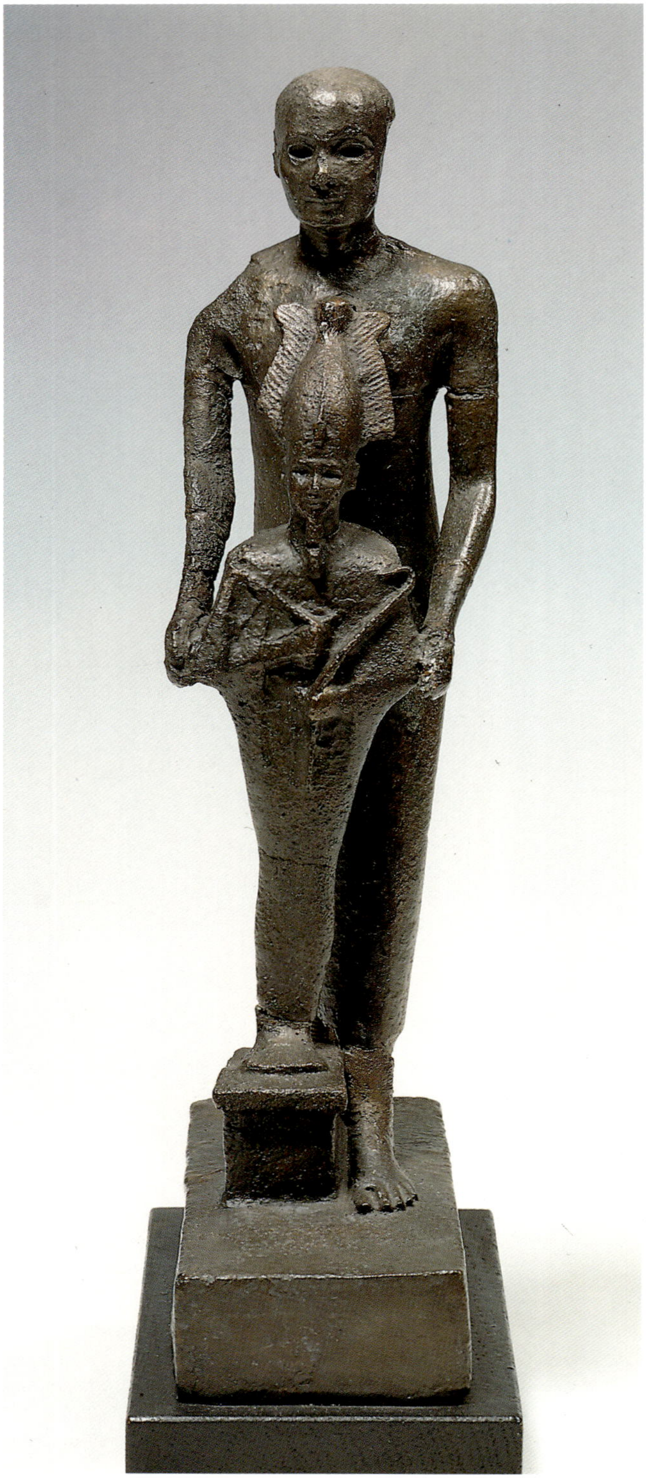

140
Standfigur eines Mannes mit Figur des Osiris

Theben (?), Ende 4. Jh. v. Chr.
erworben 1885
Bronze. Höhe 29 cm
Inv.-Nr. 9258

Die Figur ist die Weihgabe eines Priesters, der sich hier als frommer Mann beim Darbringen eines Osirisbildes darstellen ließ. Das Gesicht ist porträthaft modelliert. Es gehört stilistisch in die Reihe der zeitgleichen Priesterköpfe am Beginn der griechisch-römischen Zeit (vgl. Kat. Nr. 114, 115). Die Augen waren eingelegt. Lediglich aus seiner Kahlköpfigkeit kann auf das Priesteramt des Mannes geschlossen werden, denn eine am linken Sockelrand eingeritzte Inschrift, die normalerweise über Namen und Titel Auskunft gibt, ist bis auf ». . . geboren von . . .« nicht lesbar. Eindrucksvoll ist die technische Perfektion, über die der Modelleur verfügte, der die beiden durch den Gußkern sehr schweren Figuren miteinander und mit dem Sockel verband. Weihgaben dieser Art häuften sich in den Tempeln, so daß die Priester gezwungen waren, das von vergangenen Generationen Gestiftete in Tempeldepots unterzubringen. Gelegentlich wurden ältere Weihgaben auch pietätlos in Abfallgruben des Tempelareals geworfen. H. K.

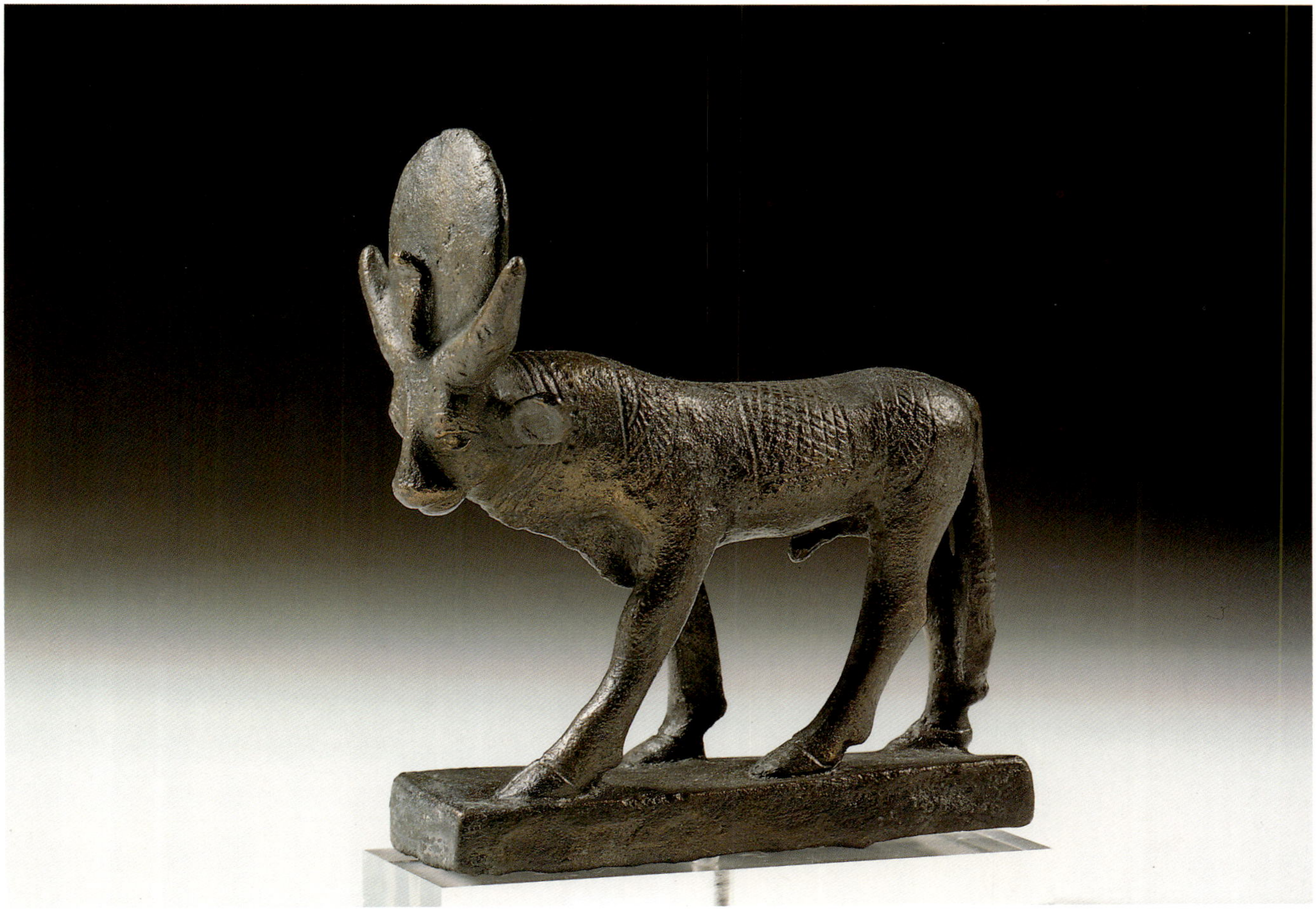

141
Figur eines Apisstieres

nach 650 v. Chr.
Fundort und Jahr der Erwerbung unbekannt
Bronze. Höhe 7,4 cm, Länge 7,6 cm
Inv.-Nr. 26013

Zu den Weihfiguren, die besonders zahlreich erhalten geblieben sind, zählen die von Stieren. Der hier abgebildete Apis-Stier wurde, wie seine Artgenossen - der »Buchis« in Hermonthis und der »Mnevis« in Heliopolis -, in Memphis als Symbol der Fruchtbarkeit verehrt. Seit der Frühzeit wurde ein Ritual gepflegt, der »Auslauf des Apis«, bei dem der Stier als Fruchtbarkeitsgott Felder und Herden segnen sollte. In Memphis war der Apis eng mit dem Stadtgott Ptah »als herrliche Seele, die bei ihm (Ptah) ist,« verbunden. Bestimmte Kriterien zeichneten einen heiligen Apis vor seinen Artgenossen aus. Nach Herodot mußte er auf seinem schwarzen Fell weiße Flecken tragen, die nach Ansicht des Autors einem Adler glichen. Dieser Gedanke steht hinter den Gravuren, die Bronzefiguren wie diese tragen: geflügelter Geier, Decke und geflügelter Skarabäus. Die Sonnenscheibe deutet auf Verbindungen zum Sonnengott. Starb ein Apis, so wurde er mumifiziert und unter Anteilnahme des ganzen Landes in den Stiersärgen des Serapeums auf dem Friedhof von Saqqara beigesetzt. H. K.

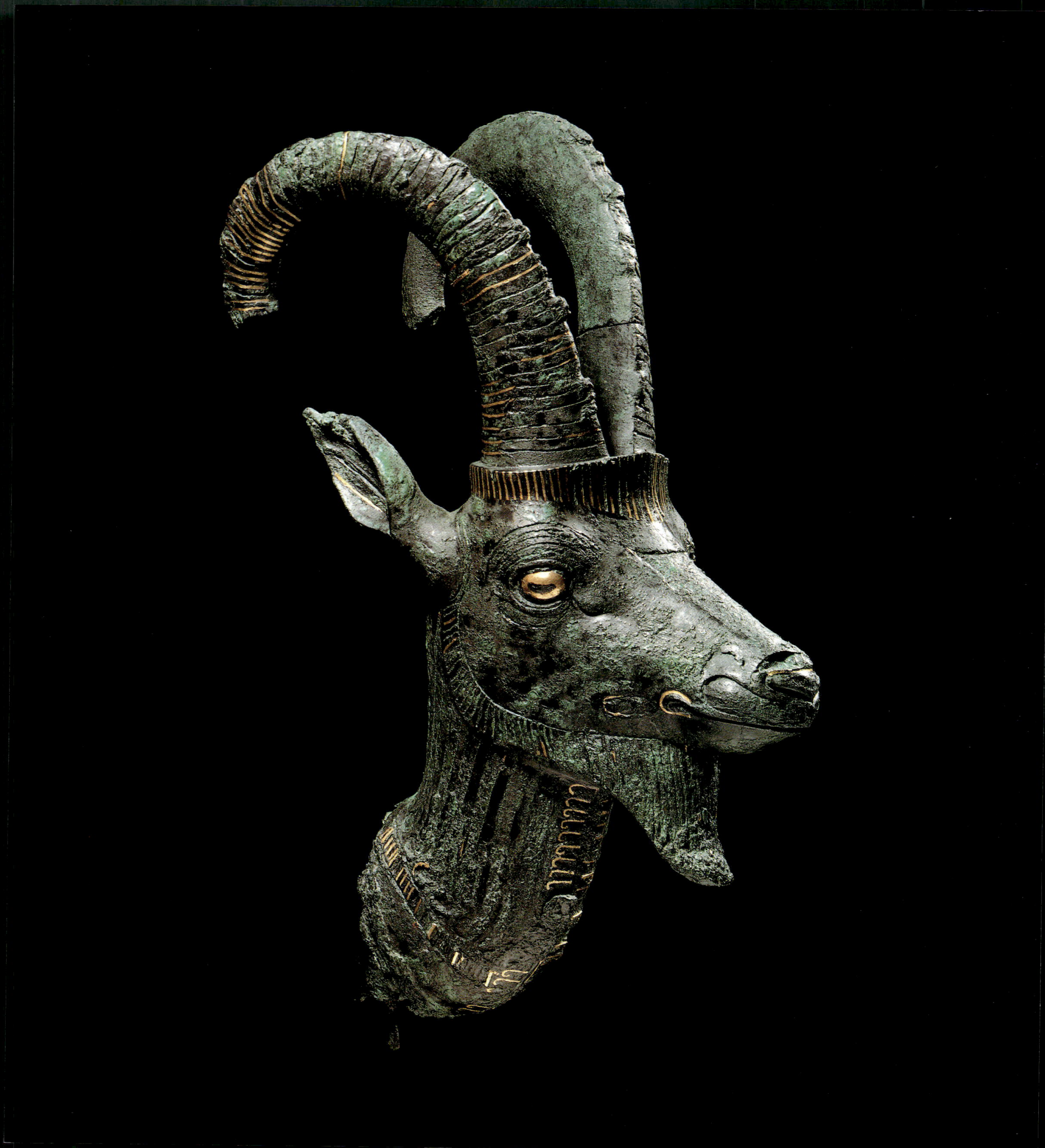

142
Kopf eines Steinbocks

Tell Basta (?), Horbeit (?), vielleicht noch 19./20. Dynastie, um 1300 bis 1100 v. Chr.
erworben 1893
Bronze mit Goldeinlagen. Höhe 32 cm
Inv.-Nr. 11404

Im Gegensatz zur Darstellung des Menschen in Flachbild und Skulptur unterlag die Tierplastik einem geringeren Muß an stilistischen Vorgaben. Vollplastische Tierbilder liefern Beispiele sorgfältigster Naturbeobachtung ebenso wie die Fähigkeit, artspezifische Besonderheiten wiederzugeben. Das Tier gehörte in den Kosmos der Weltschöpfung wie auch Mensch und Pflanze: »Du hast die Erde geschaffen nach deinem Herzen . . . mit Menschen, Rinderherden und allem anderen Getier . . .« (Sonnengesang des Echnaton).

Der Kopf eines Steinbocks schmückte den Bug einer Kultbarke, in der das Götterbild in Prozession auf den Schultern der Priester im Tempel und in den umgebenden Höfen getragen werden konnte. Bei Berücksichtigung der Größe scheint auch eine Verwendung als Schmuck einer direkt für den Wasserweg benutzten Kultbarke nicht ausgeschlossen, denn Götter besuchten einander. Das regelte sich praktisch durch eine Barkenprozession auf dem Nil und seinen Kanälen, wobei die feierlich geschmückten Götterbilder im Barkenschrein wie in einer Kajüte verschlossen und vor profanen Blicken geschützt auf die Reise gingen. Derartige Feste wie Talfest, Opetfest, Neujahrsfest, Minfest, Sokarfest usw. waren Höhepunkte des Jahres und im religiösen Leben durch feste Daten, wie z. B. auf Wänden des Tempels von Medinet Habu überliefert, verankert. Die Götterprozessionen brachten den Gläubigen den Gott nahe. Es geschah die sichtbare und fühlbare Manifestation des Gottes, die durch die Ritualhandlungen der Priesterschaft mit Musik, Weihrauch, Gesang, Goldglanz, insgesamt durch weihevolles Zurschaustellen göttlicher Macht wirksam inszeniert wurde. Beim Tragen der Götterbarke waren vorgeschriebene Prozessionswege wichtig, die von Stationshäusern unterbrochen wurden. Dort konnte man die schwere Barke niedersetzen. Die Träger ruhten aus, während bestimmte Riten zelebriert wurden. Wie Nil und Nilkanäle die traditionellen Verkehrswege darstellten, gehörten Nilschiff und Barke zu den wichtigsten Verkehrsmitteln. Wagen benutzte man erst seit dem Neuen Reich und nur für den Zweck der Jagd oder des Krieges. Der Transport der Götter war durch die Tradition auf Kultbarken festgelegt. Gelegentlich, wie im Totentempel der Königin Hatschepsut in Deir el Bahari abgebildet, wurde das Barkengestell auch auf einen Schlitten gesetzt und gezogen. Nach der Prozession ruhte sie, in einem speziellen Barkenraum abgestellt. Er lag meist in der Mittelachse des Tempels, direkt vor dem Allerheiligsten, dem Schrein des Kultbildes. Auch die älteste bekannte Kultbarke, die sog. Henu-Barke des Sokaris, wurde auf einen Schlitten gestellt und am Sokarfest um die Mauern von Memphis gezogen. Sokaris war Schutzgott der Nekropole von Memphis. Köpfe von Antilope und Steinbock schmückten die Barke. Bemerkenswert an diesem sehr kostbaren Bronzekopf ist neben der künstlerischen Vollkommenheit die große technische Perfektion. Die Reste des erhaltenen Goldes lassen die Pracht ahnen, die die Götterbarke selbst ausstrahlte. Die Betten für die teilweise erhaltenen Goldeinlagen sind gut sichtbar. Gold wurde fast wie eine Farbe zur Charakterisierung der Details von Gehörn, Krone, Ohren, Augen, Lefzen, Bart und des Vlieses benutzt.

H. K.

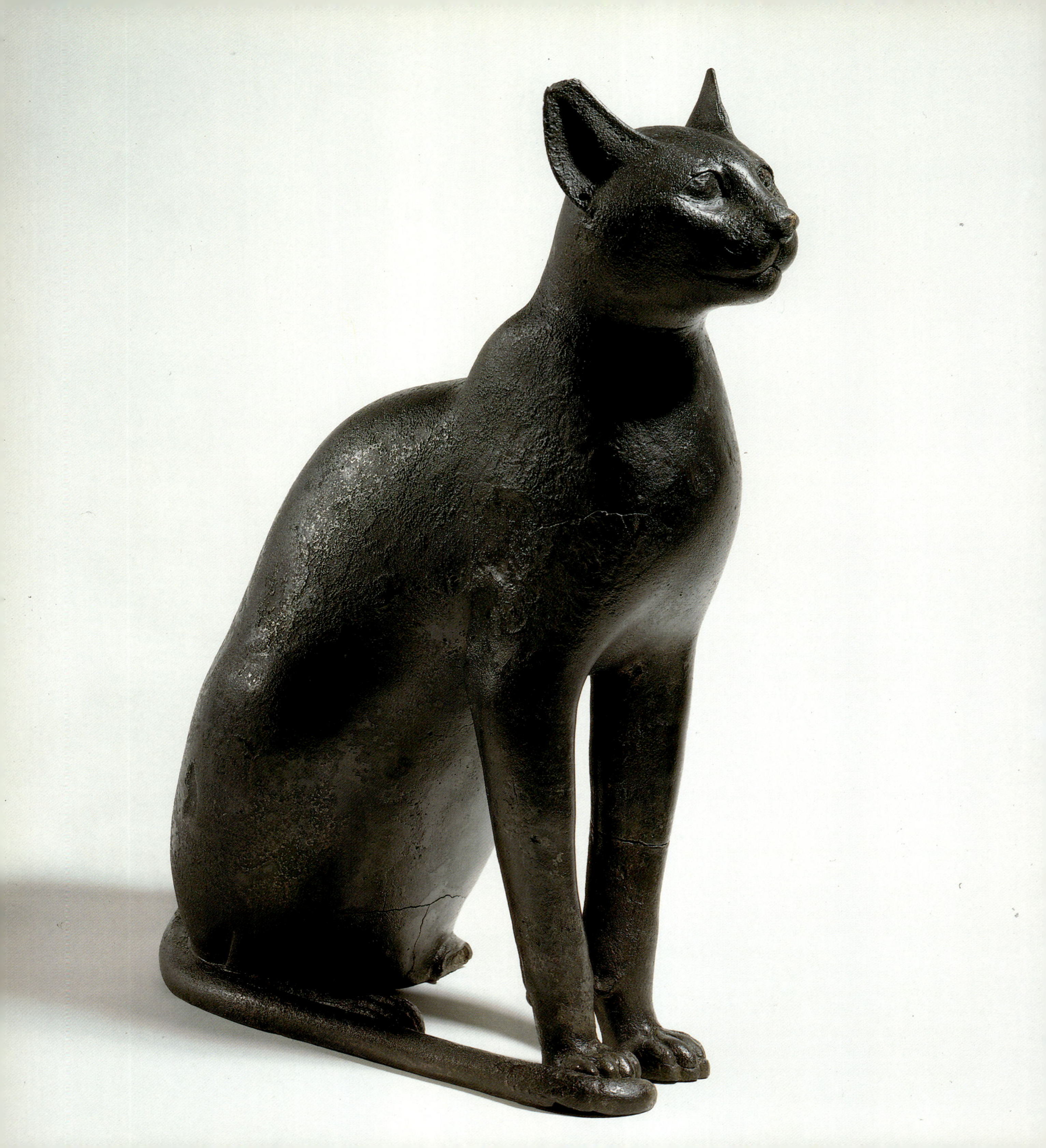

143
Figur einer Katze

Tell Basta (Bubastis) (?), nach 600 v. Chr.
erworben 1857
Bronze. Höhe 53,5 cm
Inv.-Nr. 2055

Die Katze galt vor allem seit der 22. Dynastie als heiliges Tier der Göttin Bastet. Sie wurde meist katzenköpfig, aber in Menschengestalt, ein Sistrum schwingend, Körbchen und Ägis tragend, also mit allen Attributen für das Vertreiben von Ärger und bösen Mächten, dargestellt. Sie bringt Freude. Das entspricht ja auch dem possierlichen Wesen des ihr heiligen Tieres, der Katze. Hauptkultort war die Stadt Bubastis im Ostdelta. Dort fanden im Verlaufe des Jahres mehrere rauschhafte Feste statt, bei denen, wie im »Fest der Trunkenheit« für die Liebesgöttin Hathor in Dendera, durch Musik mit Sistren und Flöten, Tanz und Wein eine ausgelassene Menge in orgiastischem Treiben die Sorgen des Alltags vergaß. Der griechische Reisende Herodot schildert als Augenzeuge dieses Fest so: »Wenn sie dazu nach Bubastis fahren, so befindet sich in jedem Kahn eine Menge Menschen, Männer und Weiber. Manche unter den Weibern haben Klappern, mit denen sie klappern, Männer spielen unermüdlich auf der Flöte, die übrigen Weiber und Männer aber singen und klatschen in die Hände. Kommen sie unterwegs an einer Stadt vorbei, so fahren sie nah ans Ufer und treiben allerhand Unfug. Jene Weiber klappern immerzu, andere aber schreien und verhöhnen die Frauen in der Stadt. Wieder andere tanzen oder stehen auf und heben die Röcke in die Höhe. So machen sie es bei jeder Stadt am Flusse. Wenn sie in Bubastis angekommen sind, feiern sie das Fest und bringen große Opfer, wobei mehr Wein getrunken wird als im ganzen Jahr. Gegen siebenhunderttausend Menschen, bloß die Männer und Weiber ohne die Kinder, sollen dabei zusammenkommen, wie die Leute sagen.« Inkorporationsexemplare, Katzen, in denen die Göttin wie in einem lebenden Bilde einwohnen sollte, wurden nach besonderen Kennzeichen ausgewählt. Man hielt sie in Gehegen der Tempel, betreut von speziellen Wärtern. Nach ihrem Tode erhielten sie, wie auch Stiere (vgl. Kat. Nr. 141) und andere heilige Tiere, ein aufwendiges Begräbnis. Oft brachte man das eigene Haustier nach dessen Tod mumifiziert der Göttin dar, indem es auf ausgedehnten Katzenfriedhöfen in der Nähe der verstorbenen Inkorporationsexemplare beigesetzt wurde. Es ist nicht auszuschließen, daß in den großen hohlen und kostbaren Bronzefiguren wie dieser mumifizierte Inkorporationstiere der Bastet beigesetzt wurden.

Der Herstellungsprozeß verlief ähnlich wie bei anderen Bronzefiguren. Hier nun mußte ein großer Hohlraum ausgespart werden im Wachsausschmelzverfahren. Die Gipsform (vgl. Kat. Nr. 139) wurde mit einer dünnen Schicht Wachs ausgekleidet. In den Innenraum wurde ein Tonbrei gefüllt. Die Gipsform konnte nach dem Festwerden des Kernes zeitweilig abgenommen werden, um im Wachs Details der Figur schon in der Wachsoberfläche anzubringen, so daß nachträgliche Gravur im Metall entfiel. Insbesondere aber wurden in die Figur Metallstifte eingetrieben, die beim Guß den Tonkern in seiner richtigen Lage zu halten hatten. Mit dem Einfließen des heißen, flüssigen Metalls floß die Wachsschicht aus, die äußere Form wurde zerschlagen, der Tonkern ebenfalls, und der Katzensarg war mit allen Details fertig. Kostbare Bronzefiguren erhielten eine Oberflächenveredlung. Diese Katze wurde mit einer dreifachen Kette mit Tropfenperlen, durch Intarsien aus Gold, Silber, Halbedelsteinen oder farbigen Glaspasten geschmückt, die verlorengingen. Die Löcher für Ohrringe wurden im Metall ausgespart. Die Katzenfigur weist an Schwanz, Füßen und Leib Beschädigungen auf. Die linke Hinterpfote fehlt. Eiserne Haltestifte des Gußkerns sind sichtbar. Die Gußkanäle, Luftpfeifen und Haltestege wurden sauber entfernt.

H. K.

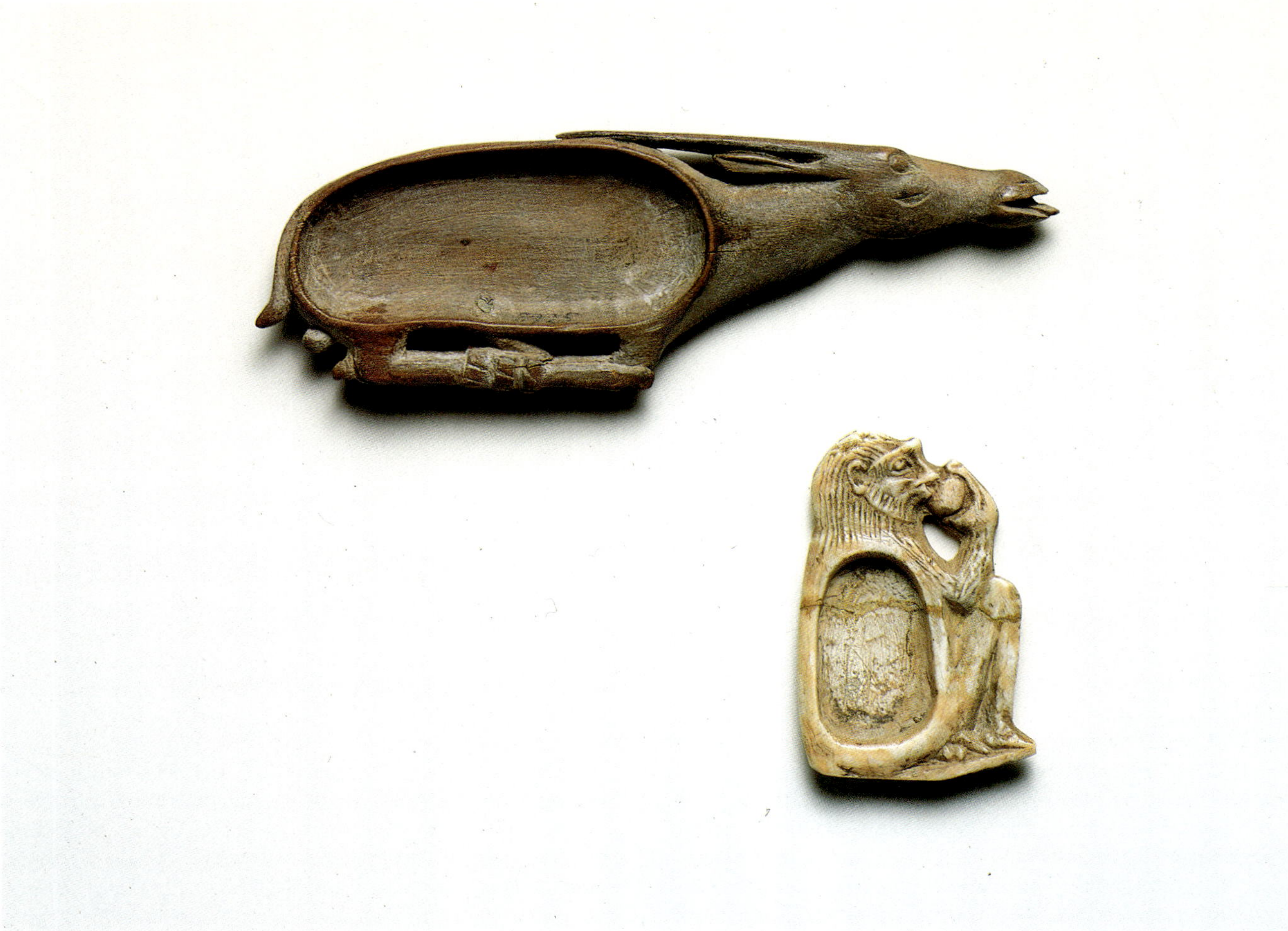

144

Schale in Gestalt einer Gazelle

um 1450 v. Chr.
Fundort unbekannt, erworben 1886
Holz. Länge 11,7 cm
Inv.-Nr. 8925

Schale in Gestalt eines Affen

um 1450 v. Chr.
Fundort unbekannt, erworben 1928
Elfenbein. Höhe 5,1 cm
Inv.-Nr. 22835

Das Schminken des Gesichtes und das Salben der Glieder gehörte zum Standard gehobenen Lebens von Frauen und Männern. Das ägyptische Kunstgewerbe hat besonders für den höheren Anspruch beachtliche Kreationen geschaffen. Neben speziell für den jenseitigen Gebrauch gefertigten Toilettenartikeln gab man den Verstorbenen auch gern die im Leben genutzten Gegenstände zur Schönheitspflege ins Grab. Motive für die Formgebung dieses sehr reizvollen Genres ägyptischen Kunstgewerbes lieferte oft, wie hier, die Tierwelt. Die Körper der gefesselten Antilope und des Äffchens, das in eine Frucht beißt, bilden die flach ausgehöhlten Gefäßschalen. In ihnen befanden sich die bereits fertigen Schminkstoffe. Für die Augen wurde eine grüne Schminke aus zerriebenem und mit Fett vermischtem Malachit (Lidschatten) bzw. mit Fett vermischter Bleiglanz (Lidstrich) verwendet. Lippenrot bestand aus einer Ocker-Fett-Substanz. Anscheinend besaß die Augenschminke auch eine medizinische Bedeutung. H. K.

145
Figur eines Mädchens als Spiegelgriff

Abusir el Meleq, etwa 14 Jh. v. Chr.
erworben 1903 (Grabung der Königlichen Museen Berlin)
Holz, bemalt. Höhe 17,3 cm
Inv.-Nr. 16400

Ägyptische Spiegel hatten eine hochpolierte Metallscheibe, rund oder oval, aus Kupfer, Bronze oder Silber. Der Griff war gesondert gearbeitet, bei kostbaren Stücken aus Elfenbein oder Edelmetallen; Nieten verbanden beide Teile miteinander. Seit der 18. Dynastie haben die Griffe oft die Gestalt unbekleideter Dienerinnen, die ihrer Herrin den Spiegel »halten«. Das schlanke Mädchen trägt auf dem linken Unterarm eine Katze, die rechte Hand schiebt das üppige schwarze Haar der Perücke zurück. Sorgfältig hat der Künstler Körper und Gesicht geschnitzt; der Schmuck des Mädchens, Ohrgehänge und ein Armband oberhalb der linken Hand, war vergoldet. Die etwas plumpen Beine passen weniger zur zierlichen Figur, sind aber haltbar als Griff. Auf dem Kopf sitzt der »Salbkegel«, in dessen Schlitz die bronzene Spiegelplatte eingelassen war. Sie ist verloren und hinterließ nur Spuren von Oxyd.
Die kleine Figur wurde zusammen mit Kamm und Haarpfeil bei einer Frauenmumie auf dem Friedhof von Abusir el Meleq am Ausgang des Faijum gefunden.
Tägliche Haarpflege gehörte auch zum Leben im Jenseits. Spiegel waren aber nicht nur Gebrauchsgegenstände für Lebende und Tote, man sah in ihnen ein Symbol der Lebenskraft und Regeneration, weil sie das Bild einer Person wiedergaben. Unter den Gottheiten verkörperte vor allem Hathor diese Eigenschaften, ihr Kopf ist deshalb auch häufiges Dekor der Spiegelgriffe. I. Mü.

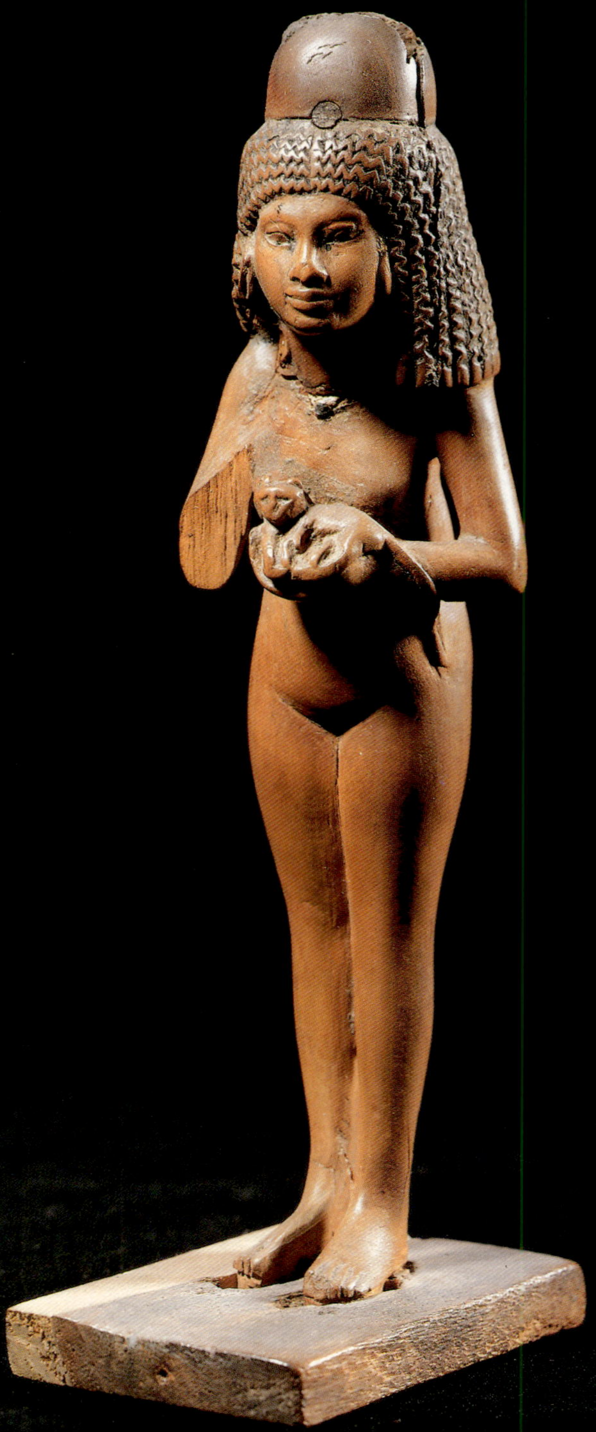

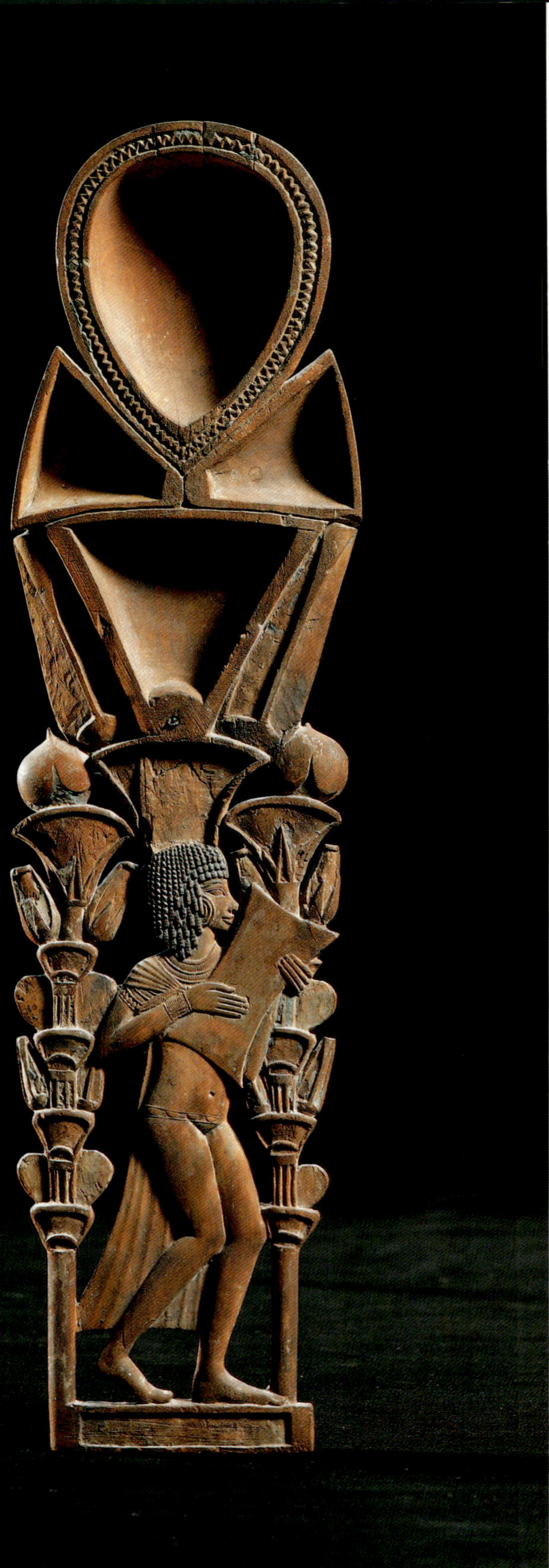

146
Spendenlöffel

Medinet Gurab (?) (Faijum), 18. Dynastie, um 1350 v. Chr.
erworben 1906
Holz. Höhe 34,5 cm
Inv.-Nr. 17337

In ihrem Totentempel bei Deir el Bahari (Theben West) war aufgeschrieben: »Weihrauchgefäße opfern . . . an Hathor, die Herrin von Punt, für Leben, Heil und Gesundheit ihrer Majestät«. Eine große Expedition hatte Königin Hatschepsut zum fernen Weihrauchland Punt (an der Somaliküste) gesandt, sie brachte auch Myrrhenbäume nach Ägypten, die hier zu kultivieren jedoch mißlang. Weihrauch war der Wohlgeruch der Götter und erfreute die Menschen.
Zum Jahresbeginn überreichten sich vornehme Ägypter einen schön geschnitzten Löffel mit diesem exotischen Räucherwerk, verbunden mit dem Wunsch für ein langes Leben auf Erden und für die Wiederbelebung nach dem Tode. »Du mögest Myrrhe einatmen, du mögest Wein trinken« gehörte zu den Gebeten für die Toten und eine Kelle für den täglichen Genuß zur Grabausstattung. Die Wirkung des Inhalts sollte die Form des Löffels noch verstärken, er wurde der Hieroglyphe für Leben nachgebildet und so gleichsam zum Amulett für den Besitzer. Die Kelle mit zickzackverziertem Rand bildet die Schlaufe, die darunterliegenden und zu Öffnungen ausgehöhlten Lotosblüten sind die Querarme, eine dritte aufrechte Blüte ist der Schaft dieses Lebenssymbols.
Den Griff des Löffels ziert ein musizierendes und tanzendes Mädchen. Es trägt ein durchsichtiges plissiertes Gewand und reichlich Schmuck: um den Hals ein breites Kollier, große Ohrringe und ein Armband. Durch die Bewegung des Tanzes schwingt das Kleid nach hinten und gibt den Blick frei auf einen schmalen Gürtel aus Perlen, der um die Hüften liegt.
Ihren Tanz begleitet das Mädchen selbst auf einem Tamburin. Ort dieser Szene ist ein Garten, dargestellt durch zwei Sträuße mit roten, blauen und weißen Blumen. Der Garten war auch ein Platz, wo sich Liebende trafen unter dem Schutz der Hathor, der Göttin der Freude und Liebe. Musik und Tanz, berauschende Getränke und Düfte gehörten zu ihren Festen, aber auch Fahrten durch Papyrus- und Lotosdickicht.
Das Dekor vieler Spendenlöffel ist dem Hathorkult verbunden; doch abgesehen von jedem symbolischen Gehalt: Die Holzschnitzereien sind vor allem Meisterwerke des ägyptischen Kunsthandwerks und bezeugen ihren Gestaltern erlesenen Geschmack und reiche Phantasie. I. Mü.

147
Spendenlöffel

Memphis, Ende 18.-19. Dynastie, um 1300 v. Chr.
erworben 1827 (Sammlung Passalacqua)
Holz. Höhe 16,7 cm
Inv.-Nr. 1877

»Ich gebe Myrrhe dem von Horus Geliebten und von dem Stadtgott Gelobten (Toten)«, sagt ein Spendenlöffel von sich selbst. Mit der frischen dickflüssigen Myrrhe oder dem berauschenden Wein gefüllt, waren diese holzgeschnitzten Kellen eine willkommene Gabe für Lebende und Tote. Auch bei diesem Gerät bilden Lotosblüten Schaft und Querarme eines Henkelkreuzes, des ägyptischen Zeichens für Leben; die schlaufenförmige Kelle läßt sich durch einen drehbaren Deckel verschließen. Dieser ist mit einem Holznagel befestigt und mit einer Blüte der Nymphaea caerulea und einer Nymphaea lotus verziert. Blaue Farbpaste blieb in den Vertiefungen der Schnitzerei erhalten.
Das Bild einer zierlichen Lautenspielerin schmückt den Griff des Löffels. Im Hintergrund stehen Papyrusstauden, über denen in ornamentalen Streifen Alraunenfrüchte, Blüten und kleine Blätter dargestellt sind.
Das Mädchen ist nackt, wie es ihrer Jugend und Tätigkeit entsprach. Sie hockt, versunken in ihr Spiel, auf einer Papyrusmatte, ein Stirnband hält ihr langes Haar zusammen. Die Laute stammt vermutlich aus Mesopotamien; leicht herzustellen und zu transportieren, war sie einst wohl ein Musikinstrument nomadisierender Stämme. Im 17. Jh. v. Chr. brachten die Hyksos die Laute nach Ägypten. Sie wurde im Niltal schnell beliebt, bei privaten Gastmählern oder Kultfesten gespielt von Knaben und Mädchen allein oder im Ensemble. Der Klangkörper (Resonator) ist meist aus Holz und hat in der Regel sechs, hier aber nur vier Schallöcher. Der lange Stiel endet in einem Entenkopf, er ist mit zwei oder drei Saiten bespannt, die mit dem Plektrum geschlagen werden. Die Griffbünde sind in manchen Darstellungen so deutlich, daß sich noch die Abstände der einzelnen Intervalle annähernd bestimmen lassen. I. Mü.

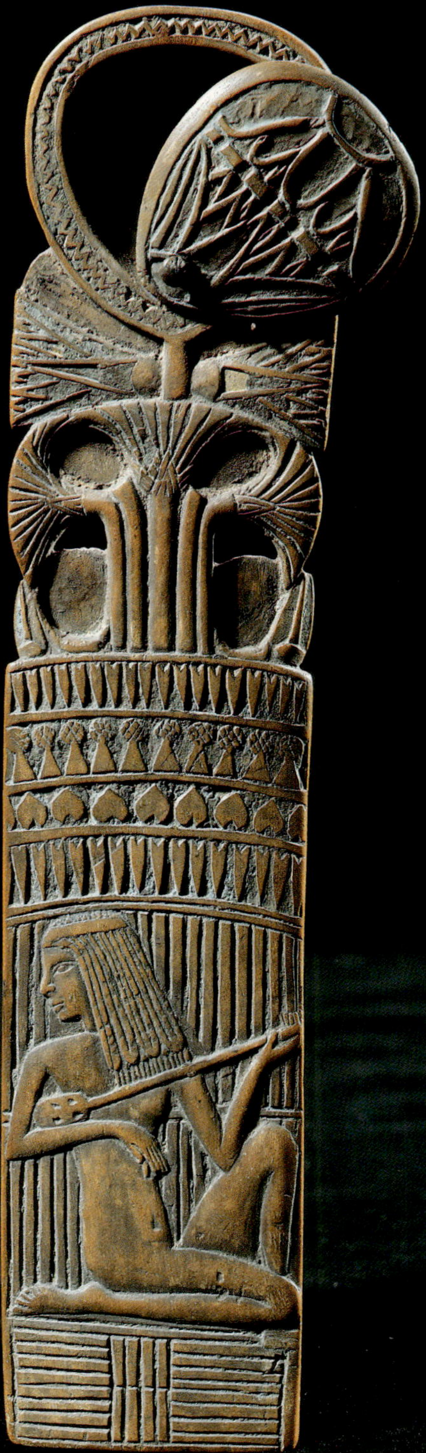

148

Beilklinge

Neues Reich
Fundort unbekannt, erworben 1911
Bronze. Länge 10,2 cm
Inv.-Nr. 20100

Beilklinge

Neues Reich
Fundort unbekannt, erworben 1912
Bronze. Länge 6,9 cm
Inv.-Nr. 20456

Beilklinge

Neues Reich
Fundort unbekannt, erworben 1897
Bronze. Länge 11 cm
Inv.-Nr. 13203

Beilklinge

Theben (?), Neues Reich
erworben 1913
Bronze. Länge 10 cm
Inv.-Nr. 20163

Beile aus Kupfer sind seit der späten vorstaatlichen Zeit gebräuchlich, Bronze als Material hat sich erst mit dem Neuen Reich durchgesetzt. Seit dem Mittleren Reich ist das Metall Import aus Vorderasien, und zwar zuerst in Form von fertigen Beilklingen. Neben der einfachen Gebrauchswaffe für Krieg und Jagd haben sich zahlreiche Prunkstücke gefunden, die von den Königen bei Zeremonien verwendet und als Auszeichnungen und Amtsabzeichen verliehen wurden. Diese Prunkbeile haben dieselbe Grundform wie die gewöhnlichen Exemplare und wurden wie sie mit Lederriemen an den Holzgriffen befestigt. Unter den Darstellungen in durchbrochener Arbeit mit feiner Gravur der Details finden sich vorwiegend Amulettmotive. Zu ihnen ist der Jungvogel im Nest zu rechnen, eine Darstellung des jungen Horus als Falkenküken. Die beiden Paviane, die einen Lotosstengel umfassen, sind wohl Bilder des Gottes Thot. Der Pavian tritt auch auf den »Zaubermessern« des Mittleren Reiches als Schutzgottheit auf (vgl. Kat. Nr. 43). Zu den Schutzmächten dieser Amulette gehört ebenso der schleichende Leopard, und so wird man auch der Szene des mit dem Stier kämpfenden Löwen eine Schutzfunktion zusprechen müssen. Solche Funktion haben ja auch z. B. Kampf- und Triumphszenen auf den Skarabäen. Es ist deshalb zu Recht vermutet worden, daß die Beile mit solchen Darstellungen in durchbrochener Arbeit keine Auszeichnungen sind, sondern vielmehr eine besondere Amulettgattung. K.-H. P.

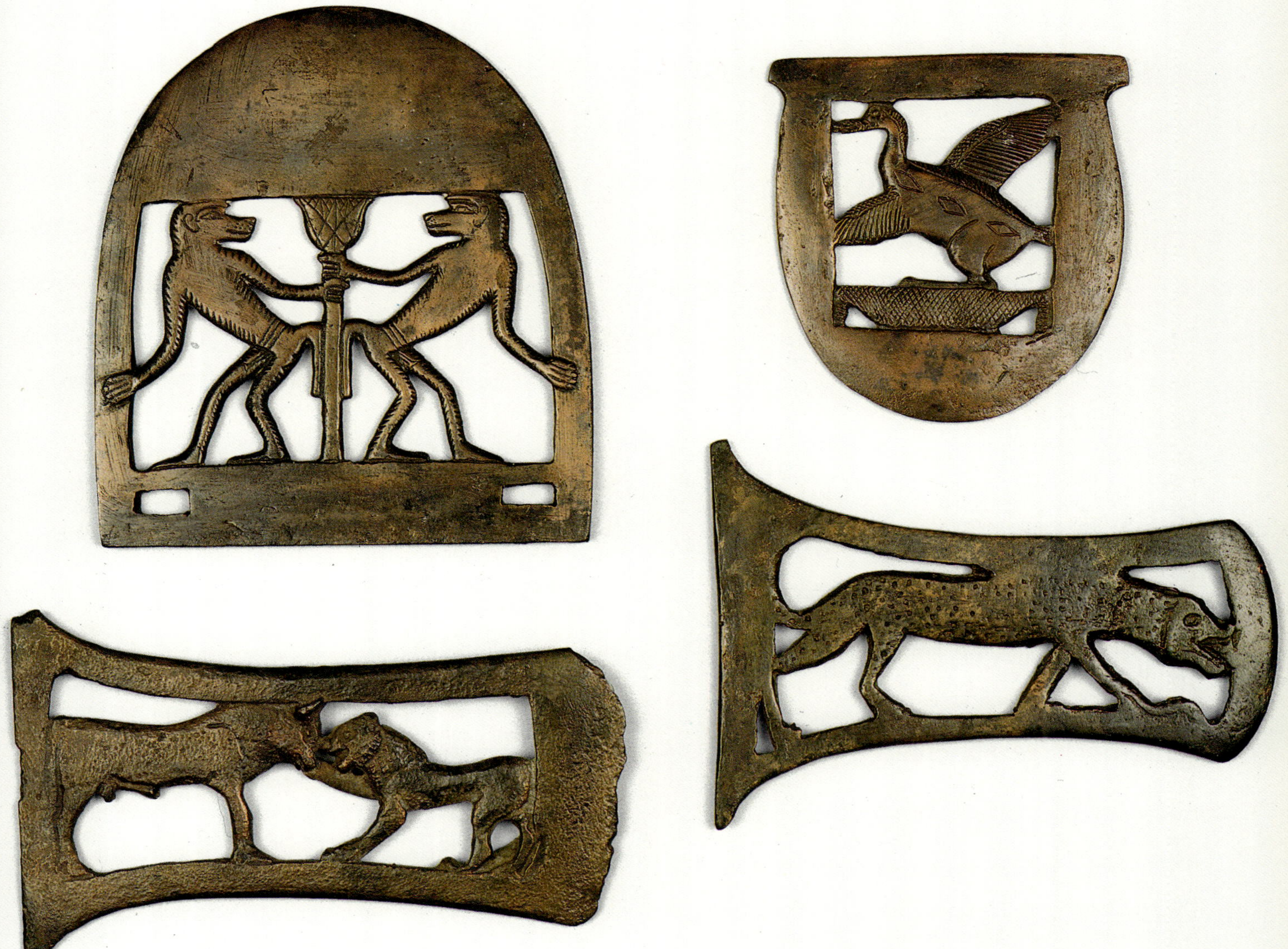

149
Lotoskelch

18. Dynastie, 1458-1355 v. Chr.
Fundort unbekannt, erworben 1912
Fayence (Kieselkeramik). Höhe 14,6 cm
Inv.-Nr. 20451

Krateriskos-Gefäß

Memphis/Saqqara, 18.-19. Dynastie
erworben 1845 (Preuß. Expedition)
Glas. Höhe 12,5 cm
Inv.-Nr. 1836

Linsenförmige Flasche

18.-19. Dynastie
Fundort unbekannt, erworben 1895
Glas. Höhe 14 cm
Inv.-Nr. 12624

Die eleganten Formen und leuchtenden Farben der drei Gefäße zeugen von der technischen Perfektion und Kunstfertigkeit ägyptischer Fayence- und Glasproduktion. Beginnend mit Schmuckperlen, Amuletten und Tierfigürchen, wurden seit etwa 3000 v. Chr. Fayencen aus porösem, mit farbigen Glasuren überzogenem Ton gefertigt.
Die Herstellung »geschmolzenen Steines«, wie die Ägypter das undurchsichtige Glas nannten, gelang erst seit etwa 1500 v. Chr. Gefäße formte man über einem Kern aus einem mit Ton-Sand-Gemisch überzogenen Metallstab, der nach dem Erkalten wieder entfernt wurde. Durch Aufschmelzen farbiger Glasfäden entstanden Ornamente aus Streifen, Wellen- und Zickzacklinien. In den kostbaren und teuren Glasgefäßen wurde Augenschminke oder, wie in diesen beiden, Parfümöle aufbewahrt.
Mit Affen-Darstellungen und Glückwunsch-Aufschriften versehen, waren die linsenförmigen Flaschen geschätzte Neujahrsgeschenke (vgl. Kat. Nr. 108).
Form und Dekor des dünnwandigen Kelches deuten darauf hin, daß er nicht für den alltäglichen Gebrauch bestimmt war. Der Blaue Lotos, dessen Blüte allmorgendlich geöffnet aus dem Wasser auftaucht und sich abends beim Versinken wieder schließt, galt als Symbol der Sonne im täglichen Zyklus von Auf- und Untergang, Tod und Wiedergeburt. So sollte der Kelch - als Grabbeigabe oder Ritualgefäß im Totenkult - dem Verstorbenen zur erhofften Auferstehung verhelfen.

C.-B. A.

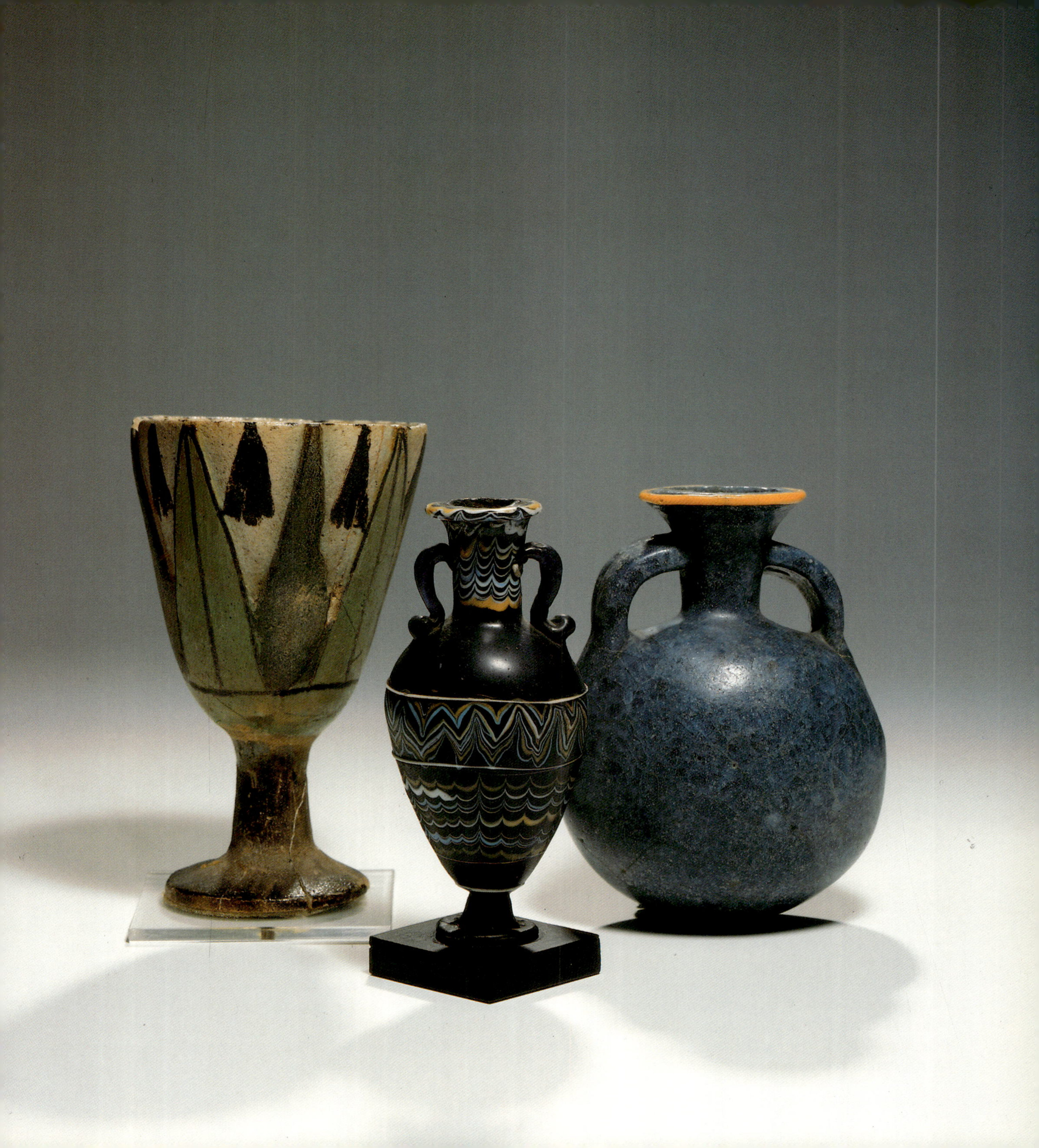

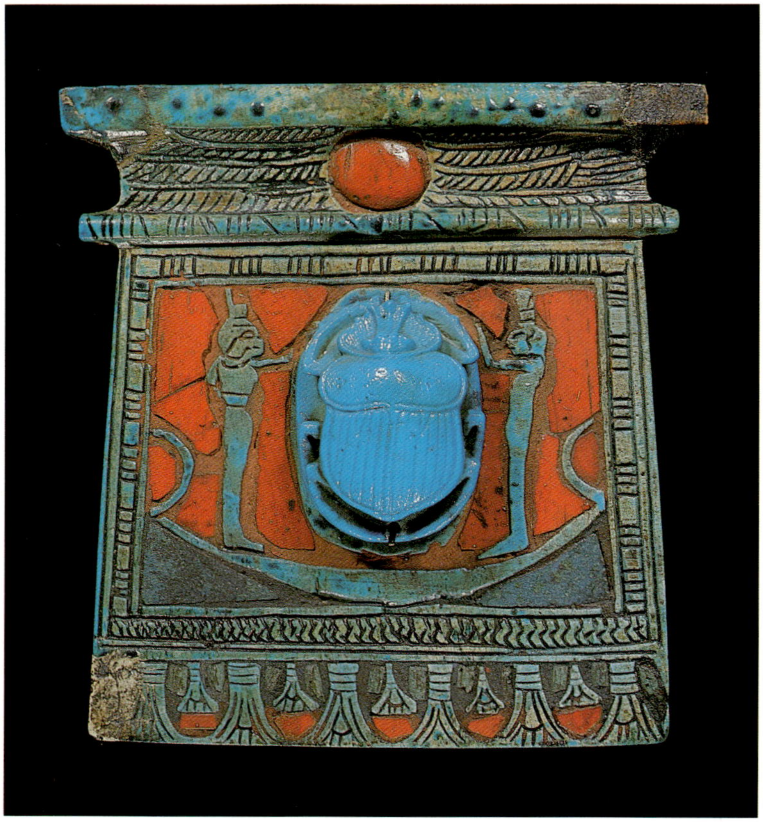

150
Pektoral des Panehesi mit Skarabäus

20./21. Dynastie, um 1100-1050 v. Chr.
Fundort unbekannt, erworben 1827
Fayence, Glas. Höhe 10,5 cm, Breite 9 cm
Inv.-Nr. 1984

Pektorale sind an einer Halskette auf der Brust getragene Amulettäfelchen mit den Bildern von Gottheiten. Deshalb haben die Tafeln in der Regel die Form einer Kapelle mit Rundstab und Hohlkehle. Auch die Mumien erhalten solche Pektorale. Die Bildszenen enthalten dann stets Totengötter, Fetische (wie das Symbol der Dauer) oder das Sonnenschiff mit einem Skarabäus. Der Skarabäus ist zumeist ein prachtvoller »Herzskarabäus«, der so eingesetzt ist, daß die Unterseite der Basis mit der Inschrift auf der Rückseite sichtbar ist, die den festgelegten Text des Totenbuches, Kap. 30, enthält (vgl. Kat. Nr. 155). So wird das Pektoral zu einem Rahmen für den Herzskarabäus und in die Bindenlagen oder auf den fertigen Mumienkörper gelegt.
Das hier abgebildete Pektoral gehörte dem Obersalbenkocher Penehesi. Unten hängen Lotosblüten herab, die sich in der Größe abwechseln, wobei der Raum unter den kleinen Blüten jeweils von einer roten Einlage ausgefüllt wird. Der Lotos symbolisiert Dauer und Ewigkeit. Darüber befindet sich eine stilisierte Wasserlinie, auf der das Sonnenboot ruht. Im Boot beten die Göttinnen Isis (links) und Nephthys (rechts) den Skarabäus als Symbol des wiedererstandenen Sonnengottes an. Im Feld der Hohlkehle hat die geflügelte mittägliche Sonne ihren Platz. Die Phasen des Sonnenlaufes, die Ewigkeit symbolisieren und an denen der Tote Anteil haben möchte, sind also das Thema der Vorderseite des Pektorals, während die Rückseite mit Namen und Titel des Eigentümers sowie dem beschwörenden Text des Skarabäus die menschliche Sphäre andeuten. H. K.

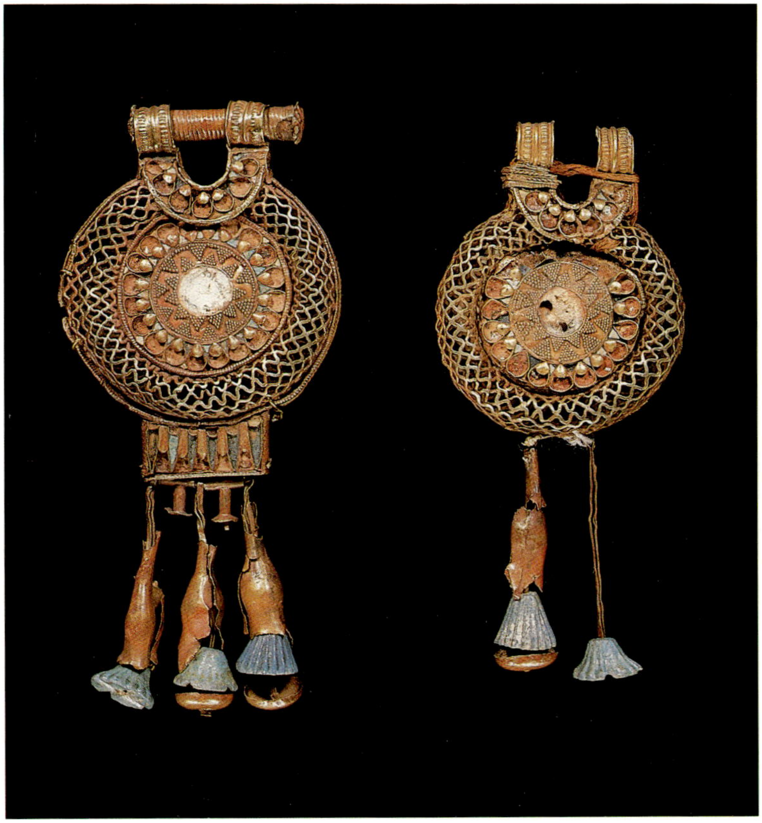

151
Ohrgehängepaar

19. Dynastie, 1. Hälfte 13. Jh. v. Chr.
Fundort unbekannt, erworben 1909
Gold, Fayence. Höhe 10,5 cm
Inv.-Nr. 19300

Ohrschmuck kommt erst mit dem Neuen Reich in Mode. Ohrpflöcke, Ohrringe bzw. ohrclipartiger Schmuck wurden anscheinend unabhängig von Alter und Geschlecht getragen. Bevorzugtes Material war Elfenbein, Glasfluß, Fayence (Kieselkeramik) oder Gold. Die massigen Ohrgehänge, wie das abgebildete, erscheinen dagegen erst mit der Regierungszeit Thutmosis' IV. Er hatte eine Mitanni-Prinzessin geheiratet, die allein 36 Paar Ohrgehänge mit nach Ägypten brachte. Es ist denkbar, daß die heimische Ohrschmucktradition dieser Dame den Geschmack der Gesellschaft beeinflußte, denn pompöse polychrome Ohrgehänge wurden seitdem gern getragen. Sie erforderten, wie sich an unserem Beispiel erweist, beste kunsthandwerkliche Arbeit: Ein Pflock aus zwei ineinandergeschobenen Röhren gehämmerten Goldblechs hält den Schmuck im Ohr. Zwei runde Goldblechscheiben verschließen die Röhren. In feinster Arbeit wurde darauf eine jeweils zwölfteilige Rosette gelötet. Die Röhre ist mit zwei Ringen an einem Reifen befestigt, der ein Ornament von Mohnblütenblättern (Fayenceeinlagen in Zellen aus Golddraht) trägt. Der Reifen hält eine Tonscheibe, auf der in der Mitte ein rundes Plättchen aus einem Halbedelstein saß (jetzt verloren). Es umgab eine Ringscheibe aus Goldblech, auf dem in einem inneren Kreis Dreiecksmuster aus Goldkügelchen aufgelötet sind, während einen äußeren Kreis wieder Mohnblütenblätter bilden. Die Scheibe umgibt eine hohle Röhre, die aus wellenförmig gebogenen Golddrähten zusammengelötet ist, noch einmal von einem Goldstreifen mit Bandmuster umfaßt. Unten ist dann ein Kästchen aus Goldblech befestigt mit einem Dekor aus Lotosblütenblättern in Zellentechnik, und an diesem Kästchen hängen die Nachbildungen von Kornblumenknospen aus Goldblech und Fayence. Das gesamte Ensemble vermittelt den Eindruck bezaubernder Leichtigkeit und Eleganz. H. K.

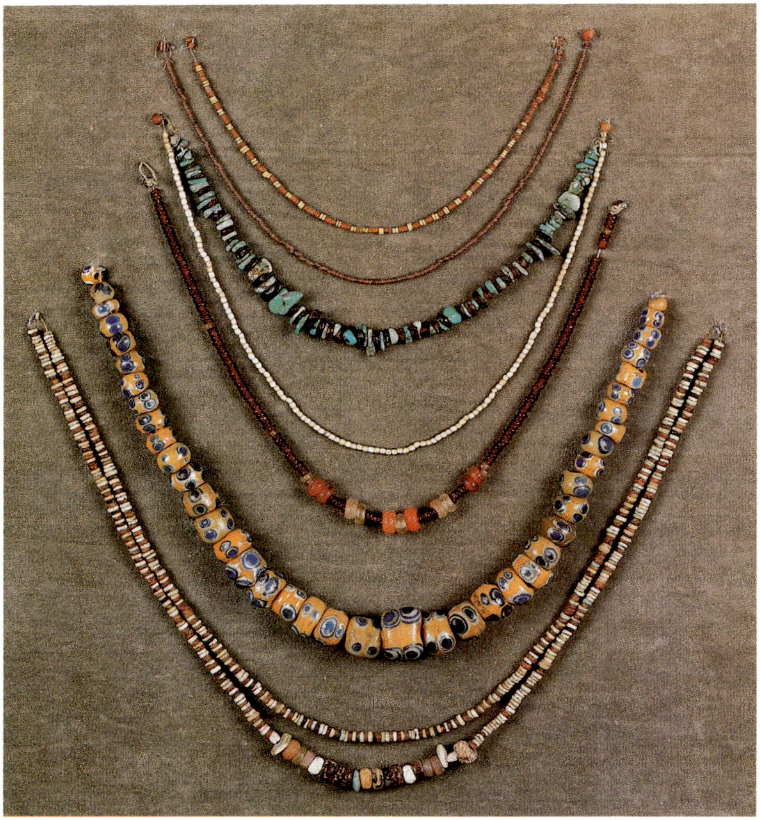

152
Perlenketten

verschiedene Zeiten
Fayence, Karneol, Granat, Straußenei, Muschel, Bergkristall, Malachit, Glas
Inv.-Nr. 2955a, 27878, 2955b, 23434, 26749, 27080

Perlenketten, mit und ohne Anhänger oder repräsentativ als Kollier oder Schulterkragen (vgl. Kat. Nr. 153) gestaltet, sind beliebter Schmuck des alten Ägypten. Bereits in den vorstaatlichen Kulturen wurden Ketten aus Perlen in unterschiedlichen Formen wie Scheiben, Ringe, Zylinder u. a. m. getragen. Bei der Wahl des Materials hat man von diesen frühen Zeiten an weniger nach der Qualität des Materials denn nach Farben Kompositionen zusammengestellt: z. B. weiße Perlen aus Straußeneierschalen oder Muscheln zu roten Karneolperlen, kombiniert mit grünem Malachit oder Fayence. Farben tragen Amulettcharakter. So konnten Perlen von grüner Fayence den Träger vor dem bösen Blick schützen, da die Farbe einen apotropäischen Charakter besaß. Besonders wertvoll und selten sind Ketten aus Glasperlen in Millefiori-Technik, die in der 18. Dynastie aufkamen. Diese Ketten entstammen Gräbern, doch sie gehören wohl weniger in die Kategorie der speziell für die Totenausstattung gefertigten Schmuckstücke, sondern sind vor allem im Leben getragen worden. H. K.

153
Halskette

Theben, 18. Dynastie, um 1400 v. Chr.
erworben 1886
Fayence. Länge der Kette 38 cm
Inv.-Nr. 9029

Dieser Schmuck gilt als technisches Meisterwerk von großem kunsthandwerklichem Rang, ohne jeden Vergleich im ägyptischen Altertum. Er kombiniert Knospen und Blüten des Granatapfels. An 32 halbgeöffneten Knospen hängen Kompositionen aus Knospen und geöffneten Blüten. Schnüre aus winzigen blauen Glasperlen verbinden die Blütenarrangements jeweils mit der Grundkette. So ergibt sich ein anspruchsvolles Kollier. Denkbar scheint, daß die altägyptische Sitte, sich bei Gelagen mit Blütenkränzen zu schmücken, bei diesem Schmuck Pate gestanden hat. Einige Forscher deuten die Blütenkelche als Jasminblüten, die noch im heutigen Ägypten, zusammengefügt zu dicken, stark duftenden Kränzen, den Halsschmuck der Gäste bei heiteren festlichen Anlässen abgeben.
Schmuck gehörte in altägyptischer Zeit zur Bekleidung von Frauen und Männern. Zu den meist weißen Gewändern trug man schwarze Perücken, betonte Augenpartie und gelegentlich den Mund mit einem raffinierten Make-up und legte schließlich kostbaren Schmuck als farbiges Accessoire an. Die Goldschmiede kombinierten das Gold mit farbigen Schmucksteinen in typischen Farbzusammenstellungen von Rot und Blau durch Karneol, hellblauen Türkis und dunkelblauen Lapislazuli. Hinzu kamen hellgrüne Steine wie Malachit, Feldspat, Amazonit. Um dem wachsenden Bedürfnis nach farbigem Schmuck zu genügen, begann man mit der Imitation der bunten Steine durch Kieselkeramik (Fayence) und farbige Glasflüsse. Dabei entstanden Kompositionen von beachtlicher Schönheit. H. K.

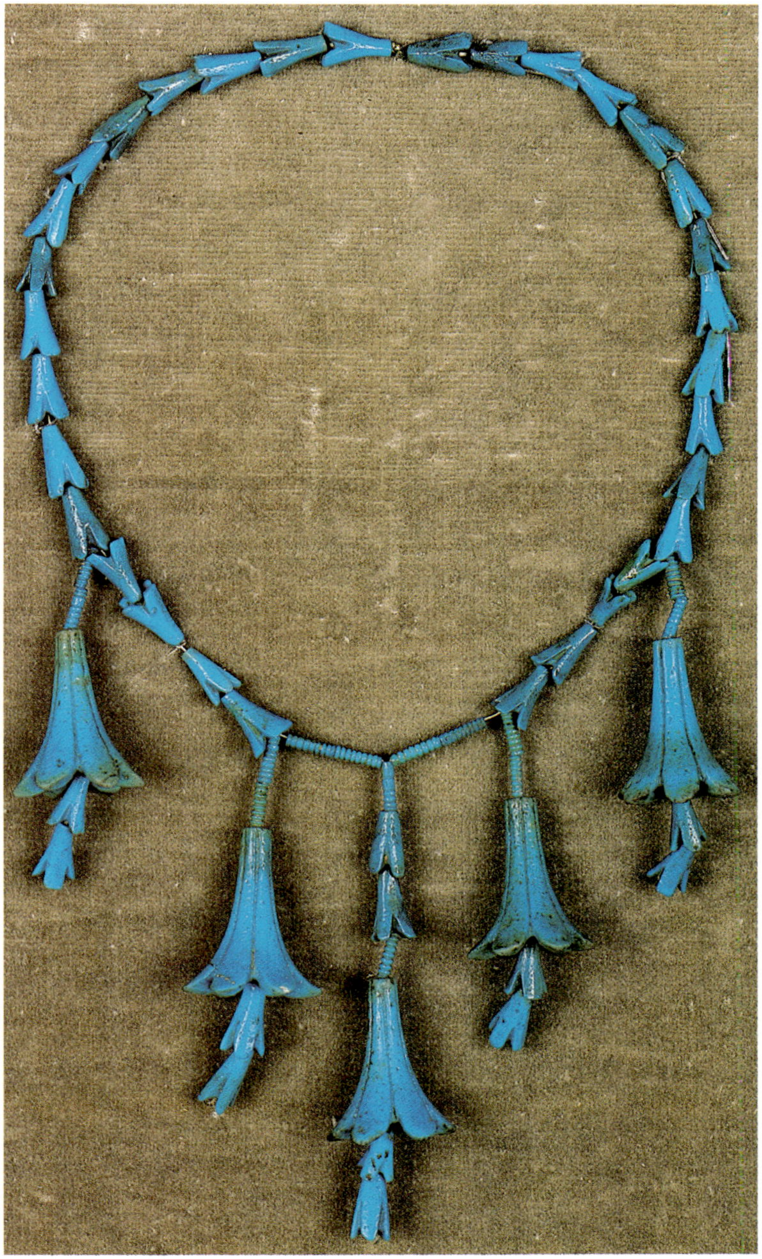

154
Skaraboid in Form eines Hasen

Neues Reich - Spätzeit
Fundort unbekannt, erworben 1896
grünglasierter Stein. Länge 1,5 cm
Inv.-Nr. 13185

Skaraboid in Form eines Igels

Neues Reich - Spätzeit
Fundort unbekannt, erworben 1897
blaugrüne Fayence (Kieselkeramik). Länge 2,3 cm
Inv.-Nr. 13189

Skaraboid in Form eines Nilpferdes

Neues Reich - Spätzeit
Fundort unbekannt, erworben 1910
(ursprünglich grünglasierter) Stein. Länge 1,4 cm
Inv.-Nr. 19770

Skaraboid in Form eines Frosches

Neues Reich - Spätzeit
Fundort unbekannt, erworben 1823 (Sammlung v. Minutoli)
(ursprünglich grünglasierter) Stein. Länge 1,55 cm
Inv.-Nr. 3805

Die Tierfigürchen repräsentieren eine Sonderform der Skarabäen, die als Skaraboid bezeichnet wird. Die Oberseite ist anderen Tieren nachgebildet, wodurch die Amulettwirkung der Beschwörungsformeln und bildlichen Darstellungen auf der Basisplatte verstärkt und erweitert werden sollte.
Der Hase wurde wegen seiner Schnelligkeit und Sinnesschärfe für etwas Göttliches gehalten. Seine Vermehrungsfreudigkeit mag ihm zu seinem Symbolwert für Erneuerung und Wiedergeburt verholfen haben. Auf der Unterseite des Skaraboiden steht »Nordland«, d. h. Unterägypten. Die für die Schreibung verwendete unterägyptische Wappenpflanze, der Papyrus, könnte als Regenerationssymbol dem Wort einen magischen Sinn verliehen haben.
Da der Igel in dem feindlichen, lebensbedrohenden Wüstengebiet existieren konnte, galt er als Sinnbild der Todesüberwindung. Übelabwehrende Zauberkräfte wurden ihm zugeschrieben, weil er sich bei Gefahr zu einer stachelbewehrten Kugel zusammenrollt. Und schließlich deuteten die Ägypter sein Erwachen aus dem Winterschlaf als Wiederbelebung, wodurch er zum Symbol für die erhoffte Wiedergeburt wurde. Die Basisplatte des Skaraboiden trägt die Wunschformel »Bastet möge Gutes geben«. Angesprochen ist die katzenköpfige Göttin Bastet, die als Beschützerin der Frauen galt, ihnen zu Fruchtbarkeit und einer leichten Entbindung verhelfen sollte.
Das wegen seiner Größe und Gefräßigkeit gefürchtete Nilpferd sollte als Dekoration von Skaraboiden nur mit seinen guten Kräften wirksam werden. Da es hauptsächlich in dem als lebensspendend und regenerierend empfundenen Nilwasser lebte, wurde es zu einem Symbol der Wiedergeburt. Sein morgendliches und abendliches Gebrüll wurde als Begrüßung und Verabschiedung der Sonne verstanden, wodurch sich ein Bezug zum Sonnenlauf und Lebenszyklus ergab. Die Hieroglyphengruppe auf der Unterseite verheißt »Leben, Dauer und Glück«.
Der Frosch, der in der Vorstellung der Ägypter aus dem fruchtbaren Nilschlamm entstand, galt gleichfalls als Symbol des sich immer wieder regenerierenden Lebens (vgl. Kat. Nr. 7). Die Basisplatte zeigt den Gott Bes mit einem Saugrohr aus einem Bierkrug trinkend (vgl. Kat. Nr. 80). Der zwergengestaltige Gott mit dem furchterregenden Fratzengesicht war einer der beliebtesten Schutzgeister des Hauses. Durch sein Äußeres sollte er alle feindlichen Mächte, besonders von der schwangeren Frau und dem Neugeborenen, abschrecken (vgl. Kat. Nr. 106).
Die apotropäische Wirkung und Wiedergeburtssymbolik der Tiere, durch die Farbsymbolik der grünen Glasur unterstrichen, machen die Skaraboide zu geeigneten Grabbeigaben: sie sollten dem Toten magischen Schutz vor Gefahren bieten und seine Auferstehung garantieren.

C.-B. A.

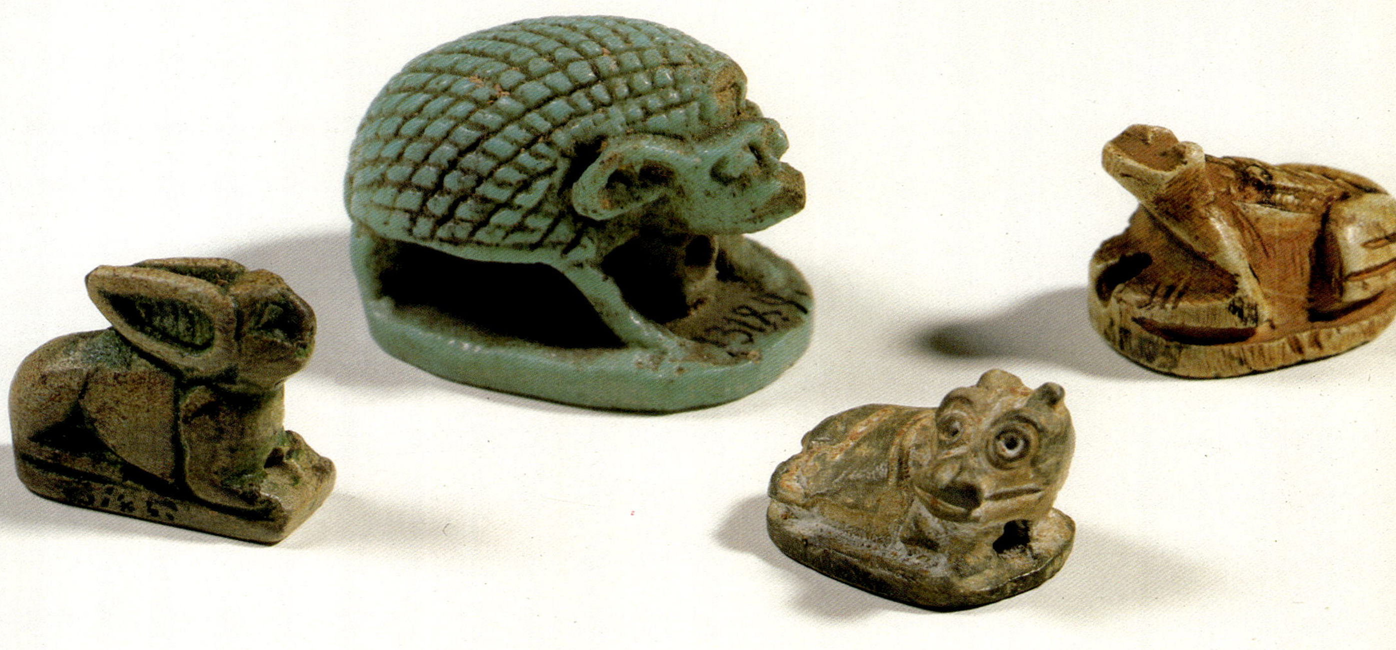

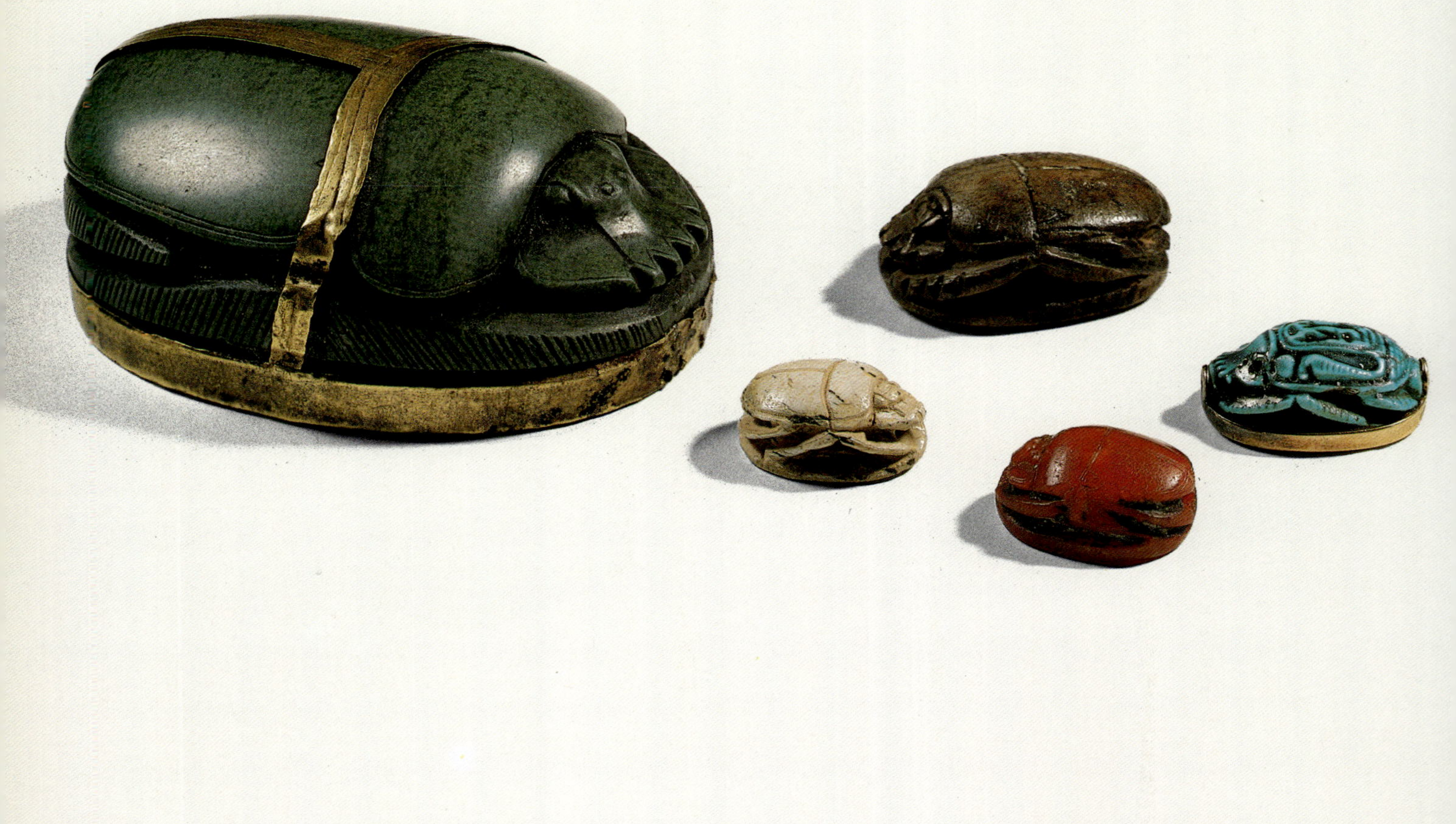

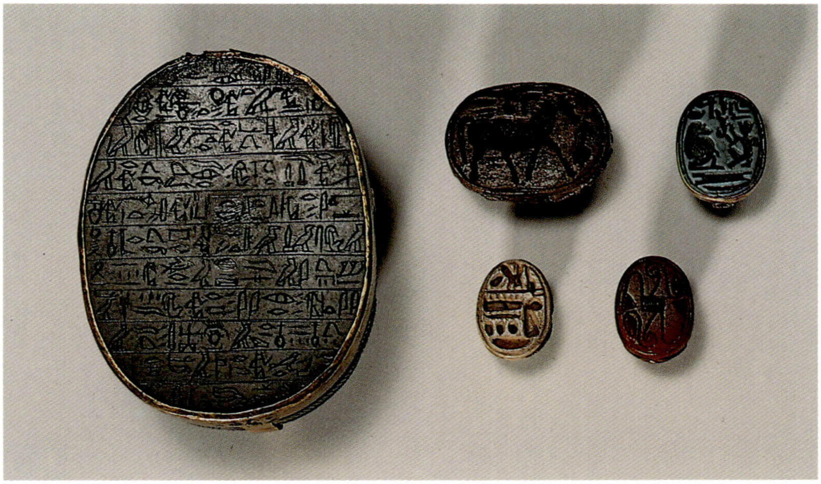

155
Herzskarabäus des Schreibers Ipu

Memphis, 18.-19. Dynastie
erworben 1827 (Sammlung Passalacqua)
Stein, Gold. Länge 6,3 cm
Inv.-Nr. 2047

Skarabäus

Unternubien, 18.-19. Dynastie
erworben 1908
Steatit. Länge 1,7 cm
Inv.-Nr. 19754

Skarabäus

18.-20. Dynastie
Fundort unbekannt, erworben 1845
Stein. Länge 2,7 cm
Inv.-Nr. 3621

Skarabäus

Theben, Mittleres Reich - II. Zwischenzeit
erworben 1827 (Sammlung Passalacqua)
Karneol. Länge 1,8 cm
Inv.-Nr. 3624

Skarabäus mit Namen Ramses' II.

19. Dynastie, um 1290-1220 v. Chr.
Fundort unbekannt, erworben 1879
glasierter Stein. Länge 2 cm
Inv.-Nr. 7970

Der dem Mistkäfer nachgebildete Skarabäus ist die für Ägypten typische Amulett- und Siegelform. Mit dem Käfer, der zur Eierablage Mistkügelchen formt und diese vor sich herrollt, verbanden die Ägypter vielfältige mythologische Vorstellungen: Sie verehrten ihn als heiliges Tier des morgendlichen Sonnengottes Chepre, der wie der Käfer verjüngt aus der Erde zu kommen scheint. Zugleich betrachteten sie ihn als Sinnbild des »Von-Selbst-Entstandenen«, des sich immer erneuernden Lebens.
Seit etwa 2100 v. Chr. ist die flache Unterseite der Skarabäen - ihrer Verwendung als Siegelamulett entsprechend - mit Ornamenten, symbolträchtigen Schriftzeichen, bildlichen Darstellungen und Inschriften versehen.
Skarabäen mit den Namen mächtiger, häufig längst verstorbener Könige wurden im Neuen Reich massenhaft hergestellt. Der Träger hoffte, daß so die Macht und Kraft des Pharaos auf ihn übergehe. Der lapislazuliblau glasierte Skarabäus ist beidseitig mit dem Thronnamen Ramses' II. beschriftet - ergänzt durch ein Bild, das den König beim Wasseropfer vor dem heiligen Tier des Gottes Thot zeigt. Allgemein auf den Pharao in seiner Eigenschaft als »gutes Pferd« und »guter Gott, Herr beider Länder« bezogen ist dagegen die Inschrift des braunen Skarabäus.
Zu den Beigaben für den Verstorbenen gehörten seit etwa 1550 v. Chr. die großformatigen, meist aus regenerierend wirkendem grünen Stein gefertigten Herzskarabäen. Sie wurden wie dieser in Goldblech gefaßt oder in ein Pektoral eingearbeitet (vgl. Kat. Nr. 150) und mit einer Kette oder Schnur um den Hals der Mumie gehängt. Auf der Unterseite sind sie mit einem Spruch des Totenbuches beschriftet, in dem das Herz beschworen wird, beim Totengericht nichts Negatives über den Verstorbenen auszusagen.

C.-B. A.

Ausschnitt aus einem Relief (Nr. 160)

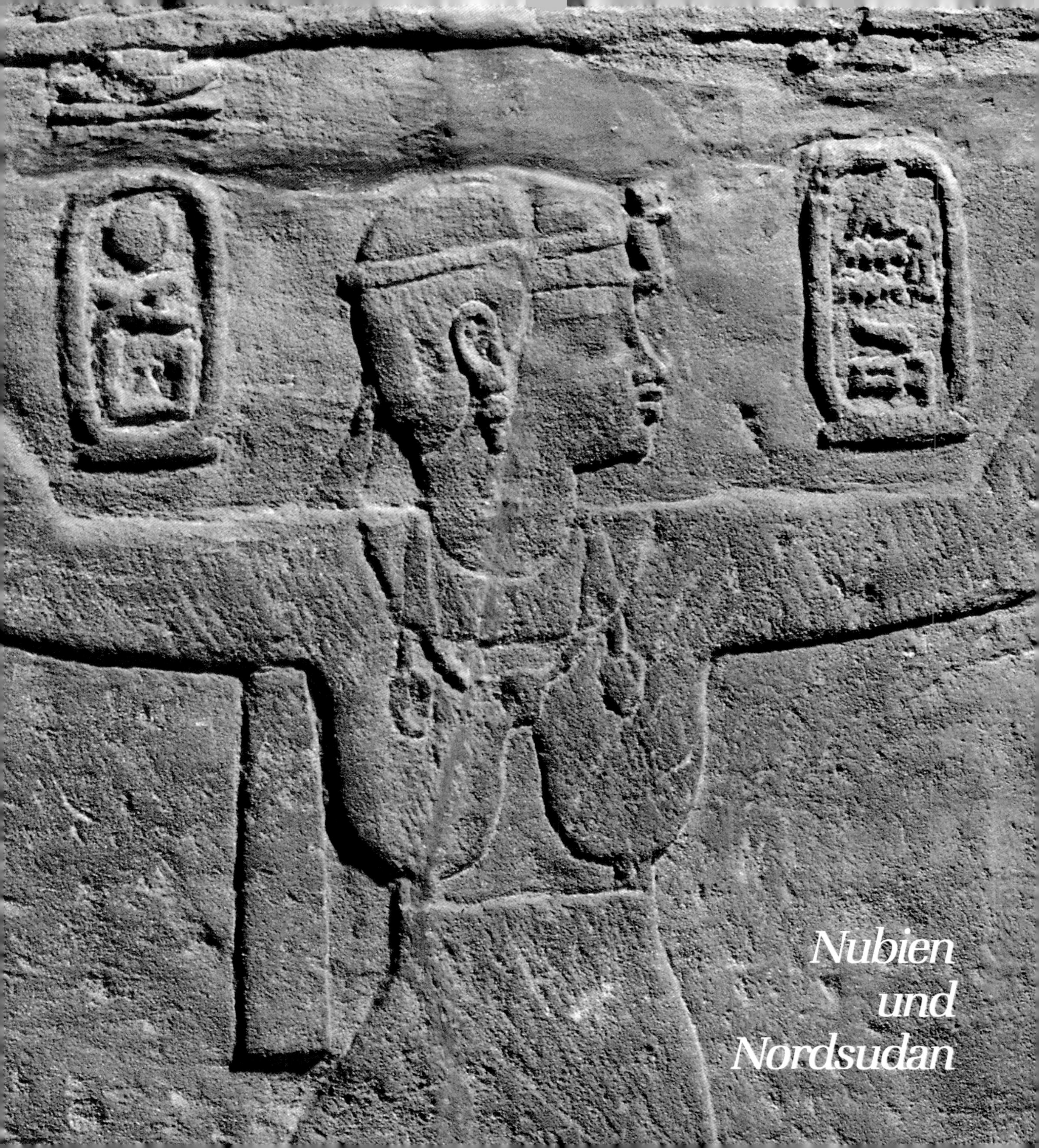

Nubien
und
Nordsudan

Nubien und Nordsudan

Ebenso wie Ägypten ist das Niltal zwischen dem I. und VI. Katarakt altes Siedlungsgebiet, dessen Schicksale eng mit denen Ägyptens verbunden waren. Bereits die um 3500 v. Chr. entstehende neolithische sog. A-Gruppen-Kultur in Unternubien weist enge Beziehungen zur Negade-II-Kultur Oberägyptens auf. Mit der Entstehung des ägyptischen Staates beginnen Raubzüge der Pharaonen, auf die u. a. die Verarmung der A-Gruppen-Kultur zurückgeführt wird.

An ihre Stelle tritt, wohl sicher durch Einwanderung aus den südwestlichen Steppengebieten um 2400 v. Chr., die sog. C-Gruppe. Expeditionen des späten Alten Reiches treffen mehrere Fürstentümer an; in Obernubien entsteht etwa gleichzeitig die Kerma-Kultur, mit deren Zentren die Pharaonen der 5. und 6. Dynastie in enge Handelskontakte treten. Seit dieser Zeit kommen Nubier als Söldner nach Ägypten.

Die Schwäche des ägyptischen Staates während der I. Zwischenzeit erlaubt eine ungestörte eigenständige Entwicklung der beiden nubischen Kulturen. Im Mittleren Reich wird dann Unternubien bis über den II. Katarakt hinaus von den Ägyptern besetzt, die ihr Herrschaftsgebiet und die Südgrenze durch ein effektives Festungssystem sichern. Das Gebiet der Kerma-Kultur ist feindliches Ausland. Eine Grenzstele vom 8. Jahre Sesostris' III. in Semna legt die Regeln für den Grenzverkehr fest: »Südgrenze . . . um nicht zu erlauben, daß sie irgendein Nubier nach Norden überschreitet zu Lande oder mit einem Schiff oder mit irgendwelchem Vieh der Nubier, außer wenn ein Nubier kommt, um in Mirgissa (am II. Katarakt) Handel zu treiben oder mit einer Botschaft oder irgend etwas, was man sonst Gutes mit ihnen zu tun hat, ohne aber zu erlauben, daß jemals ein Schiff der Nubier über das Gebiet von Mirgissa hinaus gelangt.«

Am Anfang der 13. Dynastie muß die ägyptische Oberhoheit aufgegeben werden. Die C-Gruppen-Kultur ist während des Mittleren Reiches ohne nennenswerte ägyptische Einflüsse geblieben und kann sich ungestört weiterentwickeln, da die Ägypter an Unternubien selbst kaum Interesse hatten, sondern lediglich am ungehinderten Zugang zu den Goldminen der östlichen Wüsten. Während der II. Zwischenzeit Ägyptens, 1750-1550 v. Chr., geht die Herrschaft in Unter- und Obernubien an ein Reich der Fürsten von Kerma über. In den Kämpfen der Könige von Theben mit den Hyksos stehen sie auf seiten der Hyksos. Das hat zur Folge, daß die ersten Könige der 18. Dynastie nicht nur Unternubien zurückerobern, sondern auch das Reich von Kerma vernichten und Obernubien bis fast zum V. Katarakt besetzen.

Das Reich von Kerma kann als der älteste uns bekannte Staat auf afrikanischem Boden bezeichnet werden. Die Residenz der Fürsten hatte städtischen Charakter, wie Ausgrabungen in den letzten Jahren bewiesen haben. Von der Stellung der Fürsten zeugen die riesigen, bis zu 90 m im Durchmesser großen Grabhügel, unter denen außer den Hauptbestattungen auch die Skelette zahlreicher Menschen gefunden wurden, die dem Grabherrn in den Tod gefolgt waren. Zwei große Ziegelbauten waren Tempel, in denen sich sogar Reste von Wandmalereien fanden.

Die in der ersten Hälfte der 18. Dynastie eroberten Gebiete werden von Anfang an einem Vertreter des Königs unterstellt, der den Titel »Königssohn von Kusch« trägt. Er ist verantwortlich für alle Belange von der militärischen Sicherung bis zur pünktlichen Lieferung der »Tribute« der einheimischen Bevölkerung, die ihre Stammeshäuptlinge behält, aber ansonsten immer mehr in das ägyptische Wirtschaftsgefüge einbezogen wird. Hier erhalten die großen ägyptischen Tempel und die im Lande selbst erbauten Heiligtümer Landbesitz. Zahlreiche Ägypter sind als Militärpersonen und Beamte tätig. Etwa mit Beginn der 19. Dynastie (um 1300 v. Chr.) erlöschen die einheimischen Kulturen. Aber noch um 1200 v. Chr. ist es in Unternubien zu einem größeren Aufstand gekommen, der grausam unterdrückt wurde.

Mit dem Neuen Reich geht auch die Herrschaft Ägyptens um 1100 v. Chr. zu Ende. In Unternubien fehlt es für nicht weniger als ein volles Jahrtausend trotz der intensiven archäologischen Erforschung fast völlig an Zeugnissen der kulturellen Entwicklung, ja der Besiedlung des Gebietes, für Obernubien macht die noch ganz unzureichende Feldarbeit vorerst eine Aussage unmöglich. Sicher ist aber, daß dieses Gebiet alsbald unter die Kontrolle einer Bevölkerungsgruppe geriet, die vermutlich nicht hier, sondern im Bereich zwischen der Mündung des Atbara und dem VI. Katarakt beheimatet war und die wir nach ihrem Hauptort Meroë die Meroiten nennen. Zentrum in Obernubien wird der ehemalige südlichste ägyptische Verwaltungs- und Kultort am Gebel Barkal, Napata. Die Fürsten dieses »Reiches von Kusch«, das um 1000 v. Chr. entstand, das »Äthiopien oberhalb Ägyptens« der griechisch-römischen Welt, haben wohl von Anfang an bewußt an ägyptische Kulturtraditionen angeknüpft. Amun von Napata wird die Gottheit, deren Orakelspruch ihre Herrschaft legitimierte. Die ägyptische Prägung der offiziellen Kulturäußerungen wurde gefördert durch den Umstand, daß die Fürsten von Kusch gegen 750 v. Chr. in den Besitz von Oberägypten kamen und von 715-665 v. Chr. sogar den Thron der Pharaonen innehatten (25. Dynastie, Könige Shabaqo, Shebitqu, Taharqa). Ägypter wurden für den Bau und die Dekoration der Tempelbauten ins Land geholt, ägyptisch war die alleinige Schriftsprache, eine Nachahmung des ägyptischen Beamtengrabes des Neuen Reiches die Grabstätte für den König und seine Familienangehörigen.

Am Ende des 3. Jahrhunderts v. Chr. muß es zu stärkeren Neuorientierungen im Reich gekommen sein. Der Königsfriedhof wird von König Ergamenes I., der auch der hellenistischen Literatur bekannt war, nach Meroë verlegt, die künstlerische Produktion erhält neue Impulse aus dem ptolemäischen Ägypten. Auf der anderen Seite aber treten eigenständige Elemente in der Architektur auf, meroitische Gottheiten beginnen eine größere Rolle zu spielen, etwa zu dieser Zeit wird die meroitische Sprache zur Schriftsprache. Die Schrift in zwei Formen - einer »hieroglyphischen« mit ausgewählten Zeichen der ägyptischen Hieroglyphenschrift und einer »kursiven« mit Zeichen, die der demotischen Schrift Ägyptens entnommen sind - ist lesbar, die Sprache aber noch weitestgehend unverständlich. Zu den bedeutendsten Denkmälern dieser Zeit gehören die Bauten in Musawwarat es Sufra. Hinzu treten alsbald Einflüsse hellenistischer Kultur.

Nach einem Krieg 25/24 v. Chr. kommt es zu einem Interessenausgleich mit dem Römischen Imperium in Unternubien, das zu einer blühenden Provinz des Reiches von Kusch wird. Hier entwickelt sich eine Mischkultur mit eigenwilligen Zügen.

Um 350 n. Chr. endet das meroitische Reich in Kämpfen mit dem Reich von Aksum und aus dem Süden andrängenden »Noba«. Das Gebiet zwischen dem III. und IV. Katarakt wird von den sog. »Roten Noba« besetzt. In Unternubien übernehmen gegen Ende des 4. Jhs. Fürsten der »Nobaden« die Herrschaft, ohne daß es zu einem Bruch in der kulturellen Entwicklung dieses Gebietes kommt.

Aus den drei Gruppierungen entstehen drei mittelalterliche Reiche, die zwischen 540 und 580 n. Chr. das Christentum annehmen, im meroitischen Kerngebiet das Reich von Alwa (Hauptstadt Soba), in Obernubien das Reich Makuria (Hauptstadt Alt-Dongola) und in Unternubien das Reich Nobatia (Ende des 7. Jhs. mit Makuria vereint).

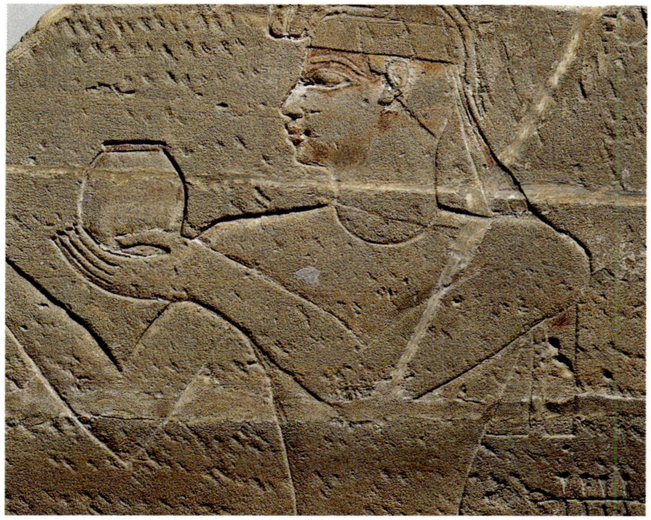

156
König Shebitqu, Wein opfernd

Relief aus dem Tempel des Ptah
Theben/Karnak, 25. Dynastie, um 700-690 v. Chr.
erworben 1845 (Preuß. Expedition)
Sandstein, Farbreste. Höhe 67 cm, Breite 88 cm
Höhe des Bildausschnittes 38 cm
Inv.-Nr. 2103

Das Bildnis des zweiten Herrschers der 25. »äthiopischen« Dynastie zeigt ihn in der unendlich häufigen Kultszene, dem Gott Wein in zwei Gefäßen darreichend. Auch ohne Kenntnis der Herkunft und der damit gegebenen Identität des Herrschers wäre das Relief ohne weiteres zeitlich einzuordnen. Als König des Reiches von Kusch ist Shebitqu kenntlich an der Kappe mit dem breiten Diadem, an der charakteristischen Windung, mit der die zwei Uräen (als Repräsentanten von Kusch und Ägypten) auf dem Scheitel liegen, der Höhe des kurzen Schädels, dem starken Hals und der auch im Relief noch deutlichen Rundung des Gesichtes mit den vollen Lippen. K.-H. P.

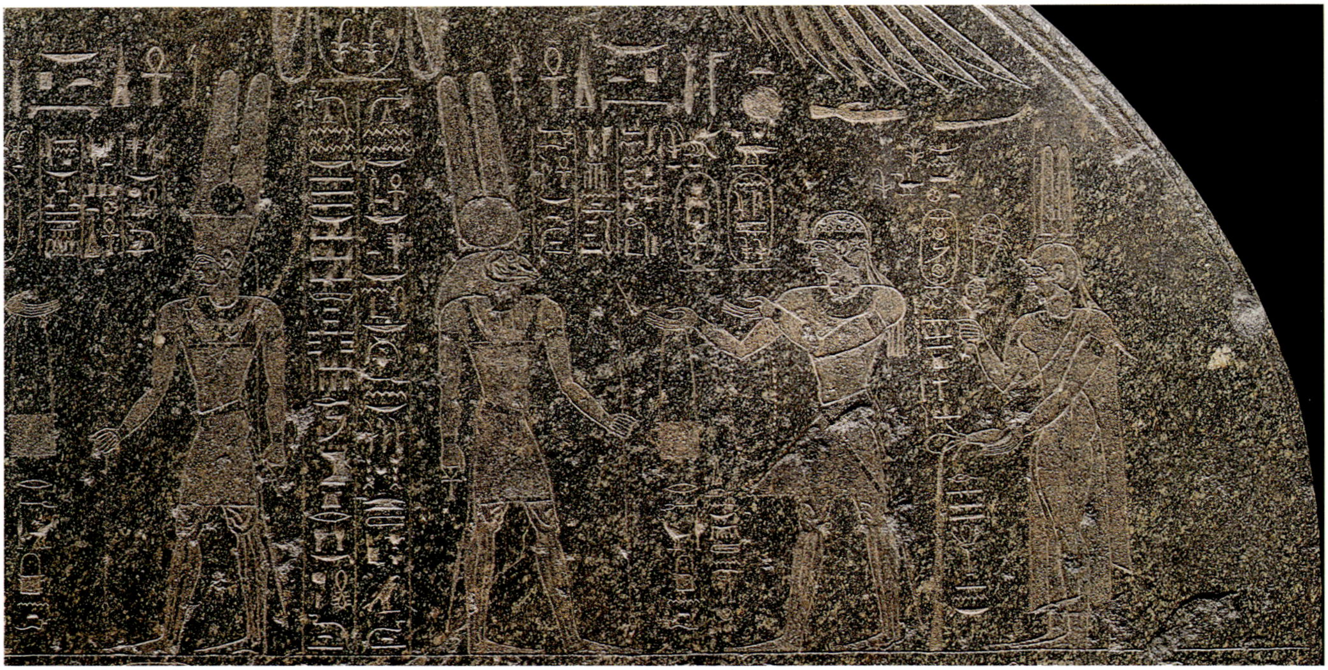

157
König Nastasen und seine Mutter vor dem Gotte Amun

Relief im Giebelfeld der Stele des Königs
Napata (G. Barkal), um 330 v. Chr.
gefunden in Neu Dongola, erworben 1871
Granit. Höhe der Stele 163 cm, Breite 127 cm
Höhe des Bildausschnittes 44 cm, Breite 85 cm
Inv.-Nr. 2268

Im Reichstempel des Amun in Napata wurden eine Reihe von Stelen gefunden, in deren Inschriften die Herrscher von Kusch über ihre Thronbesteigung, Feldzüge, Tempelbauten und Stiftungen für die Götter berichten. Bis zum Ende des 4. Jhs. v. Chr. sind sie in ägyptischer Sprache abgefaßt. Zu diesen wertvollen Denkmälern der Geschichte des Reiches gehört die Stele aus dem 8. Jahre des Königs Nastasen, die mit Sicherheit aus Napata stammt, auch wenn sie, erst im vorigen Jahrhundert verschleppt, 1853 in Neu Dongola entdeckt wurde. Die Reliefs des Giebelfeldes und die Inschriften sind ungewöhnlich sorgfältig gearbeitet, zeigen aber einen schon recht eigenwilligen »unägyptischen« Stil. Besonders die Hieroglyphen haben oft eine seltsame Form. Wie auch auf Stelen der ägyptischen Könige häufig, ist im Giebelfeld in antithetischer Anordnung der König vor zwei Göttern opfernd dargestellt. Rechts steht er vor dem widderköpfigen Amun von Napata, links vor dem menschenköpfigen Amun von Karnak. Der König ist mit dem ägyptischen Herrscherschurz bekleidet, trägt aber die kuschitische Königskappe mit dem breiten Diadem, an dem nur ein Uräus befestigt ist. Er reicht dem Gott ein Pektoral und eine Kette aus ovalen Kugeln. Für das Reich von Kusch geradezu selbstverständlich ist der König von seiner Hauptgemahlin (in der rechten Szene) und seiner Mutter begleitet, der »Königsschwester und Königsmutter, der Herrin von Kusch, Pelcha«. Sie trägt die Königskappe mit Diadem und Uräus wie der Sohn, hält in der linken Hand das Sistrum und gießt mit der rechten aus einem Kulteimer, der Situla, Wasser vor dem Gotte aus. Sie ist eine der Kandakes der meroitischen Inschriften und der griechisch-römischen Literatur, die sie zu den eigentlichen Herrschern des Reiches machte, obwohl dies nur in Einzelfällen zutraf. Auf eine besondere historische Rolle der Pelcha scheint eine Beischrift nach dem Namen hinzudeuten: »Ihr wurde die Krone in Napata gegeben, weil ihr Vater die Kapelle der Königskappe des Re-Harachte ›befestigt‹ hat.« K.-H. P.

158
Stele des Prinzen Taktidamani

Meroë (Begerawia), Pyramide W 18, 2. Jh. v. Chr.
erworben 1845 (Preuß. Expedition)
Sandstein. Höhe 47 cm, Breite 31 cm
Inv.-Nr. 2253

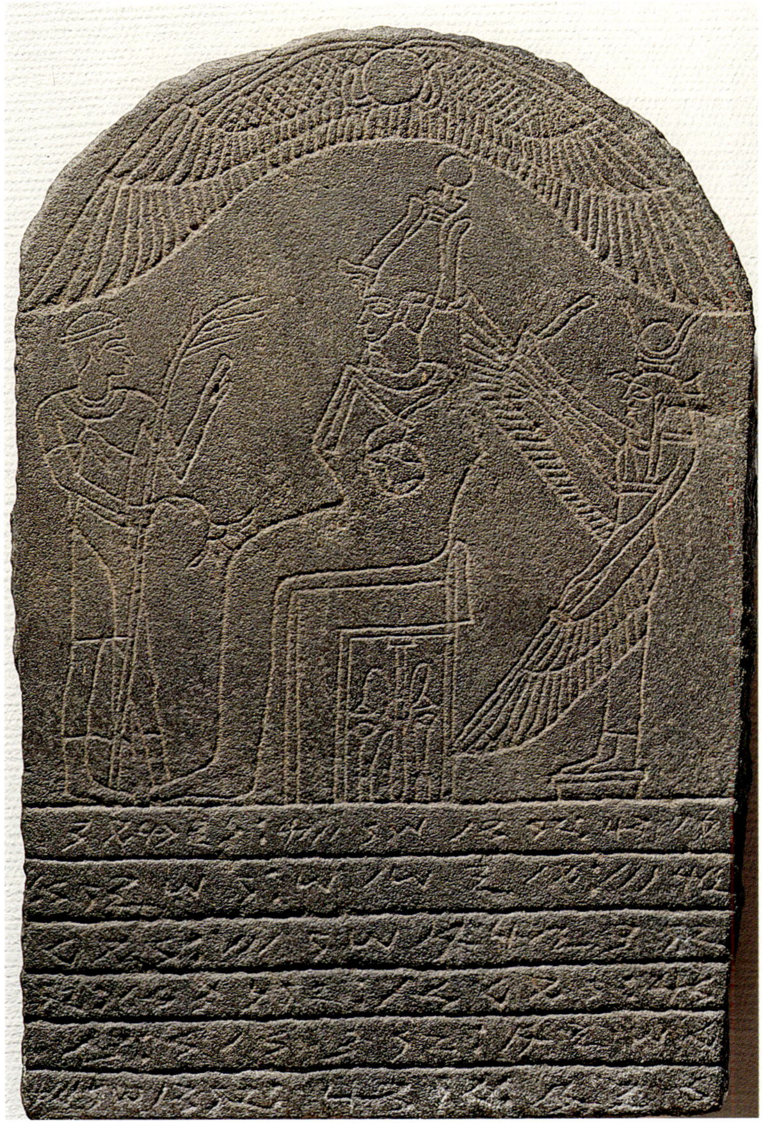

Die Könige von Kusch und ihre Angehörigen sind unter steilwandigen Pyramiden begraben worden, an deren Ostseite Opferkapellen angebaut waren. In der in den Pyramidenkörper einschneidenden inneren Westwand der Kapellen stand die Grabstele. Im Bildfeld der Stele des Prinzen Taktidamani tritt der Verstorbene betend vor den thronenden Osiris, der von seiner Gemahlin Isis mit den geflügelten Armen schützend umfangen wird. In der rechten Hand hält die Göttin die Feder der Maat, in der linken ein Gefäß, aus dem die Wasserspende fließt. Die Würde des Prinzen ist durch den über die rechte Schulter gelegten und über der Brust verknoteten Umhang und ein Diadem kenntlich, die rechte Hand hält die Lotosblüte und einen Palmzweig. Alte ägyptische Tradition ist die geflügelte Sonnenscheibe über der Szene. Unter dem Bilde enthalten sechs Zeilen in archaischen meroitischen Kursivzeichen die Opferformel. Sie gehört zu den Texten, die teilweise bereits verständlich sind: »O Isis, o Osiris, dem Taktidamani, den Dokarora gezeugt hat, den Amaniteres geboren hat, gutes Brot möget ihr (?) gewähren (?), gutes . . . möget ihr . . ., o Isis, o Osiris.«
Die meroitischen Grabstelen und die Opfertafeln, die ebenfalls mit der Opferformel beschriftet werden, enthalten häufig sehr ausführliche Angaben über die Verwandten des Toten und über seine Funktionen. Auch wenn noch längst nicht alle Titel in ihrem Bedeutungsgehalt sicher »übersetzt« werden können, sind diese Stelen die wichtigste Quelle, die uns für die Rekonstruktion der Gesellschaftsstruktur des Reiches von Kusch bisher zur Verfügung steht. Die langen in meroitischer Sprache abgefaßten »historischen« Steleninschriften der Könige aus den Tempeln sind noch fast völlig unverständlich.

K.-H. P.

159
Büsten zweier Löwengötter und des Gottes Amun als Widder

Musawwarat es Sufra (Sudan), um 200 v. Chr.
Leihgabe der Humboldt-Universität zu Berlin
Sandstein. Höhe 65 cm, Breite 85 cm
Inv.-Nr. 24300

Musawwarat es Sufra ist eine Ruinenstätte des Reiches von Kusch, etwa 40 km landeinwärts des Nils in einem Tal der Wüstensteppe südlich von Meröe, der Metropole des Reiches. Die von der Humboldt-Universität zu Berlin unter Leitung von F. Hintze 1960-1969 durchgeführten Grabungen haben eine bisher unbekannte Seite der Kunstgeschichte des Reiches aufgeschlagen. Zum ersten Male ist einerseits das Vordringen unägyptischer Bautraditionen in die offizielle Tempelarchitektur im 3. Jh. v. Chr. deutlich geworden, andererseits eine enge Beziehung zum zeitgenössischen Kunstschaffen des frühptolemäischen Ägypten. Die Reliefs des für den meroitischen Löwengott Apedemak erbauten Tempels stehen deutlich in den besten Traditionen des zeitgenössischen Ägypten und zeigen gleichzeitig die Herausbildung des eigenen Weges, der die meroitische Kunst der nächsten Jahrhunderte prägte, in einer Qualität der zeichnerischen und bildhauerischen Leistung, für die es bisher keine weiteren Beispiele gibt. Der Erbauer des Apedemak-Tempels, König Arnekhamani, regierte zu einer Zeit, als die alte Reichsmetropole Napata nicht mehr das unbestrittene Zentrum war, in dessen Umgebung die Könige ihre Grabstätten angelegt hatten; er gehörte zu den ersten Generationen von Herrschern, unter denen kulturelle Traditionen des meroitischen Kerngebietes neben der ägyptischen Prägung des Reiches in Religion und Kunst ihren Platz beanspruchten und durchsetzten. Gleichzeitig war er wohl der König, der durch den oberägyptischen Aufstand 204-185 v. Chr. zeitweilig die Herrschaft über das ptolemäische Unternubien und Philae gewann. Zu den unägyptischen Zügen der Tempelarchitektur gehört das Auftreten von neuen Motiven der Bauplastik, die Ägypten seit alters nur für die löwengestaltigen Wasserspeier der Tempel und die »Osirispfeiler-Figuren« der Könige kannte. Die drei Tiergestalten ragen aus einer gemeinsamen Rückplatte hervor, die über dem Portal des Apedemak-Tempels angebracht war. Der Widder ist das Tier des Gottes Amun, dem seit alters auch im Reich von Kusch die führende Rolle zukam. Auf dem Kopf trägt er die aus einem Untersatz, den waagerechten gedrehten Hörnern des altägyptischen Mähnenschafes, der Sonnenscheibe und den beiden hohen Feldern aufgebaute Krone. Vor der Krone und seitlich der Federn stehen Uräen. Zwischen den Beinen des Tieres wächst eine Lotosblüte empor. Die Kronen der beiden Löwen sind die sogenannte »hmhm-Krone«, die auch der König in bestimmten Tempelreliefs trägt, für den rechten Löwen zudem noch mit einer Mondsichel belegt. Die Identität der beiden als Löwen präsenten Gottheiten ist noch ungeklärt. Der linke Löwe könnte ohne weiteres der Löwengott Apedemak sein.

Die Anbringung von Dreiergruppen von Gottesbildern über Portalen ist bisher nur in Musawwarat es Sufra mehrfach nachgewiesen. In der Regel ist die Darstellungsweise so, daß die Köpfe auf einem gemeinsamen breiten stilisierten Schulterkragen (»Aegis«) sitzen. Das kennen wir aus Ägypten als eine spezielle Form von Schutzamuletten, bei denen ebenfalls mehrere Götterköpfe nebeneinander vorkommen können. In die Bauplastik übernommen, haben diese Bildnisse sicherlich ebenfalls die Aufgabe, den Tempel zu schützen.

Die Tierköpfe sind kräftig modelliert, die Löwenköpfe zeigen deutlich eine eigenständige Formgebung, bei der die hervorgehobenen stilisierten Details wie die Augen und Augenbrauen, die Barthaare, Ohren usw. ein stark ornamentales Gepräge erhalten.

K.-H. P.

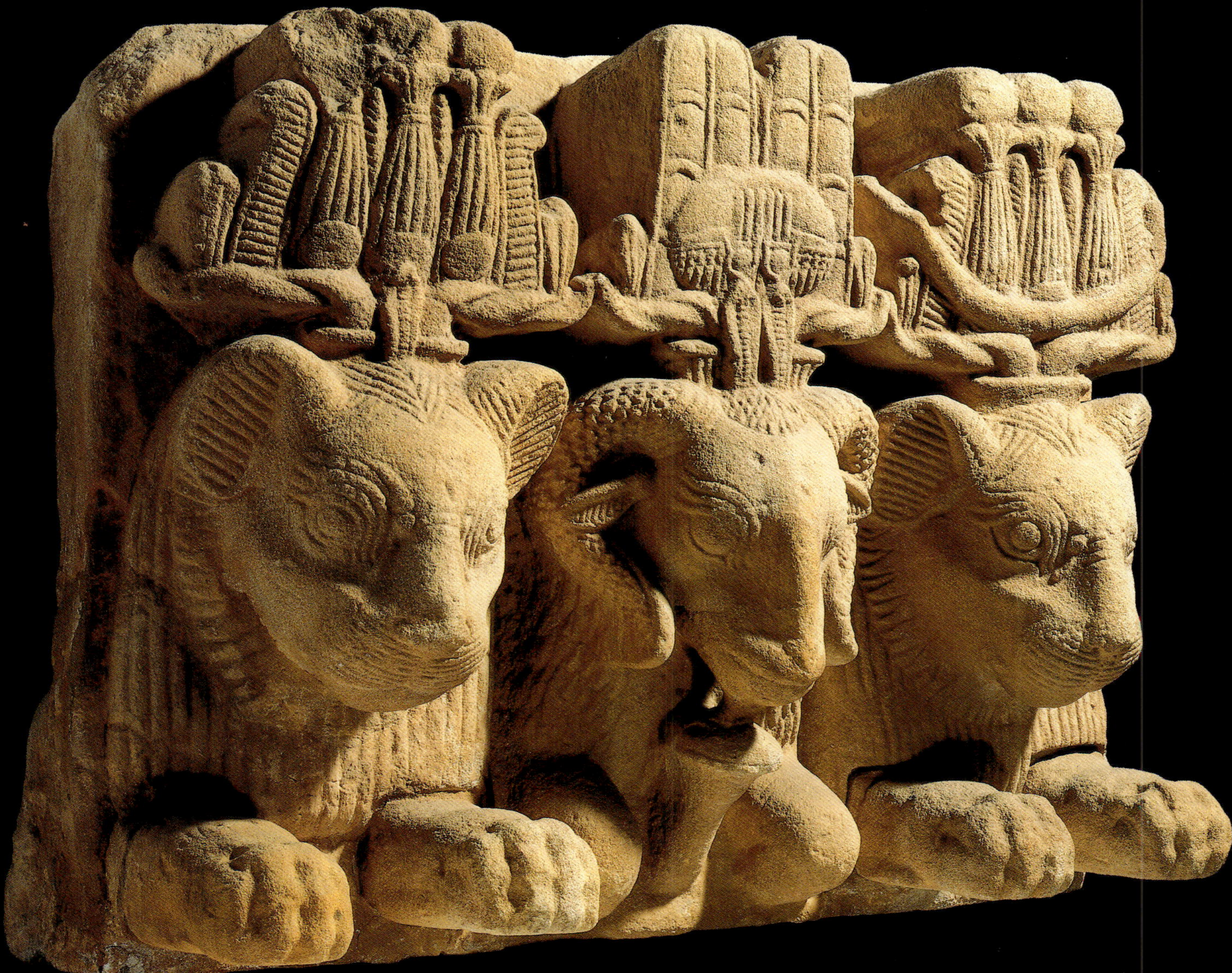

160
Barkenuntersatz des Königs Natakamani und der Kandake Amanitore

Wad Ban Naga (Sudan), um 1-25 n. Chr.
erworben 1845 (Preuß. Expedition)
Sandstein. Höhe 116 cm, Seitenlänge 84 cm
Inv.-Nr. 7261

In einem stark zerstörten Tempel der bedeutenden meroitischen Ruinenstätte Wad Ban Naga fand die Preußische Expedition 1844 drei »Altäre«, von denen der größte in das Berliner Museum gelangte (die beiden anderen sind verschollen). Die Sandsteinblöcke haben die Form einer Kapelle mit leicht geböschten Wänden und dem üblichen Gesims aus Rundstab und Hohlkehle, an deren Frontseiten wie über Tempeleingängen die Sonnenscheibe mit den Uräen angebracht ist. Diese »Altäre« sind »Untersätze« für die Kultbarke oder den Naos mit dem Kultbild einer Gottheit. Der ägyptische Tempel und der Untersatz als sein Abbild repräsentieren den Kosmos, über deren Himmelsregion die Gottheit wohnt. Dieser Idee entspricht die Reliefdekoration: Auf zwei Seiten des Berliner Untersatzes tragen Göttinnen, die zwei der vier Himmelsstützen personifizieren, auf den emporgereckten Händen das Himmelszeichen. An die Stelle der beiden anderen Göttinnen treten der Erbauer des Tempels, König Natakamani und die Kandake Amanitore. Die »Königsmutter« ist im Gewand der Göttinnen, aber mit starken hängenden Brüsten dargestellt, um den Hals ist über einen Schulterkragen die charakteristische Halskette des kuschitischen Königsornates gelegt; wie die Könige trägt die Frau ein Diadem. Die seitlichen Inschriftzeilen in ägyptischer Sprache fordern die Göttin Isis auf, sich auf dem Untersatz niederzulassen, ihrem Kultbild »einzuwohnen«: »Bleibe du, bleibe du auf dem ›großen Thron‹, Isis, Herrin der Unterwelt, so wie der Mond bleibt, der als Ei (als Neumond) wächst beim Durchwandeln des Himmels, möge sie (für »mögest du«) Leben geben deiner Tochter Amanitore.« Die Rede des Königs auf der Gegenseite ist ähnlich gestaltet, die Reden der beiden Göttinnen beschreiben dagegen ihre Trägerfunktion: »Von mir ist der Himmel hochgehoben für die lebenspendende Isis / für die Herrin der Erde. Von mir ist ihr Sitz in größere Ferne gerückt als (der) ihres Erzeugers / ihrer Gebärerin. Sie erstrahle in ihm in ihrer Barke wie die Sonne in ihrer Barke / wie der Mond, der in seiner Barke umwandelt.« Hinter den Köpfen von König und Kandake steht der vierte Titel der altägyptischen Königstitulatur (»König von Ober- und Unterägypten, Herr beider Länder«) mit einem ägyptischen Thronnamen, vor den Köpfen der fünfte Titel (»Sohn der Sonne, Herr der Diademe«) mit den persönlichen Namen der Herrscher, die aber in meroitischen Hieroglyphen geschrieben sind. Diese beiden Namen waren denn auch durch den Vergleich mit den ägyptischen Schreibungen der Namen in den seitlichen Inschriftenzeilen ein entscheidender Schlüssel für die Entzifferung der meroitischen Schrift.

Die Untersätze aus Wad Ban Naqa bezeugen in der Bildidee und der Formulierung der Reden der »Himmelsträger« eine enge Verbindung Meroës zum religiösen Gedankengut Ägyptens der griechisch-römischen Zeit, »meroitischer Stil« ist insbesondere an der Gesichtsbildung zu beobachten. »Meroitisch« ist natürlich, daß König und Kandake in gleichberechtigter Herrschaftsfunktion auftreten. K.-H. P.

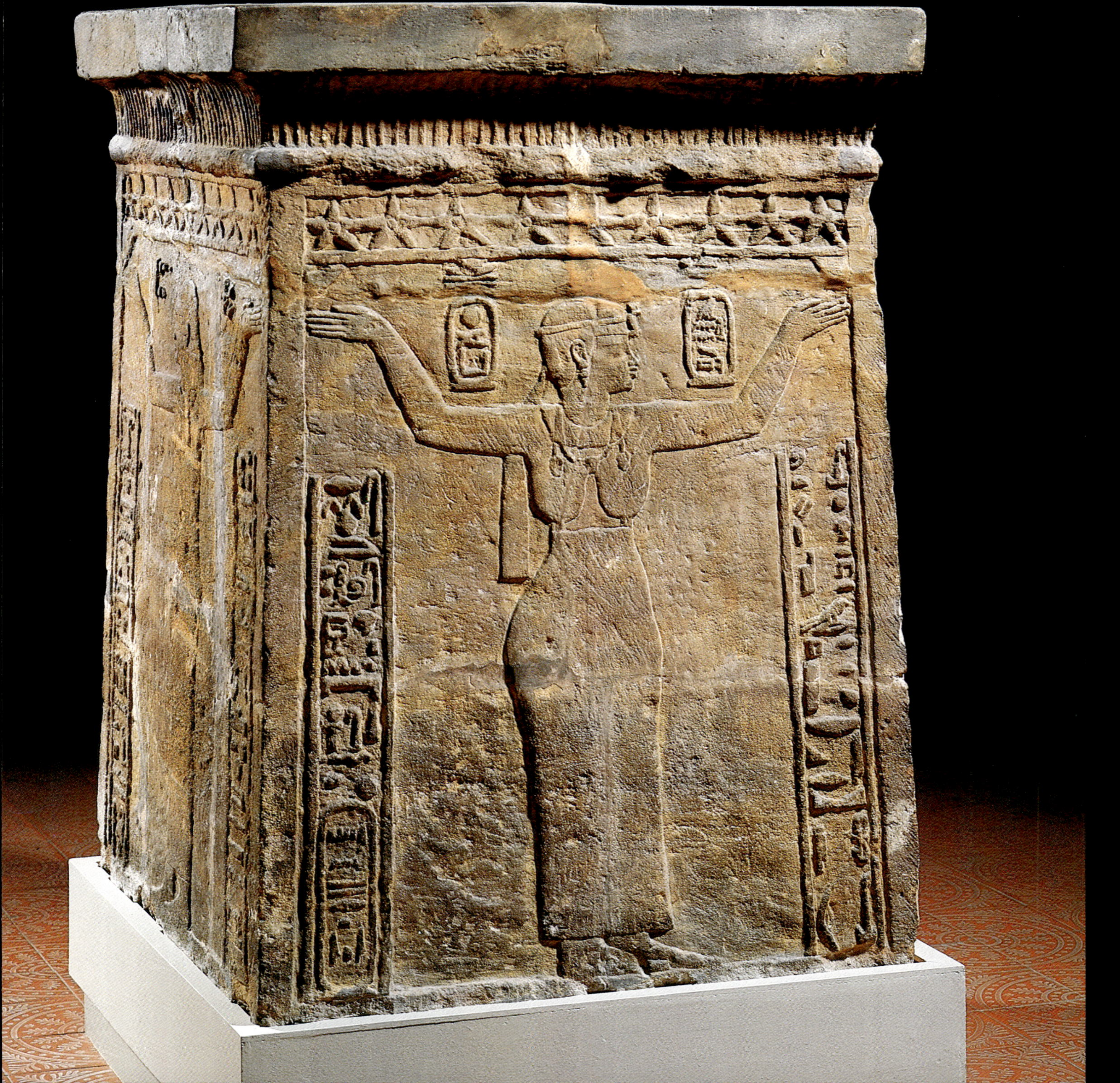

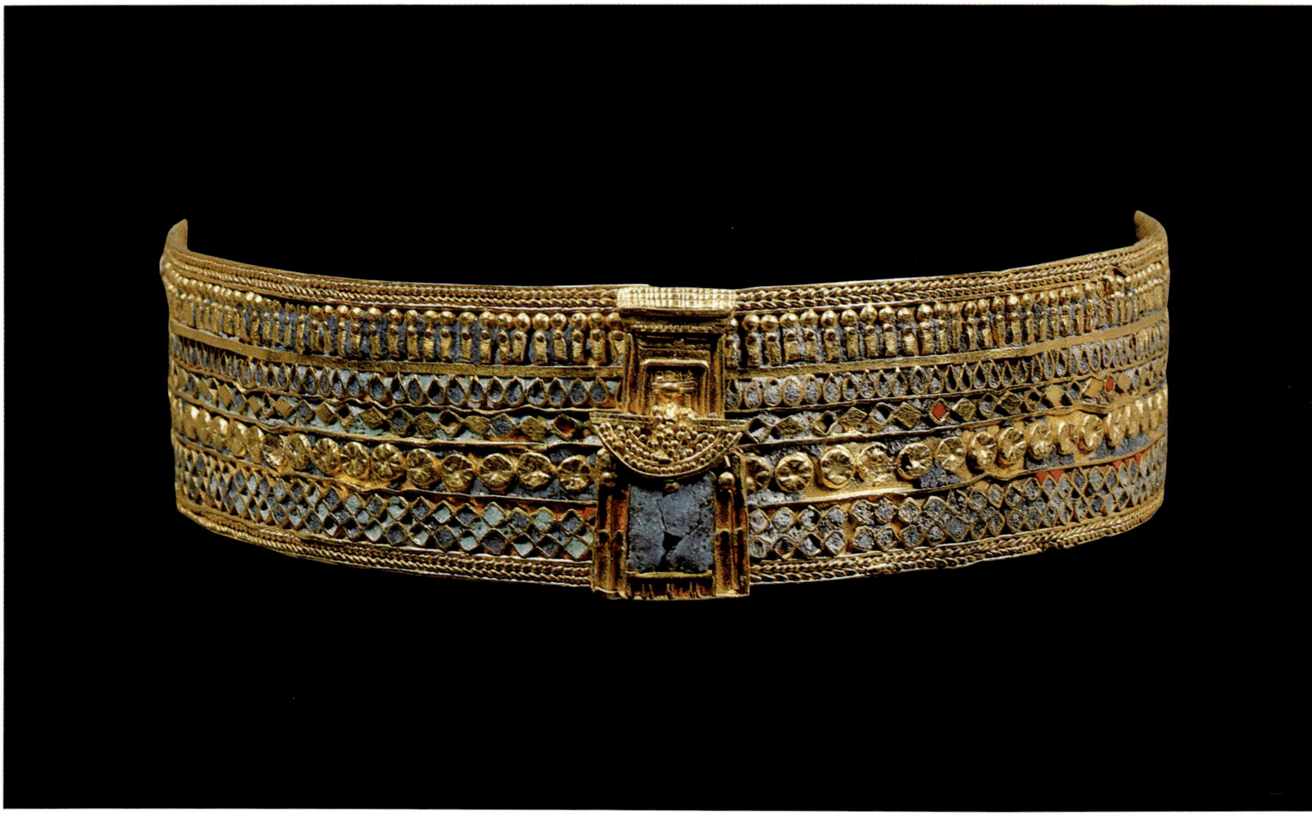

161

Armband aus dem Schatz der Amanishakheto

Meroë (Begerawia), Pyramide N 6, 1. Jh. v. Chr.
erworben 1844
Gold mit Glasflußeinlagen. Höhe 3 cm, Breite 18,5 cm
Inv.-Nr. 1644

Im Jahre 1834 fand der italienische Arzt G. Ferlini bei »Ausgrabungen« im oberen Teil einer der größten Pyramiden von Meroë eine kleine Kammer mit einer Bahre und einer Fülle von Beigaben, zumeist kostbare Schmuckstücke aus dem Besitz der Kandake Amanishakheto, die unter der Pyramide begraben lag: 10 Armbänder, 9 »Schildringe«, 67 Siegelringe, zwei Armkettchen und zahlreiche Amulette und Teile von vielgliedrigen Halsketten oder Schulterkragen. Der Fund wurde zunächst als gefälscht verdächtigt; erst 1844, als C. R. Lepsius in Meroë die Auffindung von beteiligten Ortsansässigen bestätigt erhielt, wurde der größte Teil für Berlin angekauft; ein anderer Teil war schon vorher von König Ludwig I. von Bayern erworben worden.

Amanishakheto war eine derjenigen Kandakes, »Königsmütter«, des Reiches von Kusch, die gleichzeitig auch den Titel »Herrscher«, »König« führten, wahrscheinlich die Gegnerin des Kaisers Augustus in einem Kriege 24-21 v. Chr. Die Schmuckstücke gehören zu den kostbarsten Zeugnissen des meroitischen Kunstgewerbes, sicherlich sind es keine ägyptischen Arbeiten. Einige Stücke sind hellenistische Erzeugnisse.

Jedes der Armbänder besteht aus zwei Hälften, die verbindenden Scharniere sind mit Götterdarstellungen verdeckt. Auf dem abgebildeten Stück ist es ein winziger Kopf des Gottes Amun als Widder auf einer großen »Aegis«, einem stilisierten Schulterkragen, vor einem Tempeltor auf einem hohen Untersatz. Die Ornamentierung der Armbandflächen wird durch kleine getriebene Figuren (Uräen, Rosetten) und Muster in Zellenschmelzarbeit gebildet. K.-H. P.

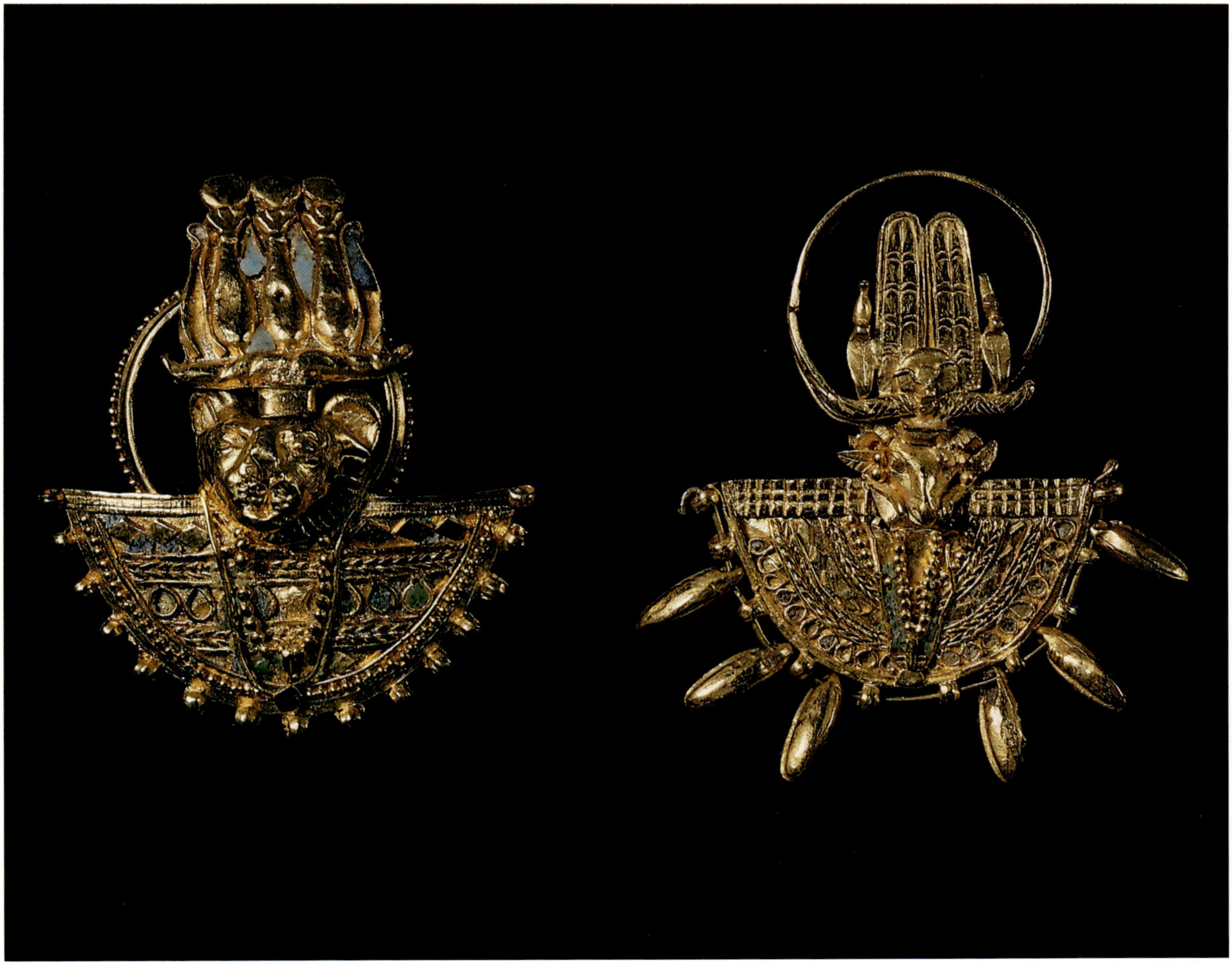

162

Zwei »Schildringe« aus dem Schatz der Amanishakheto

Meroë (Begerawia), Pyramide N 6, 1. Jh. v. Chr.
erworben 1929
Gold mit Glasflüssen. Höhe der »Schilde« 4,5 cm
Inv.-Nr. 22870, 22872

Auf Fingerringen mit aufgelötetem Golddrahtdekor sitzen mit einem Gelenk verbunden halbkreisförmige Goldplatten, die stilisierte Schulterkragen darstellen. Auf dem Kragen ist links der aus Gold getriebene Löwenkopf des Gottes Apedemak angebracht mit der ihm zustehenden vielteiligen Krone. Um den Hals sind lange Ketten gehängt. Der andere Schulterkragen trägt den massiv gegossenen Widderkopf des Gottes Amun mit den hohen Federn hinter einer Sonnenscheibe auf dem gedrehten Widdergehörn; auch hier fehlen die Halsketten nicht. Am unteren Rand der Schilde sind Ösen aufgelötet, durch die ein Draht läuft, an dem kleine Nachbildungen von Muscheln hängen, rechts noch zum größten Teil erhalten. K.-H. P.

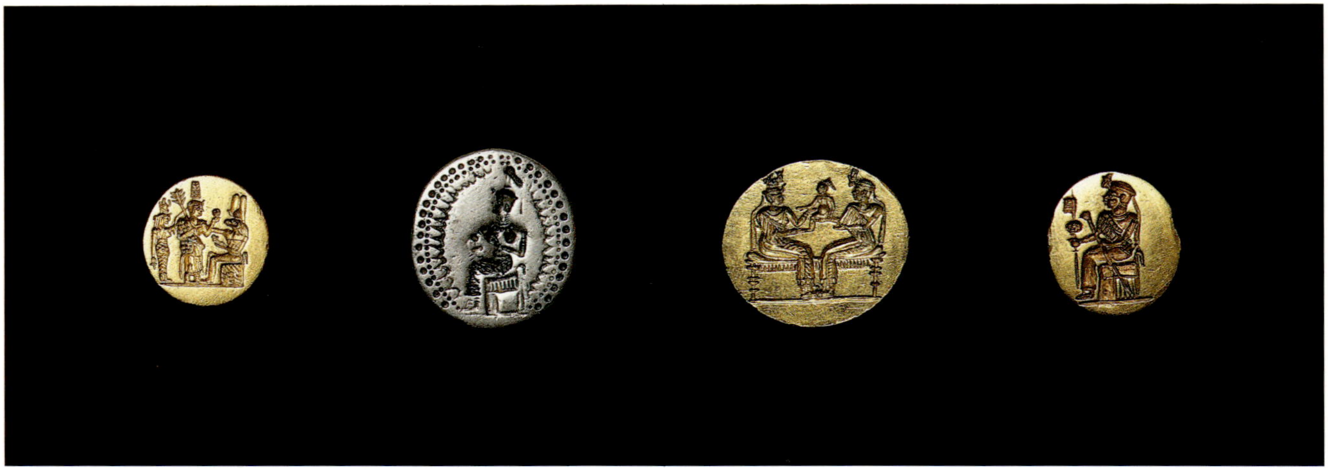

163
Siegelringe aus dem Grabschatz der Amanishakheto

Meroë (Begerawia), Pyramide N 6, 1. Jh. v. Chr.
erworben 1844
Gold, Silber, Nephrit, Achat
Inv.-Nr. 1671, 1696, 1699, 1708, 1711, 1723, 1735, 1747, 1748, 1749

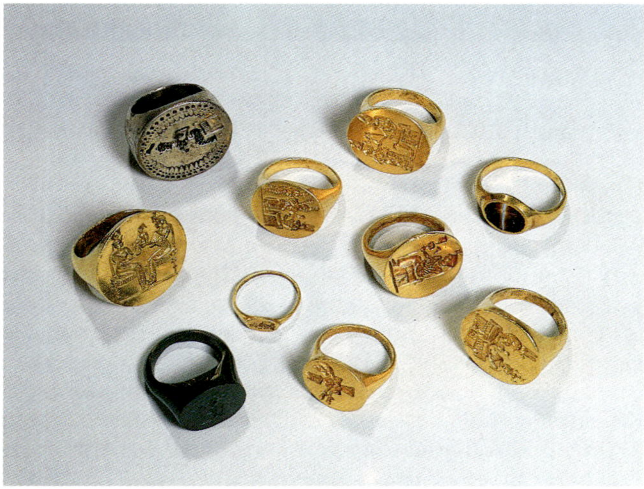

Die Siegelringe des Grabschatzes zeigen auf den Siegelflächen das Bild des Herrschers, Götterbilder, Götteremebleme und in einigen Fällen ganze Szenen. Dazu kommen einige Darstellungen von Vögeln, Löwen und einem Schwein, auch dies Bilder von Gottheiten. Von den vier abgebildeten Siegelflächen zeigt die linke die Kandake in einer »mythologischen« Szene: Rechts thront der widderköpfige Amun mit der hohen Federkrone. Vor ihm steht die Kandake mit einem Zepter und einem stark stilisierten Blumenstrauß, um die Schultern das Leopardenfell, das der Herrscher bei bestimmten Kultverrichtungen trägt. Hinter ihr steht die Göttin Mut, die Gemahlin des Amun. Die Götter »umarmen« die Herrscherin, Amun hält ihr das Lebenszeichen entgegen. Auf der zweiten Siegelfläche sitzt innerhalb eines unägyptischen Randornamentes eine Göttin auf einem Thron, ihren Sohn nährend. Es ist nicht, wie man erwarten sollte, Isis und ihr Sohn Horus, sondern eine durch den Falken auf ihrer Kappe kenntliche Göttin, die wir aus Reliefdarstellungen kennen, deren Name aber noch nicht bekannt ist. Besonders merkwürdig ist das Bild der dritten Siegelplatte: Zwei Personen im Königsornat sitzen einander auf einem Ruhebett gegenüber, links deutlich eine Frau. Auf den Händen halten sie zwischen sich ein Kind mit der Jugendlocke. Diese Szene ist zweifellos aus den Regelungen der Thronfolge zu erklären, hat aber bis jetzt noch keine befriedigende Deutung erfahren. Auf der vierten Siegelfläche ist der thronende Herrscher abgebildet. Deutlich zu sehen sind die Königskappe mit dem Diadem und die breite Schärpe. Die linke Hand hält einen Stab mit nicht erkennbarer Spitze, die rechte den Stab mit der kapellenartigen Spitze und dem stilisierten Blumenstrauß.

K.-H. P.

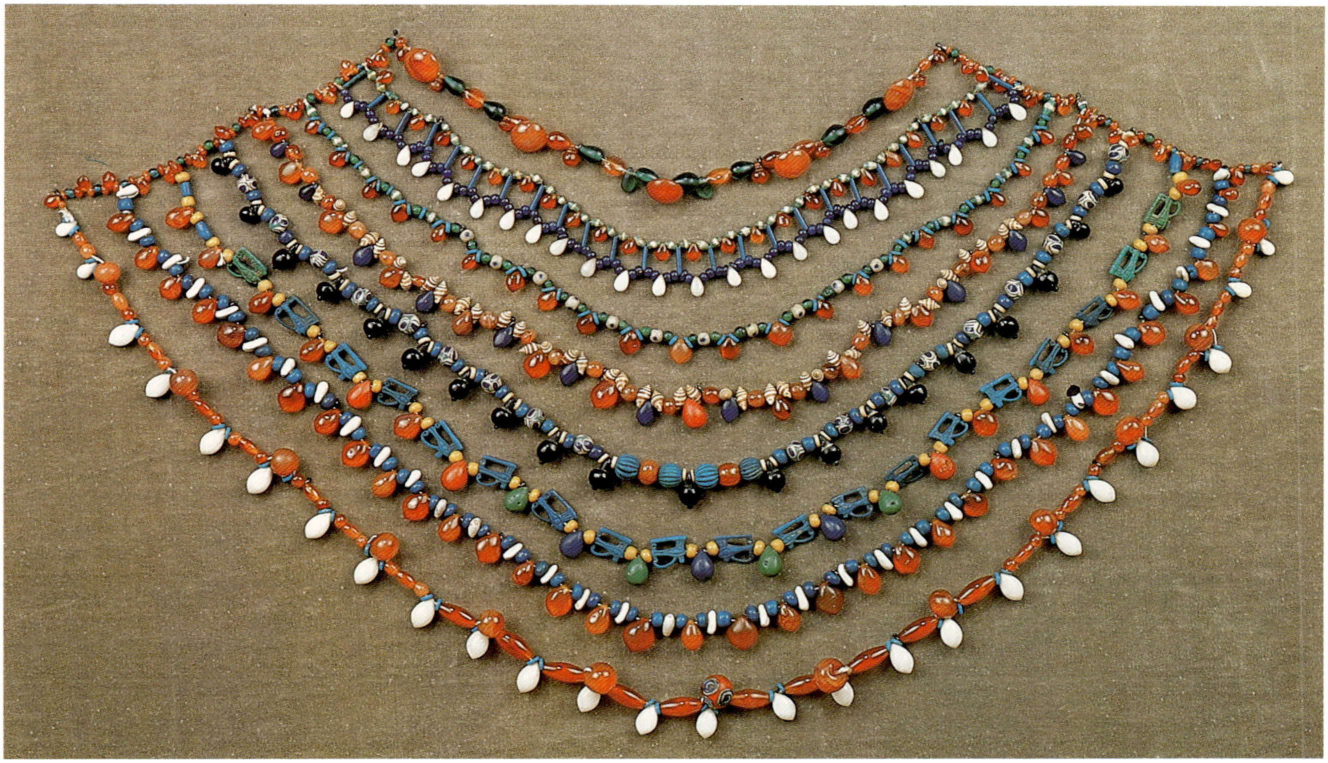

164
Schulterkragen aus dem Schatz der Amanishakheto

Meroë (Begerawia), Pyramide N 6, 1. Jh. v. Chr.
erworben 1844
Muschel, Glas, Fayence, Gesteine, modern aufgereiht
Inv.-Nr. 1757

Aus den zahlreichen Perlen und Amuletten wurden modern zwei Schulterkragen zusammengefügt, wie sie die Herrscher auf den Reliefdarstellungen in der Regel tragen. Diese Abbildungen bieten allerdings keine Anhaltspunkte für eine im einzelnen begründete Rekonstruktion, da sie durchweg traditionelle, stark abstrahierende Muster wiedergeben, die mit dem wirklichen Aussehen solcher Schulterkragen kaum etwas zu tun haben. K.-H. P.

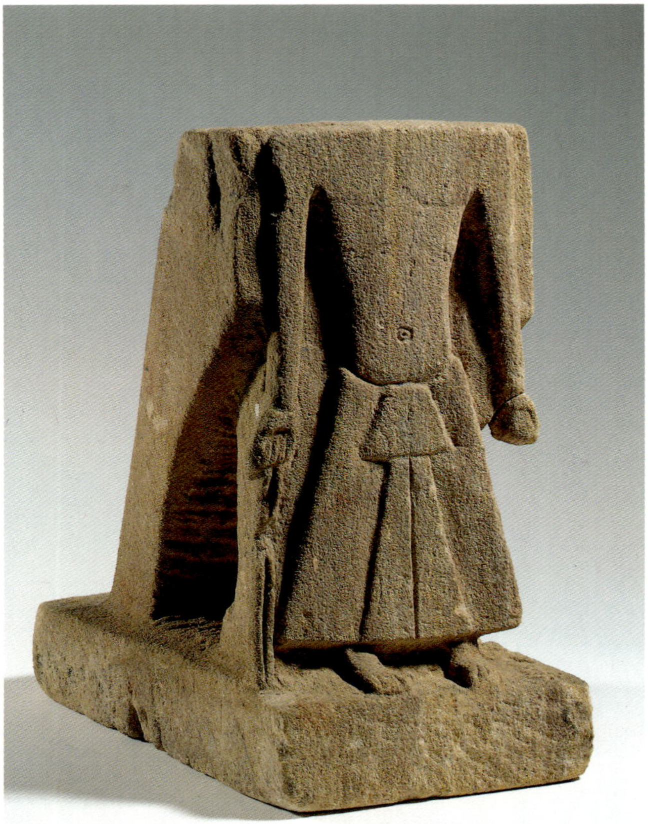

165
»Ba-Statuette« eines meroitischen Würdenträgers

Unternubien, 2.-4. Jh. n. Chr.
angeblich aus Amada, erworben 1926
Sandstein. Höhe 34 cm
Inv.-Nr. 22640

Nach der Beendigung des Krieges mit dem Römischen Imperium 24-21 v. Chr. blieb der größte Teil Unternubiens unbestrittener Besitz des Reiches von Kusch und erlebte bis zum 4. Jh. n. Chr. eine Blütezeit unter der Leitung führender Familien des Reiches. Ihre Gräber hatten bankartige Oberbauten mit Opferkapellen an der Ostseite, in der die Opfertafel und an der Rückseite die Grabstele standen (vgl. Kat. Nr. 158). Häufig stand über den Stelen in einer Nische eine Figur des Toten. Der Stil dieser Bildwerke ist von eigentümlicher naiver Formgebung geprägt und in sich nicht einheitlich, jedenfalls aber ohne Anlehnung - trotz der geographischen Nähe zu Ägypten - an gleichzeitige ägyptische oder hellenistische Bildkunst.

Die Berliner Figur stellt ein frontales, eigentlich nur als Relief angelegtes Bild vor eine Rückplatte, der Kopf war gesondert, ganz als Rundbild, gearbeitet. Bemerkenswert sind die nur gravierte Brustmuskulatur und der Nabel. An den Rücken ist eine kantig geformte Steinmasse angesetzt, die stark stilisiert den Leib eines Vogels wiedergibt. Ägyptische Tradition hatte den Ba, die »Seele« des Menschen, als Vogel mit Menschenkopf abgebildet. Dieselbe Vorstellung liegt auch der rein meroitischen Bildfindung zugrunde, die Vogel- und Menschenleib mit dem menschlichen Kopf vereint.

K.-H. P.

166
König Amanitenmomide, von Isis beschützt

Relief aus der Pyramidenkapelle des Königs
Meroë (Begerawia), Pyramide N 17, 1. Jh. n. Chr.
erworben 1845 (Preuß. Expedition)
Sandstein. Höhe 152 cm, Breite 163 cm
Inv.-Nr. 2261

In den Reliefs auf den Innenwänden der Pyramidenkapellen der Könige (vgl. Kat. Nr. 158) sind sie selbst als Osiris, »geschützt« von Isis, Empfänger des Gottesopfers. In vollem königlichem Ornat sitzt Amanitenmomide auf einem Löwenthron. Aus ägyptischer Tradition kommt nur das Königskopftuch und die Geißel, bereits die Herrscher der 25. Dynastie tragen ein Diadem (vgl. Kat. Nr. 156) und ein dreiteiliges Halsband mit den drei Widderköpfen des Amun. Erst im 3. Jh. v. Chr. tauchen dann die Schärpe mit den immer länger werdenden Troddeln, die lange, über eine Schulter getragene, in Troddeln endende Schnur und die schweren Ober- und Unterarmreifen auf. Die Finger der linken Hand überragt die breite rechteckige Platte eines »Schildringes«, vom Ohr hängt ein schweres Gehänge herab. Die rechte Hand hält einen Stab mit einer großen Kapelle an der Spitze. Die Füße stecken in schweren Sandalen. Der König sitzt unter einem Baldachin, der nur durch das Dach und eine vordere Stange am linken Reliefrand

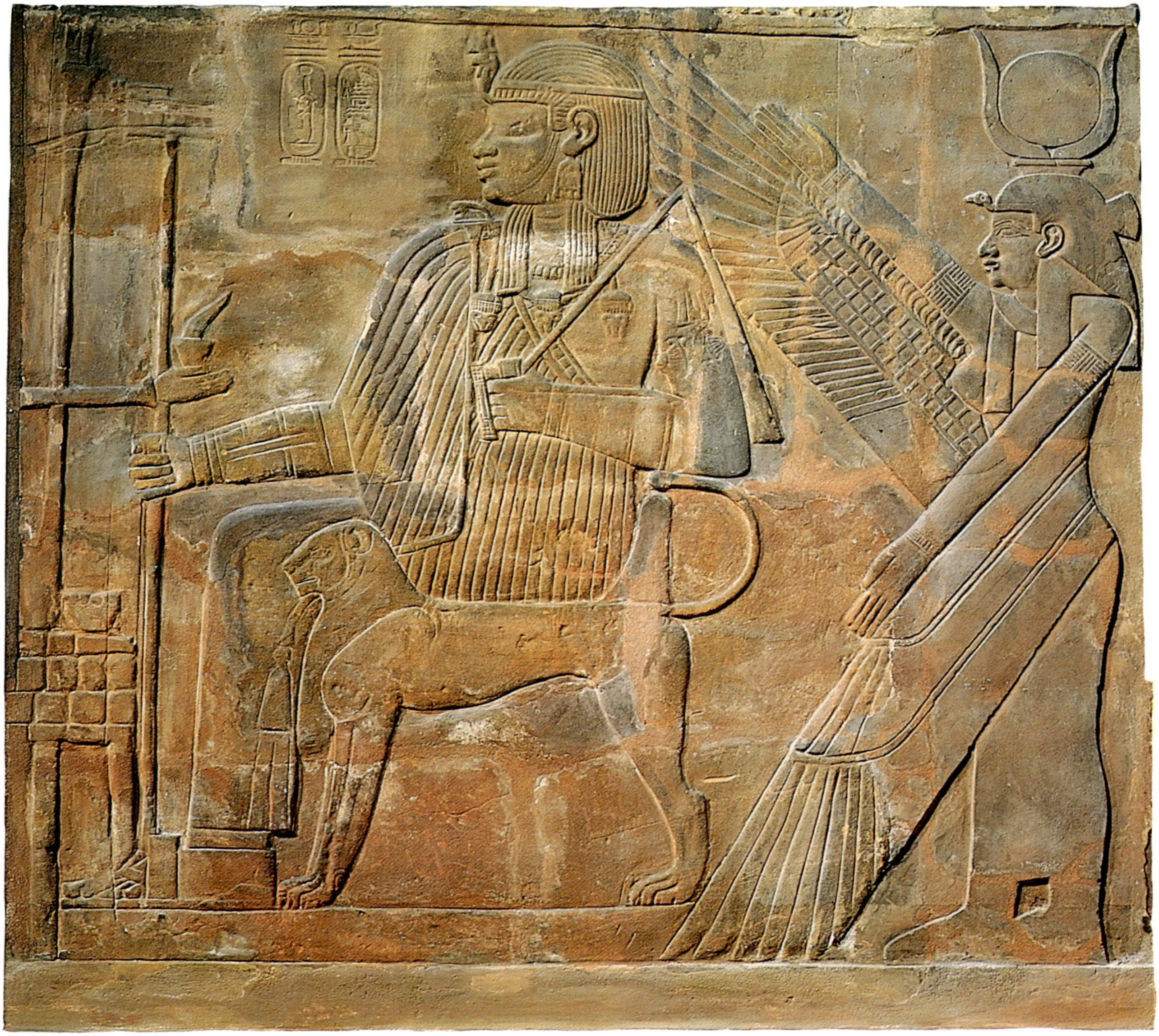

angedeutet ist. Vor ihm stand links ein Totenpriester, in der Hand den Räucherarm mit der Räucherpfanne und dem brennenden Weihrauch. Zwischen ihm und dem König steht der Opfertisch mit Broten. Vor dem Kopf des Königs der Thronname, den schon Amenophis III. getragen hatte, in ägyptischen Hieroglyphen und der Geburtsname in meroitischen Hieroglyphenzeichen.

Das Relief ist grundsätzlich ägyptisch. Die fremdartige Wirkung beruht zum guten Teil in der Überhäufung der Königsgestalt mit Schmuckdetails, einer teilweise ungelenken Zeichnung und den unägyptischen Gesichtszügen des Herrschers. Im großen und ganzen aber ist die Qualität der Arbeit nicht geringer als die gleichzeitiger ägyptischer Arbeiten. K.-H. P.

Ausschnitt aus einem Papyrus (Nr. 171)

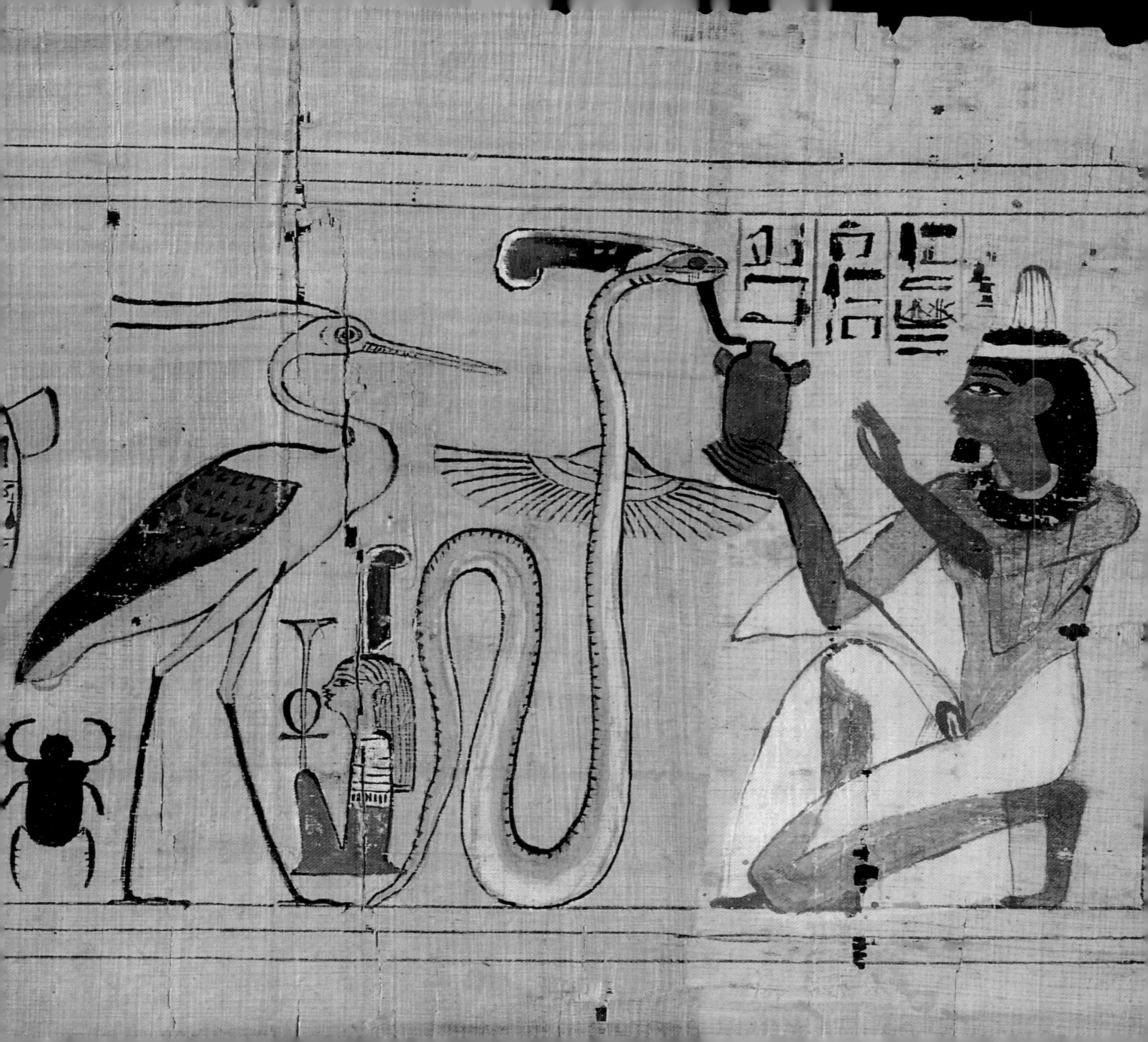

Die Papyrussammlung

Mit einem Bestand von etwa 20 000 Handschriften zählt die Papyrussammlung zu den größten und bedeutendsten ihrer Art. Ihre Entstehung und Entwicklung ist eng mit der Geschichte des Ägyptischen Museums verbunden. Schon im Jahre 1823 wurden aus dem Besitz des Generals v. Minutoli 55 Papyrusrollen angekauft. In den folgenden Jahren erweiterte sich der Bestand durch den Erwerb mehrerer Privatsammlungen; zu erwähnen sind die Sammlung Passalacqua (1827) mit 23 Papyri, neben elf Totenbüchern das berühmte Berliner medizinische Handbuch, ferner die 1843 und 1852 angekaufte Sammlung des Konsuls d'Athanasi mit den wichtigsten altägyptischen Literaturwerken des Mittleren Reiches (Anfang 2. Jahrtausend v. Chr.) in hieratischer Schrift, der »Geschichte des Sinuhe«, der »Geschichte des beredten Bauern« sowie dem »Gespräch eines Lebensmüden mit seiner Seele«. Den Papyrus mit den Erzählungen vom Hofe des Königs Cheops schenkte Miss Westcar 1839 Richard Lepsius, aus dessen Nachlaß die Handschrift 1885 in die Sammlung gelangte.

Gegen Ende des 19. Jahrhunderts erreichte die Berliner Papyrussammlung internationale Bedeutung, als sich der Bestand an bisher hauptsächlich in ägyptischer Sprache verfaßten Texten durch zahlreiche griechische und lateinische Handschriften erweiterte, die heute den größten Teil der Kollektion bilden. So konnten 1903 die Dichtung des Timotheos von Milet »Die Perser« aus der 2. Hälfte des 4. Jahrhunderts v. Chr. und 1913 der sogenannte Gnomon des Idios Logos, die Abschrift einer Dienstanweisung für den höchsten römischen Finanzbeamten in Ägypten aus der Zeit des Kaisers Marcus Aurelius (161-180 n. Chr.), erworben werden. Diese Urkunde ist von großer Bedeutung für die Kenntnis der römischen Verwaltung im ägyptischen Teil des Imperium Romanum. In den Ruinen der Pyramidenstadt Sosostris' II., unweit von Illahun in der mittelägyptischen Provinz Faijum, fand sich das Archiv der dort tätigen Priesterschaft (1. Hälfte des 19. Jahrhunderts v. Chr.), von dem die Berliner Papyrussammlung etwa 200 Texte, Tempeltagebücher, Festlisten, Rechnungen und Briefe, ankaufen konnte. Seit 1899 fanden an verschiedenen Orten Ägyptens Grabungen im Auftrage der Berliner Museen fast ausschließlich zur Gewinnung von Papyri statt. Von der alten Südgrenze Ägyptens stammen die für die Geschichte des Judentums wichtigen aramäischen Akten der jüdischen Gemeinde auf der Nilinsel Elephantine (5. Jahrhundert v. Chr.) sowie Zeugnisse über die hier stationierte griechische Garnison unter Ptolemaios I. (4. Jahrhundert v. Chr.).

Dieser erfolgreichen Grabungs- und Ankaufstätigkeit der Berliner Sammlung bereitete der Erste Weltkrieg ein Ende. Aus späterer Zeit sind nur einzelne Erwerbungen zu nennen, so der Ankauf einer Auswahl der um 1930 gefundenen manichäischen Papyruskodizes (5. Jahrhundert n. Chr.) sowie der Privatsammlung des langjährigen Konservators der Berliner Sammlung Hugo Ibscher in den Jahren 1962 und 1967.

Die Bedeutung der Sammlung beruht auf der Zahl der vereinigten Stücke wie auch auf deren literarischem und historischem Wert. Große Gelehrte, die Ägyptologen Adolf Erman, Georg Möller, Wilhelm Spiegelberg, die klassischen Philologen Wilhelm Schubart, Ulrich Wilcken, Ulrich von Wilamowitz-Moellendorff, haben mit Veröffentlichungen aus den Beständen der Sammlung ihren Rang bestimmt.

Nach der kriegsbedingten Auslagerung der Sammlung und ihrer Rückführung aus der Sowjetunion 1958 wird eine Auswahl im Bode-Museum zusammen mit der Ausstellung des Ägyptischen Museums gezeigt. Unter dem Titel »Leben im ägyptischen Altertum. Literatur, Urkunden, Briefe aus vier Jahrtausenden« vermitteln heute 120 Papyri, Pergamente, Papiere, Ostraka und Holztafeln dem Besucher einen Überblick über die Schriften und Sprachen von der Mitte des 3. Jahrtausends v. Chr. bis in das 10. Jahrhundert n. Chr., ergänzt durch Anschauungsmaterial zur Schreibtechnik und zum Buchwesen.

Eine Anzahl der ältesten Papyri in hieratischer Schrift, einer aus Hieroglyphen entwickelten Geschäftsschrift für Verwaltung und Alltag, aus dem Archiv des Totentempels des Königs Neferirkare (Mitte des 3. Jahrtausends v. Chr.) wurde erst vor wenigen Jahren identifiziert und damit der wissenschaftlichen Bearbeitung zugeführt. Sie enthalten amtliche Aufzeichnungen der Priester des königlichen Totenkults, Eintragungen über Opfer und Inventare für die Geräte der heiligen Handlungen. Bedeutsam sind die schon erwähnten Literaturwerke in Hieratisch. Die »Geschichte des Sinuhe« (um 1800 v. Chr.) schildert in Form einer Autobiographie Sinuhes Flucht aus Ägypten nach der Ermordung des Königs Amenemhet I., sein Schicksal in Palästina und schließlich die ehrenvolle Rückberufung durch den Nachfolger Sesostris I. In dem Papyrus Westcar (um 1600 v. Chr.) läßt sich König Cheops von seinen Söhnen Wundergeschichten erzählen, die schließlich in einer politischliterarischen Parabel enden. Lange Papyrusrollen informieren in farbigen Darstellungen mit hieroglyphischen Beischriften über die ägyptischen Jenseitsvorstellungen, die Totenbücher über das Jenseitsgericht, das Amduat über die zwölfstündige Nachtfahrt des Sonnengottes durch die Unterwelt, seine und der Toten Auferstehung am Morgen.

Papyri und Ostraka in demotischer Schrift, einer Ableitung aus dem Hieratischen und seit dem 8. Jahrhundert v. Chr. in Gebrauch, haben vor allem Kauf- und Eheverträge erhalten.

Seit dem ausgehenden 3. Jahrhundert verwandten die christlichen Ägypter die griechischen Buchstaben unter Hinzunahme einiger demotischer Zeichen, das Koptische. Wieder sind Urkunden und literarische Texte zu finden, so ein Streitgespräch zwischen einem Christen und einem heidnischen Philosophen auf einer Kalksteinscherbe oder ein Kodex mit gnostischen Schriften. Hervorzuheben sind die in koptischen Kodizes erhaltenen Schriften des persischen Religionsstifters Mani.

Die Papyri und Ostraka in griechischer Sprache bilden mit etwa 12 000 Nummern den größten Komplex. In der Mehrzahl gehören sie dem 2. und 3. Jahrhundert der römischen Kaiserzeit an. Da Griechisch auch unter den Römern Amtssprache blieb, sind lateinische Texte verhältnismäßig selten. Außer wenigen hohen Verwaltungsbeamten sprachen und schrieben fast nur die römischen Soldaten Latein. So bilden die Urkunden aus Armee, Verwaltung und Rechtsprechung sowie Privatbriefe die Hauptmasse der lateinischen Überlieferung aus Ägypten. Besonderes Interesse beansprucht ein Auszug aus dem Protokoll einer Senatssitzung mit Teilen der Rede des Kaisers Claudius (41-54 n. Chr.).

Um so mannigfaltiger ist das Bild, das die griechischen Texte gewähren. Ein Fund griechischer Urkunden aus dem Ende des 4. Jahrhunderts v. Chr. von der Insel Elephantine enthält u. a. einen Ehevertrag und ein Testament. Von den amtlichen Urkunden sind zwei Erlasse des römischen Prinzen Germanicus aus der Zeit seines Ägyptenaufenthaltes (19. n. Chr.) zu nennen, ferner der erwähnte »Gnomon des Idios Logos« sowie eine Urkunde aus der Kanzlei des römischen Statthalters in Originalausfertigung.

Die Entwicklung des Zivilrechts wird durch zahlreiche Papyri verdeutlicht. Andere Urkundengruppen, wie Quittungen, Abrechnungen und Listen, z. B. einer Pachtgenossenschaft, leisten einen Beitrag für die Erforschung der Wirtschaftsgeschichte. Opferbescheinigungen aus der Zeit der Christenverfolgung des Kaisers Decius (250 n. Chr.) sind wertvolle Zeugnisse der Religionsgeschichte. In die private Sphäre führen die Briefe, von denen einer der schönsten der des Apion ist, eines aus Mittelägypten zur römischen Flotte eingezogenen jungen Mannes.

Zahlreiche Texte bereichern die Kenntnisse der griechischen Literatur. Neben der erwähnten Dichtung des Timotheos sind es Fragmente der Werke des Hesiod, Alkaios, Sophokles, Euripides, Kallimachos, Menander und der Sappho, ferner eine vollständige Rolle mit einem Kommentar zu Platons Dialog Theaitetos.

Einen vielseitigen Komplex bilden die arabischen Texte. Ein Erlaß des Statthalters von 713 n. Chr. bezieht sich auf die arabische Eroberung Spaniens und gehört somit zu den wichtigsten Urkunden der Sammlung.

Aus diesem knappen Überblick wird ersichtlich, daß jeder Text einen Beitrag zum Bild der Kultur vergangener Zeiten leistet. Bei der Erschließung der Handschriften müssen die philologisch-historische Forschung und die konservatorische Bearbeitung des stets gefährdeten Schriftmaterials Hand in Hand gehen. G. P.

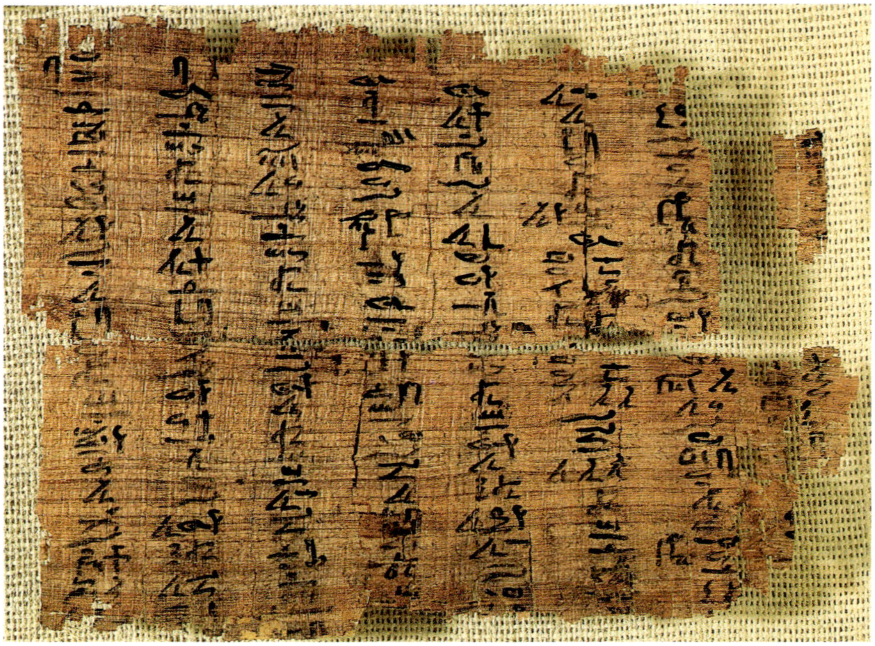

167
Protokoll eines Zivilprozesses

Elephantine, 6. Dynastie, um 2300 v. Chr.
erworben 1899
Papyrus. Höhe 23 cm, Breite 30,5 cm
Inv.-Nr. P 9010

Vor dem Gerichtshof von Elephantine an der Südgrenze Ägyptens stand ein Erbstreit zur Verhandlung. Nach ägyptischem Recht erbte im allgemeinen der älteste Sohn. Der Erblasser Woser hatte indes schriftlich einen Mann namens Sebekhotep zum Nachlaßverwalter bestimmt. Vielleicht daß der Sohn Tjau zur Zeit dieser Verfügung und dann beim Ableben seines Vaters noch nicht volljährig war, beim Gerichtstermin jedenfalls ist er es und hat auch bereits die Ämter seines Vaters übernommen. Er bestreitet nun die Verfügungsgewalt des Nachlaßverwalters über den hinterlassenen Besitz. Sebekhotep geht vor Gericht, mit seiner Klage beginnt dieser bisher älteste juristische Papyrus Ägyptens: ». . . Sebekhotep brachte ein Schriftstück bei mit der Aussage des Vertrauten des Königs, des Vorstehers der Dolmetscher, Woser, daß er die Teilung des Erbes für Wosers Frau und Kinder durchführen soll, er besitze die Verfügungsgewalt über alle seine (Wosers) Habe, bis alle Kinder des Woser daraus zufriedengestellt sind; es solle der Älteste als Ältester, der Jüngste als Jüngster behandelt werden.«

In der Klageerwiderung bestreitet Tjau die Echtheit des vorgelegten Schriftstückes und fordert, Kläger und Beklagter mögen drei Zeugen für ihre Behauptungen benennen. Sollte aber er, der Beklagte, keine Zeugen zu seiner Einlassung beibringen können, will er auf alle seine Erbansprüche verzichten.

Am Ende des Textes steht, wohl von anderer Hand geschrieben, der Vermerk: »Der Bleibende ist . . . Tjau«, also vermutlich der Urteilsspruch zugunsten des erbberechtigten Tjau.

Das Protokoll dieses Rechtsstreites blieb nur unvollständig erhalten und ist in seinen knappen Formulierungen und in seiner sprachlichen Gestalt nicht immer sicher zu deuten.

Aufgezeichnet ist diese einzigartige Urkunde auf Papyrus. Die Herstellung als Beschreibstoff war schon im frühen 3. Jt. v. Chr. in Ägypten bekannt. Aus dem Mark der Papyrusstauden wurden dünne Streifen geschnitten, jeweils zwei in gekreuzter Faserrichtung aufeinandergelegt, zu einem Blatt zusammengepreßt, geglättet, auf die erforderlichen Formate geschnitten und zu einer Rolle, die meist aus 20 Blättern bestand, aneinandergeklebt. I. Mü.

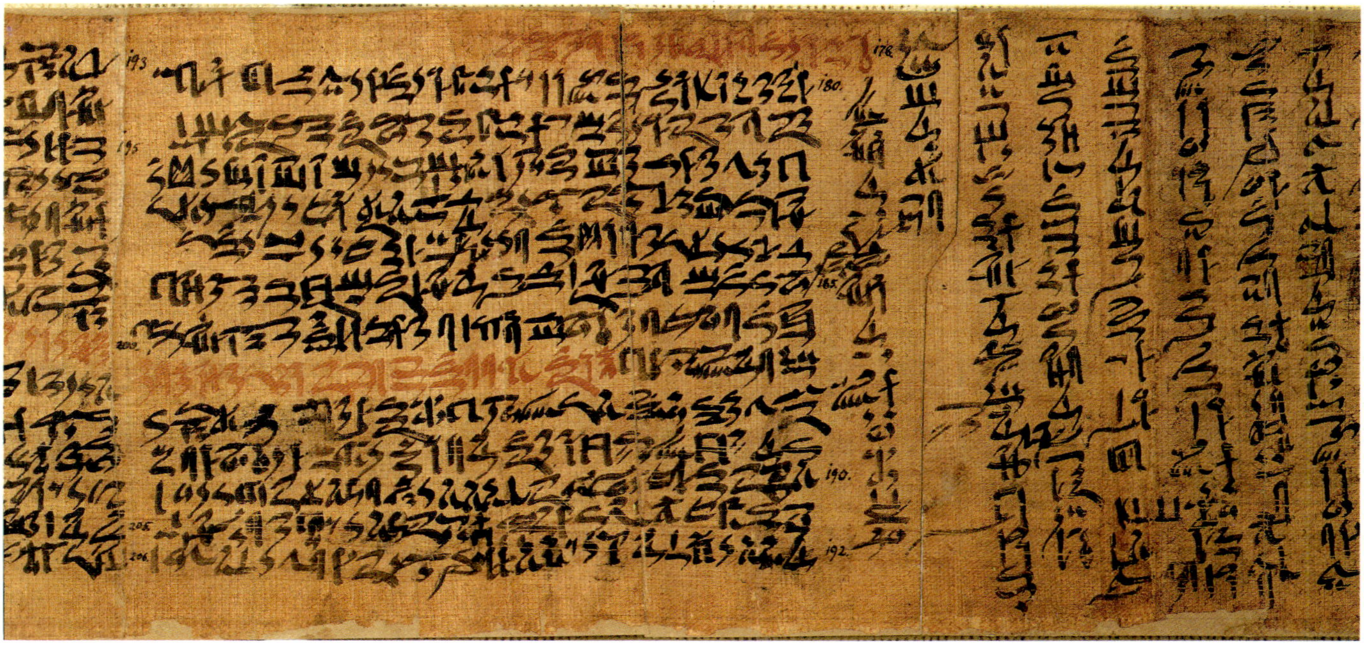

168
Die Lebensgeschichte des Sinuhe (Ausschnitt)

Theben (?), um 1800 v. Chr.
erworben 1842
Papyrus. Höhe: 21 cm, Gesamtlänge: 490 cm
Inv.-Nr. P 3022

Mit einem Königsmord beginnt die Geschichte des Sinuhe (»Sohn der Sykomore«). Amenemhet I. ist tot, und Sinuhe, königlicher Haremsbeamter und Gefolgsmann auf den Feldzügen des Pharaos, fürchtet offensichtlich, der Mitwisserschaft verdächtigt werden zu können. Er flieht nach Palästina. Dort findet er gastliche Aufnahme bei einem Fürsten des Landes Jaa. Dieser verheiratet Sinuhe mit seiner Tochter und übergibt ihm die schönsten Ländereien seines Herrschaftsgebietes. Als Befehlshaber führt Sinuhe die Truppen des Fürsten und kehrt aus jedem Feldzug mit reicher Beute heim. Seine Erfolge erwecken bald den Neid eines Nachbarn und führen zum Zweikampf, den Sinuhe gewinnt. Angesehen und in Wohlstand lebt er fortan mit seiner Familie. Sinuhe wird älter und der Wunsch, in die Heimat zurückkehren zu dürfen, immer stärker. Der ägyptische Hof erfährt schließlich von seiner Reue und Sehnsucht. Ein Brief des Königs Sesostris I. (abgebildeter Ausschnitt des Papyrus) führt ihm seine abenteuerliche und sinnlose Flucht vor Augen und ruft ihn nach Ägypten zurück.

Diese Erzählung in Form einer Autobiographie ist das bekannteste und in vielen Abschriften - meist auf Ostraka (Kalksteinscherben) - erhaltene Literaturwerk aus dem pharaonischen Ägypten. Ihr Stil und Inhalt galten über Jahrhunderte als beispielhaft für die schulische Ausbildung. Die Schrift ist Hieratisch, die Kursivform der Hieroglyphen, wie sie auf Papyri und Ostraka üblich war. Geschrieben wurde von rechts nach links, zunächst in senkrechten Kolumnen, der Brief des Königs aber bereits in waagerechten Zeilen, der später üblichen Schriftrichtung.

I. Mü.

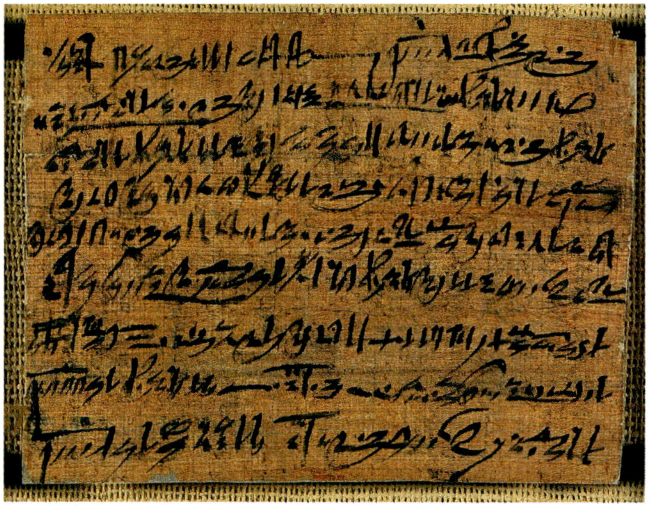

verständlich. Möglich vielleicht, daß die Beteiligten eine Anklage wegen Mordes fürchteten, sie bewahrten jedenfalls diese drei Briefe zusammengerollt, mit Leinen umwickelt und versiegelt an einem sicheren Ort auf. Drei Jahrtausende später wurde dieser »Fall abgekürzter Justiz« bekannt:

»Der General des Pharaos an den Schreiber der Nekropole Tjaroi: Alle Dinge, von denen du geschrieben hast, sind zur Kenntnis genommen worden. Bezüglich dessen, was du über die beiden Polizisten gesagt hast, daß sie diese Reden führten, triff dich mit Nodjmet und mit Paischuben, sie sollen (Leute) schicken und die beiden Polizisten zu diesem (Paianchs) Haus bringen und jemanden holen, der bei ihren Redereien wirklich dabei war. Wenn sie dann wissen, daß sie es gesagt haben, so sollt ihr sie zwei Männern übergeben, diese sollen sie nachts ins Wasser werfen. Und keiner im Lande soll etwas erfahren.«

Der Brief an Tjaroi enthält noch eine weitere dienstliche Anweisung zur Bereitstellung von Gold und Silber. I. Mü.

169

Brief des Generals Paianch an den Schreiber der Nekropole Tjaroi

Theben, 21. Dynastie, um 1075 v. Chr.
erworben 1912
Papyrus. Höhe 17 cm, Breite 21,5 cm
Inv.-Nr. P 10487

Ein offenbar schwerwiegender Vorfall hatte sich in Theben ereignet: Zwei Polizisten hatten über eine geheime Angelegenheit gesprochen, Genaueres wußten selbstverständlich alle Beteiligten, aus dem erhaltenen Text erfahren wir freilich nichts. Die Sache war heikel und erforderte schnelles Handeln ohne Aufsehen. General Paianch, Sohn des Herihor, der als Hoherpriester und General den oberägyptischen »Gottesstaat des Amun« regierte, nahm sich der Angelegenheit an. In fast gleichlautenden Schreiben befahl er den auch aus anderen Urkunden bekannten Beamten Tjaroi und Paischuben von der Nekropolenverwaltung, die beiden Polizisten zu verhaften, ihnen in Gegenwart eines Zeugen der Indiskretion ihr Vergehen aufzuzeigen, zwei zuverlässige Männer zu holen - einer sollte Paischuben sein - und die Überführten töten und nachts im Nil verschwinden zu lassen. Zu Stillschweigen wurden die Adressaten ausdrücklich verpflichtet. Ein dritter Brief informierte Nodjmet, die Mutter des Paianch und Leiterin des Harems im Tempel des Gottes Amun-Re, über den Vorfall. Diskretion mußte ihr nicht auferlegt werden, hier war sie selbst-

170

»Buch von dem, was in der Unterwelt ist« (Amduat)

für Amenophis, Priester des Amun, der Mut und des Chons, Vorsteher des Altars in Karnak, Vorsteher der Schreiber im Amuntempel und Vorsteher aller Götter- und Göttinnentempel in Ober- und Unterägypten (Ausschnitt)

Theben, 21. Dynastie, 11. Jh. v. Chr.
erworben 1823 (Slg. v. Minutoli)
Papyrus. Höhe 39 cm, Gesamtlänge 236 cm
Inv.-Nr. P 3005

Die Vorstellungen des Ägypters über das Jenseits verbanden sich vor allem mit zwei Göttern: dem Schicksal des Unterweltsherrschers Osiris und dem Wunder der täglich neu aufgehenden Sonne. Jeder Ägypter hoffe, tagsüber als menschenköpfiger Seelenvogel gleich dem Sonnengott Re die Unterwelt verlassen zu können, nachts aber im Gefolge des Re in das Reich des Osiris zurückzukehren und sich dort mit seinem Leichnam wieder zu vereinigen. Zwölf verborgene Räume entsprechend den zwölf Nachtstunden mußte das Sonnenschiff passieren. Zahlreiche Gottheiten in Menschen- und Tiergestalt konnten hier nützlich oder hinderlich sein, wichtig war daher, sie korrekt anzureden. Das Amduat lehrt es, nämlich »zu kennen die Besucher der Unterwelt, was sie tun, wie sie anzureden sind«, denn nur »wer es weiß, der wird ein seliger Verklärter sein«, wie hier

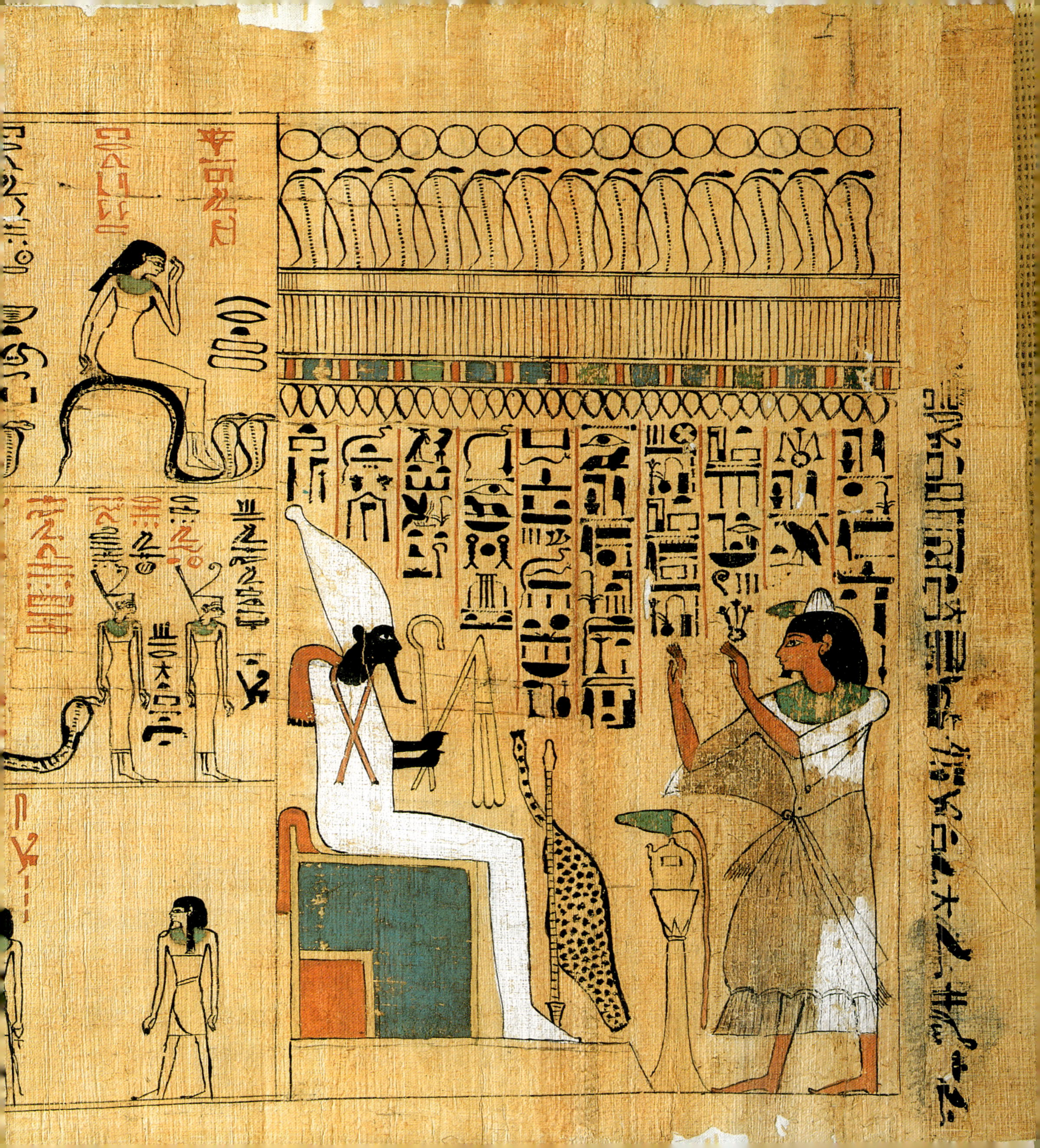

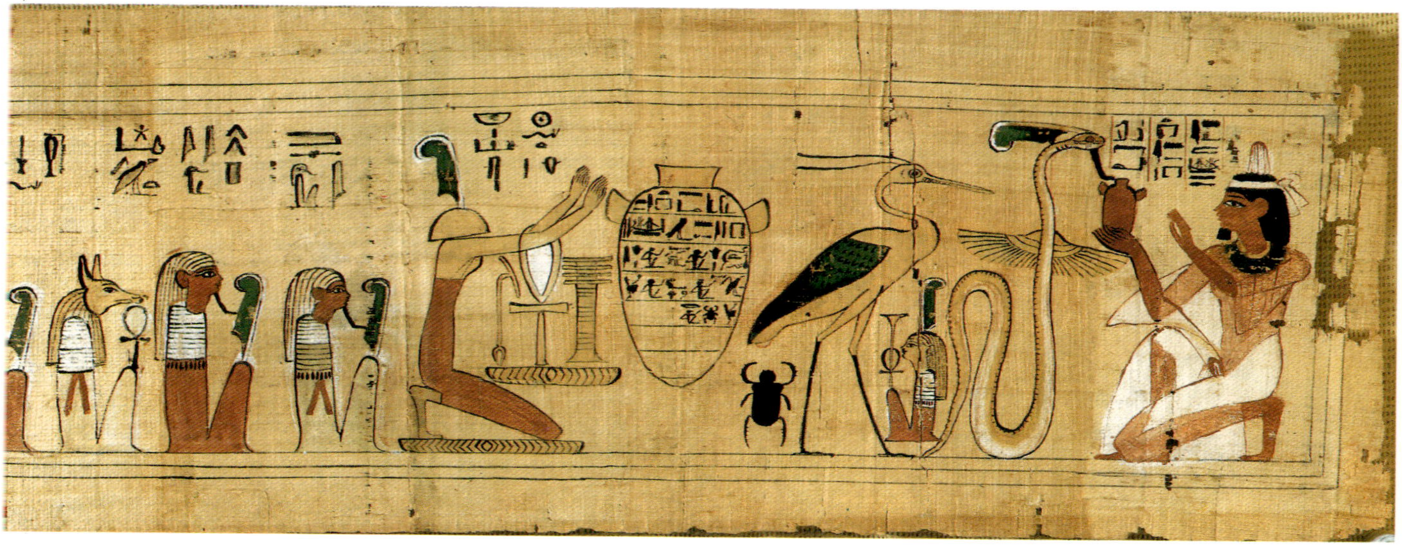

der Priester Amenophis. Für ihn endet die Fahrt mit der Anbetung des Osiris. Weiß gekleidet in der dunklen Farbe der Nacht thront der Gott vor einem Opfertisch, angebetet von Amenophis. In Hieroglyphen sind die Opferformel, Namen und Titel geschrieben. Die Totentexte werden in schwarzen und roten Kursivhieroglyphen aufgezeichnet, einer Schriftform, die zwischen den Bildern (Hieroglyphen) und ihrer kursiven Schreibung (Hieratisch) steht. I. Mü.

171
Jenseitsführer für Amunemwija, den Vorsteher des Wirtschaftshofes am Amuntempel (Ausschnitt)

Theben, 13. Jh. v. Chr.
erworben 1823 (Slg. v. Minutoli)
Papyrus. Höhe 23 cm, Gesamtlänge 172 cm
Inv.-Nr. P 3127

Papyrusrollen, stets »greifbar« für den Verstorbenen in der Umwicklung der Mumie oder in Statuetten des Totengottes Osiris neben dem Toten aufgestellt, vermittelten das erforderliche Wissen um Bedrohung und Rechtfertigung im Jenseits, wortreich mit etwa 200 Einzelkapiteln das Totenbuch, reich bebildert für weniger Lesefreudige solche Jenseitsführer. Von rechts nach links sind auf diesem Ausschnitt dargestellt:
Der Verstorbene mit einem Herzen in der Hand betet kniend zu allen abgebildeten Gottheiten, Dämonen und Unterweltsstätten. Die geflügelte Schlange mit Götterbart und Feder auf dem Kopf steht für einen Unterweltswächter. Die Göttin Maat, nach links blickend, mit einer Feder auf dem Kopf, Lebenszeichen und Papyrusstengel auf den Knien, bringt dem Verstorbenen beim Totengericht Leben und Frische. Sinnbilder des sich erneuernden Lebens sind Phönix und Skarabäus. Das große Herz mit dem Anfang des 30. Totenbuchkapitels (»Osiris, Vorsteher des Wirtschaftshofes Amunemwija, er sagt: ›O Herz von meiner Mutter, Herz von meiner Mutter, Herz von meinem Wesen‹«) soll der rechten Lebensnorm (Maat) im Totengericht standhalten. Es folgt die Göttin der thebanischen Nekropole, der Kopf ist ersetzt durch die Hieroglyphe für Westen. Am rechten Arm hängt das Zeichen für »Leben«, außerdem bringt sie »Wohlergehen« und »Beständigkeit«. Als Schutzgötter der Eingeweide, aber auch als Vertreter der Himmelsrichtungen, um dem Toten die Orientierung bei seiner Unterweltsfahrt zu erleichtern, wurden die vier Horussöhne verehrt. Entgegen traditioneller Gestaltung sind hier zwei von ihnen menschenköpfig (anstelle eines affenköpfigen), der dritte hat einen Schakal-, der vierte einen Falkenkopf. Auf den Knien tragen sie die Feder der Maat bzw. das Lebenszeichen, Symbole für ein neues Leben des vom Totengericht Gerechtfertigten. Diesen Sze-

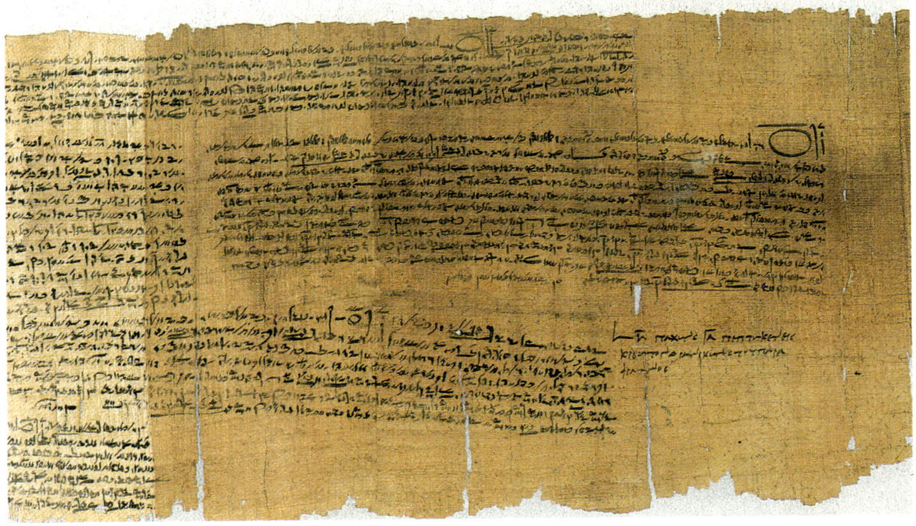

nen von Rechtfertigung und Rechtsprechung im Totenreich folgen auf dem hier nicht gezeigten Teil der Papyrusrolle Bilder der Dämonen und Stätten der Unterwelt. Der Schakal des Totengottes Anubis, vier Augen, Uräusschlangen und Ruder leiten dann in das eigentliche Totenreich über, wo die Göttin Hathor in ihrer Erscheinungsform als Kuh herrscht. Die Bildgeschichte endet mit der Sonnenscheibe als Garant des wiederkehrenden Lebens, angebetet von dem Verstorbenen. I. Mü.

172
Geldbezahlungsschrift für einen Landverkauf (Ausschnitt)

Edfu, 240 v. Chr.
erworben 1908
Papyrus. Höhe 32 cm, Länge der gesamten Rolle 214 cm
Inv.-Nr. P 11336

Im 7. Jahr, Monat Pachon, des Königs Ptolemaios III. Euergetes I. wurde von einem ägyptischen Notar in Edfu eine Landverkaufsurkunde ausgefertigt, in der nach der Datierung folgendes erklärt wird: »Es sprechen der Ackerbauer, der Diener des Horus von Edfu, Harpaesis, Sohn des Pasos, seine Mutter heißt Tabekis, und der gleichbetitelte Harherog, Sohn des Pasos, seine Mutter heißt Tabekis, im ganzen zwei Personen, die mit einem Mund sprechen, zu dem Ackerbauern, dem Diener des Horus von Edfu, Pabous, dem Sohn des Parehu, seine Mutter heißt Senamunis: ›Du hast uns voll bezahlt. Du hast unser Herz zufriedengestellt mit dem Silberpreis unserer Äcker, die drei Ackerstellen ausmachen. Ihr Verzeichnis ist: . . . (Es folgt eine Auflistung der drei Felder mit ihren Grenzen im Süden, Norden, Osten und Westen). Wir haben sie dir für Silber verkauft, du hast uns ihren Preis in Silber gegeben. Wir haben ihn aus deiner Hand empfangen, vollzählig ohne Rest. Unser Herz ist damit zufrieden. Dir gehören sie, diese deine obigen Äcker.‹« Des weiteren versichern die Verkäufer, daß sie keine Rechtsansprüche »von heute an« mehr geltend machen können und alle Schriftstücke, die über die Äcker ausgefertigt wurden und sie als Eigentümer legitimieren, dem Käufer übergeben werden. Rechtsgültig wurde der Vertrag allerdings erst durch eine Abstandserklärung, in der die Verkäufer dem Käufer die volle Verfügungsgewalt übertragen (auf dem hier nicht abgebildeten Teil des Vertrages). Auf der Rückseite stehen die Namen von 16 Zeugen. Beide Urkunden wurden in Demotisch, der Sprache der Parteien, aufgesetzt und von vier der Zeugen im vollständigen Wortlaut auf der Papyrusrolle abgeschrieben. Unterzeichnet ist der Vertrag durch den Notar und einen Vertreter der staatlichen Verwaltung. Ein kurzer griechischer Vermerk bezeugt die behördliche Einreichung der Urkunde für die Berechnung und Bezahlung der fälligen Verkehrssteuer.
Griechisch war seit der Eroberung Ägyptens durch Alexander den Großen 332 v. Chr. Amtssprache im Ptolemäerreich, Demotisch die »Volkssprache«. Seit dem Ende des 8. Jhs. v. Chr. in Gebrauch, stellt die demotische Schrift eine

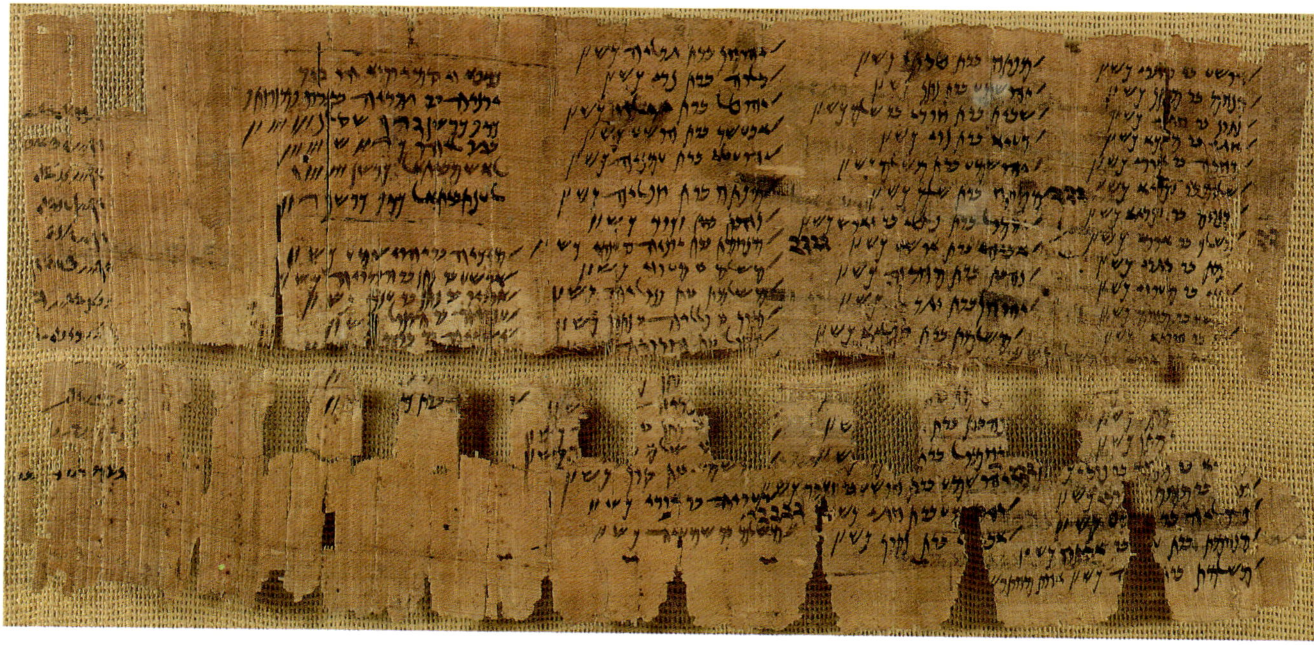

graphische Vereinfachung des alten Zeichensystems mit zahlreichen Verkürzungen und festen Ligaturen dar. Die Griechen nannten sie »Volksschrift« im Gegensatz zu den älteren Schriftformen, den »heiligen Ritzungen« (Hieroglyphen) und der »heiligen Schrift« (Hieratisch), die zu ihrer Zeit fast ausschließlich für religiöse Texte benutzt wurden. Die Papyrusrolle für diesen Vertrag wurde aus helleren und dunkleren Blättern zusammengeklebt. I. Mü.

173

Aramäische Namenliste jüdischer Siedler zur Besteuerung im Jahre 419 v. Chr.

Elephantine, 419 v. Chr.
erworben 1906/07 (Grabung der Königlichen Museen Berlin)
Papyrus. Höhe 28,5 cm, Länge 101 cm
Inv.-Nr. P 13488

Nach der Zerstörung Jerusalems 586 v. Chr. durch den babylonischen König Nebukadnezar II. (604-562 v. Chr.) und der Deportation großer Teile seiner Bevölkerung nach Mesopotamien gelangten jüdische Flüchtlinge auch nach Ägypten. Vermutlich war es König Psammetich II. (595-589 v. Chr.) gewesen, der sie als Söldner im Krieg gegen das Reich von Kusch einsetzte und in den Grenzfestungen von Elephantine und Syene ansiedelte. Sichere Belege für diese Annahme stehen noch aus, aber als der Perserkönig Kambyses 525 v. Chr. nach Ägypten zog und das Nilland eroberte, zerstörte er viele Kultstätten der ägyptischen Götter, verschonte jedoch den Jahwe-Tempel der jüdischen Militärkolonie auf Elephantine. Die Anlage war prächtig und konnte nur in längerer Bauzeit entstanden sein. Die aramäisch sprechenden Juden lebten hier mit Frauen und Kindern, sie besaßen Land und bezeichneten sich selbst als »das jüdische Heer in Elephantine und Syene«.

In den Ruinen ihrer Häuser fanden sich Papyri und Ostraka mit wichtigen Angaben über das Land dieser Gemeinde im fünften vorchristlichen Jahrhundert zur Zeit der mächtigen persischen Großkönige Dareios, Xerxes und Artaxerxes.

Diese Namenliste aus dem 5. Jahr des Dareios II. (423-405 v. Chr.) bildete die Grundlage für die Besteuerung der jüdischen Kolonisten durch den Jahwe-Tempel. Es ist das Verzeichnis hebräischer Eigennamen von Männern und Frauen, die zwei Pfund Silber »für den Gott Jahwe« zu zahlen haben.

Aramäisch gehört zu den nordwestsemitischen Sprachen und war im 1. Jt. v. Chr. in Kleinasien und Mesopotamien weit verbreitet. Mit dem Hebräischen eng verwandt, wird es von rechts nach links in Buchstaben geschrieben, die von den Phöniziern entlehnt sind, allerdings ohne Bezeichnung der Vokale. Im Perserreich war das Aramäische Amtssprache. I. Mü.

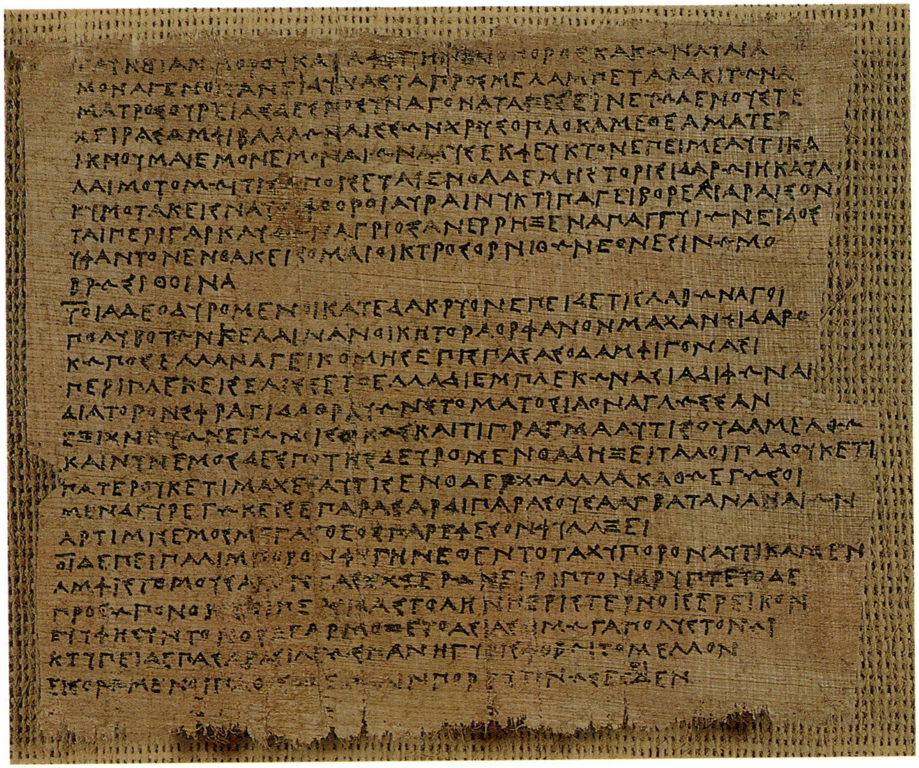

174
Timotheos von Milet, »Die Perser« (Ausschnitt)

Memphis/Abusir, 2. Hälfte des 4. Jhs. v. Chr.
erworben 1903 (Grabung der DOG)
Papyrus. Höhe 18,5 cm, Länge 111 cm
Inv.-Nr. P 9875

In der Ruinenstätte bei dem Dorfe Abusir westlich von Memphis wurde 1902 ein großer Holzsarg gefunden, neben dem ein zerfallener Lederbeutel, Reste eines Schwammes, eines eisernen Instrumentes, ein gedrechseltes Holzstück, ein Paar Sandalen und eine Papyrusrolle lagen, von der nur etwa die Hälfte dem Toten mitgegeben worden war. Sie enthält die Reste einer lyrischen, in freien Rhythmen abgefaßten und für den Gesang eines Virtuosen zur Kithara bestimmten Dichtung, von der allerdings die Noten fehlen. Die Sprache, basierend auf der des Homerischen Epos und der griechischen Lyriker, wirkt manieriert und läßt sich nur schwer übersetzen. Die Handschrift ist einer der ältesten überhaupt erhaltenen griechischen Papyrustexte und daher von besonderem Wert für die Geschichte des griechischen Schriftwesens.

Der Dichter Timotheos von Milet, geboren um die Mitte des 5. Jahrhunderts v. Chr., starb hochbetagt um 360. Er feierte in seiner Dichtung den Seesieg der Griechen über die Perser bei Salamis 480. Dabei stehen die Perser im Mittelpunkt. Die Schilderung wird durch dramatische Äußerungen belebt, so - hier setzt der Text der Kolumne ein - durch die hilfesuchenden Ausbrüche eines ertrinkenden Persers, durch die Worte eines mühsam der See entkommenen und am Strande liegenden Kriegers, eines Kriegsgefangenen und schließlich - und hier endet der Ausschnitt - des persischen Königs selbst. Es folgt ein persönlicher Teil, in dem der Dichter seine musikalische Neuerung, die Einführung der elfsaitigen Kithara, verteidigt. Der Text klingt mit der Anrufung Gottes und einem Segenswunsch für die Stadt aus, in der jeweils das Gedicht vorgetragen wird. G. P.

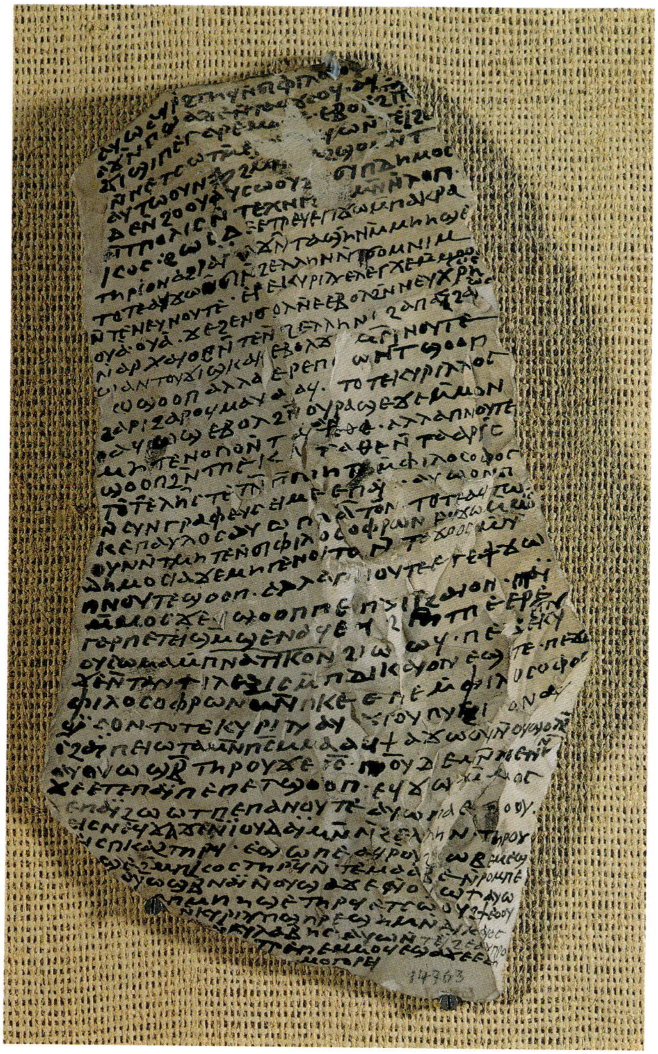

175
Streitgespräch des koptischen Kirchenvaters Kyrill mit heidnischen Philosophen

Theben, 7. Jh.
erworben 1933
Kalkstein. Höhe 39 cm, Breite 32 cm
Inv.-Nr. P 14763

Eine Legende aus der Jugend des berühmten Patriarchen von Alexandria (412–444) berichtet dieser Text. Der vierzehnjährige Kyrill streitet mit Dionysios, dem Sohn des Präfekten Ulpianos, über die Realität des griechischen Gottes Zeus. Beide können sich nicht einigen und bitten den Philosophen Philosophron zu entscheiden. Dieser versammelt Christen und heidnische Philosophen im Hörsaal der Universität von Alexandria zur öffentlichen Auseinandersetzung; über die Diskussion am zweiten Tag heißt es: ». . . Dionysios behauptete: ›Apollon ist erhaben in seinen Werken.‹ Kyrill erwiderte: ›Vorerst ist Zeus beschämt. Nun behauptest du, Apollon ist rein, obwohl er doch ein Wüstling ist.‹ Da sagte der Philosoph Philosophron zu Kyrill: ›Es schickt sich nicht, über den herzufallen, der nicht anwesend ist.‹ Kyrill antwortete: ›So kann er kein Gott sein, weil er nicht bei denen ist, die über ihn streiten. Unser Gott ist immer mit uns.‹ Philosophron bereute den Satz, den er gesagt hatte, und schämte sich vor denen, die ihn gehört hatten. . .«

Der Streit endet am dritten Tag mit dem Sieg Kyrills, der die Anwesenden von der alleinigen Existenz des christlichen Gottes als Erschaffer der Welt und Herr des Himmels überzeugen konnte.

Erst etwa 200 Jahre später, lange nach Kyrills Tod, auf der Vorder- und Rückseite einer großen Kalksteinscherbe (Ostrakon) in Theben geschrieben, wird hier vermutlich kein wirkliches Ereignis aus dem Leben Kyrills berichtet. Die Erzählung sollte wohl schon die frühen Jahre des streitbaren Theologen verherrlichen, der die ägyptische Kirche zu einer einmaligen Machtstellung in der christlichen Oikumene des Orients geführt hatte. Geschrieben ist die Erzählung in Koptisch, der letzten Sprachstufe des Ägyptischen, mit griechischen Buchstaben und sieben zusätzlichen Zeichen aus dem Demotischen. Im 2. Jh. n. Chr. entstanden, wurde das Koptische in seinen verschiedenen Dialekten wesentlich geprägt durch das frühe Christentum und erst nach Jahrhunderten als Umgangssprache allmählich durch das Arabische verdrängt. Es blieb jedoch bis heute Kirchensprache in Ägypten.

I. Mü.

176
Arabischer Brief

Faijum, um 800 n. Chr.
erworben 1894
Papyrus. Höhe 21,8 cm, Breite 19,8 cm
Inv.-Nr. P 7910

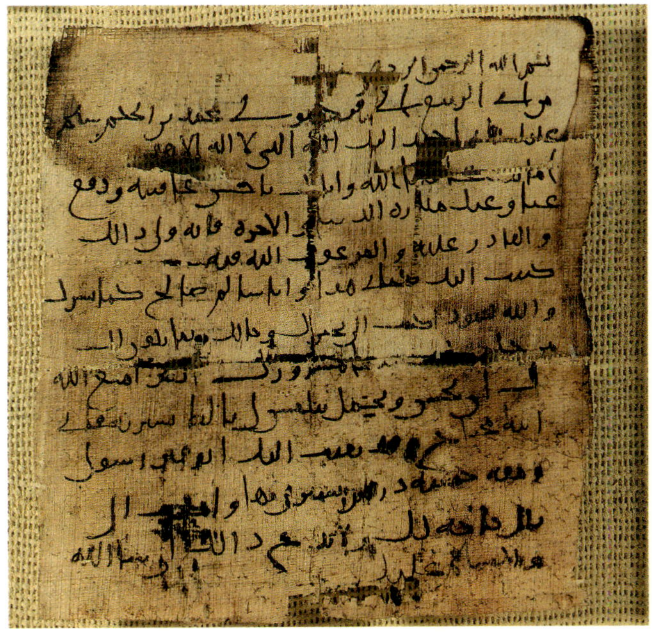

Im »heiligen Krieg« hatten die Araber zwischen 640 und 646 Ägypten erobert und besetzt, der Islam wurde zur Hauptreligion im Nilland, und Arabisch trat im Laufe der folgenden Jahrhunderte als Umgangs- und Amtssprache an die Stelle des Griechischen und Koptischen. Das von rechts nach links geschriebene Arabisch gehört zu den semitischen Sprachen. Zum besseren Verständnis werden später diakritische Punkte über und unter die Konsonantenzeichen gesetzt, bei diesem frühen Text mit seinem recht klaren Duktus fehlen sie noch.
Im 2. Jahrhundert der ›Hidschra‹, der Flucht des Religionsstifters Mohammed von Mekka nach Medina 622 n. Chr. und damit des Beginns der islamischen Zeitrechnung, sandte Abu ar-Rabi^{c} diesen freundlichen, an einigen Stellen aber nur schwer verständlichen Brief mit der Bitte um einen Kauf an Faraq Maula Mohammed ben al-Hakam:
»Ich schreibe dir diesen Brief und befinde mich in guter Gesundheit, was dich freuen wird, Allah sei gelobt! Schreib mir doch, was du von dir zu berichten weißt, wie es dir geht und was du für Bedürfnisse hast . . . Ich wünsche, daß du mir . . . schickst, kaufe es, denn ich brauche es. Ich habe dir meinen Boten Abukir gesandt und ihm fünf Dirhem (Drachmen) mitgegeben, mit denen du dich (für deine Auslagen) entschädigen kannst. Nun schreib mir über diese Angelegenheit und versäume es nicht, so Allah will. Friede über dich und Allah's Gnade!«
Als Schriftträger diente noch der seit über 3000 Jahren in Ägypten verwendete Papyrus. Es gab aber seit dem Ende des 8. Jhs. n. Chr. bereits auch das Papier in den östlichen arabischen Staaten. Die Technik der Papierherstellung aus einem wässrigen Brei von Seiden- und Pflanzenfasern, Baumwolle und Hadern auf einer Siebunterlage soll etwa um 100 n. Chr. ein chinesischer Beamter erfunden haben. Über Hinterindien und Kleinasien gelangte dieses billige Verfahren nach Ägypten, von dort und von Nordafrika schließlich im 13. Jahrhundert nach Europa. I. Mü.

Konkordanzliste

Inv.-Nr.	*Katalog-Nr.*	*Inv.-Nr.*	*Katalog-Nr.*	*Inv.-Nr.*	*Katalog-Nr.*	*Inv.-Nr.*	*Katalog-Nr.*
32	129	1747	163	3624	155	10115	40
46	122	1748	163	3805	154	10123	21
51	128	1749	163	4401	134	10194	134
52	128	1757	164	4404	134	10290	109
255	114	1760	135	4438	105	10645	33
899	135	1836	149	4535	107	10838	98
905	135	1877	147	4645	134	10858	18
1105	14	1984	150	4651	91	11000	133
1107	13	2047	155	6908	87	11001	136
1108	12	2053	95	7261	160	11404	142
1111	12	2055	143	7262	58	11411	121
1112	12	2057	47	7266	59	11632	117
1121	29	2058	85	7278	83	11651	132
1122	16	2060	89	7280	36	11673	130
1139	12	2061	89	7291	86	11864	103
1157	28	2103	156	7428	134	12411	82
1188	35	2116	112	7715	27	12440	127
1193	12	2253	158	7737	104	12624	149
1194	12	2261	166	7970	155	12764	42
1205	30	2268	157	7972	101	13185	154
1627	84	2271	116	8041	92	13189	154
1638	48	2296	53	8430	19	13203	148
1644	161	2297	90	8925	144	13463	131
1671	163	2298	56	9029	153	13788	138
1696	163	2299	44	9258	140	13805	1
1699	163	2309	139	9508	42	14113	70
1708	163	2314	61	9529	32	14122	80
1711	163	2955a	152	9611	43	14441	5
1723	163	2955b	152	10100	115	14500	108
1735	163	3621	155	10114	88	14507	46

Inv.-Nr.	*Katalog-Nr.*	*Inv.-Nr.*	*Katalog-Nr.*	*Inv.-Nr.*	*Katalog-Nr.*	*Inv.-Nr.*	*Katalog-Nr.*
14511	64	18901	111	21763	110	24143	126
14764	113	19286	54	21782	25	24145	125
15003	49	19289	55	21831	24	24300	159
15129	3	19300	151	22200	106	25436	77
15335	78	19738	4	22265	63	25444	77
15400	6	19754	155	22355	75	25865	75
15420	15	19770	154	22388	1	26013	141
15446	137	19900	60	22397	42	26749	152
15700	39	20037	22	22418	120	27080	152
15701	17	20038	23	22440	10	27878	152
15729	94	20100	148	22607	8	30552	77
15789	118	20163	148	22640	165	30565	77
16025	4	20304	2	22708	37	30590	77
16400	145	20363	81	22820	34	30595	77
16455	20	20451	149	22835	144	30623	77
17019	94	20456	148	22870	162	P 3005	170
17039	129	20494	73	22872	162	P 3022	168
17126	123	20495	74	22883	45	P 3127	171
17271	102	20496	72	23222	1	P 7910	176
17272	100	20840	124	23270	57	P 9010	167
17337	146	21140	79	23434	152	P 9875	174
17569	7	21220	67	23731	52	P 10487	169
17600	5	21223	69	24021	96	P 11336	172
17813	71	21261	76	24031	38	P 13488	173
17950	31	21263	66	24038	99	P 14763	175
18010	9	21348	62	24100	4	Leihgabe Postmuseum	41
18031	6	21358	68	24103	119		
18136	11	21443	97				
18532	50	21683	65				
18539	51	21762	26				

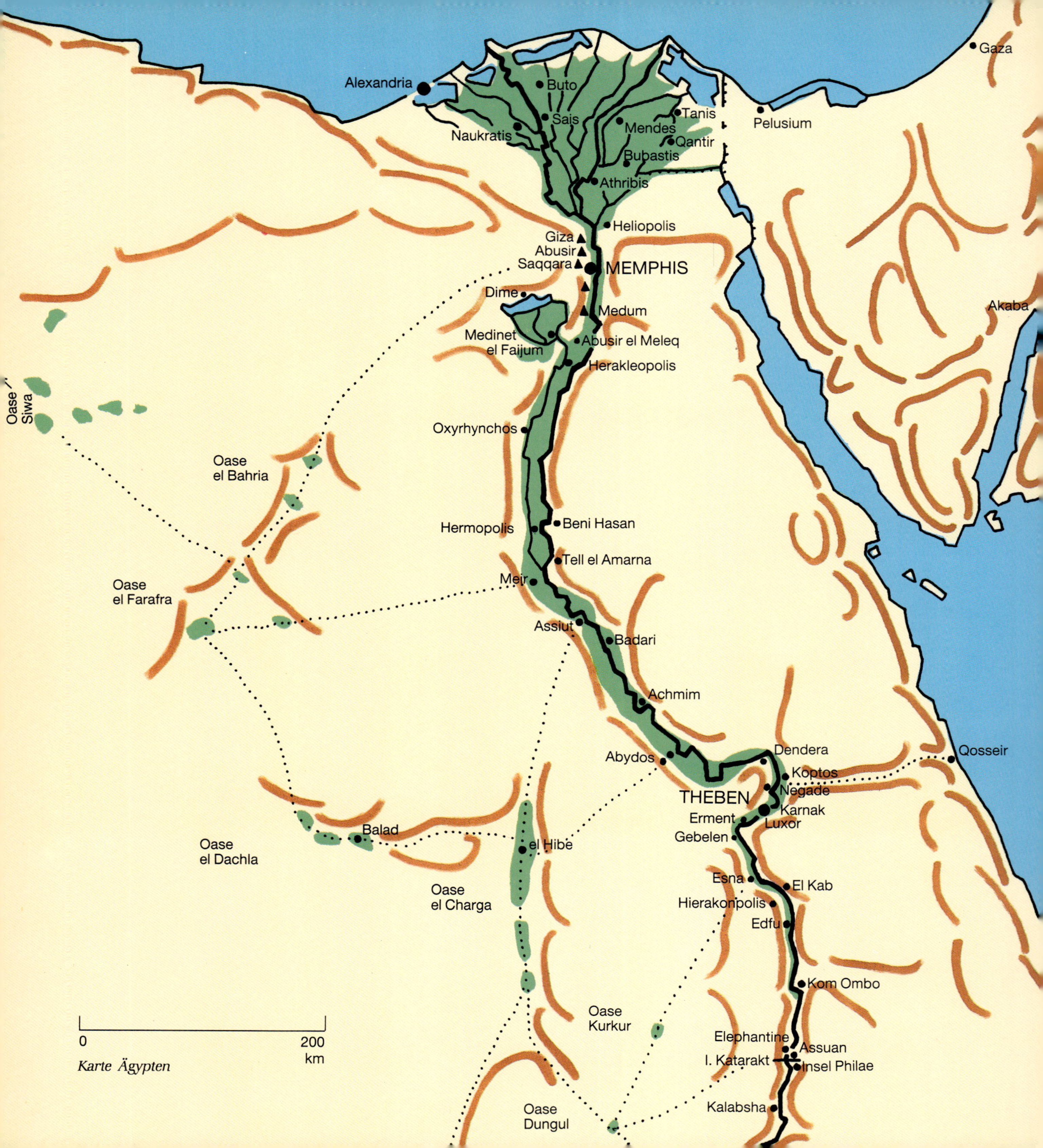

Karte Ägypten

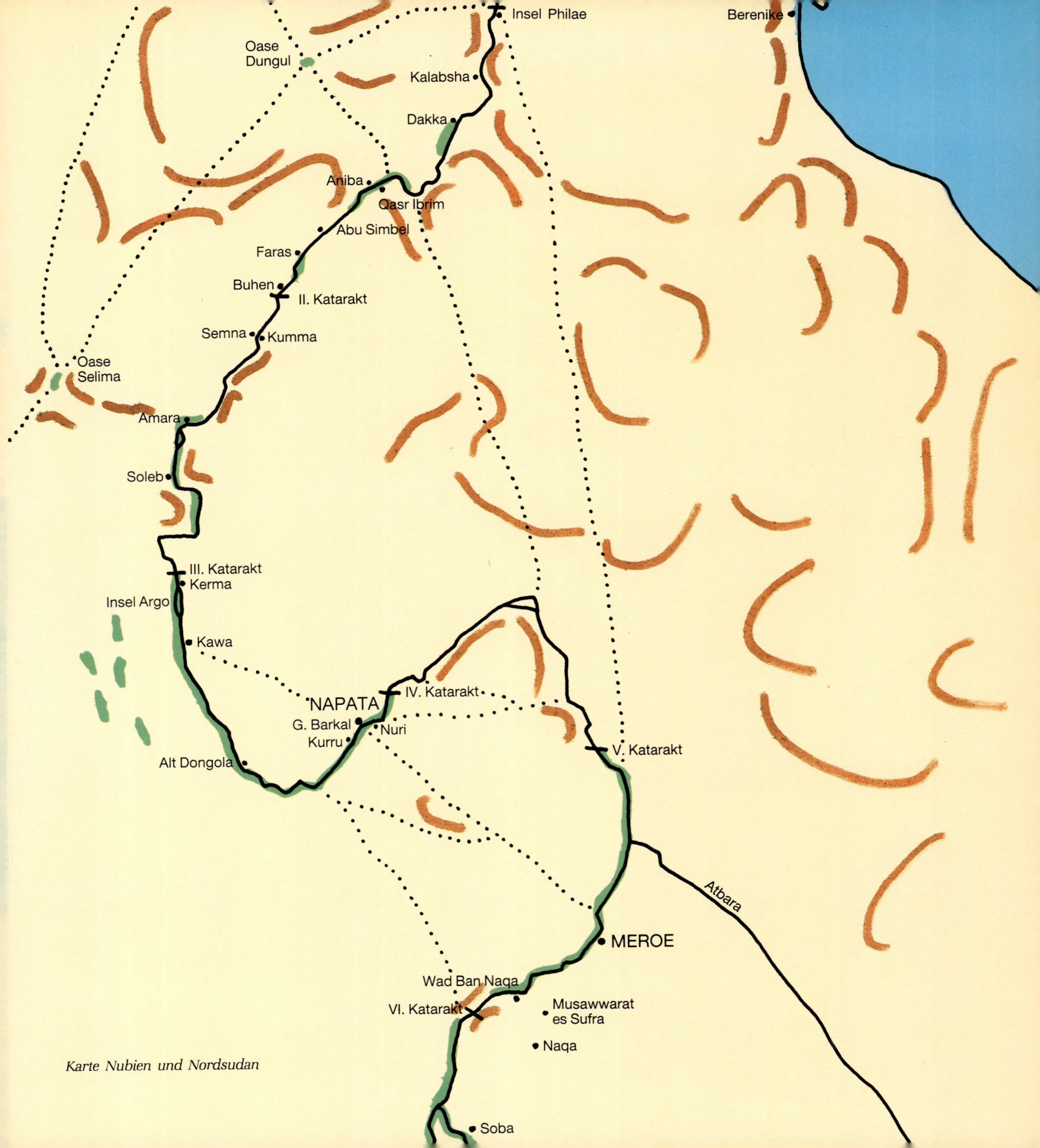

Karte Nubien und Nordsudan

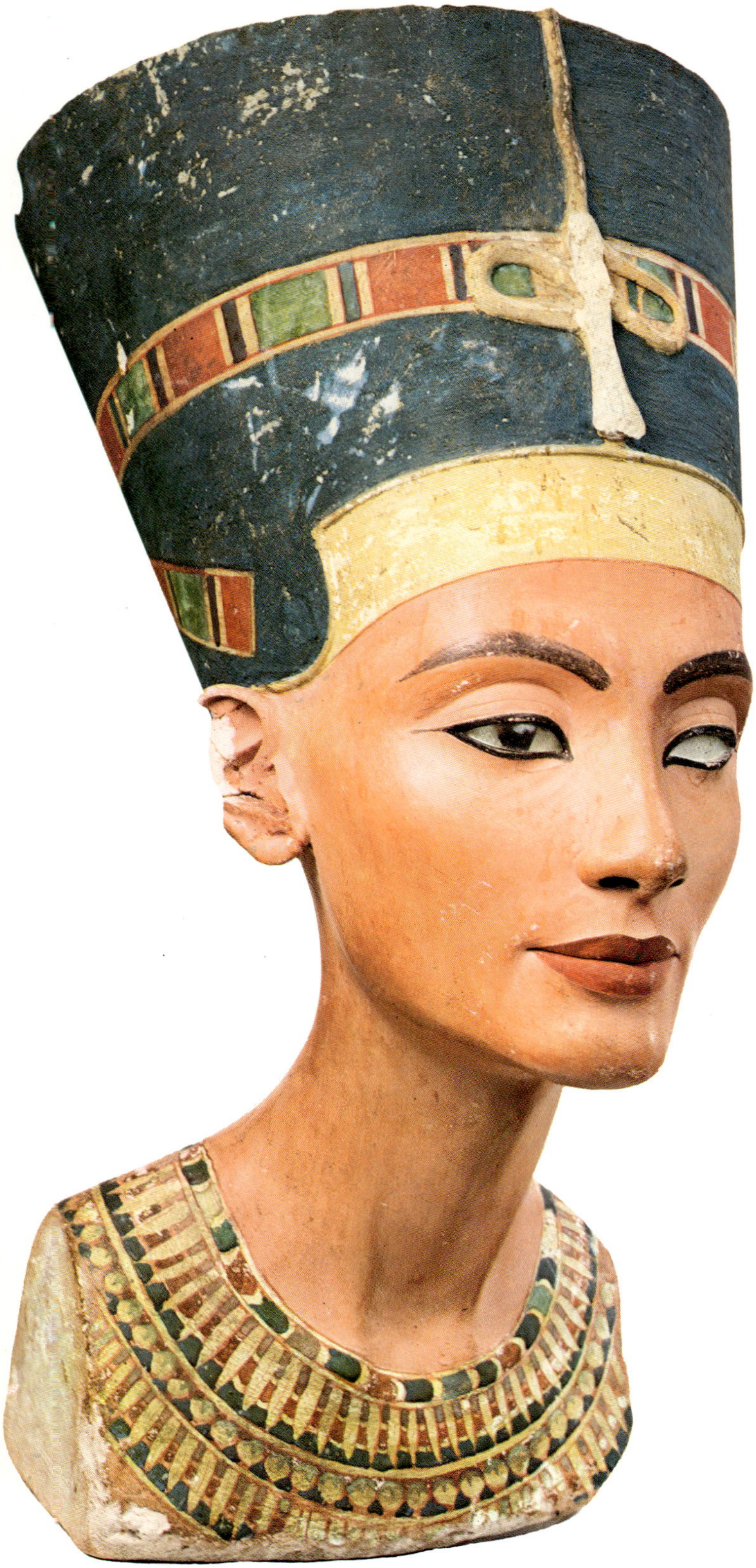

In gleicher Ausstattung wie der Katalog der Ägyptischen Sammlung auf der Museumsinsel liegt der von Prof. Dr. Jürgen Settgast herausgegebene Bildkatalog für den noch in Berlin-Charlottenburg ausgestellten Teil des Ägyptischen Museums mit den weltbekannten Kunstwerken aus der Amarna-Zeit vor.

Ägyptisches Museum Berlin

Herausgeber: Jürgen Settgast
Fotos: Margarete Büsing, Jürgen Liepe
Vierte erweiterte Auflage
XI, 162 Seiten mit 78 Farbabbildungen, einer Karte und einer chronologischen Übersicht; gebunden
Preis: DM 26,—

Tausende von Besuchern bewundern jährlich die Büste der Nofretete, wohl das berühmteste Frauenporträt der Antike. Aber nicht weniger beeindrukkend sind viele andere ausgestellte Meisterwerke, allen voran das Porträt der Königin Teje, der Mutter des Echnaton. Und wer wird je den »Grünen Kopf« vergessen oder gar die bezaubernde Schönheit der Prinzessin Meritaton, Tochter des Echnaton und der Nofretete? Alles Spitzenstücke, ebenso wie das eindrucksvolle Tempeltor von Kalabsha, die in hervorragenden Farbfotos in dem Katalog abgebildet sind.

ÄGYPTISCHES MUSEUM

BERLIN

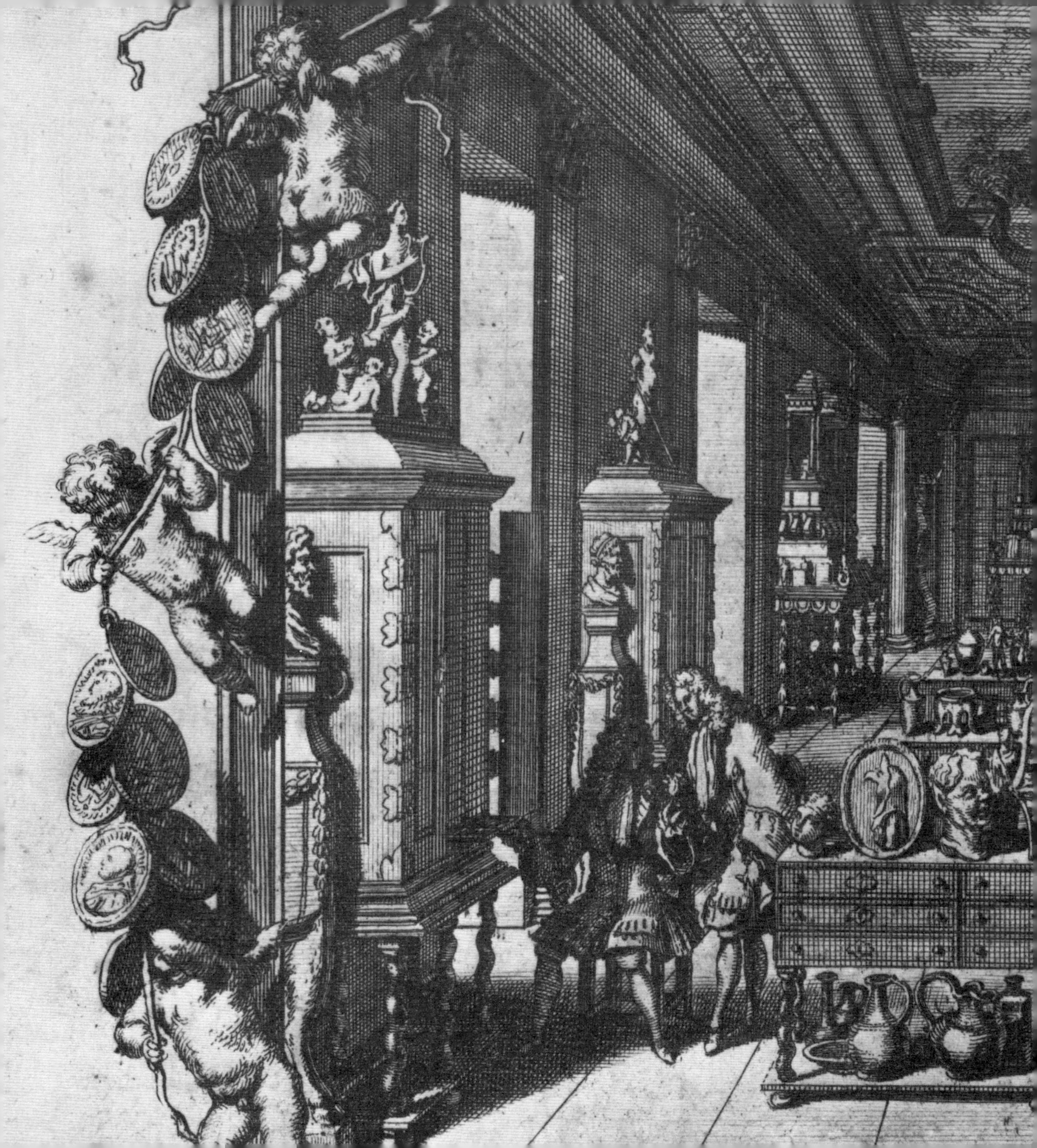